建设工程现场管理小全书系列

建筑工程预算小全书

主　编　皮振毅
副主编　杜爱玉　刘梓洁

哈尔滨工程大学出版社
Harbin Engineering University Press

内容简介

本书主要针对建筑工程造价编制与管理的理论和方式方法进行了全方面的讲解。全书共分7章，主要内容包括：工程造价概论、建设工程定额计价、建设工程工程量清单计价、房屋构造及施工图识读、建筑工程工程量计算、建筑装饰装修工程工程量计算、建筑工程工程量清单计价编制实例等。

本书内容丰富全面，可供建筑工程造价编制与管理人员使用，也可供大中专院校相关专业师生学习时参考。

图书在版编目（CIP）数据

建筑工程预算小全书/皮振毅主编．—哈尔滨：哈尔滨工程大学出版社，2009.7

ISBN 978-7-81133-497-5

Ⅰ．建… Ⅱ．皮… Ⅲ．建筑预算定额 Ⅳ．TU723.3

中国版本图书馆CIP数据核字（2009）第121389号

出版发行：哈尔滨工程大学出版社
社　　址：哈尔滨市南岗区东大直街124号
邮　　编：150001
发行电话：0451－82519328
传　　真：0451－82519699
经　　销：新华书店
印　　刷：北京市通州京华印刷制版厂
开　　本：787mm×1092mm　1/16
印　　张：30
字　　数：807千字
版　　次：2009年8月第1版
印　　次：2009年8月第1次印刷
定　　价：60.00元
http：//press.hrbeu.edu.cn
E-mail：heupress@hrbeu.edu.cn
网上书店：www.kejibook.com
对本书内容有任何疑问及建议，请与本书责编联系。邮箱：dayi88@sina.com

前 言

我国幅员辽阔，南北地域差异较大，建筑施工企业生产力水平也参差不齐。随着我国经济建设和科学技术的快速发展，建筑规模不断扩大，建筑施工的技术不断更新，建筑施工队伍也在不断增加。工程建设是一项复杂的系统工程，质量是建设工程永恒的主题，为提高建设工程的质量，更高效、更安全、更合理地组织生产工作，建设工程对参与工程建设人员的业务技能要求也越来越高。而近些年来，为了适应建筑业的发展需要，国家对建筑设计、建筑结构、施工质量验收等一系列标准规范进行了大规模的修订。同时，各种建筑施工新技术、新材料、新设备、新工艺已得到广泛的应用。

如何使从事工程建设的广大工作人员更全面、更高效地掌握专业实用技能，以适应建设工程对务实人才的迫切需求；如何使从事工程建设的广大工作人员了解、掌握建设工程日新月异的施工技术、材料、设备、工艺，运用新标准、新规范开展建设工作，是我们编写《建设工程现场管理小全书系列》的最根本出发点及目的所在。

《建设工程现场管理小全书系列》结合工程建设领域最新版的标准规范，对从事工程建设现场管理、工程建设测量、工程造价、工程资料编制、工程监理、工程施工、工程安全管理等方面工作的人员应具备的业务技能进行了全面的阐述与讲解。

本套丛书设有以下分册：

1. 建设工程监理小全书
2. 建设工程测量小全书
3. 施工现场管理小全书
4. 建筑工程预算小全书
5. 安装工程预算小全书
6. 建筑工程施工小全书
7. 建设工程资料管理小全书
8. 建设工程安全管理小全书

与市面上同类图书比较，本套丛书主要具有以下特点：

（1）丛书紧扣“小全书”的理念进行编写。主要对工程建设现场管理、工程建设测量、工程造价、工程资料编制、工程监理、工程施工、工程安全管理等方面的专业技术知识、业务管理进行了全方面的讲解，内容全面，突出实用。

（2）在内容组成上，将理论性和技术实用性进行合理搭配，力求做到理论精炼够用，技术实践突出。因此丛书在叙述过程中选择了一定的必不可少的基本理论知识作为其技术部分的基础，以帮助读者能尽快地领会技术内容的实质和要领，从而能在实际应用中发挥主观能动性，提高应用技术的水平。

（3）丛书在其核心部分的叙述和表达上，注重可操作性，更大限度地满足实际工作的需要，增加了图书的适用性和使用范围，提高了使用效果，是一套不可多得的实用工具书。

（4）丛书将有关的专业法规、标准和规范等进行了归纳总结，融新材料、新技术、新工艺为一体，以适应建设行业飞速发展的需求。

本套丛书由皮振毅、廖亚立、张明轩、郭智多、苑辉、韩轩、刘雪兵、王冰组织编写，丛书内容体现了他们多年从事工程施工管理实际工作的经验，另外，徐晶、阚柯、郑超荣、王委、马超、刘秀南、杜爱玉、刘梓洁、李建钊、徐晓珍、杜翠霞、宋丽华、杜兰芝、高会芳、陈有杰、徐梅芳、李慧、王刚领、汪怡乐等也参与了本套丛书的部分编写工作。

丛书编写过程中，得到了有关部门和专家的大力支持与帮助，参考和引用了部分著作及文献资料，在此深表谢意。限于编者的水平及阅历，加之编写时间仓促，书中错误及疏漏之处在所难免，恳请广大读者和有关专家批评指正。

丛书编委会

目　　录

第一章　工程造价概论

第一节　基本建设

一、基本建设的概念

“基本建设”一词是1926年4月斯大林在一次报告中提出来的，其含义是资本建设或资金建设。英美等国称为固定资本投资或资本支出。日本称为建设投资。

我国从1950年起正式使用“基本建设”这个词，其含义简单地讲，就是以扩大生产能力（或增加工程效益）为目的的综合经济活动。具体地讲，就是建造、购置和安装固定资产的活动以及与之相联系的工作，如征用土地、勘察设计、筹建机构、培训职工等。例如建设一个工厂即为基本建设，包括厂房的建造、机器设备的购置和安装以及土地征用、勘察设计、筹建机构、培训职工等工作。

基本建设的含义可以从下列几方面来进行理解：

(1)基本建设是社会主义国家扩大再生产的重要方式，是我国进行四个现代化建设的物质技术基础。

(2)基本建设是进行固定资产生产的一种工业生产活动，而不是消费活动。基本建设产品具有商品属性。

1)基本建设产品与普通商品一样，具有使用价值和价值。所有基建产品都是有不同使用价值的固定资产，如能够生产各种使用价值产品的工厂、矿山；能够供人们居住和使用的住宅、医院等。从价值构成上看，基建产品既包含生产中的转移价值（材料、设备、施工机械耗用价值），也包括工人在施工中新创造的价值。

2)生产基建产品的劳动同样具有二重性。形成固定资产过程中，体现了设计、施工等人员的具体劳动，同时也凝结着人们的一般劳动。

3)基建产品的价值与普通商品一样，必须遵循价值规律的要求，决定于社会必要劳动时间，按等价交换原则进行交换。

4)基建产品的价值也要以货币来衡量和表现，即表现为价格。

(3)基本建设是人们使用施工机械对建筑材料、设备进行建造、加工、安装形成固定资产的生产活动。

(4)基本建设是按照一定程序进行固定资产投资的一种经营方式。

1)基本建设主要形成固定资产投资，但是不完全是形成固定资产。

①第一套工、卡、模具、备品备件、低值易耗品和流动资金等都是由基本建设开支，但不形成固定资产。

②工程建设其他费用，如建设单位管理费、生产职工培训费、联合试运转费等均由基本建设开支，但都不形成固定资产。

2)基本建设一般有建筑安装工程和设备购置，但这些并不是基本建设投资的必要条件。例如，引进技术（软件）、改良畜种（种牛种马）等，并没有建筑安装工程和设置购置，却同样属于基本建设。

3)固定资产扩大再生产往往采用基本建设方式,但是简单再生产也要按照基本建设程序进行管理。

例如,只要是建造油田矿井,必须按照基本建设程序进行建设。但是新建的油田矿井,增加了生产能力属于固定资产扩大再生产,但是由于资源枯竭而易地建设的油田矿井,只是接续原有生产能力,属于简单再生产。

4)基本建设是固定资产投资,但不是全部的固定资产投资。

二、基本建设的组成

基本建设主要由以下几方面组成:

1. 建筑工程

建筑工程指永久性和临时性的建筑物、构筑物的土建工程,采暖、通风、给排水、照明工程,动力、电信管线的敷设工程,道路、桥涵的建设工程,农田水利工程,以及基础的建造、场地平整、清理和绿化工程等。

2. 安装工程

安装工程是指生产、动力、电信、起重、运输、医疗、实验等设备的装配工程和安装工程,以及附属于被安装设备的管线敷设、保温、防腐、调试、运转试车等工作。

3. 设备、工器具及生产用具的购置

指车间、实验室、医院、学校、宾馆、车站等生产、工作、学习所应配备的各种设备、工具、器具、家具及实验设备的购置。

4. 其他基本建设工作

包括上述内容以外的工作,如土地征用、建设用场地原有建构筑物拆迁、赔偿,建设单位设计、施工、投资管理工作、生产职工培训、生产准备等工作。

三、基本建设项目的划分

基本建设工程项目一般分为:建设项目、单项工程、单位工程、分部工程和分项工程等。

1. 建设项目

建设项目一般是指具有设计任务书和总体设计,经济上实行独立核算,行政上具有独立组织形式的基本建设单位。工业建设中,一般是以一个工厂、一座矿山为建设项目;民用建设中是以一个事业单位,如一所学校、一所医院等为建设项目。一个建设项目可以有几个甚至几十个单项工程,也可以只有一个单项工程。

2. 单项工程

单项工程也叫工程项目,是建设项目的组成部分,单项工程具有独立的设计文件,建成后可以独立发挥生产能力或效益,具有独立存在的意义。工业建设项目的单项工程,一般是指能独立生产的车间,它包括厂房建筑,设备购置及安装,以及工具、器具的购置等,非生产建设项目的单项工程,如一所学校的办公楼、图书馆、食堂、宿舍等。

3. 单位工程

单位工程是指具有单独设计,可以独立组织施工的工程,是单项工程的组成部分,它不能独立发挥生产能力。在一个单项工程中,按其构成可分为建筑及设备安装两类单位工程,每类单位工程可按专业性质分为若干单位工程。

(1)建筑工程　根据其中各组成部分的性质、作用可再分为如下几种单位工程:

1)一般土建工程　包括房屋和构筑物的各种结构工程和装饰工程等。

2)卫生工程　包括给排水管道、取暖、通风和民用煤气管道敷设工程。

3)工业管道工程　包括蒸气、压缩空气、煤气、输油管道及其他工业介质输送管道工程。此项也有的列为安装工程。

4)构筑物和特殊构筑物工程　包括各种设备基础、冶金炉基础、烟囱、水塔、桥梁、涵洞工程等。

5)电气照明工程　包括室内外照明设备的安装、线路敷设、变电与配电设备的安装工程等。

(2)设备及其安装工程　根据设备的特性,通常可分为以下两类安装工程:

1)机械设备及其安装工程　包括各种工艺设备、起重运输设备、动力设备等的购置及安装工程。

2)电气设备及其安装工程　包括传动电气设备、吊车电气设备、起重控制设备等的购置及其安装工程。

4. 分部工程

分部工程是单位工程的组成部分,它是按工程部位、设备种类和型号、使用的材料和工种等不同而分类的。如一般土建工程的房屋(单位工程)可划分为:土石方分部工程、基础分部工程、楼地面分部工程、屋面分部工程、梁板柱分部工程等等。又如机械设备及其安装单位工程又可分为:切削设备及安装工程、锻压设备及安装工程、起重设备及安装工程、化工设备及安装工程等等。

在分部工程中影响工、料、机械消耗多少的因素仍然很多。例如同样都是砖石工程的砌基础和砌墙体,但它们所消耗的工、料、机械相差很大。所以,还必须把分部工程再分解为分项工程。

5. 分项工程

分项工程是指通过较为简单的施工能完成的工程,并且可以采用适当的计量单位进行计算的建筑设备安装工程,是确定建筑安装工程造价的最基本的工程单位,是分部工程的组成部分。例如钢筋混凝土分部工程可分为模板、钢筋、混凝土等分项工程;给排水管道安装分部工程,又可分为室外管道、室内管道、焊接钢管及铸铁管的安装,焊接管的螺纹连接及其焊接,法兰安装、管道消毒冲洗等分项工程;照明器具分部工程又分为普通灯具的安装、荧光灯具的安装、工厂用灯及防水防尘灯的安装以及电铃风扇的安装等分项工程。

第二节　建设工程造价

一、工程造价的概念

工程造价,是指进行一个工程项目的建造所需要花费的全部费用,即从工程项目确定建设意向直至建成、竣工验收为止的整个建设期间所支出的总费用,这是保证工程项目建造正常进行的必要资金,是建设项日投资中的最主要的部分。工程造价主要由工程费用和工程其他费用组成。

工程造价就是工程的建造价格。工程泛指一切建设工程,它的范围和内涵具有很大的不确定性。工程造价有如下两种含义:

第一种含义:工程造价是指建设一项工程预期开支或实际开支的全部固定资产投资费用。显然,这一含义是从投资者——业主的角度来定义的。投资者选定一个投资项目,为了获得预期的效益，就要通过项目评估进行决策，然后进行设计招标、工程招标，直至竣工验收等一系列投资管理活动。在投资活动中所支付的全部费用形成了固定资产和无形资产。所有这些开支就构成了工程造价。从这个意义上说，工程造价就是工程投资费用，建设项目工程造价就是建设项目固定资产投资。

第二种含义：工程造价是指工程价格。即为建成一项工程，预计或实际在土地市场、设备市场、技术劳务市场，以及承包市场等交易活动中所形成的建筑安装工程的价格和建设工程总价格。显然，工程造价的第二种含义是以社会主义商品经济和市场经济为前提的。它是以工程这种特定的商品形式作为交易对象，通过招投标或其他交易方式，在进行多次预估的基础上，最终由市场形成的价格。

通常，人们将工程造价的第二种含义认定为工程承发包价格。应该肯定，承发包价格是工程造价中一种重要的，也是最典型的价格形式。它是在建筑市场通过招投标后，由需求主体——投资者和供给主体——承包商共同认可的价格。鉴于建筑安装工程价格在项目固定资产中占有50％～60％的份额，又是工程建设中最活跃的部分；鉴于建筑企业是建设工程的实施者，占有重要的市场主体地位，工程承发包价格被界定为工程造价的第二种含义，很有现实意义。但是，如上所述，这样界定对工程造价的含义理解较狭窄。

所谓工程造价的两种含义，是从不同角度把握同一事物的本质。对建设工程的投资者来说，面对市场经济条件下的工程造价就是项目投资，是“购买”项目要付出的价格；同时也是投资者在作为市场供给主体时“出售”项目时定价的基础。对于承包商，供应商和规划、设计等机构来说，工程造价是他们作为市场供给主体出售商品和劳务的价格的总和，或是特指范围的工程造价，如建筑安装工程造价。

工程造价的两种含义是对客观存在的概括。它们既共生于一个统一体，又相互区别。最主要的区别在于需求主体和供给主体在市场中追求的经济利益不同，因而管理性质和管理目标不同。从管理性质看，前者属于投资管理范畴，后者属于价格管理范畴。但二者又互相交叉。从管理目标看，作为项目投资或投资费用，投资者在进行项目决策和项目实施中，首先追求的是决策的正确性。投资是一种为实现预期收益而垫付资金的经济行为，项目决策是重要一环。项目决策中投资数额的大小、功能和价格（成本）比是投资决策的最重要的依据。其次，在项目实施中完善项目功能，提高工程质量，降低投资费用，按期或提前交付使用，是投资者始终关注的问题。因此，降低工程造价是投资者始终如一的追求。作为工程价格，承包商所关注的是利润和高额利润，为此，他追求的是较高的工程造价。不同的管理目标，反映他们不同的经济利益，但他们都要受那些支配价格运动的经济规律的影响和调节。他们之间的矛盾是市场的竞争机制和利益风险机制的必然反映。

区别工程造价的两种含义，其理论意义在于为投资者和以承包商为代表的供应商的市场行为提供理论依据。当政府提出降低工程造价时，是站在投资者的角度充当着市场需求主体的角色；当承包商提出要提高工程造价、提高利润率，并获得更多的实际利润时，他是要实现一个市场供给主体的管理目标。这是市场运行机制的必然。不同的利益主体绝不能混为一谈。同时，两种含义也是对单一计划经济理论的一个否定和反思。

二、工程造价的特点

1. 大额性

能够发挥投资效用的任一项工程，不仅实物形体庞大，而且造价高昂。动辄数百万、数千万、数亿、十几亿，特大型工程项目的造价可达百亿、千亿元人民币。工程造价的大额性使其关系到有关各方面的重大经济利益，同时也会对宏观经济产生重大影响。这就决定了工程造价的特殊地位，也说明了造价管理的重要意义。

2. 个别性、差异性

任何一项工程都有特定的用途、功能、规模。因此，对每一项工程的结构、造型、空间分割、设备配置和内外装饰都有具体的要求，因而使工程内容和实物形态都具有个别性、差异性。产品的差异性决定了工程造价的个别性差异。同时，每项工程所处地区、地段的不同，使这一特点得到强化。

3. 动态性

任何一项工程从决策到竣工交付使用，都有一个较长的建设期间，而且由于不可控因素的影响，在预计工期内，许多影响工程造价的动态因素，如工程变更，设备材料价格，工资标准以及费率、利率、汇率会发生变化。这种变化必然会影响到造价的变动。所以，工程造价在整个建设期中处于不确定状态，直至竣工决算后才能最终确定工程的实际造价。

4. 层次性

造价的层次性取决于工程的层次性。一个建设项目往往含有多个能够独立发挥设计效能的单项工程（车间、写字楼、住宅楼等）。一个单项工程又是由能够各自发挥专业效能的多个单位工程（土建工程、电气安装工程等）组成。与此相适应，工程造价有 3 个层次：建设项目总造价、单项工程造价和单位工程造价。如果专业分工更细，单位工程（如土建工程）的组成部分——分部分项工程也可以成为交换对象，如大型土方工程、基础工程、装饰工程等，这样工程造价的层次就增加分部工程和分项工程而成为 5 个层次。即使从造价的计算和工程管理的角度看，工程造价的层次性也是非常突出的。

5. 兼容性

工程造价的兼容性首先表现在它具有两种含义，其次表现在工程造价构成因素的广泛性和复杂性。在工程造价中，首先说成本因素非常复杂。其中为获得建设工程用地支出的费用、项目可行性研究和规划设计费用、与政府一定时期政策（特别是产业政策和税收政策）相关的费用占有相当的份额。再次，盈利的构成也较为复杂，资金成本较大。

三、工程造价的计价特征

1. 计价的单件性

由于建设工程设计用途和工程的地区条件多种多样，几乎每一个具体的工程都有它的特殊性。建设工程在生产上的单件性决定了在造价计算上的单件性，不能像一般工业产品那样，可以按品种、规格、质量成批地生产、统一地定价，而只能按照单件计价。国家或地区有关部门不能按各个工程逐件控制价格，只能就工程造价中各项费用项目的划分，工程造价构成的一般程序，概预算的编制方法，各种概预算定额和费用标准，地区人工、材料、机械台班计价的确定等，作出统一性的规定，据此作宏观性的价格控制。所有这一切规定具有强制性，直接参加建设的有关设计单位、建设单位、施工单位都必须执行。为了区别于一般工业产品的价格系列，通常把上述一系列规定称为基建价格系列。

2. 计价的多次性

建设工程要经过可行性研究、设计、施工、验收等多个阶段，其过程是一个周期长、数量大的生产过程。为了更好地进行工程项目管理，明确工程建设各方的经济关系，适应工程造价管理的需要，就需对工程造价按设计和施工阶段进行多次性计价。

总体来说，从投资估算、设计概算、施工图预算到招标承包合同价、再到各项工程的结算价和最后在结算价基础上编制的竣工决算，整个计价过程是一个由粗到细、由浅到深、经过多次计价最后达到工程实际造价的过程，计价过程各环节之间相互衔接，前者制约后者，后者补充前者。

3. 计价的组合性

一个建设项目的总造价是由各个单项工程造价组成；而各个单项工程造价又是由各个单位工程造价组成。各单位工程造价是按分部工程、分项工程及其相应定额、费用标准等进行计算得出的。可见，为确定一个建设项目的总造价，应首先计算各单位工程造价，再计算各单项工程造价(一般称为综合概预算造价)，然后汇总成总造价(又称为总概预算造价)。显然，这个计价过程充分体现了分部组合计价的特点。

4. 计价方法的多样性

工程造价多次性计价有各不相同的计价依据，对造价的精确度要求也各不相同，这就决定了计价方法具有多样性特征。计算概预算造价的方法有单价法和实物法等。计算投资估算的方法有设备系数法、生产能力指数估算法等。不同的方法利弊不同，适应条件也不同，计价时要根据具体情况加以选择。

5. 计价依据的复杂性

由于影响造价的因素多、计价依据复杂，种类繁多。主要可分为以下七类：

(1)计算设备和工程量的依据　包括项目建议书、可行性研究报告、设计文件等。

(2)计算人工、材料、机械等实物消耗量的依据　包括投资估算指标、概算定额、预算定额等。

(3)计算工程单价的价格依据　包括人工单价、材料价格、材料运杂费、机械台班费等。

(4)计算设备单价的依据　包括设备原价、设备运杂费、进口设备关税等。

(5)计算措施费、间接费和工程建设其他费用的依据，主要是相关的费用定额和指标。

(6)政府规定的税费。

(7)物价指数和工程造价指数。

四、我国现行工程造价的构成

建设项目投资含固定资产投资和流动资产投资两部分，建设项目总投资中的固定资产投资与建设项目的工程造价在量上相等。工程造价的构成按工程项目建设过程中各类费用支出或花费的性质、途径等来确定，是通过费用划分和汇集所形成的工程造价的费用分解结构。工程造价基本构成中，包括用于购买工程项目所含各种设备的费用，用于建筑施工和安装施工所需支出的费用，用于委托工程勘察设计应支付的费用，用于购置土地所需的费用，也包括用于建设单位自身进行项目筹建和项目管理所花费费用等。总之，工程造价是工程项目按照确定的建设内容、建设规模、建设标准、功能要求和使用要求等全部建成并验收合格交付使用所需的全部费用。

我国现行工程造价的构成主要划分为设备及工、器具购置费用、建筑安装工程费用、工程建设其他费用、预备费、建设期贷款利息、固定资产投资方向调节税等几项。具体构成内容见图 1-1 所示。

- 建设项目总投资
  - 固定资产投资——工程造价
    - 设备及工、器具购置费用
      - 设备购置费
        - 设备原价
        - 设备运杂费
      - 工、器具及生产家具购置费
    - 建筑安装工程费用
      - 直接费
      - 间接费
      - 利润
      - 税金
    - 工程建设其他费用
      - 土地使用费
      - 与项目建设有关的其他费用
      - 与未来企业生产经营有关的其他费用
    - 预备费
      - 基本预备费
      - 涨价预备费
    - 建设期贷款利息
    - 固定资产投资方向调节税
  - 流动资产投资——流动资金

图 1-1 我国现行工程造价的构成

第三节 建筑工程造价分类

一、按用途分类

建筑工程造价按用途分类包括：招标控制价、投标报价、中标价、直接发包价、合同价和竣工结算价。

1. 招标控制价

招标控制价是招标人根据国家或省级、行业建设主管部门颁发的有关计价依据和办法，按设计施工图纸计算的，对招标工程限定的最高工程造价。

在 2003 年推行工程量计价以后，各地基本取消了中标价不得低于标底多少的规定。实践中，一些工程项目在招标中也出现了所有投标人的投标报价均高于招标人的标底，即使是最低的报价，招标人也不可能接受，但由于缺乏相关制定规定，招标人不接受又产生了招标的合法性问题，出现了急需解决的新情况。针对这一新的招标方式，为避免招标人串标、哄抬标价，我国多少省、市相继出台了控制最高限价的规定。但在名称上有所不同，有命名为拦标价、最高报价值、预算控制价、最高限价等名称，并要求在招标文件中将其公布，并规定招标人的报价如超过公布的最高限价，其投标将作为废标处理，以解决这一新的问题。

编制招标控制价可由招标人自行操作，也可由招标人委托招标代理机构操作，由招标人作出决策。

2. 投标报价

投标人为了得到工程施工承包的资格，在工程采用招标发包的过程中，由招标人按照招标文件的要求，根据工程特点，并结合自身的施工技术、装备和管理水平，依据有关计价规定和投标策略确定工程造价，是投标人希望达成工程承包交易的期望价格，原则上它不能高于招标人设定的招标控制价。如果中标，这个价格就是合同谈判和签订合同确定工程价格的基础。

3. 中标价格

《招标投标法》第四十条规定："评标委员会应当按照招标文件确定的评标标准和方法，对投标文件进行评审和比较；设有标底的，应当参考标底"。所以评标的依据一是招标文件，二是标底（如果设有标底时）。

《招标投标法》第四十一条规定，中标人的投标应符合下列两个条件之一：一是"能最大限度地满足招标文件中规定的各项综合评价标准"；二是"能够满足招标文件的实质性要求，并且经评审的投标价格最低，但是投标价低于成本的除外"。这第二项条件主要是说的投标报价。

4. 直接发包价格

直接发包价格是由发包人与指定的承包人直接接触，通过谈判达成协议签订施工合同，而不需要像招标承包定价方式那样，通过竞争定价。直接发包方式计价只适用于不宜进行招标的工程，如军事工程、保密技术工程、专利技术工程及发包人认为不宜招标而又不违反《招标投标法》第三条（招标范围）的规定的其他工程。

直接发包方式计价首先提出协商价格意见的可能是发包人或其委托的中介机构，也可能是承包人提出价格意见交发包人或其委托的中介组织进行审核。无论由哪一方提出协商价格意见，都要通过谈判协商，签订承包合同，确定为合同价。

直接发包价格是以审定的施工图预算为基础，由发包人与承包人商定增减价的方式定价。

5. 合同价格

《建筑工程施工发包与承包计价管理办法》第十二条规定："合同价可采用以下方式：（一）固定价。合同总价或者单价在合同约定的风险范围内不可调整。（二）可调价。合同总价或者单价在合同实施期内，根据合同约定的办法调整。（三）成本加酬金。"《办法》第十三条规定："发承包双方在确定合同价时，应当考虑市场环境和生产要素价格变化对合同价的影响"。现分述如下：

(1)固定合同价　合同中确定的工程合同价在实施期间不因价格变化而调整。固定合同价可分为固定合同总价和固定合同单价两种。

1)固定合同总价　它是指承包整个工程的合同价款总额已经确定，在工程实施中不再因物价上涨而变化，所以，固定合同总价应考虑价格风险因素，也须在合同中明确规定合同总价包括的范围。这类合同价可以使发包人对工程总开支做到大体心中有数，在施工过程中可以更有效地控制资金的使用。但对承包人来说，要承担较大的风险，如物价波动、气候条件恶劣、地质地基条件及其他意外困难等，因此合同价款一般会高些。

2)固定合同单价　它是指合同中确定的各项单价在工程实施期间不因价格变化而调整，而在每月（或每阶段）工程结算时，根据实际完成的工程量结算，在工程全部完成时以竣工图的工程量最终结算工程总价款。

(2)可调合同价

1)可调总价　合同中确定的工程合同总价在实施期间可随价格变化而调整。发包人和承包人在商订合同时，以招标文件的要求及当时的物价计算出合同总价。如果在执行合同期间，由于通货膨胀引起成本增加达到某一限度时，合同总价则作相应调整。可调合同价使发包人承担了通货膨胀的风险，承包人则承担其他风险。一般适合于工期较长（如 1 年以上）的项目。

2)可调单价　合同单价可调，一般是在工程招标文件中规定。在合同中签订的单价，根据合同约定的条款，如在工程实施过程中物价发生变化等，可作调整。有的工程在招标或签约时，因某些不确定性因素而在合同中暂定某些分部分项工程的单价，在工程结算时，再根据实际情况和合同约定对合同单价进行调整，确定实际结算单价。

关于可调价格的调整方法，常用的有以下几种：

第一，按主材计算价差。发包人在招标文件中列出需要调整价差的主要材料表及其基期价格(一般采用当时当地工程造价管理机构公布的信息价或结算价)，工程竣工结算时按竣工当时当地工程造价管理机构公布的材料信息价或结算价，与招标文件中列出的基期价比较计算材料差价。

第二，主料按抽料法计算价差，其他材料按系数计算价差。主要材料按施工图预算计算的用量和竣工当月当地工程造价管理机构公布的材料结算价或信息价与基价对比计算差价。其他材料按当地工程造价管理机构公布的竣工调价系数计算方法计算差价。

第三，按工程造价管理机构公布的竣工调价系数及调价计算方法计算差价。

此外，还有调值公式法和实际价格结算法。

调值公式一般包括固定部分、材料部分和人工部分三项。当工程规模和复杂性增大时，公式也会变得复杂。调值公式一般如下：

$$P = P_0\left(a_0 + a_1\frac{A}{A_0} + a_2\frac{B}{B_0} + a_3\frac{C}{C_0} + \cdots\cdots\right)$$

式中　P——调值后的工程价格；

P_0——合同价款中工程预算进度款；

a_0——固定要素的费用在合同总价中所占比重，这部分费用在合同支付中不能调整；

a_1、a_2、a_3……——代表有关各项变动要素的费用(如人工费、钢材费用、水泥费用、运输费用等)在合同总价中所占比重，$a_0+a_1+a_2+a_3+\cdots\cdots=1$；

A_0、B_0、C_0……——签订合同时与 a_1、a_2、a_3……对应的各种费用的基期价格指数或价格；

A、B、C……——在工程结算月份与 a_1、a_2、a_3……对应的各种费用的现行价格指数或价格。

各部分费用在合同总价中所占比重在许多标书中要求承包人在投标时即提出，并在价格分析中予以论证。也有的由发包人在招标文件中规定一个允许范围，由投标人在此范围内选定。

实际价格结算法。有些地区规定对钢材、木材、水泥等三大材的价格按实际价格结算的方法，工程承包人可凭发票按实报销。此法操作方便，但也导致承包人忽视降低成本。为避免副作用，地方建设主管部门要定期公布最高结算限价，同时合同文件中应规定发包人有权要求承包人选择更廉价的供应来源。

以上几种方法具体应采用哪一种，应按工程价格管理机构的规定，经双方协商后在合同的专用条款中约定。

(3)成本加酬金确定的合同价　合同中确定的工程合同价，其工程成本部分按现行计价依据计算，酬金部分则按工程成本乘以通过竞争确定的费率计算，将两者相加，确定出合同价。一般分为以下几种形式：

1)成本加固定百分比酬金确定的合同价　这种合同价是发包人对承包人支付的人工、材料和施工机械使用费、措施费、施工管理费等按实际直接成本全部据实补偿，同时按照实际直接成本的固定百分比付给承包人一笔酬金，作为承包方的利润。其计算方法如下：

$$C = C_a(1+P)$$

式中 C——总造价；

C_a——实际发生的工程成本；

P——固定的百分数。

从上式中可以看出，总造价 C 将随工程成本 C_a 而水涨船高，显然不能鼓励承包商关心缩短工期和降低成本，因而对建设单位是不利的。现在这种承包方式已很少被采用。

2)成本加固定酬金确定的合同价　工程成本实报实销，但酬金是事先商定的一个固定数目。计算式为：

$$C = C_a + F$$

式中 F 代表酬金，通常按估算的工程成本的一定百分比确定，数额是固定不变的。这种承包方式虽然不能鼓励承包商关心降低成本；但从尽快取得酬金出发，承包商将会关心缩短工期，这是其可取之处。为了鼓励承包单位更好地工作，也有在固定酬金之外，再根据工程质量、工期和降低成本情况另加奖金的。在这种情况下，奖金所占比例的上限可大于固定酬金，以充分发挥奖励的积极作用。

3)成本加浮动酬金确定的合同价　这种承包方式要事先商定工程成本和酬金的预期水平。如果实际成本恰好等于预期水平，工程造价就是成本加固定酬金；如果实际成本低于预期水平，则增加酬金；如果实际成本高于预期水平，则减少酬金。这三种情况可用算式表示如下：

如果

$$C_a = C_0，则\ C = C_a + F$$

$$C_a < C_0，则\ C = C_a + F + \Delta F$$

$$C_a > C_0，则\ C = C_a + F - \Delta F$$

式中 C_0——预期成本；

ΔF——酬金增减部分，可以是一个百分数，也可以是一个固定的绝对数。

采用这种承包方式时，通常规定，当实际成本超支而减少酬金时，以原定的固定酬金数额为减少的最高限度。也就是在最坏的情况下，承包人将得不到任何酬金，但不必承担赔偿超支的责任。

从理论上讲，这种承包方式既对承发包双方都没有太多风险，又能促使承包商关心降低成本和缩短工期；但在实践中准确地估算预期成本比较困难，所以要求当事双方具有丰富的经验并掌握充分的信息。

4)目标成本加奖罚确定的合同价　在仅有初步设计和工程说明书即迫切要求开工的情况下，可根据粗略估算的工程量和适当的单价表编制概算，作为目标成本；随着详细设计逐步具体化，工程量和目标成本可加以调整，另外规定一个百分数作为酬金；最后结算时，如果实际成本高于目标成本并超过事先商定的界限(例如5%)，则减少酬金，如果实际成本低于目标成本(也有一个幅度界限)，则加给酬金。用算式表示如下：

$$C = C_a + P_1C_0 + P_2(C_0 - C_a)$$

式中 C_0——目标成本；

P_1——基本酬金百分数；

P_2——奖罚百分数。

此外，还可另加工期奖罚。

这种承包方式可以促使承包商关心降低成本和缩短工期，而且目标成本是随设计的进展而加以调整才确定下来的，故建设单位和承包商双方都不会承担多大风险，这是其可取之处。当然也要求承包商和建设单位的代表都须具有比较丰富的经验和充分的信息。

在工程实践中，采用哪一种合同计价方式，是选用总价合同、单价合同还是成本加酬金合同，采用固定价还是可调价方式，应根据建设工程的特点，业主对筹建工作的设想，对工程费用、工期和质量的要求等，综合考虑后进行确定。

1)项目的复杂程度　规模大且技术复杂的工程项目，承包风险较大，各项费用不易估算准确，不宜采用固定总价合同。或者有把握的部分采用固定总价合同，估算不准的部分采用单价合同或成本加酬金合同。有时，在同一工程中采用不同的合同形式，是业主和承包商合理分担工程实施中不确定风险因素的有效办法。

2)工程设计工作的深度　工程招标时所依据的设计文件的深度，即工程范围的明确程度和预计完成工程量的准确程度，经常是选择合同计价方式时应考虑的重要因素。因为招标图纸和工程量清单的详细程度是否能让投标人合理报价，取决于已完成的设计工作的深度。

3)工程施工的难易程度　如果施工中有较大部分采用新技术和新工艺，当发包方和承包方在这方面过去都没有经验，且在国家颁布的标准、规范、定额中又没有可作为依据的标准时，为了避免投标人盲目地提高承包价格或由于对施工难度估计不足而导致承包亏损，不宜采用固定总价合同，较为保险的做法是选用成本加酬金合同。

4)工程进度要求的紧迫程度　在招标过程中，对一些紧急工程，如灾后恢复工程、要求尽快开工且工期较紧的工程等，可能仅有实施方案，还没有施工图纸，因此不可能让承包商报出合理的价格。此时，采用成本加酬金合同比较合理，可以以邀请招标的方式选择有信誉、有能力的承包商及早开工。

二、按计价方法分类

建筑工程造价按计价方法可分为估算造价、概算造价和施工图预算造价等。关于这几类的工程造价，本书后续章节将作详细的介绍，在此不再重复。

第四节　建筑工程费用的构成及计算

建筑工程费用包括：

(1)各类房屋建筑工程和列入房屋建筑工程预算的供水、供暖、供电、卫生、通风、煤气等设备费用及其装置、油饰工程的费用，列入建筑工程预算的各种管道、电力、电信和电缆导线敷设工程的费用。

(2)设备基础、支柱、工作台、烟囱、水塔、水池、灰塔等建筑工程以及各种窑炉的砌筑工程和金属结构工程的费用。

(3)为施工而进行的场地平整，工程和水文地质勘察，原有建筑物和障碍物的拆除以及施工临时用水、电、气、路和完工后的场地清理、环境绿化、美化等工作的费用。

(4)矿井开凿，井巷延伸，露天矿剥离，石油、天然气钻井，修建铁路、公路、桥梁、水库、堤坝、灌渠及防洪等工程的费用。

我国现行建筑安装工程造价的构成，按原建设部、财政部共同颁发的建标[2003]206号文件规定见图1-2所示。

- 建筑安装工程费
  - 直接费
    - 直接工程费
      - 1. 人工费
      - 2. 材料费
      - 3. 施工机械使用费
    - 措 施 费
      - 1. 环境保护
      - 2. 文明施工
      - 3. 安全施工
      - 4. 临时设施
      - 5. 夜间施工
      - 6. 二次搬运
      - 7. 大型机械设备进出场及安拆
      - 8. 混凝土、钢筋混凝土模板及支架
      - 9. 脚手架
      - 10. 已完工程及设备保护
      - 11. 施工排水、降水
  - 间接费
    - 规 费
      - 1. 工程排污费
      - 2. 工程定额测定费
      - 3. 社会保障费
        - (1)养老保险费
        - (2)失业保险费
        - (3)医疗保险费
      - 4. 住房公积金
      - 5. 危险作业意外伤害保险
    - 企业管理费
      - 1. 管理人员工资
      - 2. 办公费
      - 3. 差旅交通费
      - 4. 固定资产使用费
      - 5. 工具用具使用费
      - 6. 劳动保险费
      - 7. 工会经费
      - 8. 职工教育经费
      - 9. 财产保险费
      - 10. 财务费
      - 11. 税金
      - 12. 其他
  - 利润
  - 税金

图 1-2 建筑安装工程费用项目组成

一、直接费

直接费由直接工程费和措施费组成。

1. 直接工程费

直接工程费是指施工过程中耗费的构成工程实体的各项费用，包括人工费、材料费、施工机械使用费。

$$直接工程费=人工费+材料费+施工机械使用费$$

(1)人工费　人工费是指直接从事建筑安装工程施工的生产工人开支的各项费用，内容包括：

1)基本工资　指发放给生产工人的基本工资。

2)工资性补贴　指按规定标准发放的物价补贴，煤、燃气补贴，交通补贴，住房补贴，流动施工津贴等。

3)生产工人辅助工资　指生产工人年有效施工天数以外非作业天数的工资，包括职工学习、培训期间的工资，调动工作、探亲、休假期间的工资，因气候影响的停工工资，女工哺乳时间的工资，病假在六个月以内的工资及产、婚、丧假期的工资。

4)职工福利费　指按规定标准计提的职工福利费。

5)生产工人劳动保护费　指按规定标准发放的劳动保护用品的购置费及修理费，徒工服装补贴，防暑降温费，在有碍身体健康环境中施工的保健费用等。

$$人工费=\sum(工日消耗量\times日工资单价)$$

式中，日工资单价$(G)=\sum_1^5 G$。

$$基本工资(G_1)=\frac{生产工人平均月工资}{年平均每月法定工作日}$$

$$工资性补贴(G_2)=\frac{\sum年发放标准}{全年日历日-法定假日}+\frac{\sum月发放标准}{年平均每月法定工作日}+每工作日发放标准$$

$$生产工人辅助工资(G_3)=\frac{全年无效工作日\times(G_1+G_2)}{全年日历日-法定假日}$$

$$职工福利费(G_4)=(G_1+G_2+G_3)\times福利费计提比例(\%)$$

$$生产工人劳动保护费(G_5)=\frac{生产工人年平均支出劳动保护费}{全年日历日-法定假日}$$

(2)材料费　材料费是指施工过程中耗费的构成工程实体的原材料、辅助材料、构配件、零件、半成品的费用。内容包括：

1)材料原价(或供应价格)。

2)材料运杂费　指材料自来源地运至工地仓库或指定堆放地点所发生的全部费用。

3)运输损耗费　指材料在运输装卸过程中不可避免的损耗。

4)采购及保管费　指为组织采购、供应和保管材料过程中所需要的各项费用。包括：采购费、仓储费、工地保管费、仓储损耗。

5)检验试验费　指对建筑材料、构件和建筑安装物进行一般鉴定、检查所发生的费用，包括自设试验室进行试验所耗用的材料和化学药品等费用。不包括新结构、新材料的试验费和建设单位对具有出厂合格证明的材料进行检验，对构件做破坏性试验及其他特殊要求检验试验的费用。

$$材料费=\sum(材料消耗量\times材料基价)+检验试验费$$

式中，材料基价$=\{(供应价格+运杂费)\times[1+运输损耗率(\%)]\}$

$\times[1+采购保管费率(\%)]$

$$检验试验费=\sum(单位材料量检验试验费\times材料消耗量)$$

(3)施工机械使用费　指施工机械作业期间所发生的机械使用费以及机械安拆费和场外运费。施工机械台班单价应由下列七项费用组成：

1)折旧费　指施工机械在规定的使用年限内，陆续收回其原值及购置资金的时间价值。

2)大修理费　指施工机械按规定的大修理间隔台班进行必要的大修理，以恢复其正常功能所需的费用。

3)经常修理费 指施工机械除大修理以外的各级保养和临时故障排除所需的费用。包括为保障机械正常运转所需替换设备与随机配备工具附具的摊销和维护费用,机械运转中日常保养所需润滑与擦拭的材料费用及机械停滞期间的维护和保养费用等。

4)安拆费及场外运费 安拆费指施工机械在现场进行安装与拆卸所需的人工、材料、机械和试运转费用以及机械辅助设施的折旧、搭设、拆除等费用;场外运费指施工机械整体或分体自停放地点运至施工现场或由一施工地点运至另一施工地点的运输、装卸、辅助材料及架线等费用。

5)人工费 指机上司机(司炉)和其他操作人员的工作日人工费及上述人员在施工机械规定的年工作台班以外的人工费。

6)燃料动力费 指施工机械在运转作业中所消耗的固体燃料(煤、木柴)、液体燃料(汽油、柴油)及水、电等。

7)车船使用税 指施工机械按照国家规定和有关部门规定应缴纳的车船使用税、保险费及年检费等。

$$施工机械使用费=\sum(施工机械台班消耗量\times机械台班单价)$$

式中,台班单价=台班折旧费+台班大修费+台班经常修理费+台班安拆费及场外运费+台班人工费+台班燃料动力费+车船使用税

2. 措施费

措施费是指为完成工程项目施工,发生于该工程施工前和施工过程中非工程实体项目的费用。包括内容:

(1)环境保护费 指施工现场为达到环保部门要求所需要的各项费用。

(2)文明施工费 指施工现场文明施工所需要的各项费用。

(3)安全施工费 指施工现场安全施工所需要的各项费用。

(4)临时设施费 指施工企业为进行建筑工程施工所必须搭设的生活和生产用的临时建筑物、构筑物和其他临时设施费用等。

临时设施包括临时宿舍、文化福利及公用事业房屋与构筑物,仓库、办公室、加工厂以及规定范围内道路、水、电、管线等临时设施和小型临时设施。

临时设施费用包括临时设施的搭设、维修、拆除费或摊销费。

(5)夜间施工费 指因夜间施工所发生的夜班补助费、夜间施工降效、夜间施工照明设备摊销及照明用电等费用。

(6)二次搬运费 指因施工场地狭小等特殊情况而发生的二次搬运费用。

(7)大型机械设备进出场及安拆费 指机械整体或分体自停放场地运至施工现场或由一个施工地点运至另一个施工地点,所发生的机械进出场运输及转移费用及机械在施工现场进行安装、拆卸所需的人工费、材料费、机械费、试运转费和安装所需的辅助设施的费用。

(8)混凝土、钢筋混凝土模板及支架费 指混凝土施工过程中需要的各种钢模板、木模板、支架等的支、拆、运输费用及模板、支架的摊销(或租赁)费用。

(9)脚手架费 指施工需要的各种脚手架搭、拆、运输费用及脚手架的摊销(或租赁)费用。

(10)已完工程及设备保护费 指竣工验收前,对已完工程及设备进行保护所需费用。

(11)施工排水、降水费 指为确保工程在正常条件下施工,采取各种排水、降水措施所发

生的各种费用。

对于措施费的计算，本处中只列通用措施费项目的计算方法，各专业工程的专用措施费项目的计算方法由各地区或国务院有关专业主管部门的工程造价管理机构自行制定。

(1)环境保护费

$$环境保护费=直接工程费\times环境保护费费率(\%)$$

$$环境保护费费率(\%)=\frac{本项费用年度平均支出}{全年建安产值\times直接工程费占总造价比例(\%)}$$

(2)文明施工费

$$文明施工费=直接工程费\times文明施工费费率(\%)$$

$$文明施工费费率(\%)=\frac{本项费用年度平均支出}{全年建安产值\times直接工程费占总造价比例(\%)}$$

(3)安全施工费

$$安全施工费=直接工程费\times安全施工费费率(\%)$$

$$安全施工费费率(\%)=\frac{本项费用年度平均支出}{全年建安产值\times直接工程费占总造价比例(\%)}$$

(4)临时设施费　临时设施费由以下三部分组成：

1)周转使用临建(如，活动房屋)；

2)一次性使用临建(如，简易建筑)；

3)其他临时设施(如，临时管线)。

$$临时设施费=(周转使用临建费+一次性使用临建费)\times[1+其他临时设施所占比例(\%)]$$

其中：

①周转使用临建费

$$周转使用临建费=\sum\left[\frac{临建面积\times每平方米造价}{使用年限\times365\times利用率(\%)}\times工期(天)\right]+一次性拆除费$$

②一次性使用临建费

$$一次性使用临建费=\sum临建面积\times每平方米造价\times[1-残值率(\%)]+一次性拆除费$$

③其他临时设施在临时设施费中所占比例，可由各地区造价管理部门依据典型施工企业的成本资料经分析后综合测定。

(5)夜间施工增加费

$$夜间施工增加费=\left(1-\frac{合同工期}{定额工期}\right)\times\frac{直接工程费中的人工费合计}{平均日工资单价}\times每工日夜间施工费开支$$

(6)二次搬运费

$$二次搬运费=直接工程费\times二次搬运费费率(\%)$$

$$二次搬运费费率(\%)=\frac{年平均二次搬运费开支额}{全年建安产值\times直接工程费占总造价的比例(\%)}$$

(7)大型机械进出场及安拆费

$$大型机械进出场及安拆费=\frac{一次进出场及安拆费\times年平均安拆次数}{年工作台班}$$

(8)混凝土、钢筋混凝土模板及支架费

1)模板及支架费＝模板摊销量×模板价格＋支、拆、运输费

其中，摊销量＝一次使用量×(1＋施工损耗)×[1＋(周转次数－1)
×补损率/周转次数－(1－补损率)50％/周转次数]

2)租赁费＝模板使用量×使用日期×租赁价格＋支、拆、运输费

(9)脚手架搭拆费

1)脚手架搭拆费＝脚手架摊销量×脚手架价格＋搭、拆、运输费

$$其中，脚手架摊销量=\frac{单位一次使用量\times(1-残值率)}{耐用期\div一次使用期}$$

2)租赁费＝脚手架每日租金×搭设周期＋搭、拆、运输费

(10)已完工程及设备保护费

已完工程及设备保护费＝成品保护所需机械费＋材料费＋人工费

(11)施工排水、降水费

排水降水费＝∑排水降水机械台班费×排水降水周期
＋排水降水使用材料费、人工费

二、间接费

1. 间接费的组成

间接费由规费、企业管理费组成。

(1)规费　指政府和有关权力部门规定必须缴纳的费用(简称规费)。包括：

1)工程排污费　指施工现场按规定缴纳的工程排污费。

2)工程定额测定费　指按规定支付工程造价(定额)管理部门的定额测定费。

3)社会保障费　社会保障费包括：

①养老保险费　指企业按规定标准为职工缴纳的基本养老保险费。

②失业保险费　指企业按照国家规定标准为职工缴纳的失业保险费。

③医疗保险费　指企业按照规定标准为职工缴纳的基本医疗保险费。

4)住房公积金　指企业按规定标准为职工缴纳的住房公积金。

5)危险作业意外伤害保险　指按照建筑法规定，企业为从事危险作业的建筑安装施工人员支付的意外伤害保险费。

(2)企业管理费　指建筑安装企业组织施工生产和经营管理所需费用。内容包括：

1)管理人员工资　指管理人员的基本工资、工资性补贴、职工福利费、劳动保护费等。

2)办公费　指企业管理办公用的文具、纸张、账表、印刷、邮电、书报、会议、水电、烧水和集体取暖(包括现场临时宿舍取暖)用煤等费用。

3)差旅交通费　指职工因公出差、调动工作的差旅费、住勤补助费，市内交通费和误餐补助费，职工探亲路费，劳动力招募费，职工离退休、退职一次性路费，工伤人员就医路费，工地转移费以及管理部门使用的交通工具的油料、燃料、养路费及牌照费。

4)固定资产使用费　指管理和试验部门及附属生产单位使用的属于固定资产的房屋、设备仪器等的折旧、大修、维修或租赁费。

5)工具用具使用费　指管理使用的不属于固定资产的生产工具、器具、家具、交通工具和检

验、试验、测绘、消防用具等的购置、维修和摊销费。

6)劳动保险费 指由企业支付离退休职工的易地安家补助费、职工退职金、六个月以上的病假人员工资、职工死亡丧葬补助费、抚恤费、按规定支付给离休干部的各项经费。

7)工会经费 指企业按职工工资总额计提的工会经费。

8)职工教育经费 指企业为职工学习先进技术和提高文化水平，按职工工资总额计提的费用。

9)财产保险费 指施工管理用财产、车辆保险。

10)财务费 指企业为筹集资金而发生的各种费用。

11)税金 指企业按规定缴纳的房产税、车船使用税、土地使用税、印花税等。

12)其他 包括技术转让费、技术开发费、业务招待费、绿化费、广告费、公证费、法律顾问费、审计费、咨询费等。

2. 间接费的计算方法

间接费的计算方法按取费基数的不同分为以下三种：

(1)以直接费为计算基础

间接费＝直接费合计×间接费费率(%)

(2)以人工费和机械费合计为计算基础

间接费＝人工费和机械费合计×间接费费率(%)

间接费费率(%)＝规费费率(%)＋企业管理费费率(%)

(3)以人工费为计算基础

间接费＝人工费合计×间接费费率(%)

3. 规费费率和企业管理费费率

规费费率和企业管理费费率的确定按如下公式进行：

(1)规费费率 根据本地区典型工程发承包价的分析资料综合取定规费计算中所需数据：

1)每万元发承包价中人工费含量和机械费含量。

2)人工费占直接费的比例。

3)每万元发承包价中所含规费缴纳标准的各项基数。

规费费率的计算公式：

1)以直接费为计算基础

$$\text{规费费率}(\%)=\frac{\sum\text{规费缴纳标准}\times\text{每万元发承包价计算基数}}{\text{每万元发承包价中的人工费含量}}\times\text{人工费占直接费的比例}(\%)$$

2)以人工费和机械费合计为计算基础

$$\text{规费费率}(\%)=\frac{\sum\text{规费缴纳标准}\times\text{每万元发承包价计算基数}}{\text{每万元发承包价中的人工费含量和机械费含量}}\times 100\%$$

3)以人工费为计算基础

$$\text{规费费率}(\%)=\frac{\sum\text{规费缴纳标准}\times\text{每万元发承包价计算基数}}{\text{每万元发承包价中的人工费含量}}\times 100\%$$

(2)企业管理费费率 计算公式：

1)以直接费为计算基础

$$企业管理费费率(\%)=\frac{生产工人年平均管理费}{年有效施工天数\times人工单价}\times人工费占直接费比例(\%)$$

2)以人工费和机械费合计为计算基础

$$企业管理费费率(\%)=\frac{生产工人年平均管理费}{年有效施工天数\times(人工单价+每一工日机械使用费)}\times100\%$$

3)以人工费为计算基础

$$企业管理费费率(\%)=\frac{生产工人年平均管理费}{年有效施工天数\times人工单价}\times100\%$$

三、利润

利润是指施工企业完成所承包工程后获得的盈利。利润的计算方法参见本节“五、工程计价程序”中相关内容。

四、税金

税金是指国家税法规定的应计入建筑安装工程造价内的营业税、城市维护建设税及教育费附加等。

营业税的税额为营业额的3%。根据2009年1月1日起施行的《中华人民共和国营业税暂行条例》规定，营业额是指纳税人从事建筑、安装、修缮、装饰及其他工程作业收取的全部收入，还包括建筑、修缮、装饰工程所用原材料及其他物质和动力的价款在内，当安装的设备的价值作为安装工程产值时，也包括所安装设备的价款。但建筑工程分包给其他单位的，以其取得的全部价款和价外费用扣除其支付给其他单位的分包款后的余额作为营业额。

城市建设维护税。纳税人所在地为市区的，按营业税的7%征收；纳税人所在地为县城镇，按营业税的5%征收；纳税人所在地不为市区县城镇的，按营业税的1%征收，并与营业税同时交纳。

教育费附加，一律按营业税的3%征收，也同营业税同时交纳。即使办有职工子弟学校的建筑安装企业，也应当先交纳教育费附加，教育部门可根据企业的办学情况，酌情返还给办学单位，作为对办学经费的补贴。

根据上述规定，现行应缴纳的税金计算式如下：

$$税金=(税前造价+利润)\times税率(\%)$$

税率的计算为：

(1)纳税地点在市区的企业

$$税率(\%)=\frac{1}{1-3\%-(3\%\times7\%)-(3\%\times3\%)}-1$$

(2)纳税地点在县城、镇的企业

$$税率(\%)=\frac{1}{1-3\%-(3\%\times5\%)-(3\%\times3\%)}-1$$

(3)纳税地点不在市区、县城、镇的企业

$$税率(\%)=\frac{1}{1-3\%-(3\%\times1\%)-(3\%\times3\%)}-1$$

五、工程计价程序

根据原建设部第107号部令《建筑工程施工发包与承包计价管理办法》的规定，发包与承包价的计算方法分为工料单价法和综合单价法，计价程序如下。

1. 工料单价法计价程序

工料单价法是以分部分项工程量乘以单价后的合计为直接工程费,直接工程费以人工、材料、机械的消耗量及其相应价格确定。直接工程费汇总后另加间接费、利润、税金生成工程发承包价,其计算程序分为三种:

(1)以直接费为计算基础(表 1-1)。

表 1-1 以直接费为基础的工料单价法计价程序

序 号	费 用 项 目	计 算 方 法	备 注
1	直接工程费	按预算表	
2	措施费	按规定标准计算	
3	小计	1+2	
4	间接费	3×相应费率	
5	利润	(3+4)×相应利润率	
6	合计	3+4+5	
7	含税造价	6×(1+相应税率)	

(2)以人工费和机械费为计算基础(表 1-2)。

表 1-2 以人工费和机械费为基础的工料单价法计价程序

序 号	费 用 项 目	计 算 方 法	备 注
1	直接工程费	按预算表	
2	其中人工费和机械费	按预算表	
3	措施费	按规定标准计算	
4	其中人工费和机械费	按规定标准计算	
5	小计	1+3	
6	人工费和机械费小计	2+4	
7	间接费	6×相应费率	
8	利润	6×相应利润率	
9	合计	5+7+8	
10	含税造价	9×(1+相应税率)	

(3)以人工费为计算基础(表 1-3)。

表 1-3 以人工费为基础的工料单价法的计价程序

序 号	费 用 项 目	计 算 方 法	备 注
1	直接工程费	按预算表	
2	直接工程费中人工费	按预算表	
3	措施费	按规定标准计算	
4	措施费中人工费	按规定标准计算	
5	小计	1+3	

表 1-3(续)

序　号	费 用 项 目	计 算 方 法	备 注
6	人工费小计	2+4	
7	间接费	6×相应费率	
8	利润	6×相应利润率	
9	合计	5+7+8	
10	含税造价	9×(1+相应税率)	

2. 综合单价法计价程序

综合单价法是分部分项工程单价为全费用单价，全费用单价经综合计算后生成，其内容包括直接工程费、间接费、利润和税金(措施费也可按此方法生成全费用价格)。

各分项工程量乘以综合单价的合价汇总后，生成工程发承包价。

由于各分部分项工程中的人工、材料、机械含量的比例不同，各分项工程可根据其材料费占人工费、材料费、机械费合计的比例(以字母“C”代表该项比值)在以下三种计算程序中选择一种计算其综合单价。

(1)当 $C>C_0$(C_0 为本地区原费用定额测算所选典型工程材料费占人工费、材料费、和机械费合计的比例)时，可采用以人工费、材料费、机械费合计为基数计算该分项的间接费和利润(表 1-4)。

表 1-4　以直接费为基础的综合单价法计价程序

序　号	费 用 项 目	计 算 方 法	备 注
1	分项直接工程费	人工费+材料费+机械费	
2	间接费	1×相应费率	
3	利润	(1+2)×相应利润率	
4	合计	1+2+3	
5	含税造价	4×(1+相应税率)	

(2)当 $C<C_0$ 值的下限时，可采用以人工费和机械费合计为基数计算该分项的间接费和利润(表 1-5)。

表 1-5　以人工费和机械费为基础的综合单价计价程序

序　号	费 用 项 目	计 算 方 法	备 注
1	分项直接丄程费	人工费+材料费+机械费	
2	其中人工费和机械费	人工费+机械费	
3	间接费	2×相应费率	
4	利润	2×相应利润率	
5	合计	1+3+4	
6	含税造价	5×(1+相应税率)	

(3)如该分项的直接费仅为人工费，无材料费和机械费时，可采用以人工费为基数计算该分项的间接费和利润(表 1-6)。

表 1-6　以人工费为基础的综合单价计价程序

序号	费用项目	计算方法	备注
1	分项直接工程费	人工费＋材料费＋机械费	
2	直接工程费中人工费	人工费	
3	间接费	2×相应费率	
4	利润	2×相应利润率	
5	合计	1＋3＋4	
6	含税造价	5×(1＋相应税率)	

第二章　建设工程定额计价

第一节　工程定额体系

一、定额基础知识

（一）定额的概念

定额是在正常的施工生产条件下，完成单位合格产品所必需的人工、材料、施工机械设备及其资金消耗的数量标准。不同的产品有不同的质量要求，因此，不能把定额看成是单纯的数量关系，而应看成是质和量的统一体。考察个别的生产过程中的因素不能形成定额，只有从考察总体生产过程中的各生产因素，归结出社会平均必须的数量标准，才能形成定额。同时，定额反映一定时期的社会生产力水平。

所谓定额，就是进行生产经营活动时，在人力、物力、财力消耗方面所应遵守或达到的数量标准。在建筑生产中，为了完成建筑产品，必须消耗一定数量的劳动力、材料和机械台班以及相应的资金，在一定的生产条件下，用科学方法制定出的生产质量合格的单位建筑产品所需要的劳动力、材料和机械台班等的数量标准，就称为建筑工程定额。

（二）定额的特点

1. 权威性

工程建设定额具有很大权威，这种权威在一些情况下具有经济法规性质。权威性反映统一的意志和统一的要求，也反映信誉和信赖程度以及反映定额的严肃性。

工程建设定额权威性的客观基础是定额的科学性。只有科学的定额才具有权威，但是在社会主义市场经济条件下，它必然涉及各有关方面的经济关系和利益关系。赋予工程建设定额以一定的权威性，就意味着在规定的范围内，对于定额的使用者和执行者来说，不论主观上愿意不愿意，都必须按定额的规定执行。在当前市场不规范的情况下，赋予工程建设定额以权威性是十分重要的。但是在竞争机制引入工程建设的情况下，定额的水平必然会受市场供求状况的影响，从而在执行中可能产生定额水平的浮动。

应该指出的是，在社会主义市场经济条件下，对定额的权威性不应该绝对化。定额毕竟是主观对客观的反映，定额的科学性会受到人们认识的局限。与此同时，定额的权威性也就会受到削弱核心的挑战。更为重要的是，随着投资体制的改革和投资主体多元化格局的形成，随着企业经营机制的转换，它们都可以根据市场的变化和自身的情况，自主地调整自己的决策行为。因此在这里，一些与经营决策有关的工程建设定额的权威性特征就弱化了。

2. 科学性

工程建设定额的科学性首先表现在定额是在认真研究客观规律的基础上，自觉地遵守客观规律的要求，实事求是地制定的。因此，它能正确地反映单位产品生产所必需的劳动量，从而以最少的劳动消耗来取得最大的经济效果，促进劳动生产率的不断提高。

定额的科学性还表现在制定定额所采用的方法上，通过不断吸收现代科学技术的新成就，不断完善，形成了一套严密完整的确定定额水平的科学方法。这些方法不仅在实践中已经行之有效，而且还有利于研究建筑产品生产过程中的工时利用情况，从中找出影响劳动消耗的各种主客观因素，设计出合理的施工组织方案，挖掘生产潜力，提高企业管理水平，减少以至杜绝生产中的浪费现象，促进生产的不断发展。

3. 统一性

工程建设定额的统一性，主要是由国家对经济发展的有计划的宏观调控职能决定的。为了使国民经济按照既定的目标发展，就需要借助于某些标准、定额、参数等，对工程建设进行规划、组织、调节、控制。而这些标准、定额、参数只有在一定的范围内是一种统一的尺度，才能实现上述职能，才能利用它对项目的决策、设计方案、投标报价、成本控制进行比选和评价。

工程建设定额的统一性按照其影响力和执行范围来看，有全国统一定额，地区统一定额和行业统一定额等；按照定额的制定、颁布和贯彻使用来看，有统一的程序、统一的原则、统一的要求和统一的用途。

在生产资料私有制的条件下，定额的统一性是很难想象的，可能仅仅只是工程量计算规则的统一和信息提供。我国工程建设定额的统一性和工程建设本身的巨大投入和巨大产出有关。它对国民经济的影响不仅表现在投资的总规模和全部建设项目的投资效益等方面，而且往往还表现在具体建设项目的投资数额及其投资效益方面，因而需要借助统一的工程建设定额进行社会监督。这一点和工业生产、农业生产中的工时定额、原材料定额也是不同的。

4. 稳定性与时效性

工程建设定额中的任何一种都是一定时期技术发展和管理水平的反映，因而在一段时间内都表现出稳定的状态。稳定的时间有长有短，一般在 5 年至 10 年之间。保持定额的稳定性是维护定额的权威性所必需的，更是有效地贯彻定额所需要的。如果某种定额处于经常修改变动之中，那么必然会造成执行中出现困难和混乱，使人们感到没有必要去认真对待它，容易导致定额权威性的丧失。工程建设定额的不稳定也会给定额的编制工作带来极大的困难。

但是工程建设定额的稳定性是相对的。当生产力向前发展了，定额就会与已经发展了的生产力不相适应。这样，它原有的作用就会逐步减弱以至消失，需要重新编制或修订。

5. 系统性

工程建设定额是相对独立的系统。它是由多种定额结合而成的有机的整体。它的结构复杂，有鲜明的层次，有明确的目标。

工程建设定额的系统性是由工程建设的特点决定的。按照系统论的观点，工程建设就是庞大的实体系统。工程建设定额是为这个实体系统服务的。因而工程建设本身的多种类、多层次就决定了以它为服务对象的工程建设定额的多种类、多层次。从整个国民经济来看，进行固定资产生产和再生产的工程建设，是一个有多项工程集合体的整体。其中包括农林水利、轻纺、机械、煤炭、电力、石油、冶金、化工、建材工业、交通运输、邮电工程，以及商业物资、科学教育文化、卫生体育、社会福利和住宅工程等等。这些工程的建设都有严格的项目划分，如建设项目、单项工程、单位工程、分部分项工程；在计划和实施过程中有严密的逻辑阶段，如规划、可行性研究、设计、施工、竣工交付使用，以及投入使用后的维修。与此相适应必然形成工程建设定额的多种类、多层次。

(三)定额的作用

在工程建设和企业管理中，确定和执行先进合理的定额是技术和经济管理工作中的重要一环。在工程项目的计划、设计和施工中，定额具有以下几方面的作用：

1. 定额是编制计划的基础

工程建设活动需要编制各种计划来组织与指导生产，而计划编制中又需要各种定额来作为计算人力、物力、财力等资源需要量的依据。定额是编制计划的重要基础。

2. 定额是确定工程造价的依据和评价设计方案经济合理性的尺度

工程造价是根据由设计规定的工程规模、工程数量及相应需要的劳动力、材料、机械设备消耗量及其他必须消耗的资金确定的。其中，劳动力、材料、机械设备的消耗量又是根据定额计算出来的，定额是确定工程造价的依据。同时，建设项目投资的大小又反映了各种不同设计方案技术经济水平的高低。因此，定额又是比较和评价设计方案经济合理性的尺度。

3. 定额是组织和管理施工的工具

建筑企业要计算、平衡资源需要量，组织材料供应，调配劳动力，签发任务单，组织劳动竞赛，调动人的积极因素，考核工程消耗和劳动生产率，贯彻按劳分配工资制度，计算工人报酬等，都要利用定额。因此，从组织施工和管理生产的角度来说，企业定额又是建筑企业组织和管理施工的工具。

4. 定额是总结先进生产方法的手段

定额是在平均先进的条件下，通过对生产流程的观察、分析、综合等过程制定的，它可以最严格地反映出生产技术和劳动组织的先进合理程度。因此，我们就可以以定额方法为手段，对同一产品在同一操作条件下的不同的生产方法进行观察、分析和总结，从而得到一套比较完整的、优良的生产方法，作为生产中推广的范例。

由此可见，定额是实现工程项目，确定人力、物力和财力等资源需要量，有计划地组织生产，提高劳动生产率，降低工程造价，完成和超额完成计划的重要的技术经济工具，是工程管理和企业管理的基础。

二、投资估算指标

(一)投资估算指标的概念

投资估算指标用于编制投资估算，往往以独立的单项工程或完整的工程项目为计算对象，其主要作用是为项目决策和投资控制提供依据。投资估算指标比其他各种计价定额具有更大的综合性和概括性。依据投资估算指标的综合程度可分为：建设项目指标、单项工程指标和单位工程指标。

建设项目投资指标有两种：一是工程总投资或总造价指标；二是以生产能力或其他计量单位为计算单位的综合投资指标。单项工程指标一般以生产能力等为计算单位，包括建筑安装工程费、设备及工器具购置以及应计入单项工程投资的其他费用。单位工程指标一般以 m^2、m^3、座等为单位。

估算指标应列出工程内容、结构特征等资料，以便应用时依据实际情况进行必要的调整。

(二)投资估算指标的编制

投资估算指标的编制一般分为三个阶段进行：

(1)收集整理资料阶段　收集整理已建成或正在建设的，符合现行技术政策和技术发展方向、有可能重复采用的、有代表性的工程设计施工图、标准设计以及相应的竣工决算或施工图预算资料等，这些资料是编制工作的基础，资料收集得越广泛，反映出的问题越多，编制工作考虑得越全面，就越有利于提高投资估算指标的实用性和覆盖面。同时，对调查收集到的资料要选择占投资比重大、相互关联多的项目进行认真的分析整理，由于已建成或正在建设的工程的设计意图、建设时间和地点、资料的基础等不同，相互之间的差异很大，需要去粗取精、去伪存真地加以整理，才能重复利用。将整理后的数据资料按项目划分栏目加以归类，按照编制年度的现行定额、费用标准和价格，调整成编制年度的造价水平及相互比例。

(2)平衡调整阶段　由于调查收集的资料来源不同，虽然经过一定的分析整理，但难免会由于设计方案、建设条件和建设时间上的差异带来的某些影响，使数据失准或漏项等，必须对有关资料进行综合平衡调整。

(3)测算审查阶段　测算是将新编的指标和选定工程的概预算，在同一价格条件下进行比较，检验其“量差”的偏离程度是否在允许偏差的范围之内，如偏差过大，则要查找原因，进行修正，以保证指标的确切、实用。测算同时也是对指标编制质量进行的一次系统检查，应由专人进行，以保持测算口径的统一，在此基础上组织有关专业人员予以全面审查定稿。

三、概算定额

(一)概算定额的概念

概算定额是指生产一定计量单位的经扩大的建筑工程结构构件或分部分项工程所需要的人工、材料和机械台班的消耗数量及费用的标准。

概算定额是在预算定额的基础上，根据有代表性的建筑工程通用图和标准图等资料，进行综合、扩大和合并而成。因此，建筑工程概算定额，亦称“扩大结构定额”。

概算定额与预算定额的相同处，是都以建(构)筑物各个结构部分和分部分项工程为单位表示的，内容也包括人工、材料和机械台班使用量定额三个基本部分，并列有基准价。

概算定额表达的主要内容、表达的主要方式及基本使用方法都与综合预算定额相近。

$$
\begin{aligned}
\text{定额基准价} &= \text{定额单位人工费} + \text{定额单位材料费} + \text{定额单位机械费} \\
&= \text{人工概算定额消耗量} \times \text{人工工资单价} + \\
&\quad \sum(\text{材料概算定额消耗量} \times \text{材料预算价格}) + \\
&\quad \sum(\text{施工机械概算定额消耗量} \times \text{机械台班费用单价})
\end{aligned}
$$

概算定额与预算定额的不同处，在于项目划分和综合扩大程度上的差异，同时，概算定额主要用于设计概算的编制。由于概算定额综合了若干分项工程的预算定额，因此使概算工程量计算和概算表的编制，都比编制施工图预算简化了很多。

编制概算定额时，应考虑到能适应规划、设计、施工各阶段的要求。概算定额与预算定额应保持一致水平，即在正常条件下，反映大多数企业的设计、生产及施工管理水平。

概算定额的内容和深度是以预算定额为基础的综合与扩大。在合并中不得遗漏或增加细目，以保证定额数据的严密性和正确性。概算定额务必简化、准确和适用。

(二)概算定额的作用

(1)概算定额是在扩大初步设计阶段编制概算，技术设计阶段编制修正概算的主要依据。

(2)概算定额是编制建筑安装工程主要材料申请计划的基础。

(3)概算定额是进行设计方案技术经济比较和选择的依据。

(4)概算定额是编制概算指标的计算基础。

(5)概算定额是确定基本建设项目投资额、编制基本建设计划、实行基本建设大包干、控制基本建设投资和施工图预算造价的依据。

因此，正确合理地编制概算定额对提高设计概算的质量，加强基本建设经济管理，合理使用建设资金、降低建设成本，充分发挥投资效果等方面，都具有重要的作用。

(三)概算定额的编制

1. 概算定额编制的原则

为了提高设计概算质量，加强基本建设经济管理，合理使用国家建设资金，降低建设成本，充分发挥投资效果，在编制概算定额时必须遵循以下原则：

(1)使概算定额适应设计、计划、统计和拨款的要求，更好地为基本建设服务。

(2)概算定额水平的确定，应与预算定额的水平基本一致。必须是反映正常条件下大多数企业的设计、生产施工管理水平。

(3)概算定额的编制深度，要适应设计深度的要求，项目划分，应坚持简化、准确和适用的原则。以主体结构分项为主，合并其他相关部分，进行适当综合扩大；概算定额项目计量单位的确定，与预算定额要尽量一致；应考虑统筹法及应用电子计算机编制的要求，以简化工程量和概算的计算编制。

(4)为了稳定概算定额水平，统一考核尺度和简化计算工程量，编制概算定额时，原则上不留活口，对于设计和施工变化多而影响工程量多、价差大的，应根据有关资料进行测算，综合取定常用数值，对于其中还包括不了的个性数值，可适当留些活口。

2. 概算定额的编制依据

概算定额编制的依据主要有：

(1)现行的全国通用的设计标准、规范和施工验收规范。

(2)现行的预算定额。

(3)标准设计和有代表性的设计图纸。

(4)过去颁发的概算定额。

(5)现行的人工工资标准、材料预算价格和施工机械台班单价。

(6)有关施工图预算和结算资料。

3. 概算定额的编制方法

(1)定额计量单位确定　概算定额计量单位基本上按预算定额的规定执行，但是单位的内容扩大，仍用米、平方米和立方米等。

(2)确定概算定额与预算定额的幅度差　由于概算定额是在预算定额基础上进行适当的合并与扩大。因此，在工程量取值、工程的标准和施工方法确定上需综合考虑，且定额与实际应用必然会产生一些差异。这种差异国家允许预留一个合理的幅度差，以便依据概算定额编制的设计概算能控制住施工图预算。概算定额与预算定额之间的幅度差，国家规定一般控制在百分之五以内。

(3)定额小数取位　概算定额小数取位与预算定额相同。

(四)概算定额的内容

概算定额内容：由文字说明和定额表两部分组成。

(1)文字说明　包括总说明和各章节的说明，在总说明中，主要对编制的依据、用途、适用范围、工程内容、有关规定、取费标准和概算造价计算方法等进行阐述。

在分章说明中，包括分部工程量的计算规则、说明、定额项目的工程内容等。

(2)定额表格式　定额表头注有本节定额的工作内容，定额的计量单位(或在表格内)。表格内有基价、人工、材料和机械费，主要材料消耗量等。

四、预算定额

(一)预算定额的概念

预算定额,是规定消耗在合格质量的单位工程基本构造要素上的人工、材料和机械台班的数量标准,是计算建筑安装产品价格的基础。

所谓基本构造要素,即通常所说的分项工程和结构构件。预算定额按工程基本构造要素规定劳动力、材料和机械的消耗数量,以满足编制施工图预算、规划和控制工程造价的要求。

预算定额是工程建设中的一项重要的技术经济文件,它的各项指标反映了在完成规定计量单位符合设计标准和施工质量验收规范要求的分项工程消耗的劳动和物化劳动的数量限度。这种限度最终决定着单项工程和单位工程的成本和造价。

预算定额是由国家主管部门或其授权机关组织编制、审批并颁发执行。在现阶段,预算定额是一种法令性指标,是对基本建设实行宏观调控和有效监督的重要工具。各地区、各基本建设部门都必须严格执行,只有这样,才能保证全国的工程有一个统一的核算尺度,使国家对各地区、各部门工程设计、经济效果与施工管理水平进行统一的比较与核算。

预算定额按照表现形式可分为预算定额、单位估价表和单位估价汇总表三种。在现行预算定额中一般都列有基价,像这种既包括定额人工、材料和施工机械台班消耗量又列有人工费、材料费、施工机械使用费和基价的预算定额,我们称它为"单位估价表"。这种预算定额可以满足企业管理中不同用途的需要,并可以按照基价计算工程费用,用途较广泛,是现行定额中的主要表现形式。单位估价汇总表简称为"单价",它只表现"三费"即人工费、材料费和施工机械使用费以及合计,因此可以大大减少定额的篇幅,为编制工程预算查阅单价带来方便。

预算定额按照综合程度,可分为预算定额和综合预算定额。综合预算定额是在预算定额基础上,对预算定额的项目进一步综合扩大,使定额项目减少,更为简便适用,可以简化编制工程预算的计算过程。

(二)预算定额编制

1. 预算定额编制依据

预算定额编制的依据主要包括:

(1)现行劳动定额和施工定额。预算定额是在现行劳动定额和施工定额的基础上编制的。预算定额中劳力、材料、机械台班消耗水平,需要根据劳动定额或施工定额取定;预算定额的计量单位的选择,也要以施工定额为参考,从而保证两者的协调和可比性,减轻预算定额的编制工作量,缩短编制时间。

(2)现行设计规范、施工验收规范和安全操作规程。预算定额在确定劳力、材料和机械台班消耗数量时,必须考虑上述各项法规的要求和影响。

(3)具有代表性的典型工程施工图及有关标准图。对这些图纸进行仔细分析研究,并计算出工程数量,作为编制定额时选择施工方法、确定定额含量的依据。

(4)新技术、新结构、新材料和先进的施工方法等。这类资料是调整定额水平和增加新的定额项目所必需的依据。

(5)有关科学试验、技术测定和统计、经验资料。这类资料是确定定额水平的重要依据。

(6)现行的预算定额、材料预算价格及有关文件规定等。包括过去定额编制过程中积累的基础资料，也是编制预算定额的依据和参考。

2. 预算定额编制步骤

预算定额的编制一般按下列几个步骤进行：

(1)准备阶段　在这个阶段，主要是根据收集到的有关资料和国家政策性文件，拟定编制方案，对编制过程中易出现的一些重大原则问题做出统一规定。

(2)编制预算定额初稿，测算预算定额水平。

1)编制预算定额初稿　在这个阶段，根据确定的定额项目和基础资料，进行反复分析和测算，编制定额项目劳动力计算表、材料及机械台班计算表，并附注有关计算说明，然后汇总编制预算定额项目表，即预算定额初稿。

2)预算定额水平测算　新定额编制成稿，必须与原定额进行对比测算，分析水平升降原因。一般新编定额的水平应该不低于历史上已经达到过的水平，并略有提高。在定额水平测算前，必须编出同一工人工资、材料价格、机械台班费的新旧两套定额的工程单价。

(3)修改定稿、整理资料阶段。

1)印发征求意见　定额编制初稿完成后，需要征求各有关方面意见和组织讨论，反馈意见。在统一意见的基础上整理分类，制定修改方案。

2)修改整理报批　按修改方案的决定，将初稿按照定额的顺序进行修改，并经审核无误后形成报批稿，经批准后交付印刷。

3)撰写编制说明　为顺利地贯彻执行定额，需要撰写新定额编制说明。其内容包括：项目、子目数量；人工、材料、机械的内容范围；资料的依据和综合取定情况；定额中允许换算和不允许换算规定的计算资料；工人、材料、机械单价的计算和资料；施工方法、工艺的选择及材料运距的考虑；各种材料损耗率的取定资料；调整系数的使用；其他应该说明的事项与计算数据、资料。

4)立档、成卷　定额编制资料是贯彻执行定额中需查对资料的唯一依据，也为修编定额提供历史资料数据，应作为技术档案永久保存。

3. 预算定额编制方法

(1)预算定额编制中的主要工作

1)定额项目的划分　因建筑产品结构复杂，形体庞大，所以要就整个产品来计价是不可能的。但可根据不同部位、不同消耗或不同构件，将庞大的建筑产品分解成各种不同的较为简单、适当的计量单位(称为分部分项工程)，作为计算工程量的基本构造要素，在此基础上编制预算定额项目。确定定额项目时要求：

①便于确定单位估价表；

②便于编制施工图预算；

③便于进行计划、统计和成本核算工作。

2)工程内容的确定　基础定额子目中人工、材料消耗量和机械台班使用量是直接由工程内容确定的，所以，工程内容范围的规定是十分重要的。

3)确定预算定额的计量单位　预算定额与施工定额计量单位往往不同。施工定额的计量单位一般按工序或施工过程确定；而预算定额的计量单位主要是根据分部分项工程和结构构件的形体特征及其变化确定。由于工作内容综合，预算定额的计量单位亦具有综合的性质。工程量计算规则的规定应确切反映定额项目所包含的工作内容。

预算定额的计量单位关系到预算工作的繁简和准确性。因此，要正确地确定各分部分项工程的计量单位。

4)确定施工方法　编制预算定额所取定的施工方法,必须选用正常的、合理的施工方法用以确定各专业的工程和施工机械。

5)确定预算定额中人工、材料、施工机械消耗量　确定预算定额人工、材料、机械台班消耗指标时,必须先按施工定额的分项逐项计算出消耗指标,然后,再按预算定额的项目加以综合。但是,这种综合不是简单的合并和相加,而需要在综合过程中增加两种定额之间的适当的水平差。预算定额的水平,首先取决于这些消耗量的合理确定。

人工、材料和机械台班消耗量指标,应根据定额编制原则和要求,采用理论与实际相结合、图纸计算与施工现场测算相结合、编制人员与现场工作人员相结合等方法进行计算和确定,使定额既符合政策要求,又与客观情况一致,便于贯彻执行。

6)编制定额表和拟定有关说明　定额项目表的一般格式是:横向排列为各分项工程的项目名称,竖向排列为分项工程的人工、材料和施工机械消耗量指标。有的项目表下部还有附注以说明设计有特殊要求时,怎样进行调整和换算。

预算定额的主要内容包括:目录,总说明,各章、节说明,定额表以及有关附录等。

(2)人工工日消耗量的确定　预算定额中人工工日消耗量是指在正常施工生产条件下,生产单位合格产品必需消耗的人工工日数量,是由分项工程所综合的各个工序劳动定额包括的基本用工、其他用工以及劳动定额与预算定额工日消耗量的幅度差三部分组成的。

1)基本用工　基本用工指完成单位合格产品所必需消耗的技术工种用工。包括:

①完成定额计量单位的主要用工　按综合取定的工程量和相应劳动定额进行计算。计算公式如下:

$$基本用工=\sum(综合取定的工程量\times劳动定额)$$

例如:工程实际中的砖基础,有一砖厚,一砖半厚,二砖厚等之分,用工各不相同,在预算定额中由于不区分厚度,需要按统计的比例,加权平均(即上述公式中的综合取定)得出用工。

②按劳动定额规定应增加计算的用工量。例如:砖基础埋深超过1.5m,超过部分要增加用工。预算定额中应按一定比例给予增加。又例如砖墙项目要增加附墙烟囱孔、垃圾道、壁橱等零星组合部分的加工。

③由于预算定额以劳动定额子目综合扩大的,包括的工作内容较多,施工的工效视具体部位而不一样,需要另外增加用工,列入基本用工内。

2)其他用工　预算定额内的其他用工,包括材料超运距运输用工和辅助工作用工。

①材料超运距用工　指预算定额取定的材料、半成品等运距,超过劳动定额规定的运距应增加的工日。其用工量以超运距(预算定额取定的运距减去劳动定额取定的运距)和劳动定额计算。计算公式如下:

$$超运距用工=\sum(超运距材料数量\times时间定额)$$

②辅助工作用工　指劳动定额中未包括的各种辅助工序用工,如材料的零星加工用工、土建工程的筛砂子、淋石灰膏、洗石子等增加的用工量。辅助工作用工量一般按加工的材料数量乘以时间定额计算。

3)人工幅度差　指预算定额对在劳动定额规定的用工范围内没有包括,而在一般正常情况下又不可避免的一些零星用工,常以百分率计算。一般在确定预算定额用工量时,按基本用工、超运距用工、辅助工作用工之和的10%～15%范围内取定。其计算公式为:

$$人工幅度差(工日)=(基本用工+超运距用工+辅助用工)\times人工幅度差百分率$$

(3)材料消耗量计算　预算定额中的材料消耗量是在合理和节约使用材料的条件下,生产单位假定建筑安装产品(即分部分项工程或结构件)必须消耗的一定品种规格的材料、半成品、构配件等的数量标准。材料消耗量计算方法主要有:

1)凡有标准规格的材料,按规范要求计算定额计量单位的耗用量,如砖、防水卷材、块料面层等。

2)凡设计图纸标注尺寸及下料要求的按设计图纸尺寸计算材料净用量,如门窗制作用材料,方、板料等。

3)换算法　各种胶结、涂料等材料的配合比用料,可以根据要求条件换算,得出材料用量。

4)测定法　包括试验室试验法和现场观察法。指各种强度等级的混凝土及砌筑砂浆配合比的耗用原材料数量的计算,需按照规范要求试配经过试压合格以后并经过必要的调整后得出的水泥、砂子、石子、水的用量。对新材料、新结构又不能用其他方法计算定额消耗用量时,需用现场测定方法来确定,根据不同条件可以采用写实记录法和观察法,得出定额的消耗量。

材料损耗量,指在正常条件下不可避免的材料损耗,如现场内材料运输及施工操作过程中的损耗等。其关系式如下:

材料损耗率=损耗量/净用量×100%

材料损耗量=材料净用量×损耗率

材料消耗量=材料净用量+损耗量

或　　材料消耗量=材料净用量×(1+损耗率)

其他材料的确定。一般按工艺测算并在定额项目材料计算表内列出名称、数量,并依编制期价格以其他材料占主要材料的比率计算,列在定额材料栏之下,定额内可不列材料名称及消耗量。

(4)机械台班消耗量的计算　预算定额中的机械台班消耗量是指在正常施工条件下,生产单位合格产品(分部分项工程或结构件)必需消耗的某类某种型号施工机械的台班数量。它由分项工程综合的有关工序劳动定额确定的机械台班消耗量以及劳动定额与预算定额的机械台班幅度差组成。

垂直运输机械依工期定额分别测算台班量,以台班/100m^2 建筑面积表示。

确定预算定额中的机械台班消耗量指标,应根据《全国统一建筑安装工程劳动定额》中各种机械施工项目所规定的台班产量加机械幅度差进行计算。若按实际需要计算机械台班消耗量,不应再增加机械幅度差。

机械幅度差是指在劳动定额(机械台班量)中未曾包括的,而机械在合理的施工组织条件下所必需的停歇时间,在编制预算定额时,应予以考虑。其内容包括:

1)施工机械转移工作面及配套机械互相影响损失的时间;

2)在正常的施工情况下,机械施工中不可避免的工序间歇;

3)检查工程质量影响机械操作的时间;

4)临时水、电线路在施工中移动位置所发生的机械停歇时间;

5)工程结尾时,工作量不饱满所损失的时间　机械幅度差系数一般根据测定和统计资料取定。大型机械幅度差系数为:土方机械 1.25,打桩机械 1.33,吊装机械 1.3,其他均按统一规定的系数计算。

由于垂直运输用的塔吊、卷扬机及砂浆,混凝土搅拌机是按小组配合,应以小组产量计算机械台班产量,不另增加机械幅度差。

综上所述，预算定额的机械台班消耗量按下式计算：

预算定额机械耗用台班＝施工定额机械耗用台班×(1＋机械幅度差系数)

占比重不大的零星小型机械按劳动定额小组成员计算出机械台班使用量，以“机械费”或“其他机械费”表示，不再列台班数量。

五、施工定额

(一)施工定额概述

1. 施工定额的概念

施工定额是以同一性质的施工过程或工序为测定对象，确定建筑安装工人在正常施工条件下，为完成单位合格产品所需劳动、机械、材料消耗的数量标准，建筑安装企业定额一般称为施工定额。施工定额是施工企业直接用于建筑工程施工管理的一种定额。施工定额是由劳动定额、材料消耗定额和机械台班定额组成，是最基本的定额。

2. 施工定额的编制水平

定额水平是指规定消耗在单位产品上的劳动、机械和材料数量的多寡。施工定额的水平应直接反映劳动生产率水平，也反映劳动和物质消耗水平。

所谓平均先进水平，是指在正常条件下，多数施工班组或生产者经过努力可以达到，少数班组或生产者可以接近，个别班组或生产者可以超过的水平。通常，它低于先进水平，略高于平均水平。这种水平使先进的班组和工人感到有一定压力，大多数处于中间水平的班组或工人感到定额水平可望也可及。平均先进水平不迁就少数落后者，而是使他们产生努力工作的责任感，尽快达到定额水平。所以，平均先进水平是一种鼓励先进、勉励中间、鞭策后进的定额水平。贯彻“平均先进”的原则，才能促进企业科学管理和不断提高劳动生产率，进而达到提高企业经济效益的目的。

(二)劳动定额

1. 劳动定额的概念与作用

(1)劳动定额的概念　劳动定额又称人工定额，是建筑安装工人在正常的施工(生产)条件下、在一定的生产技术和生产组织条件下、在平均先进水平的基础上制定的。它表明每个建筑安装工人生产单位合格产品所必须消耗的劳动时间，或在单位时间内所生产的合格产品的数量。

(2)劳动定额的作用　劳动定额的作用主要表现在组织生产和按劳分配两个方面。在一般情况下，两者是相辅相成的，即生产决定分配，分配促进生产。当前对企业基层推行的各种形式的经济责任制的分配形式，无一不是以劳动定额作为核算基础的。

2. 劳动定额的编制

(1)分析基础资料，拟定编制方案

1)影响工时消耗因素的确定

①技术因素包括完成产品的类别；材料、构配件的种类和型号等级；机械和机具的种类、型号和尺寸；产品质量等。

②组织因素包括操作方法和施工的管理与组织；工作地点的组织；人员组成和分工；工资与奖励制度；原材料和构配件的质量及供应的组织；气候条件等。

以上各因素的具体情况利用因素确定表加以确定和分析，见表2-1。

表 2-1 因素确定表

<table>
<tr><td colspan="2">施工过程名称</td><td>施工单位名称</td><td>工地名称</td><td colspan="2">工程概况</td><td>观察时间</td><td>气 温</td></tr>
<tr><td colspan="2">砌三层里外混水墙</td><td>×公司×施工队</td><td>×厂宿舍楼</td><td colspan="2">三层楼每层两单元，带壁橱、阁楼、浴室，长 27.6m，宽 14m，高 3.0m</td><td>×××年 10月23日</td><td>15～17℃</td></tr>
<tr><td colspan="2">施工队(组)人员组成</td><td colspan="6">瓦工队共 28 人，其中：一级工 10 人，二级工 12 人，五级工 4 人，六级工 2 人；男 24 人，女 4 人；50 岁以上 6 人；高中生 2 人，初中生 18 人，小学以下 8 人</td></tr>
<tr><td colspan="2">施工方法和机械装备</td><td colspan="6">手工操作，里架子，配备 2～5t 塔吊一台，翻斗车一辆</td></tr>
<tr><td rowspan="8">完成定额情况</td><td rowspan="2">定额项目</td><td rowspan="2">单位</td><td rowspan="2">完成产品数量</td><td rowspan="2">实际工时消耗(工时)</td><td colspan="2">定额工时消耗(工日)</td><td rowspan="2">完成定额(%)</td></tr>
<tr><td>单位</td><td>总计</td></tr>
<tr><td>瓦工砌 $1\frac{1}{2}$ 砖混水外墙</td><td>m^3</td><td>96</td><td>64.20</td><td>0.45</td><td>43.20</td><td>67.29</td></tr>
<tr><td>瓦工砌 1 砖混水内墙</td><td>m^3</td><td>48</td><td>32.10</td><td>0.47</td><td>22.56</td><td>70.28</td></tr>
<tr><td>瓦工砌 1/2 砖隔断墙</td><td>m^3</td><td>16</td><td>10.70</td><td>0.72</td><td>11.52</td><td>107.66</td></tr>
<tr><td>壮工运输和调制砂浆</td><td></td><td></td><td>105.00</td><td></td><td>63.04</td><td>60.04</td></tr>
<tr><td>按定额加工</td><td></td><td></td><td></td><td></td><td>39.55</td><td></td></tr>
<tr><td>总计</td><td></td><td>160</td><td>212.00</td><td></td><td>179.87</td><td>84.84</td></tr>
<tr><td>影响工时消耗的组织和技术因素</td><td colspan="7">(1)该宿舍楼系三层混水墙到顶，墙体厚度不一，建筑面积小，操作比较复杂。
(2)砖的质量不好，选砖比较费时。
(3)低级工比例过大，浪费工时现象比较普遍。
(4)高级工比例小，低级工做高级工活比较普遍，技壮工配合不好。
(5)工作台位置和砖的位置，不便于工人操作。
(6)瓦工损伤操作台，不符合动作经济原则，取砖和砂浆动作幅度很大，极易疲劳。
(7)劳动纪律不太好，有些青年工人工作时间聊天、打闹</td></tr>
<tr><td>填表人</td><td colspan="3"></td><td colspan="2">填表日期</td><td colspan="2"></td></tr>
<tr><td>备注</td><td colspan="3"></td><td colspan="2"></td><td colspan="2"></td></tr>
</table>

2)计时观察资料的整理　对每次计时观察的资料进行整理之后，要对整个施工过程的观察资料进行系统的分析研究和整理。

整理观察资料的方法大多是采用平均修正法。平均修正法是一种在对测时数列进行修正的基础上，求出平均值的方法。修正测时数列，就是剔除或修正那些偏高、偏低的可疑数值。目的是保证不受那些偶然性因素的影响。

如果测时数列受到产品数量的影响时，采用加权平均值则是比较适当的。因为采用加权平均值可在计算单位产品工时消耗时，考虑到每次观察中产品数量变化的影响，从而使我们也能获得可靠的值。

3)日常积累资料的整理和分析　日常积累的资料主要有四类：一类是现行定额的执行情况及存在问题的资料；再一类是企业和现场补充定额资料，如因现行定额漏项而编制的补充定额资料，因解决采用新技术、新结构、新材料和新机械而产生的定额缺项所编制的补充定额资料；第三类是已采用的新工艺和新的操作方法的资料；第四类是现行的施工技术规范、操作规程、安全规程和质量标准等。

4)拟定定额的编制方案　编制方案的内容包括：

①提出对拟编定额的定额水平的总设想；

②拟定定额分章、分节、分项的目录；

③选择产品和人工、材料、机械的计量单位；

④设计定额表格的形式和内容。

(2)确定正常的施工条件　拟定施工的正常条件包括：

1)拟定工作地点的组织　工作地点是工人施工活动场所。拟定工作地点的组织时，要特别注意使人在操作时不受妨碍，所使用的工具和材料应按使用顺序放置于工人最便于取用的地方，以减少疲劳和提高工作效率，工作地点应保持清洁和秩序井然。

2)拟定工作组成　拟定工作组成就是将工作过程按照劳动分工的可能划分为若干工序，以便合理使用技术工人。可以采用两种基本方法：一种是把工作过程中个别简单的工序，划分给技术熟练程度较低的工人去完成；一种是分出若干个技术程度较低的工人，去帮助技术程度较高的工人工作。采用后一种方法就把个人完成的工作过程，变成小组完成的工作过程。

3)拟定施工人员编制　拟定施工人员编制即确定小组人数、技术工人的配备，以及劳动的分工和协作。原则是使每个工人都能充分发挥作用，均衡地担负工作。

(3)确定劳动定额消耗量的方法　时间定额是在拟定基本工作时间、辅助工作时间、不可避免中断时间、准备与结束的工作时间，以及休息时间的基础上制定的。

1)拟定基本工作时间　基本工作时间在必需消耗的工作时间中占的比重最大。在确定基本工作时间时，必须细致、精确。基本工作时间消耗一般应根据计时观察资料来确定。其做法是，首先确定工作过程每一组成部分的工时消耗，然后再综合出工作过程的工时消耗。如果组成部分的产品计量单位和工作过程的产品计量单位不符，就需先求出不同计量单位的换算系数，进行产品计量单位的换算，然后再相加，求得工作过程的工时消耗。

2)拟定辅助工作时间和准备与结束工作时间　辅助工作和准备与结束工作时间的确定方法与基本工作时间相同。但是，如果这两项工作时间在整个工作班工作时间消耗中所占比重不超过5%～6%，则可归纳为一项，以工作过程的计量单位表示，确定出工作过程的工时消耗。

如果在计时观察时不能取得足够的资料，也可采用工时规范或经验数据来确定。如具有现行的工时规范，可以直接利用工时规范中规定的辅助和准备与结束工作时间的百分比来计算。

3)拟定不可避免的中断时间　在确定不可避免中断时间的定额时，必须注意由工艺特点所引起的不可避免中断才可列入工作过程的时间定额。

不可避免中断时间也需要根据测时资料通过整理分析获得，也可以根据经验数据或工时规范，以占工作日的百分比表示此项工时消耗的时间定额。

4)拟定休息时间　休息时间应根据工作班作息制度、经验资料、计时观察资料，以及对工作的疲劳程度作全面分析来确定。同时，应考虑尽可能利用不可避免中断时间作为休息时间。

从事不同工种、不同工作的工人，疲劳程度有很大差别。为了合理确定休息时间，往往要对从事各种工作的工人进行观察、测定，以及进行生理和心理方面的测试，以便确定其疲劳程度。国内外往往按工作轻重和工作条件好坏，将各种工作划分为不同的级别。如我国某地区工时规范将体力劳动分为六类：最沉重、沉重、较重、中等、较轻、轻微。

划分出疲劳程度的等级，就可以合理规定休息需要的时间。在上面引用的规范中，按六个等级划分，其休息时间见表2-2。

表 2-2　休息时间占工作日的比重

疲劳程度	轻微	较轻	中等	较重	沉重	最沉重
等级	1	2	3	4	5	6
占工作日比重(%)	4.16	6.25	8.33	11.45	16.7	22.9

5)拟定定额时间　确定的基本工作时间、辅助工作时间、准备与结束工作时间、不可避免中断时间和休息时间之和，就是劳动定额的时间定额。根据时间定额可计算出产量定额，时间定额和产量定额互成倒数。

利用工时规范，可以计算劳动定额的时间定额。计算公式是：

$$\text{作业时间}=\text{基本工作时间}+\text{辅助工作时间}$$

$$\text{规范时间}=\text{准备与结束工作时间}+\text{不可避免的中断时间}+\text{休息时间}$$

$$\text{工序作业时间}=\text{基本工作时间}+\text{辅助工作时间}=\text{基本工作时间}/[1-\text{辅助时间}(\%)]$$

$$\text{定额时间}=\frac{\text{作业时间}}{1-\text{规范时间}(\%)}$$

(三)机械台班使用定额

1. 机械台班使用定额的概念和表现形式

(1)机械台班使用定额的概念　在建筑安装工程中，有些工程产品或工作是由工人来完成的，有些是由机械来完成的，有些则是由人工和机械配合共同完成的。由机械或人机配合来完成的产品或工作中，就包含一个机械工作时间。

机械台班使用定额或称机械台班消耗定额，是指在正常施工条件下，合理的劳动组合和使用机械，完成单位合格产品或某项工作所必需的机械工作时间，包括准备与结束时间、基本工作时间、辅助工作时间、不可避免的中断时间以及使用机械的工人生理需要与休息时间。

(2)机械台班使用定额的表现形式　机械台班使用定额的形式按其表现形式不同，可分为时间定额和产量定额。

1)机械时间定额指在合理劳动组织与合理使用机械条件下，完成单位合格产品所必需的工作时间，包括有效工作时间(正常负荷下的工作时间和降低负荷下的工作时间)、不可避免的中断时间、不可避免的无负荷工作时间。机械时间定额以“台班”表示，即一台机械工作一个作业班时间。一个作业班时间为8小时。

$$\text{单位产品机械时间定额(台班)}=\frac{1}{\text{台班产量}}$$

由于机械必须由工人小组配合，所以完成单位合格产品的时间定额，同时列出人工时间定额。即

$$\text{单位产品人工时间定额(工日)}=\frac{\text{小组成员总人数}}{\text{台班产量}}$$

2)机械产量定额指在合理劳动组织与合理使用机械条件下，机械在每个台班时间内应完成合格产品的数量：

$$\text{机械台班产量定额}=\frac{1}{\text{机械时间定额(台班)}}$$

机械时间定额和机械产量定额互为倒数关系。

复式表示法有如下形式：

$$\frac{\text{人工时间定额}}{\text{机械台班产量}}\text{或}\frac{\text{人工时间定额}}{\text{机械台班产量}}\bigg|\text{台班车次}$$

2. 机械台班使用定额的编制

(1)确定正常的施工条件　拟定机械工作正常条件，主要是拟定工作地点的合理组织和合理的工人编制。

工作地点的合理组织，就是对施工地点机械和材料的放置位置、工人从事操作的场所，作出科学合理的平面布置和空间安排。它要求施工机械和操纵机械的工人在最小范围内移动，但又不阻碍机械运转和工人操作；应使机械的开关和操纵装置尽可能集中地装置在操纵工人的近旁，以节省工作时间和减轻劳动强度；应最大限度发挥机械的效能，减少工人的手工操作。

拟定合理的工人编制，就是根据施工机械的性能和设计能力，工人的专业分工和劳动工效，合理确定操纵机械的工人和直接参加机械化施工过程的工人的编制人数。

拟定合理的工人编制，应要求保持机械的正常生产率和工人正常的劳动工效。

(2)确定机械1小时纯工作正常生产率　确定机械正常生产率时，必须首先确定出机械纯工作1小时的正常生产率。

机械纯工作时间，就是指机械的必需消耗时间。机械1小时纯工作正常生产率，就是在正常施工组织条件下，具有必需的知识和技能的技术工人操纵机械1小时的生产率。

根据机械工作特点的不同，机械1小时纯工作正常生产率的确定方法，也有所不同。对于循环动作机械，确定机械纯工作1小时正常生产率的计算公式如下：

$$\begin{matrix}\text{机械一次循环的}\\\text{正常延续时间}\end{matrix}=\sum\left(\begin{matrix}\text{循环各组成部分}\\\text{正常延续时间}\end{matrix}\right)-\text{交叠时间}$$

$$\begin{matrix}\text{机械纯工作 1 小时}\\\text{循环次数}\end{matrix}=\frac{60\times 60(\text{s})}{\text{一次循环的正常延续时间}}$$

$$\begin{matrix}\text{机械纯工作 1 小时}\\\text{正常生产率}\end{matrix}=\begin{matrix}\text{机械纯工作 1 小时}\\\text{正常循环次数}\end{matrix}\times\begin{matrix}\text{一次循环生产}\\\text{的产品数量}\end{matrix}$$

从公式中可以看到，计算循环机械纯工作1小时正常生产率的步骤是：根据现场观察资料和机械说明书确定各循环组成部分的延续时间；将各循环组成部分的延续时间相加，减去各组成部分之间的交叠时间，求出循环过程的正常延续时间；计算机械纯工作1小时的正常循环次数；计算循环机械纯工作1小时的正常生产率。

对于连续动作机械，确定机械纯工作1小时正常生产率要根据机械的类型和结构特征，以及工作过程的特点来进行。计算公式如下：

$$\begin{matrix}\text{连续工作机械纯工作}\\\text{1 小时正常生产率}\end{matrix}=\frac{\text{工作时间内生产的产品数量}}{\text{工作时间(小时)}}$$

工作时间内的产品数量和工作时间的消耗，要通过多次现场观察和机械说明书来取得数据。

对于同一机械进行作业属于不同的工作过程，如挖掘机所挖土壤的类别不同，碎石机所破碎的石块硬度和粒径不同，均需分别确定其纯工作1小时的正常生产率。

(3)确定施工机械的正常利用系数　确定施工机械的正常利用系数，是指机械在工作班内对工作时间的利用率。机械的利用系数和机械在工作班内的工作状况有着密切的关系。所以，要确定机械的正常利用系数。首先要拟定机械工作班的正常工作状况，保证合理利用工时。

确定机械正常利用系数，要计算工作班正常状况下准备与结束工作，机械启动、机械维护等工作所必需消耗的时间，以及机械有效工作的开始与结束时间。从而进一步计算出机械在工作班内的纯工作时间和机械正常利用系数。机械正常利用系数的计算公式如下：

$$\text{机械正常利用系数}=\frac{\text{机械在一个工作班内纯工作时间}}{\text{一个工作班延续时间(8 小时)}}$$

(4)计算施工机械台班定额　计算施工机械定额是编制机械定额工作的最后一步。在确定了机械工作正常条件、机械 1 小时纯工作正常生产率和机械正常利用系数之后，采用下列公式计算施工机械的产量定额：

$$\text{施工机械台班产量定额}=\text{机械 1 小时纯工作正常生产率}\times\text{工作班纯工作时间}$$

或

$$\text{施工机械台班产量定额}=\text{机械 1 小时纯工作正常生产率}\times\text{工作班延续时间}\times\text{机械正常利用系数}$$

$$\text{施工机械时间定额}=\frac{1}{\text{机械台班产量定额指标}}$$

六、材料消耗定额

1. 材料消耗定额的概念与组成

(1)材料消耗定额的概念　材料消耗定额是指在正常的施工(生产)条件下，在节约和合理使用材料的情况下，生产单位合格产品所必须消耗的一定品种、规格的材料、半成品、配件等的数量标准。

材料消耗定额是编制材料需要量计划、运输计划、供应计划、计算仓库面积、签发限额领料单和经济核算的根据。制定合理的材料消耗定额，是组织材料的正常供应，保证生产顺利进行，以及合理利用资源，减少积压、浪费的必要前提。

(2)施工中材料消耗的组成　施工中材料的消耗，可分为必须的材料消耗和损失的材料两类性质。

必须消耗的材料，是指在合理用料的条件下，生产合格产品所需消耗的材料。它包括：直接用于建筑和安装工程的材料；不可避免的施工废料；不可避免的材料损耗。

必须消耗的材料属于施工正常消耗，是确定材料消耗定额的基本数据。其中：直接用于建筑和安装工程的材料，编制材料净用量定额；不可避免的施工废料和材料损耗，编制材料损耗定额。

材料各种类型的损耗量之和称为材料损耗量，除去损耗量之后净用于工程实体上的数量称为材料净用量，材料净用量与材料损耗量之和称为材料总消耗量，损耗量与总消耗量之比称为材料损耗率，它们的关系用公式表示就是：

$$\text{损耗率}=\frac{\text{损耗量}}{\text{总消耗量}}\times 100\%$$

$$\text{损耗量}=\text{总消耗量}-\text{净用量}$$

$$\text{净用量}=\text{总消耗量}-\text{损耗量}$$

$$\text{总消耗量}=\frac{\text{净用量}}{1-\text{损耗率}}$$

$$\text{或}=\text{净用量}+\text{损耗量}$$

为了简便，通常将损耗量与净用量之比，作为损耗率。即：

$$\text{损耗率}=\frac{\text{损耗量}}{\text{净用量}}\times 100\%$$

$$\text{总消耗量}=\text{净用量}\times(1+\text{损耗率})$$

2. 材料消耗定额的制定方法

材料消耗定额必须在充分研究材料消耗规律的基础上制定。科学的材料消耗定额应当是材料消耗规律的正确反映。材料消耗定额是通过施工生产过程中对材料消耗进行观测、试验以及根据技术资料的统计与计算等方法制定的。

(1)观测法　也称现场测定法，是在合理使用材料的条件下，在施工现场按一定程序对完成合格产品的材料耗用量进行测定，通过分析、整理，最后得出一定的施工过程单位产品的材料消耗定额。

利用现场测定法主要是编制材料损耗定额，也可以提供编制材料净用量定额的数据。其优点是能通过现场观察、测定，取得产品产量和材料消耗的情况，为编制材料定额提供技术根据。

观测法的首要任务是选择典型的工程项目，其施工技术、组织及产品质量，均要符合技术规范的要求；材料的品种、型号、质量也应符合设计要求；产品检验合格，操作工人能合理使用材料和保证产品质量。

在观测前要充分做好准备工作，如选用标准的运输工具和衡量工具，采取减少材料损耗措施等。

观测的结果，要取得材料消耗的数量和产品数量的数据资料。

观测法是在现场实际施工中进行的。观测法的优点是真实可靠，能发现一些问题，也能消除一部分消耗材料不合理的浪费因素。但是，用这种方法制定材料消耗定额，由于受到一定的生产技术条件和观测人员的水平等限制，仍然不能把所消耗材料不合理的因素都揭露出来。同时，也有可能把生产和管理工作中的某些与消耗材料有关的缺点保存下来。

对观测取得的数据资料要进行分析研究，区分哪些是合理的，哪些是不合理的，哪些是不可避免的，以制定出在一般情况下都可以达到的材料消耗定额。

(2)试验法　指在材料试验室中进行试验和测定数据。例如：以各种原材料为变量因素，求得不同强度等级混凝土的配合比，从而计算出每立方米混凝土的各种材料耗用量。

利用试验法，主要是编制材料净用量定额。通过试验，能够对材料的结构、化学成分和物理性能以及按强度等级控制的混凝土、砂浆配比作出科学的结论，为编制材料消耗定额提供有技术根据的、比较精确的计算数据。

但是，试验法不能取得在施工现场实际条件下，由于各种客观因素对材料耗用量影响的实际数据，这是该法的不足之处。

试验室试验必须符合国家有关标准规范，计量要使用标准容器和称量设备，质量要符合施工与验收规范要求，以保证获得可靠的定额编制依据。

(3)统计法　指通过对现场进料、用料的大量统计资料进行分析计算，获得材料消耗的数据。这种方法由于不能分清材料消耗的性质，因而不能作为确定材料净用量定额和材料损耗定额的精确依据。

对积累的各分部分项工程结算的产品所耗用材料的统计分析，是根据各分部分项工程拨付材料数量、剩余材料数量及总共完成产品数量来进行计算。

采用统计法，必须要保证统计和测算的耗用材料和相应产品一致。在施工现场中的某些材料，往往难以区分用在各个不同部位上的准确数量。因此，要有意识地加以区分，才能得到有效的统计数据。

用统计法制定材料消耗定额一般采取以下两种方法：

1)经验估算法　指以有关人员的经验或以往同类产品的材料实耗统计资料为依据，通过研究分析并考虑有关影响因素的基础上制定材料消耗定额的方法。

2)统计法　指对某一确定的单位工程拨付一定的材料，待工程完工后，根据已完产品数量和领退材料的数量，进行统计和计算的一种方法。这种方法的优点是不需要专门人员测定和实验。由统计得到的定额有一定的参考价值，但其准确程度较差，应对其分析研究后才能采用。

(4)理论计算法　指根据施工图，运用一定的数学公式，直接计算材料耗用量。计算法只能计算出单位产品的材料净用量，材料的损耗量仍要在现场通过实测取得。采用这种方法必须对工程结构、图纸要求、材料特性和规格、施工及验收规范、施工方法等先进行了解和研究。计算法适宜于不易产生损耗，且容易确定废料的材料，如木材、钢材、砖瓦、预制构件等材料。因为这些材料根据施工图纸和技术资料从理论上都可以计算出来，不可避免的损耗也有一定的规律可找。

理论计算法是材料消耗定额制定方法中比较先进的方法。但是，用这种方法制定材料消耗定额，要求掌握一定的技术资料和各方面的知识，以及有较丰富的现场施工经验。

3. 周转性材料消耗量的计算

在编制材料消耗定额时，某些工序定额、单项定额和综合定额中涉及周转材料的确定和计算。如劳动定额中的架子工程、模板工程等。

周转性材料在施工过程中不属于通常的一次性消耗材料，而是可多次周转使用，经过修理、补充才逐渐消耗尽的材料。例如：模板、钢板桩、脚手架等，实际上它亦是作为一种施工工具和措施。在编制材料消耗定额时，应按多次使用、分次摊销的办法确定。

周转性材料消耗的定额量是指每使用一次摊销的数量，其计算必须考虑一次使用量、周转使用量、回收价值和摊销量之间的关系。

第二节 建设工程投资估算编制与审查

一、投资估算的费用构成

(1)建设项目总投资由建设投资、建设期利息、固定资产投资方向调节税和流动资金组成。

(2)建设投资是用于建设项目的工程费用、工程建设其他费用及预备费用之和。

(3)工程费用包括建筑工程费、设备及工器具购置费、安装工程费。

(4)预备费包括基本预备费和价差预备费。

(5)建设期贷款利息包括支付金融机构的贷款利息的为筹集资金而发生的融资费用。

(6)建设项目总投资的各项费用按资产属性分别形成固定资产、无形资产和其他资产(递延资产)。项目可行性研究阶段可按资产类别简化归并后进行经济评价(表 2-3)。

表 2-3 建设项目总投资组成表

<table>
<tr><th colspan="3">费用项目名称</th><th>资产类别归并
(限项目经济评价用)</th></tr>
<tr><td rowspan="11">建设投资</td><td rowspan="3">第一部分
工程费用</td><td>建筑工程费</td><td rowspan="11">固定资产费用</td></tr>
<tr><td>设备购置费</td></tr>
<tr><td>安装工程费</td></tr>
<tr><td rowspan="8">第二部分
工程建设
其他费用</td><td>建设管理费</td></tr>
<tr><td>建设用地费</td></tr>
<tr><td>可行性研究费</td></tr>
<tr><td>研究试验费</td></tr>
<tr><td>勘察设计费</td></tr>
<tr><td>环境影响评价费</td></tr>
<tr><td>劳动安全卫生评价费</td></tr>
<tr><td>场地准备及临时设施费</td></tr>
</table>

表 2-3(续)

<table>
<tr><th colspan="3">费用项目名称</th><th>资产类别归并
(限项目经济评价用)</th></tr>
<tr><td rowspan="11">建设投资</td><td rowspan="9">第二部分
工程建设
其他费用</td><td>引进技术和引进设备其他费</td><td rowspan="6">固定资产费用</td></tr>
<tr><td>工程保险费</td></tr>
<tr><td>联合试运转费</td></tr>
<tr><td>特殊设备安全监督检验费</td></tr>
<tr><td>市政公用设施费</td></tr>
<tr><td></td></tr>
<tr><td>专利及专有技术使用费</td><td rowspan="2">无形资产费用</td></tr>
<tr><td></td></tr>
<tr><td>生产准备及开办费</td><td>其他资产费用
(递延资产)</td></tr>
<tr><td rowspan="2">第三部分
预备费用</td><td>基本预备费</td><td rowspan="4">固定资产费用</td></tr>
<tr><td>价差预备费</td></tr>
<tr><td colspan="3">建设期利息</td></tr>
<tr><td colspan="3">固定资产投资方向调节税(暂停征收)</td></tr>
<tr><td colspan="3">流动资金</td><td>流动资产</td></tr>
</table>

二、工程建设其他费用参考计算方法

1. 固定资产其他费用的计算

(1)建设管理费

1)以建设投资中的工程费用为基数乘以建设管理费率计算。

$$建设管理费＝工程费用×建设管理费费率$$

2)由于工程监理是受建设单位委托的工程建设技术服务，属建设管理范畴。如采用监理，建设单位部分管理工作量转移至监理单位。监理费应根据委托的监理工作和监理深度在监理合同中商定，或按当地或所属行业部门有关规定计算。

3)如建设管理采用工程总承包方式，其总包管理费由建设单位与总包单位根据总包工作范围在合同中商定，从建设管理费中支出。

4)改扩建项目的建设管理费率应比新建项目适当降低。

5)建设项目按批准的设计文件规定的内容建设，工业项目经负荷试车考核(引进国外设备项目按合同规定试车考核期满)或试进行期能够正常生产合格产品，非工业项目符合设计要求且能够正常使用时，应及时组织验收，移交生产或使用。凡已超过批准的试运行期并符合验收条件，但未及时办理竣工验收手续的建设项目，视同项目已交付生产，其费用不得再从基建投资中支付，所实现的收入作为生产经营收入，不再作为基建收入。

(2)建设用地费

1)根据征用建设用地面积、临时用地面积,按建设项目所在省(市、自治区)人民政府制定颁发的土地征用补偿费、安置补助费标准和耕地占用税、城镇土地使用税标准计算。

2)建设用地上的建(构)筑物如需迁建,其迁建补偿费应按迁建补偿协议计列或按新建同类工程造价计算。建设场地平整中的余物拆除清理费在“场地准备及临时设施费”中计算。

3)建设项目采用“长租短付”方式租用土地使用权,在建设期间支付的租地费用计入建设用地费,在生产经营期间支付的土地使用费应进入营运成本中核算。

(3)可行性研究费

1)依据前期研究委托合同计列,或参照《国家计委关于印发〈建设项目前期工作咨询收费暂行规定〉的通知》(计投资[1999]1283号)规定计算。

2)编制预可行性研究报告参照编制项目建议书收费标准并可适当调增。

(4)研究试验费

1)按照研究试验内容和要求进行编制。

2)研究试验费不包括以下项目:

①应由科技三项费用(即新产品试制费、中间试验费和重要科学研究补助费)开支的项目。

②应在建筑安装费用中列支的施工企业对建筑材料、构件和建筑物进行一般鉴定、检查所发生的费用及技术革新的研究试验费。

③应由勘察设计费或工程费用中开支的项目。

(5)勘察设计费　依据勘察设计委托合同计列,或参照原国家计委、原建设部《关于发布〈工程勘察设计收费管理规定〉的通知》(计价格[2002]10号)规定计算。

(6)环境影响评价费　依据环境影响评价委托合同计列,或按照原国家计委、国家环境保护总局《关于规范环境影响咨询收费有关问题的通知》(计价格[2002]125号)规定计算。

(7)劳动安全卫生评价费　依据劳动安全卫生预评价委托合同计列,或按照建设项目所在省(市、自治区)劳动行政部门规定的标准计算。

(8)场地准备及临时设施费

1)场地准备及临时设施应尽量与永久性工程统一考虑。建设场地的大型土石方工程应进入工程费用中的总图运输费用中。

2)新建项目的场地准备和临时设施费应根据实际工程量估算,或按工程费用的比例计算。改扩建项目一般只计拆除清理费。

$$场地准备和临时设施费=工程费用\times费率+拆除清理费$$

3)发生拆除清理费时可按新建同类工程造价或主材费、设备费的比例计算。凡可回收材料的拆除工程,采用以料抵工方式冲抵拆除清理费。

4)此项费用不包括已列入建筑安装工程费用中的施工单位临时设施费用。

(9)引进技术和引进设备其他费

1)引进项目图纸资料翻译复制费　根据引起项目的具体情况计列,或按引进货价(F.O.B)的比例估列;引进项目发生备品备件测绘费时按具体情况估列。

2)出国人员费用　依据合同或协议规定的出国人次、期限以及相应的费用标准计算。生活费按照财政部、外交部规定的现行标准计算,差旅费按中国民航公布的票价计算。

3)来华人员费用　依据引进合同或协议有关条款及来华技术人员派遣计划进行计算。来华人员接待费用可按每人次费用指标计算。引进合同价款中已包括的费用内容不得重复计算。

4)银行担保及承诺费　应按担保或承诺协议计取。投资估算和概算编制时可以担保金额或承诺金额为基数乘以费率计算。

5)引进设备材料的国外运输费、国外运输保险费、关税、增值税、外贸手续费、银行财务费、国内运杂费、引进设备材料国内检验费等按引进货价(F. O. B或C. I. F)计算后进入相应的设备材料费中。

6)单独引进软件不计算关税只计算增值税。

(10)工程保险费

1)不投保的工程不计取此项目费用。

2)不同的建设项目可根据工程特点选择投保险种，根据投保合同计列保险费用。编制投资估算和概算时可按工程费用的比例估算。

3)此项费用不包括已列入施工企业管理费中的施工管理用财产、车辆保险费。

(11)联合试运转费

1)不发生试运转或试运转收入大于(或等于)费用支出的工程，不列此项费用。

2)当联合试运转收入小于试运转支出时：

联合试运转费＝联合试运转费用支出－联合试运转收入

3)联合试运转费不包括应由设备安装工程费用开支的调试及试车费用，以及在试运转中暴露出来的因施工原因或设备缺陷等发生的处理费用。

4)试运行期按照以下规定确定：引进国外设备项目建设合同中规定的试运行期执行；国内一般性建设项目试运行期原则上按照批准的设计文件所规定的期限执行；个别行业的建设项目试运行期需要超过规定试运行期的，应报项目设计文件审批机关批准。试运行期一经确定，各建设单位应严格按规定执行，不得擅自缩短或延长。

(12)特殊设备安全监督检验费　按照建设项目所在省、市、自治区安全监察部门的规定标准计算。无具体规定的，在编制投资估算和概算时，可按受检设备现场安装费的比例估算。

(13)市政公用设施费

1)按工程所在地人民政府规定标准计列；

2)不发生或按规定免征项目不计取。

2. 无形资产费用计算方法

无形资产费用主要指专利及专有技术使用费，其计算方法如下：

(1)按专利使用许可协议和专有技术使用合同的规定计列。

(2)专有技术的界定应以省、部级鉴定批准为依据。

(3)项目投资中只计需在建设期支付的专利及专有技术使用费。协议或合同规定在生产期支付的使用费应在生产成本中核算。

(4)一次性支付的商标权、商誉及特许经营权费按协议或合同规定计列。协议或合同规定在生产期支付的商标权或特许经营权费应在生产成本中核算。

(5)为项目配套的专用设施投资，包括专用铁路线、专用公路、专用通讯设施、变送电站、地下管道、专用码头等，如由项目建设单位负责投资但产权不归属本单位的，应作无形资产处理。

3. 其他资产费用(递延资产)计算方法

其他资产费用(递延资产)主要指生产准备及开办费,其计算方法如下:

(1)新建项目按设计定员为基数计算,改扩建项目按新增设计定员为基数计算:

生产准备费=设计定员×生产准备费指标(元/人)

(2)可采用综合的生产准备费指标进行计算,也可以按费用内容的分类指标计算。

三、建设工程投资估算编制

(一)编制依据

(1)投资估算的编制依据是指在编制投资估算时需要进行计量、价格确定、工程计价有关参数、率值确定的基础资料。

(2)投资估算的编制依据主要有以下几个方面:

1)国家、行业和地方政府的有关规定。

2)工程勘察与设计文件,图示计量或有关专业提供的主要工程量和主要设备清单。

3)行业部门、项目所在地工程造价管理机构或行业协会等编制的投资估算指标、概算指标(定额)、工程建设其他费用定额(规定)、综合单价、价格指数和有关造价文件等。

4)类似工程的各种技术经济指标和参数。

5)工程所在地的同期的工、料、机市场价格,建筑、工艺及附属设备的市场价格和有关费用。

6)政府有关部门、金融机构等部门发布的价格指数、利率、汇率、税率等有关参数。

7)与建设项目相关的工程地质资料、设计文件、图纸等。

8)委托人提供的其他技术经济资料。

(二)编制方法

1. 一般要求

(1)建设项目投资估算要根据主体专业设计的阶段和深度,结合各自行业的特点,所采用生产工艺流程的成熟性,以及编制者所掌握的国家及地区、行业或部门相关投资估算基础资料和数据的合理、可靠、完整程度(包括造价咨询机构自身统计和积累的、可靠的相关造价基础资料),采用生产能力指数法、系数估算法、比例估算法、混合法(生产能力指数法与比例估算法、系数估算法与比例估算法等综合使用)、指标估算法进行建设项目投资估算。

(2)建设项目投资估算无论采用何种办法,应充分考虑拟建项目设计的技术参数和投资估算所采用的估算系数、估算指标,在质和量方面所综合的内容,应遵循口径一致的原则。

(3)建设项目投资估算无论采用何种办法,应将所采用的估算系数和估算指标价格、费用水平调整到项目建设所在地及投资估算编制年的实际水平。对于建设项目的边界条件,如建设用地费和外部交通、水、电、通讯条件,或市政基础设施配套条件等差异所产生的与主要生产内容投资无必然关联的费用,应结合建设项目的实际情况修正。

2. 项目建设书阶段投资估算

(1)项目建议书阶段的投资估算一般要求编制总投资估算,总投资估算表中工程费用的内容应分解到主要单项工程,工程建设其他费用可在总投资估算表中分项计算。

(2)项目建议书阶段建设项目投资估算可采用生产能力指数法、系数估算法、比例估算法、混合法(生产能力指数法与比例估算法、系数估算法与比例估算法等综合使用)、指标估算法等。

(3)生产能力指数法　指根据已建成的类似建设项目生产能力和投资额,进行粗略估算拟建

建设项目相关投资额的方法，其计算公式为

$$C=C_1(Q/Q_1)^X\cdot f$$

式中　C——拟建建设项目的投资额；

C_1——已建成类似建设项目的投资额；

Q——拟建建设项目的生产能力；

Q_1——已建成类似建设项目的生产能力；

X——生产能力指数($0\leqslant X\leqslant 1$)；

f——不同的建设时期、不同的建设地点而产生的定额水平、设备购置和建筑安装材料价格、费用变更和调整等综合调整系数。

(4)系数估算法　指根据已知的拟建建设项目主体工程费或主要生产工艺设备费为基数，以其他辅助费或配套工程费占主体工程费或主要生产工艺设备费的百分比为系数，进行估算拟建建设项目相关投资额的方法，其计算公式为

$$C=E(1+f_1P_1+f_2P_2+f_3P_3+\cdots)+I$$

式中　C——拟建建设项目的投资额；

E——拟建建设项目的主体工程费或主要生产工艺设备费；

P_1、P_2、P_3——已建成类似建设项目的辅助或配套工程费占主体工程费或主要生产工艺设备费的比重；

f_1、f_2、f_3——由于建设时间、地点不同而产生的定额水平、建筑安装材料价格、费用变更和调整等综合调整系数；

I——根据具体情况计算的拟建建设项目各项其他基本建设费用。

(5)比例估算法　指根据已知的同类建设项目主要生产工艺设备投资占整个建设项目的投资比例，先逐项估算出拟建建设项目主要生产工艺设备投资，再按比例进行估算拟建建设项目相关投资额的方法，其计算公式为

$$C=\sum_{i=1}^{n}Q_iP_i/k$$

式中　C——拟建建设项目的投资额；

k——主要生产工艺设备费占拟建建设项目投资额的比例；

n——主要生产工艺设备的种类；

Q_i——第 i 种主要生产工艺设备的数量；

P_i——第 i 种主要生产工艺设备购置费(到厂价格)。

(6)混合法　指根据主体专业设计的阶段和深度，投资估算编制者所掌握的国家及地区、行业或部门相关投资估算基础资料和数据(包括造价咨询机构自身统计和积累的相关造价基础资料)，对一个拟建建设项目采用生产能力指数法与比例估算法或系数估算法与比例估算法混合估算其相关投资额的方法。

(7)指标估算法　指标估算法是把拟建建设项目以单项工程或单位工程，按建设内容纵向划分为各个主要生产设施、辅助及公用设施、行政及福利设施以及各项其他基本建设费用，按费用性质横向划分为建筑工程、设备购置，安装工程等，根据各种具体的投资估算指标，进行各单位工程或单项工程投资的估算，在此基础上汇集编制成拟建建设项目的各个单项工程费用和拟建建设项目的工程费用投资估算。再按相关规定估算工程建设其他费用、预备费、建设期贷款利息等，形成拟建建设项目总投资。

3. 可行性研究阶段投资估算

(1)可行性研究阶段建设项目投资估算原则上应采用指标估算法,对于对投资有重大影响的主体工程应估算出分部分项工程量,参考相关综合定额(概算指标)或概算定额编制主要单项工程的投资估算。

(2)预可行性研究阶段、方案设计阶段,项目建设投资估算视设计深度,宜参照可行性研究阶段的编制办法进行。

(3)在一般的设计条件下,可行性研究投资估算深度在内容上应达到规定要求。对于子项单一的大型民用公共建筑,主要单项工程估算应细化到单位工程估算书。可行性研究投资估算深度应满足项目的可行性研究与评估要求,并最终满足国家和地方相关部门批复或备案的要求。

4. 投资估算过程中的方案比选、优化设计和限额设计

(1)工程建设项目由于受资源、市场、建设条件等因素的限制,为了提高工程建设投资效果,拟建项目可能存在建设场址、建设规模、产品方案、所选用的工艺流程不同等多个整体设计方案。而在一个整体设计方案中亦可存在厂区总平面布置、建筑结构形式等不同的多个设计方案。当出现多个设计方案时,工程造价咨询机构和注册造价工程师有义务与工程设计者配合,为建设项目投资决策者提供方案比选的意见。

(2)建设项目设计方案比选应遵循以下三个原则:

1)建设项目设计方案比选要协调好技术选进性和经济合理性的关系,即在满足设计功能和采用合理先进技术的条件下,尽可能降低投入。

2)建设项目设计方案比选除考虑一次性建设投资的比选,还应考虑项目运营过程中的费用比选,即项目寿命期的总费用比选。

3)建设项目设计方案比选要兼顾近期与远期的要求,即建设项目的功能和规模应根据国家和地区远景发展规划,适当留有发展余地。

(3)建设项目设计方案比选的内容　在宏观方面有建设规模、建设场址、产品方案等;对于建设项目本身有厂区(或居住小区)总平面布置、主体工艺流程选择、主要设备选型等;小的方面有工程设计标准、工业与民用建筑的结构形式、建筑安装材料的选择等。

(4)建设项目设计方案比选的方法　建设项目多方案整体宏观方面的比选,一般采用投资回收期法、计算费用法、净现值法、净年值法、内部收益率法,以及上述几种方法同时使用等。建设项目本身局部多方案的比选,除了可用上述宏观方案的比较方法外,一般采用价值工程原理或多指标综合评分法(对参与比选的设计方案设定若干评价指标,并按其各自在方案中的重要程度给定各评价指标的权重和评分标准,计算各设计方案的权重加得分的方法)比选。

(5)优化设计的投资估算编制是针对在方案比选确定的设计方案基础上、通过设计招标、方案竞选、深化设计等措施,以降低成本或功能提高为目的的优化设计或深化过程中,对投资估算进行调整的过程。

(6)限额设计的投资估算编制的前提条件是严格按照基本建设程序进行,前期设计的投资估算应准确和合理,限额设计的投资估算编制应进一步细化建设项目投资估算,按项目实施内容和标准合理分解投资额度和预留调节金。

(三)投资估算文件的组成

(1)投资估算文件一般由封面(表 2-4)、签署页(表 2-5)、编制说明、投资估算分析、投资估算汇总表(表 2-6)、单项工程投资估算汇总表(表 2-7)、主要技术经济指标等内容组成。

表 2-4　投资估算封面格式

(工程名称) **投 资 估 算** 档　案　号： (编制单位名称) (工程造价咨询单位执业章) 年　月　日

表 2-5 投资估算签署页格式

(工程名称)

投 资 估 算

档 案 号:

编 制 人:__________[执业(从业)印章]__________
审 核 人:__________[执业(从业)印章]__________
审 定 人:__________[执业(从业)印章]__________
法定负责人:______________________________

表 2-6 投资估算汇总表

工程名称：

序号	工程和费用名称	估算价值(万元)					技术经济指标			
		建筑工程费	设备及工器具购置费	安装工程费	其他费用	合计	单位	数量	单位价值	%
一	工程费用									
(一)	主要生产系统									
1										
2										
(二)	辅助生产系统									
1										
2										
(三)	公用及福利设施									
1										
2										
(四)	外部工程									
1										
2										
	小计									
二	工程建设其他费用									
1										
2										
	小计									
三	预备费									
1	基本预备费									
2	价差预备费									
	小计									
四	建设期贷款利息									
五	流动资金									
	投资估算合计(万元)									
	%									

编制人： 审核人： 审定人：

表 2-7　单项工程投资估算汇总表

工程名称：

序号	工程和费用名称	估算价值(万元)					技术经济指标			
		建筑工程费	设备及工器具购置费	安装工程费	其他费用	合计	单位	数量	单位价值	%
一	工程费用									
(一)	主要生产系统									
1	××车间									
	一般土建									
	给排水									
	采暖									
	通风空调									
	照明									
	工艺设备及安装									
	工艺金属结构									
	工艺管道									
	工业筑炉及保温									
	变配电设备及安装									
	仪表设备及安装									
	小计									
2										
3										

编制人：　　　　审核人：　　　　审定人：

(2)投资估算编制说明一般阐述以下内容：

1)工程概况；

2)编制范围；

3)编制方法；

4)编制依据；

5)主要技术经济指标；

6)有关参数、率值选定的说明；

7)特殊问题的说明(包括采用新技术、新材料、新设备、新工艺)；必须说明的价格的确定；进口材料、设备、技术费用的构成与计算参数；采用矩形结构、异形结构的费用估算方法；环保(不限于)投资占总投资的比重；未包括项目或费用的必要说明等；

8)采用限额设计的工程还应对投资限额和投资分解做进一步说明；

9)采用方案比选的工程还应对方案比选的估算和经济指标做进一步说明。

(3)投资分析应包括以下内容：

1)工程投资比例分析。

2)分析设备购置费、建筑工程费、安装工程费、工程建设其他费用、预备费占建设总投资的比例；分析引进设备费用占全部设备费用的比例等。

3)分析影响投资的主要因素。

4)与国内类似工程项目的比较,分析说明投资高低的原因。

(4)总投资估算包括汇总单项工程估算、工程建设其他费用,估算基本预备费、价差预备费,计算建设期利息等。

(5)单项工程投资估算,应按建设项目划分的各个单项工程分别计算组成工程费用的建筑工程费、设备购置费、安装工程费。

(6)工程建设其他费用估算,应按预期将要发生的工程建设其他费用种类,逐渐详细估算其费用金额。

(7)估算人员应根据项目特点,计算并分析整个建设项目、各单项工程和主要单位工程的主要技术经济指标。

第三节　建设工程设计概算的编制与审查

一、建设工程设计概算概述

(一)设计概算的概念与内容

设计概算是初步设计概算的简称,是指在初步设计或扩大初步设计阶段,由设计单位根据初步设计图纸、定额、指标、其他工程费用定额等,对工程投资进行的概略计算,这是初步设计文件的重要组成部分,也是确定工程设计阶段的投资的依据,经过批准的设计概算是控制工程建设投资的最高限额。

设计概算分为三级概算,即单位工程概算、单项工程综合概算、建设项目总概算。其编制内容及相互关系见图 2-1 所示。

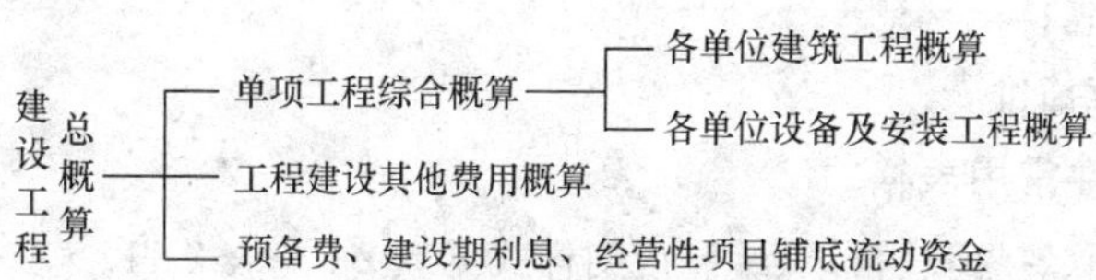

图 2-1　设计概算的编制内容及相互关系

(二)设计概算的作用

设计概算主要有以下几方面的作用:

(1)设计概算是确定建设项目、各单项工程及各单位工程投资的依据。按照规定报请有关部门或单位批准的初步设计及总概算,一经批准即作为建设项目静态总投资的最高限额,不得任意突破,必须突破时须报原审批部门(单位)批准。

(2)设计概算是编制投资计划的依据。计划部门根据批准的设计概算编制建设项目年固定资产投资计划,并严格控制投资计划的实施。若建设项目实际投资数额超过了总概算,那么必须在原设计单位和建设单位共同提出追加投资的申请报告基础上,经上级计划部门审核批准后,方能追加投资。

(3)设计概算是进行拨款和贷款的依据。建设银行根据批准的设计概算和年度投资计划,进行拨款和贷款,并严格实行监督控制。对超出概算的部分,未经计划部门批准,建行不得追加拨款和贷款。

(4)设计概算是实行投资包干的依据。在进行概算包干时,单项工程综合概算及建设项目总概算是投资包干指标商定和确定的基础,尤其经上级主管部门批准的设计概算或修正概算,是主管单位和包干单位签订包干合同，控制包干数额的依据。

(5)设计概算是考核设计方案的经济合理性和控制施工图预算的依据。设计单位根据设计概算进行技术经济分析和多方案评价，以提高设计质量和经济效果。同时保证施工图预算在设计概算的范围内。

(6)设计概算是进行各种施工准备、设备供应指标、加工订货及落实各项技术经济责任制的依据。

(7)设计概算是控制项目投资，考核建设成本，提高项目实施阶段工程管理和经济核算水平的必要手段。

二、设计概算文件的组成

(1)三级编制(总概算、综合概算、单位工程概算)形式设计概算文件的组成：

1)封面、签署页及目录；

2)编制说明；

3)总概算表；

4)其他费用表；

5)综合概算表；

6)单位工程概算表；

7)附件：补充单位估价表。

(2)二级编制(总概算、单位工程概算)形式设计概算文件的组成：

1)封面、签署页及目录；

2)编制说明；

3)总概算表；

4)其他费用表；

5)单位工程概算表；

6)附件：补充单位估价表。

三、设计概算文件常用表格

(1)设计概算封面、签署页、目录、编制说明样式见表 2-8～表 2-11。

(2)概算表格格式见表 2-12～表 2-22：

1)总概算表(表 2-12)为采用三级编制形式的总概算的表格；

2)总概算表(表 2-13)为采用二级编制形式的总概算的表格；

3)其他费用表(表 2-14)；

4)其他费用计算表(表 2-15)；

5)综合概算表(表 2-16)为单项工程综合概算的表格；

6)建筑工程概算表(表 2-17)为单位工程概算的表格；

7)设备及安装工程概算表(表 2-18)为单位工程概算的表格；

8)补充单位估价表(表 2-19)；

9)主要设备、材料数量及价格表(表 2-20)；

10)进口设备、材料货价及从属费用计算表(表 2-21)；

11)工程费用计算程序表(表 2-22)。

(3)调整概算对比表。

1)总概算对比表(表 2-23)；

2)综合概算对比表(表 2-24)。

表 2-8 设计概算封面式样

<table>
<tr><td>

(工程名称)

设 计 概 算

档 案 号:

共 册 第 册

(编制单位名称)

(工程造价咨询单位执业章)

年 月 日

</td></tr>
</table>

表 2-9　设计概算签署页式样

(工程名称)

设 计 概 算

档　案　号：

共　册　　第　册

编　制　人：__________[执业(从业)印章]__________
审　核　人：__________[执业(从业)印章]__________
审　定　人：__________[执业(从业)印章]__________
法定负责人：______________________________

表 2-10　设计概算目录式样

序　号	编　号	名　称	页　次
1		编制说明	
2		总概算表	
3		其他费用表	
4		预备费计算表	
5		专项费用计算表	
6		×××综合概算表	
7		×××综合概算表	
		……	
9		×××单项工程概算表	
10		×××单项工程概算表	
		……	
11		补充单位估价表	
12		主要设备材料数量及价格表	
13		概算相关资料	

表 2-11　编制说明式样

编制说明

1　工程概况；

2　主要技术经济指标；

3　编制依据；

4　工程费用计算表；

1)建筑工程工程费用计算表；

2)工艺安装工程工程费用计算表；

3)配套工程工程费用计算表；

4)其他工程工程费计算表。

5　引进设备、材料有关费率取定及依据：国外运输费、国外运输保险费、海关税费、增值税、国内运杂费、其他有关税费；

6　其他有关说明的问题；

7　引进设备、材料从属费用计算表。

表 2-12 总概算表(三级编制形式)

总概算编号:________ 工程名称:________________ (单位: 万元) 共 页第 页

序号	概算编号	工程项目或费用名称	建筑工程费	设备购置费	安装工程费	其他费用	合计	其中:引进部分		占总投资比例(%)
								美元	折合人民币	
一		工程费用								
1		主要工程								
		××××××								
		××××××								
2		辅助工程								
		××××××								
3		配套工程								
		××××××								
二		其他费用								
1		××××××								
2		××××××								
三		预备费								
四		专项费用								
1		××××××								
2		××××××								
		建设项目概算总投资								

编制人: 审核人: 审定人:

表 2-13　总概算表(二级编制形式)

总概算编号:________　　工程名称:________　　(单位:万元)　共　页 第　页

序号	概算编号	工程项目或费用名称	建筑工程费	设备购置费	安装工程费	其他费用	合计	其中:引进部分		占总投资比例(%)
								美元	折合人民币	
一		工程费用								
1		主要工程								
(1)	×××	××××××								
(2)	×××	××××××								
2		辅助工程								
(1)	×××	××××××								
3		配套工程								
(1)	×××	××××××								
二		其他费用								
1		××××××								
2		××××××								
三		预备费								
四		专项费用								
1		××××××								
2		××××××								
		建设项目概算总投资								

编制人:　　　　审核人:　　　　审定人:

表 2-14　其他费用表

工程名称：________________　　　　(单位：万元) 共　页 第　页

序号	费用项目编号	费用项目名称	费用计算基数	费率(%)	金额	计算公式	备注
1							
2							

编制人：　　　　　　　　审核人：

表 2-15　其他费用计算表

其他费用编号：______　费用名称：______　　　　[单位：万元(元)] 共　页 第　页

序号	费用项目编号	费用项目名称	费用计算基数	费率(%)	金额	计算公式	备注

编制人：　　　　　　　　审核人：

表 2-16　综合概算表

综合概算编号:____　工程名称(单项工程):____　　　　　　(单位: 万元)　共　页第　页

序号	概算编号	工程项目或费用名称	设计规模或主要工程量	建筑工程费	设备购置费	安装工程费	其他费用	合计	其中:引进部分	
									美元	折合人民币
一		主要工程								
1	×××	××××××								
2	×××	××××××								
二		辅助工程								
1	×××	××××××								
2	×××	××××××								
三		配套工程								
1	×××	××××××								
2	×××	××××××								
		单项工程概算费用合计								

编制人:　　　　　　　　　　　　审核人:　　　　　　　　　　　　审定人:

表 2-17　建筑工程概算表

单位工程概算编号:__________　工程名称(单项工程):__________　　　　　　共　页　第　页

序号	定额编号	工程项目或费用名称	单位	数量	单价(元)				合价(元)			
					定额基价	人工费	材料费	机械费	金额	人工费	材料费	机械费
一		土石方工程										
1	××	×××××										
2	××	×××××										
二		砌筑工程										
1	××	×××××										
三		楼地面工程										
1	××	×××××										
		小　计										
		工程综合取费										
		单位工程概算费用合计										

编制人:　　　　　　　　　　　　审核人:

表 2-18 设备及安装工程概算表

单位工程概算编号：__________ 工程名称(单项工程)：__________ 共 页 第 页

序号	定额编号	工程项目或费用名称	单位	数量	单价(元)					合价(元)				
					设备费	主材费	定额基价	其中：人工费	其中：机械费	设备费	主材费	定额费	其中：人工费	其中：机械费
一		设备安装												
1	××	×××××												
2	××	×××××												
二		管道安装												
1	××	×××××												
三		防腐保温												
1	××	×××××												
		小 计												
		工程综合取费												
		合计(单位工程概算费用)												

编制人： 审核人：

表 2-19 补充单位估价表

子目名称： 工作内容： 共 页 第 页

补充单位估价表编号						
定额基价						
人工费						
材料费						
机械费						
名 称		单位	单价	数 量		
综合工日						
材料						
	其他材料费					
机械						

编制人： 审核人：

表 2-20　主要设备、材料数量及价格表

序号	设备、材料	规格型号及材质	单位	数量	单价(元)	价格来源	备注

编制人：　　　　　　　　　　　　　　　　　　审核人：

表 2-21　进口设备、材料货价及从属费用计算表

序号	设备、材料规格、名称及费用名称	单位	数量	单价(美元)	外币金额(美元)				折合人民币(元)							合计(元)
					货价	运输费	保险费	其他费用		关税	增值税	银行财务费	外贸手续费	国内运杂费	合计	

编制人：　　　　　　　　　　　　　　　　　　审核人：

表 2-22　工程费用计算程序表

序　号	费用名称	取费基础	费　率	计算公式

表 2-23　总概算对比表

总概算编号：__________ 工程名称：__________ （单位：万元）共　页第　页

序号	工程项目或费用名称	原批准概算					调整概算					差额（调整概算一原批准概算）	备注
		建筑工程费	设备购置费	安装工程费	其他费用	合计	建筑工程费	设备购置费	安装工程费	其他费用	合计		
一	工程费用												
1	主要工程												
(1)	××××××												
(2)	××××××												
2	辅助工程												
(1)	××××××												
3	配套工程												
(1)	××××××												
二	其他费用												
1	××××××												
2	××××××												
三	预备费												
四	专项费用												
1	××××××												
2	××××××												
	建设项目概算总投资												

编制人：　　　　　　　　　　　　审核人：

表 2-24　综合概算对比表

综合概算编号：______　工程名称：____________　　　　(单位：万元)　共　页第　页

序号	工程项目或费用名称	原批准概算					调整概算					差额(调整概算一原批准概算)	调整的主要原因
		建筑工程费	设备购置费	安装工程费	其他费用	合计	建筑工程费	设备购置费	安装工程费	其他费用	合计		
一	主要工程												
1	××××××												
2	××××××												
二	辅助工程												
1	××××××												
三	配套工程												
1	××××××												
2	××××××												
	单项工程概算费用合计												

编制人：　　　　　　　　　　　　　　　　　　审核人：

四、建设工程设计概算编制

(一)编制依据

(1)批准的可行性研究报告。

(2)设计工程量。

(3)项目涉及的概算指标或定额。

(4)国家、行业和地方政府有关法律、法规或规定。

(5)资金筹措方式。

(6)正常的施工组织设计。

(7)项目涉及的设备、材料供应及价格。

(8)项目的管理(含监理)、施工条件。

(9)项目所在地区有关的气候、水文、地质地貌等自然条件。

(10)项目所在地区有关的经济、人文等社会条件。

(11)项目的技术复杂程度,以及新技术、专利使用情况等。

(12)有关文件、合同、协议等。

(二)建设项目总概算及单项工程综合概算的编制

(1)概算编制说明应包括以下主要内容：

1)项目概况　简述建设项目的建设地点、设计规模、建设性质(新建、扩建或改建)、工程类别、建设期(年限)、主要工程内容、主要工程量、主要工艺设备及数量等。

2)主要技术经济指标　项目概算总投资(有引进的给出所需外汇额度)及主要分项投资、主要技术经济指标(主要单位工程投资指标)等。

3)资金来源　按资金来源不同渠道分别说明,发生资产租赁的说明租赁方式及租金。

4)其他需要说明的问题。

5)总说明附表

①建筑、安装工程工程费用计算程序表;

②引进设备、材料清单及从属费用计算表;

③具体建设项目概算要求的其他附表及附件。

(2)总概算表　概算总投资由工程费用、其他费用、预备费及应列入项目概算总投资中的几项费用组成:

第一部分　工程费用;

第二部分　其他费用;

第三部分　预备费;

第四部分　应列入项目概算总投资中的几项费用:

1)建设期利息;

2)固定资产投资方向调节税;

3)铺底流动资金。

(3)第一部分　工程费用:按单项工程综合概算组成编制,采用二级编制的按单位工程概算组成编制。

1)市政民用建设项目一般排列顺序:主体建(构)筑物、辅助建(构)筑物、配套系统。

2)工业建设项目一般排列顺序:主要工艺生产装置、辅助工艺生产装置、公用工程、总图运输、生产管理服务性工程、生活福利工程、厂外工程。

(4)第二部分　其他费用:一般按其他费用概算顺序列项,具体见下述“(三)其他费用、预备费、专项费用概算编制”。

(5)第三部分　预备费:包括基本预备费和价差预备费,具体见下述“(三)其他费用、预备费、专项费用概算编制”。

(6)第四部分　应列入项目概算总投资中的几项费用:一般包括建设期利息、铺底流动资金、固定资产投资方向调节税(暂停征收)等,具体见下述“(三)其他费用、预备费、专项费用概算编制”。

(7)综合概算以单项工程所属的单位工程概算为基础,采用“综合概算表(表2-16)”进行编制,分别按各单位工程概算汇总成若干个单项工程综合概算。

(8)对单一的、具有独立性的单项工程建设项目,按二级编制形式编制,直接编制总概算。

(三)其他费用、预备费、专项费用概算编制

(1)一般建设项目其他费用包括建设用地费、建设管理费、勘察设计费、可行性研究费、环境影响评价费、劳动安全卫生评价费、场地准备及临时设施费、工程保险费、联合试运转费、生产准备及开办费、特殊设备安全监督检验费、市政公用设施建设及绿化补偿费、引进技术和引进设备材料其他费、专利及专有技术使用费、研究试验费等。

1)建设管理费

①以建设投资中的工程费用为基数乘以建设管理费费率计算。

建设管理费＝工程费用×建设管理费费率

②工程监理是受建设单位委托的工程建设技术服务，属建设管理范畴。如采用监理，建设单位部分管理工作量会转移至监理单位。监理费应根据委托的监理工作范围和监理深度在监理合同中商定或按当地或所属行业部门有关规定计算。

③如建设管理采用工程总承包方式，其总包管理费由建设单位与总包单位根据总包工作范围在合同中商定，从建设管理费中支出。

④改扩建项目的建设管理费费率应比新建项目适当降低。

⑤建设项目建成后，应及时组织验收，移交生产或使用。已超过批准的试运行期，并已符合验收条件但未及时办理竣工验收手续的建设项目，视同项目已交付生产，其费用不得从基建投资中支付，所实现的收入作为生产经营收入，不再作为基建收入。

2)建设用地费

①根据征用建设用地面积、临时用地面积，按建设项目所在省、市、自治区人民政府制定颁发的土地征用补偿费、安置补助费标准和耕地占用税、城镇土地使用税标准计算。

②建设用地上的建(构)筑物如需迁建，其迁建补偿费应按迁建补偿协议计列或按新建同类工程造价计算。

③建设项目采用“长租短付”方式租用土地使用权，在建设期间支付的租地费用计入建设用地费，在生产经营期间支付的土地使用费应进入营运成本中核算。

3)可行性研究费

①依据前期研究委托合同计列，或参照《国家计委关于印发〈建设项目前期工作咨询收费暂行规定〉的通知》(计投资[1999]1283号)规定计算。

②编制预可行性研究报告参照编制项目建议书收费标准并可适当调增。

4)研究试验费

①按照研究试验内容和要求进行编制。

②研究试验费不包括以下项目：

a. 应由科技三项费用(即新产品试制费、中间试验费和重要科学研究补助费)开支的项目。

b. 应在建筑安装费用中列支的施工企业对建筑材料、构件和建筑物进行一般鉴定、检查所发生的费用及技术革新的研究试验费。

c. 应由勘察设计费或工程费用中开支的项目。

5)勘察设计费　依据勘察设计委托合同计列，或参照原国家计委、原建设部《关于发布〈工程勘察设计收费管理规定〉的通知》(计价格[2002]10号)规定计算。

6)环境影响评价及验收费、水土保持评价及验收费、劳动安全卫生评价及验收费。环境影响评价及验收费依据委托合同计列，或按照原国家计委、国家环境保护总局《关于规范环境影响咨询收费有关问题的通知》(计价格[2002]125号)规定及建设项目所在省、市、自治区环境保护部门有关规定计算；水土保持评价及验收费、劳动安全卫生评价及验收费依据委托合同以及按照国家和建设项目所在省、市、自治区劳动和国土资源等行政部门规定的标准计算。

7)职业病危害评价费等　依据职业病危害评价、地震安全性评价、地质灾害评价委托合同计列，或按照建设项目所在省、市、自治区有关行政部门规定的标准计算。

8)场地准备及临时设施费

①场地准备及临时设施费应尽量与永久性工程统一考虑。建设场地的大型土石方工程应进入工程费用中的总图运输费用中。

②新建项目的场地准备和临时设施费应根据实际工程量估算，或按工程费用的比例计算。

改扩建项目一般只计拆除清理费。

场地准备和临时设施费＝工程费用×费率＋拆除清理费

③发生拆除清理费时可按新建同类工程造价或主材费、设备费的比例计算。凡可回收材料的拆除工程采用以料抵工方式冲抵拆除清理费。

④此项费用不包括已列入建筑安装工程费用中的施工单位临时设施费用。

9)引进技术和引进设备其他费

①引进项目图纸资料翻译复制费根据引进项目的具体情况计列或按引进货价(F.O.B)的比例估列;引进项目发生备品备件测绘费时按具体情况估列。

②出国人员费用依据合同或协议规定的出国人次、期限以及相应的费用标准计算。生活费按照财政部、外交部规定的现行标准计算,旅费按中国民航公布的票价计算。

③来华人员费用依据引进合同或协议有关条款及来华技术人员派遣计划进行计算。来华人员接待费用可按每人次费用指标计算。引进合同价款中已包括的费用内容不得重复计算。

④银行担保及承诺费应按担保或承诺协议计取。投资估算和概算编制时可以担保金额或承诺金额为基数乘以费率计算。

⑤引进设备材料的国外运输费、国外运输保险费、关税、增值税、外贸手续费、银行财务费、国内运杂费、引进设备材料国内检验费等,按照引进货价(F.O.B或C.I.F)计算后进入相应的设备、材料费中。

⑥单独引进软件,不计关税只计增值税。

10)工程保险费

①不投保的工程不计取此项费用。

②不同的建设项目可根据工程特点选择投保险种,根据投保合同计列保险费用。编制投资估算和概算时可按工程费用的比例估算。

③不包括已列入施工企业管理费中的施工管理用财产、车辆保险费。

11)联合试运转费

①不发生试运转或试运转收入大于(或等于)费用支出的工程,不列此项费用。

②当联合试运转收入小于试运转支出时

联合试运转费＝联合试运转费用支出－联合试运转收入

③联合试运转费不包括应由设备安装工程费用开支的调试及试车费用,以及在试运转中暴露出来的因施工原因或设备缺陷等发生的处理费用。

④试运行期按照以下规定确定　引进国外设备项目按建设合同中规定的试运行期执行;国内一般性建设项目试运行期原则上按照批准的设计文件所规定的期限执行。个别行业的建设项目试运行期需要超过规定试运行期的,应报项目设计文件审批机关批准。试运行期一经确定,各建设单位应严格按规定执行,不得擅自缩短或延长。

12)特殊设备安全监督检验费　按照建设项目所在省、市、自治区安全监察部门的规定标准计算。无具体规定的,在编制投资估算和概算时可按受检设备现场安装费的比例估算。

13)市政公用设施费　按工程所在地人民政府规定标准计列;不发生或按规定免征项目不计算。

14)专利及专有技术使用费

①按专利使用许可协议和专有技术使用合同的规定计列;

②专有技术的界定应以省、部级鉴定批准为依据;

③项目投资中只计需要在建设期支付的专利及专有技术使用费。协议或合同规定在生产期

支付的使用费应在生产成本中核算。

④一次性支付的商标权、商誉及特许经营权费按协议或合同规定计列。协议或合同规定在生产期支付的商标权或特许经营权费应在生产成本中核算。

⑤为项目配套的专用设施投资，包括专用铁路线、专用公路、专用通讯设施、变送电站、地下管道、专用码头等，如由项目建设单位负责投资但产权不归属本单位的，应作无形资产处理。

15)生产准备及开办费

①新建项目按设计定员为基数计算，改扩建项目按新增设计定员为基数计算：

生产准备费＝设计定员×生产准备费用指标(元/人)

②可采用综合的生产准备费用指标进行计算，也可以按费用内容的分类指标计算。

(2)引进工程其他费用中的国外技术人员现场服务费、出国人员旅费和生活费折合人民币列入，用人民币支付的其他几项费用直接列入其他费用中。

(3)其他费用概算表格形式见表 2-14 和表 2-15。

(4)预备费包括基本预备费和价差预备费，基本预备费以总概算第一部分“工程费用”和第二部分“其他费用”之和为基数的百分比计算；价差预备费一般按式计算

$$P = \sum_{t=1}^{n} I_t[(1+f)^m(1+f)^{0.5}(1+f)^{t-1} - 1]$$

式中 P——价差预备费；

n——建设期(年)数；

I_t——建设期第 t 年的投资；

f——投资价格指数；

t——建设期第 t 年；

m——建设前年数(从编制概算到开工建设年数)。

(5)应列入项目概算总投资中的几项费用

1)建设期利息 根据不同资金来源及利率分别计算。

$$Q = \sum_{j=1}^{n} (P_{j-1} + A_j/2)i$$

式中 Q——建设期利息；

P_{j-1}——建设期第$(j-1)$年末贷款累计金额与利息累计金额之和；

A_j——建设期第 j 年贷款金额；

i——贷款年利率；

n——建设期年数。

2)铺底流动资金按国家或行业有关规定计算。

3)固定资产投资方向调节税(暂停征收)。

(四)单位工程概算的编制

(1)单位工程概算是编制单项工程综合概算(或项目总概算)的依据，单位工程概算项目根据单项工程中所属的每个单体按专业分别编制。

(2)单位工程概算一般分建筑工程、设备及安装工程两大类，建筑工程单位工程概算按下述(3)的要求编制，设备及安装工程单位工程概算按下述(4)的要求编制。

(3)建筑工程单位工程概算

1)建筑工程概算费用内容及组成见建设部建标[2003]206 号《建筑安装工程费用项目组成》。

2)建筑工程概算要采用“建筑工程概算表”编制，按构成单位工程的主要分部分项工程编制，

根据初步设计工程量按工程所在省、市、自治区颁发的概算定额(指标)或行业概算定额(指标),以及工程费用定额计算。

3)对于通用结构建筑可采用“造价指标”编制概算;对于特殊或重要的建(构)筑物,必须按构成单位工程的主要分部分项工程编制,必要时结合施工组织设计进行详细计算。

(4)设备及安装工程单位工程概算

1)设备及安装工程概算费用由设备购置费和安装工程费组成。

2)设备购置费

定型或成套设备费=设备出厂价格+运输费+采购保管费

引进设备费用分外币和人民币两种支付方式,外币部分按美元或其他国际主要流通货币计算。

非标准设备原价有多种不同的计算方法,如综合单价法、成本计算估价法、系列设备插入估价法、分部组合估价法、定额估价法等。一般采用不同种类设备综合单价法计算,计算公式为:

设备费=∑综合单价(元/吨)×设备单重(吨)

工具、器具及生产家具购置费一般以设备购置费为计算基数,按照部门或行业规定的工具、器具及生产家具费率计算。

3)安装工程费　安装工程费用内容组成,以及工程费用计算方法见原建设部建标[2003]206号《建筑安装工程费用项目组成》;其中,辅助材料费按概算定额(指标)计算,主要材料费以消耗量按工程所在地当年预算价格(或市场价)计算。

4)引进材料费用计算方法与引进设备费用计算方法相同。

5)设备及安装工程概算采用“设备及安装工程概算表”形式,按构成单位工程的主要分部分项工程编制,要据初步设计工程量按工程所在省、市、自治区颁发的概算定额(指标)或行业概算定额(指标),以及工程费用定额计算。

6)概算编制深度可参照《建设工程工程量清单计价规范》(GB 50500—2008)深度执行。

(5)当概算定额或指标不能满足概算编制要求时,应编制“补充单位估价表”。

(五)调整概算的编制

(1)设计概算批准后一般不得调整。由于特殊原因需要调整概算时,由建设单位调查分析变更原因,报主管部门审批同意后,由原设计单位核实编制、调整概算,并按有关审批程序报批。

(2)调整概算的原因

1)超出原设计范围的重大变更;

2)超出基本预备费规定范围内不可抗拒的重大自然灾害引起的工程变动和费用增加;

3)超出工程造价调整预备费的国家重大政策性的调整。

(3)影响工程概算的主要因素已经清楚,已完成一定工程量后方可进行调整,一个工程只允许调整一次概算。

(4)调整概算编制深度与要求、文件组成及表格形式同原设计概算,调整概算还应对工程概算调整的原因做详尽分析说明,所调整的内容在调整概算总说明中要逐项与原批准概算对比,并编制调整前后概算对比表,分析主要变更原因。

(5)在上报调整概算时,应同时提供有关文件和调整依据。

(六)设计概算文件的编制程序和质量控制

(1)设计概算文件编制的有关单位应当一起制定编制原则、方法,以及确定合理的概算投资水平,并对设计概算的编制质量、投资水平负责。

(2)项目设计负责人和概算负责人对全部设计概算的质量负责;概算文件编制人员应参与设计方案的讨论;设计人员要树立以经济效益为中心的观念,严格按照批准的工程内容及投资额度设计,提出满足概算文件编制深度的技术资料;概算文件编制人员对投资的合理性负责。

(3)概算文件需要经编制单位自审,建设单位(项目业主)复审,工程造价主管部门审批。

(4)概算文件的编制与审查人员必须具有国家注册造价工程师资格,或者具有省市(行业)颁发的造价员资格证,并根据工程项目大小按持证专业承担相应的编审工作。

(5)各造价协会(或者行业)、造价主管部门可根据所主管的工程特点制定概算编制质量的管理办法,并对编制人员采取相应的措施进行考核。

五、建设工程设计概算的审查

(一)设计概算审查的内容

(1)审查设计概算的编制依据　包括国家综合部门的文件,国务院主管部门和各省、市、自治区根据国家规定或授权制定的各种规定及办法,以及建设项目的设计文件等重点审查。

1)审查编制依据的合法性　采用的各种编制依据必须经过国家或授权机关的批准,符合国家的编制规定,未经批准的不能采用。也不能强调情况特殊,擅自提高概算定额、指标或费用标准。

2)审查编制依据的时效性　各种依据,如定额、指标、价格、取费标准等,都应根据国家有关部门的现行规定进行,注意有无调整和新的规定。有的虽然颁发时间较长,但不能全部适用;有的应按有关部门作的调整系数执行。

3)审查编制依据的适用范围　各种编制依据都有规定的适用范围,如各主管部门规定的各种专业定额及其取费标准,只适用于该部门的专业工程;各地区规定的各种定额及其取费标准,只适用于该地区的范围以内。特别是地区的材料预算价格区域性更强,如某市有该市区的材料预算价格,又编制了郊区内一个矿区的材料预算价格,如在该市的矿区建设时,其概算采用的材料预算价格,则应用矿区的价格,而不能采用该市的价格。

(2)审查概算编制深度

1)审查编制说明　审查编制说明可以检查概算的编制方法、深度和编制依据等重大原则问题。

2)审查概算编制深度　一般大中型项目的设计概算,应有完整的编制说明和"三级概算"(即总概算表、单项工程综合概算表、单位工程概算表),并按有关规定的深度进行编制。审查是否有符合规定的"三级概算",各级概算的编制、校对、审核是否按规定签署。

3)审查概算的编制范围　审查概算编制范围及具体内容是否与主管部门批准的建设项目范围及具体工程内容一致;审查分期建设项目的建筑范围及具体工程内容有无重复交叉,是否重复计算或漏算;审查其他费用所列的项目是否都符合规定,静态投资、动态投资和经营性项目铺底流动资金是否分部列出等。

(3)审查建设规模、标准　审查概算的投资规模、生产能力、设计标准、建设用地、建筑面积、主要设备、配套工程、设计定员等是否符合原批准可行性研究报告或立项批文的标准。如概算总投资超过原批准投资估算10%以上,应进一步审查超估算的原因。

(4)审查设备规格、数量和配置　工业建设项目设备投资比重大,一般占总投资的30%～50%,要认真审查。审查所选用的设备规格、台数是否与生产规模一致,材质、自动化程度有无提高标准,引进设备是否配套、合理,备用设备台数是否适当,消防、环保设备是否计算等等。还要重点审查价格是否合理、是否符合有关规定,如国产设备应按当时询价资料或有关部门发布的出厂价、信息价,引进设备应依据询价或合同价编制概算。

(5)审查工程费　建筑安装工程投资是随工程量增加而增加的,要认真审查。要根据初步设计图纸、概算定额及工程量计算规则、专业设备材料表、建构筑物和总图运输一览表进行审查,有无多算、重算、漏算。

(6)审查计价指标　审查建筑工程采用工程所在地区的计价定额、费用定额、价格指数和有关人工、材料、机械台班单价是否符合现行规定;审查安装工程所采用的专业部门或地区定额是否符合工程所在地区的市场价格水平,概算指标调整系数、主材价格、人工、机械台班和辅材调整系数是否按当地最新规定执行;审查引进设备安装费率或计取标准、部分行业专业设备安装费率是否按有关规定计算等。

(7)审查其他费用　工程建设其他费用投资约占项目总投资25%以上,必须认真逐项审查。审查费用项目是否按国家统一规定计列,具体费率或计取标准、部分行业专业设备安装费率是否按有关规定计算等。

(二)设计概算审查的方法

设计概算审查主要有以下方法:

(1)全面审查法　指按照全部施工图的要求,结合有关预算定额分项工程中的工程细目,逐一、全部地进行审核的方法。其具体计算方法和审核过程与编制预算的计算方法和编制过程基本相同。

全面审查法的优点是全面、细致,所审核过的工程预算质量高,差错比较少;缺点是工作量太大。全面审查法一般适用于一些工程量较小、工艺比较简单、编制工程预算力量较薄弱的设计单位所承包的工程。

(2)重点审查法　抓住工程预算中的重点进行审查的方法,称重点审查法,一般情况下,重点审查法的内容如下:

1)选择工程量大或造价较高的项目进行重点审查;

2)对补充单价进行重点审查;

3)对计取的各项费用的费用标准和计算方法进行重点审查。

重点审查工程预算的方法应灵活掌握。例如,在重点审查中,如发现问题较多,应扩大审查范围;反之,如没有发现问题,或者发现的差错很小,应考虑适当缩小审查范围。

(3)经验审查法　指监理工程师根据以前的实践经验,审查容易发生差错的那些部分工程细目的方法。如土方工程中的平整场地和余土外运,土壤分类等;基础工程中的基础垫层,砌砖、砌石基础,钢筋混凝土组合柱,基础圈梁、室内暖沟盖板等,都是较容易出错的地方,应重点加以审查。

(4)分解对比审查法　把一个单位工程,按直接费与间接费进行分解,然后再把直接费按工种工程和分部工程进行分解,分别与审定的标准图预算进行对比分析的方法,称为分解对比审查法。

这种方法是把拟审的预算造价与同类型的定型标准施工图或复用施工图的工程预算造价相比较,如果出入不大,就可以认为本工程预算问题不大,不再审查。如果出入较大,比如超过或少于已审定的标准设计施工图预算造价的1%或3%以上(根据本地区要求),再按分部分项工程进行分解,边分解边对比,哪里出入较大,就进一步审查那一部分工程项目的预算价格。

(三)设计概算审查的步骤

设计概算审查是一项复杂而细致的技术经济工作,审查人员既应懂得有关专业技术知识,又应具有熟练编制概算的能力,一般情况下可按如下步骤进行。

(1)概算审查的准备 概算审查的准备工作包括了解设计概算的内容组成、编制依据和方法;了解建设规模、设计能力和工艺流程;熟悉设计图纸和说明书、掌握概算费用的构成和有关技术经济指标;明确概算各种表格的内涵;收集概算定额、概算指标、取费标准等有关规定的文件资料等。

(2)进行概算审查 根据审查的主要内容,分别对设计概算的编制依据、单位工程设计概算、综合概算、总概算进行逐级审查。

(3)进行技术经济对比分析 利用规定的概算定额或指标以及有关技术经济指标与设计概算进行分析对比,根据设计和概算列明的工程性质、结构类型、建设条件、费用构成、投资比例、占地面积、生产规模、设备数量、造价指标、劳动定员等与国内外同类型工程规模进行对比分析,从大的方面找出和同类型工程的距离,为审查提供线索。

(4)研究、定案、调整概算 对概算审查中出现的问题要在对比分析、找出差距的基础上深入现场进行实际调查研究。了解设计是否经济合理、概算编制依据是否符合现行规定和施工现场实际、有无扩大规模、多估投资或预留缺口等情况,并及时核实概算投资。对于当地没有同类型的项目而不能进行对比分析时,可向国内同类型企业进行调查,收集资料,作为审查的参考。经过会审决定的定案问题应及时调整概算,并经原批准单位下发文件。

第四节 建设工程施工图预算的编制与审查

一、施工图预算的概念

施工图预算是在设计的施工图完成以后,以施工图为依据,根据预算定额、费用标准以及工程所在地区的人工、材料、施工机械设备台班的预算价格编制的,是确定建筑工程、安装工程预算造价的文件。

二、施工图预算的作用

施工图预算的作用主要有:

(1)是工程实行招标、投标的重要依据;

(2)是签订建设工程施工合同的重要依据;

(3)是办理工程财务拨款、工程贷款和工程结算的依据;

(4)是施工单位进行人工和材料准备、编制施工进度计划、控制工程成本的依据;

(5)是落实或调整年度进度计划和投资计划的依据;

(6)是施工企业降低工程成本、实行经济核算的依据。

三、施工图预算的编制

(一)施工图预算编制的依据

(1)各专业设计施工图和文字说明、工程地质勘察资料。

(2)当地和主管部门颁布的现行建筑工程和专业安装工程预算定额(基础定额)、单位估价表、地区资料、构配件预算价格(或市场价格)、间接费用定额和有关费用规定等文件。

(3)现行的有关设备原价(出厂价或市场价)及运杂费率。

(4)现行的有关其他费用定额、指标和价格。

(5)建设场地中的自然条件和施工条件,并据以确定的施工方案或施工组织设计。

(二)施工图预算编制的方法

1. 工料单价法

工料单价法指分部分项工程量的单价为直接费,直接费以人工、材料、机械的消耗量及其相应价格与措施费确定。间接费、利润、税金按照有关规定另行计算。

(1)传统施工图预算使用工料单价法,其计算步骤如下:

1)准备资料,熟悉施工图 准备的资料包括施工组织设计、预算定额、工程量计算标准、取费标准、地区材料预算价格等。

2)计算工程量 首先要根据工程内容和定额项目,列出分项工程目录;其次根据计算顺序和计算规划列出计算式;第三,根据图纸上的设计尺寸及有关数据,代入计算式进行计算;第四,对计算结果进行整理,使之与定额中要求的计量单位保持一致,并予以核对。

3)套工料单价 核对计算结果后,按单位工程施工图预算直接费计算公式求得单位工程人工费、材料费和机械使用费之和。同时注意以下几项内容。

①分项工程的名称、规格、计量单位必须与预算定额工料单价或单位计价表中所列内容完全一致。以防重套、漏套或错套工料单价而产生偏差;

②进行局部换算或调整时,换算指定额中已计价的主要材料品种不同而进行的换价,一般不调量;调整指施工工艺条件不同而对人工、机械的数量增减,一般调量不换价;

③若分项工程不能直接套用定额、不能换算和调整时,应编制补充单位计价表;

④定额说明允许换算与调整以外部分不得任意修改。

4)编制工料分析表 根据各分部分项工程项目实物工程量和预算定额中项目所列的用工及材料数量,计算各分部分项工程所需人工及材料数量,汇总后算出该单位工程所需各类人工、材料的数量。

5)计算并汇总造价 根据规定的税、费率和相应的计取基础,分别计算措施费、间接费、利润、税金等。将上述费用累计后进行汇总,得出单位工程预算造价。

6)复核 对项目填列、工程量计算公式、计算结果、套用的单价、采用的各项取费费率、数字计算、数据精确度等进行全面复核,以便及时发现差错,及时修改,提高预算的准确性。

7)填写封面、编制说明 封面应写明工程编号、工程名称、工程量、预算总造价和单方造价、编制单位名称、负责人和编制日期以及审核单位的名称、负责人和审核日期等。编制说明主要应写明预算所包括的工程内容范围、依据的图纸编号、承包企业的等级和承包方式、有关部门现行的调价文件号、套用单价需要补充说明的问题及其他需说明的问题等。

现在编制施工图预算时特别要注意,所用的工程量和人工、材料量是统一的计算方法和基础定额;所用的单价是地区性的(定额、价格信息、价格指数和调价方法)。由于在市场条件下价格是变动的,要特别重视定额价格的调整。

(2)实物法编制施工图预算的步骤 实物法编制施工图预算是先算工程量、人工、材料量、机械台班(即实物量),然后再计算费用和价格的方法。这种方法适应市场经济条件下编制施工图预算的需要,在改革中应当努力实现这种方法的普遍应用。其编制步骤如下:

1)准备资料,熟悉施工图纸。

2)计算工程量。

3)套基础定额,计算人工、材料、机械数量。

4)根据当时、当地的人工、材料、机械单价,计算并汇总人工费、材料费、机械使用费,得出单位工程直接工程费。

5)计算措施费、间接费、利润和税金,并进行汇总,得出单位工程造价(价格)。

6)复核。

7)填写封面、编写说明。

从上述步骤可见,实物法与定额单价法不同,实物法的关键在于第三步和第四步,尤其是第四步,使用的单价已不是定额中的单价了,而是在由当地工程价格权威部门(主管部门或专业协会)定期发布价格信息和价格指数的基础上,自行确定人工单价、材料单价、施工机械台班单价。这样便不会使工程价格脱离实际,并为价格的调整减少许多麻烦。

2. 综合单价法

综合单价法指分部分项工程量的单价为全费用单价,既包括直接费、间接费、利润(酬金)、税金,也包括合同约定的所有工料价格变化风险等一切费用,是一种国际上通行的计价方式。综合单价法按其所包含项目工作的内容及工程计量方法的不同,又可分为以下三种表达形式:

(1)参照现行预算定额(或基础定额)对应子目所约定的工作内容、计算规则进行报价。

(2)按招标文件约定的工程量计算规则,以及按技术规范规定的每一分部分项工程所包括的工作内容进行报价。

(3)由投标者依据招标图纸、技术规范,按其计价习惯,自主报价,即工程量的计算方法、投标价的确定,均由投标者根据自身情况决定。

按照《建筑工程施工发包承包管理办法》的规定,综合单价是由分项工程的直接费、间接费、利润和税金组成的,而直接费是以人工、材料、机械的消耗量及相应价格与措施费确定的。因此计价顺序应当是:

1)准备资料,熟悉施工图纸;

2)划分项目,按统一规定计算工程量;

3)计算人工、材料和机械数量;

4)套综合单价,计算各分项工程造价;

5)汇总得分部工程造价;

6)各分部工程造价汇总得单位工程造价;

7)复核;

8)填写封面、编写说明。

"综合单价"的产生是使用该方法的关键。显然编制全国统一的综合单价是不现实或不可能的,而由地区编制较为可行。理想的是由企业编制"企业定额"产生综合单价。由于在每个分项工程上确定利润和税金比较困难,故可以编制含有直接费和间接费的综合单价,待求出单位工程总的直接费和间接费后,再统一计算单位工程的利润和税金,汇总得出单位工程的造价。《建设工程工程量清单计价规范》(GB 50500—2008)中规定的造价计算方法,就是根据实物计算法原理编制的。

四、施工图预算的审查

(一)施工图预算审查的作用

施工图预算的审查主要有以下作用:

(1)对降低工程造价具有现实意义;

(2)有利于节约工程建设资金;

(3)有利于发挥领导层、银行的监督作用;

(4)有利于积累和分析各项技术经济指标。

(二)施工图预算审查的方法

(1)逐项审查法　逐项审查法又称全面审查法,即按定额顺序或施工顺序,对各分项工程中的工程细目逐项全面详细审查的一种方法。其优点是全面、细致,审查质量高、效果好。缺点是工作量大,时间较长。这种方法适合于一些工程量较小、工艺比较简单的工程。

(2)标准预算审查法　标准预算审查法就是对利用标准图纸或通用图纸施工的工程,先集中力量编制标准预算,以此为准来审查工程预算的一种方法。按标准设计图纸或通用图纸施工的工程,一般上部结构和做法相同,只是根据现场施工条件或地质情况不同,仅对基础部分做局部改变。凡这样的工程,以标准预算为准,对局部修改部分单独审查即可,不需逐一详细审查。该方法的优点是时间短、效果好、易定案。其缺点是适用范围小,仅适用于采用标准图纸的工程。

(3)分组计算审查法　分组计算审查法就是把预算中有关项目按类别划分若干组,利用同组中的一组数据审查分项工程量的一种方法。这种方法首先将若干分部分项工程按相邻且有一定内在联系的项目进行编组,利用同组分项工程间具有相同或相近计算基数的关系,审查一个分项工程数量,由此判断同组中其他几个分项工程的准确程度。该方法特点是审查速度快、工作量小。

(4)对比审查法　对比审查法是当工程条件相同时,用已完工程的预算或未完但已经过审查修正的工程预算对比审查拟建工程的同类工程预算的一种方法。

(5)“筛选”审查法　“筛选法”是能较快发现问题的一种方法。建筑工程虽面积和高度不同,但其各分部分项工程的单位建筑面积指标变化却不大。将这样的分部分项工程加以汇集、优选,找出其单位建筑面积工程量、单价、用工的基本数值,归纳为工程量、价格、用工三个单方基本指标,并注明基本指标的适用范围。这些基本指标用来筛分各分部分项工程,对不符合条件的应进行详细审查,若审查对象的预算标准与基本指标的标准不符,就应对其进行调整。“筛选法”的优点是简单易懂,便于掌握,审查速度快,便于发现问题。但问题出现的原因尚需继续审查。该方法适用于审查住宅工程或不具备全面审查条件的工程。

(6)重点审查法　重点审查法就是抓住工程预算中的重点进行审核的方法。审查的重点一般是工程量大或者造价较高的各种工程、补充定额、计取的各项费用(计取基础、取费标准)等。重点审查法的优点是突出重点、审查时间短、效果好。

第五节　建设工程结算

一、工程价款的主要结算方式

我国现行工程价款结算根据不同情况,可采取多种方式。

1. 按月结算

实行旬末或月中预支,月终结算,竣工后清算的方法。跨年度竣工的工程,在年终进行工程盘点,办理年度结算。我国现行建筑安装工程价款结算中,相当一部分是实行这种按月结算。

2. 竣工后一次结算

建设项目或单项工程全部建筑安装工程建设期在12个月以内,或者工程承包合同价值在100万元以下的,可以实行工程价款每月月中预支,竣工后一次结算。

3. 分段结算

即当年开工，当年不能竣工的单项工程或单位工程按照工程形象进度，划分不同阶段进行结算。分段结算可以按月预支工程款。分段的划分标准，由各部门、自治区、直辖市、计划单列市规定。

对于以上三种主要结算方式的收支确认，财政部在1999年1月1日起实行的《企业会计准则——建造合同》讲解中作了如下规定：

(1)实行旬末或月中预支，月终结算，竣工后清算办法的工程合同，应分期确认合同价款收入的实现，即：各月份终了，与发包单位进行已完工程价款结算时，确认为承包合同已完工部分的工程收入实现，本期收入额为月终结算的已完工程价款金额。

(2)实行合同完成后一次结算工程价款办法的工程合同，应于合同完成，施工企业与发包单位进行工程合同价款结算时，确认为收入实现，实现的收入额为承发包双方结算的合同价款总额。

(3)实行按工程形象进度划分不同阶段、分段结算工程价款办法的工程合同，应按合同规定的形象进度分次确认已完阶段工程收益实现。即：应于完成合同规定的工程形象进度或工程阶段，与发包单位进行工程价款结算时，确认为工程收入的实现。

4. 目标结款方式

即在工程合同中，将承包工程的内容分解成不同的控制界面，以业主验收控制界面作为支付工程价款的前提条件。也就是说，将合同中的工程内容分解成不同的验收单元，当承包商完成单元工程内容并经业主(或其委托人)验收后，业主支付构成单元工程内容的工程价款。

目标结款方式下，承包商要想获得工程价款，必须按照合同约定的质量标准完成界面内的工程内容；要想尽早获得工程价款，承包商必须充分发挥自己组织实施能力，在保证质量前提下，加快施工进度。这意味着承包商拖延工期时，则业主推迟付款，增加承包商的财务费用、运营成本，降低承包商的收益，客观上使承包商因延迟工期而遭受损失。同样，当承包商积极组织施工，提前完成控制界面内的工程内容，则承包商可提前获得工程价款，增加承包收益，客观上承包商因提前工期而增加了有效利润。同时，因承包商在界面内质量达不到合同约定的标准而业主不预验收，承包商也会因此而遭受损失。可见，目标结款方式实质上是运用合同手段、财务手段对工程的完成进行主动控制。

目标结款方式中，对控制界面的设定应明确描述，便于量化和质量控制，同时要适应项目资金的供应周期和支付频率。

5. 结算双方约定的其他结算方式

施工企业在采用按月结算工程价款方式时，要先取得各月实际完成的工程数量，并按照工程预算定额中的工程直接费预算单价、间接费用定额和合同中采用利税率，计算出已完工程造价。实际完成的工程数量，由施工单位根据有关资料计算，并编制“已完工程月报表”，然后按照发包单位编制“已完工程月报表”，将各个发包单位的本月已完工程造价汇总反映。再根据“已完工程月报表”编制“工程价款结算账单”，与“已完工程月报表”一起，分送发包单位和经办银行，据以办理结算。

施工企业在采用分段结算工程价款方式时，要在合同中规定工程部位完工的月份，根据已完工程部位的工程数量计算已完工程造价，按发包单位编制“已完工程月报表”和“工程价款结算账单”。

对于工期较短、能在年度内竣工的单项工程或小型建设项目，可在工程竣工后编制“工程价款结算账单”，按合同中工程造价一次结算。

“工程价款结算账单”是办理工程价款结算的依据。工程价款结算账单中所列应收工程款应与随同附送的“已完工程月报表”中的工程造价相符，“工程价款结算账单”除了列明应收工程款外，还应列明应扣预收工程款、预收备料款、发包单位供给材料价款等应扣款项、算出本月实收工程款。

为了保证工程按期收尾竣工，工程在施工期间，不论工程长短，其结算工程款，一般不得超过承包工程价值的 95%，结算双方可以在 5%的幅度内协商确定尾款比例，并在工程承包合同中写明。施工企业如已向发包单位出具履约保函或有其他保证的，可以不留工程尾款。

“已完工程月报表”和“工程价款结算账单”的格式见表 2-25、表 2-26。

表 2-25 已完工程月报表

发包单位名称： 年 月 日 （元）

单项工程和单位工程名称	合同造价	建筑面积	开竣工日期		实际完成数		备注
			开工日期	竣工日期	至上月（期）止已完工程累计	本月（期）已完工程	

施工企业： 编制日期： 年 月 日

表 2-26 工程价款结算账单

发包单位名称： 年 月 日 （元）

单项工程和单位工程名称	合同造价	本月（期）应收工程款	应扣款项			本月（期）实收工程款	尚未归还	累计已收工程款	备注
			合计	预收工程款	预收备料款				

施工企业： 编制日期： 年 月 日

二、工程结算的编制

（一）工程结算编制依据

工程结算的编制依据主要有以下内容：

(1)国家有关法律、法规、规章制度和相关的司法解释。

(2)国务院建设行政主管部门以及各省、自治区、直辖市和有关部门发布的工程造价计价标准、计价办法、有关规定及相关解释。

(3)施工发承包合同、专业分包合同及补充合同，有关材料、设备采购合同。

(4)招投标文件，包括招标答疑文件、投标承诺、中标报价书及其组成内容。

(5)工程竣工图或施工图、施工图会审记录，经批准的施工组织设计，以及设计变更、工程洽商和相关会议纪要。

(6)经批准的开、竣工报告或停、复工报告。

(7)建设工程工程量清单计价规范或工程预算定额、费用定额及价格信息、调价规定等。

(8)工程预算书。

(9)影响工程造价的相关资料。

(10)结算编制委托合同。

(二)工程结算编制程序

(1)工程结算应按准备、编制和定稿三个工作阶段进行，并实行编制人、校对人和审核人分别署名盖章确认的内部审核制度。

(2)结算编制准备阶段

1)收集与工程结算编制相关的原始资料；

2)熟悉工程结算资料内容，进行分类、归纳、整理；

3)召集相关单位或部门的有关人员参加工程结算预备会议，对结算内容和结算资料进行核对与充实完善；

4)收集建设期内影响合同价格的法律和政策性文件。

(3)结算编制阶段

1)根据竣工图及施工图以及施工组织设计进行现场踏勘，对需要调整的工程项目进行观察、对照、必要的现场实测和计算，做好书面或影像记录；

2)按既定的工程量计算规则计算需调整的分部分项、施工措施或其他项目工程量；

3)按招投标文件、施工发承包合同规定的计价原则和计价办法对分部分项、施工措施或其他项目进行计价；

4)对于工程量清单或定额缺项以及采用新材料、新设备、新工艺的，应根据施工过程中的合理消耗和市场价格，编制综合单价或单位估价分析表；

5)工程索赔应按合同约定的索赔处理原则、程序和计算方法，提出索赔费用，经发包人确认后作为结算依据；

6)汇总计算工程费用，包括编制分部分项工程费、施工措施项目费、其他项目费、零星工作项目费或直接费、间接费、利润和税金等表格，初步确定工程结算价格；

7)编写编制说明；

8)计算主要技术经济指标；

9)提交结算编制的初步成果文件待校对、审核。

(4)结算编制定稿阶段

1)由结算编制受托人单位的部门负责人对初步成果文件进行检查、校对；

2)由结算编制受托人单位的主管负责人审核批准；

3)在合同约定的期限内，向委托人提交经编制人、校对人、审核人和受托人单位盖章确认的正式的结算编制文件。

(三)工程结算编制要求

(1)工程结算一般经过发包人或有关单位验收合格且点交后方可进行。

(2)工程结算应以施工发承包合同为基础，按合同约定的工程价款调整方式对原合同价款进行调整。

(3)工程结算应核查设计变更、工程洽商等工程资料的合法性、有效性、真实性和完整性。对有疑义的工程实体项目，应视现场条件和实际需要核查隐蔽工程。

(4)建设项目由多个单项工程或单位工程构成的，应按建设项目划分标准的规定，将各单项工程或单位工程竣工结算汇总，编制相应的工程结算书，并撰写编制说明。

(5)实行分阶段结算的工程，应将各阶段工程结算汇总，编制工程结算书，并撰写编制说明。

(6)实行专业分包结算的工程，应将各专业分包结算汇总在相应的单位工程或单项工程结算内，并撰写编制说明。

(7)工程结算编制应采用书面形式，有电子文本要求的应一并报送与书面形式内容一致的电子版本。

(8)工程结算应严格按工程结算编制程序进行编制，做到程序化、规范化，结算资料必须完整。

(四)工程结算编制方法

(1)工程结算的编制应区分施工发承包合同类型，采用相应的编制方法。

1)采用总价合同　应在合同价基础上对设计变更、工程洽商以及工程索赔等合同约定可以调整的内容进行调整；

2)采用单价合同　应计算或核定竣工图或施工图以内的各个分部分项工程量，依据合同约定的方式确定分部分项工程项目价格，并对设计变更、工程洽商、施工措施以及工程索赔等内容进行调整；

3)采用成本加酬金合同　应依据合同约定的方法计算各个分部分项工程以及设计变更、工程洽商、施工措施等内容的工程成本，并计算酬金及有关税费。

(2)工程结算中涉及工程单价调整时，应当遵循以下原则：

1)合同中已有适用于变更工程、新增工程单价的，按已有的单价结算；

2)合同中有类似变更工程、新增工程单价的，可以参照类似单价作为结算依据；

3)合同中没有适用或类似变更工程、新增工程单价的，结算编制受托人可商洽承包人或发包人提出适当的价格，经对方确认后作为结算依据。

(3)工程结算编制中涉及的工程单价应按合同要求分别采用综合单价或工料单价。工程量清单计价的工程项目应采用综合单价；定额计价的工程项目可采用工料单价。

1)综合单价　把分部分项工程单价综合成全费用单价，其内容包括直接费(直接工程费和措施费)、间接费、利润和税金，经综合计算后生成。各分项工程量乘以综合单价的合价汇总后，生成工程结算价；

2)工料单价　把分部分项工程量乘以单价形成直接工程费，加上按规定标准计算的措施费，构成直接费。直接工程费由人工、材料、机械的消耗量及其相应价格确定。直接费汇总后另计算间接费、利润、税金，生成工程结算价。

(五)工程结算编制文件组成

(1)工程结算文件一般由工程结算汇总表、单项工程结算汇总表、单位工程结算表和分部分项(措施、其他、零星)工程结算表及结算编制说明等组成。

(2)工程结算编制说明可根据委托工程项目的实际情况，以单位工程、单项工程或建设项目为对象进行编制，并应说明以下内容：

1)工程概况；

2)编制范围；

3)编制依据；

4)编制方法；

5)有关材料、设备、参数和费用说明；

6)其他有关问题的说明。

(3)工程结算文件提交时，受托人应当同时提供与工程结算相关的附件，包括所依据的发承包合同调价条款、设计变更、工程洽商、材料及设备定价单、调价后的单价分析表等与工程结算相关的书面证明材料。

(4)工程结算编制的参考表格形式见表 2-27～表 2-32。

表 2-27　工程结算封面格式

(工程名称)

工 程 结 算

档　案　号:

(编制单位名称)
(工程造价咨询单位执业章)
年　月　日

表 2-28　工程结算签署页格式

(工程名称) 工 程 结 算 档　案　号： 编　制　人：__________[执业(从业)印章]__________ 审　核　人：__________[执业(从业)印章]__________ 审　定　人：__________[执业(从业)印章]__________ 单位负责人：________________________________

表 2-29 工程结算汇总表

工程名称： 第 页共 页

序 号	单项工程名称	金额(元)	备 注
	合 计		

编制人： 审核人： 审定人：

表 2-30 单项工程结算汇总表

单项工程名称： 第 页共 页

序 号	单项工程名称	金额(元)	备 注
	合 计		

编制人： 审核人： 审定人：

表 2-31　单位工程结算汇总表

单位工程名称：　　　　　　　　　　　　　　　　　　　　　　　　第　页共　页

序　号	专业工程名称	金额(元)	备　注
1	分部分项工程费合计		
2	措施项目费合计		
3	其他项目费合计		
4	零星工作费合计		
	合　计		

编制人：　　　　　　　　　　　　审核人：　　　　　　　　　　　　审定人：

表 2-32　分部分项(措施、其他、零星)工程结算表

工程名称：

序号	项目编码或定额编码	项目名称	计量单位	工程数量	金额(元)		备　注
					单价	合价	
		合　计					

编制人：　　　　　　　　　　　　审核人：　　　　　　　　　　　　审定人：

三、工程结算的审查

(一)工程结算审查的内容

(1)审查结算的递交程序和资料的完备性

1)审查结算资料递交手续、程序的合法性，以及结算资料具有的法律效力；

2)审查结算资料的完整性、真实性和相符性。

(2)审查与结算有关的各项内容

1)建设工程发承包合同及其补充合同的合法性和有效性；

2)施工发承包合同范围以外调整的工程价款；

3)分部分项、措施项目、其他项目工程量及单价；

4)发包人单独分包工程项目的界面划分和总包人的配合费用；

5)工程变更、索赔、奖励及违约费用；

6)取费、税金、政策性高速以及材料价差计算；

7)实际施工工期与合同工期发生差异的原因和责任，以及对工程造价的影响程度；

8)其他涉及工程造价的内容。

（二）工程结算审查要求

（1）严禁采取抽样审查、重点审查、分析对比审查和经验审查的方法，避免审查疏漏现象发生。

（2）应审查结算文件和与结算有关的资料的完整性和符合性。

（3）按施工发承包合同约定的计价标准或计价方法进行审查。

（4）对合同未作约定或约定不明的，可参照签订合同时当地建设行政主管部门发布的计价标准进行审查。

（5）对工程结算内多计、重列的项目应予以扣减；对少计、漏项的项目应予以调增。

（6）对工程结算与设计图纸或事实不符的内容，应在掌握工程事实和真实情况的基础上进行调整。工程造价咨询单位在工程结算审查时发现的工程结算与设计图纸或与事实不符的内容应约请各方履行完善的确认手续。

（7）对由总承包人分包的工程结算，其内容与总承包合同主要条款不相符的，应按总承包合同约定的原则进行审查。

（8）工程结算审查文件应采用书面形式，有电子文本要求的应采用与书面形式内容一致的电子版本。

（9）结算审查的编制人、校对人和审核人不得由同一人担任。

（10）结算审查受托人与被审查项目的发承包双方有利害关系，可能影响公正的，应予以回避。

（三）工程结算审查程序

（1）工程结算审查应按准备、审查和审定三个工作阶段进行，并实行编制人、校对人和审核人分别署名盖章确认的内部审核制度。

（2）结算审查准备阶段

1）审查工程结算手续的完备性、资料内容的完整性，对不符合要求的应退回限时补正；

2）审查计价依据及资料与工程结算的相关性、有效性；

3）熟悉招投标文件、工程发承包合同、主要材料设备采购合同及相关文件；

4）熟悉竣工图纸或施工图纸、施工组织设计、工程状况，以及设计变更、工程洽商和工程索赔情况等。

（3）结算审查阶段

1）审查结算项目范围、内容与合同约定的项目范围、内容的一致性；

2）审查工程量计算准确性、工程量计算规则与计价规范或定额保持一致性；

3）审查结算单价时应严格执行合同约定或现行的计价原则、方法。对于清单或定额缺项以及采用新材料、新工艺的，应根据施工过程中的合理消耗和市场价格审核结算单价；

4）审查变更身份证凭据的真实性、合法性、有效性，核准变更工程费用；

5）审查索赔是否依据合同约定的索赔处理原则、程序和计算方法以及索赔费用的真实性、合法性、准确性；

6）审查取费标准时，应严格执行合同约定的费用定额标准及有关规定，并审查取费依据的时效性、相符性；

7）编制与结算相对应的结算审查对比表。

（4）结算审定阶段

1）工程结算审查初稿编制完成后，应召开由结算编制人、结算审查委托人及结算审查受托人共同参加的会议，听取意见，并进行合理的调整；

2)由结算审查受托人单位的部门负责人对结算审查的初步成果文件进行检查、校对；

3)由结算审查受托人单位的主管负责人审核批准；

4)发承包双方代表人和审查人应分别在“结算审定签署表”上签认并加盖公章；

5)对结算审查结论有分歧的，应在出具结算审查报告前，至少组织两次协调会；凡不能共同签认的，审查受托人可适时结束审查工作，并作出必要说明；

6)在合同约定的期限内，向委托人提交经结算审查编制人、校对人、审核人和受托人单位盖章确认的正式的结算审查报告。

（四）工程结算审查方法

(1)工程结算的审查应依据施工发承包合同约定的结算方法进行，根据施工发承包合同类型，采用不同的审查方法。

1)采用总价合同的，应在合同价的基础上对设计变更、工程洽商以及工程索赔等合同约定可以调整的内容进行审查；

2)采用单价合同的，应审查施工图以内的各个分部分项工程量，依据合同约定的方式审查分部分项工程价格，并对设计变更、工程洽商、工程索赔等调整内容进行审查；

3)采用成本加酬金合同的，应依据合同约定的方法审查各个分部分项工程以及设计变更、工程洽商等内容的工程成本，并审查酬金及有关税费的取定。

(2)结算审查中涉及工程单价调整时，参照上述结算编制时单价调整的方法实行。

(3)除非已有约定，对已被列入审查范围的内容，结算应采用全面审查的方法。

(4)对法院、仲裁或承发包双方合意共同委托的未确定计价方法的工程结算审查或鉴定，结算审查受托人可根据事实和国家法律、法规和建设行政主管部门的有关规定，独立选择鉴定或审查适用的计价方法。

（五）工程结算审查文件组成

(1)工程结算审查文件一般由工程结算审查报告、结算审定签署表、工程结算审查汇总对比表、单项工程结算审查汇总对比表、单位工程结算审查汇总对比表、分部分项（措施、其他、零星）工程结算审查对比表以及结算内容审查说明等组成。

(2)工程结算审查报告可根据该委托工程项目的实际情况，以单位工程、单项工程或建设项目为对象进行编制，并应说明以下内容：

1)概述；

2)审查范围；

3)审查原则；

4)审查依据；

5)审查方法；

6)审查程序；

7)审查结果；

8)主要问题；

9)有关建议。

(3)结算审定签署表由结算审查受托人填制，并由结算审查委托单位、结算编制人和结算审查受托人签字盖章，当结算审查委托人与建设单位不一致时，按工程造价咨询合同要求或结算审查委托人的要求，确定是否增加建设单位在结算审定签署表上签字盖章。

(4)结算内容审查说明应阐述以下内容：

1)主要工程子目调整的说明；

2)工程数量增减变化较大的说明；

3)子目单价、材料、设备、参数和费用有重大变化的说明；

4)其他有关问题的说明。

(5)工程结算审查书的参考表格形式见表 2-33～表 2-39。

表 2-33　工程结算审查书封面格式

(工程名称) **工程结算审查书** **档　案　号：** (编制单位名称) **(工程造价咨询单位执业章)** 年　月　日

表 2-34 工程结算审查书签署页格式

(工程名称)

工程结算审查书

档 案 号:

编 制 人:__________[执业(从业)印章]__________
审 核 人:__________[执业(从业)印章]__________
审 定 人:__________[执业(从业)印章]__________
单位负责人:__________

表 2-35　结算审定签署表

（元）

<table>
<tr><td>工程名称</td><td colspan="2"></td><td>工程地址</td><td colspan="2"></td></tr>
<tr><td>发包人单位</td><td colspan="2"></td><td>承包人单位</td><td colspan="2"></td></tr>
<tr><td>委托合同书编号</td><td colspan="2"></td><td>审定日期</td><td colspan="2"></td></tr>
<tr><td>报审结算造价</td><td colspan="2"></td><td>调整金额（+、-）</td><td colspan="2"></td></tr>
<tr><td>审定结算造价</td><td>大写</td><td colspan="2"></td><td>小写</td><td></td></tr>
<tr><td>委托单位
（签章）</td><td colspan="2">建设单位
（签章）</td><td>承包单位
（签章）</td><td colspan="2">审查单位
（签章）</td></tr>
<tr><td>代表人（签章、字）</td><td colspan="2">代表人（签章、字）</td><td>代表人（签章、字）</td><td colspan="2">代表人（签章、字）
技术负责人（执业章）</td></tr>
</table>

表 2-36　工程结算审查汇总对比表

项目名称：　　　　　　　　　　　　　　　　　　　　　　　　（元）

序号	单项工程名称	报审结算金额	审定结算金额	调整金额	备　注
	合　计				

编制人：　　　　　　　　　　审核人：　　　　　　　　　　审定人：

表 2-37　单项工程结算审查汇总对比表

单项工程名称：　　　　　　　　　　　　　　　　　　　　　　（元）

序号	单位工程名称	原结算金额	审查后金额	调整金额	备　注
	合　计				

编制人：　　　　　　　　　　审核人：　　　　　　　　　　审定人：

表 2-38 单位工程结算审查汇总对比表

单位工程名称： （元）

序号	专业工程名称	原结算金额	审查后金额	调整金额	备　注
1	分部分项工程费合计				
2	措施项目费合计				
3	其他项目费合计				
4	零星工作费合计				
	合　计				

编制人： 审核人： 审定人：

表 2-39 分部分项(措施、其他、零星)工程结算审查对比表

分部分项(措施、其他、零星)工程名称： （元）

序号	项目名称	结算报审金额					结算审定金额					调整金额	备　注
		项目编码或定额号	单位	数量	单价	合价	项目编码或定额号	单位	数量	单价	合价		
	合计												

编制人： 审核人： 审定人：

第六节　建设工程竣工决算

竣工决算是建设工程经济效益的全面反映，是项目法人核定各类新增资产价值、办理其交付使用的依据。通过竣工决算，一方面能够正确反映建设工程的实际造价和投资结果；另一方面可以通过竣工决算与概算、预算的对比分析，考核投资控制的工作成效，总结经验教训，积累技术经济方面的基础资料，提高未来建设工程的投资效益。

一、竣工决算的内容

竣工决算是建设工程从筹建到竣工投产全过程中发生的所有实际支出，包括设备工器具购置费、建筑安装工程费和其他费用等。竣工决算由竣工财务决算报表、竣工财务决算说明书、竣工工程平面示意图、工程造价比较分析四部分组成。其中竣工财务决算报表和竣工财务决算说明书属于竣工财务决算的内容。竣工财务决算是竣工决算的组成部分，是正确核定新增资产价值、反映竣工项目建设成果的文件，是办理固定资产交付使用手续的依据。

1. 竣工财务决算说明书

竣工财务决算说明书主要反映竣工工程建设成果和经验，是对竣工决算报表进行分析和补充说明的文件，是全面考核分析工程投资与造价的书面总结，其内容主要包括：

(1)建设项目概况，对工程总的评价。一般从进度、质量、安全和造价、施工方面进行分析说明。进度方面主要说明开工和竣工时间，对照合理工期和要求工期分析是提前还是延期；质量方面主要根据竣工验收委员会或相当一级质量监督部门的验收评定等级、合格率和优良品率；安全方面主要根据劳动工资和施工部门的记录，对有无设备和人身事故进行说明；造价方面主要对照概算造价，说明节约还是超支，用金额和百分率进行分析说明。

(2)资金来源及运用等财务分析　主要包括工程价款结算、会计账务的处理、财产物资情况及债权债务的清偿情况。

(3)基本建设收入、投资包干结余、竣工结余资金的上交分配情况　通过对基本建设投资包干情况的分析，说明投资包干数、实际支用数和节约额、投资包干节余的有机构成和包干节余的分配情况。

(4)各项经济技术指标的分析　概算执行情况分析，根据实际投资完成额与概算进行对比分析；新增生产能力的效益分析，说明支付使用财产占总投资额的比例、占支付使用财产的比例，不增加固定资产的造价占投资总额的比例，分析有机构成和成果。

(5)工程建设的经验及项目管理和财务管理工作以及竣工财务决算中有待解决的问题。

(6)需要说明的其他事项。

2. 竣工财务决算报表

建设项目竣工财务决算报表要根据大、中型建设项目和小型建设项目分别制定。大、中型建设项目竣工决算报表包括：建设项目竣工财务决算审批表，大、中型建设项目概况表，大、中型建设项目竣工财务决算表，大、中型建设项目交付使用资产总表；小型建设项目竣工财务决算报表包括：建设项目竣工财务决算审批表，竣工财务决算总表，建设项目交付使用资产明细表。有关表格形式分别见表 2-40 及表 2-41。

(1)建设项目竣工财务决算审批表，见表 2-40。该表作为竣工决算上报有关部门审批时使用，其格式按照中央级小型项目审批要求设计的，地方级项目可按审批要求做适当修改。

表 2-40　建设项目竣工财务决算审批表

<table>
<tr><td>建设项目法人(建设单位)</td><td></td><td>建设性质</td><td></td></tr>
<tr><td>建设项目名称</td><td></td><td>主管部门</td><td></td></tr>
<tr><td colspan="4">开户银行意见：
(盖章)
年　月　日</td></tr>
<tr><td colspan="4">专员办审批意见：
(盖章)
年　月　日</td></tr>
<tr><td colspan="4">主管部门或地方财政部门审批意见：
(盖章)
年　月　日</td></tr>
</table>

(2)大、中型建设项目概况表,见表 2-41。该表综合反映大、中型建设项目的基本概况,内容包括该项目总投资、建设起止时间、新增生产能力、主要材料消耗、建设成本、完成主要工程量和主要技术经济指标及基本建设支出情况,为全面考核和分析投资效果提供依据。

表 2-41 大、中型建设项目竣工工程概况表

<table>
<tr><td>建设项目(单项工程)名称</td><td colspan="2"></td><td>建设地址</td><td colspan="4"></td></tr>
<tr><td>主要设计单位</td><td colspan="2"></td><td>主要施工企业</td><td colspan="4"></td></tr>
<tr><td rowspan="3">占地面积</td><td>计划</td><td>实际</td><td rowspan="3">总投资(万元)</td><td colspan="2">设计</td><td colspan="2">实际</td></tr>
<tr><td rowspan="2"></td><td rowspan="2"></td><td>固定资产</td><td>流动资产</td><td>固定资产</td><td>流动资产</td></tr>
<tr><td></td><td></td><td></td><td></td></tr>
<tr><td rowspan="2">新增生产能力</td><td colspan="2">能力(效益)名称</td><td>设计</td><td colspan="4">实际</td></tr>
<tr><td colspan="2"></td><td></td><td colspan="4"></td></tr>
<tr><td rowspan="3">建设起、止时间</td><td colspan="2">设计</td><td colspan="5">从 年 月开工至 年 月竣工</td></tr>
<tr><td colspan="2">实际</td><td colspan="5">从 年 月开工至 年 月竣工</td></tr>
<tr><td colspan="2"></td><td colspan="5"></td></tr>
<tr><td>设计概算批准文号</td><td colspan="7"></td></tr>
<tr><td rowspan="3">完成主要工程量</td><td colspan="2">建筑面积(m^2)</td><td colspan="5">设备(台、套、t)</td></tr>
<tr><td>设计</td><td>实际</td><td colspan="2">设计</td><td colspan="3">实际</td></tr>
<tr><td></td><td></td><td colspan="2"></td><td colspan="3"></td></tr>
<tr><td rowspan="2">收尾工程</td><td colspan="2">工程内容</td><td>投资额</td><td colspan="4">完成时间</td></tr>
<tr><td colspan="2"></td><td></td><td colspan="4"></td></tr>
</table>

<table>
<tr><td rowspan="8">基建支出</td><td>项目</td><td>概算</td><td>实际</td><td rowspan="8">主要指标</td></tr>
<tr><td>建筑安装工程</td><td></td><td></td></tr>
<tr><td>设备、工具器具</td><td></td><td></td></tr>
<tr><td>待摊投资
其中:建设单位管理费</td><td></td><td></td></tr>
<tr><td>其他投资</td><td></td><td></td></tr>
<tr><td>待核销基建支出</td><td></td><td></td></tr>
<tr><td>非经营项目转出投资</td><td></td><td></td></tr>
<tr><td>合 计</td><td></td><td></td></tr>
</table>

<table>
<tr><td rowspan="4">主要材料消耗</td><td>名称</td><td>单位</td><td>概算</td><td>实际</td></tr>
<tr><td>钢材</td><td>t</td><td></td><td></td></tr>
<tr><td>木材</td><td>m^3</td><td></td><td></td></tr>
<tr><td>水泥</td><td>t</td><td></td><td></td></tr>
<tr><td>主要技术经济指标</td><td colspan="4"></td></tr>
</table>

(3)大、中型建设项目竣工财务决算表,见表 2-42。该表反映竣工的大中型建设项目从开工到竣工为止全部资金来源和资金运用的情况,它是考核和分析投资效果,落实结余资金,并作为报告上级核销基本建设支出和基本建设拨款的依据。在编制该表前,应先编制出项目竣工年度财务决算,根据编制出的竣工年度财务决算和历年财务决算编制项目的竣工财务决算。此表采用平衡表形式,即资金来源合计等于资金支出合计。

表 2-42 大、中型建设项目竣工财务决算表 （元）

资金来源	金额	资金占用	金额	补充资料
一、基建拨款		一、基本建设支出		1. 基建投资借款期末余额
1. 预算拨款		1. 交付使用资产		
2. 基建基金拨款		2. 在建工程		2. 应收生产单位投资借款期末余额
3. 进口设备转账拨款		3. 待核销基建支出		
4. 器材转账拨款		4. 非经营项目转出投资		3. 基建结余资金
5. 煤代油专用基金拨款		二、应收生产单位投资借款		
6. 自筹资金拨款		三、拨款所属投资借款		
7. 其他拨款		四、器材		
二、项目资本金		其中：待处理器材损失		
1. 国家资本		五、货币资金		
2. 法人资本		六、预付及应收款		
3. 个人资本		七、有价证券		
三、项目资本公积金		八、固定资产		
四、基建借款		固定资产原值		
五、上级拨入投资借款		减：累计折旧		
六、企业债券资金		固定资产净值		
七、待冲基建支出		固定资产清理		
八、应付款		待处理固定资产损失		
九、未交款				
1. 未交税金				
2. 未交基建收入				
3. 未交基建包干节余				
4. 其他未交款				
十、上级拨入资金				
十一、留成收入				
合 计		合 计		

(4)大、中型建设项目交付使用资产总表，见表 2-43。该表反映建设项目建成后新增固定资产、流动资产、无形资产和其他资产价值的情况和价值，作为财产交接、检查投资计划完成情况和分析投资效果的依据。小型项目不编制“交付使用资产总表”，直接编制“交付使用资产明细表”；大、中型项目在编制“交付使用资产总表”的同时，还需编制“交付使用资产明细表”。

表 2-43　大、中型建设项目交付使用资产总表　（元）

单项工程项目名称	总计	固定资产					流动资产	无形资产	其他资产
		建筑工程	安装工程	设备	其他	合计			
1	2	3	4	5	6	7	8	9	10

支付单位盖章　　年　　月　　日　　　　　　　　　　接收单位盖章　　年　　月　　日

(5)建设项目交付使用资产明细表，见表 2-44。该表反映交付使用的固定资产、流动资产、无形资产和其他资产及其价值的明细情况，是办理资产交接的依据和接收单位登记资产账目的研究，是使用单位建立资产明细账和登记新增资产价值的依据。大、中型和小型建设项目均需编制此表。编制时要做到齐全完整，数字准确，各栏目价值应与会计账目中相应科目的数据保持一致。

表 2-44　建设项目交付使用资产明细表

单位工程项目名称	建筑工程			设备、工具、器具、家具					流动资产		无形资产		其他资产	
	结构	面积（m^2）	价值（元）	规格型号	单位	数量	价值（元）	设备安装费（元）	名称	价值（元）	名称	价值（元）	名称	价值（元）
合计														

支付单位盖章　　年　　月　　日　　　　　　　　　　接收单位盖章　　年　　月　　日

(6)小型建设项目竣工财务决算总表，见表 2-45。由于小型建设项目内容比较简单，因此可将工程概况与财务情况合并编制一张“竣工财务决算总表”，该表主要反映小型建设项目的全部工程和财务情况。

表 2-45　小型建设项目竣工财务决算总表

<table>
<tr><td>建设项目名称</td><td colspan="3"></td><td colspan="2">建设地址</td><td colspan="2"></td></tr>
<tr><td>初步设计概算批准文号</td><td colspan="7"></td></tr>
<tr><td rowspan="3">占地面积</td><td rowspan="2">计划</td><td rowspan="2">实际</td><td rowspan="3">总投资（万元）</td><td colspan="2">计划</td><td colspan="2">实际</td></tr>
<tr><td>固定资产</td><td>流动资金</td><td>固定资产</td><td>流动资金</td></tr>
<tr><td></td><td></td><td></td><td></td><td></td><td></td></tr>
<tr><td>新增生产能力</td><td>能力(效益)名称</td><td>设计</td><td colspan="3">实际</td><td colspan="2"></td></tr>
<tr><td rowspan="2">建设起止时间</td><td colspan="2">计划</td><td colspan="5">从　年　月开工
至　年　月竣工</td></tr>
<tr><td colspan="2">实际</td><td colspan="5">从　年　月开工
至　年　月竣工</td></tr>
<tr><td rowspan="8">基建支出</td><td colspan="5">项　目</td><td>概算（元）</td><td>实际（元）</td></tr>
<tr><td colspan="5">建筑安装工程</td><td></td><td></td></tr>
<tr><td colspan="5">设备、工具、器具</td><td></td><td></td></tr>
<tr><td colspan="5">待摊投资
其中：建设单位管理费</td><td></td><td></td></tr>
<tr><td colspan="5">其他投资</td><td></td><td></td></tr>
<tr><td colspan="5">待核销基建支出</td><td></td><td></td></tr>
<tr><td colspan="5">非经营性项目转出投资</td><td></td><td></td></tr>
<tr><td colspan="5">合　计</td><td></td><td></td></tr>
</table>

资金来源		资金运用	
项目	金额（元）	项目	金额（元）
一、基建拨款 其中：预算拨款		一、交付使用资产	
二、项目资本		二、待核销基建支出	
三、项目资本公积金		三、非经营项目转出投资	
四、基建借款		四、应收生产单位投资借款	
五、上级拨入借款		五、拨付所属投资借款	
六、企业债券资金		六、器材	
七、待冲基建支出		七、货币资金	
八、应付款		八、预付及应收款	
九、未付款 其中：未交基建收入 未交包干收入		九、有价证券	
十、上级拨入资金		十、原有固定资产	
十一、留成收入			
合　计		合　计	

3. 竣工工程平面示意图

建设工程竣工工程平面示意图是真实地记录各种地上、地下建筑物、构筑物等情况的技术文件，是工程进行交工验收、维护改建和扩建的依据，是国家的重要技术档案。国家规定：各项新建、扩建、改建的基本建设工程，特别是基础、地下建筑、管线、结构、井巷、桥梁、隧道、港口、水坝以及设备安装等隐蔽部位，都要编制竣工图。为确保竣工图质量，必须在施工过程中（不能在竣工后）及时做好隐蔽工程检查记录，整理好设计变更文件。其具体要求有：

(1)凡按图竣工没有变动的，由施工单位（包括总包和分包施工单位，不同）在原施工图上加盖“竣工图”标志后，即作为竣工图。

(2)凡在施工过程中，虽有一般性设计变更，但能将原施工图加以修改补充作为竣工图的，可不重新绘制，由施工单位负责在原施工图（必须是新蓝图）上注明修改的部分，并附以设计变更通知单和施工说明，加盖"竣工图"标志后，作为竣工图。

（3）凡结构形式改变、施工工艺改变、平面布置改变、项目改变以及有其他重大改变，不宜再在原施工图上修改、补充时，应重新绘制改变后的竣工图。由原设计原因造成的，由设计单位负责重新绘制；由施工原因造成的，由施工单位负责重新绘图；由其他原因造成的，由建设单位自行绘制或委托设计单位绘制。施工单位负责在新图上加盖"竣工图"标志，并附以相关记录和说明，作为竣工图。

（4）为了满足竣工验收和竣工决算需要，还应绘制反映竣工工程全部内容的工程设计平面示意图。

4. 工程造价比较分析

对控制工程造价所采取的措施、效果及其动态的变化进行认真的比较对比，总结经验教训。批准的概算是考核建设工程造价的依据。在分析时，可先对比整个项目的总概算，然后将建筑安装工程费、设备工器具费和其他工程费用逐一与竣工决算表中所提供的实际数据和相关资料及批准的概算、预算指标、实际的工程造价进行对比分析，以确定竣工项目总造价是节约还是超支，并在对比的基础上，总结先进经验，找出节约和超支的内容和原因，提出改进措施。在实际工作中，应主要分析以下内容：

（1）主要实物工程量　对于实物工程量出入比较大的情况，必须查明原因。

（2）主要材料消耗量　考核主要材料消耗量，要按照竣工决算表中所列明的三大材料实际超概算的消耗量，查明是在工程的哪个环节超出量最大，再进一步查明超耗的原因。

（3）考核建设单位管理费、建筑及安装工程措施费和间接费的取费标准。建设单位管理费、建筑及安装工程措施费和间接费的取费标准要按照国家和各地的有关规定，根据竣工决算报表中所列的建设单位管理费与概预算所列的建设单位管理费数额进行比较，依据规定查明是否多列或少列的费用项目，确定其节约超支的数额，并查明原因。

二、竣工决算的作用

（1）竣工决算是综合、全面地反映竣工项目建设成果及财务情况的总结性文件，它采用货币指标、实物数量、建设工期和种种技术经济指标综合、全面地反映建设项目自开始建设到竣工为止的全部建设成果和财物状况。

（2）竣工决算是办理交付使用资产的依据，也是竣工验收报告的重要组成部分。建设单位与使用单位在办理交付资产的验收交接手续时，通过竣工决算反映了交付使用资产的全部价值，包括固定资产、流动资产、无形资产和递延资产的价值。同时，它还详细提供了交付使用资产的名称、规格、数量、型号和价值等明细资料，是使用单位确定各项新增资产价值并登记入账的依据。

（3）竣工决算是分析和检查设计概算的执行情况，考核投资效果的依据。

竣工决算反映了竣工项目计划、实际的建设规模、建设工期以及设计和实际的生产能力，反映了概算总投资和实际的建设成本，同时还反映了所达到的主要技术经济指标。通过对这些指标计划数、概算数与实际数进行对比分析，不仅可以全面掌握建设项目计划和概算执行情况，而且可以考核建设项目投资效果，为今后制订基建计划，降低建设成本，提高投资效果提供必要的资料。

三、竣工决算的编制

按照财政部印发的关于印发《基本建设财务管理规定》的通知要求，竣工决算的编制步骤如下：

(1)收集、整理、分析原始资料。从建设工程开始就按编制依据的要求,收集、清点、整理有关资料,主要包括建设工程档案资料,如:设计文件、施工记录、上级批文、概(预)算文件、工程结算的归集整理,财务处理、财产物资的盘点核实及债权债务的清偿,做到账账、账证、账实、账表相符。对各种设备、材料、工具、器具等要逐项盘点核实并填列清单,妥善保管,或按照国家有关规定处理,不准任意侵占和挪用。

(2)对照、核实工程变动情况,重新核实各单位工程、单项工程造价。将竣工资料与原设计图纸进行查对、核实,必要时可实地测量,确认实际变更情况;根据经审定的施工单位竣工结算等原始资料,按照有关规定对原概(预)算进行增减调整,重新核定工程造价。

(3)将审定后的待摊投资、设备工器具投资、建筑安装工程投资、工程建设其他投资严格划分和核定后,分别计入相应的建设成本栏目内。

(4)编制竣工财务决算说明书,力求内容全面、简明扼要、文字流畅、说明问题。

(5)填报竣工财务决算报表。

(6)作好工程造价对比分析。

(7)清理、装订好竣工图。

(8)按国家规定上报、审批、存档。

第三章 建设工程工程量清单计价

第一节 工程量清单计价概述

一、实行工程量清单计价的目的和意义

(1)推行工程量清单计价是深化工程造价管理改革,推进建设市场化的重要途径。长期以来,工程预算定额是我国承发包计价、定价的主要依据。现预算定额中规定的消耗量和有关施工措施性费用是按社会平均水平编制的,以此为依据形成的工程造价基本上也属于社会平均价格。这种平均价格可作为市场竞争的参考价格,但不能反映参与竞争企业的实际消耗和技术管理水平,在一定程度上限制了企业的公平竞争。

20 世纪 90 年代国家提出了"控制量、指导价、竞争费"的改革措施,将工程预算定额中的人工、材料、机械消耗量和相应的量价分离,国家控制量以保证质量,价格逐步走向市场化,这一措施走出了向传统工程预算定额改革的第一步。但是,这种做法难以改变工程预算定额中国家指令性内容较多的状况,难以满足招标投标竞争定价和经评审的合理低价中标的要求。因为,国家定额的控制量是社会平均消耗量,不能反映企业的实际消耗量,不能全面体现企业的技术装备水平、管理水平和劳动生产率,不能体现公平竞争的原则,社会平均水平不能代表社会先进水平,改变以往的工程预算定额的计价模式,适应招标投标的需要,推行工程量清单计价办法是十分必要的。

工程量清单计价是建设工程招标投标中,按照国家统一的工程量清单计价规范,由招标人提供工程数量,投标人自主报价,经评审低价中标的工程造价计价模式。采用工程量清单计价能反映工程个别成本,有利于企业自主报价和公平竞争。

(2)在建设工程招标投标中实行工程量清单计价是规范建筑市场秩序的治本措施之一,适应社会主义市场经济的需要。工程造价是工程建设的核心,也是市场运行的核心内容,建筑市场存在着许多不规范的行为,大多数与工程造价有直接联系。建筑产品是商品,具有商品的共性,它受价值规律、货币流通规律和供求规律的支配。但是,建筑产品与一般的工业产品价格构成不一样,建筑产品具有某些特殊性:

1)它竣工后一般不在空间发生物理运动,可以直接移交用户,立即进入生产消费或生活消费,因而价格中不含商品使用价值运动发生的流通费用,即因生产过程在流通领域内继续进行而支付的商品包装运输费、保管费。

2)它是固定在某地方的。

3)由于施工人员和施工机具围绕着建设工程流动,因而,有的建设工程构成还包括施工企业远离基地的费用,甚至包括成建制转移到新的工地所增加的费用等。

建筑产品价格随建设时间和地点而变化,相同结构的建筑物在同一地段建造,施工的时间不同造价就不一样;同一时间、不同地段造价也不一样;即使时间和地段相同,施工方法、施工手段、管理水平不同工程造价也有所差别。所以说,建筑产品的价格,既有它的同一性,又有它的特殊性。

为了推动社会主义市场经济的发展,国家颁发了相应的有关法律,如《中华人民共和国价格

法》第三条规定:我国实行并逐步完善宏观经济调控下主要由市场形成价格的机制。价格的制定应当符合价格规律,对多数商品和服务价格实行市场调节价,极少数商品和服务价格实行政府指导价或政府定价。市场调节价,是指由经营者自主定价,通过市场竞争形成价格。中华人民共和国原建设部第107号令《建设工程施工发包与承包计价管理办法》第五条规定:施工图预算、招标标底和投标报价由成本(直接费、间接费)、利润和税金构成。第七条规定:投标报价应依据企业定额和市场信息,并按国务院和省、自治区、直辖市人民政府建设行政主管部门发布的工程造价计价办法编制。建筑产品市场形成价格是社会主义市场经济的需要。过去工程预算定额在调节承发包双方利益和反映市场价格、需求方面存在着不相适应的地方,特别是公开、公正、公平竞争方面,还缺乏合理的机制,甚至出现了一些漏洞,高估冒算,相互串通,从中回扣。发挥市场规律"竞争"和"价格"的作用是治本之策。尽快建立和完善市场形成工程造价的机制,是当前规范建筑市场的需要。通过推行工程量清单计价有利于发挥企业自主报价的能力,同时也有利于规范业主在工程招标中计价行为,有效改变招标单位在招标中盲目压价的行为,从而真正体现公开、公平、公正的原则,反映市场经济规律。

(3)推行工程量清单计价是与国际接轨的需要。工程量清单计价是目前国际上通行的做法,一些发达国家和地区,如我国香港地区基本采用这种方法,在国内的世界银行等国外金融机构、政府机构贷款项目在招标中大多也采用工程量清单计价办法。随着我国加入世贸组织,国内建筑业面临着两大变化,一是中国市场将更具有活力,二是国内市场逐步国际化,竞争更加激烈。入世以后,一是外国建筑商要进入我国建筑市场开展竞争,他们必然要带进国际惯例、规范和做法来计算工程造价。二是国内建筑公司也同样要到国外市场竞争,也需要按国际惯例、规范和做法来计算工程造价。三是我国的国内工程方面,为了与外国建筑商在国内市场竞争,也要改变过去的做法,参照国际惯例、规范和做法来计算工程承发包价格。因此说,建筑产品的价格由市场形成是社会主义市场经济和适应国际惯例的需要。

(4)实行工程量清单计价,是促进建设市场有序竞争和企业健康发展的需要。工程量清单是招标文件的重要组织部分,由招标单位编制或委托有资质的工程造价咨询单位编制,工程量清单编制的准确、详尽、完整,有利于提高招标单位的管理水平,减少索赔事件的发生。由于工程量清单是公开的,有利于防止招标工程中弄虚作假、暗箱操作等不规范行为。投标单位通过对单位工程成本、利润进行分析,统筹考虑,精心选择施工方案,根据企业的定额合理确定人工、材料、机械等要素投入量的合理配置,优化组合,合理控制现场经费和施工技术措施费,在满足招标文件需要的前提下,合理确定自己的报价,让企业有自主报价权。改变了过去依赖建设行政主管部门发布的定额和规定的取费标准进行计价的模式,有利于提高劳动生产率,促进企业技术进步,节约投资和规范建设市场。采用工程量清单计价后,将使招标活动的透明度增加,在充分竞争的基础上降低了造价,提高了投资效益,且便于操作和推行,业主和承包商将都会接受这种计价模式。

(5)实行工程量清单计价,有利于我国工程造价政府职能的转变。按照政府部门真正履行起"经济调节、市场监督、社会管理和公共服务"的职能要求,政府对工程造价管理的模式要进行相应的改变,将推行政府宏观调控、企业自主报价、市场形成价格、社会全面监督的工程造价管理思路。实行工程量清单计价,将会有利于我国工程造价政府职能的转变,由过去的政府控制的指令性定额转变为制定适应市场经济规律需要的工程量清单计价方法,由过去的行政干预转变为对工程造价进行依法监管,有效地强化政府对工程造价的宏观调控。

二、工程量清单计价的影响因素

工程量清单报价中标的工程,无论采用何种计价方法,在正常情况下,基本说明工程造价已确定,只是当出现设计变更或工程量变动时,通过签证再结算调整另行计算。工程量清单工程成本要素的管理重点，是在既定收入的前提下，如何控制成本支出。

1. 对用工批量的有效管理

人工费支出约占建筑产品成本的17%，且随市场价格波动而不断变化。对人工单价在整个施工期间作出切合实际的预测，是控制人工费用支出的前提条件。

首先根据施工进度，月初依据工序合理做出用工数量，结合市场人工单价计算出本月控制指标。

其次在施工过程中，依据工程分部分项，对每天用工数量连续记录，在完成一个分项后，就同工程量清单报价中的用工数量对比，进行横评找出存在问题，办理相应手续以便对控制指标加以修正。每月完成几个工程分项后各自同工程量清单报价中的用工数量对比，考核控制指标完成情况。通过这种控制节约用工数量，就意味着降低人工费支出，即增加了相应的效益。这种对用工数量控制的方法，最大优势在于不受任何工程结构形式的影响，分阶段加以控制，有很强的实用性。人工费用控制指标，主要是从量上加以控制。重点通过对在建工程过程控制，积累各类结构形式下实际用工数量的原始资料，以便形成企业定额体系。

2. 材料费用的管理

材料费用开支约占建筑产品成本的63%，是成本要素控制的重点。材料费用因工程量清单报价形式不同，材料供应方式不同而有所不同。如业主限价的材料价格，其主要问题可从施工企业采购过程降低材料单价来把握。首先对本月施工分项所需材料用量下发采购部门，在保证材料质量前提下货比三家。采购过程以工程清单报价中材料价格为控制指标，确保采购过程产生收益。对业主供材供料，确保足斤足两，严把验收入库环节。其次在施工过程中，严格执行质量方面的程序文件，做到材料堆放合理布局，减少二次搬运。具体操作依据工程进度实行限额领料，完成一个分项后，考核控制效果。最后是杜绝没有收入的支出，把返工损失降到最低限度。月末应把控制用量和价格同实际数量横向对比，考核实际效果，对超用材料数量落实清楚。

3. 机械费用的管理

机械费的开支约占建筑产品成本的7%，其控制指标，主要是根据工程量清单计算出使用的机械控制台班数。在施工过程中，每天做详细台班记录，是否存在维修、待班的台班。如存在现场停电超过合同规定时间，应在当天同业主作好待班现场签证记录，月末将实际使用台班同控制台班的绝对数进行对比，分析量差发生的原因。对机械费价格一般采取租赁协议，合同一般在结算期内不变动，所以，控制实际用量是关键。依据现场情况做到设备合理布局，充分利用，特别是要合理安排大型设备进出场时间，以降低费用。

4. 施工过程中水电费的管理

水电费的管理，在以往工程施工中一直被忽视。水资源作为人类赖以生存的宝贵资源，越来越短缺，正在给人类敲响警钟。这对加强施工过程中水电费管理的重要性不言而喻。为便于施工过程支出的控制管理，应把控制用量计算到施工子项中以便于水电费用控制。月末依据完成子项所需水电用量同实际用量对比，找出差距的出处，以便制定改正措施。总之施工过程中对水电用量控制不仅仅是一个经济效益的问题，更重要的是一个合理利用宝贵资源的问题。

5. 对设计变更和工程签证的管理

在施工过程中，时常会遇到一些原设计未预料的实际情况或业主单位提出要求改变某些施工做法、材料代用等，引发设计变更；同样对施工图以外的内容及停水、停电，或因材料供应不及时造成停工、窝工等都需要办理工程签证。以上两部分工作，首先应由负责现场施工的技术人员做好工程量的确认，如存在工程量清单不包括的施工内容，应及时通知技术人员，将需要办理工程签证的内容落实清楚；其次工程造价人员审核变更或签证签字内容是否清楚完整、手续是否齐全。如手续不齐全，应在当天督促施工人员补办手续，变更或签证的资料应连续编号；最后工程造价人员还应特别注意在施工方案中涉及的工程造价问题。在投标时工程量清单是依据以往的经验计价，建立在既定的施工方案基础上的。施工方案的改变便是对工程量清单造价的修正。变更或签证是工程量清单工程造价中所不包括的内容，但在施工过程中费用已经发生，工程造价人员应及时地编制变更及签证后的变动价值。加强设计变更和工程签证工作是施工企业经济活动中的一个重要组成部分，它可防止应得效益的流失，反映工程真实造价构成，对施工企业各级管理者来说更显得重要。

6. 对其他成本要素的管理

成本要素除工料单价法包含的以外，还有管理费用、利润、临设费、税金、保险费等。这部分收入已分散在工程量清单的子项之中，中标后已成既定的数，因而，在施工过程中应注意以下几点：

(1)节约管理费用是重点，制定切实的预算指标，对每笔开支严格依据预算执行审批手续；提高管理人员的综合素质做到高效精干，提倡一专多能。对办公费用的管理，从节约一张纸、减少每次通话时间等方面着手，精打细算，控制费用支出。

(2)利润作为工程量清单子项收入的一部分，在成本不亏损的情况下，就是企业既定利润。

(3)临设费管理的重点，是依据施工的工期及现场情况合理布局临设。尽可能就地取材搭建临设，工程接近竣工时及时减少临设的占用。对购买的彩板房每次安、拆要高抬轻放，延长使用次数。日常使用及时维护易损部位，延长使用寿命。

(4)对税金、保险费的管理重点是一个资金问题，依据施工进度及时拨付工程款，确保按国家规定的税金及时上缴。

以上六个方面是施工企业的成本要素，针对工程量清单形式带来的风险性，施工企业要从加强过程控制的管理入手，才能将风险降到最低点。积累各种结构形式下成本要素的资料，逐步形成科学、合理的，具有代表人力、财力、技术力量的企业定额体系。通过企业定额，使报价不再盲目，避免了一味过低或过高报价所形成的亏损、废标，以应付复杂激烈的市场竞争。

三、工程量清单计价与定额计价的差别

1. 编制工程量的单位不同

传统定额预算计价办法是：建设工程的工程量分别由招标单位和投标单位分别按图计算。工程量清单计价是：工程量由招标单位统一计算或委托有工程造价咨询资质单位统一计算，“工程量清单”是招标文件的重要组成部分，各投标单位根据招标人提供的“工程量清单”，根据自身的技术装备、施工经验、企业成本、企业定额、管理水平自主填写报单价。

2. 编制工程量清单时间不同

传统的定额预算计价法是在发出招标文件后编制（招标与投标人同时编制或投标人编制在前，招标人编制在后）。工程量清单报价法必须在发出招标文件前编制。

3. 表现形式不同

采用传统的定额预算计价法一般是总价形式。工程量清单报价法采用综合单价形式，综合单价包括人工费、材料费、机械使用费、管理费、利润，并考虑风险因素。工程量清单报价具有直观、单价相对固定的特点，工程量发生变化时，单价一般不做调整。

4. 编制依据不同

传统的定额预算计价法依据图纸；人工、材料、机械台班消耗量依据建设行政主管部门颁发的预算定额；人工、材料、机械台班单价依据工程造价管理部门发布的价格信息进行计算。工程量清单报价法，招标控制价的编制根据招标文件中的工程量清单和有关要求、施工现场情况、合理的施工方法以及按建设行政主管部门制定的有关工程造价计价办法编制；企业的投标报价则根据企业定额和市场价格信息，或参照建设行政主管部门发布的社会平均消耗量定额编制。

5. 费用组成不同

传统预算定额计价法的工程造价由直接工程费、措施费、间接费、利润和税金组成。工程量清单计价法工程造价包括分部分项工程费、措施项目费、其他项目费、规费和税金；包括完成每项工程包含的全部工程内容的费用；包括完成每项工程内容所需的费用(规费、税金除外)；包括工程量清单中没有体现的，施工中又必须发生的工程内容所需费用，包括风险因素而增加的费用。

6. 评标所用的方法不同

传统预算定额计价投标一般采用百分制评分法。采用工程量清单计价法投标，一般采用合理低报价中标法，既要对总价进行评分，还要对综合单价进行分析评分。

7. 项目编码不同

采用传统的预算定额项目编码，全国各省市采用不同的定额子目，采用工程量清单计价全国实行统一编码，项目编码采用十二位阿拉伯数字表示。一到九位为统一编码，其中，一、二位为附录顺序码，三、四位为专业工程顺序码，五、六位为分部工程顺序码。七、八、九位为分项工程项目名称顺序码，十到十二位为清单项目名称顺序码。前九位码不能变动，后三位码，由清单编制人根据项目设置的清单项目编制。

8. 合同价调整方式不同

传统的定额预算计价合同价调整方式有：变更签证、定额解释、政策性调整。工程量清单计价法合同价调整方式主要是索赔。工程量清单的综合单价一般通过招标中报价的形式体现，一旦中标，报价作为签订施工合同的依据相对固定下来，工程结算按承包商实际完成工程量乘以清单中相应的单价计算。减少了调整活口。采用传统的预算定额经常有定额解释及定额规定，结算中又有政策性文件调整。工程量清单计价单价不能随意调整。

9. 工程量计算时间前置

工程量清单，在招标前由招标人编制。也可能业主为了缩短建设周期，通常在初步设计完成后就开始施工招标，在不影响施工进度的前提下陆续发放施工图纸，因此承包商据以报价的工程量清单中各项工作内容下的工程量一般为概算工程量。

10. 投标计算口径达到了统一

因为各投标单位都根据统一的工程量清单报价，达到了投标计算口径统一。不再是传统预算定额招标，各投标单位各自计算工程量，各投标单位计算的工程量均不一致。

11. 索赔事件增加

因承包商对工程量清单单价包含的工作内容一目了然，故凡建设方不按清单内容施工的，任意要求修改清单的，都会增加施工索赔的因素。

第二节　工程量清单

一、工程量清单的概念

工程量清单是表现拟建工程的分部分项工程项目、措施项目、其他项目、规费和税金项目的名称和相应数量的明细清单。工程量清单包括分部分项工程量清单、措施项目清单、其他项目清单、规费和税金项目清单。

(1)工程量清单应由招标人负责编制,若招标人不具有编制工程量清单的能力,则可根据《工程造价咨询企业管理办法》(原建设部第149号令)的规定,委托具有工程造价咨询性质的工程造价咨询人编制。

(2)采用工程量清单方式招标,工程量清单必须作为招标文件的组成部分,其准确性和完整性由招标人负责。

(3)工程量清单是工程量清单计价的基础,应作为编制招标控制价、投标报价、计算工程量、支付工程款、调整合同价款、办理竣工结算以及工程索赔等的依据之一。

二、工程量清单编制依据

工程量清单应依据以下依据进行编制:

(1)《建设工程工程量清单计价规范》(GB 50500—2008);

(2)国家或省级、行业建设主管部门颁发的计价依据和办法;

(3)建设工程设计文件;

(4)与建设工程项目有关的标准、规范、技术资料;

(5)招标文件及其补充通知、答疑纪要;

(6)施工现场情况、工程特点及常规施工方案;

(7)其他相关资料。

三、分部分项工程量清单

(1)分部分项工程量清单应包括项目编码、项目名称、项目特征、计量单位和工程量。这是构成分部分项工程量清单的五个要件,在分部分项工程量清单的组成中缺一不可。

(2)分部分项工程量清单应根据《建设工程工程量清单计价规范》(GB 50500—2008)中附录规定的项目编码、项目名称、项目特征、计量单位和工程量计算规则进行编制。

(3)分部分项工程量清单的项目编码应采用十二位阿拉伯数字表示。其中一、二位为工程分类顺序码,建筑工程为01,装饰装修工程为02,安装工程为03,市政工程为04,园林绿化工程为05,矿山工程为06;三、四位为专业工程顺序码;五、六位为分部工程顺序码;七、八、九位为分项工程项目名称顺序码;十至十二位为清单项目名称顺序码,应根据拟建工程的工程量清单项目名称设置,同一招标工程的项目编码不得有重码。

在编制工程量清单时应注意对项目编码的设置不得有重码,特别是当同一标段(或合同段)的一份工程量清单中含有多个单项或单位工程且工程量清单是以单项或单位工程为编制对象时,应注意项目编码中的十至十二位的设置不得重码。例如:一个标段(或合同段)的工程量清单中含有三个单项或单位工程,每一单项或单位工程中都有项目特征相同的现浇混凝土矩形梁,在工程量清单中又需反映三个不同单项或单位工程的现浇混凝土矩形梁工程量时,此时工程量清单应以单项或单位工程为编制对象,第一个单项或单位工程的现浇混凝土矩形梁的项目编码为010403002001,第二个单项或单位工程的现浇混凝土矩形梁的项目编码为010403002002,第三个单项或单位工程的现浇混凝土矩形梁的项目编码为010403002003，并分别列出各单项或单位工程现浇混凝土矩形梁的工程量。

(4)分部分项工程量清单的项目名称应按《建设工程工程量清单计价规范》(GB 50500—2008)附录的项目名称结合拟建工程的实际确定。

(5)分部分项工程量清单中所列工程量应按《建设工程工程量清单计价规范》(GB 50500—2008)附录中规定的工程量计算规则计算。工程量的有效位数应遵守下列规定：

1)以"t"为单位，应保留三位小数，第四位小数四舍五入；

2)以"m^3"、"m^2"、"m"、"kg"为单位，应保留两位小数，第三位小数四舍五入；

3)以"个"、"项"等为单位，应取整数。

(6)分部分项工程量清单的计量单位应按《建设工程工程量清单计价规范》(GB 50500—2008)附录中规定的计量单位确定，当计量单位有两个或两个以上时，应根据拟建工程项目的实际，选择最适宜表现该项目特征并方便计量的单位。

(7)分部分项工程量清单项目特征应按《建设工程工程量清单计价规范》(GB 50500—2008)附录中规定的项目特征，结合拟建工程项目的实际予以描述。

工程量清单的项目特征是确定一个清单项目综合单价不可缺少的主要依据。对工程量清单项目的特征描述具有十分重要的意义，其主要体现在以下几方面：

1)项目特征是区分清单项目的依据　工程量清单项目特征是用来表述分部分项清单项目的实质内容，用于区分计价规范中同一清单条目下各个具体的清单项目。没有项目特征的准确描述，对于相同或相似的清单项目名称，就无从区分。

2)项目特征是确定综合单价的前提　由于工程量清单项目的特征决定了工程实体的实质内容，必然直接决定了工程实体的自身价值。因此，工程量清单项目特征描述得准确与否，直接关系到工程量清单项目综合单价的准确确定。

3)项目特征是履行合同义务的基础　实行工程量清单计价，工程量清单及其综合单价是施工合同的组成部分，因此，如果工程量清单项目特征的描述不清甚至漏项、错误，从而引起在施工过程中的更改，都会引起分歧，导致纠纷。

正因为此，在编制工程量清单时，必须对项目特征进行准确而且全面的描述，准确的描述工程量清单的项目特征对于准确的确定工程量清单项目的综合单价具有决定性的作用。

在按《建设工程工程量清单计价规范》(GB 50500—2008)的附录对工程量清单项目的特征进行描述时，应注意"项目特征"与"工程内容"的区别。"项目特征"是工程项目的实质，决定着工程量清单项目的价值大小，而"工程内容"主要讲的是操作程序，是承包人完成能通过验收的工程项目所必须要操作的工序。在《建设工程工程量清单计价规范》中，工程量清单项目与工程量计算规则、工程内容具有一一对应的关系，当采用清单计价规范进行计价时，工作内容既有规定，无需再对其进行描述。而"项目特征"栏中的任何一项都影响着清单项目的综合单价的确定，招标人应高度重视分部分项工程量清单项目特征的描述，任何不描述或描述不清，均会在施工合同履约过程中产生分歧，导致纠纷、索赔。例如屋面卷材防水，按照清单计价规范中编码为010702001项目中"项目特征"栏的规定，发包人在对工程量清单项目进行描述时，就必须要对卷材的品种规格、防水层做法、嵌缝材料种类和防护材料种类进行详细的描述，因为这其中任何一项的不同都直接影响到屋面卷材防水的综合单价。而在该项"工程内容"栏中阐述了屋面卷材防水应包括基层处理、抹找平层、刷底油、铺油毡卷材、接缝、嵌缝和铺保护层等施工工序，这些工序即便发包人不提，承包人为完成合格屋面卷材防水工程也必然要经过，因而发包人在对工程量清单项目进行描述时就没有必要对屋面卷材防水的施工工序提出规定。

但有些项目特征用文字往往又难以准确和全面描述清楚。因此，为达到规范、简捷、准确、全面描述项目特征的要求，在描述工程量清单项目特征时应按以下原则进行。

1)项目特征描述的内容应按《建设工程工程量清单计价规范》(GB 50500—2008)附录中的规定，结合拟建工程的实际，能满足确定综合单价的需要。

2)若采用标准图集或施工图纸能够全部或部分满足项目特征描述的要求，项目特征描述可直接采用详见××图集或××图号的方式。对不能满足项目特征描述要求的部分，仍应用文字描述。

(8)在对分部分项工程量清单项目特征描述时，可按下列要点进行：

1)必须描述的内容

①涉及正确计量的内容必须描述　如门窗洞口尺寸或框外围尺寸，1樘门或窗有多大，直接关系到门窗的价格，对门窗洞口或框外围尺寸进行描述是十分必要的。

②涉及结构要求的内容必须描述　如混凝土构件的混凝土的强度等级，因混凝土强度等级不同，其价格也不同，必须描述。

③涉及材质要求的内容必须描述　如油漆的品种、管材的材质；还需要对管材的规格、型号进行描述。

④涉及安装方式的内容必须描述　如管道工程中的管道的连接方式就必须描述。

2)可不描述的内容

①对计量计价没有实质影响的内容可以不描述　如对现浇混凝土柱的高度、断面大小等的特征规定可以不描述，因为混凝土构件是按“m^3”计量，对此的描述实质意义不大。

②应由投标人根据施工方案确定的可以不描述　如对石方的预裂爆破的单孔深度及装药量的特征规定，如由清单编制人来描述是困难的，而由投标人根据施工要求，在施工方案中确定，由其自主报价是比较恰当的。

③应由投标人根据当地材料和施工要求确定的可以不描述　如对混凝土构件中的混凝土拌合料使用的石子种类及粒径、砂的种类的特征规定可以不描述。因为混凝土拌合料使用砾石还是碎石，使用粗砂还是中砂、细砂或特细砂，除构件本身有特殊要求需要指定外，主要取决于工程所在地砂、石子材料的供应情况。至于石子的粒径大小主要取决于钢筋配筋的密度。

④应由施工措施解决的可以不描述　如对现浇混凝土板、梁的标高的特征规定可以不描述。因为同样的板或梁，都可以将其归并在同一个清单项目中，但由于标高的不同，将会导致因楼层的变化对同一项目提出多个清单项目，不同的楼层其工效是不一样的，但这样的差异可以由投标人在报价中考虑，或在施工措施中去解决。

3)可不详细描述的内容

①无法准确描述的可不详细描述　如土壤类别，由于我国幅员辽阔，南北东西差异较大，特别是对于南方来说，在同一地点，由于表层土与表层土以下的土壤，其类别是不相同的，要求清单编制人准确判定某类土壤的所占比例是困难的，在这种情况下，可考虑将土壤类别描述为合格，注明由投标人根据地勘资料自行确定土壤类别，决定报价。

②施工图纸、标准图集标注明确的，可不再详细描述。

③还有一些项目可不详细描述，但清单编制人在项目特征描述中应注明由投标人自定。如土方工程中的“取土运距”、“弃土运距”等。首先要求清单编制人决定在多远取土或取、弃土运往多远是困难的；其次，由投标人根据在建工程施工情况统筹安排，自主决定取、弃土方的运距可以充分体现竞争的要求。

4)对规范中没有项目特征要求的个别项目，但又必须描述的应予描述。例如 A.5.1“厂库房大门、特种门”，计价规范以“樘”作为计量单位，但又没有规定门大小的特征描述，那么，“框外围尺寸”就是影响报价的重要因素，因此，就必须描述，以便投标人准确报价。

(9)编制工程量清单出现《建设工程工程量清单计价规范》(GB 50500—2008)附录中未包括的项目，编制人应作补充，并报省级或行业工程造价管理机构备案，省级或行业工程造价管理机构应汇总报住房和城乡建设部标准定额研究所。

补充项目的编码由附录的顺序码与B和三位阿拉伯数字组成，并应从×B001起顺序编制，同一招标工程的项目不得重码。工程量清单中需附有补充项目的名称、项目特征、计量单位、工程量计算规则、工程内容。

四、措施项目清单

(1)措施项目清单应根据拟建工程的实际情况列项　通用措施项目可按表3-1选择列项，专业工程的措施项目可按表3-2和表3-3规定的项目选择列项。若出现表3-1～表3-3中未列的项目，可根据工程实际情况补充。

表3-1　通用措施项目一览表

序　号	项　目　名　称
1	安全文明施工(含环境保护、文明施工、安全施工、临时设施)
2	夜间施工
3	二次搬运
4	冬雨季施工
5	大型机械设备进出场及安拆
6	施工排水
7	施工降水
8	地上、地下设施，建筑物的临时保护设施
9	已完工程及设备保护

表3-2　建筑工程措施项目一览表

序号	项　目　名　称
1.1	混凝土、钢筋混凝土模板及支架
1.2	脚手架
1.3	垂直运输机械

表3-3　装饰装修工程措施项目一览表

序号	项　目　名　称
2.1	脚手架
2.2	垂直运输机械
2.3	室内空气污染测试

(2)措施项目中可以计算工程量的项目清单宜采用分部分项工程量清单的方式编制，列出项目编码、项目名称、项目特征、计量单位和工程量计算规则；不能计算工程量的项目清单，以“项”为计量单位。

(3)《建设工程工程量清单计价规范》(GB 50500—2008)将实体性项目划分为分部分项工程量清单，非实体性项目划分为措施项目。所谓非实体性项目，一般来说，其费用的发生和金额的大小与使用时间、施工方法或者两个以上工序相关，与实际完成的实体工程量的多少关系不大，典型的是大中型施工机械、文明施工和安全防护、临时设施等。但有的非实体性项目，则是可以计算工程量的项目，典型的是混凝土浇筑的模板工程，用分部分项工程量清单的方式采用综合单价，更有利于措施费的确定和调整，更有利于合同管理。

五、其他项目清单

(1)其他项目清单宜按照下列内容列项

1)暂列金额　指招标人在工程量清单中暂定并包括在合同价款中的一笔款项。暂列金额在"03规范"中称为"预留金",但由于"03规范"中对"预留金"的定义不是很明确,发包人也不能正确认识到"预留金"的作用,因而发包人往往回避"预留金"项目的设置。新版《建设工程工程量清单计价规范》(GB 50500—2008)明确规定暂列金额用于施工合同签订时尚未确定或者不可预见的所需材料、设备、服务的采购,施工中可能发生的工程变更、合同约定调整因素出现时的工程价款调整以及发生的索赔、现场签证确认等的费用。

不管采用何种合同形式,工程造价理想的标准是,一份合同的价格就是其最终的竣工结算价格,或者至少两者应尽可能接近。我国规定对政府投资工程实行概算管理,经项目审批部门批复的设计概算是工程投资控制的刚性指标,即使商业性开发项目也有成本的预先控制问题,否则,无法相对准确预测投资的收益和科学合理地进行投资控制。但工程建设自身的特性决定了工程的设计需要根据工程进展不断地进行优化和调整,业主需求可能会随工程建设进展出现变化,工程建设过程还会存在一些不能预见、不能确定的因素。消化这些因素必然会影响合同价格的调整,暂列金额正是为这类不可避免的价格调整而设立,以便达到合理确定和有效控制工程造价的目标。

另外,暂列金额列入合同价格不等于就属于承包人所有了,即使是总价包干合同,也不等于列入合同价格的所有金额就属于承包人,是否属于承包人应得金额取决于具体的合同约定,只有按照合同约定程序实际发生后,才能成为承包人的应得金额,纳入合同结算价款中。扣除实际发生金额后的暂列金额余额仍属于发包人所有。设立暂列金额并不能保证合同结算价格就不会再出现超过合同价格的情况,是否超出合同价格完全取决于工程量清单编制人暂列金额预测的准确性,以及工程建设过程是否出现了其他事先未预测到的事件。

例:其工程量清单中给出的暂列金额及拟用项目见表3-4。投标人只需要直接将工程量清单中所列的暂列金额纳入投标总价,并且不需要在工程量清单中所列的暂列金额以外再考虑任何其他费用。

表3-4　暂列金额明细表

序号	项目名称	计量单位	暂定金额(元)	备注
1	图纸中已经标明可能位置,但未最终确定是否需要的主入口处的钢结构雨篷工程的安装工作	项	500000	此部分的设计图纸有待进一步完善
2	其他	项	600000	
合计			1100000	

2)暂估价　指招标阶段直至签订合同协议时,招标人在招标文件中提供的用于支付必然发生但暂时不能确定价格的材料以及专业工程的金额。暂估价包括材料暂估单价和专业工程暂估价。暂估价类似于FIDIC合同条款中的Prime Cost Items,在招标阶段预见肯定要发生,只是因为标准不明确或者需要由专业承包人完成,暂时无法确定价格。暂估价数量和拟用项目应当结合工程量清单中的"暂估价表"予以补充说明。

为方便合同管理,需要纳入分部分项工程量清单项目综合单价中的暂估价应只是材料费,以方便投标人组价。

专业工程的暂估价一般应是综合暂估价，应当包括除规费和税金以外的管理费、利润等取费。总承包招标时，专业工程设计深度往往是不够的，一般需要交由专业设计人设计，国际上，出于提高可建造性考虑，一般由专业承包人负责设计，以发挥其专业技能和专业施工经验的优势。这类专业工程交由专业分包人完成是国际工程的良好实践，目前在我国工程建设领域也已经比较普遍。公开透明地合理确定这类暂估价的实际开支金额的最佳途径，就是通过施工总承包人与工程建设项目招标人共同组织的招标。

例：某工程材料和专业工程暂估价项目及其暂估价清单见表 3-5 和表 3-6。

表 3-5 材料暂估单价表

序号	名　称	单位	数量	单价（元）	合价（元）	备　注
1	硬木门	m^2	1987.50	856.00	1701300.00	含门框、门扇，其他特征描述见工程量清单，用于本工程的门安装工程项目
2	低压开关柜（CGD190380/220V）	台	2	38000.00	76000.00	用于低压开关柜安装项目
	（略）					
小　计					1777300.00	

表 3-6 专业工程暂估价表

序号	专业工程名称	工　程　内　容	金额（元）	备　注
1	消防工程	合同图纸中标明的以及工程规范和技术说明中规定的各系统，包括但不限于消火栓系统、消防游泳池供水系统、水喷淋系统、火灾自动报警系统及消防联动系统中的设备、管道、阀门、线缆等的供应、安装和调试工作	7800000.00	
小　计			7800000.00	

3）计日工　计日工在“03 规范”中称为“零星项目工作费”。计日工是为解决现场发生的零星工作的计价而设立的，其为额外工作和变更的计价提供了一个方便快捷的途径。计日工适用的所谓零星工作一般是指合同约定之外的或者因变更而产生的、工程量清单中没有相应项目的额外工作，尤其是那些时间不允许事先商定价格的额外工作。计日工以完成零星工作所消耗的人工工时、材料数量、机械台班进行计量，并按照计日工表中填报的适用项目的单价进行计价支付。

国际上常见的标准合同条款中，大多数都设立了计日工（Daywork）计价机制。但在我国以往的工程量清单计价实践中，由于计日工项目的单价水平一般要高于工程量清单项目的单价水平，因而经常被忽略。从理论上讲，由于计日工往往是用于一些突发性的额外工作，缺少计划性，承包人在调动施工生产资源方面难免不影响已经计划好的工作，生产资源的使用效率也有一定的降低，客观上造成超出常规的额外投入。另外，其他项目清单中计日工往往是一个暂定的数量，其无法纳入有效的竞争。所以合理的计日工单价水平一定是要高于工程量清单的价格水平的。为获得合理的计日工单价，发包人在其他项目清单中对计日工一定要给出暂定数量，并需要根据经验尽可能估算一个较接近实际的数量。

4）总承包服务费　总承包服务费是为了解决招标人在法律、法规允许的条件下进行专业工程发包，以及自行供应材料、设备，并需要总承包人对发包的专业工程提供协调和配合服务，对供应的材料、设备提供收、发和保管服务以及进行施工现场管理时发生，并向总承包人支付的费用。招标人应预计该项费用并按投标人的投标报价向投标人支付该项费用。

（2）当工程实际中出现上述（1）中未列出的其他项目清单项目时，可根据工程实际情况进行补充。如工程竣工结算时出现的索赔和现场签证等。

六、规费项目清单

规费是根据省级政府或省级有关权力部门规定必须缴纳的，应计入建筑安装工程造价的费用。根据原建设部、财政部"关于印发《建筑安装工程费用项目组成》的通知"（建标[2003]206号）的规定，规费包括工程排污费、工程定额测定费、社会保障费（养老保险、失业保险、医疗保险）、住房公积金、危险作业意外伤害保险。清单编制人对《建筑安装工程费用项目组成》未包括的规费项目，在编制规费项目清单时应根据省级政府或省级有关权力部门的规定列项。

规费项目清单中应按下列内容列项：

（1）工程排污费；

（2）工程定额测定费；

（3）社会保障费：包括养老保险费、失业保险费、医疗保险费；

（4）住房公积金；

（5）危险作业意外伤害保险。

七、税金项目清单

根据原建设部、财政部"关于印发《建筑安装工程费用项目组成》的通知"（建标[2003]206号）的规定，目前我国税法规定应计入建筑安装工程造价的税种包括营业税、城市建设维护税及教育费附加。如国家税法发生变化，税务部门依据职权增加了税种，应对税金项目清单进行补充。

税金项目清单应按下列内容列项：

（1）营业税；

（2）城市维护建设税；

（3）教育费附加。

第三节　工程量清单计价

一、一般规定

（1）采用工程量清单计价，建设工程造价由分部分项工程费、措施项目费、其他项目费、规费和税金组成。

（2）《建筑工程施工发包与承包计价管理办法》（原建设部令第107号）第五条规定，工程计价方法包括工料单价法和综合单价法。实行工程量清单计价应采用综合单价法，其综合单价的组成内容应包括人工费、材料费、施工机械使用费、企业管理费、利润，以及一定范围内的风险费用。

（3）招标文件中的工程量清单标明的工程量是招标人根据拟建工程设计文件预计的工程量，不能作为承包人在实际工作中应予完成的实际和准确的工程量。招标文件中工程量清单所列的工程量一方面是各投标人进行投标报价的共同基础，另一方面也是对各投标人的投标报价进行评审的共同平台，是招投标活动应当遵循公开、公平、公正和诚实、信用原则的具体体现。

发、承包双方进行工程竣工结算的工程量应按照经发、承包双方在合同中的约定应予计量且实际完成工程量确定，而非招标文件中工程量清单所列的工程量。

(4)措施项目清单计价应根据拟建工程的施工组织设计，可以计算工程量的措施项目，应按分部分项工程量清单的方式采用综合单价计价；其余的措施项目可以“项”为单位的方式计价，应包括除规费、税金外的全部费用。

(5)根据《中华人民共和国安全生产法》、《中华人民共和国建筑法》、《建设工程安全生产管理条例》、《安全生产许可证条例》等法律、法规的规定，原建设部办公厅印发了《建筑工程安全防护、文明施工措施费及使用管理规定》(建办[2005]89 号)，将安全文明施工费纳入国家强制性标准管理范围，其费用标准不予竞争。《建设工程工程量清单计价规范》(GB 50500—2008)规定措施项目清单中的安全文明施工费应按国家或省级、行业建设主管部门的规定费用标准计价，招标人不得要求投标人对该项费用进行优惠，投标人也不得将该项费用参与市场竞争。此处的安全文明施工费包括《建筑安装工程费用项目组成》(建标[2003]206 号)中措施费的文明施工费、环境保护费、临时设施费、安全施工费。

(6)其他项目清单应根据工程特点和工程实施过程中的不同阶段进行计价。

(7)按照《工程建设项目货物招标投标办法》(国家发改委、原建设部等七部委 27 号令)第五条规定：“以暂估价形式包括在总承包范围内的货物达到国家规定规模标准的，应当由总承包中标人和工程建设项目招标人共同依法组织招标”。若招标人在工程量清单中提供了暂估价的材料和专业工程属于依法必须招标的，由承包人和招标人共同通过招标确定材料单价与专业工程分包价。若材料不属于依法必须招标的，经发、承包双方协商确认单价后计价。若专业工程不属于依法必须招标的，经发、承包双方协商确认单价后计价。若专业工程不属于依法必须招标的，由发包人、总承包人与分包人按有关计价依据进行计价。

上述规定同样适用于以暂估价形式出现的专业分包工程。

对未达到法律、法规规定招标规模标准的材料和专业工程，需要约定定价的程序和方法，并与材料样品报批程序相互衔接。

(8)根据原建设部、财政部印发的《建筑安装工程费用项目组成》(建标[2003]206 号)的规定，规费是政府和有关权力部门规定必须缴纳的费用。税金是国家按照税法预先规定的标准，强制地、无偿地要求纳税人缴纳的费用。它们都是工程造价的组成部分，但是其费用内容和计取标准都不是发、承包人能自主确定的，更不是由市场竞争决定的。因而《建设工程工程量清单计价规范》(GB 50500—2008)规定：“规费和税金应按国家或省级、行业建设主管部门的规定计算，不得作为竞争性费用。”

(9)采用工程量清单计价的工程，应在招标文件或合同中明确风险内容及其范围(幅度)，不得采用无限风险、所有风险或类似语句规定风险内容及其范围(幅度)。

风险是一种客观存在的、会带来损失的、不确定的状态。它具有客观性、损失性、不确定性的特点，并且风险始终是与损失相联系的。工程风险是指一项工程在设计、施工、设备调试以及移交运行等项目周期全过程可能发生的风险。工程施工发包是一种期货交易行为，工程建设本身又具有单件性和建设周期长的特点。在工程施工过程中影响工程施工及工程造价的风险因素很多，但并非所有的风险都是承包人能预测、能控制和应承担其造成损失的。

工程施工招标发包是工程建设交易方式之一，一个成熟的建设市场应是一个体现交易公平性的市场。在工程建设施工发包中实行风险共担和合理分摊原则是实现建设市场交易公平性的具体体现，是维护建设市场正常秩序的措施之一。其具体体现则是应在招标文件或合同中对发、承包双方各自应承担的风险内容及其风险范围或幅度进行界定和明确，而不能要求承包人承担所有风险或无限度风险。

根据我国工程建设的特点及国际惯例，工程施工阶段的风险宜采用以下分摊原则由发、承包双方分担：

1)对于承包人根据自身技术水平、管理、经营状况能够自主控制的技术风险和管理风险，如承包人的管理费、利润的风险，承包人应结合市场情况，根据企业自身实际合理确定、自主报价，该部分风险由承包人全部承担。

2)对于法律、法规、规章或有关政策出台导致工程税金、规费等发生变化，并由省级、行业建设行政主管部门或其授权的工程造价管理机构根据上述变化发布的政策性调整，承包人不应承担此类风险，应按照有关调整规定执行。

3)对于根据我国目前工程建设的实际情况，各省、自治区、直辖市建设行政主管部门根据当地劳动行政主管部门的有关规定发布的人工成本信息，对此关系职工切身利益的人工费，承包人不应承担风险，应按照相关规定进行调整。

4)对于主要由市场价格波动导致的价格风险，如工程造价中的建筑材料、燃料等价格风险，发、承包双方应当在招标文件中或在合同中对此类风险的范围和幅度予以明确约定，进行合理分摊。

根据工程特点和工期要求，《建设工程工程量清单计价规范》(GB 50500—2008)中提出承包人可承担5%以内的材料价格风险，10%的施工机械使用费的风险。

二、招标控制价与投标价

(一)招标控制价

招标控制价是招标人根据国家或省级、行业建设主管部门颁发的有关计价依据和办法，按设计施工图纸计算的，对招标工程限定的最高工程造价。国有资金投资的工程建设项目应实行工程量清单招标，并应编制招标控制价。

1. 招标控制价的编制人员

招标控制价应由具有编制能力的招标人编制，当招标人不具有编制招标控制价的能力时，可委托具有相应资质的工程造价咨询人编制。工程造价咨询人不得同时接受招标人和投标人对同一工程的招标控制价和投标报价进行编制。

所谓具有相应工程造价咨询资质的工程造价咨询人是指根据《工程造价咨询企业管理办法》(原建设部令第149号)的规定，依法取得工程造价咨询企业资质，并在其资质许可的范围内接受招标人的委托，编制招标控制价的工程造价咨询企业。即取得甲级工程造价咨询资质的咨询人可承担各类建设项目的招标控制价编制，取得乙级(包括乙级暂定)工程造价咨询资质的咨询人，则只能承担5000万元以下的招标控制价的编制。

2. 招标控制价编制依据

招标控制价的编制应根据下列依据进行：

(1)《建设工程工程量清单计价规范》(GB 50500—2008)；

(2)国家或省级、行业建设主管部门颁发的计价定额和计价办法；

(3)建设工程设计文件及相关资料；

(4)招标文件中的工程量清单及有关要求；

(5)与建设项目相关的标准、规范、技术资料；

(6)工程造价管理机构发布的工程造价信息；工程造价信息没有发布的参照市场价；

(7)其他的相关资料。

按上述依据进行招标控制价编制，应注意以下事项：

(1)使用的计价标准、计价政策应是国家或省级、行业建设主管部门颁布的计价定额和相关政策规定；

(2)采用的材料价格应是工程造价管理机构通过工程造价信息发布的材料单价，工程造价信息未发布材料单价的材料，其材料价格应通过市场调查确定；

(3)国家或省级、行业建设主管部门对工程造价计价中费用或费用标准有规定的，应按规定执行。

3. 招标控制价的编制

(1)分部分项工程费应根据招标文件中的分部分项工程量清单项目的特征描述及有关要求，按规定确定综合单价进行计算。综合单价中应包括招标文件中要求投标人承担的风险费用。招标文件提供了暂估单价的材料，按暂估的单价计入综合单价。

(2)措施项目费应按招标文件中提供的措施项目清单确定，措施项目采用分部分项工程综合单价形式进行计价的工程量，应按措施项目清单中的工程量，并按规定确定综合单价；以“项”为单位的方式计价的，按规定确定除规费、税金以外的全部费用。措施项目费中的安全文明施工费应当按照国家或省级、行业建设主管部门的规定标准计价；

(3)其他项目费应按下列规定计价

1)暂列金额　暂列金额由招标人根据工程特点，按有关计价规定进行估算确定。为保证工程施工建设的顺利实施，在编制招标控制价时应对施工过程中可能出现的各种不确定因素对工程造价的影响进行估算，列出一笔暂列金额。暂列金额可根据工程的复杂程度、设计深度、工程环境条件(包括地质、水文、气候条件等)进行估算，一般可按分部分项工程费的10%～15%作为参考。

2)暂估价　暂估价包括材料暂估价和专业工程暂估价。暂估价中的材料单价应按照工程造价管理机构发布的工程造价信息或参考市场价格确定；暂估价中的专业工程暂估价应分不同专业，按有关计价规定估算；

3)计日工　计日工包括计日工人工、材料和施工机械。在编制招标控制价时，对计日工中的人工单价和施工机械台班单价应按省级、行业建设主管部门或其授权的工程造价管理机构公布的单价计算；材料应按工程造价管理机构发布的工程造价信息中的材料单价计算，工程造价信息未发布材料单价的材料，其价格应按市场调查确定的单价计算。

4)总承包服务费　招标人应根据招标文件中列出的内容和向总承包人提出的要求，参照下列标准计算：

①招标人仅要求对分包的专业工程进行总承包管理和协调时，按分包的专业工程估算造价的1.5%计算；

②招标人要求对分包的专业工程进行总承包管理和协调，并同时要求提供配合服务时，根据招标文件中列出的配合服务内容和提出的要求，按分包的专业工程估算造价的3%～5%计算；

③招标人自行供应材料的，按招标人供应材料价值的1%计算。

(4)招标控制价的规费和税金必须按国家或省级、行业建设主管部门的规定计算。

4. 招标控制价编制注意事项

(1)招标控制价的作用决定了招标控制价不同于标底，无须保密。为体现招标的公平、公正，防止招标人有意抬高或压低工程造价，招标人应在招标文件中如实公布招标控制价，不得对所编制的招标控制价进行上浮或下调。招标人在招标文件中公布招标控制价时，应公布招标控制价各组成部分的详细内容，不得只公布招标控制价总价。同时，招标人应将招标控制价报工程所在地的工程造价管理机构备查。

(2)投标人经复核认为招标人公布的招标控制价未按照《建设工程工程量清单计价规范》(GB 50500—2008)的规定进行编制的，应在开标前5天向招投标监督机构或(和)工程造价管理机构投诉。

招投标监督机构应会同工程造价管理机构对投诉进行处理，发现确有错误的，应责成招标人修改。

(二)投标价

1. 投标价编制的一般规定

(1)投标价中除《建设工程工程量清单计价规范》(GB 50500—2008)中规定的规费、税金及措施项目清单中的安全文明施工费应按国家或省级、行业建设主管部门的规定计价，不得作为竞争性费用外，其他项目的投标报价由投标人自主决定。

(2)投标人的投标报价不得低于成本。《中华人民共和国反不正当竞争法》第十一条规定："经营者不得以排挤竞争对手为目的，以低于成本的价格销售商品。"《中华人民共和国招标投标法》第四十一规定："中标人的投标应当符合下列条件……(二)能够满足招标文件的实质性要求，并且经评审的投标价格最低；但是投标价格低于成本的除外。"《评标委员会和评标方法暂行规定》(原国家计委等七部委第12号令)第二十一条规定："在评标过程中，评标委员会发现投标人的报价明显低于其他投标报价或者在设有标底时明显低于标底的，使得其投标报价可能低于其个别成本的，应当要求该投标人作出书面说明并提供相关证明材料。投标人不能合理说明或者不能提供相关证明材料的，由评标委员会认定该投标人以低于成本报价竞标，其投标应作废标处理。"

(3)投标价应由投标人或受其委托具有相应资质的工程造价咨询人编制。

(4)实行工程量清单招标，招标人在招标文件中提供工程量清单，其目的是使各投标人在投标报价中具有共同的竞争平台。因此，要求投标人在投标报价中填写的工程量清单的项目编码、项目名称、项目特征、计量单位、工程数量必须与招标人招标文件中提供的一致。

2. 投标价的编制

(1)分部分项工程费　包括完成分部分项工程量清单项目所需的人工费、材料费、施工机械使用费、企业管理费、利润，以及一定范围内的风险费用。分部分项工程费应按分部分项工程清单项目的综合单价计算。投标人投标报价时依据招标文件中分部分项工程量清单项目的特征描述确定清单项目的综合单价。在招投标过程中，当出现招标文件中分部分项工程量清单特征描述与设计图纸不符时，投标人应以分部分项工程量清单的项目特征描述为准，确定投标报价的综合单价。当施工中施工图纸或设计变更与工程量清单项目特征描述不一致时，发、承包双方应按实际施工的项目特征，依据合同约定重新确定综合单价。

招标文件中提供了暂估单价的材料，应按暂估的单价计入综合单价；

综合单价中应考虑招标文件中要求投标人承担的风险内容及其范围(幅度)产生的风险费用。在施工过程中，当出现的风险内容及其范围(幅度)在合同约定的范围内时，工程价款不做调整。

(2)措施项目费

1)投标人可根据工程实际情况并结合施工组织设计，对招标人所列的措施项目进行增补。

由于各投标人拥有的施工装备、技术水平和采用的施工方法有所差异，招标人提出的措施项目清单是根据一般情况确定的，没有考虑不同投标人的"个性"，投标人投标时应根据自身编制的投标施工组织设计或施工方案确定措施项目，对招标人提供的措施项目进行调整。投标人根据投标施工组织设计或施工方案调整和确定的措施项目应通过评标委员会的评审。

2)措施项目费的计算包括：

①措施项目的内容应依据招标人提供的措施项目清单和投标人投标时拟定的施工组织设计或施工方案；

②措施项目费的计价方式应根据招标文件的规定，可以计算工程量的措施清单项目采用综合单价方式报价，其余的措施清单项目采用以"项"为计量单位的方式报价；

③措施项目费由投标人自主确定，但其中安全文明施工费应按国家或省级、行业建设主管部门的规定确定，且不得作为竞争性费用。

(3)其他项目费　投标人对其他项目费投标报价应按以下原则进行：

1)暂列金额应按照其他项目清单中列出的金额填写，不得变动；

2)暂估价不得变动和更改。暂估价中的材料必须按照其他项目清单中列出的暂估单价计入综合单价；专业工程暂估价必须按照其他项目清单中列出的金额填写；

3)计日工应按照其他项目清单列出的项目和估算的数量，自主确定各项综合单价并计算费用；

4)总承包服务费应依据招标人在招标文件中列出的分包专业工程内容和供应材料、设备情况，按照招标人提出协调、配合与服务要求和施工现场管理需要自主确定。

(4)规费和税金　应按国家或省级、行业建设主管部门的规定计算，不得作为竞争性费用。规费和税金的计取标准是依据有关法律、法规和政策规定制定的，具有强制性。投标人是法律、法规和政策的执行者，不能改变，更不能制定，而必须按照法律、法规、政策的有关规定执行。

(5)投标总价　实行工程量清单招标，投标人的投标总价应当与组成工程量清单的分部分项工程费、措施项目费、其他项目费和规费、税金的合计金额相一致，即投标人在投标报价时，不能进行投标总价优惠(或降价、让利)，投标人对招标人的任何优惠(或降价、让利)均应反映在相应清单项目的综合单价中。

三、工程合同价款的约定

(1)实行招标的工程，合同约定不得违背招标文件中关于工期、造价、资质等方面的实质性内容。所谓合同实质性内容，按照《中华人民共和国合同法》第三十条规定："有关合同标的、数量、质量、价款或者报酬、履行期限、履行地点和方式、违约责任和解决争议方法等的变更，是对要约内容的实质性变更"。

在工程招投标及建设工程合同签订过程中，招标文件应视为要约邀请，投标文件为要约，中标通知书为承诺。因此，在签订建设工程合同时，当招标文件与中标人的投标文件有不一致的地方，应以投标文件为准。

(2)工程合同价款的约定是建设工程合同的主要内容　根据有关法律条款的规定，实行招标的工程合同价款应在中标通知书发出之日起30天内，由发、承包双方依据招标文件和中标人的投标文件在书面合同中约定。

不实行招标的工程合同价款，在发、承包双方认可的工程价款基础上，由发、承包双方在合同中约定。

工程合同价款的约定应满足以下几个方面的要求：

1)约定的依据要求　招标人向中标的投标人发出的中标通知书；

2)约定的时间要求　自招标人发出中标通知书之日起30天内；

3)约定的内容要求　招标文件和中标人的投标文件；

4)合同的形式要求　书面合同。

(3)合同形式　工程建设合同的形式主要有单价合同和总价合同两种。合同的形式对工程量清单计价的适用性不构成影响，无论是单价合同还是总价合同均可以采用工程量清单计价。区别仅在于工程量清单中所填写的工程量的合同约束力。采用单价合同形式时，工程量清单是合同文件必不可少的组成内容，其中的工程量一般具备合同约束力(量可调)，工程款结算时按照合同中约定应予计量并实际完成的工程量计算进行调整，由招标人提供统一的工程量清单则彰显了工程量清单计价的主要优点。而对总价合同形式，工程量清单中的工程量不具备合同的约束力(量不可调)，工程量以合同图纸的标示内容为准，工程量以外的其他内容一般均赋予合同约束力，以方便合同变更的计量和计价。

《建设工程工程量清单计价规范》(GB 50500—2008)规定："实行工程量清单计价的工程，宜采用单价合同方式。"即合同约定的工程价款中所包含的工程量清单项目综合单价在约定条件内是固定的，不予调整，工程量允许调整。工程量清单项目综合单价在约定的条件外，允许调整。但调整方式、方法应在合同中约定。

清单计价规范规定实行工程量清单计价的工程宜采用单价合同，并不表示排斥总价合同。总价合同适用规模不大、工序相对成熟、工期较短、施工图纸完备的工程施工项目。

(4)合同价款的约定事项　发、承包双方应在合同条款中对下列事项进行约定；合同中没有约定或约定不明的，由双方协商确定；协商不能达到一致的，按《建设工程工程量清单计价规范》(GB 50500—2008)执行。

1)预付工程款的数额、支付时间及抵扣方式。预付款是发包人为解决承包人在施工准备阶段资金周转问题提供的协助。如使用大宗材料，可根据工程具体情况设置工程材料预付款。

2)工程计量与支付工程进度款的方式、数额及时间。

3)工程价款的调整因素、方法、程序、支付及时间。

4)索赔与现场签证的程序、金额确认与支付时间。

5)发生工程价款争议的解决方法及时间。

6)承担风险的内容、范围以及超出约定内容、范围的调整办法。

7)工程竣工价款结算编制与核对、支付及时间。

8)工程质量保证(保修)金的数额、预扣方式及时间。

9)与履行合同、支付价款有关的其他事项等。由于合同中涉及工程价款的事项较多，能够详细约定的事项应尽可能具体的约定，约定的用词应尽可能唯一，如有几种解释，最好对用词进行定义，尽量避免因理解上的歧义造成合同纠纷。

四、工程计量与价款支付

1. 预付款的支付和抵扣

发包人应按合同约定的时间和比例(或金额)向承包人支付工程预付款。支付的工程预付款，按合同约定在工程进度款中抵扣。当合同对工程预付款的支付没有约定时，按以下规办理：

(1)工程预付款的额度　原则上预付比例不低于合同金额(扣除暂列金额)的10%，不高于合同金额(扣除暂列金额)的30%，对重大工程项目，按年度工程计划逐年预付。实行工程量清单计价的工程，实体性消耗和非实体性消耗部分宜在合同中分别约定预付款比例(或金额)。

(2)工程预付款的支付时间　在具备施工条件的前提下，发包人应在双方签订合同后的一个月内或约定的开工日期前的 7 天内预付工程款。

(3)若发包人未按合同约定预付工程款，承包人应在预付时间到期后 10 天内向发包人发出要求预付款的通知，发包人收到通知后仍不按要求预付，承包人可在发出通知 14 天后停止施工，发包人应从约定应付之日起按同期银行贷款利率计算向承包人支付应付预付的利息，并承担违约责任。

(4)凡是没有签订合同或不具备施工条件的工程，发包人不得预付工程款，不得以预付款为名转移资金。

2. 进度款的计量与支付

发包人支付工程进度款，应按照合同计量和支付。工程量的正确计量是发包人向承包人支付工程进度款的前提和依据。计量和付款周期可采用分段或按月结算的方式。

(1)按月结算与支付　即实行按月支付进度款，竣工后结算的办法。合同工期在两个年度以上的工程，在年终进行工程盘点，办理年度结算。

(2)分段结算与支付　即当年开工、当年不能竣工的工程按照工程形象进度，划分不同阶段，支付工程进度款。

当采用分段结算方式时，应在合同中约定具体的工程分段划分，付款周期应与计量周期一致。

3. 工程价款计量与支付方法

(1)工程计量

1)工程计量时，若发现工程量清单中出现漏项、工程量计算偏差，以及工程变更引起工程量的增减，应按承包人在履行合同义务过程中实际完成的工程量计算。

2)承包人应按照合同约定，向发包人递交已完工程量报告。发包人应在接到报告后按合同约定进行核对。当发、承包双方在合同中未对工程量的计量时间、程序、方法和要求作约定时，按以下规定处理：

①承包人应在每个月末或合同约定的工程段末向发包人递交上月或工程段已完工程量报告。

②发包人应在接到报告后 7 天内按施工图纸(含设计变更)核对已完工程量，并应在计量前 24 小时通知承包人。承包人应按时参加。

③计量结果

a. 如发、承包双方均同意计量结果，则双方应签字确认；

b. 如承包人未按通知参加计量，则由发包人批准的计量应认为是对工程量的正确计量；

c. 如发包人未在规定的核对时间内进行计量，视为承包人提交的计量报告已经认可；

d. 如发包人未在规定的核对时间内通知承包人，致使承包人未能参加计量，则由发包人所作的计量结果无效；

e. 对于承包人超出施工图纸范围或因承包人原因造成返工的工程量，发包人不予计量；

f. 如承包人不同意发包人的计量结果，承包人应在收到上述结果后 7 天内向发包人提出，申明承包人认为不正确的详细情况。发包人收到后，应在 2 天内重新检查对有关工程量的计量，或予以确认，或将其修改。

发、承包双方认可的核对后的计量结果应作为支付工程进度款的依据。

(2)工程进度款支付申请　承包人应在每个付款周期末(月末或合同约定的工程段完成后)，向发包人递交进度款支付申请，并附相应的证明文件。除合同另有约定外，进度款支付申请应包括下列内容：

1)本周期已完成工程的价款；

2)累计已完成的工程价款；

3)累计已支付的工程价款；

4)本周期已完成计日工金额；

5)应增加和扣减的变更金额；

6)应增加和扣减的索赔金额；

7)应抵扣的工程预付款；

(3)发包人支付工程进度款　发包人在收到承包人递交的工程进度款支付申请及相应的证明文件后，发包人应在合同约定时间内核对承包人的支付申请并应按合同约定的时间和比例向承包人支付工程进度款。发包人应扣回的工程预付款，与工程进度款同期结算抵扣。

当发、承包双方在合同中未对工程进度款支付申请的核对时间以及工程进度款支付时间、支付比例作约定时，按以下规定办理：

1)发包人应在收到承包人的工程进度款支付申请后14天内核对完毕。否则，从第15天起承包人递交的工程进度款支付申请视为被批准；

2)发包人应在批准工程进度款支付申请的14天内，向承包人按不低于计量工程价款的60%，不高于计量工程价款的90%向承包人支付工程进度款；

3)发包人在支付工程进度款时，应按合同约定的时间、比例(或金额)扣回工程预付款。

4. 争议的处理

(1)发包人未在合同约定时间内支付工程进度款，承包人应及时向发包人发出要求付款的通知，发包人收到承包人通知后仍不按要求付款，可与承包人协商签订延期付款协议，经承包人同意后延期支付。协议应明确延期支付的时间和从付款申请生效后按同期银行贷款利率计算应付款的利息。

(2)发包人不按合同约定支付工程进度款，双方又未达到延期付款协议，导致施工无法进行时，承包人可停止施工，由发包人承担违约责任。

五、索赔与现场签证

1. 索赔

(1)索赔的条件　合同一方向另一方提出索赔时，应有正当的索赔理由和有效证据，并应符合合同的相关约定。建设工程施工中的索赔是发、承包双方行使正当权利的行为，承包人可向发包人索赔，发包人也可向承包人索赔。任何索赔事件的确立，其前提条件是必须有正当的索赔理由。对正当索赔理由的说明必须具有证据，因为进行索赔主要是靠证据说话。没有证据或证据不足，索赔是难以成功的。

(2)索赔证据

1)索赔证据的要求　一般有效的索赔证据都具有以下几个特征：

①及时性　既然干扰事件已发生，又意识到需要索赔，就应在有效时间内提出索赔意向。在规定的时间内报告事件的发展影响情况，在规定时间内提交索赔的详细额外费用计算账单，对发包人或工程师提出的疑问及时补充有关材料。如果拖延太久，将增加索赔工作的难度。

②真实性　索赔证据必须是在实际过程中产生，完全反映实际情况，能经得住对方的推敲。由于在工程过程中合同双方都在进行合同管理，收集工程资料，所以双方应有相同的证据。使用不实的、虚假证据是违反商业道德甚至法律的。

③全面性　所提供的证据应能说明事件的全过程。索赔报告中所涉及的干扰事件、索赔理

由、索赔值等都应有相应的证据，不能凌乱和支离破碎，否则发包人将退回索赔报告，要求重新补充证据。这会拖延索赔的解决，损害承包商在索赔中的有利地位。

④关联性　索赔的证据应当能互相说明，相互具有关联性，不能互相矛盾。

⑤法律证明效力　索赔证据必须有法律证明效力，特别对准备递交仲裁的索赔报告更要注意这一点。

a. 证据必须是当时的书面文件，一切口头承诺、口头协议不算。

b. 合同变更协议必须由双方签署，或以会谈纪要的形式确定，且为决定性决议。一切商讨性、意向性的意见或建议都不算。

c. 工程中的重大事件、特殊情况的记录应由工程师签署认可。

2)索赔证据的种类

①招标文件、工程合同、发包人认可的施工组织设计、工程图纸、技术规范等。

②工程各项有关的设计交底记录、变更图纸、变更施工指令等。

③工程各项经发包人或合同中约定的发包人现场代表或监理工程师签认的签证。

④工程各项往来信件、指令、信函、通知、答复等。

⑤工程各项会议纪要。

⑥施工计划及现场实施情况记录。

⑦施工日报及工长工作日志、备忘录。

⑧工程送电、送水、道路开通、封闭的日期及数量记录。

⑨工程停电、停水和干扰事件影响的日期及恢复施工的日期记录。

⑩工程预付款、进度款拨付的数额及日期记录。

⑪工程图纸、图纸变更、交底记录的送达份数及日期记录。

⑫工程有关施工部位的照片及录像等。

⑬工程现场气候记录，如有关天气的温度、风力、雨雪等。

⑭工程验收报告及各项技术鉴定报告等。

⑮工程材料采购、订货、运输、进场、验收、使用等方面的凭据。

⑯国家和省级或行业建设主管部门有关影响工程造价、工期的文件、规定等。

(3)承包人的索赔

1)若承包人认为非承包人原因发生的事件造成了承包人的经济损失，承包人应在确认该事件发生后，持证明索赔事件发生的有效证据和依据正当的索赔理由，按合同约定的时间向发包人发出索赔通知。发包人应按合同约定的时间对承包人提出的索赔进行答复和确认。发包人在收到最终索赔报告后并在合同约定时间内，未向承包人作出答复，视为该项索赔已经认可。

这种索赔方式称之为单项索赔，即在每一件索赔事项发生后，递交索赔通知书，编报索赔报告书，要求单项解决支付，不与其他的索赔事项混在一起。单项索赔是施工索赔通常采用的方式。它避免了多项索赔的相互影响制约，所以解决起来比较容易。

当施工过程中受到非常严重的干扰，以致承包人的全部施工活动与原来的计划不大相同，原合同规定的工作与变更后的工作相互混淆，承包人无法为索赔保持准确而详细的成本记录资料，无法采用单项索赔的方式，而只能采用综合索赔。综合索赔俗称一揽子索赔。即对整个工程(或某项工程)中所发生的数起索赔事项，综合在一起进行索赔。采取这种方式进行索赔，是在特定的情况下被迫采用的一种索赔方法。

采取综合索赔时，承包人必须提出以下证明：

①承包商的投标报价是合理的；

②实际发生的总成本是合理的；

③承包商对成本增加没有任何责任；

④不可能采用其他方法准确地计算出实际发生的损失数额。

当发、承包双方在合同中未对工程索赔事项作具体约定时，按以下规定处理。

①承包人应在确认引起索赔的事件发生后28天内向发包人发出索赔通知，否则，承包人无权获得追加付款，竣工时间不得延长。

②承包人应在现场或发包人认可的其他地点，保持证明索赔可能需要的纪录。发包人收到承包人的索赔通知后，未承认发包人责任前，可检查纪录保持情况，并可指示承包人保持进一步的同期记录。

③在承包人确认引起索赔的事件后42天内，承包人应向发包人递交一份详细的索赔报告，包括索赔的依据、要求追加付款的全部资料。

如果引起索赔的事件具有连续影响，承包人应按月递交进一步的中间索赔报告，说明累计索赔的金额。

承包人应在索赔事件产生的影响结束后28天内，递交一份最终索赔报告。

④发包人在收到索赔报告后28天内，应作出回应，表示批准或不批准并附具体意见。还可以要求承包人提供进一步的资料，但仍要在上述期限内对索赔作出回应。

⑤发包人在收到最终索赔报告后的28天内，未向承包人作出答复，视为该项索赔报告已经认可。

2)承包人索赔的程序　承包人索赔应按下列程序处理：

①承包人在合同约定的时间内向发包人递交费用索赔意向通知书；

②发包人指定专人收集与索赔有关的资料；

③承包人在合同约定的时间内向发包人递交费用索赔申请表；

④发包人指定的专人初步审查费用索赔申请表，符合规定的条件时予以受理；

⑤发包人指定的专人进行费用索赔核对，经造价工程师复核索赔金额后，与承包人协商确定并由发包人批准；

⑥发包人指定的专人应在合同约定的时间内签署费用索赔审批表，或发出要求承包人提交有关索赔的进一步详细资料的通知，待收到承包人提交的详细资料后，按规定的程序进行。

3)索赔事件发生后，在造成费用损失时，往往会造成工期的变动。当索赔事件造成的费用损失与工期相关联时，承包人应根据发生的索赔事件，在向发包人提出费用索赔要求的同时，提出工期延长的要求。

发包人在批准承包人的索赔报告时，应将索赔事件造成的费用损失和工期延长联系起来，综合作出批准费用索赔和工期延长的决定。

(4)发包人的索赔　若发包人认为由于承包人的原因造成额外损失，发包人应在确认引起索赔的事件后，按合同约定向承包人发出索赔通知。承包人在收到发包人索赔通知后并在合同约定时间内，未向发包人作出答复，视为该项索赔已经认可。

当合同中未就发包人的索赔事项作具体约定，按以下规定处理。

1)发包人应在确认引起索赔的事件发生后28天内向承包人发出索赔通知，否则，承包人免除该索赔的全部责任。

2)承包人在收到发包人索赔报告后的28天内，应作出回应，表示同意或不同意并附具体意见，如在收到索赔报告后的28天内，未向发包人作出答复，视为该项索赔报告已经认可。

2. 现场签证

(1)承包人应发包人要求完成合同以外的零星工作或非承包人责任事件发生时，承包人应按合同约定及时向发包人提出现场签证。若合同中未对此作出具体约定，按照财政部、原建设部印发的《建设工程价款结算暂行办法》(财建[2004]369 号)的规定，发包人要求承包人完成合同以外零星项目，承包人应在接受发包人要求的 7 天内就用工数量和单价、机械台班数量和单价、使用材料和金额等向发包人提出施工签证，发包人签证后施工，如发包人未签证，承包人施工后发生争议的，责任由承包人自负。

发包人应在收到承包人的签证报告 48 小时内给予确认或提出修改意见，否则，视为该签证报告已经认可。

(2)按照财政部、原建设部印发的《建设工程价款结算办法》(财建[2004]369 号)等十五条的规定："发包人和承包人要加强施工现场的造价控制，及时对工程合同外的事项如实记录并履行书面手续。凡由发、承包双方授权的现场代表签字的现场签证以及发、承包双方协商确定的索赔等费用，应在工程竣工结算中如实办理，不得因发、承包双方现场代表的中途变更改变其有效性"，《建设工程工程量清单计价规范》(GB 50500—2008)规定："发、承包双方确认的索赔与现场签证费用与工程进度款同期支付。"此举可避免发包方变相拖延工程款以及发包人以现场代表变更而不承认某些索赔或签证的事件发生。

六、工程价款调整

1. 工程价款调整的原则

工程建设过程中，发、承包双方都是国家法律、法规、规章及政策的执行者，在发、承包双方履行合同的过程中，当国家的法律、法规、规章及政策发生变化，国家或省级、行业建设主管部门或其授权的工程造价管理机构据此发布工程造价调整文件，工程价款应当进行调整。《建设工程工程量清单计价规范》(GB 50500—2008)中规定："招标工程以投标截止日前 28 天，非招标工程以合同签订前 28 天为基准日，其后国家的法律、法规、规章和政策发生变化影响工程造价的，应按省级或行业建设主管部门或其授权的工程造价管理机构发布的规定调整合同价款。"

2. 综合单价调整

(1)若施工中出现施工图纸(含设计变更)与工程量清单项目特征描述不符的，发、承包双方应按新的项目特征确定相应工程量清单项目的综合单价。如工程招标时，工程量清单对某实心砖墙砌体进行项目特征描述时，砂浆强度等级为 M2.5 混合砂浆，但施工过程中发包方将其变更为(或施工图纸原本就采用)砂浆强度等级为 M5.0 混合砂浆，显然这时应重新确定综合单价，因为 M2.5 和 M5.0 混合砂浆的价格是不一样的。

(2)因分部分项工程量清单漏项或非承包人原因的工程变更，造成增加新的工程量清单项目，其对应的综合单价按下列方法确定：

1)合同中有已有适用的综合单价，按合同中已有综合单价确定。前提条件是其采用的材料、施工工艺和方法相同，亦不因此增加关键线路上工程的施工时间；

2)合同中类似的综合单价，参照类似的综合单价确定。前提条件是其采用的材料、施工工艺和方法基本相似，不增加关键线路上工程的施工时间，可仅就其变更后的差异部分，参考类似的项目单价由发、承包双方协商新的项目单价；

3)合同中没有适用或类似的综合单价，由承包人提出综合单价，经发包人确认后执行。

(3)因非承包人原因引起的工程量增减，该项工程量变化在合同约定幅度以内的，应执行原有的综合单价；该项工程量变化在合同约定幅度以外的，其综合单价及措施项目费应予以调整，如何进行调整应在合同中约定。如合同中未作约定，按以下原则：

1）当工程量清单项目工程量的变化幅度在10%以内时，其综合单价不做调整，执行原有综合单价。

2）当工程量清单项目工程量的变化幅度在10%以外，且其影响分部分项工程费超过0.1%时，其综合单价以及对应的措施费（如有）均应作调整。调整的方法是由承包人对增加的工程量或减少后剩余的工程量提出新的综合单价和措施项目费，经发包人确认后调整。

3. 措施费的调整

因分部分项工程量清单漏项或非承包人原因的工程变更，引起措施项目发生变化，造成施工组织设计或施工方案变更，原措施费中已有的措施项目，按原措施费的组价方法调整；原措施费中没有的措施项目，由承包人根据措施项目变更情况，提出适当的措施费变更，经发包人确认后调整。

4. 工程价款调整方法与注意事项

（1）工程价款的调整方法　按照《中华人民共和国标准施工招标文件》（2007年版）中的有关规定，对物价波动引起的价格调整有以下两种方式：

1）采用价格指数调整价格差额

①价格调整公式　因人工、材料和设备等价格波动影响合同价格时，根据投标函附录中的价格指数和权重表约定的数据，按以下公式计算差额并调整合同价格：

$$\Delta P=P_0\left[A+\left(B_1\times\frac{F_{t1}}{F_{01}}+B_2\times\frac{F_{t2}}{F_{02}}+B_3\times\frac{F_{t3}}{F_{03}}+\cdots+B_n\times\frac{F_{tn}}{F_{0n}}\right)-1\right]$$

式中　ΔP——需调整的价格差额；

P_0——约定的付款证书中承包人应得到的已完成工程量的金额。此项金额应不包括价格调整、不计质量保证金的扣留和支付、预付款的支付和扣回。约定的变更及其他金额已按现行价格计价的，也不计在内；

A——定值权重（即不调部分的权重）；

$B_1,B_2,B_3,\cdots,B_n$——各可调因子的变值权重（即可调部分的权重），为各可调因子在投标函投标总报价中所占的比例；

$F_{t1},F_{t2},F_{t3},\cdots,F_{tn}$——各可调因子的现行价格指数，指约定的付款证书相关周期最后一天的前42天的各可调因子的价格指数；

$F_{01},F_{02},F_{03},\cdots,F_{0n}$——各可调因子的基本价格指数，指基准日期的各可调因子的价格指数。

以上价格调整公式中的各可调因子、定值和变值权重，以及基本价格指数及其来源在投标函附录价格指数和权重表中约定。价格指数应首先采用有关部门提供的价格指数，缺乏上述价格指数时，可采用有关部门提供的价格代替。

②暂时确定调整差额　在计算调整差额时得不到现行价格指数的，可暂用上一次价格指数计算，并在以后的付款中再按实际价格指数进行调整。

③权重的调整　约定的变更导致原定合同中的权重不合理时，由监理人与承包人和发包人协商后进行调整。

④承包人工期延误后的价格调整。由于承包人原因未在约定的工期内竣工的，则对原约定竣工日期后继续施工的工程，在使用上述的价格调整公式时，应采用原约定竣工日期与实际竣工日期的两个价格指数中较低的一个作为现行价格指数。

2）采用造价信息调整价格差额　施工期内，因人工、材料、设备和机械台班价格波动影响合同价格时，人工、机械使用费按照国家或省、自治区、直辖市建设行政管理部门、行业建设管理部门或其授权的工程造价管理机构发布的人工成本信息、机械台班单价或机械使用费系数进行调整；需要进行价格调整的材料，其单价和采购数应由监理人复核，监理人确认需调整的材料单价及数量，作为调整工程合同价格差额的依据。

(2)工程价款调整注意事项

1)若施工期内市场价格波动超出一定幅度时，应按合同约定调整工程价款；合同没有约定或约定不明确的，可按以下规定执行：

①人工单价发生变化时，发、承包双方应按省级或行业建设主管部门或其授权的工程造价管理机构发布的人工成本文件调整工程价款。

②材料价格变化超过省级和行业建设主管部门或其授权的工程造价管理机构规定的幅度时应当调整，承包人应在采购材料前将采购数量和新的材料单价报发包人核对，确认用于本合同工程时，发包人应确认采购材料的数量和单价。发包人在收到承包人报送的确认资料后 3 个工作日不予答复的视为已经认可，作为调整工程价款的依据。如果承包人未报经发包人核对即自行采购材料，再报发包人确认调整工程价款的，如发包人不同意，则不做调整。

③施工机械台班单价或施工机械使用费发生变化超过省级或行业建设主管部门或其授权的工程造价管理机构规定的范围时，按其规定进行调整。

2)因不可抗力事件导致的费用，发、承包双方应按以下原则分别承担并调整工程价款。

①工程本身的损害、因工程损害导致第三方人员伤亡和财产损失以及运至施工场地用于施工的材料和待安装的设备的损害，由发包人承担；

②发包人、承包人人员伤亡由其所在单位负责，并承担相应费用；

③承包人的施工机械设备损坏及停工损失，由承包人承担；

④停工期间，承包人应发包人要求留在施工场地的必要的管理人员及保卫人员的费用，由发包人承担；

⑤工程所需清理、修复费用，由发包人承担。

3)工程价款调整报告应由受益方在合同约定时间内向合同的另一方提出，经对方确认后调整合同价款。受益方未在合同约定时间内提出工程价款调整报告的，视为不涉及合同价款的调整。

收到工程价款调整报告的一方应在合同约定时间内确认或提出协商意见，否则，视为工程价款调整报告已经确认。

当合同中未就工程价款调整报告作出约定或《建设工程工程量清单计价规范》(GB 50500—2008)中有关条款未作规定时，按以下规定处理：

①调整因素确定后 14 天内，由受益方向对方递交调整工程价款报告。受益方在 14 天内未递交调整工程价款报告的，视为不调整工程价款。

②收到调整工程价款报告的一方，应在收到之日起 14 天内予以确认或提出协商意见，如在 14 天内未作确定也未提出协商意时，视为调整工程价款报告已被确认。

4)经发、承包双方确定调整的工程价款，作为追加(减)合同价款与工程进度款同期支付。

七、竣工结算

1. 办理竣工结算的依据

工程竣工结算的依据主要以下几个方面：

(1)《建设工程工程量清单计价规范》(GB 50500—2008)；

(2)施工合同；

(3)工程竣工图纸及资料；

(4)双方确认的工程量；

(5)双方确认追加(减)的工程价款；

(6)双方确认的索赔、现场签证事项及价款；

(7)投标文件；

(8)招标文件；

(9)其他依据。

2. 办理竣工结算的要求

(1)分部分项工程费的计算　分部分项工程费应依据发、承包双方确认的工程量、合同约定的综合单价计算。如发生调整的，以发、承包双方确认的综合单价计算。

(2)措施项目费的计算　措施项目费应依据合同中约定的项目和金额计算，如合同中规定采用综合单价计价的措施项目，应依据发、承包双方确认的工程量和综合单价计算，规定采用“项”计价的措施项目，应依据合同约定的措施项目和金额或发、承包双方确认调整后的措施项目费金额计算。如发生调整的，以发承包双方确认调整的金额计算。

措施项目费中的安全文明施工费应按照国家或省级、行业建设主管部门的规定计算。施工过程中，国家或省级、行业建设主管部门对安全文明施工费进行了调整的，措施项目费中的安全文明施工费应作相应调整。

(3)其他项目费的计算　办理竣工结算时，其他项目费的计算应按以下要求进行：

1)计日工的费用应按发包人实际签证确认的数量和合同约定的相应单价计算；

2)当暂估价中的材料是招标采购的，其单价按中标在综合单价中调整。当暂估价中的材料为非招标采购的，其单价按发、承包双方最终确认的单价在综合单价中调整。

当暂估价中的专业工程是招标采购的，其金额按中标价计算。当暂估价中的专业工程为非招标采购的，其金额按发、承包双方与分包人最终确认的金额计算；

3)总承包服务费应依据合同约定的金额计算，发、承包双方依据合同约定对总承包服务进行了调整，应按调整后的金额计算；

4)索赔事件产生的费用在办理竣工结算时应在其他项目费中反映。索赔费用的金额应依据发、承包双方确认的索赔事项和金额计算；

5)现场签证发生的费用在办理竣工结算时应在其他项目费中反映。现场签证费用金额依据发、承包双方签证资料确认的金额计算；

6)合同价款中的暂列金额在用于各项价款调整、索赔与现场签证后，若有余额，则余额归发包人，若出现差额，则由发包人补足并反映在相应的工程价款中。

(4)规费和税金的计算　办理竣工结算时，规费和税金应按照国家或省级、行业建设主管部门规定的计取标准计算。

3. 办理竣工结算的程序

(1)承包人应在合同约定时间内编制完成竣工结算书，并在提交竣工验收报告的同时递交给发包人。承包人未在合同约定时间内递交竣工结算书，经发包人催促后仍未提供或没有明确答复的，发包人可以根据已有资料办理结算。

对于承包人无正当理由在约定时间内未递交竣工结算书，造成工程结算价款延期支付的，其责任由承包人承担。

(2)发包人在收到承包人递交的竣工结算书后，应按合同约定时间核对。竣工结算的核对是工程造价计价中发、承包双方应共同完成的重要工作。按照交易的一般原则，任何交易结束，都应做到钱、货两清，工程建设也不例外。工程施工的发、承包活动作为期货交易行为，当工程竣工验收合格后，承包人将工程移交给发包人时，发、承包双方应将工程价款结算清楚，即竣工结算办理完毕。发、承包双方在竣工结算核对过程中的权、责主要体现在以下方面：

1)竣工结算的核对时间按发、承包双方合同约定的时间完成。根据《最高人民法院关于审理建设工程施工合同纠纷案件适用法律问题的解释》(法释[2004]14 号)第二十条规定："当事人约定，发包人收到竣工结算文件后，在约定期限内不予答复，视为认可竣工结算文件的，按照约定处理。承包人请求按照竣工结算文件结算工程价款的，应予支持"。发、承包双方不仅应在合同中约定竣工结算的核对时间，并应约定发包人在约定时间内对竣工结算不予答复，视为认可承包人递交的竣工结算。

2)合同中对核对竣工结算时间没有约定或约定不明的，根据财政部、原建设部印发的《建设工程价款结算暂行办法》(财建[2004]369 号)的有关规定，按表 3-7 规定时间进行核对并提出核对意见。

表 3-7　工程竣工结算核对的时间规定

	工程竣工结算书金额	核对时间
1	500 万元以下	从接到竣工结算书之日起 20 天
2	500 万～2000 万元	从接到竣工结算书之日起 30 天
3	2000 万～5000 万元	从接到竣工结算书之日起 45 天
4	5000 万元以上	从接到竣工结算书之日起 60 天

3)建设项目竣工总结算在最后一个单项工程竣工结算核对确认后 15 天内汇总，送发包人后 30 天内核对完成。合同约定或《建设工程工程量清单计价规范》(GB 50500—2008)规定的结算核对时间含发包人委托工程造价咨询人核对的时间。

另外，《建设工程工程量清单计价规范》(GB 50500—2008)还规定："同一工程竣工结算核对完成，发、承包双方签字确认后，禁止发包人又要求承包人与另一个或多个工程造价咨询人重复核对竣工结算。"这有效地解决了工程竣工结算中存在的一审再审、以审代拖、久审不结的现象。

(3)发包人或受其委托的工程造价咨询人收到承包人递交的竣工结算书后，在合同约定时间内，不核对竣工结算或未提出核对意见的，视为承包人递交的竣工结算书已经认可，发包人应向承包人支付工程结算价款。

承包人在接到发包人提出的核对意见后，在合同约定时间内，不确认也未提出异议的，视为发包人提出的核对意见已经认可，竣工结算办理完毕。发包人按核对意见中的竣工结算金额向承包人支付结算价款。

承包人如未在规定时间内提供完整的工程竣工结算资料，经发包人催促后 14 天内仍未提供或没有明确答复，发包人有权根据已有资料进行审查，责任由承包人自负。

(4)发包人应对承包人递交的竣工结算书签收，拒不签收的，承包人可以不交付竣工工程。

承包人未在合同约定时间内递交竣工结算书的，发包人要求交付竣工工程，承包人应当交付。

(5)竣工结算书是反映工程造价计价规定执行情况的最终文件。工程竣工结算办理完毕，发包人应将竣工结算书报送工程所在地工程造价管理机构备案。竣工结算书作为工程竣工验收备案、交付使用的必备文件。

(6)竣工结算办理完毕，发包人应根据确认的竣工结算书在合同约定时间内向承包人支付工程竣工结算价款。

(7)工程竣工结算办理完毕后，发包人应按合同约定向承包人支付工程价款。发包人按合同约定应向承包人支付而未支付的工程款视为拖欠工程款。根据《最高人民法院关于审理建设工程施工合同纠纷案件适用法律问题的解释》(法释[2004]14 号)第十七条："当事人对欠付工程价款利息计付标准有约定的，按照约定处理；没有约定的，按照中国人民银行发布的同期同类贷款利率信息。发包人应向承包人支付拖欠工程款的利息，并承担违约责任。"和《中华人民共和国合同法》第二百八十六条："发包人未按照合同约定支付价款的，承包人可以催告发包人在合理期限内支付价款。发包人逾期不支付的，除按照建设工程的性质不宜折价、拍卖的以外，承包人可以与发包人协议将该工程折价，也可以申请人民法院将该工程依法拍卖。建设工程的价款就该工程折价或者拍卖的价款优先受偿。"等规定，《建设工程工程量清单计价规范》(GB 50500—2008)指出："发包人未在合同约定时间内向承包人支付工程结算价款的，承包人可催告发包人支付结算价款。如达成延期支付协议的，发包人应按同期银行同类贷款利率支付拖欠工程价款的利息。如未达成延期支付协议，承包人可以与发包人协商将该工程折价，或申请人民法院将该工程依法拍卖。承包人就该工程折价或者拍卖的价款优先受偿。"

所谓优先受偿，最高人民法院在《关于建设工程价款优先受偿权的批复》(法释[2002]16 号)中规定如下：

1)人民法院在审理房地产纠纷案件和办理执行案件中，应当依照《中华人民共和国合同法》第二百八十六条的规定，认定建筑工程的承包人的优先受偿权优于抵押权和其他债权。

2)消费者交付购买商品房的全部或者大部分款项后，承包人就该商品房享有的工程价款优先受偿权不得对抗买受人。

3)建筑工程价款包括承包人为建设工程应当支付的工作人员报酬、材料款等实际支出的费用，不包括承包人因发包人违约所造成的损失。

4)建设工程承包人行使优先权的期限为六个月，自建设工程竣工之日或者建设工程合同约定的竣工之日起计算。

八、工程计价争议处理

(1)在工程计价中，对工程造价计价依据、办法以及相关政策规定发生争议事项的，由工程造价管理机构负责解释。工程造价管理机构是工程造价计价依据、办法以及相关政策的制定和管理机构。对发包人、承包人或工程造价咨询人在工程计价中，对计价依据、办法以及相关政策规定发生的争议进行解释是工程造价管理机构的职责。

(2)发包人以对工程质量有异议，拒绝办理工程竣工结算的，已竣工验收或已竣工未验收但实际投入使用的工程，其质量争议按该工程保修合同执行，竣工结算按合同约定办理；已竣工未验收且未实际投入使用的工程以及停工、停建工程的质量争议，双方应有争议的部分委托有资质的检测鉴定机构进行检测，根据检测结果确定解决方案，或按工程质量监督机构的处理决定执行后办理竣工结算，无争议部分的竣工结算按合同约定办理。

(3)发、承包双方发生工程造价合同纠纷时，应通过下列办法解决：

1)双方协商；

2)提请调解，工程造价管理机构负责调解工程造价问题；

3)按合同约定向仲裁机构申请仲裁或向人民法院起诉。协议仲裁时，应遵守《中华人民共和国仲裁法》第四条："当事人采用仲裁方式解决纠纷，应当双方自愿，达到仲裁协议。没有仲裁协议，一方申请仲裁的，仲裁委员会不予受理"。第五条："当事人达到仲裁协议，一方向人民法院起诉的，人民法院不予受理，但仲裁协议无效的除外"。第六条："仲裁委员会应当由当事人协议选定。仲裁不实行级别管辖和地域管辖"的规定。

(4)在合同纠纷案件处理中,需作工程造价鉴定的,应委托具有相应资质的工程造价咨询人进行。

第四节　工程量清单计价中费用的确定

一、工程量清单计价模式下的费用构成

工程量清单计价模式的费用构成包括分部分项工程费、措施项目费、其他项目费,以及规费和税金。

工程量清单计价模式下的建筑安装工程费用构成见图 3-1 所示。

- 建筑安装工程造价
  - 分部分项工程费
    - 人工费
    - 材料费
    - 施工机械使用费
    - 企业管理费
      - 管理人员工资
      - 办公费
      - 差旅交通费
      - 固定资产使用费
      - 工具用具使用费
      - 劳动保险费
      - 工会经费
      - 职工教育经费
      - 财产保险费
      - 财务费
      - 税金
      - 其他
    - 利润
  - 措施项目费
    - 安全文明施工费(含环境保护、文明施工、安全施工、临时设施)
    - 夜间施工费
    - 二次搬运费
    - 冬雨季施工
    - 大型机械设备进出场及安拆费
    - 施工排水费
    - 施工降水费
    - 地上地下设施、建筑物的临时保护设施费
    - 已完工程及设备保护费
    - 各专业工程的措施项目费
  - 其他项目费
    - 暂列金额
    - 暂估价(包括材料暂估单价、专业工程暂估价)
    - 计日工
    - 总承包服务费
    - 其他:索赔、现场签证
  - 规费
    - 工程排污费
    - 工程定额测定费
    - 社会保障费
      - (1) 养老保险费
      - (2) 失业保险费
      - (3) 医疗保险费
    - 住房公积金
    - 危险作业意外伤害保险
  - 税金
    - 营业税
    - 城市维护建设税
    - 教育费附加

图 3-1　工程量清单计价的建筑安装工程造价组成示意图

二、分部分项工程费

分部分项工程费的组成包括人工费、材料费、施工机械使用费、企业管理费和利润等项目。

(一)人工费的组成及计算

1. 人工费的组成

人工费是指直接从事于建筑安装工程施工的生产工人开支的各项费用。人工费主要包括生产工人的基本工资、工资性补贴、生产工人的辅助工资、职工福利、生产工人劳动保护费、住房公积金、劳动保险费、医疗保险费、危险作业意外伤害保险、工会费用和职工教育经费等。

2. 人工费的计算

人工费的计算根据工程量清单"彻底放开价格"和"企业自主报价"的特点，结合当前我国建筑市场的状况，以及现今各投标企业的投标策略，主要有以下两种计算模式。

(1)利用现行的概、预算定额计价模式　根据工程量清单提供的清单工程量，利用现行的概、预算定额，计算出完成各个分部分项工程量清单的人工费，并根据本企业的实力及投标策略，对各个分部分项工程量清单的人工费进行调整，然后，汇总计算出整个投标工程的人工费。其计算公式为：

$$人工费=\sum[\Delta(概预算定额中人工工日消耗量\times相应等级的日工资综合单价)]$$

这种方法是当前我国大多数投标企业所采用的人工费计算方法，具有简单、易操作、速度快，并有配套软件支持的特点。其缺点是竞争力弱，不能充分发挥企业的特长。

(2)动态的计价模式　这种计价模式适用于实力雄厚、竞争力强的企业，也是国际上比较流行的一种报价模式。

动态的人工计价模式费的计算方法是：首先根据工程量清单提供的清单工程量，结合本企业的人工效率和企业定额，计算出投标工程消耗的工日数；其次根据现阶段企业的经济、人力、资源状况和工程所在地的实际生活水平，以及工程的特点，计算工日单价；然后根据劳动力来源及人员比例，计算综合工日单价；最后计算人工费。

1)人工工日消耗量的计算方法　工程用工量(人工工日消耗量)的计算，应根据指标阶段和招标方式来确定。就当前我国建筑市场而言，有的在初步设计阶段进行招标，有的在施工图阶段进行招标。由于招标阶段不同，工程用工工日数的计算方法也不同。目前国际承包工程项目计算用工的方法基本有两种：一是分析法；二是指标法。现结合我国当前建设工程工程量清单招投标工作的特点，对这两种方法进行简单的阐述。

①分析法计算用工工日数　这种方法多数用于施工图阶段，以及扩大的初步设计阶段的招标。招标人在此阶段招标时，在招标文件中提出施工图(或初步设计图纸)和工程量清单，作为投标人计算投标报价的依据。

分析法计算工程用工量，最准确的计算是依据投标人自己施工工人的实际操作水平，加上对人工工效的分析确定，俗称企业定额。但是，由于我国大多数施工企业没有自己的"企业定额"，其计价行为是以现行的住房与城乡建设部或各行业颁布的概、预算定额为计价依据，所以，在利用分析法计算工程用工量时，应根据下列公式计算：

$$DC=R\cdot K$$

式中　DC——人工工日数；

R——用国内现行的概、预算定额计算出的人工工日数；

K——人工工日折算系数。

人工工日折算系数，是通过对本企业施工工人的实际操作水平、技术装备、管理水平等因素进行综合评定计算出的生产工人劳动生产率与概、预算定额水平的比率来确定，计算公式如下

$$K=V_q/V_0$$

式中 K——人工工日折算系数；

V_q——完成某项工程本企业应消耗的工日数；

V_0——完成同项工程概、预算定额消耗的工日数。

一般来讲，有实力参与建设工程投标竞争的企业，其劳动生产率水平要比社会平均劳动生产率高，亦即 K 的数值一般<1。所以，K 又称为“人工工日折减系数”。

在投标报价时，人工工日折减系数可以分土木建筑工程和安装工程来分别确定两个不同的“K 值”；也可以对安装工程按不同的专业，分别计算多个“K 值”。投标人应根据自己企业的特点和招标书的具体要求灵活掌握。

②指标法计算用工工日数　指标法计算用工工日数，是当工程招标处于可行性研究阶段时，采用的一种用工量的计算法。

这种方法是利用工业民用建设工程用工指标计算用工量。工业民用建设工程用工指标是该企业根据历年来承包完成的工程项目，按照工程性质、工程规模、建筑结构形式，以及其他经济技术参数等控制因素，运用科学的统计分析方法分析出的用工指标。这种方法不适用于我国目前实施的工程量清单投标报价，在这里不再进行叙述了。

2)综合工日单价的计算　综合工日单价可以理解为从事建设工程施工生产的工人日工资水平。从企业支付的角度看，一个从事建设工程施工的本企业生产工人的工资，其构成应包括以下几部分：

①本企业待业工人最低生活保障工资这部分工资是企业中从事施工生产和不从事施工生产（企业内待业或失业）的每个职工都必须具备的；其标准不低于国家关于失业职工最低生活保障金的发放标准。

②由国家法律规定的、强制实施的各种工资性费用支出项目，包括：职工福利费、生产工人劳动保护费、住房公积金、劳动保险费、医疗保险费等。

③投标单位驻地至工程所在地生产工人的往返差旅费包括短、长途公共汽车费、火车费、旅馆费、路途及住宿补助费、市内交通及补助费。此项费用可根据投标人所在地至建设工程所在地的距离和路线调查确定。

④外埠施工补助费由企业支付给外埠施工生产工人的施工补助费。

⑤夜餐补助费是指推行三班作业时，由企业支付给夜间施工生产工人的夜间餐饮补助费。

⑥医疗费对工人轻微伤病进行治疗的费用。

⑦法定节假日工资法定节假日休息，如“五一”、“十一”支付的工资。

⑧法定休假日工资法定休假日休息支付的工资。

⑨病假或轻伤不能工作时间的工资。

⑩因气候影响的停工工资。

⑪危险作业意外伤害保险费按照建筑法规定，为从事危险作业的建筑施工人员支付的意外伤害保险费。

⑫效益工资（奖金）工人奖金原则应在超额完成任务的前提下发放，费用可在超额结余的资金款项中支付，鉴于当前我国发放奖金的具体状况，奖金费用应归入人工费。

⑬应包括在工资中未明确的其他项目。

其中：

第①、②、⑪项是由国家法律强制规定实施的，综合工日单价中必须包含此三项，且不得低于国家规定标准。

第③项费用可以按管理费处理，不计入人工费中。

其余各项由投标人自主决定选用的标准。

综合工日单价的计算过程可分为下列几个步骤：

①根据总施工工日数（即人工工日数）及工期（日）计算总施工人数。工日数、工期（日）和施工人数存在着下列关系

$$总工日数=工程实际施工工期(日)\times平均总施工人数$$

因此，当招标文件中已经确定了施工工期时

$$平均总施工人数=总工日数/工程实际施工工期(日)$$

当招标文件中未确定施工工期时，而由投标人自主确定工期时

$$最优化的施工人数或工期(日)=\sqrt{总工日数}$$

②确定各专业施工人员的数量及比重，其计算方法如下：

$$某专业平均施工人数=某专业消耗的工日数/工程实际施工工期(日)$$

总工日和各专业消耗的工日数是通过“企业定额”或公式 $DC=R\cdot K$ 计算出来的，前面已经叙述过，这里不再叙述。总施工人数和各专业施工人数计算出来后，其比重亦可计算出。

③确定各专业劳动力资源的来源及构成比例。劳动力资源的来源一般有下列三种途径：

a. 来源于本企业　这一部分劳动力是施工现场劳动力资源的骨干。投标人在投标报价时，要根据本企业现有可供调配使用生产工人数量、技术水平、技术等级及拟承建工程的特点，确定各专业应派遣的工人人数和工种比例。如：电气专业，需电工 30 人，焊工 4 人，起重工 2 人，共计 36 人，技术等级综合取定为电工四级。

b. 外聘技工　这部分人员主要是解决本企业短缺的具有特殊技术职能和能满足特殊要求的技术工人。由于这部分人的工资水平比较高，所以人数不宜多。

c. 当地劳务市场招聘的力工　由于当地劳务市场的力工工资水平较低，所以，在满足工程施工要求的前提下，提倡尽可能多地使用这部分劳动力。

上述三种劳动力资源的构成比例的确定，应根据本企业现状、工程特点及对生产工人的要求和当地劳务市场的劳动力资源的充足程度、技能水平及工资水平综合评价后，进行合理确定。

④综合工日单价的确定　一个建设项目施工，一般可分为土建、结构、设备、管道、电气、仪表、通风空调、给排水、采暖、消防，以及防腐绝热等专业。各专业综合工日单价的计算可按下列公式计算：

$$某专业综合工日单价=\sum(本专业某种来源的人力资源人工单价\times构成比重)$$

综合工日单价的计算就是将各专业综合工日单价按加权平均的方法计算出一个加权平均数作为综合工日单价。其计算公式如下：

$$综合工日单价=\sum(某专业综合工日单价\times权数)$$

其中权数的取定，是根据各专业工日消耗量占总工日数的比重取定的。例如：土建专业工日消耗量占总工日数的比重是 20%，则其权数即为 20%；又如电气专业工日消耗量占总工日数的比重是 8%，则其权数即为 8%。

如果投标单位使用各专业综合工日单价法投标，则不需计算综合工日单价。

通过上述一系列的计算，可以初步得出综合工日单价的水平，但是得出的单价是否有竞争力，以此报价是否能够中标，必须进行一系列的分析评估。

首先，对本企业以往投标的同类或类似工程的标书，按中标与未中标进行分类分析：其一，分

析人工单价的计算方法和价格水平；其二，分析中标与未中标的原因，从中找出某些规律。

其次，进行市场调查，摸清现阶段建筑安装施工企业的人均工资水平和劳务市场劳动力价格，尤其是工程所在地的企业工资水平和劳动力价格。其后进一步对其价格水平，以及工程施工期内的变动趋势及变动幅度进行分析预测。

再次，对潜在的竞争对手进行分析预测，分析其可能采取的价格水平，以及其造成的影响(包括对其自身和其他投标单位及其招标人的影响)。

最后，确定调整。通过上述分析，如果认为自己计算的价格过高，没有竞争力，可以对价格进行调整。

在调整价格时要注意：外聘技工和市场劳务工的工资水平是通过市场调查取得的，这两部分价格不能调整，只能对来源于本企业工人的价格进行调整。调整后的价格作为投标报价价格。

此外，还应对报价中所使用的各种基础数据和计算资料进行整理存档，以备以后投标使用。

动态的计价模式人工费的另一种计算方法是：用国家工资标准即概、预算人工单价的调整额，作为计价的人工工日单价，乘以依据“企业定额”计算出的工日消耗量计算人工费。其计算公式为

$$人工费=\sum(\Delta 概预算定额人工工日单价\times 人工工日消耗量)$$

动态的计价模式能准确地计算出本企业承揽拟建工程所需发生的人工费，对企业增强竞争力，提高企业管理水平及增收创利具有十分重要的意义。这种报价模式与利用概预算定额报价相比，缺点是工作量相对较大、程序复杂，且企业应拥有自己的企业定额及各类信息数据库。

(二)材料费的计算

建筑安装工程直接费中的材料费是指施工过程中耗用的构成工程实体的各类原材料、零配件、成品及半成品等主要材料的费用，以及工程中耗费的虽不构成工程实体，但有利于工程实体形成的各类消耗性材料费用的总和。

主要材料一般有：钢材、管材、线材、阀门、管件、电缆电线、油漆、螺栓、水泥、砂石等，其费用约占材料费的85%～95%。

消耗材料一般有：砂纸、纱布、锯条、砂轮片、氧气、乙炔气、水、电等，费用一般占到材料费的5%～15%。

以往人们一般习惯把概、预算定额中的“辅材费”称为消耗材料，而把单独计价的“主材”称为主要材料；这种叫法是十分不准确、不科学的。因为，“辅材费”中的许多材料如：钢材、管材、垫铁、螺栓、管件、油漆、焊条等都是构成工程实体的材料，所以，这些材料都是主要材料。因此，“辅材费”的准确称谓应当是“定额计价材料费”。

现今的建筑市场中，许多外商投资的国内建设招标工程以及国际招标工程，要求投标人要把主要材料和消耗材料分别计价，有的还要求列出工程消耗的主要材料和消耗材料明细表。因此，搞清主要材料和消耗材料划分的界限，对工程投标具有十分重要的意义。

在投标报价的过程中，材料费的计算，是一个至关重要的问题。因为，对于建筑安装工程来说，材料费占整个建筑安装工程费用的60%～70%。处理好材料费用，对一个投标人在投标过程中能否取得主动，以致最终能否一举中标都至关重要。

要做好材料费的计算，首先要了解材料费的计算方法。比较常用的材料费计算也有三种模式：利用现行的概、预算定额计价模式，全动态的计价模式，半动态的计价模式。其各自的计算方法可参见人工费计算的相关叙述。

为了在投标中取得优势地位，计算材料费时应把握以下几点：

(1)合理确定材料的消耗量

1)主要材料消耗量 根据《建设工程工程量清单计价规范》的规定,招标人要在招标书中提供供投标人投标报价用的"工程量清单"。在工程量清单中,已经提供了一部分主要材料的名称、规格、型号、材质和数量,这部分材料应按使用量和消耗量之和进行计价。

对于工程量清单中没有提供的主要材料,投标人应根据工程的需要(包括工程特点和工程量大小),以及以往承担工程的经验自主进行确定,包括材料的名称、规格、型号、材质和数量等,材料的数量应是使用量和消耗量之和。

2)消耗材料消耗量 消耗材料的确定方法与主要材料消耗量的确定方法基本相同,投标人要根据需要,自主确定消耗材料的名称、规格、型号、材质和数量。

3)部分周转性材料摊销量 在工程施工过程中,有部分材料作为手段措施没有构成工程实体,其实物形态也没有改变,但其价值却被分批逐步地消耗掉,这部分材料称为周转性材料。周转性材料被消耗掉的价值,应当摊销在相应清单项目的材料费中(计入措施费的周转性材料除外)。摊销的比例应根据材料价值、磨损的程度、可被利用的次数以及投标策略等诸因素进行确定。

4)低值易耗品 在施工过程中,一些使用年限在规定时间以下,单位价值在规定金额以内的工、器具,称为低值易耗品。这部分物品的计价办法是:概、预算定额中将其费用摊销在具体的定额子目当中;在工程量清单"动态计价模式"中,可以按概、预算定额的模式处理,也可以把它放在其他费用中处理,原则是费用不能重复计算,并能增强企业投标的竞争力。

(2)材料单价的确定 建筑安装工程材料价格是指材料运抵现场材料仓库或堆放点后的出库价格。

根据影响材料价格的因素,可以得到材料单价的计算公式为

$$材料单价=材料原价+包装费+采购保管费用+运输费用+材料的检验试验费用+其他费用+风险$$

材料的消耗量和材料单价确定后,材料费用便可以根据下列公式计算

$$材料费=\sum(材料消耗量\times材料单价)$$

(三)施工机械使用费的计算

施工机械使用费是指使用施工机械作业所发生的机械使用费以及机械安、拆和进出场费。施工机械不包括为管理人员配置的小车以及用于通勤任务的车辆等不参与施工生产的机械设备的台班费。

施工机械使用费的计算公式是

$$施工机械使用费=\sum(工程施工中消耗的施工机械台班量\times机械台班综合单价)+施工机械进出场费及安拆费(不包括大型机械)$$

施工机械使用费的高低及其合理性,不仅影响到建筑安装工程造价,而且能从侧面反映出企业劳动生产率水平的高低,其对投标单位竞争力的影响是不可忽视的。因此,在计算施工机械使用费时,一定要把握以下几点:

(1)合理确定施工机械的种类和消耗量 要根据承包工程的地理位置、自然气候条件的具体情况以及工程量、工期等因素编制施工组织设计和施工方案,然后根据施工组织设计和施工方案、机械利用率、概预算定额或企业定额及相关文件等,确定施工机械的种类、型号、规格和消耗量。

首先,根据工程量,利用概预算定额或企业定额,粗略地计算出施工机械的种类、型号、规格和消耗量;然后,根据施工方案和其他有关资料对机械设备的种类、型号、规格进行筛选,确定本

工程需配备的施工机械的具体明细项目；最后，根据本企业的机械利用率指标，确定本工程中实际需要消耗的机械台班数量。

(2)确定施工机械台班综合单价

1)确定施工机械台班单价在施工机械台班单价费用组成中：

①车船使用税、保险费及年检费是按国家或有关部门规定缴纳的，这部分费用是个定值；

②燃料动力费是机械台班动力消耗与动力单价的乘积，也是个定值。

③机上人工费的处理方法有两种：第一种方法是将机上人工费计入工程直接人工费中；第二种方法是计入相应施工机械的机械台班综合单价中。机上人工费台班单价可参照"人工工日单价"的计算方法确定。

④安拆费及场外运输费的计算。施工机械的安装、拆除及场外运输可编制专门的方案。根据方案计算费用，并以此进一步地优化方案，优化后的方案也可作为施工方案的组成部分。

⑤折旧费和维修费的计算。折旧费和维修费(维修费包括大修理费和经常修理费)是两项随时间变化而变化的费用。一台施工机械如果折旧年限短，则折旧费用高，维修费用低；如果折旧年限长，折旧费用低，维修费用高。

所以，选择施工机械最经济使用年限作为折旧年限，是降低机械台班单价，提高机械使用效率最有效、最直接的方法。确定了折旧年限后，然后确定折旧方法，最后计算台班折旧额和台班维修费。

组成施工机械台班单价的各项费用额确定以后，机械台班单价也就确定了。

还有一种机械台班单价的确定方法是根据国家及有关部门颁布的机械台班定额进行调整求得。

2)确定租赁机械台班费　租赁机械台班费是指根据施工需要向其他企业或租赁公司租用施工机械所发生的台班租赁费。

在投标工作的前期，应进行市场调查，调查的内容包括：租赁市场可供选择的施工机械种类、规格、型号、完好性、数量、价格水平，以及租赁单位信誉度等，并通过比较选择拟租赁的施工机械的种类、规格、数量及单位，并以施工机械台班租赁价格作为机械台班单价。一般除必须租赁的施工机械外，其他租赁机械的台班租赁费应低于本企业的机械台班单价。

3)优化平衡、确定机械台班综合单价　通过综合分析，确定各类施工机械的来源及比例，计算机械台班综合单价。其计算公式为

$$机械台班综合单价=\sum(不同来源的同类机械台班单价\times权数)$$

其中权数，是根据各不同来源渠道的机械占同类施工机械总量的比重取定的。

(3)大型机械设备使用费、进出场费及安拆费　在传统的概、预算定额中，施工机械使用费不包括大型机械设备使用费、进出场费及安拆费，其费用一般作为措施费用单独计算。

在工程量清单计价模式下，此项费用的处理方式与概、预算定额的处理方式不同。大型机械设备的使用费作为机械台班使用费，按相应分项工程项目分摊计入直接工程费的施工机械使用费中。大型机械设备进出场费及安拆费作为措施费用计入措施费用项目中。

(四)企业管理费

1. 企业管理费的组成

企业管理费是指组织施工生产和经营管理所需的费用。具体内容可参考本章第一节二、中的相关内容。

企业管理费的高低在很大程度上取决于管理人员的多少。管理人员的多少,不仅反映了管理水平的高低,影响到企业管理费,而且还影响临设费用和调遣费用(如果招标书中无调遣费一项,这笔费用应该计算到人工费单价中,在直接费中人工费的计算已叙述)。

由企业管理费开支的工作人员包括管理人员、辅助服务人员和现场保安人员。

管理人员一般包括:项目经理、施工队长、工程师、技术员、财会人员、预算人员、机械师等。

辅助服务人员一般包括:生活管理员、炊事员、医务员、翻译员、小车司机和勤杂人员等。

为了有效地控制企业管理费开支,降低企业管理费标准,增强企业的竞争力,在投标初期就应严格控制管理人员和辅助服务人员的数量,同时合理确定其他管理费开支项目的水平。

2. 企业管理费的计算

企业管理费的计算主要有两种方法:

(1)公式计算法　利用公式计算企业管理费的方法比较简单,也是投标人经常采用的一种计算方法。其计算公式为

$$企业管理费=计算基数\times企业管理费率(\%)$$

企业管理费率的计算公式中的基本数据应通过以下途径来合理取定:

1)分子与分母的计算口径应一致,即:分子的生产工人年平均企业管理费是指每一个建安生产工人年平均企业管理费,分母中的有效工作天数和建安生产工人年均直接费也是指,以每一个建安生产工人的有效工作天数和每一个建安生产工人年均直接费。

2)生产工人年平均企业管理费的确定,应按照工程企业管理费的划分,依据企业近年有代表性的工程会计报表中的企业管理费的实际支出,剔除其不合理开支,分别进行综合平均核定全员年均企业管理费开支额,然后分别除以生产工人占职工平均人数的百分比,即得每一生产工人年均企业管理费开支额。

3)生产工人占职工平均人数的百分比的确定,按照计算基础、项目特征,充分考虑改进企业经营管理,减少非生产人员的措施进行确定。

4)有效施工天数的确定,必要时可按不同工程、不同地区适当区别对待。在理论上,有效施工天数等于工期。

5)人工单价,是指生产工人的综合工日单价。

6)人工费占直接工程费的百分比,应按专业划分,不同建筑安装工程人工费的比重不同,按加权平均计算核定。

另外,利用公式计算企业管理费时,企业管理费率可以按照国家或有关部门以及工程所在地政府规定的相应企业管理费率进行调整确定。

(2)费用分析法　用费用分析法计算企业管理费,就是根据管理费的构成,结合具体的工程项目,确定各项费用的发生额。计算公式:

$$\begin{aligned}企业管理费=&管理人员及辅助服务人员的工资+办公费+差旅交通费\\&+固定资产使用费+工具用具使用费+保险费+税金\\&+财务费用+其他费用\end{aligned}$$

在计算企业管理费之前,应确定以下基础数据,这些数据是通过计算直接工程费和编制施工组织设计和施工方案取得的,这些数据包括:

1)生产工人的平均人数;

2)施工高峰期生产工人人数;

3)管理人员及辅助服务人员总数;

4)施工现场平均职工人数;

5)施工高峰期施工现场职工人数;

6)施工工期。

其中:管理人员及辅助服务人员总数的确定,应根据工程规模、工程特点、生产工人人数、施工机具的配置和数量,以及企业的管理水平进行确定。

1)管理人员及辅助服务人员的工资其计算公式为

管理人员及辅助服务人员的工资=管理人员及辅助服务人员数×综合人工工日单价×工期(日)

其中:综合人工工日单价可采用直接费中生产工人的综合工日单价,也可参照其计算方法另行确定。

2)办公费　按每名管理人员每月办公费消耗标准乘以管理人员人数,再乘以施工工期(月)。管理人员每月办公费消耗标准可以从以往完成的施工项目的财务报表中分析取得。

3)差旅交通费

①因公出差、调动工作的差旅费和住勤补助费、市内交通费和误餐补助费、探亲路费、劳动力招募费、离退休职工一次性路费、工伤人员就医路费、工地转移费的计算可按"办公费"的计算方法确定。

②管理部门使用的交通工具的油料燃料费和牌照费。

油料燃料费=机械台班动力消耗×动力单价×工期(天)×综合利用率(%)

牌照费按当地政府规定的月收费标准乘以施工工期(月)。

4)固定资产使用费　根据固定资产的性质、来源、资产原值、新旧程度,以及工程结束后的处理方式确定固定资产使用费。

5)工具用具使用费　其计算公式为

工具用具使用费=年人均使用额×施工现场平均人数×工期(年)

工具用具年人均使用额可以从以往完成的施工项目的财务报表中分析取得。

6)保险费　通过保险咨询,确定施工期间要投保的施工管理用财产和车辆应缴纳的保险费用。

7)税金　指企业按规定缴纳的房产税、车船使用税、土地使用税、印花税等。税金的计算可以根据国家规定的有关税种和税率逐项计算,也可以根据以往工程的财务数据推算取得。

8)财务费用　指企业为筹集资金而发生的各种费用,包括企业经营期间发生的短期贷款利息支出、汇兑净损失、调剂外汇手续费、金融机构手续费,以及企业筹集资金而发生的其他财务费用。

财务费计算按下列公式执行

财务费=计算基数×财务费费率(%)

财务费费率依据下列公式计算

①以直接工程费为计算基础

$$财务费费率(\%)=\frac{年均存贷款利息净支出+年均其他财务费用}{全年产值\times 直接工程费占总造价比例(\%)}$$

②以人工费为计算基础

$$财务费费率(\%)=\frac{年均存贷款利息净支出+年均其他财务费用}{全年产值\times 人工费占总造价比例(\%)}$$

③以人工费和机械费合计为计算基础

$$财务费费率(\%)=\frac{年均存贷款利息净支出+年均其他财务费用}{全年产值\times人工费和机械费之和占总造价比例(\%)}$$

另外，财务费用还可以从以往的财务报表及工程资料中，通过分析平衡估算取得。

9)其他费用　可根据以往工程的经验估算。

企业管理费对不同的工程，以及不同的施工单位是不一样的，这样使不同的投标单位具有不同的竞争实力。

(五)利润

利润，是指施工企业完成所承包工程应收回的酬金。从理论上讲，企业全部劳动成员的劳动，除掉因支付劳动力按劳动力价格所得的报酬以外，还创造了一部分新增的价值，这部分价值凝固在工程产品之中，这部分价值的价格形态就是企业的利润。

在工程量清单计价模式下，利润不单独体现，而是被分别计入分部分项工程费、措施项目费和其他项目费当中。具体计算方法可以以“人工费”或“人工费加机械费”或“直接费”为基础乘以利润率。

利润的计算公式为

$$利润=计算基础\times利润率(\%)$$

利润是企业最终的追求目标，企业的一切生产经营活动都是围绕着创造利润进行的。利润是企业扩大再生产、增添机械设备的基础，也是企业实行经济核算，使企业成为独立经营、自负盈亏的市场竞争主体的前提和保证。

因此，合理地确定利润水平(利润率)对企业的生存和发展是至关重要的。在投标报价时，要根据企业的实力、投标策略，以发展的眼光来确定各种费用水平，包括利润水平，使本企业的投标报价既具有竞争力，又能保证其他各方面的利益的实现。

三、措施项目费

措施项目费是指工程量清单中，除工程量清单项目费用以外，为保证工程顺利进行，按照国家现行有关建设工程施工验收规范、规程要求，必须配套完成的工程内容所需的费用。

措施项目费的计算方法有按费率计算、按综合单价计算和按经验计算三种 。

(一)按费率计算

按费率计算的措施项目费有：安全文明施工费、夜间施工费、二次搬运费等。

按费率计算，是指按费率乘以直接费或人工费计算，其计算公式是

$$措施项目费=人工费\times费率\quad 或：措施项目费=直接工程费\times费率$$

1. 措施项目费的计算基数

措施项目费的计算基数可以是人工费，也可以是直接工程费。

人工费是指分部分项工程费中人工费的总和。直接工程费是指分部分项工程费中人工费、材料费、机械费的总和。措施项目费的计算基数应以当地的具体规定为准。

2. 措施项目费的费率

根据我国目前的实际情况，措施项目费的费率有按当地行政主管部门规定计算和企业自行确定两种情况。

(1)按当地行政主管部门规定计算。为防止建筑市场的恶性竞争，确保安全生产、文明施工，以及安全文明施工措施的落实到位，切实改善施工从业人员的作业条件和生产环境，防止安全事故发生，《建设工程工程量清单计价规范》(GB 50500—2008)中规定，措施项目清单中的安全文明

施工费应按照国家或省级、行业建设主管部门的规定计价，不得作为竞争性费用。

(2)企业自行确定。企业根据自己的情况并结合工程实际自行确定措施费的计算费率。费用包括夜间施工费、二次搬运费。

(二)按综合单价计算

按综合单价计算，即按工程量乘以综合单价计算。即：

$$措施费=\sum(工程量\times综合单价)$$

其计算方法同分部分项工程费的计算方法。按综合单价计算的费用包括：大型机械设备进出场及安装拆除费、混凝土钢筋混凝土模板及支架费、脚手架费、施工排水降水费、垂直运输机械费等。

混凝土及钢筋混凝土模板及支架费(简称模板费)，各地定额的规定不同，其计算方法也不同。有的地区规定按混凝土构件的体积乘以综合单价计算，有的地区规定按混凝土模板的接触面积乘以综合单价计算。

(三)按经验计算

措施项目费的计算一般可根据上述两种方法计算，也可根据经验计算。如：混凝土及钢筋混凝土模板费、脚手架费、垂直运输费。

1. 混凝土及钢筋混凝土模板费

混凝土及钢筋混凝土模板费，可根据以往经验，按建筑面积分不同的结构类型，并结合市场价格计算。

2. 垂直运输费

垂直运输费，可根据工程的工期及垂直运输机械的租金计算。

3. 脚手架费

脚手架费，可根据不同的结构类型以及建筑物的高度，按每平方米面积多少价值综合计算。

措施项目费计算，应在实际工作中不断积累经验，形成自己的经验数据，以便正确的计算措施项目费。

四、其他项目费

其他项目费包括暂列金额、暂估价(包括材料暂估单价、专业工程暂估价)、计日工、总承包服务费以及其他费用(如：索赔、现场签证等)。暂列金额是招标人在工程量清单中暂定并包括在合同价款中的一笔款项。用于施工合同签订时尚未确定或者不可预见的所需材料、设备、服务的采购，施工中可能发生的工程变更、合同约定调整因素出现时的工程价款调整以及发生的索赔、现场签证确认等的费用。暂估价是招标人在工程量清单中提供的用于支付必然发生但暂时不能确定价格的材料的单价以及专业工程的金额。计日工是在施工过程中，完成发包人提出的施工图纸以外的零星项目或工作，按合同中约定的综合单价计价。总承包服务费是总承包人为配合协调发包人进行的工程分包自行采购的设备、材料等进行管理、服务以及施工现场管理、竣工资料汇总整理等服务所需的费用。索赔是在合同履行过程中，对于非己方的过错而应由对方承担责任的情况造成的损失，向对方提出补偿的要求。现场签证是发包人现场代表与承包人现场代表就施工过程中涉及的责任事件所作的签认证明。

其他项目费的计算方法参见本章第三节中相关内容。

五、规费

规费是指政府和有关部门规定必须缴纳的费用，简称规费。具体可参考第一章第四节中的相关内容。

投标人在投标报价时，规费的计算，一般按国家及有关部门规定的计算公式及费率标准计算。

六、税金

税金是指国家税法规定的应计入建筑安装工程造价内的营业税、城市维护建设税及教育费附加。具体可参考第一章第四节中的相关内容。

第五节　工程量清单计价基本表格

工程量清单与计价宜采用统一的格式。《建设工程工程量清单计价规范》(GB 50500—2008)中对工程量清单计价表格，按工程量清单、招标控制价、投标报价和竣工结算等各个计价阶段共设计了4种封面和22种表格。各省、自治区、直辖市建设行政主管部门和行业建设主管部门可根据本地区、本行业的实际情况，在《建设工程工程量清单计价规范》(GB 50500—2008)规定的工程量清单计价表格的基础上进行补充完善。

一、计价表格名称及适用范围

《建设工程工程量清单计价规范》(GB 50500—2008)中规定的工程量清单计价表格的名称及其适用范围见表3-8所示。

表3-8　清单计价表格名称及其适用范围

序号	表格编号	表格名称		工程量清单	招标控制价	投标报价	竣工结算
01	封—1	封面	工程量清单	●			
02	封—2		招标控制价		●		
03	封—3		投标总价			●	
04	封—4		竣工结算总价				●
05	表—01	总说明		●	●	●	●
06	表—02	汇总表	工程项目招标控制价/投标报价汇总表		●	●	
07	表—03		单项工程招标控制价/投标报价汇总表		●	●	
08	表—04		单位工程招标控制价/投标报价汇总表		●	●	
09	表—05		工程项目竣工结算汇总表				●
10	表—06		单项工程竣工结算汇总表				●
11	表—07		单位工程竣工结算汇总表				●
12	表—08	分部分项工程量清单表	分部分项工程量清单与计价表	●	●	●	●
13	表—09		工程量清单综合单价分析表		●	●	●

表 3-8(续)

序号	表格编号	表格名称		工程量清单	招标控制价	投标报价	竣工结算
14	表—10	措施项目清单表	措施项目清单与计价表(一)	●	●	●	●
15	表—11		措施项目清单与计价表(二)	●	●	●	●
16	表—12	其他项目清单表	其他项目清单与计价汇总表	●	●	●	●
17	表—12—1		暂列金额明细表	●	●	●	●
18	表—12—2		材料暂估单价表	●	●	●	●
19	表—12—3		专业工程暂估价表	●	●	●	●
20	表—12—4		计日工表	●	●	●	●
21	表—12—5		总承包服务计价表	●	●	●	●
22	表—12—6		索赔与现场签证计价汇总表				●
23	表—12—7		费用索赔申请(核准)表				●
24	表—12—8		现场签证表				●
25	表—13	规费、税金项目清单与计价表		●	●		●
26	表—14	工程款支付申请(核准)表					●

二、清单计价表格的形式

(一)封面

1. 工程量清单

________________________工程

工 程 量 清 单

招 标 人：____________________　　工程造价咨 询 人：____________________

(单位盖章)　　(单位资质专用章)

法定代表人或其授权人：________________　　法定代表人或其授权人：________________

(签字或盖章)　　(签字或盖章)

编 制 人：____________________　　复 核 人：____________________

(造价人员签字盖专用章)　　(造价工程师签字盖专用章)

编 制 时 间：　年　月　日　　复 核 时 间：　年　月　日

封—1

(1)本封面由招标人或招标人委托的工程造价咨询人编制工程量清单时填写。

(2)招标人自行编制工程量清单时，由招标人单位注册的造价人员编制。招标人盖单位公章，法定代表人或其授权人签字或盖章；编制人是造价工程师的，由其签字盖执业专用章；编制人是造价员的，在编制人栏签字盖专用章，应由造价工程师复核，并在复核人栏签字盖执业专用章。

(3)招标人委托工程造价咨询人编制工程量清单时，由工程造价咨询人单位注册的造价人员编制。工程造价咨询人盖单位资质专用章，法定代表人或其授权人签字或盖章；编制人是造价工程师的，由其签字盖执业专用章；编制人是造价员的，在编制人栏签字盖专用章，应由造价工程师复核，并在复核人栏签字盖执业专用章。

2. 招标控制价

______________工程

招标控制价

招标控制价(小写)：______________

(大写)：______________

招标人：______________（单位盖章）

工程造价咨询人：______________（单位资质专用章）

法定代表人或其授权人：______________（签字或盖章）

法定代表人或其授权人：______________（签字或盖章）

编制人：______________（造价人员签字盖专用章）

复核人：______________（造价工程师签字盖专用章）

编制时间：　年　月　日

复核时间：　年　月　日

封一2

(1)本封面由招标人或招标人委托的工程造价咨询人编制招标控制价时填写。

(2)招标人自行编制招标控制价时，由招标人单位注册的造价人员编制。招标人盖单位公章，法定代表人或其授权人签字或盖章；编制人是造价工程师的，由其签字盖执业专用章；编制人是造价员的，由其在编制人栏签字盖专用章，应由造价工程师复核，并在复核人栏签字盖执业专用章。

(3)招标人委托工程造价咨询人编制招标控制价时，由工程造价咨询人单位注册的造价人员编制。工程造价咨询人盖单位资质专用章，法定代表人或其授权人签字或盖章；编制人是造价工程师的，由其签字盖执业专用章；编制人是造价员的，在编制人栏签字盖专用章，应由造价工程师复核，并在复核人栏签字盖执业专用章。

3. 投标总价

投标总价

招　标　人：________________

工 程 名 称：________________

投标总价(小写)：________________

(大写)：________________

投　标　人：________________

(单位盖章)

法定代表人
或其授权人：________________

(签字或盖章)

编　制　人：________________

(造价人员签字盖专用章)

编制时间：　　年　　月　　日

封一3

(1)本封面由投标人编制投标报价时填写。

(2)投标人编制投标报价时，由投标人单位注册的造价人员编制。投标人单位公章，法定代表人或其授权人签字或盖章；编制的造价人员(造价工程师或造价员)签字盖执业专用章。

4. 竣工结算总价

______________________工程

竣工结算总价

中标价(小写)：____________________　(大写)：____________________

结算价(小写)：____________________　(大写)：____________________

发包人：__________　承包人：__________　工程造价咨询人：__________

(单位盖章)　(单位盖章)　(单位资质专用章)

法定代表人或其授权人：__________　法定代表人或其授权人：__________　法定代表人或其授权人：__________

(签字或盖章)　(签字或盖章)　(签字或盖章)

编制人：____________________　核对人：____________________

(造价人员签字盖专用章)　(造价工程师签字盖专用章)

编制时间：　年　月　日　核对时间：　年　月　日

封一4

(1)承包人自行编制竣工结算总价，由承包人单位注册的造价人员编制。承包人盖单位公章，法定代表人或其授权人签字或盖章；编制的造价人员(造价工程师或造价员)在编制人栏签字盖执业专用章。

(2)发包人自行核对竣工结算时，由发包人单位注册的造价工程师核对。发包人盖单位公章，法定代表人或其授权人签字或盖章，造价工程师在核对人栏签字盖执业专用章。

(3)发包人委托工程造价咨询人核对竣工结算时，由工程造价咨询人单位注册的造价工程师核对。发包人盖单位公章，法定代表人或其授权人签字或盖章；工程造价咨询人盖单位资质专用章，法定代表人或其授权人签字或盖章，造价工程师在核对人栏签字盖执业专用章。

(4)除非出现发包人拒绝或不答复承包人竣工结算书的特殊情况，竣工结算办理完毕后，竣工结算总价封面发、承包双方的签字、盖章应当齐全。

(二)总说明

总 说 明

工程名称：　　　　　　　　　　　　　　　　　　　　　　　　第　页共　页

表—01

本表适用于工程量清单计价的各个阶段。对每一阶段中《总说明》(表—01)应包括的内容如下：

(1)工程量清单编制阶段　工程量清单中总说明应包括的内容有：

1)工程概况：如建设地址、建设规模、工程特征、交通状况、环保要求等；

2)工程发包、分包范围；

3)工程量清单编制依据　如采用的标准、施工图纸、标准图集等；

4)使用材料设备、施工的特殊要求等；

5)其他需要说明的问题。

(2)招标控制价编制阶段　招标控制价中总说明应包括的内容有：

1)采用的计价依据；

2)采用的施工组织设计；

3)采用的材料价格来源；

4)综合单价中风险因素、风险范围(幅度)；

5)其他等。

(3)投标报价编制阶段　投标报价总说明应包括的内容有：

1)采用的计价依据；

2)采用的施工组织设计；

3)综合单价中包含的风险因素，风险范围(幅度)；

4)措施项目的依据；

5)其他有关内容的说明等。

(4)竣工结算编制阶段　竣工结算中总说明应包括的内容有：

1)工程概况；

2)编制依据；

3)工程变更；

4)工程价款调整；

5)索赔；

6)其他等。

(三)汇总表

1. 工程项目招标控制价/投标报价汇总表

工程项目招标控制价/投标报价汇总表

工程名称：　　　　　　　　　　　　　　　　　　　　　　　　　　　　第　页共　页

序号	单项工程名称	金额(元)	其中		
			暂估价(元)	安全文明施工费(元)	规费(元)
合计					

注：本表适用于工程项目招标控制价或投标报价的汇总。

表—02

(1)由于编制招标控制价和投标价包含的内容相同，只是对价格的处理不同，因此，招标控制价和投标报价汇总表使用同一表格。实践中，对招标控制价或投标报价可分别印制本表格。

(2)使用本表格编制投标报价时，汇总表中的投标总价与投标中标函中投标报价金额应当一致。如不一致时以投标中标函中填写的大写金额为准。

2. 单项工程招标控制价/投标报价汇总表

单项工程招标控制价/投标报价汇总表

工程名称：　　　　　　　　　　　　　　　　　　　　　　　　　　　　第　页共　页

序号	单项工程名称	金额(元)	其中		
			暂估价(元)	安全文明施工费(元)	规费(元)
合计					

注：本表适用于单项工程招标控制价或投标报价的汇总。暂估价包括分部分项工程中的暂估价和专业工程暂估价。

表—03

3. 单位工程招标控制价/投标报价汇总表

单位工程招标控制价/投标报价汇总表

工程名称：　　　　　　　　　　　　　标段：　　　　　　　　　　　　第　页共　页

序号	汇　总　内　容	金额(元)	其中:暂估价(元)
1	分部分项工程		
1.1			
1.2			
1.3			
1.4			
1.5			
2	措施项目		—
2.1	安全文明施工费		—
3	其他项目		—
3.1	暂列金额		—
3.2	专业工程暂估价		—
3.3	计日工		—
3.4	总承包服务费		—
4	规费		—
5	税金		—
招标控制价合计＝1＋2＋3＋4＋5			

注：本表适用于单位工程招标控制价或投标报价的汇总，如无单位工程划分，单项工程也使用本表汇总。

表一04

4. 工程项目竣工结算汇总表

工程项目竣工结算汇总表

工程名称：　　　　　　　　　　　　　　　　　　　　　　　　　　第　页共　页

序号	单项工程名称	金额(元)	其　中	
			安全文明施工费(元)	规费(元)
合　计				

表一05

5. 单项工程竣工结算汇总表

单项工程竣工结算汇总表

工程名称：　　　　　　　　　　　　　　　　　　　　　　　　　　第　页共　页

序号	单位工程名称	金额(元)	其　中	
			安全文明施工费(元)	规费(元)
合　计				

表一06

6. 单位工程竣工结算汇总表

单位工程竣工结算汇总表

工程名称：　　　　　　　　　　　　　　标段：　　　　　　　　　　　　　第　页共　页

序号	汇　总　内　容	金额(元)
1	分部分项工程	
1.1		
1.2		
1.3		
2	措施项目	
2.1	安全文明施工费	
3	其他项目	
3.1	专业工程结算价	
3.2	计日工	
3.3	总承包服务费	
3.4	索赔与现场签证	
4	规费	
5	税金	
竣工结算总价合计=1+2+3+4+5		

注：如无单位工程划分，单项工程也使用本表汇总。

表—07

(四)分部分项工程量清单表

1. 分部分项工程量清单与计价表

分部分项工程量清单与计价表

工程名称：　　　　　　　　　　　　　　标段：　　　　　　　　　　　　　第　页共　页

序号	项目编码	项目名称	项目特征描述	计量单位	工程量	金　额(元)		
						综合单价	合价	其中：暂估价
本页小计								
合　计								

注：根据原建设部、财政部发布的《建筑安装工程费用组成》(建标[2003]206号)的规定，为计取规费等的使用，可在表中增设其中："直接费"、"人工费"或"人工费+机械费"。

表—08

(1)本表是编制工程量清单、招标控制价、投标价和竣工结算的最基本用表。

(2)编制工程量清单时，使用本表在“工程名称”栏应填写详细具体的工程称谓，对于房屋建筑而言，习惯上并无标段划分，可不填写“标段”栏，但相对于管道敷设、道路施工，则往往以标段划分，此时，应填写“标段”栏，其他各表涉及此类设置，道理相同。“项目编码”栏应按规定另加3位顺序填写。“项目名称”栏应按规定根据拟建工程实际确定填写。“项目特征”栏应按规定根据拟建工程实际予以描述。

(3)编制招标控制价时，使用本表“综合单价”、“合计”以及“其中：暂估价”按《建设工程工程量清单计价规范》(GB 50500—2008)的规定填写。

(4)编制投标报价时，投标人对表中的“项目编码”、“项目名称”、“项目特征”、“计量单位”、“工程量”均不应作改动。“综合单价”、“合价”自主决定填写，对其中的“暂估价”栏，投标人应将招标文件中提供了暂估材料单价的暂估价进入综合单价，并应计算出暂估单价的材料在“综合单价”及其“合价”中的具体数额，因此，为更详细反应暂估价情况，也可在表中增设一栏“综合单价”其中的“暂估价”。

(5)编制竣工结算时，使用本表可取消“暂估价”。

2. 工程量清单综合单价分析表

工程量清单综合单价分析表

工程名称： 标段： 第 页共 页

<table>
<tr><td colspan="2">项目编码</td><td colspan="2"></td><td colspan="2">项目名称</td><td colspan="3"></td><td colspan="2">计量单位</td><td></td></tr>
<tr><td colspan="12">清单综合单价组成明细</td></tr>
<tr><td rowspan="2">定额编号</td><td rowspan="2">定额名称</td><td rowspan="2">定额单位</td><td rowspan="2">数量</td><td colspan="4">单　价</td><td rowspan="2">人工费</td><td rowspan="2">材料费</td><td rowspan="2">机械费</td><td rowspan="2">管理费和利润</td></tr>
<tr><td>人工费</td><td>材料费</td><td>机械费</td><td>管理费和利润</td></tr>
<tr><td></td><td></td><td></td><td></td><td></td><td></td><td></td><td></td><td></td><td></td><td></td><td></td></tr>
<tr><td></td><td></td><td></td><td></td><td></td><td></td><td></td><td></td><td></td><td></td><td></td><td></td></tr>
<tr><td></td><td></td><td></td><td></td><td></td><td></td><td></td><td></td><td></td><td></td><td></td><td></td></tr>
<tr><td></td><td></td><td></td><td></td><td></td><td></td><td></td><td></td><td></td><td></td><td></td><td></td></tr>
<tr><td></td><td></td><td></td><td></td><td></td><td></td><td></td><td></td><td></td><td></td><td></td><td></td></tr>
<tr><td colspan="2">人工单价</td><td colspan="6">小　计</td><td></td><td></td><td></td><td></td></tr>
<tr><td colspan="2">元/工日</td><td colspan="6">未计价材料费</td><td colspan="4"></td></tr>
<tr><td colspan="8">清单项目综合单价</td><td colspan="4"></td></tr>
<tr><td rowspan="6">材料费明细</td><td colspan="5">主要材料名称、规格、型号</td><td>单位</td><td>数量</td><td>单价(元)</td><td>合价(元)</td><td>暂估单价(元)</td><td>暂估合价(元)</td></tr>
<tr><td colspan="5"></td><td></td><td></td><td></td><td></td><td></td><td></td></tr>
<tr><td colspan="5"></td><td></td><td></td><td></td><td></td><td></td><td></td></tr>
<tr><td colspan="5"></td><td></td><td></td><td></td><td></td><td></td><td></td></tr>
<tr><td colspan="5">其他材料费</td><td>—</td><td></td><td>—</td><td></td><td></td><td></td></tr>
<tr><td colspan="5">材料费小计</td><td>—</td><td></td><td>—</td><td></td><td></td><td></td></tr>
</table>

注：1. 如不使用省级或行业建设主管部门发布的计价依据，可不填定额项目、编号等。

2. 招标文件提供了暂估单价的材料，按暂估的单价填入表内“暂估单价”栏及“暂估合价”栏。

表—09

(1)工程量清单单价分析表是评标委员会评审和判别综合单价组成和价格完整性、合理性的主要基础，对因工程变更调整综合单价也是必不可少的基础价格数据来源。

(2)本表集中反映了构成每一个清单项目综合单价的各个价格要素的价格及主要的"工、料、机"消耗量。投标人在投标报价时，需要对每一个清单项目进行组价，为了使组价工作具有可追溯性(回复评标质疑时尤其需要)，需要表明每一个数据的来源。

(3)本表一般随投标文件一同提交，作为竞标价的工程量清单的组成部分，以便中标后，作为合同文件的附属文件。投标人须知中需要就分析表提交的方式作出规定，该规定需要考虑是否有必要对分析表的合同地位给予定义。

(4)编制招标控制价，使用本表应填写使用的省级或行业建设主管部门发布的计价定额名称。

(5)编制投标报价，使用本表可填写使用的省级或行业建设主管部门发布的计价定额，如不使用，不填写。

(五)措施项目清单表

1. 措施项目清单与计价表(一)

措施项目清单与计价表(一)

工程名称：　　　　　　　　　　　　　　标段：　　　　　　　　　　　　第　页共　页

序号	项　目　名　称	计算基础	费率(%)	金额(元)
1	安全文明施工费			
2	夜间施工费			
3	二次搬运费			
4	冬雨季施工			
5	大型机械设备进出场及安拆费			
6	施工排水			
7	施工降水			
8	地上、地下设施、建筑物的临时保护设施			
9	已完工程及设备保护			
10	各专业工程的措施项目			
11				
合　计				

注：1. 本表适用于以"项"计价的措施项目。

2. 根据原建设部、财政部发布的《建筑安装工程费用组成》(建标[2003]206号)的规定，"计算基础"可为"直接费"、"人工费"或"人工费+机械费"。

表一10

(1)编制工程量清单时，表中的项目可根据工程实际情况进行增减。

(2)编制招标控制价时，计费基础、费率应按省级或行业建设主管部门的规定计取。

(3)编制投标报价时，除"安全文明施工费"必须按本规范的强制性规定，按省级、行业建设主管部门的规定计取外，其他措施项目均可根据投标施工组织设计自主报价。

2. 措施项目清单与计价表(二)

措施项目清单与计价表(二)

工程名称：　　　　　　　　　　　　　　标段：　　　　　　　　　　　　　　第　页共　页

序号	项目编码	项目名称	项目特征描述	计量单位	工程量	金　额(元)	
						综合单价	合价
本页小计							
合　　计							

注：本表适用于以综合单价形式计价的措施项目。

表—11

(六)其他项目清单表

1. 其他项目清单与计价汇总表

其他项目清单与计价汇总表

工程名称：　　　　　　　　　　　　　　标段：　　　　　　　　　　　　　　第　页共　页

序号	项目名称	计量单位	金额(元)	备　注
1	暂列金额			明细详见表—12—1
2	暂估价			
2.1	材料暂估价		—	明细详见表—12—2
2.2	专业工程暂估价			明细详见表—12—3
3	计日工			明细详见表—12—4
4	总承包服务费			明细详见表—12—5
5				
合　计				—

注：材料暂估单价进入清单项目综合单价，此处不汇总。

表—12

(1)编制工程量清单，应汇总“暂列金额”和“专业工程暂估价”，以提供给投标人报价。

(2)编制招标控制价，应按有关计价规定估算“计日工”和“总承包服务费”。如工程量清单中未列“暂列金额”和“专业工程暂估价”，应按有关规定编列。

(3)编制投标报价，应按招标文件工程量清单提供的“暂列金额”和“专业工程暂估价”填写金额，不得变动。“计日工”、“总承包服务费”自主确定报价。

(4)编制或核对竣工结算，“专业工程暂估价”按实际分包结算价填写，“计日工”、“总承包服务费”按双方认可的费用填写，如发生“索赔”或“现场签证”费用，按双方认可的金额计入本表。

2. 暂列金额明细表

暂列金额明细表

工程名称：　　　　　　　　　　　　　　标段：　　　　　　　　　　　　　第　页共　页

序号	项　目　名　称	计量单位	暂定金额(元)	备　注
1				
2				
3				
4				
5				
6				
7				
8				
合　计				—

注：此表由招标人填写，如不能详列，也可只列暂定金额总额，投标人应将上述暂列金额计入投标总价中。

表—12—1

暂列金额在实际履约过程中可能发生，也可能不发生。本表要求招标人能将暂列金额与拟用项目列出明细，但如确实不能详列也可只列暂定金额总额，投标人应将上述暂列金额计入投标总价中。

3. 材料暂估单价表

材料暂估单价表

工程名称：　　　　　　　　　　　　　　标段：　　　　　　　　　　　　　第　页共　页

序号	材料名称、规格、型号	计量单位	单价(元)	备　注

注：1. 此表由招标人填写，并在备注栏说明暂估价的材料拟用在哪些清单项目上，投标人应将上述材料暂估单价计入工程量清单综合单价报价中。

2. 材料包括原材料、燃料、构配件以及按规定应计入建筑安装工程造价的设备。

表—12—2

暂估价是在招标阶段预见肯定要发生，只是因为标准不明确或者需要由专业承包人完成，暂时无法确定具体价格。暂估价数量和拟用项目应当在本表备注栏给予补充说明。

4. 专业工程暂估价表

专业工程暂估价表

工程名称：　　　　　　　　　　　　　　标段：　　　　　　　　　　　　　　第　页共　页

序号	工　程　名　称	工程内容	金额(元)	备　注
合　计				—

注：此表由招标人填写，投标人应将上述专业工程暂估价计入投标总价中。

表—12—3

专业工程暂估价应在表内填写工程名称、工程内容、暂估金额、投标人应将上述金额计入投标总价中。

5. 计日工表

计 日 工 表

工程名称：　　　　　　　　　　　　　　标段：　　　　　　　　　　　　　　第　页共　页

编号	项目名称	单　位	暂定数量	综合单价	合　价
一	人　工				
1					
2					
3					
4					
5					
6					
人工小计					
二	材　料				
1					
2					
3					
4					
5					
6					
材料小计					
三	施工机械				
1					
2					
3					
4					
5					
施工机械小计					
总　计					

注：此表项目名称、数量由招标人填写，编制招标控制价时，单价由招标人按有关计价规定确定；投标时，单价由投标人自主报价，计入投标总价中。

表—12—4

(1)编制工程量清单时,“项目名称”、“计量单位”、“暂估数量”由招标人填写。

(2)编制招标控制价时,人工、材料、机械台班单价由招标人按有关计价规定填写并计算合价。

(3)编制投标报价时,人工、材料、机械台班单价由投标人自主确定,按已给暂估数量计算合价计入投标总价中。

6. 总承包服务费计价表

总承包服务费计价表

工程名称:　　　　　　　　　　　　标段:　　　　　　　　　　　　第　页共　页

序号	项 目 名 称	项目价值(元)	服务内容	费率(%)	金额(元)
1	发包人发包专业工程				
2	发包人供应材料				
合 计					

表—12—5

(1)编制工程量清单时,招标人应将拟定进行专业分包的专业工程、自行采购的材料设备等决定清楚,填写项目名称、服务内容,以便投标人决定报价。

(2)编制招标控制价时,招标人按有关计价规定计价。

(3)编制投标报价时,由投标人根据工程量清单中的总承包服务内容,自主决定报价。

7. 索赔与现场签证计价汇总表

索赔与现场签证计价汇总表

工程名称:　　　　　　　　　　　　标段:　　　　　　　　　　　　第　页共　页

序号	签证及索赔项目名称	计量单位	数量	单价(元)	合价(元)	索赔及签证依据
本页小计						—
合 计						—

注:签证及索赔依据是指经双方认可的签证单和索赔依据的编号。

表—12—6

8. 费用索赔申请(核准)表

费用索赔申请(核准)表

工程名称：　　　　　　　　　　　　标段：　　　　　　　　　　　　第　页共　页

<table>
<tr><td colspan="2">致：________________________________（发包人全称）
根据施工合同条款第____条的约定，由于________原因，我方要求索赔金额（大写）________元，（小写）________元，请予核准。
附：1. 费用索赔的详细理由和依据：
2. 索赔金额的计算：
3. 证明材料：
承包人（章）
承包人代表________
日　　期________</td></tr>
<tr><td>复核意见：
根据施工合同条款第____条的约定，你方提出的费用索赔申请经复核：
□不同意此项索赔，具体意见见附件。
□同意此项索赔，索赔金额的计算，由造价工程师复核
监理工程师________
日　　期________</td><td>复核意见：
根据施工合同条款第____条的约定，你方提出的费用索赔申请经复核，索赔金额为（大写）____元，（小写）____元。
造价工程师________
日　　期________</td></tr>
<tr><td colspan="2">审核意见：
□不同意此项索赔。
□同意此项索赔，与本期进度款同期支付。
发包人（章）
发包人代表________
日　　期________</td></tr>
</table>

注：1. 在选择栏中的“□”内作标识“√”。

2. 本表一式四份，由承包人填报，发包人、监理人、造价咨询人、承包人各存一份。

表—12—7

填写本表时，承包人代表应按合同条款的约定，阐述原因，附上索赔证据、费用计算报发包人，经监理工程师复核（按照发包人的授权不论是监理工程师或发包人现场代表均可），经造价工程师（此处造价工程师可以是发包人现场管理人员，也可以是发包人委托的工程造价咨询企业的人员）复核具体费用，经发包人审核后生效，该表以在选择栏中“□”内作标识“√”表示。

9. 现场签证表

现场签证表

工程名称：　　　　　　　　　　　　　　　标段：　　　　　　　　　　　　　　　第　页共　页

<table>
<tr><td>施工部位</td><td></td><td>日期</td><td></td></tr>
<tr><td colspan="4">致：____（发包人全称）
根据________（指令人姓名）　年　月　日的口头指令或你方________（或监理人）　年　月　日的书面通知，我方要求完成此项工作应支付价款金额为（大写）____元，（小写）____元，请予核准。
附：1. 签证事由及原因：
2. 附图及计算式：

承包人（章）
承包人代表________
日　　期________</td></tr>
<tr><td colspan="2">复核意见：
你方提出的此项签证申请经复核：
□不同意此项签证，具体意见见附件。
□同意此项签证，签证金额的计算，由造价工程师复核。

监理工程师________
日　　期________</td><td colspan="2">复核意见：
□此项签证按承包人中标的计日工单价计算，金额为（大写）____元，（小写）____元。
□此项签证因无计日工单价，金额为（大写）____元，（小写）____。

造价工程师________
日　　期________</td></tr>
<tr><td colspan="4">审核意见：
□不同意此项签证。
□同意此项签证，价款与本期进度款同期支付。

发包人（章）
发包人代表________
日　　期</td></tr>
</table>

注：1. 在选择栏中的“□”内作标识“√”。

2. 本表一式四份，由承包人在收到发包人（监理人）的口头或书面通知后填写，发包人、监理人、造价咨询人、承包人各存一份。

表—12—8

本表是对“计日工”的具体化，考虑到招标时，招标人对计日工项目的预估难免会有遗漏，带来实际施工发生后，无相应的计日工单价时，现场签证只能包括单价一并处理，因此，在汇总时，有计日工单价的，可归并于计日工，如无计日工单价，归并于现场签证，以示区别。

（七）规费、税金项目清单与计价表

规费、税金项目清单与计价表

工程名称：　　　　　　　　　　　　标段：　　　　　　　　　　　　第　页共　页

序号	项目名称	计算基础	费率(%)	金额(元)
1	规费			
1.1	工程排污费			
1.2	社会保障费			
(1)	养老保险费			
(2)	失业保险费			
(3)	医疗保险费			
1.3	住房公积金			
1.4	危险作业意外伤害保险			
1.5	工程定额测定费			
2	税金	分部分项工程费＋措施项目费＋其他项目费＋规费		
合计				

注：根据原建设部、财政部发布的《建筑安装工程费用组成》(建标[2003]206号)的规定，“计算基础”可为“直接费”、“人工费”或“人工费＋机械费”。

表一13

本表按原建设部、财政部印发的《建筑安装工程费用项目组成》(建标[2003]206号)列举的规费项目列项，在施工实践中，有的规费项目，如工程排污费，并非每个工程所在地都要征收，实践中可作为按实计算的费用处理。此外，按照国务院《工伤保险条例》，工伤保险建议列入，与“危险作业意外伤害保险”一并考虑。

(八)工程款支付申请(核准)表

工程款支付申请(核准)表

工程名称：　　　　　　　　　　　　标段：　　　　　　　　　　　第　页共　页

致：______________________________（发包人全称）

我方于____至____期间已完成了________工作，根据施工合同的约定，现申请支付本期的工程款额为(大写)____元，(小写)____元，请予核准。

序号	名　称	金额(元)	备　注
1	累计已完成的工程价款		
2	累计已实际支付的工程价款		
3	本周期已完成的工程价款		
4	本周期完成的计日工金额		
5	本周期应增加和扣减的变更金额		
6	本周期应增加和扣减的索赔金额		
7	本周期应抵扣的预付款		
8	本周期应扣减的质保金		
9	本周期应增加或扣减的其他金额		
10	本周期实际应支付的工程价款		

承包人(章)　　承包人代表______　　日　期______

复核意见：	复核意见：
□与实际施工情况不相符，修改意见见附件。 □与实际施工情况相符，具体金额由造价工程师复核。 监理工程师______ 日　期______	你方提出的支付申请经复核，本期间已完成工程款额为(大写)___元，(小写)___元。本期间应支付金额为(大写)___元，(小写)___。 造价工程师______ 日　期______

审核意见：

□不同意。

□同意，支付时间为本表签发后的15天内。

发包人(章)　　发包人代表______　　日　期______

注：1. 在选择栏中的“□”内作标识“√”。

2. 本表一式四份，由承包人填报，发包人、监理人、造价咨询人、承包人各存一份。

表—14

本表由承包人代表在每个计量周期结束后，向发包人提出，由发包人授权的现场代表复核工程量(本表中设置为监理工程师)，由发包人授权的造价工程师(可以是委托的造价咨询企业)复核应付款项，经发包人批准实施。

第四章　房屋构造及施工图识读

第一节　建筑制图基本知识

在建筑工程中，图纸是重要的技术文件，是设计人员表达设计意图和思想的载体，是工程施工的依据，是所有参建单位和个人都必须遵守的准绳。图纸可分为总图、建筑图、结构图、施工图以及各专业图纸，如给水排水图、暖通空调图、电气图等。了解和掌握一定的制图知识是对每一个砌体结构施工人员的基本要求，是保证施工质量、提高施工水平的前提。本节仅介绍一些基本的建筑制图知识。

一、图纸幅面、标题栏及会签栏

1. 图纸幅面

图纸幅面的尺寸，参见表 4-1 及图 4-1～图 4-3。

表 4-1　幅面及图框尺寸　(mm)

尺寸代号＼幅面代号	A0	A1	A2	A3	A4
$b\times l$	841×1189	594×841	420×594	297×420	210×297
c	10			5	
a	25				

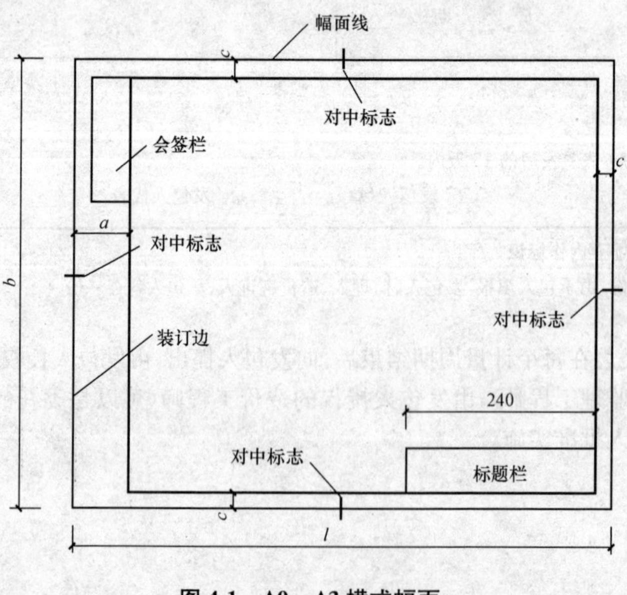

图 4-1　A0～A3 横式幅面

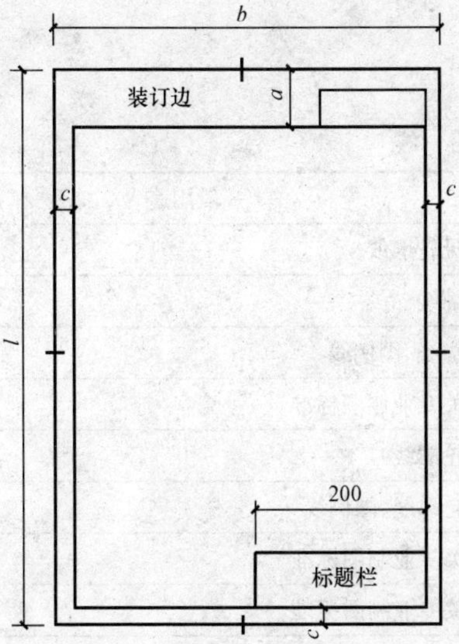

图 4-2 A0～A3 立式幅面

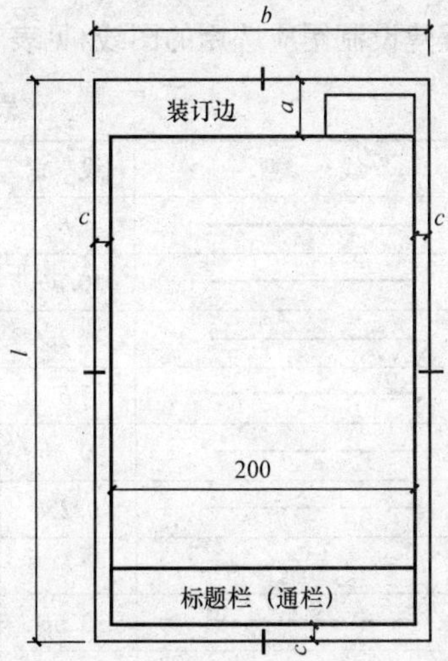

图 4-3 A4 立式幅面

2. 标题栏及会签栏

图纸标题栏及会签栏的设置，如图 4-4、图 4-5 所示。

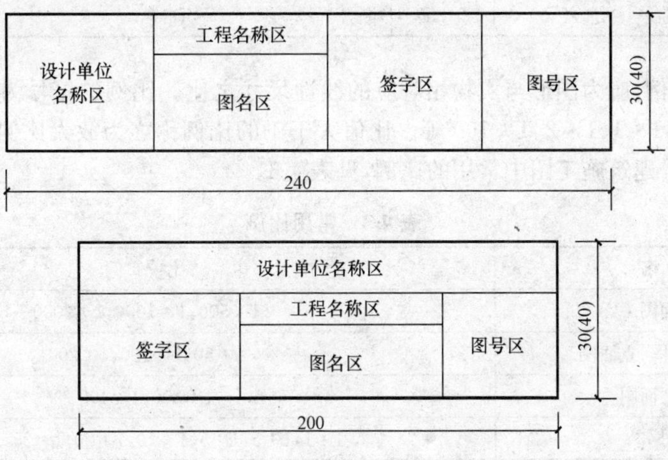

图 4-4 标题栏

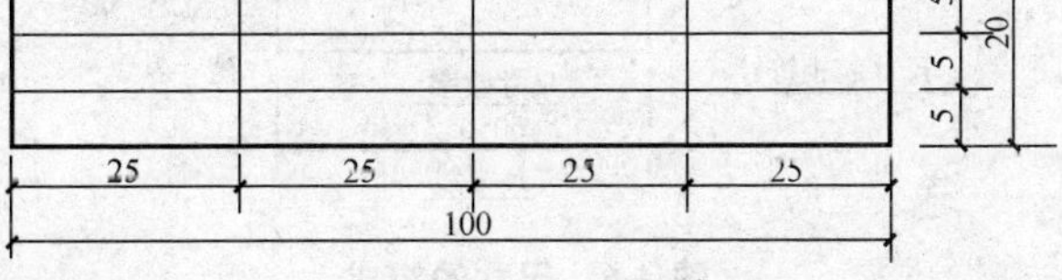

图 4-5 会签栏

二、图纸及比例

(1)工程建设制图应选用的图线,见表 4-2。

表 4-2　图　线

名　称		线　型	线　宽	一般用途
实线	粗		b	主要可见轮廓线
	中		$0.5b$	可见轮廓线
	细		$0.25b$	可见轮廓线、图例线
虚线	粗		b	见各有关专业制图标准
	中		$0.5b$	不可见轮廓线
	细		$0.25b$	不可见轮廓线、图例线
单点长画线	粗		b	见各有关专业制图标准
	中		$0.5b$	见各有关专业制图标准
	细		$0.25b$	中心线、对称线等
双点长画线	粗		b	见各有关专业制图标准
	中		$0.5b$	见各有关专业制图标准
	细		$0.25b$	假想轮廓线、成型前原始轮廓线
折断线			$0.25b$	断开界线
波浪线			$0.25b$	断开界线

(2)图样的比例,应为图形与实物相对应的线性尺寸之比。比例的符号为“∶”,比例应以阿拉伯数字表示,如 1∶1、1∶2、1∶100 等。比值大于 1 的比例称之为放大比例,比值小于 1 的比例称为缩小比例。建筑施工图中常用的比例,见表 4-3。

表 4-3　常用比例

图　名	比　例
总平面图	1∶500,1∶1000,1∶2000
平面图、剖面图、立面图	1∶50,1∶100,1∶200
不常见平面图	1∶300,1∶400
详图	1∶1,1∶2,1∶5,1∶10,1∶20,1∶25,1∶50

三、尺寸标注

(1)图样上的尺寸包括尺寸界线、尺寸线、尺寸起止符号和尺寸数字,如图 4-6 所示。

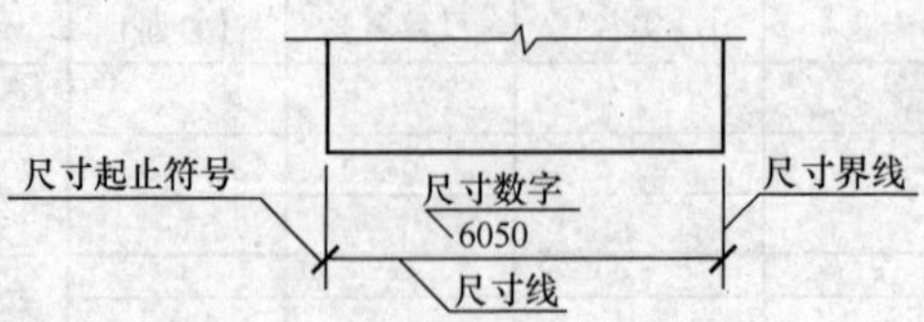

图 4-6　尺寸的组成

(2)图样上的尺寸单位除标高及总平面以 m 为单位外,其他必须以 mm 为单位。

(3)角度的尺寸线应以圆弧表示。该圆弧的圆心应是该角的顶点，角的两条边为尺寸界线。起止符号应以箭头表示，如没有足够位置画箭头，可用圆点代替，角度数字应按水平方向注写，如图 4-7 所示。

(4)标注圆弧的弧长时，尺寸线应以与该圆弧同心的圆弧线表示，尺寸界线应垂直于该圆弧的弦，起止符号用箭头表示，弧长数字上方应加注圆弧符号“⌒”如图 4-8 所示，弦长标注方法，如图 4-9 所示。

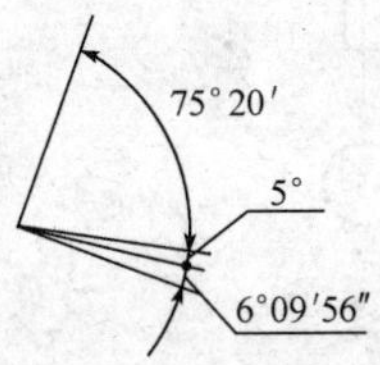

图 4-7　角度标注方法

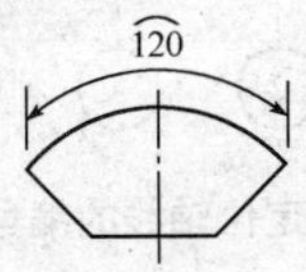

图 4-8　弧长标注方法

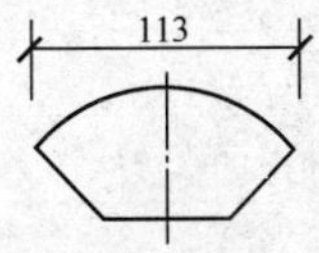

图 4-9　弦长标注方法

(5)在薄板板面标注板厚尺寸时，应在厚度数字前加厚度符号“t”，如图 4-10 所示。

(6)标注正方形的尺寸，可用“边长×边长”的形式，也可在边长数字前加正方形符号“□”，如图 4-11 所示。

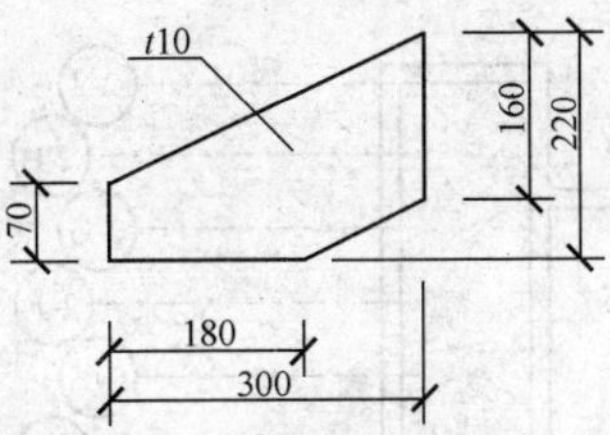

图 4-10　薄板厚度标注方法

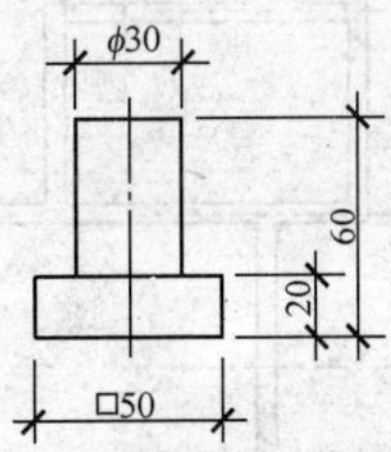

图 4-11　标注正方形尺寸

(7)标注坡度时，应加注坡度符号“↼”，如图 4-12(a)、(b)所示，该符号为单面箭头，箭头应指向下坡方向。

坡度也可用直角三角形形式标注，如图 4-12(c)所示。

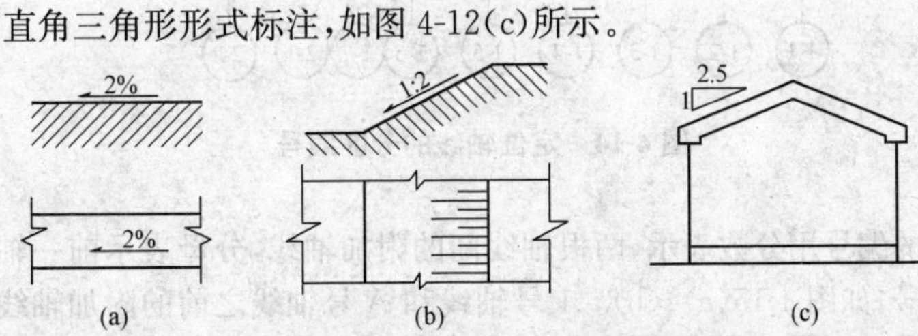

图 4-12　坡度标注方法

四、定位轴线

施工图中的定位轴线用细点画线表示，轴线的编号写在轴线端部的圆内，圆用细实线表示，直径为 8～10mm，定位轴线圆的圆心在定位轴线的延长线上或延长线的折线上。

平面图上定位轴线的编号注在图样的下方与左侧，横向编号用阿拉伯数字，从左至右编写，竖向编号用大写拉丁字母，从下至上编写，如图 4-13 所示。拉丁字母不够用时可用双字母或单字母加数字注脚，如 A_A、B_A…Y_A 或 A_1、B_1…Y_1。

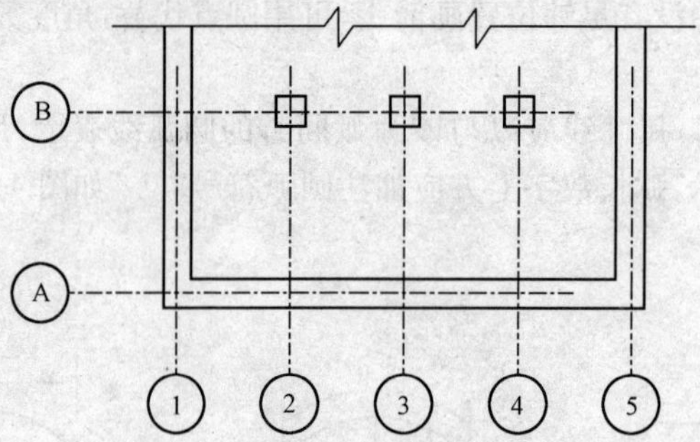

图 4-13 定位轴线的编号顺序

组合较复杂的平面图，定位轴线可采用分区编号，如图 4-14 所示，编号形式为“分区号－该分区编号”。分区号用阿拉伯数字或大写拉丁字母表示。

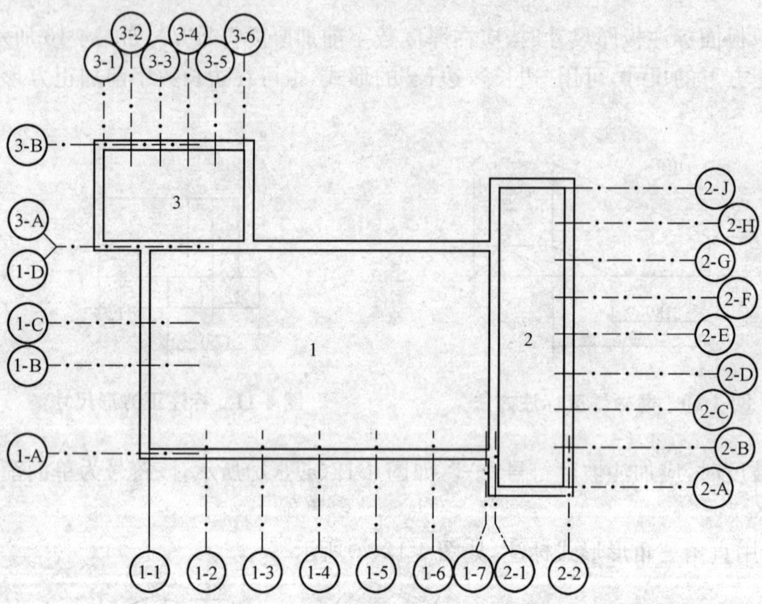

图 4-14 定位轴线的分区编号

附加定位轴线的编号用分数表示，两根轴线间的附加轴线，分母表示前一轴线的编号，分子表示附加轴线的编号，如图 4-15(a)、(b)。1 号轴线和 A 号轴线之前的附加轴线的分母用 01 或 0A 表示，如图4-15(c)、(d)所示。

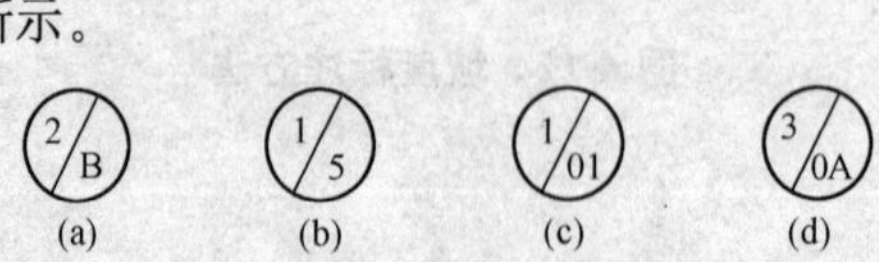

图 4-15 附加定位轴线的编号

当一个详图适用于几根轴线时，同时注明各有关轴线的编号，图4-16(a)用于 2 根轴线，图 4-16(b)用于 3 根或 3 根以上轴线，图4-16(c)用于 3 根以上连续编号轴线，通用详图的定位轴线只画圆，不注写轴线编号。

折线形平面图的定位轴线编号，如图 4-17 所示。

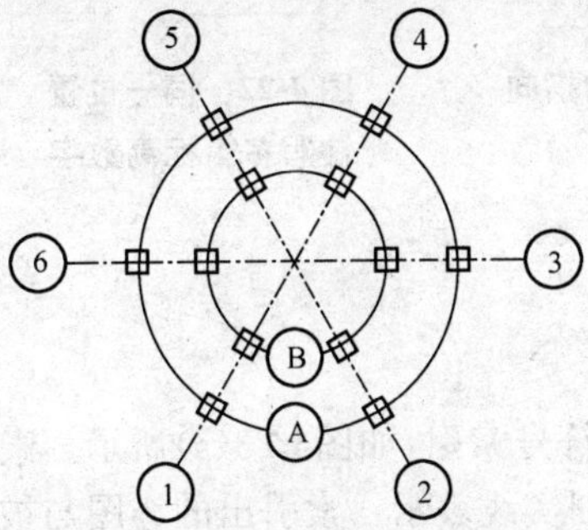

图 4-16　圆形平面图定位轴线的编号

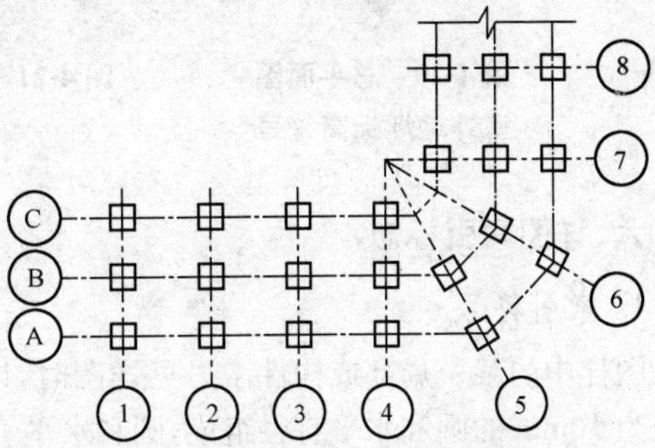

图 4-17　折线形平面图定位轴线的编号

圆形平面图的定位轴线编号，径向轴线用阿拉伯数字，从左下角开始，按逆时针顺序编写；圆周轴线用大写拉丁字母，从外向内顺序编写，如图 4-18 所示。

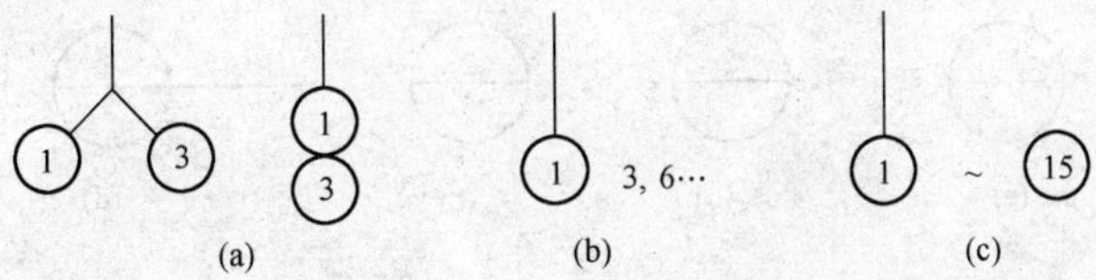

图 4-18　详图的轴线编号

需注意的是，结构平面图中的定位轴线与建筑平面图或总平面图中的定位轴线应一致，同时结构平面图要标注结构标高。

五、标高

(1)标高等腰三角形，见图 4-19(a)和图 4-19(b)所示。标高符号的具体画法，如图 1-19(c)、(d)所示。

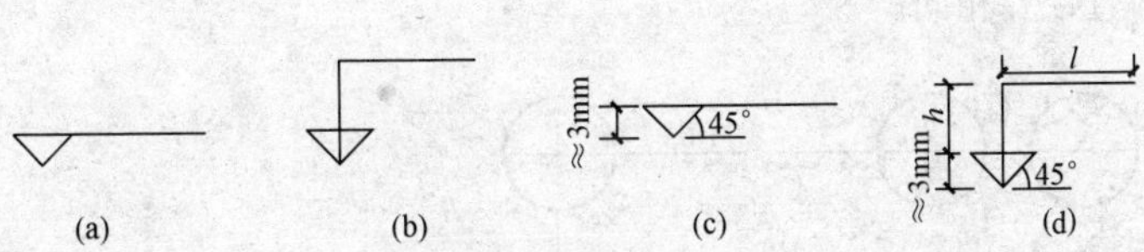

图 4-19　标高符号

l—取适当长度注写标高数字；*h*—根据需要取适当高度

(2)总平面图室外地坪标高符号，宜用涂黑的三角形表示，如图 4-20 所示。

(3)标高符号的尖端应指至被注高度的位置。尖端一般应向下，也可向上。标高数字应注写在标高符号的左侧或右侧，如图 4-21 所示。

(4)标高数字应以 m 为单位，注写到小数点以后第 3 位。在总平面图中，可注写到小数点以后第 2 位。

(5)零点标高应注写成±0.000，正数标高不注“＋”，负数标高应注“－”，例如 3.000、－0.600。

(6)在图样的同一位置需表示几个不同标高时，标高数字可按图4-22的形式注写。

图 4-20　总平面图室外地坪标高符号

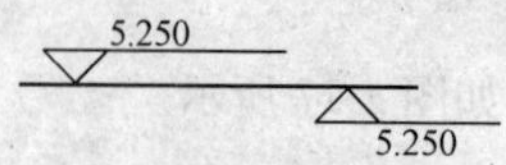

图 4-21　标高的指向

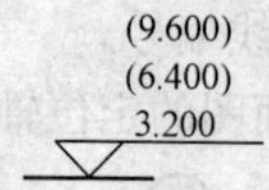

图 4-22　同一位置注写多个标高数字

六、详图索引标志

1. 索引符号

图样中的某一局部或构件需另见详图时，以索引符号索引，如图4-23(a)所示。索引符号由直径为 10mm 的圆和水平直径组成，圆和水平直径用细实线表示。索引出的详图与被索引出的详图同在一张图纸时，在索引符号的上半圆中用阿拉伯数字注明该详图的编号，在下半圆中间画一段水平细实线，如图 4-23(b)所示。索引出的详图与被索引出的详图不在同一张图纸时，在索引符号的上半圆中用阿拉伯数字注明该详图的编号，在下半圆中用阿拉伯数字注明该详图所在图纸的编号，如图4-23(c)所示，数字较多时，也可加文字标注。

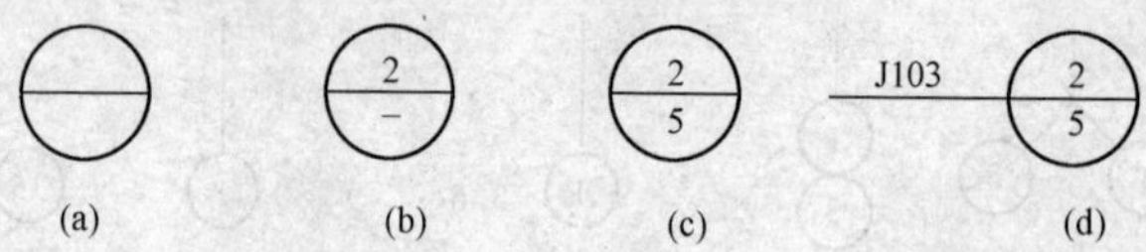

图 4-23　索引符号

索引出的详图采用标准图时，在索引符号水平直径的延长线上加注该标准图册的编号，如图 4-23(d)所示。

索引符号用于索引剖视详图时，在被剖切的部位绘制剖切位置线，并用引出线引出索引符号，引出线所在的一侧即为投射方向，如图 4-24 所示。索引符号的编号同上。

零件、杆件的编号用阿拉伯数字按顺序编写，以直径为 4～6mm 的细实线圆表示，如图 4-25 所示，同一图样圆的直径要相同。

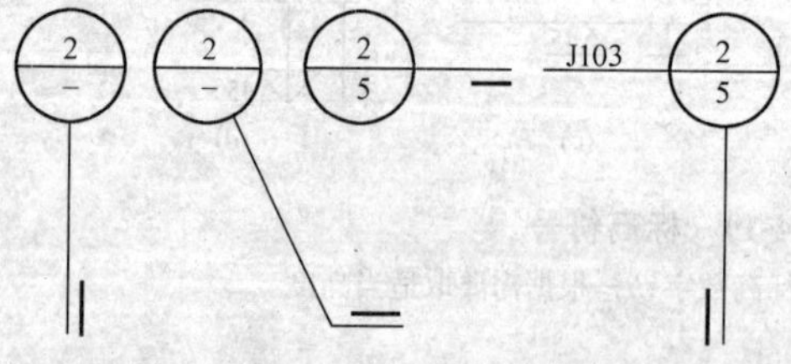

图 4-24　用于索引剖面详图的索引符号

图 4-25　零件、杆件的编号

详图符号的圆用直径为 14mm 的粗实线表示，当详图与被索引出的图样在同一张图纸内时，在详图符号内用阿拉伯数字注明该详图编号，如图 4-26 所示。

2. 详图符号

当详图与被索引出的图样不在同一张图纸时，用细实线在详图符号内画一水平直径，上半圆中注明详图的编号，下半圆注明被索引图纸的编号，如图 4-27 所示。

图 4-26　与被索引出的图样在同一张图纸的详图符号

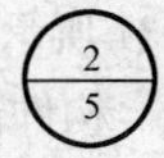

图 4-27　与被索引出的图样不在同一张图纸的详图符号

七、引出线

施工图中的引出线用细实线表示，它由水平方向的直线或与水平方向成 30°、45°、60°、90°的直线和经上述角度转折的水平直线组成。文字说明注写在水平线的上方或端部，如图 4-28(a)、(b)所示，索引详图的引出线与水平直径线相连接，如图 4-28(c)所示。

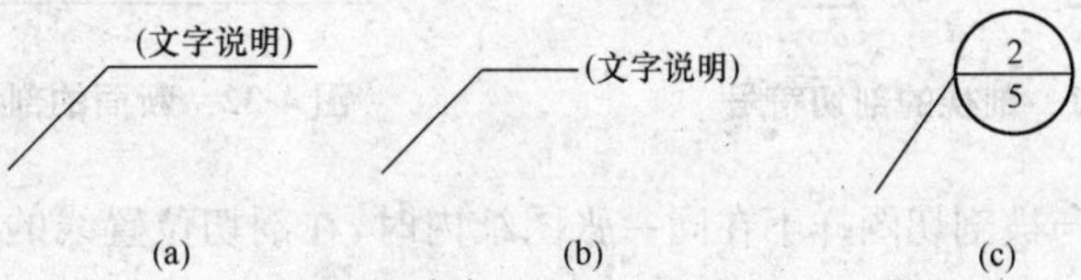

图 4-28　引出线

同时引出几个相同部分的引出线，引出线可相互平行，也可集中于一点，如图 4-29 所示。

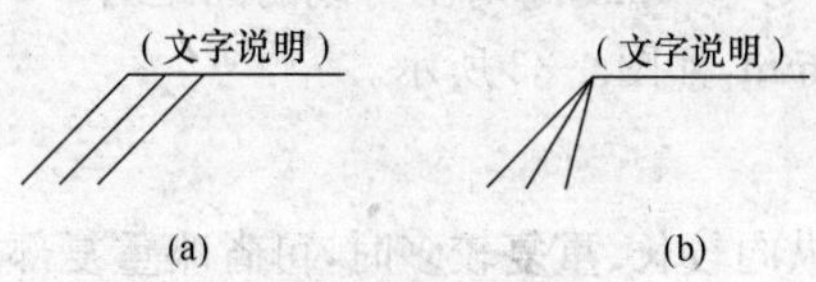

图 4-29　共用引出线

多层构造或多层管道共用的引出线要通过被引出的各层。文字说明注写在水平线的上方或端部，说明的顺序由上至下，与被说明的层次一致。如层次为横向排序时，则由上至下的说明顺序与由左至右的层次相一致，如图 4-30 所示。

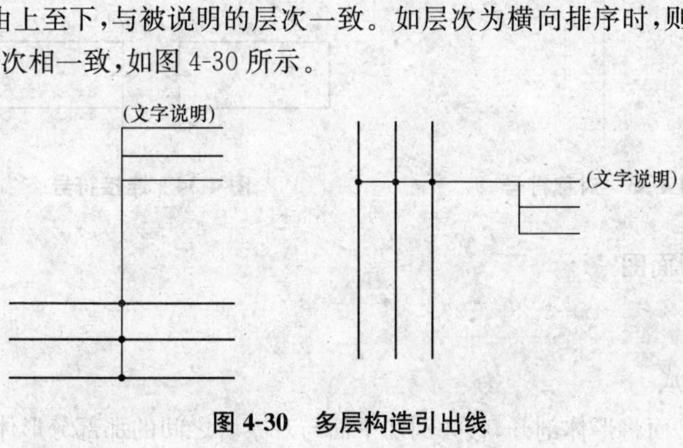

图 4-30　多层构造引出线

八、剖切符号、对称符号和连接符号

1. 剖切符号

施工图中剖视的剖切符号用粗实线表示，它由剖切位置线和投射方向线组成。剖切位置线的长度大于投射方向线的长度，如图 4-31 所示，一般剖切位置线的长度为 6～10mm，投射方向线的长度为 4～6mm。剖视剖切符号的编号为阿拉伯数字，顺序由左至右、由上至下连续编排，并注写在剖视方向线的端部，如图 4-31 所示。需转折的剖切位置线，在转角的外侧加注与该符号相同的编号，如图 4-31 中 3-3 剖切线。构件剖面图的剖切符号通常标注在构件的平面图或立面图上。

断面的剖切符号用粗实线表示，且仅用剖切位置线而不用投射方向线。断面的剖切符号编号所在的一侧为该断面的剖视方向，如图 4-32 所示。

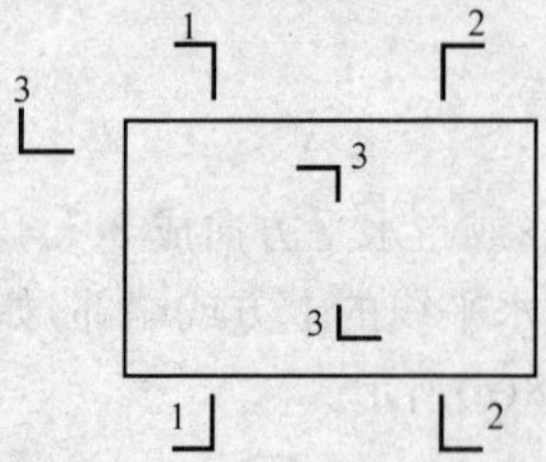

图 4-31　剖视的剖切符号

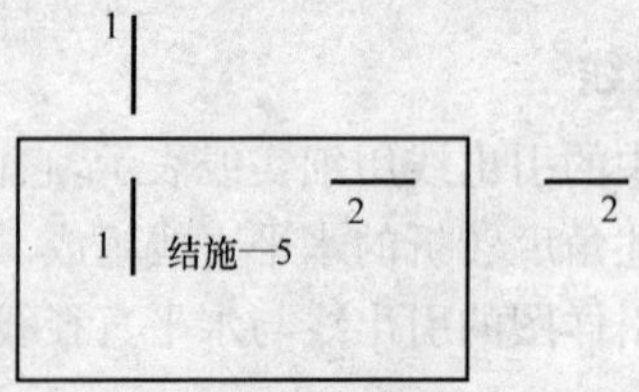

图 4-32　断面的剖切符号

剖面图或断面图与被剖切图样不在同一张图纸内时，在剖切位置线的另一侧标注其所在图纸的编号，或在图纸上集中说明。

2. 对称符号

施工图中的对称符号由对称线和两端的两对平行线组成。对称线用细点画线表示，平行线用细实线表示。平行线长度为 6～10mm，每对平行线的间距为 2～3mm，对称线垂直平分于两对平行线，两端超出平行线 2～3mm，如图 4-33 所示。

3. 连接符号

施工图中，当构件详图的纵向较长、重复较多时，可省略重复部分，用连接符号相连。连接符号用折断线表示所需连接的部位，当两部位相距过远时，折断线两端靠图样一侧要标注大写拉丁字母表示连接编号。两个被连接的图样要用相同的字母编号，如图 4-34 所示。

图 4-33　对称符号

图 4-34　连接符号

九、剖面图与断面图

(一)剖面图

1. 剖面图的形成

用假想的剖切平面将形体剖开，移去剖切平面与观察者之间的那部分形体，画出余下部分的正投影图，即得该物体的剖面图，如图4-35所示。

2. 剖面图的标注方法

(1)剖切位置　一般把剖切平面设置成平行于某一投影面的位置或设置在图形的对称轴线位置及需要剖切的洞口中心。

(2)剖切符号　剖切符号也叫剖切线，由剖切位置线和剖视方向所组成。用断开的两段短粗线表示剖切位置，在它的两端画与其垂直的短粗线表示剖视方向，短线在哪一侧即表示向该方向投影。

(3)编号　用阿拉伯数字编号,并注写在剖视方向线的端部,编号应按顺序由左至右,由下而上连续编排,如图 4-36 所示。

3. 剖面图的阅读

剖面图应画出剖切后留下部分的投影图,阅读时要注意以下几点:

(1)图线　被剖切的轮廓线用粗实线,未剖切的可见轮廓线为中实线。

(2)不可见线　在剖面图中,看不见的轮廓线一般不画,特殊情况可用虚线表示。

(3)被剖切面的符号表示　剖面图中的切口部分(剖切面上),一般画上表示材料种类的图例符号;当不需表示出材料种类时,用 45°平行细线表示;当切口截面比较狭小时,可涂黑表示。

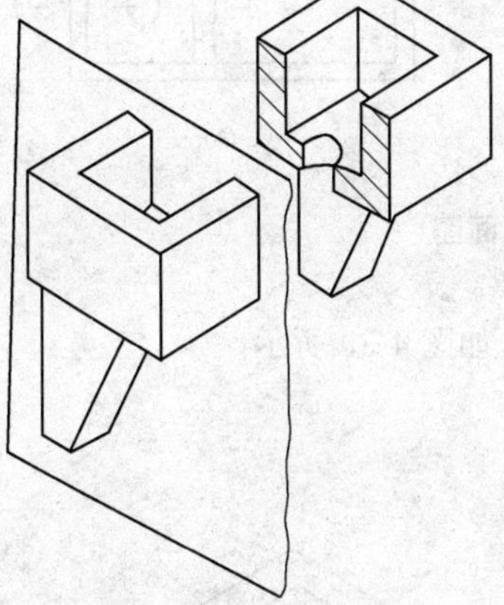

图 4-35　剖面图的形成

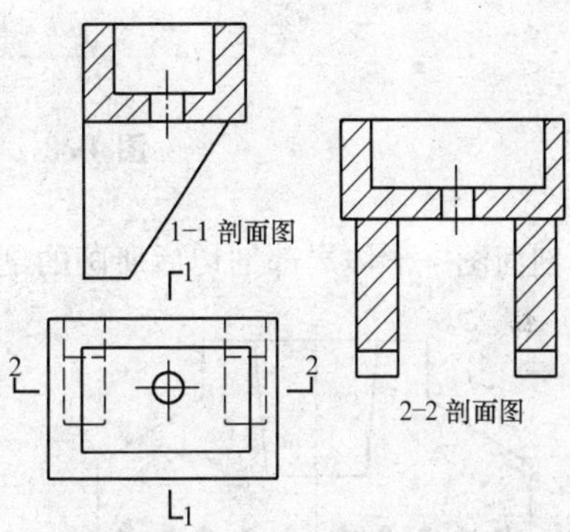

图 4-36　剖切符号的画法

4. 剖面图的种类

按剖切位置可分为两种:

(1)水平剖面图　当剖切平面平行于水平投影面时,所得的剖面图称为水平剖面图,建筑施工图中的水平剖面图称为平面图。

(2)垂直剖面图　若剖切平面垂直于水平投影面所得到的剖面图称垂直剖面图,图4-36中的 1-1 剖面称纵向剖面图,2-2 剖面称横向剖面图,二者均为垂直剖面图。

按剖切面的形式又可分为:

(1)全剖面图　用一个剖切平面将形体全部剖开后所画的剖面图。图4-36所示的两个剖面为全剖面图。

(2)半剖面图　当物体的投影图和剖面图都是对称图形时,采用半剖的表示方法,如图 4-37 所示。图中投影图与剖面图各占一半。

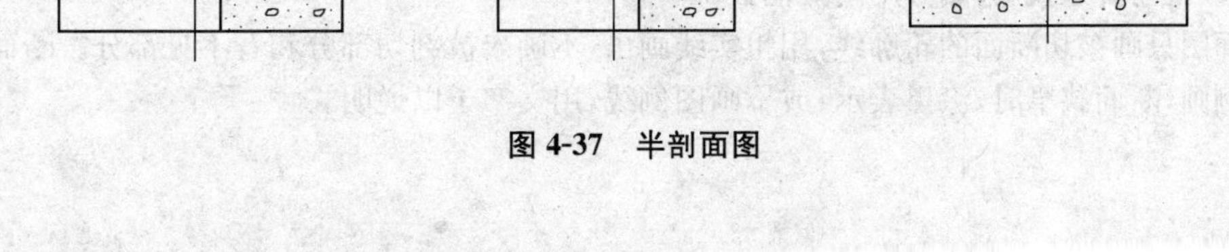

图 4-37　半剖面图

(3)阶梯剖面图　用阶梯形平面剖切形体后得到的剖面图,如图 4-38 所示。

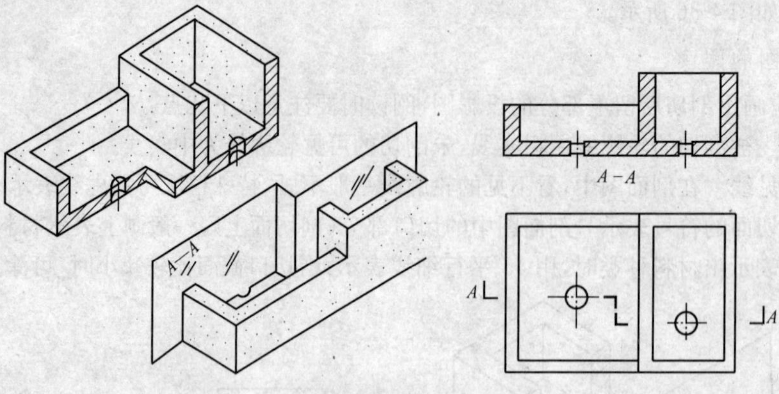

(a)　(b)

图 4-38　阶梯剖面图

(4)局部剖面图　形体局部剖切后所画的剖面图,如图 4-39 所示。

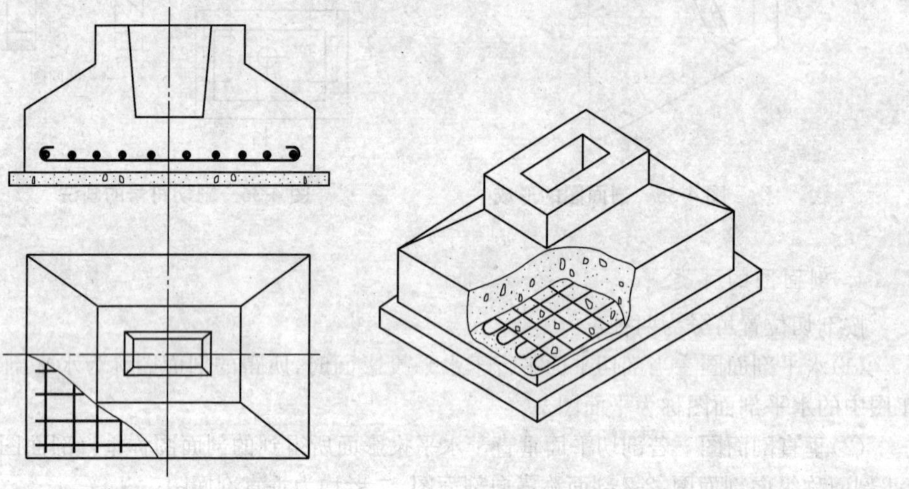

图 4-39　局部剖面图

(二)断面图

1. 断面图的形成

断面图也称截面图。剖切平面将形体剖开后,画出剖切平面与形体相截部分的投影图即得断面图,如图 4-40 所示。

2. 断面图的标注方法与阅读

断面图的剖切位置线仍用断开的两段短粗实线表示;剖视方向用编号所在的位置来表示,编号在哪边,就向哪边投影;编号用阿拉伯数字。

断面图只画被切断面的轮廓线,用粗实线画出,不画未被剖切部分和看不见部分。断面内按材料图例画,断面狭窄时,涂黑表示;或不画图例线,用文字予以说明。

3. 断面图的三种表示方法

(1)将断面图画在视图之外适当位置,称为移出断面图。移出断面图适用于形体的截面形状变化较多的情况,如图 4-40 所示。

(2)将断面图画在视图之内,称为折倒断面图或重合断面图。它适用于形体截面形状变化较少的情况。断面图的轮廓线用粗实线,剖切面画材料符号,不标注符号及编号。图 4-41 是现浇楼层结构平面图中表示梁板及标高所用的断面图。

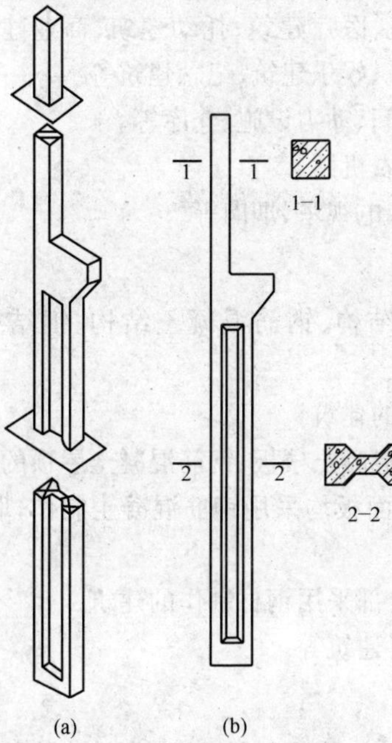

图 4-40　断面图

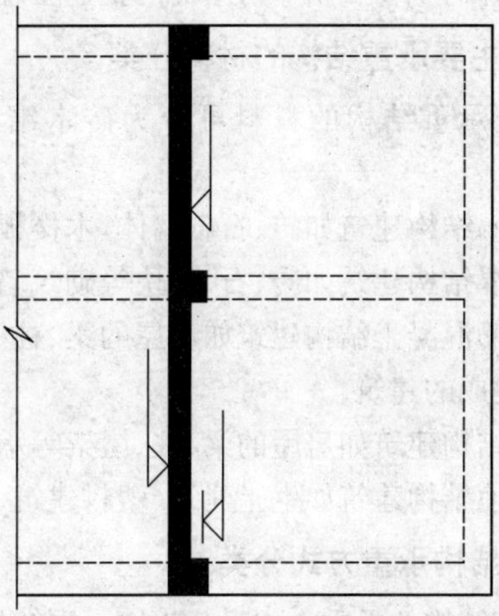

图 4-41　折倒断面图

(3)将断面图画在视图的断开处,称中断断面图。此种图适用于形体为较长的杆件且截面单一的情况,如图 4-42 所示。

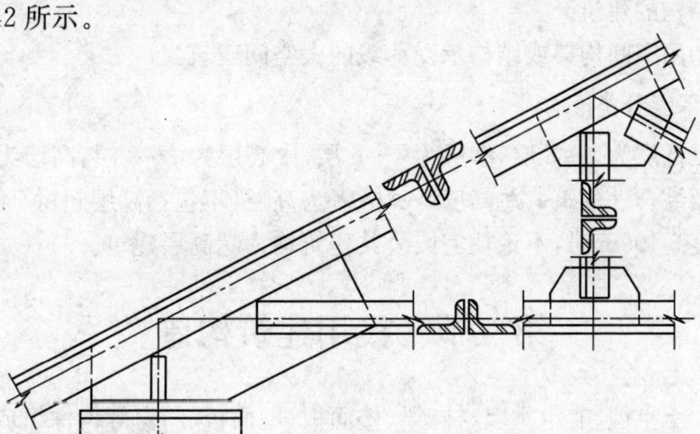

图 4-42　中断断面图

第二节 房屋建筑分类

一、按房屋的用途分类

按房屋的用途，房屋建筑可分为民用建筑、工业建筑、农业建筑和工程构筑物等五类。

(1)民用建筑 包括居住建筑和公共建筑。

1)居住建筑如住宅、公寓、宿舍等。

2)公共建筑如行政办公建筑、科研建筑、文教建筑、医疗建筑、托幼建筑、商业建筑、观演建筑、体育建筑、展览建筑、交通建筑、通讯建筑、园林建筑、娱乐建筑、纪念建筑等。

(2)工业建筑 各类工业生产用生产车间、辅助车间、动力设施、仓库等。

(3)农业建筑 农、禽、牧、鱼等生产用房，如饲养、农机站。

(4)工程构筑物 指非房屋类的土建工程，如水塔、电视塔、烟囱等。

二、按主要承重结构的材料分类

按主要承重结构的材料可分为砖木结构、砖混结构、钢筋混凝土结构、钢结构、其他结构等。

(1)砖木结构建筑如砖、石砌墙体，木楼板、木屋盖的建筑。

(2)砖混结构建筑如砖、石、砌块等砌筑墙体，钢筋混凝土楼板、钢筋混凝土屋顶的多层建筑。

(3)钢筋混凝土结构建筑如房屋的梁、柱、楼板、屋面板均采用钢筋混凝土制作，墙用砖或其他材料构建成的建筑。

(4)钢结构建筑如房屋的梁、柱、屋架等承重构件全部采用钢材制作的建筑。

(5)其他结构建筑如生土建筑、塑料建筑、充气塑料建筑等。

三、按结构承重方式分类

按建筑结构的承重方式可分为墙承重结构、框架结构、半框架结构、空间结构等。

(1)墙承重结构如用墙体结构承受楼板及屋顶结构传来的全部荷载的建筑。

(2)框架结构如用柱和梁组成框架来承受房屋全部荷载的建筑。

(3)半框架结构如外部结构采用墙体承重、内部结构采用梁、柱等构件承重，或底层为框架结构、上部为墙承重结构的建筑。

(4)空间结构如用空间构架或结构承受荷载的大空间建筑。

四、按层数与高度分类

(1)住宅建筑 低层为1～3层，多层为4～6层，中高层为7～9层，高层为10～30层。

(2)公共建筑及综合性建筑 总高度＞24m者为高层(不包括高层超过24m的单层建筑)。

(3)建筑物高度＞100m时，不论住宅或公共建筑均为超高层建筑。

第三节 民用建筑构造

房屋是由基础、承重墙、非承重墙、柱、梁、楼面板、屋面板、门窗等构件组成的，见图4-43。在这些构件中，由基础、承重墙、柱、梁、楼面板、屋面板等组成一个承受房屋的自重、人群和家具的重力、风力等荷载和地震、温度变化等作用的体系，以保证房屋安全和正常地工作，此体系称为房屋结构，又称为建筑结构。

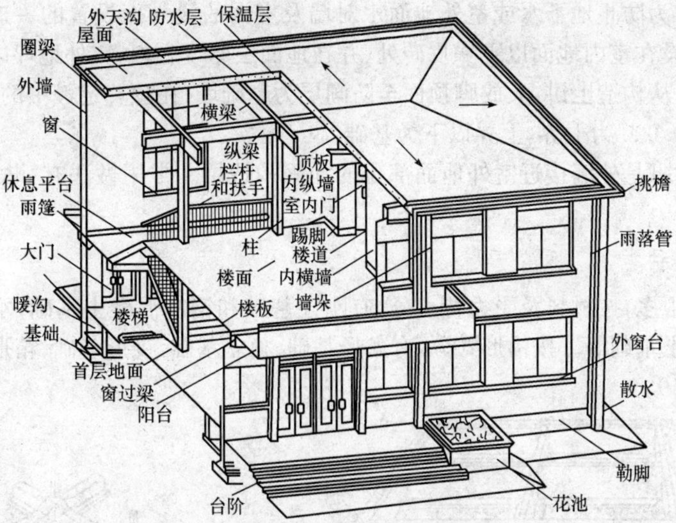

图 4-43　民用房屋构造组成

一、基础

1. 地基的种类

建筑物埋置在土层中的那部分承重结构称为基础，而支承基础传来荷载的土(岩)层称为地基。工程中用做地基的土壤有砂土、黏土、碎石土、杂填土及岩石。土壤分为四类，其中一、二类土合并为普通土；岩石分为两类：普通岩和坚硬岩。

地基分为天然地基和人工地基两大类。应用自然土层做地基的称天然地基；经过人工加固处理的地基称人工地基，常用的人工地基有压实地基、换土地基和桩基。

2. 基础的构造组成

图 4-44 是砖基础的构造，它由下列五部分组成。

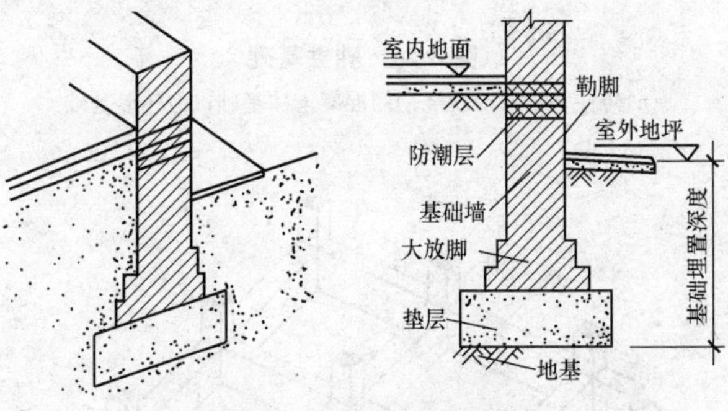

图 4-44　砖基础的构造

(1)垫层　垫层在基础的最下部，直接与地基接触。常见的垫层有灰土(二七灰土或三七灰土)，碎砖三合土及素混凝土。

(2)大放脚　是指基础下部逐级放大的台阶部分。大放脚分为等高式大放脚和间隔式大放脚两种。前者的砌法为二皮一收；后者为二、一间收即二皮一收与一皮一收相间隔。每次收进宽度均为 1/4 砖长。

(3)防潮层　为防止地下水或室外地面水对墙及室内的浸入而设置的一道防水处理层。防潮层的位置一般设在室内地面以下一皮砖处(并在地面层厚度之内,室外地坪以上)。

(4)基础墙　从构造上讲,大放脚顶面至防潮层为基础墙;在预算定额中的工程量计算上,一般以室内地坪±0.000为上界,上界以下为基础。

(5)勒脚　勒脚是外墙接近室外地面部位的加固构造层。常用做法有:贴面类、铺砌类及抹灰类三种。

3. 常用基础种类

基础的类型很多,按材料及受力特点分,有刚性基础和钢筋混凝土基础,刚性基础包括砖基础、石基础、混凝土基础等。按构形式分,有条形基础、独立基础、筏形基础、箱形基础、桩基础等,见图4-45～图4-49。

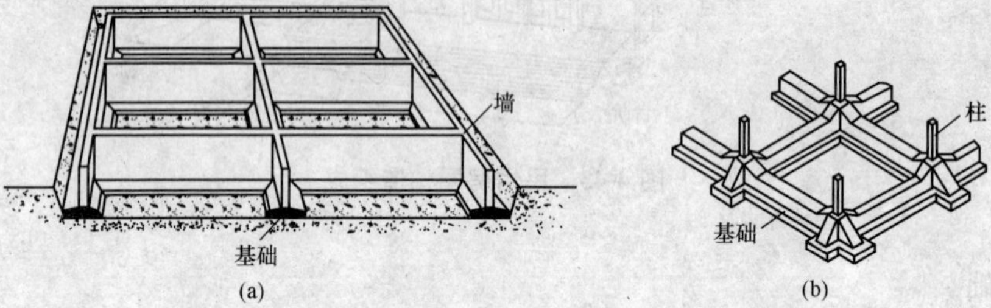

图4-45　条形基础

(a)墙下条形基础;(b)柱下条形基础

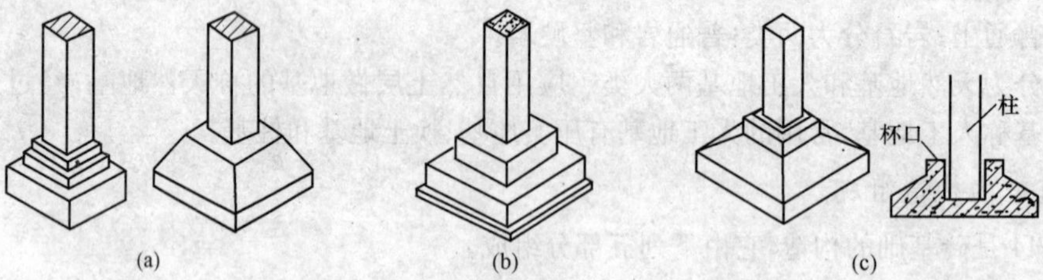

图4-46　独立基础

(a)砖柱基础;(b)现浇钢筋混凝土柱基础;(c)杯形基础

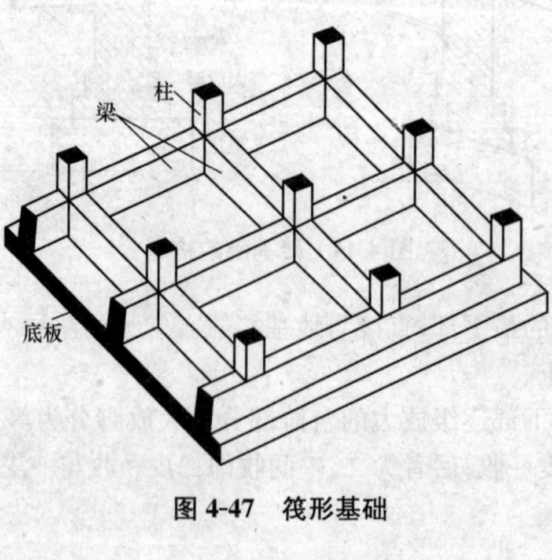

图4-47　筏形基础

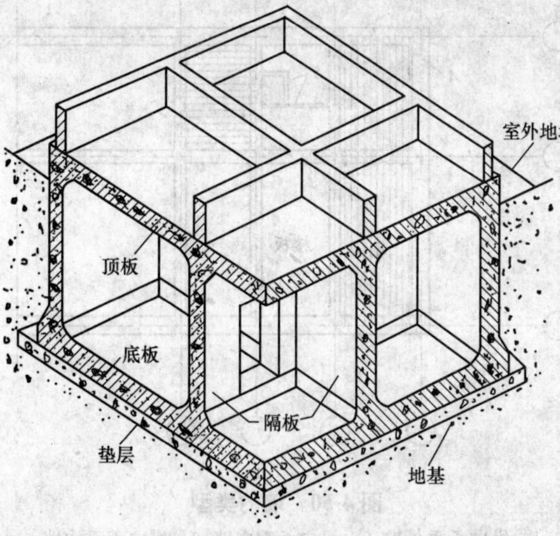

图 4-48　箱形基础

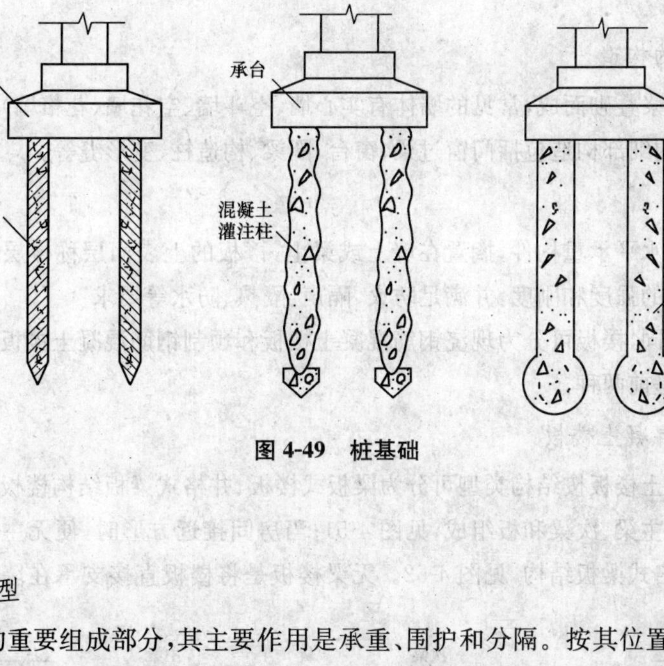

图 4-49　桩基础

二、墙体

1. 墙体的类型

墙是建筑物的重要组成部分，其主要作用是承重、围护和分隔。按其位置不同，有外墙和内墙之分，凡位于房屋四周的墙称为外墙，其中在房屋两端的墙称山墙，与屋檐平行的墙称檐墙。凡位于房屋内部的墙称内墙。另外，与房屋长轴方向一致的墙称纵墙，与房屋短轴方向一致的墙称横墙，见图 4-50。

按其受力情况，墙可分为承重墙和非承重墙，非承重墙不承受上部传来的荷载，包括自承重墙、框架墙和隔墙。

按墙体所用材料可分为砖墙、石墙、砌块墙和混凝土墙及板材墙等。

按墙体的厚度分，常用的有 490(二砖)墙，370(一砖半)墙，240(一砖)墙，180(一平一立)墙，120(半砖)墙和 60(1/4 砖)墙。

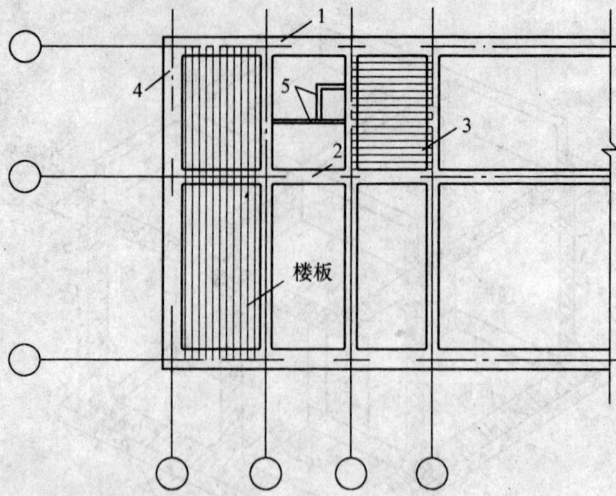

图 4-50　墙的类型

1—纵向承重外墙；2—纵向承重内墙；3—横向承重内墙；
4—横向自承重外墙（山墙）；5—隔墙

2. 砖砌墙体的构造

砖墙由砖和砂浆叠砌而成，常见的墙体有实心墙、空斗墙、空花墙（花格墙）和空心砖墙（多孔砖墙）等。砖墙体的细部构造包括门窗过梁、窗台、圈梁、构造柱、变形缝等。

三、楼板

楼板是房屋的水平承重构件，搁置在墙上或梁上，楼板的上表面层称楼层地面，下表面是顶棚。楼板应有足够的强度和刚度，并满足防火、隔声、隔热、防水等要求。

按所用材料不同，楼板可分为现浇钢筋混凝土楼板和预制钢筋混凝土楼板、砖拱楼板和木楼板等，使用最多的是前两种。

1. 现浇钢筋混凝土楼板

现浇钢筋混凝土楼板按结构类型可分为梁板式楼板、井格式梁板结构楼板和无梁楼板三种。梁板式楼板一般由主梁、次梁和板组成，见图 4-51；当房间接近方形时，便无主梁次梁之分，梁的截面等高，形成井格式梁板结构，见图 4-52。无梁楼板是将楼板直接支承在墙或柱上，是不设梁的楼板，见图 4-53。

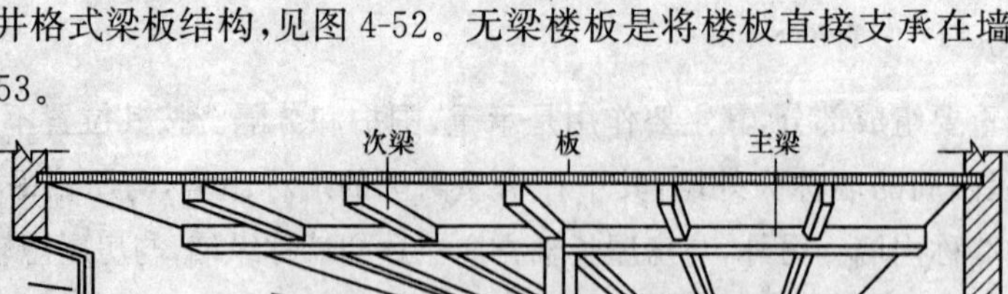

图 4-51　梁板式楼板

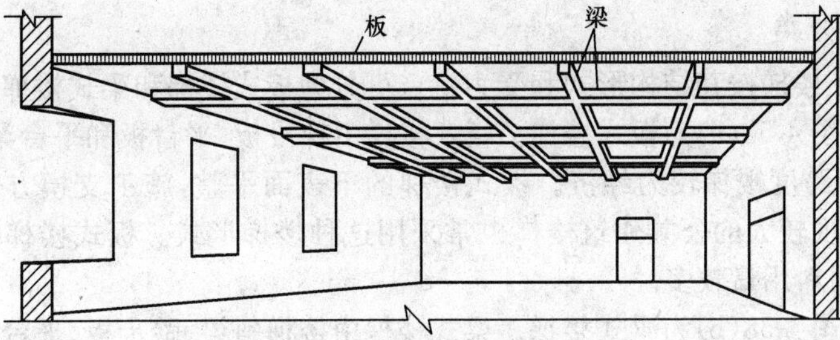

图 4-52　井格式梁板结构楼板

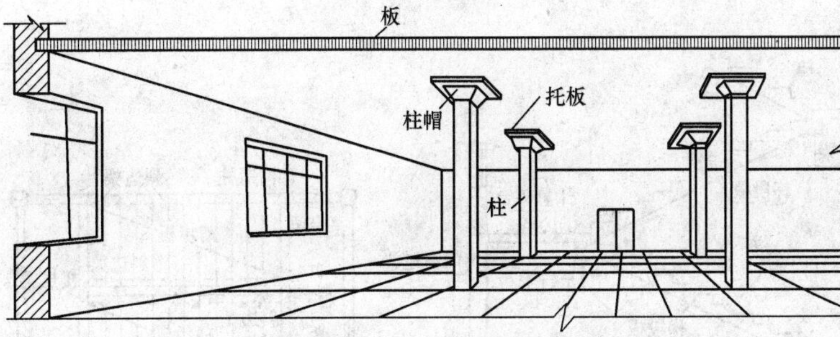

图 4-53　无梁楼板

2. 预制钢筋混凝土楼板

常见的预制楼板有实心板、空心板、槽形板(分正槽形板和反槽形板)和T型板等,每种类型的板又分为多种规格,其构造形式见图 4-54～图 4-56,其中以圆孔空心板使用居多。

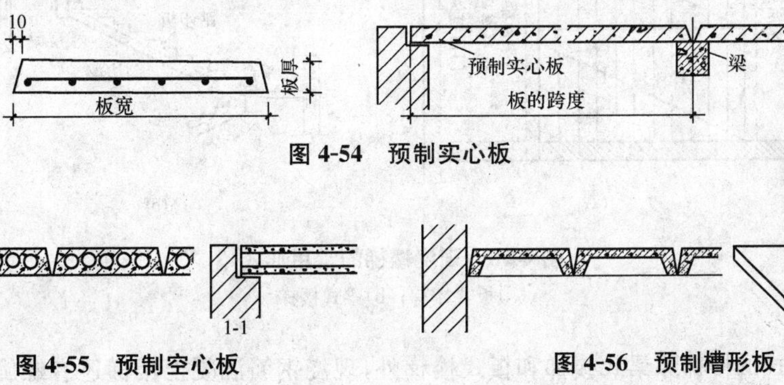

图 4-54　预制实心板

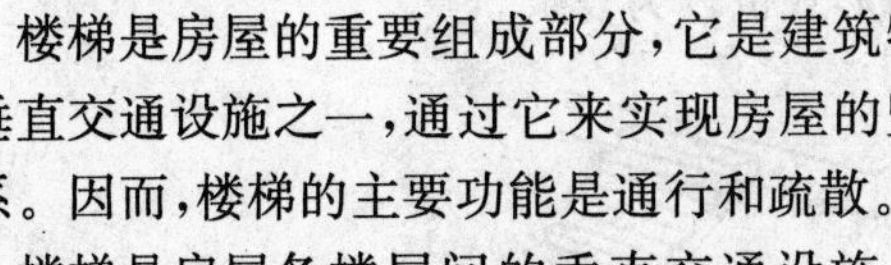

图 4-55　预制空心板

图 4-56　预制槽形板

四、楼梯

楼梯是房屋的重要组成部分,它是建筑物中主要的垂直交通设施之一,通过它来实现房屋的竖向交通联系。因而,楼梯的主要功能是通行和疏散。

楼梯是房屋各楼层间的垂直交通设施。常见的楼梯有木楼梯、钢筋混凝土楼梯和钢楼梯等。一般采用单跑楼梯、双跑楼梯、三跑楼梯和圆形楼梯等,其中钢筋混凝土楼梯及双跑式楼梯应用最广。楼梯由楼梯段、平台、栏杆(或栏板)和扶手三部分组成,图 4-57 是双跑楼梯的组成。

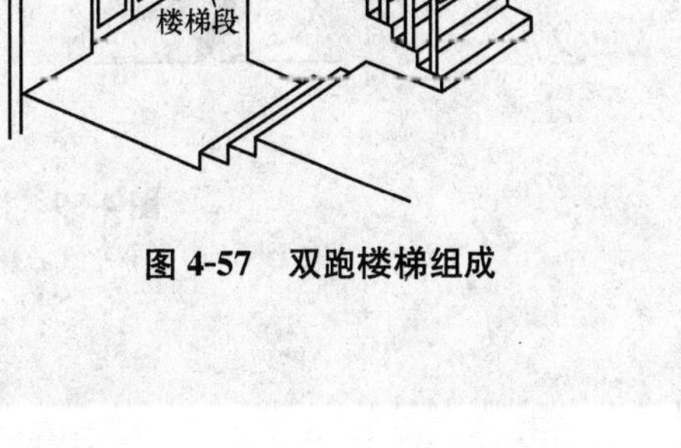

图 4-57　双跑楼梯组成

1. 按结构形式分类

现浇钢筋混凝土楼梯按其结构形式和受力特点可分为板式楼梯和梁式楼梯等。

(1)板式楼梯　图 4-58(a)为板式楼梯。板式楼梯由梯段板、平台板和平台梁组成，一般用于跨度不超过 3m 的小跨度楼梯较为经济。板式楼梯的下表面平整，施工支模方便，外形完整、轻巧美观，故而目前跨度较大的公共建筑楼梯也常采用这种楼梯形式。板式楼梯的缺点是斜板较厚，当跨度较大时，材料用量较多。

(2)梁式楼梯　图 4-58(b)为梁式楼梯。梁式楼梯由楼梯斜梁、踏步板、平台梁、平台板组成，其优点是当楼梯跨度较大时较为经济，但它支模及施工都较板式楼梯复杂，外观也显得不够轻巧美观。

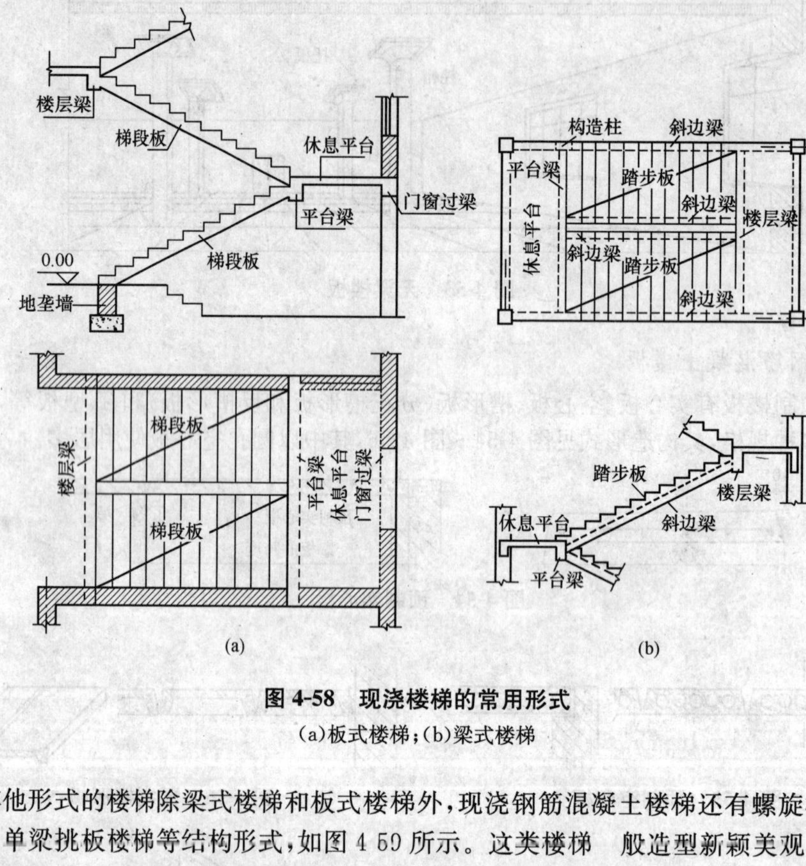

(a)　(b)

图 4-58　现浇楼梯的常用形式

(a)板式楼梯；(b)梁式楼梯

(3)其他形式的楼梯除梁式楼梯和板式楼梯外，现浇钢筋混凝土楼梯还有螺旋楼梯、对折悬挑式楼梯、单梁挑板楼梯等结构形式，如图 4-59 所示。这类楼梯一般造型新颖美观，建筑效果较好，通常在公共建筑中采用，但其往往受力复杂、结构形式也较为复杂。

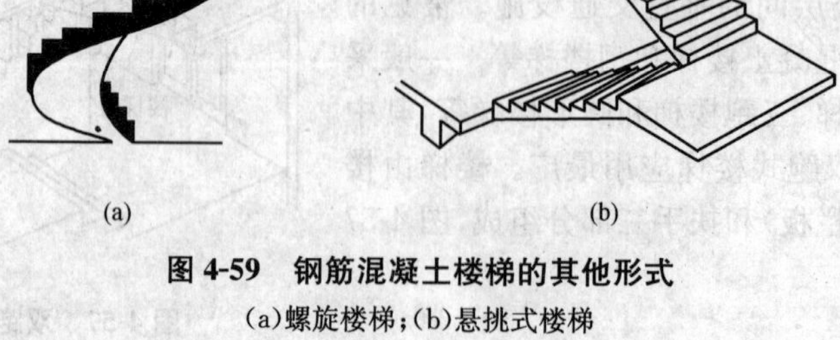

(a)　(b)

图 4-59　钢筋混凝土楼梯的其他形式

(a)螺旋楼梯；(b)悬挑式楼梯

2. 按施工方法的不同分类

按施工方法的不同，钢筋混凝土楼梯可分为现浇整体式楼梯和装配式楼梯两大类。前者结构设计灵活，整体性好；后者具有制造工业化程度高、施工速度快的优点。

(1)现浇钢筋混凝土楼梯　现浇钢筋混凝土楼梯是在现场就地支模板、绑扎钢筋和浇捣混凝土而成。这种楼梯的整体性好，从工业化施工方式来看，施工较麻烦，费模板，湿作业多，工期长。但实际情况中，因民用公共建筑楼梯数量少且同规格者亦少，预制吊装就没有太大优越性，且在地震区，楼梯现浇可增加建筑物的抗震性能，因而现浇钢筋混凝土楼梯应用得十分广泛。

(2)装配式楼梯　由于装配式构件在工厂加工预制，现场装配，加快了施工速度，故适用于大规模住宅建设等。装配式钢筋混凝土楼梯根据建筑设计要求有各种不同结构形式，一般常用的预制装配式楼梯有悬壁式楼梯、预制梯段板式楼梯、小型分件装配式楼梯等，如图 4-60 所示。

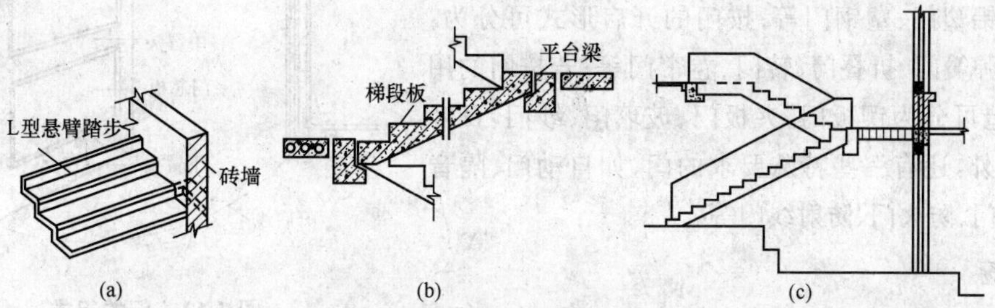

图 4-60　装配式楼梯的形式

(a)悬壁式楼梯；(b)预制梯段板式楼梯；(c)小型分件装配式楼梯

五、屋顶

屋顶是房屋顶部的围护结构，用于避风雨，防寒隔热。屋顶的形式很多，从外形看主要有平屋顶、坡屋顶、曲面屋顶和折板屋顶四大类，见图 4-61。使用最多的是平屋顶。

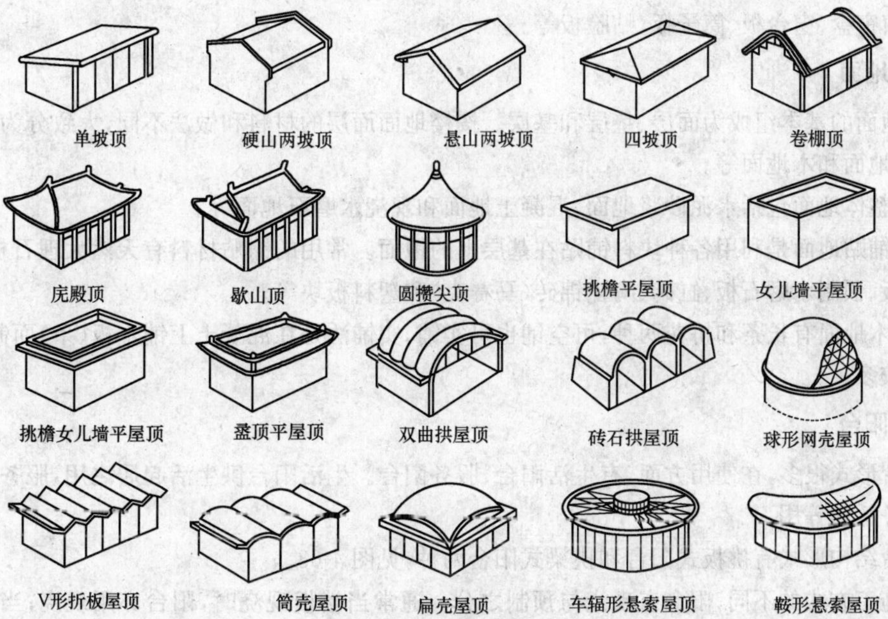

图 4-61　屋顶的类型

六、门窗

1. 门

门是由门框、门扇、亮子、玻璃及五金零件等部分组成。亮子又称腰头窗(简称腰头、腰窗);门框又叫门樘子,由边框、上框、中横框等组成;门扇由上冒头、中冒头、下冒头、边挺、门芯板等组成;五金零件包括铰链、插销、门锁、风钩、拉手等。图 4-62 是木门的构造简图。

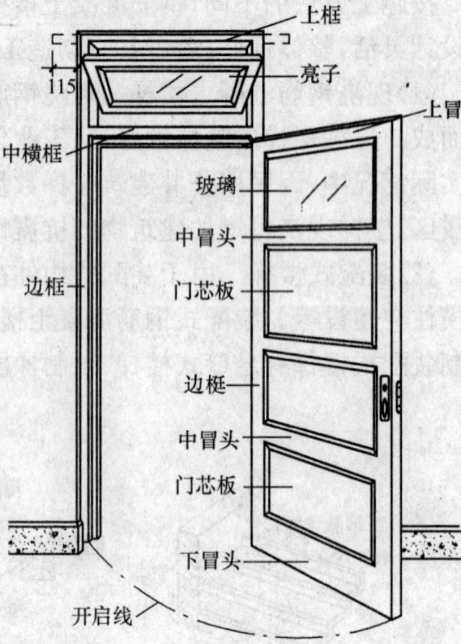

图 4-62　门的组成

制门的材料有多种,常见的主要有木门、钢门、铝合金门、铝塑门、塑钢门等;按门的开启形式可分为:平开门、弹簧门、折叠门、转门、卷帘门等;若按门的用料和构造可分为镶板门、夹板门、玻璃门、纱门、百叶门等;此外,还有一些特殊要求的门,如自动门、隔音门、保温门、防火门、防射线门等。

2. 窗

窗按所用材料不同分为木窗、钢窗、铝合金窗、铝塑窗、塑钢窗等;按开启方式可分为平开窗、中悬窗、上、下悬窗、立式转窗、水平、垂直推拉窗、百叶窗、隔音保温窗、固定窗、防火窗、橱窗、防射线观察窗等。

窗由窗框、窗扇和五金零件组成。窗框为固定部分,由边框、上框、下框、中横框和中竖框构成;窗扇为活动部分,由上冒头,下冒头、边梃、窗芯及玻璃构成;五金零件及附件包括铰链、风钩、插销和窗帘盒、窗台板、筒子板、贴脸板等。

七、地面

楼地面的基本组成为面层、垫层和基层。按楼地面面层的材料和做法不同,大致分为整体地面、铺贴地面和木地面等。

(1)整体地面包括水泥砂浆地面、混凝土地面和现浇水磨石地面等。

(2)铺贴地面是利用各种块料铺贴在基层上的地面。常用的铺贴材料有天然大理石板、天然花岗岩板、预制水磨石板、缸砖、陶瓷锦砖(马赛克)和塑料板块等。

(3)木地面有长条和拼花两种,可空铺也可实铺,实铺法是在混凝土上铺木板(条)而制成,此法采用较多。

八、阳台

阳台形式很多,在使用方面,有生活阳台、服务阳台。生活阳台供生活起居之用,服务阳台为从事家务活动等用。

阳台结构形式有挑板式阳台和挑梁式阳台两种,见图 4-63。

按施工方式的不同,阳台有现浇与预制之分。通常当楼板现浇时,阳台亦用现浇;当楼板系预制构件时,阳台亦多用预制阳台。

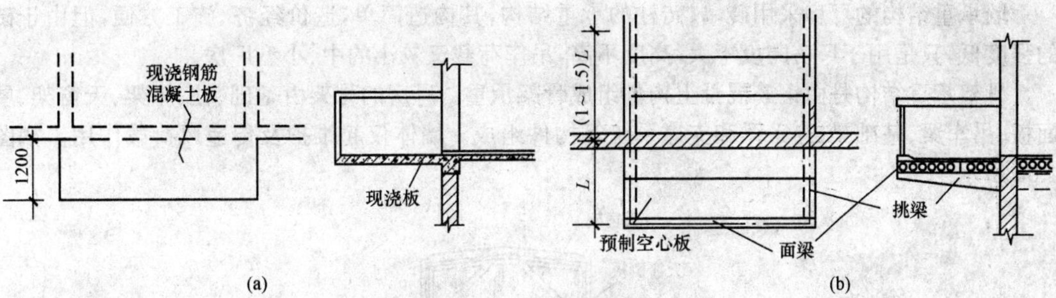

图 4-63　阳台结构形式

(a)挑板式阳台;(b)挑梁式阳台

九、雨篷

雨篷是建筑物入口处遮挡雨雪的构件,是建筑工程中常见的悬挑构件。根据各类建筑造型需要,可设计出多种形式的雨篷。从结构形式上分,雨篷分有挑板式雨篷和挑梁式雨篷两种。

挑板式雨篷一般由雨篷板和雨篷梁组成。雨篷梁既是雨篷板的支撑,又兼有过梁的作用,见图 4-64。

(1)雨篷板　雨篷板为一典型悬臂受弯构件。雨篷板承受的荷载除有恒载(板自重、面层、抹灰等构造层重)、均布活荷载外,还应考虑施工荷载或检修的集中荷载,见图 4-64(a)。

(2)雨篷梁　雨篷梁宽一般与墙厚相同。为了保证足够的嵌固,雨篷梁伸入墙内的支撑长度应不小于 370mm。雨篷梁上作用的荷载有:雨篷板传来的荷载、雨篷梁上墙体荷载、楼面板或平台板通过墙体传来的荷载。因此,雨篷梁既受弯、受剪又受扭,梁内应按计算配置纵向钢筋(抗弯、抗扭)和箍筋(抗剪、抗扭)图 4-64(b)。

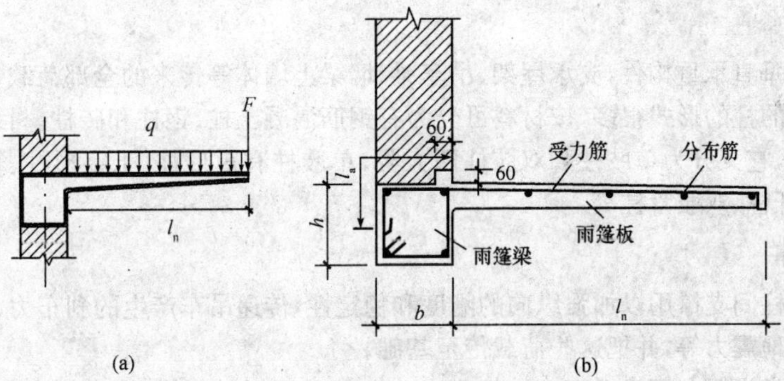

图 4-64　挑板式雨篷

(a)雨篷板上的荷载;(b)雨篷板及雨篷梁的配筋构造

第四节　工业建筑构造

工业厂房按层数可分为单层厂房、多层厂房和层数混合厂房,其中单层厂房应用较广,现以单层厂房为例说明其构造。

一、单层工业厂房构造组成

单层厂房按结构组成有两种类型:一是墙承重结构,采用砖外墙、砖柱承重;二是骨架承重结构,由钢筋混凝土或钢构件组成骨架承重,墙体只起围护和分隔作用。

墙承重结构的厂房采用砖墙、砖柱的承重结构，其构造简单，造价经济、施工方便，但由于砖的强度低，只是用于厂房跨度不大，高度不高，吊车荷载又较小的中、小型厂房。

骨架承重结构是由钢筋混凝土构件组成骨架承重。厂房的骨架由基础、柱、屋架、天窗架、屋面板、吊车梁、基础梁、连系梁和支撑系统等构件组成。墙体仅起维护及传递风荷载作用。如图4-65所示。

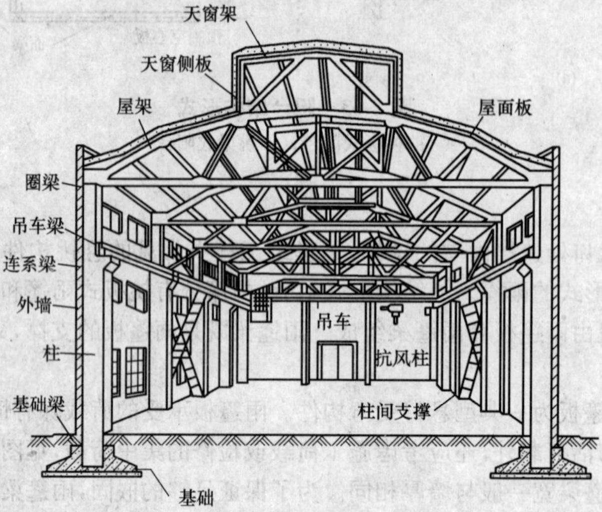

图 4-65　单层工业厂房组成

二、柱及柱间支撑

1. 柱

柱是厂房的垂直承重构件，支承屋架、吊车梁、墙梁上墙体等传来的全部荷载，并将其传递给基础。单层厂房的柱的形式很多，按材料可分为有钢筋混凝土柱、钢柱和砖柱。目前应用较广的为钢筋混凝土柱，它又分为单肢柱和双肢柱两大类，单肢柱有矩形柱、工字形柱、管柱；双肢柱有平腹杆柱、斜腹杆柱、双肢管柱等。

2. 柱间支撑

柱间应设有柱间支撑用以加强纵向的刚度和稳定性，传递吊车产生的刹车力、山墙抗风柱传来的风荷载以及地震力等，并把这些荷载传至基础。

柱间支撑通常设置在厂房中间一个柱间内。一般采用钢材制作，多采用交叉式。当柱间需布置设备或作通道时可采用门架式。

三、梁

一般情况下，工业厂房中的梁有基础梁、吊车梁、连系梁和圈梁几种。

当单层厂房的砖墙高度超过15m时，一般要设连系梁，以承受上部墙体（常称填充墙）的重量，并可增加柱列的纵向刚度。钢筋混凝土连系梁有现浇和预制两种，其断面形式有矩形和L形，一般是通过预埋铁件或预埋钢筋与柱上牛腿连接。

吊车梁是直接支承吊车的结构构件，它除了承受吊车在起重、运输、制动时产生的各种动荷载外，还可传递山墙风荷载，并起到增强厂房刚度的作用。

吊车梁一般采用钢筋混凝土或钢材制成，常见的钢筋混凝土吊车梁按截面形式有T形、工字形和鱼腹式等。吊车梁有预应力和非预应力两种。

圈梁是为提高厂房稳定性而设置的。一般沿高度每 6m 左右设一道，每道圈梁必须连续封闭，圈梁的位置通常设在柱顶、吊车梁和窗过梁等处，并尽可能与连系梁结合。

四、外墙构造

单层厂房的外墙一般只起围护作用，不承受重量。按使用材料外墙可分为块材墙（砖墙、砌块墙）和板材墙（预制大型墙板）。砖墙或砌块墙一般砌在基础梁上，做成双面清水墙；当墙体较高时，上部墙体砌在连系梁上，其重量通过牛腿传给柱承担。

墙板为各种预制钢筋混凝土板，按断面形状有槽形板、空心板、夹心板、折板、T 形板和 π 形板等，墙板与柱的连接方法有预埋件焊接（刚性连接）和螺栓连接（柔性连接）两种。

五、天窗

天窗用于厂房的采光、通风、排气和散热等。天窗的形式可分为以下三类：

(1)上凸式天窗，包括矩形天窗、M 形天窗、三角形天窗和锯齿形天窗等。

(2)下沉式天窗，包括纵向下沉式天窗、横向下沉式天窗和井式天窗三种。

(3)平天窗，也称点式天窗。

六、屋架与屋架支撑

1. 屋架

屋架或屋面梁是屋盖结构的主要承重构件。屋架的种类很多，常用的有三角形屋架、拱形屋架和梯形屋架。

屋面梁又称薄腹梁、薄腹屋架，有单坡和双坡之分。

2. 屋架支撑

屋架支撑包括横向水平支撑（上弦或下弦横向水平支撑）、纵向水平支撑（上弦或下弦纵向水平支撑）、垂直支撑和纵向水平系杆（加劲杆）等，见图 4-66。

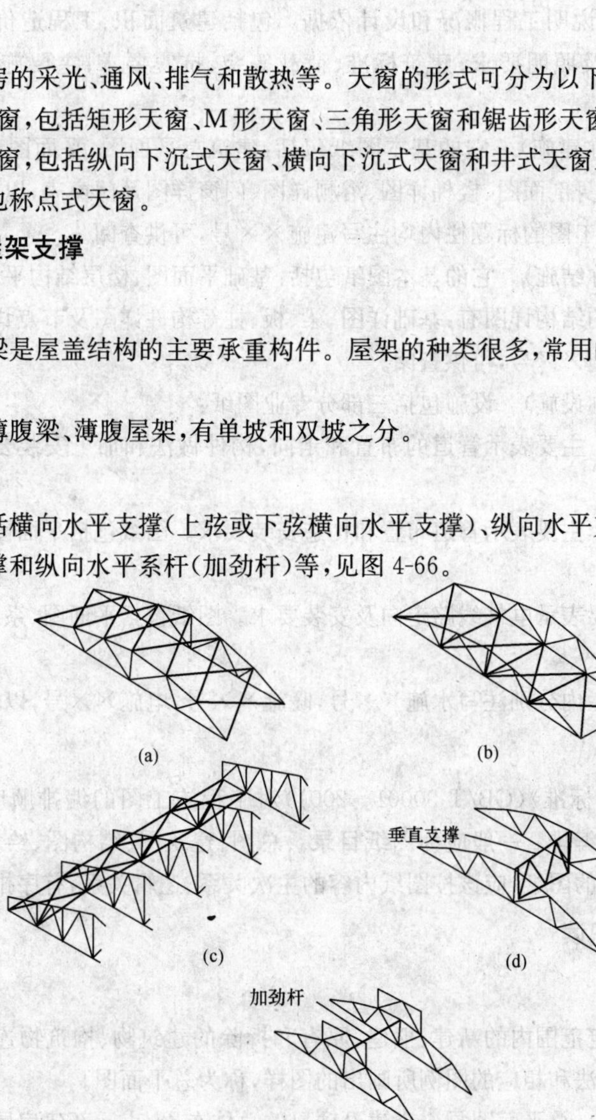

图 4-66 屋架支撑的种类

(a)上弦横向水平支撑；(b)下弦横向水平支撑；(c)纵向水平支撑；
(d)垂直支撑；(e)纵向水平系杆（加劲杆）

第五节　建筑工程施工图识读

一、施工图的分类与编排顺序

1. 施工图的分类

一套完整的施工图按各专业内容不同，一般分为：

(1)图纸目录　说明各专业图纸名称、张数、编号。其目的是便于查阅。

(2)设计说明　主要说明工程概况和设计依据。包括建筑面积、工程造价；有关的地质、水文、气象资料；采暖通风及照明要求；建筑标准、荷载等级、抗震要求；主要施工技术和材料使用等。

(3)建筑施工图(简称建施)　它的基本图纸包括：建筑总平面图、平面图、立面图和剖面图等；它的建筑详图包括墙身剖面图、楼梯详图、浴厕详图、门窗详图及门窗表，以及各种装修、构造做法、说明等。在建筑施工图的标题栏内均注写建施××号，可供查阅。

(4)结构施工图(简称结施)　它的基本图纸包括：基础平面图、楼层结构平面图、屋顶结构平面图、楼梯结构图等；它的结构详图有：基础详图、梁、板、柱等构件详图及节点详图等。在结构施工图的标题内均注写结施××号，可供查阅。

(5)施备施工图(简称设施)　设施包括三部分专业图纸：

1)给水排水施工图　主要表示管道的布置和走向，构件做法和加工安装要求。图纸包括平面图、系统图、详图等。

2)采暖通风施工图　主要表示管道布置和构造安装要求。图纸包括平面图、系统图、安装详图等。

3)电气施工图　主要表示电气线路走向及安装要求。图纸包括平面图、系统图、接线原理图以及详图等。

在这些图纸的标题栏内分别注写水施××号，暖施××号，电施××号，以便查阅。

2. 施工图编排顺序

《房屋建筑制图统一标准》(GB/T 50001—2001)对工程施工图的编排顺序作了如下规定："工程图纸应按专业顺序编排。一般应为图纸目录。总图、建筑图、结构图、给水排水图、暖通空调图、电气图……各专业的图纸，应该按图纸内容的主次关系、逻辑关系，有序排列。"

二、建筑施工图的识读

1. 总平面图的识读

将拟建工程四周一定范围内的新建、拟建、原有和拆除的建筑物、构筑物连同其周围的地形地物状况，用水平投影方法和相应的图例所画出的图样，称为总平面图。

(1)总平面图的用途　总平面图是一个建设项目的总体布局，表示新建房屋所在基地范围内的平面布置，具体位置，以及周围情况，总平面图通常画在具有等高线的地形图上。

图 4-67 是某学校拟建教师住宅楼的总平面图。图中用粗实线画出的图形表示新建住宅楼。用中实线画出的图形表示原有建筑物。各个平面图形内的小黑点数，表示房屋的层数。

除建筑物之外，道路、围墙、池塘、绿化等均用图例表示。

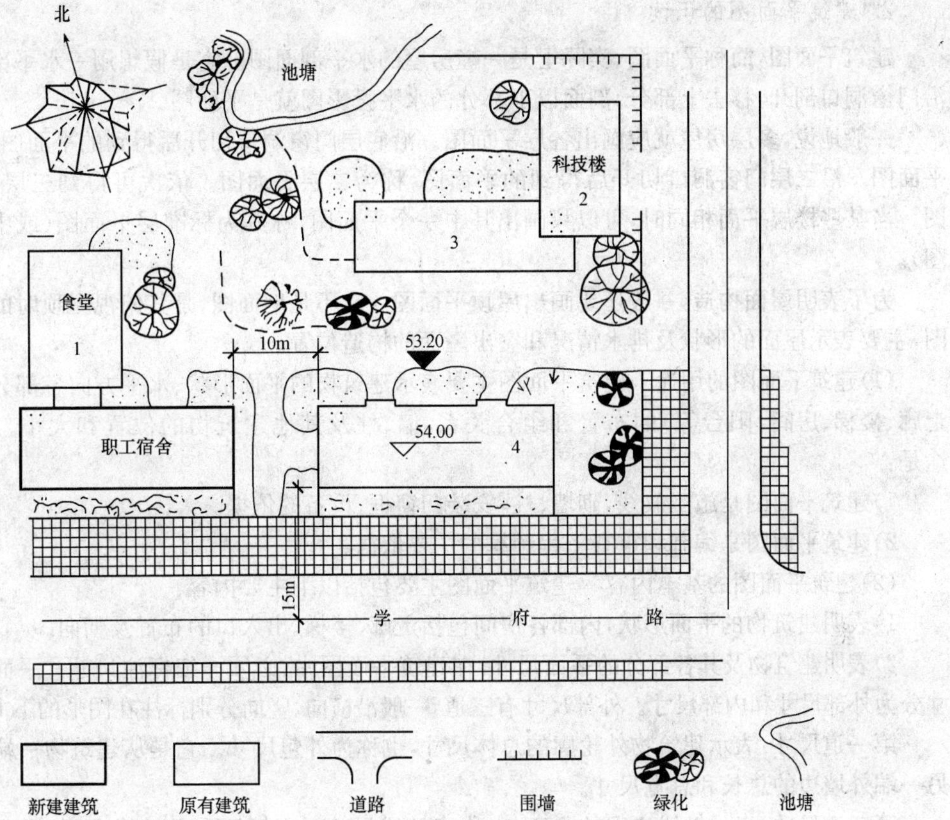

图 4-67　总平面图

总平面图的主要用途是：

1)工程施工的依据(如施工定位,施工放线和土方工程)；

2)是室外管线布置的依据；

3)工程预算的重要依据(如土石方工程量,室外管线工程量的计算)。

(2)总平面图的基本内容　总平面图主要包括以下主要内容：

1)表明新建区域的地形、地貌、平面布置,包括红线位置,各建(构)筑物、道路、河流、绿化等的位置及其相互间的位置关系。

2)确定新建房屋的平面位置　一般根据原有建筑物或道路定位,标注定位尺寸;修建成片住宅、较大的公共建筑物、工厂或地形复杂时,用坐标确定房屋及道路转折点的位置。

3)表明建筑物首层地面的绝对标高,室外地坪、道路的绝对标高;说明土方填挖情况、地面坡度及雨水排除方向。

4)用指北针和风向频率玫瑰图来表示建筑物的朝向　风向频率玫瑰图还表示该地区常年风向频率。它是根据某一地区多年统计的各个方向吹风次数的百分数值,按一定比例绘制。用 16 个罗盘方位表示。风向频率玫瑰图上所表示的风的吹向,是指从外面吹向地区中心的。实线图形表示常年风向频率;虚线图形表示夏季(六、七、八三个月)的风向频率。

5)根据工程的需要,有时还有水、暖、电等管线总平面,各种管线综合布置图、竖向设计图、道路纵横剖面图以及绿化布置图等。

2. 建筑平面图的识读

建筑平面图,简称平面图,实际上是一幢房屋的水平剖面图。它是假想用一水平剖面将房屋沿门窗洞口剖开,移去上部分,剖面以下部分的水平投影图就是平面图。

一般地说,多层房屋就应画出各层平面图。沿底层门窗洞口切开后得到的平面图,称为底层平面图。沿二层门窗洞口切开后得到的平面图,称为二层平面图。依次可得到三层、四层平面图。当某些楼层平面相同时,可以只画出其中一个平面图,称其为标准层平面图(或中间层平面图)。

为了表明屋面构造,一般还要画出屋顶平面图。它不是剖面图,是其俯视屋顶时的水平投影图,主要表示屋面的形状及排水情况和突出屋面的构造位置。

(1)建筑平面图的用途　建筑平面图主要表示建筑物的平面形状、水平方向各部分(出入口、走廊、楼梯、房间、阳台等)的布置和组合关系,墙、柱及其他建筑物的位置和大小。其主要用途是:

1)建筑平面图是施工放线,砌墙、柱,安装门窗框、设备的依据。

2)建筑平面图是编制和审查工程预算的主要依据。

(2)建筑平面图的基本内容　建筑平面图主要包括以下主要内容:

1)表明建筑物的平面形状,内部各房间包括走廊、楼梯、出入口的布置及朝向。

2)表明建筑物及其各部分的平面尺寸,在建筑平面图中,必须详细标注尺寸。平面图中的尺寸分为外部尺寸和内部尺寸。外部尺寸有三道,一般沿横向、竖向分别标注在图形的下方和左方。

第一道尺寸:表示建筑物外轮廓的总体尺寸,也称为外包尺寸。它是从建筑物一端外墙边到另一端外墙边的总长和总宽尺寸。

第二道尺寸:表示轴线之间的距离,也称为轴线尺寸。它标注在各轴线之间,说明房间的开间及进深的尺寸。

第三道尺寸:表示各细部的位置和大小的尺寸,也称细部尺寸。它以轴线为基准,标注出门、窗的大小和位置;墙、柱的大小和位置。此外,台阶(或坡道)、散水等细部结构的尺寸可分别单独标出。

内部尺寸标注在图形内部。用以说明房间的净空大小;内门、窗的宽度;内墙厚度以及固定设备的大小和位置。

3)表明地面及各层楼面标高。

4)表明各种门、窗位置,代号和编号,以及门的开启方向　门的代号用M表示,窗的代号用C表示,编号数用阿拉伯数字表示。

5)表示剖面图剖切符号、详图索引符号的位置及编号。

6)综合反映其他各工种(工艺、水、暖、电)对土建的要求　各工程要求的坑、台、水池、地沟、电闸箱、消火栓、雨水管等及其在墙或楼板上的预留洞,应在图中表明其位置及尺寸。

7)表明室内装修做法　包括室内地面、墙面及顶棚等处的材料及做法。一般简单的装修。在平面图内直接用文字说明;较复杂的工程则另列房间明细表和材料做法表,或另画建筑装修图。

8)文字说明　平面图中不易表明的内容,如施工要求、砖及灰浆的标号等需用文字说明。

以上所列内容,可根据具体项目的实际情况取舍。

3. 建筑立面图识读

(1)建筑立面图的形成及名称　建筑立面图,简称立面图,就是对房屋的前后左右各个方向所作的正投影图。立面图的命名方法有:

1)按房屋朝向,如南立面图,北立面图,东立面图,西立面图;

2)按轴线的编号,如图①～㉚立面图,Ⓐ～Ⓠ立面图;

3)按房屋的外貌特征命名,如正立面图,背立面图等。

对于简单的对称式房屋,立面图可只绘一半,但应画出对称轴线和对称符号。

(2)建筑立面图的用途　立面图是表示建筑物的体型、外貌和室外装修要求的图样。主要用于外墙的装修施工和编制工程预算。

(3)建筑立面图的主要图示内容　建筑立面图图示的主要内容有:

1)图名,比例　立面图的比例常与平面图一致。

2)标注建筑物两端的定位轴线及其编号　在立面图中一般只画出两端的定位轴线及其编号,以便与平面图对照。

3)画出室内外地面线,房屋的勒脚,外部装饰及墙面分格线。表示出屋顶、雨篷、阳台、台阶、雨水管、水斗等细部结构的形状和做法。为了使立面图外形清晰,通常把房屋立面的最外轮廓线画成粗实线,室外地面用特粗线表示,门窗洞口、檐口、阳台、雨篷、台阶等用中实线表示;其余的,如墙面分隔线、门窗格子、雨水管以及引出线等均用细实线表示。

4)表示门窗在外立面的分布、外形、开启方向,在立面图上,门窗应按标准规定的图例画出。门、窗立面图中的斜细线,是开启方向符号。细实线表示向外开,细虚线表示向内开。一般无需把所有的窗都画上开启符号。凡是窗的型号相同的,只画出其中一、二个即可。

5)标注各部位的标高及必须标注的局部尺寸　在立面图上,高度尺寸主要用标高表示。一般要注出室内外地坪,一层楼地面,窗台、窗顶、阳台面、檐口、女儿墙压顶面,进口平台面及雨篷底面等的标高。

6)标注出详图索引符号。

7)文字说明外墙装修做法　根据设计要求外墙面可选用不同的材料及做法。在立面图上一般用文字说明。

4. 建筑剖面图的识读

(1)建筑剖面图的形成和用途　建筑剖面图简称剖面图,一般是指建筑物的垂直剖面图,且多为横向剖切形式。剖面图的用途主要有:

1)主要表示建筑物内部垂直方向的结构形式、分层情况,内部构造及各部位的高度等,用于指导施工。

2)编制工程预算时,与平、立面图配合计算墙体、内部装修等的工程量。

(2)建筑剖面图的主要内容。

1)图名、比例及定位轴线　剖面图的图名与底层平面图所标注的剖切位置符号的编号一致。在剖面图中,应标出被剖切的各承重墙的定位轴线及与平面图一致的轴线编号。

2)表示出室内底层地面到屋顶的结构形式、分层情况　在剖面图中,断面的表示方法与平面图相同。断面轮廓线用粗实线表示,钢筋混凝土构件的断面可涂黑表示。其他没被剖切到的可见轮廓线用中实线表示。

3)标注各部分结构的标高和高度方向尺寸　剖面图中应标注出室内外地面、各层楼面、楼梯平台、檐口、女儿墙顶面等处的标高。其他结构则应标注高度尺寸。高度尺寸分为三道:

第一道是总高尺寸,标注在最外边;

第二道是层高尺寸,主要表示各层的高度;

第三道是细部尺寸,表示门窗洞、阳台、勒脚等的高度。

4)文字说明某些用料及楼、地面的做法等。需画详图的部位,还应标注出详图索引符号。

5. 建筑详图的识读

建筑详图是把房屋的某些细部构造及构配件用较大的比例(如 1∶20,1∶10,1∶5 等)将其形状、大小、材料和做法详细表达出来的图样,简称详图或大样图、节点图。常用的详图一般有:墙身详图、楼梯详图、门窗详图、厨房、卫生间、浴室、壁橱及装修详图(吊顶、墙裙、贴面)等。

(1)建筑详图的分类及特点　建筑详图分为局部构造详图和构配件详图。局部构造详图主要表示房屋某一局部构造做法和材料的组成,如墙身详图、楼梯详图等。构配件详图主要表示构配件本身的构造,如门、窗、花格等详图。

建筑详图具有以下特点:

1)图形详　图形采用较大比例绘制,各部分结构应表达详细,层次清楚,但又要详而不繁。

2)数据详　各结构的尺寸要标注完整齐全。

3)文字详　无法用图形表达的内容采用文字说明,要详尽清楚。

详图的表达方法和数量,可根据房屋构造的复杂程度而定。有的只用一个剖面详图就能表达清楚(如墙身详图),有的需加平面详图(如楼梯间、卫生间),或用立面详图(如门窗详图)。

(2)外墙身详图识读　外墙身详图实际上是建筑剖面图的局部放大图。它主要表示房屋的屋顶、檐口、楼层、地面、窗台、门窗顶、勒脚、散水等处的构造;楼板与墙的连接关系。

外墙身详图的主要内容包括:

1)标注墙身轴线编号和详图符号。

2)采用分层文字说明的方法表示屋面、楼面、地面的构造。

3)表示各层梁、楼板的位置及与墙身的关系。

4)表示檐口部分如女儿墙的构造、防水及排水构造。

5)表示窗台、窗过梁(或圈梁)的构造情况。

6)表示勒脚部分如房屋外墙的防潮、防水和排水的做法　外墙身的防潮层,一般在室内底层地面下 60mm 左右处。外墙面下部有厚 30mm1∶3 水泥砂浆,层面为褐色水刷石的勒脚。墙根处有坡度 5%的散水。

7)标注各部位的标高及高度方向和墙身细部的大小尺寸。

8)文字说明各装饰内、外表面的厚度及所用的材料。

外墙身详图阅读时应注意以下问题:

1)±0.000 或防潮层以下的砖墙以结构基础图为施工依据,看墙身剖面图时,必须与基础图配合,并注意±0.000 处的搭接关系及防潮层的做法。

2)屋面、地面、散水、勒脚等的做法、尺寸应和材料做法对照。

3)要注意建筑标高和结构标高的关系　建筑标高一般是指地面或楼面装修完成后上表面的标高,结构标高主要指结构构件的下皮或上皮标高。在预制楼板结构楼层剖面图中,一般只注明楼板的下皮标高。在建筑墙身剖面图中只注明建筑标高。

(3)楼梯详图识读　楼梯是房屋中比较复杂的构造,目前多采用预制或现浇钢筋混凝土结构。楼梯由楼梯段、休息平台和栏板(或栏杆)等组成。

楼梯详图一般包括平面图、剖面图及踏步栏杆详图等。它们表示出楼梯的形式;踏步、平台、栏杆的构造、尺寸、材料和做法。楼梯详图分为建筑详图与结构详图,并分别绘制。对于比较简单的楼梯,建筑详图和结构详图可以合并绘制,编入建筑施工图和结构施工图。

1)楼梯平面图　一般每一层楼都要画一张楼梯平面图。三层以上的房屋,若中间各层的楼梯位置及其梯段数,踏步数和大小相同时,通常只画底层、中间层和顶层三个平面图。

楼梯平面图实际是各层楼梯的水平剖面图,水平剖切位置应在每层上行第一梯段及门窗洞口的任一位置处。各层(除顶层外)被剖到的梯段,按"国标"规定,均在平面图中以一根 45°折断线表示。

在各层楼梯平面图中应标注该楼梯间的轴线及编号,以确定其在建筑平面图中的位置。底层楼梯平面图还应注明楼梯剖面图的剖切符号。

平面图中要注出楼梯间的开间和进深尺寸、楼地面和平台面的标高及各细部的详细尺寸。通常把梯段长度尺寸与踏面数、踏面宽的尺寸合写在一起。

2)楼梯剖面图　假想用一铅垂平面通过各层的一个梯段和门窗洞将楼梯剖开,向另一未剖到的梯段方向投影,所得到的剖面图,即为楼梯剖面图。

楼梯剖面图表达出房屋的层数,楼梯梯段数,步级数以及楼梯形式,楼地面、平台的构造及与墙身的连接等。

若楼梯间的屋面没有特殊之处,一般可不画。

楼梯剖面图中还应标注地面、平台面、楼面等处的标高和梯段、楼层、门窗洞口的高度尺寸。楼梯高度尺寸注法与平面图梯段长度注法相同。如 10×150＝1500,10 为步级数,表示该梯段为 10 级,150 为踏步高度。

楼梯剖面图中也应标注承重结构的定位轴线及编号。对需画详图的部位注出详图索引符号。

3)节点详图　楼梯节点详图主要表示栏杆、扶手和踏步的细部构造。

三、结构施工图的识读

结构施工图是表示建筑物的承重构件(如基础、承重墙、梁、板、柱等)的布置,形状大小,内部构造和材料做法等的图纸。

结构施工图的主要用途:

(1)施工放线、构件定位、支模板、轧钢筋、浇筑混凝土、安装梁、板、柱等构件以及编制施工组织设计的依据。

(2)编制工程预算和工料分析的依据。

建筑结构按其主要承重构件所采用的材料不同,一般可分为钢结构、木结构、砖石结构和钢筋混凝土结构等。不同的结构类型,其结构施工图的具体内容及编排方式也各有不同,但一般都包括以下三部分:

1)结构设计说明。

2)结构平面图。

3)构件详图。

结构构件的种类繁多,为了便于绘图和读图,在结构施工图中常用代号来表示构件的名称。构件代号一般用大写的汉语拼音字母表示。

当采用标准、通用图集中的构件时,应用该图集中的规定代号或型号注写。

1. 基础结构图识读

基础结构图或称基础图,是表示建筑物室内地面(±0.000)以下基础部分的平面布置和构造的图样,包括基础平面图、基础详图和文字说明等。

(1)基础平面图

1)基础平面图的形成　基础平面图是假想用一个水平剖切面在地面附近将整幢房屋剖切后,向下投影所得到的剖面图(不考虑覆盖在基础上的泥土)。

基础平面图主要表示基础的平面位置,以及基础与墙、柱轴线的相对关系。在基础平面图中,被剖切到的基础墙轮廓要画成粗实线。基础底部的轮廓线画成细实线。基础的细部构造不必画出。它们将详尽地表达在基础详图上。图中的材料图例可与建筑平面图画法一致。

在基础平面图中,必须注出与建筑平面图一致的轴间尺寸。此外,还应注出基础的宽度尺寸和定位尺寸。宽度尺寸包括基础墙宽和大放脚宽;定位尺寸包括基础墙、大放脚与轴线的联系尺寸。

2)基础平面图的内容　基础平面图主要包括:

①图名、比例。

②纵横定位线及其编号(必须与建筑平面图中的轴线一致)。

③基础的平面布置,即基础墙、柱及基础底面的形状、大小及其与轴线的关系。

④断面图的剖切符号。

⑤轴线尺寸、基础大小尺寸和定位尺寸。

⑥施工说明。

(2)基础详图　基础详图是用放大的比例画出的基础局部构造图,它表示基础不同断面处的构造做法,详细尺寸和材料。基础详图的主要内容有:

1)轴线及编号。

2)基础的断面形状,基础形式,材料及配筋情况。

3)基础详细尺寸　表示基础的各部分长宽高,基础埋深,垫层宽度和厚度等尺寸;主要部位标高,如室内外地坪及基础底面标高等。

4)防潮层的位置及做法。

2. 楼层结构平面图识读

楼层结构平面图是假想沿着楼板面(结构层)把房屋剖开,所作的水平投影图。它主要表示楼板、梁、柱、墙等结构的平面布置,现浇楼板、梁等的构造、配筋以及各构件间的联结关系。一般由平面图和详图所组成。

3. 屋顶结构平面图识读

屋顶结构平面图是表示屋顶承重构件布置的平面图,它的图示内容与楼层结构平面图基本相同,对于平屋顶,因屋面排水的需要,承重构件应按一定坡度铺设,并设置天沟、上人孔、屋顶水箱等。

四、钢筋混凝土构件结构详图识读

结构平面图只是表示房屋各楼层的承重构件的平面布置,而各构件的真实形状、大小、内部结构及构造并未表达出来。为此,还需画结构详图。

钢筋混凝土构件是指用钢筋混凝土制成的梁、板、桩、屋架等构件。按施工方法不同可分为现浇钢筋混凝土构件和预制钢筋混凝土构件两种。钢筋混凝土构件详图一般包括模板图、配筋图、预埋件详图及配筋表。配筋图又分为立面图、断面图和钢筋详图。主要用来表示构件内部钢筋的级别、尺寸、数量和配置,它是钢筋下料以及绑轧钢筋骨架的施工依据。模板图主要用来表示构件外形尺寸以及预埋件、预留孔的大小及位置,它是模板制作和安装的依据。

钢筋混凝土构件结构详图主要包括以下主要内容:

(1)构件详图的图名及比例。

(2)详图的定位轴线及编号。

(3)阅读结构详图,也称配筋图。配筋图表明结构内部的配筋情况,一般由立面图和断面图组成。梁、柱的结构详图由立面图和断面图组成,板的结构图一般只画平面图或断面图。

(4)模板图是表示构件的外形或预埋件位置的详图。

(5)构件构造尺寸、钢筋表。

五、施工图识读应注意的问题

(1)施工图是根据投影原理绘制的,用图纸表明房屋建筑的设计及构造做法。所以要看懂施工图,应掌握投影原理和熟悉房屋建筑的基本构造。

(2)施工图采用了一些图例符号以及必要的文字说明,共同把设计内容表现在图纸上。因此要看懂施工图,还必须记住常用的图例符号。

(3)看图时要注意从粗到细,从大到小。先粗看一遍,了解工程的概貌,然后再细看。细看时应先看总说明和基本图纸,然后再深入看构件图和详图。

(4)一套施工图是由各工种的许多张图纸组成,各图纸之间是互相配合紧密联系的。图纸的绘制大体是按照施工过程中不同的工种、工序分成一定的层次和部位进行的,因此要有联系地、综合地看图。

(5)结合实际看图 根据实践、认识、再实践、再认识的规律,看图时联系生产实践,就能比较快地掌握图纸的内容。

第六节 建筑装饰装修工程施工图识读

一、装饰装修工程平面图识读

建筑装饰平面图是建筑功能、建筑技术、装饰艺术、装饰经济等在平面上的体现,在建筑装饰装修工程中是非常受人重视的,其效用主要表现为:①建筑结构与尺寸;②装饰布置与装饰结构及其尺寸的关系;③设备、家具陈设位置及尺寸关系。

(一)基本内容

装饰施工平面图表达的内容比较多,概括起来主要有以下几点:

(1)表明建筑物的平面形状与尺寸建筑物在装饰平面图中的平面尺寸常分为3个层次。最外一层是外包尺寸,表明建筑物的总长度;第二层是房间的净空尺寸;第三层是门窗、墙垛、柱、楼梯等的结构尺寸。

(2)表明装修装饰结构在建筑物内的平面位置以及与建筑结构的相互关系尺寸,表明装饰结构的具体形状和尺寸,表明装饰面的材料和工艺要求等。

(3)表明室内设备、家具安放的位置以及与装饰布局的关系尺寸,表明设备及家具的数量、规格和要求。

(4)表明各类房间的位置及功能走道、楼梯、防火通道、安全门、防火门等人员流动空间的位置与尺寸。

(5)表明各剖面图的剖切位置、详图和通用配件等的位置及编号。

(6)表明门、窗的开启方向与位置尺寸。

(7)表明各立面图的视图投影关系和视图位置编号。

(8)表明台阶、水池、组景、踏步、雨篷、阳台及绿化设施的位置及关系尺寸。

(9)标注图名和比例此外,整张图纸还有图标和会签栏,以作图纸的文件标志。

(10)用文字说明图例和其他符号表达不足的内容。

(二)识读要点

(1)首先看图名、比例、标题栏,弄清是什么平面图。再看建筑平面基本结构及尺寸,把各个房间的名称、面积及门窗、走道等主要尺寸记住。

(2)通过装饰面的文字说明,弄清施工图对材料规格、品种、色彩的要求,对工艺的要求。结合装饰面的面积,组织施工和安排用料。明确各装饰面的结构材料与饰面材料的衔接关系与固定方式。

(3)确定尺寸先要区分建筑尺寸与装饰装修尺寸,再在装饰装修尺寸中,分清定位尺寸、外形尺寸和结构尺寸(平面上的尺寸标注一般分布在图形的内外)。

(4)通过平面布置图上的符号:

1)通过投影符号,明确投影面编号和投影方向,并进一步查出各投影方向的立面图;

2)通过剖切符号,明确剖切位置及其剖切方向,进一步查阅相应的剖面图;

3)通过索引符号,明确被索引部位和详图所在位置。

(三)顶棚平面图

1. 基本内容

(1)表明墙柱和门窗洞口位置。顶棚平面图一般都采用镜像投影法绘制。用镜像投影法绘制的顶棚平面图,其图形上的前后、左右位置与装饰平面布置图完全相同,纵横轴线的排列也与之相同。

(2)表明顶棚装饰造型的平面形式和尺寸,并通过附加文字说明其所用材料、色彩及工艺要求。

(3)表明顶棚所用的装饰材料及规格。

(4)表明顶部灯具的种类、式样、规格、数量及布置形式和安装位置、空调风口、顶部消防与音响设备等设施的布置形式与安装位置、墙体顶部有关装饰配件(如窗帘盒、窗帘等)的形式和位置。

(5)表明顶棚剖面构造详图的剖切位置及剖面构造详图的所在位置。作为基本图的装饰剖面图,其剖切符号不在顶棚图上标注。

2. 识读要点

(1)首先应弄清楚顶棚平面图与平面布置图各部分的对应关系,核对顶棚平面图与平面布置图的基本结构和尺寸上是否相符。

(2)对于某些有迭级变化的顶棚,要分清它的标高尺寸和线型尺寸,并结合造型平面分区线,在平面上建立起二维空间的尺度概念。

(3)通过顶棚平面图,了解顶部灯具和设备设施的规格、品种与数量。

(4)通过顶棚平面图上的文字标注,了解顶棚所用材料的规格、品种及其施工要求。

(5)通过顶棚平面图上的索引符号,找出详图对照着阅读,弄清楚顶棚的详细构造。

二、装饰装修工程立面图识读

通常装饰平面图、剖面图只能表达建筑物、建筑空间与建筑构件的内部图像与断面形状,尚不能表达其外部的完整形象。而依照三向视图原理以正投影来反映建筑物外观墙面或建筑内部墙面与物体的图像,就称为装饰立面图。它所表现的图像大多为可见轮廓线所构成的外视图像。

1. 基本内容

(1)表明装饰吊顶顶棚的高度尺寸、建筑楼层底面高度尺寸、装饰吊顶顶面的迭级造型相互关系尺寸。

(2)在立面图中,以室内地面为零点标高,以此为基准点来标明其他建筑结构、装饰结构及配件的标高。

(3)表明墙面装饰造型和式样,用文字说明所需装饰材料及工艺要求。

(4)表明墙面所用设备的位置尺寸、规格尺寸。

(5)表明墙面与吊顶的衔接收口方式。

(6)表明建筑结构与装饰结构的连接方式、衔接方式、相关尺寸。

(7)表示门、窗、隔墙、装饰隔断物等设施的高度尺寸和安装尺寸。

(8)表明楼梯踏步的高度和扶手高度以及所用装饰材料及工艺要求。

(9)表明绿化、组景设置的高低错落位置尺寸。

2. 识读要点

(1)明确建筑装饰装修立面图上与该工程有关的各部分尺寸和标高。

(2)弄清地面标高,装饰立面图一般都以首层室内地坪为零,高出地面者以正号表示,反之则以负号表示。

(3)弄清每个立面上有几种不同的装饰面,这些装饰面所用材料以及施工工艺要求。

(4)立面上各不同材料饰面之间的衔接收口较多,要注意收口的方式、工艺和所用材料。

(5)要注意电源开关、插座等设施的安装位置和方式。

(6)弄清建筑结构与装饰结构之间的衔接,装饰结构之间的连接方法和固定方式,以便提前准备预埋件和紧固件。仔细阅读立面图中的文字说明。

3. 外视立面图

建筑装饰立面图就是以建筑外视立面图为主体,结合装饰设计的要求,补充了图示的内容。

外视立面图多见于对建筑物与建筑构件的外观表现,任何物体的外形均是用外视立面图来表现的,它的使用范围很广泛。在建筑装饰装修工程中,外视立面图主要适用于室外装饰装修工程,其图示方法也适用于室内装饰立面图。

在三视图中外观立面图最富有感染力和空间存在感,任何人一看就能理解,用于建筑方案图上可以表现建筑造型和建筑效果。在建筑施工图中,建筑外观立面图表达了建筑外部做法,在建筑室外装饰装修工程施工图中表现了建筑装饰艺术。

三、装饰装修工程剖面图识读

剖面图的效用主要是为表达建筑物、建筑空间的竖向形象和装饰结构内部构造以及有关部件的相对关系。

1. 基本内容

(1)表示装饰面或装饰形体本身的结构形式、材料情况与主要支承构件的相互关系。

(2)表现了内外墙、门窗洞、屋顶的形式,檐口做法,楼地面的设置,楼梯构造及室内外处理等。

(3)表示装饰结构与建筑结构之间的衔接尺寸与连接方式。

(4)表明剖切空间内可见实物的形状、大小与位置。

(5)表示装饰面上的设备安装方式或固定方法,装饰面与设备间的收口、收边方式。

(6)表达了建筑物、建筑空间及装饰结构的竖向尺寸及关系。

(7)表明图名、比例和被剖切墙体的定位轴线及其编号,以便与平面图对照阅读。

2. 识读要点

(1)看剖面图首先要弄清该图从何处剖切而来。分清是从平面图上,还是从立面图上剖切的。剖切面的编号或字母,应与剖面图符号一致,了解该剖面的剖切位置与方向。

(2)通过对剖面图中所示内容的阅读研究，明确装饰装修工程各部位的构造方法、尺寸、材料要求与工艺要求。

(3)注意剖面图上索引符号，以便识读构件或节点详图。

(4)仔细阅读剖面图竖向数据及有关尺寸、文字说明。

(5)注意剖面图中各种材料结合方式以及工艺要求。

(6)弄清剖面图中的标注、比例。

四、装饰装修工程详图识读

建筑装饰装修工程详图是补充平、立、剖面图的最为具体的图示手段。

建筑装饰施工平、立、剖面图三图主要是用以控制整个建筑物、建筑空间与装饰结构的原则性做法，但在建筑装饰全过程的具体实施中还存在着一定的限度，还必须加以深化和提供更为详细和具体的图示内容，建筑装饰的施工才能得以继续下去，以求得其竣工后的满意效果。所指的详图应包含“三详”：①图形详；②数据详；③文字详。

(一)局部放大图

放大图就是把原状图放大而加以充实，并不是将原状图进行较大的变形。

(1)室内装饰平面局部放大图以建筑平面图为依据，按放大的比例图示出厅室的平面结构形式和形状大小、门窗设置等，对家具、卫生设备、电器设备、织物、摆设、绿化等平面布置表达清楚，同时还要标注出有关尺寸和文字说明等。

(2)室内装饰立面局部放大图重点表现墙面的设计，先图示出厅室围护结构的构造形式，再对墙面上的附加物以及靠墙的家具都详细地表现出来，同时标注有关详细尺寸、图示符号和文字说明等。

(二)建筑装饰件详图

建筑装饰件项目很多，如暖气罩、吊灯、吸顶灯、壁灯、空调箱孔、送风口、回风口等。这些装饰件都可能要依据设计意图画出详图。其内容主要是表明它在建筑物上的准确位置，与建筑物其他构配件的衔接关系，装饰件自身构造及所用材料等内容。

建筑装饰件的图示法要视其细部构造的繁简程度和表达的范围而定。有的只要一个剖面详图就行，有的还需要另加平面详图或立面详图来表示，有的还需要同时用平、立、剖面详图来表现。对于复杂的装饰件，除本身的平、立、剖面图外，还需要增加节点详图才能表达清楚。

(三)节点详图

节点详图是将两个或多个装饰面的交汇点，按垂直或水平方向切开，并加以放大绘出的视图。

节点详图主要表明某些构件、配件局部的详细尺寸、做法及施工要求；表明装饰结构与建筑结构之间详细的衔接尺寸与连接形式；表明装饰面之间的对接方式及装饰面上的设备安装方式和固定方法。

节点详图是详图中的详图。识读节点详图一定要弄清该图从何处剖切而来，同时注意剖切方向和视图的投影方向，对节点图中各种材料结合方式以及工艺要求要弄清。

第五章　建筑工程工程量计算

第一节　土石方工程

一、相关说明

土石方工程主要包括平整场地、人工(机械)挖地槽、挖地坑、挖土方、原土打夯、各种材料和类型的基础及垫层、回填土及运土等工程项目。

(1)平整场地　指场地挖、填土方厚度在±30cm 以内的挖填找平。

(2)挖沟槽　指底宽在 3m 以内,且槽长大于槽宽三倍以上的土方。

(3)挖基坑　指底面积在 $20m^2$ 以内的土方。

(4)挖土方　指沟槽底宽 3m 以上,坑底面积 $20m^2$ 以上,平整场地挖土方厚度在±30cm 以上的土方。

(5)原土打夯　要在原来较松软的土质上做地坪、道路、球场等,需要对松软的土质进行夯实。这种施工过程叫原土打夯。它的工作内容包括碎土、平土、找平、洒水、机械打夯。

(6)基础及垫层

1)基础　常见的基础有砖基础、毛石混凝土基础、钢混基础、桩基础等。各种基础均以图示尺寸按立方米计算体积。砖石基础,混凝土基础的长度,外墙墙基按外墙中心线长度计算;内墙墙基按内墙净长计算。

嵌入基础的钢筋、铁件、管子、防潮层、单个面积在 $0.3m^2$ 以内的孔洞以及砖石基础放大脚的 T 形接头重叠部分,均不扣除。但靠墙暖气沟的挑砖、洞口上的砖平碹亦不另算。

2)垫层　垫层一般为素混凝土。有时也用砂石或碎砖等做垫层。混凝土垫层又分基础混凝土垫层和地面混凝土垫层、路面混凝土垫层,垫层的工程量以图示尺寸按立方米计算。

(7)回填土及运土

1)回填土　回填土分基础回填土、房心回填土两部分。

2)运土　运土分余土外运和取土回填两种情况。

二、基础定额*工程量计算

(一)定额工作内容

1. 人工土石方

(1)人工挖土方淤泥流砂工作内容包括:

1)挖土、装土、修理边底;

2)挖淤泥、装砂,装淤泥,流砂,修理边底。

(2)人工挖沟槽基坑工作内容　包括:人工挖沟槽、基坑土方,将土置于槽、坑边 1m 以外自然堆放,沟槽、基坑底夯实。

---

* 基础定额指《全国统一建筑工程基础定额》(土建工程)(GJD—101—95),下同。

(3)人工挖孔桩工作内容　包括：挖土方、凿枕石、积岩地基处理，修整边、底、壁，运土、石100m以内以及孔内照明、安全架子搭拆等。

(4)人工挖冻土工作内容　包括：挖、抛冻土、修整底边、弃土于槽、坑两侧1m以外。

(5)人工爆破挖冻土工作内容　包括：打眼、装药、填充填塞物、爆破、清理 、弃土于槽、坑边1m以外。

(6)回填土、打夯、平整场地工作内容包括：

1)回填土5m以内取土；

2)原土打夯包括碎土，平土、找平、洒水；

3)平整场地，标高在＋(－)30cm以内的挖土找平；

(7)土方运输工作内容　包括：人工运土方、淤泥，包括装、运、卸土、淤泥及平整。

(8)支挡土板工作内容　包括：制作、运输、安装及拆除。

(9)人工凿石的工作内容包括：

1)平基、开凿石方、打碎、修边检底；

2)沟槽凿石　包括打单面槽子、碎石槽壁打直、底检平、石方运出槽边1m以外；

3)基坑凿石　包括打两面槽子、碎石、坑壁打直、底检平、将石方运出坑边1m以外；

4)摊座　在石方爆破的基底上进行摊座、清除石碴。

(10)人工打眼爆破石方工作内容　包括：布孔、打眼、准备炸药及装药、准备及添充填塞物、安爆破线、封锁爆破区、爆破前后的检查、爆破、清理岩石、撬开及破碎不规则的大石块、修理工具。

(11)机械打眼爆破石方工作内容　包括：布孔、打眼、准备炸药及装药、准备及添充填塞物、安爆破线、封锁爆破区、爆破前后的检查、爆破、清理岩石、撬开及破碎不规则的大石块、修理工具。

(12)石方运输工作内容　包括：装、运、卸石方。

2. 机械土石方

(1)推土机推土方工作内容包括：

1)推土机推土、弃土、平整；

2)修理边坡；

3)工作面内排水；

(2)铲运机铲运土方工作内容包括：

1)铲土、运土、卸土及平整；

2)修理边坡；

3)工作面内排水；

(3)挖掘机挖土方工作内容包括：

1)挖土、将土堆放到一边；

2)清理机下余土；

3)工作面内的排水；

4)修理边坡。

(4)挖掘机挖土自卸汽车运土方工作内容包括：

1)挖土、装车、运土、卸土、平整；

2)修理边坡、清理机下余土；
3)工作面内的排水及场内汽车行驶道路的养护；
(5)装载机装运土方工作内容包括：
1)装土、运土、卸土；
2)修整边坡；
3)清理机下余土。
(6)自卸汽车运土方工作内容包括：
1)运土、卸土、平整；
2)场内汽车行驶道路的养护。
(7)地基强夯工作内容包括：
1)机具准备；
2)按设计要求布置锤位线；
3)夯击；
4)夯锤位移；
5)施工道路平整；
6)资料记载。
(8)场地平整、碾压工作内容包括：
1)推平、碾压；
2)工作面内排水。
(9)推土机推碴工作内容包括：
1)推碴、弃碴、平整；
2)集碴、平碴；
3)工作面内的道路养护及排水。
(10)挖掘机挖碴自卸汽车运碴工作内容包括：
1)挖碴、集碴；
2)挖碴、集碴、卸碴；
3)工作面内的排水及场内汽车行驶道路的养护。
(11)井点排水工作内容包括：
1)打拔井点管；
2)设备安装拆除；
3)场内搬运；
4)临时堆放；
5)降水；
6)填井点坑等。
(12)抽水机降水工作内容包括：
1)设备安装拆除；
2)场内搬运；
3)降排水；
4)排水井点维护等。

(13)井点降水。

1)井点降水工作内容包括:

①安装包括井点装配成型、地面试管铺总管、装水泵、水箱、冲水沉管、灌砂、孔口封土、连接试抽;

②拆除包括拆管、清洗、整理、堆放了;

③使用包括抽水、值班、井管堵漏。

2)电渗井点阳极工作内容包括:

①制作包括圆钢划线、切断、车制、堆放;

②安装包括阳极圆钢埋高,弧焊、整流器就位安装,阴阳极电路连接;

③拆除包括拆除井点、整理、堆放;

④使用包括值班及检查用电安全。

3)水平井点工作内容包括:

①安装包括托架、顶进设备、井管等就位、井点顶进、排管连接;

②拆除包括托架、顶进设备及总管等拆除、井点拔除、清理、堆放;

③使用包括抽水值班、井管堵漏。

(二)定额一般规定

1. 人工土石方

(1)土壤分类:详见"土壤、岩石分类表"(表 5-1)。表列Ⅰ、Ⅱ类为定额中一、二类土壤(普通土);Ⅲ类为定额中三类土壤(坚土);Ⅳ类为定额中四类土壤(砂砾坚土)。人工挖地槽、地坑定额深度最深为 6m,超过 6m 时,可另作补充定额。

表 5-1 土壤及岩石(普氏)分类表

土石分类	普氏分类	土壤及岩石名称	天然湿度下平均容量(kg/m³)	极限压碎强度(kg/cm²)	用轻钻孔机钻进 1m 耗时(min)	开挖方法及工具	紧固系数 f
一、二类土壤	Ⅰ	砂 砂壤土 腐殖土 泥炭	1500 1600 1200 600			用尖锹开挖	0.5~0.6
	Ⅱ	轻壤和黄土类土。 潮湿而松散的黄土,软的盐渍土和碱土。 平均 15mm 以内的松散而软的砾石。 含有草根的密实腐殖土。 含有直径在 30mm 以内根类的泥炭和腐殖土。 掺有卵石、碎石和石屑的砂和腐殖土。 含有卵石或碎石杂质的胶结成块的填土。 含有卵石、碎石和建筑料杂质的砂壤土	1600 1600 1700 1400 1100 1650 1750 1900			用锹开挖并少数用镐开挖	0.6~0.8

表 5-1(续一)

土石分类	普氏分类	土壤及岩石名称	天然湿度下平均容量(kg/m³)	极限压碎强度(kg/cm²)	用轻钻孔机钻进1m耗时(min)	开挖方法及工具	紧固系数f
三类土壤	Ⅲ	肥黏土其中包括石炭纪、侏罗纪的黏土和冰黏土。	1800			用尖锹并同时用镐开挖(30%)	0.8～1.0
		重壤土、粗砾石，粒径为15～40mm的碎石和卵石。	1750				
		干黄土和掺有碎石或卵石的自然含水量黄土。	1790				
		含有直径大于30mm根类的腐殖土或泥炭。	1400				
		掺有碎石或卵石和建筑碎料的土壤	1900				
四类土壤	Ⅳ	土含碎石重黏土其中包括侏罗纪和石英纪的硬黏土。	1950			用尖锹并同时用镐和撬棍开挖(30%)	1.0～1.5
		含有碎石、卵石、建筑碎料和重达25kg的顽石(总体积10%以内)等杂质的肥黏土和重壤土。	1950				
		冰渍黏土，含有重量在50kg以内的巨砾其含量为总体积10%以内。	2000				
		泥板岩。	2000				
		不含或含有重量达10kg的顽石	1950				
松石	Ⅴ	含有重量在50kg以内的巨砾(占体积10%以上)的冰渍石。	2100	小于200	小于3.5	部分用手凿工具部分用爆破来开挖	1.5～2.0
		矽藻岩和软白垩岩。	1800				
		胶结力弱的砾岩。	1900				
		各种不坚实的片岩	2600				
		石膏	2200				
次坚石	Ⅵ	凝灰岩和浮石。	1100	200～400	3.5	用风镐和爆破法来开挖	2～4
		松软多孔和裂隙严重的石灰岩和介质石灰岩。	1200				
		中等硬变的片岩。	2700				
		中等硬变的泥灰岩	2300				

表 5-1(续二)

土石分类	普氏分类	土壤及岩石名称	天然湿度下平均容量（kg/m³）	极限压碎强度（kg/cm²）	用轻钻孔机钻进 1m 耗时（min）	开挖方法及工具	紧固系数 f
次坚石	Ⅶ	石灰石胶结的带有卵石和沉积岩的砾石。	2200	400～600	6.0	用爆破方法开挖	4～6
		风化的和有大裂缝的黏土质砂岩。	2000				
		坚实的泥板岩。	2800				
		坚实的泥灰岩	2500				
	Ⅷ	砾质花岗岩。	2300	600～800	8.5	用爆破方法开挖	6～8
		泥灰质石灰岩。	2300				
		黏土质砂岩。	2200				
		砂质云母片岩。	2300				
		硬石膏	2900				
普坚石	Ⅸ	严重风化的软弱的花岗岩、片麻岩和正长岩。	2500	800～1000	11.5	用爆破方法开挖	8～10
		滑石化的蛇纹岩。	2400				
		致密的石灰岩。	2500				
		含有卵石、沉积岩的渣质胶结的砾岩。	2500				
		砂岩。	2500				
		砂质石灰质片岩。	2500				
		菱镁矿。	3000				
		严重风化的软弱的花岗岩、片麻岩和正长岩。	2500				
		滑石化的蛇纹岩。	2400				
		致密的石灰岩。	2500				
		含有卵石、沉积岩的渣质胶结的砾岩。	2500				
		砂岩。	2500				
		砂质石灰质片岩。	2500				
		菱镁矿	3000				
	Ⅹ	白云石。	2700	1000～1200	15.0	用爆破方法开挖	10～12
		坚固的石灰岩。	2700				
		大理石。	2700				
		石灰胶结的致密砾石。	2600				
		坚固砂质片岩	2600				

表 5-1(续三)

土石分类	普氏分类	土壤及岩石名称	天然湿度下平均容量(kg/m³)	极限压碎强度(kg/cm²)	用轻钻孔机钻进1m耗时(min)	开挖方法及工具	紧固系数 f
普坚石	XI	粗花岗岩。	2800	1200～1400	18.5	用爆破方法开挖	12～14
		非常坚硬的白云岩。	2900				
		蛇纹岩。	2600				
		石灰质胶结的含有火成岩之卵石的砾石。	2800				
		石英胶结的坚固砂岩。	2700				
		粗粒正长岩	2700				
	XII	具有风化痕迹的安山岩和玄武岩。	2700	1400～1600	22.0	用爆破方法开挖	14～16
		片麻岩。	2600				
		非常坚固的碳岩。	2900				
		硅质胶结的含有火成岩之卵石的砾岩。	2900				
		粗石岩	2600				
	XIII	中粒花岗岩。	3100	1600～1800	27.5	用爆破方法开挖	16～18
		坚固的片麻岩。	2800				
		辉绿岩。	2700				
		玢岩。	2500				
		坚固的粗面岩。	2800				
		中粒正长岩	2800				
	XIV	非常坚硬的细粒花岗岩。	3300	1800～2000	32.5	用爆破方法开挖	18～20
		花岗岩麻岩。	2900				
		闪长岩。	2900				
		高硬度的石灰岩。	3100				
		坚固的玢岩	2700				
	XV	安山岩、玄武岩、坚固的角页岩。	3100	2000～2500	46.0	用爆破方法开挖	20～25
		高硬度的辉绿岩和闪长岩。	2900				
		坚固的辉长岩和石英岩	2800				
	XVI	拉长玄武岩和橄榄玄武岩。	3300	大于2500	大于60	用爆破方法开挖	大于25
		特别坚固的辉长辉绿岩、石英石和玢岩	3300				

(2)人工土方定额是按干土编制的，如挖湿土时，人工乘以系数1.18。干湿的划分，应根据地质勘测资料以地下常水位为准划分，地下常水位以上为干土，以下为湿土。

(3)人工挖孔桩定额，适用于在有安全防护措施的条件下施工。

(4)本定额未包括地下水位以下施工的排水费用，发生时另行计算。挖土方时如有地表水需要排除时，亦应另行计算。

(5)支挡土板定额项目分为密撑和疏撑，密撑是指满支挡土板；疏撑是指间隔支挡土板，实际间距不同时，定额不做调整。

(6)在有挡土板支撑下挖土方时，按实挖体积，人工乘系数 1.43。

(7)挖桩间土方时，按实挖体积(扣除桩体占用体积)，人工乘以系数 1.5。

(8)人工挖孔桩，桩内垂直运输方式按人工考虑。如深度超过 12m 时，16m 以内按 12m 项目人工用量乘以系数 1.3；20m 以内乘以系数 1.5 计算。同一孔内土壤类别不同时，按定额加权计算，如遇有流砂、流泥时，另行处理。

(9)场地竖向布置挖填土方时，不再计算平整场地的工程量。

(10)石方爆破定额是按炮眼法松动爆破编制的，不分明炮、闷炮，但闷炮的覆盖材料应另行计算。

(11)石方爆破定额是按电雷管导电起爆编制的，如采用火雷管爆破时，雷管应换算，数量不变。扣除定额中的胶质导线，换为导火索，导火索的长度按每个雷管 2.12m 计算。

2. 机械土石方

(1)岩石分类，详见“土壤、岩石分类表”(表 5-1)。表列Ⅴ类为定额中松石，Ⅵ—Ⅷ类为定额中次坚石；Ⅸ、Ⅹ类为定额中普坚石；Ⅺ—ⅩⅥ类为特坚石。

(2)推土机推土、推石碴，铲运机铲运土重车上坡时，如果坡度大于 5%时，其运距按坡度区段斜长乘表 5-2 系数计算。

表 5-2 坡度系数表

坡度(%)	5～10	15 以内	20 以内	25 以内
系数	1.75	2.0	2.25	2.50

(3)汽车、人力车，重车上坡降效因素，已综合在相应的运输定额项目中，不再另行计算。

(4)机械挖土方工程量，按机械挖土方 90%，人工挖土方 10%计算，人工挖土部分按相应定额项目人工乘以系数 2。

(5)土壤含水率定额是按天然含水率为准制定：

含水率大于 25%时，定额人工、机械乘以系数 1.15，若含水率大于 40%时另行计算。

(6)推土机推土或铲运机铲土土层平均厚度小于 300mm 时，推土机台班用量乘以系数 1.25；铲运机台班用量乘以系数 1.17。

(7)挖掘机在垫板上进行作业时，人工、机械乘以系数 1.25，定额内不包括垫板铺设所需的工料、机械消耗。

(8)推土机、铲运机，推、铲未经压实的积土时，按定额项目乘以系数 0.73。

(9)机械土方定额是按三类土编制的，如实际土壤类别不同时，定额中机械台班量乘以表 5-3 系数。

表 5-3 机械台班系数

项　目	一、二类土壤	四类土壤
推土机推土方	0.84	1.18
铲运机铲运土方	0.84	1.26
自行铲运机铲运土方	0.86	1.09
挖掘机挖土方	0.84	1.14

(10)定额中的爆破材料是按炮孔中无地下渗水、积水编制的，炮孔中若出现地下渗水、积水时，处理渗水或积水发生的费用另行计算。定额内未计爆破时所需覆盖的安全网、草袋、架设安

全屏障等设施，发生时另行计算。

(11)机械上下行驶坡道土方，合并在土方工程量内计算。

(12)汽车运土运输道路是按一、二、三类道路综合确定的，已考虑了运输过程中，道路清理的人工，如需要铺筑材料时，另行计算。

(三)工程量计算规则

1. 土方工程基础定额工程量计算规则

(1)一般规定

1)土方体积，均以挖掘前的天然密实体积为准计算。如遇有必须以天然密实体积折算时，可按表5-4所列数值换算。

表5-4 土方体积折算表

虚方体积	天然密实度体积	夯实后体积	松填体积
1.00	0.77	0.67	0.83
1.30	1.00	0.87	1.08
1.50	1.15	1.00	1.25
1.20	0.92	0.80	1.00

2)挖土一律以设计室外地坪标高为准计算。

(2)平整场地及碾压工程量计算

1)人工平整场地是指建筑场地挖、填土方厚度在±30cm以内及找平。挖、填土方厚度超过±30cm以外时，按场地土方平衡竖向布置图另行计算。

2)平整场地工程量按建筑物外墙外边线每边各加2m、以m^2计算。

3)建筑场地原土碾压以m^2计算，填土碾压按图示填土厚度以m^3计算。

(3)挖掘沟槽、基坑土方工程量计算

1)沟槽、基坑划分：

①凡图示沟槽底宽在3m以内，且沟槽长大于槽宽3倍以上的，为沟槽；

②凡图示基坑底面积在$20m^2$以内的为基坑；

③凡图示沟槽底宽3m以外，坑底面积$20m^2$以外，平整场地挖土方厚度在30cm以外，均按挖土方计算。

2)计算挖沟槽、基坑、土方工程量需放坡时，放坡系数按表5-5规定计算。

表5-5 放坡系数表

土壤类别	放坡起点(m)	人工挖土	机械挖土	
			在坑内作业	在坑上作业
一、二类土	1.20	1∶0.5	1∶0.33	1∶0.75
三类土	1.50	1∶0.33	1∶0.25	1∶0.67
四类土	2.00	1∶0.25	1∶0.10	1∶0.33

注：1. 沟槽、基坑中土的类别不同时，分别按其放坡起点、放坡系数、依不同土的厚度加权平均计算。

2. 计算放坡时，在交接处的重复工程量不予扣除，原槽、坑作基础垫层时，放坡自垫层上表面开始计算。

3)挖沟槽、基坑需支挡土板时，其宽度按图示沟槽、基坑底宽，单面加10cm，双面加20cm计算。挡土板面积，按槽、坑垂直支撑面积计算，支挡土板后，不得再计算放坡。

4)基础施工所需工作面，按表5-6规定计算。

表 5-6 基础施工所需工作面宽度计算表

基础材料	每边各增加工作面宽度(mm)
砖基础	200
浆砌毛石、条石基础	150
混凝土基础垫层支模板	300
混凝土基础支模板	300
基础垂直面做防水层	800(防水层面)

5)挖沟槽长度 外墙按图示中心线长度计算;内墙按图示基础底面之间净长线长度计算;内外突出部分(垛、附墙烟囱等)体积并入沟槽土方工程量内计算。

6)人工挖土方深度超过 1.5m 时,按表 5-7 增加工日。

表 5-7 人工挖土方超深增加工日表 ($100m^3$)

深 2m 以内	深 4m 以内	深 6m 以内
5.55 工日	17.60 工日	26.16 工日

7)挖管道沟槽按图示中心线长度计算,沟底宽度,设计有规定的,按设计规定尺寸计算,设计无规定的,可按表 5-8 规定宽度计算。

表 5-8 管道地沟沟底宽度计算表 (m)

管 径 (mm)	铸铁管、钢管 石棉水泥管	混凝土、钢筋混凝土、 预应力混凝土管	陶土管
50～70	0.60	0.80	0.70
100～200	0.70	0.90	0.80
250～350	0.80	1.00	0.90
400～450	1.00	1.30	1.10
500～600	1.30	1.50	1.40
700～800	1.60	1.80	
900～1000	1.80	2.00	
1100～1200	2.00	2.30	
1300～1400	2.20	2.60	

注:1. 按上表计算管道沟土方工程量时,各种井类及管道(不含铸铁给排水管)接口等处需加宽增加的土方量不另行计算,底面积大于 $20m^2$ 的井类,其增加工程量并入管沟土方内计算。

2. 铺设铸铁给排水管道时其接口等处土方增加量,可按铸铁给排水管道地沟土方总量的 2.5%计算。

8)沟槽、基坑深度,按图示槽、坑底面至室外地坪深度计算;管道地沟按图示沟底至室外地坪深度计算。

(4)人工挖孔桩土方工程量计算 按图示桩断面积乘以设计桩孔中心线深度计算。

(5)井点降水工程量计算 井点降水区别轻型井点、喷射井点、大口径井点、电渗井点、水平井点按不同井管深度的井管安装、拆除,以根为单位计算,使用按套、天计算。

井点套组成:

轻型井点:50 根为 1 套;喷射井点:30 根为 1 套;大口径井点:45 根为 1 套;电渗井点阳极:30 根为 1 套;水平井点:10 根为 1 套。

井管间距应根据地质条件和施工降水要求,依施工组织设计确定,施工组织设计没有规定时,可按轻型井点管距 0.8～1.6m,喷射井点管距 2～3m 确定。

使用天应以每昼夜 24 小时为一天,使用天数应按施工组织设计规定的使用天数计算。

2. 石方工程基础定额工程量计算规则

岩石开凿及爆破工程量，区别石质按下列规定计算：

(1)人工凿岩石，按图示尺寸以 m^3 计算；

(2)爆破岩石按图示尺寸以 m^3 计算，其沟槽、基坑深度、宽允许超挖量：次坚石为 200mm，特坚石为 150mm，超挖部分岩石并入岩石挖方量之内计算。

3. 土(石)方运输与回填

(1)土(石)方回填　回填土区分夯填、松填，按图示回填体积并依下列规定，以 m^3 计算。

1)沟槽、基坑回填土，沟槽、基坑回填体积以挖方体积减去设计室外地坪以下埋设砌筑物(包括：基础垫层、基础等)体积计算。

2)管道沟槽回填，以挖方体积减去管径所占体积计算。管径在 500mm 以下的不扣除管道所占体积；管径超过 500mm 以上时，按表 5-9 规定扣除管道所占体积计算。

表 5-9　管道扣除土方体积表

管道名称	管道直径 (mm)					
	501～600	601～800	801～1000	1001～1200	1201～1400	1401～1600
钢　管	0.21	0.44	0.71			
铸铁管	0.24	0.49	0.77			
混凝土管	0.33	0.60	0.92	1.15	1.35	1.55

3)房心回填土，按主墙之间的面积乘以回填土厚度计算。

4)余土或取土工程量，可按下式计算

余土外运体积＝挖土总体积－回填土总体积

式中　计算结果为正值时，为余土外运体积，负值时为取土体积。

5)地基强夯按设计图示强夯面积，区分夯击能量，夯击遍数以 m^2 计算。

(2)土方运距计算规则

1)推土机推土运距：按挖方区重心至回填区重心之间的直线距离计算。

2)铲运机运土运距：按挖方区重心至卸土区重心加转向距离 45m 计算。

3)自卸汽车运土运距：按挖方区重心至填土区(或堆放地点)重心的最短距离计算。

三、清单计价规范工程量计算

(一)关于土(石)方工程的内容的说明

1. 概况

土(石)方工程共分 3 节 10 个项目。包括土方工程、石方工程、土(石)方回填。适用于建筑物和构筑物的土石方开挖及回填工程。

工程量清单的工程量，是拟建工程分项工程的实体数量。土石方工程除场地、房心填土外，其他土石方工程不构成工程实体。但目前没有一个建筑物或构筑物是不动土可以修建起来的，土石方工程是修建中实实在在的必须发生的施工工序，如果采用基础清单项目内含土石方报价，由于地表以下存在许多不可知的自然条件，势必增加基础项目报价的难度。为此，《建设工程工程量清单计价规范》(GB 50500—2008)中将土石方单独列项。

2. 有关项目的说明

(1)“平整场地”项目适于建筑场地厚度在±30cm 以内的挖、填、运、找平。应注意：

1)可能出现±30cm 以内的全部是挖方或全部是填方，需外运土方或借土回填时，在工程量

清单项目中应描述弃土运距(或弃土地点)或取土运距(或取土地点),这部分的运输应包括在“平整场地”项目报价内;

2)工程量“按建筑物首层面积计算”,如施工组织设计规定超面积平整场地时,超出部分应包括在报价内。

(2)“挖土方”项目适用于±30cm 以外的竖向布置的挖土或山坡切土,是指设计室外地坪标高以上的挖土,并包括指定范围内的土方运输。应注意:

1)由于地形起伏变化大,不能提供平均挖土厚度时应提供方格网法或断面法施工的设计文件;

2)设计标高以下的填土应按“土石方回填”项目编码列项。

(3)“挖基础土方”项目适用于基础土方开挖(包括人工挖孔桩土方),并包括指定范围内的土方运输。应注意:

1)根据施工方案规定的放坡、操作工作面和机械挖土进出施工工作面的坡道等的增加的施工量,应包括在挖基础土方报价内。

2)工程量清单“挖基础土方”项目中应描述弃土运距,施工增量的弃土运输包括在报价内。

3)截桩头包括剔打混凝土、钢筋清理、调查弯钩及清运弃碴、桩头。

4)深基础的支护结构　如钢板桩、H 钢桩、预制钢筋混凝土板桩、钻孔灌注混凝土排桩挡墙、预制钢筋混凝土排桩挡墙、人工挖孔灌注混凝土排桩挡墙、旋喷桩地下连续墙和基坑内的水平钢支撑、水平钢筋混凝土支撑、锚杆拉固、基坑外拉锚、排桩的圈梁、H 钢桩之间的木挡土板以及施工降水等,应列入工程量清单措施项目费内。

(4)“管沟土方”项目适用于管沟土方开挖、回填。应注意:

1)管沟土方工程量不论有无管沟设计均按长度计算。管沟开挖加宽工作面、放坡和接口处加宽工作面,应包括在管沟土方报价内。

2)采用多管同一管沟直埋时,管间距离必须符合有关规范的要求。

(5)“石方开挖”项目适用于人工凿石、人工打眼爆破、机械打眼爆破等,并包括指定范围内的石方清除运输。应注意:

1)设计规定需光面爆破的坡面、需摊座的基底,工程量清单中应进行描述。

2)石方爆破的超挖量,应包括在报价内。

(6)“土(石)方回填”项目适用于场地回填、室内回填和基础回填,并包括指定范围内的运输以及借土回填的土方开挖。应注意:

基础土方放坡等施工的增加量,应包括在报价内。

3. 土(石)方共性问题说明

(1)“指定范围内的运输”是指由招标人指定的弃土地点或取土地点的运距;若招标文件规定由投标人确定弃土地点或取土地点时,则此条件不必在工程量清单中进行描述。

(2)土石方清单项目报价应包括指定范围内的土石一次或多次运输、装卸以及基底夯实、修理边坡、清理现场等全部施工工序。

(3)桩间挖土方工程量不扣除桩所占体积。

(4)因地质情况变化或设计变更引起的土(石)方工程量的变更,由业主与承包人双方现场认证,依据合同条件进行调整。

4. 土(石)方工程有关名词的解释

(1)淤泥,是一种稀软状,不易成形的灰黑色、有臭味、含有半腐朽的植物遗体(占 60%以上),置于水中有动植物残体渣滓浮于水面,并常有气泡由水中冒出的泥土。

(2)流沙，在坑内抽水时，坑底的土会成流动状态，随地下水涌出，这种土无承载力边挖边冒，无法挖深，强挖会掏空邻近地基。

(3)预裂爆破，是指为降低爆震波对周围已有建筑物或构筑物的影响，按照设计的开挖边线，钻一排预裂炮眼，炮眼均需按设计规定药量装炸药，在开挖区炮爆破前，预先炸裂一条缝，在开挖炮爆破时，这条缝能够反射，阻隔爆震波。

(4)减振孔，与预裂爆破起相同作用，在设计开挖边线加密炮眼，缩小排间距离，不装炸药，起反射阻隔爆震波的作用。

(5)光面爆破，是指按照设计要求，某一坡面(多为垂直面)需要实施光面爆破，在这个坡面设计开挖边线，加密炮眼和缩小排间距离，控制药量，达到爆破后该坡面比较规整的要求。

(6)基底摊座，是指开挖炮爆破后，在需要设置基础的基底进行剔打找平，使基底达到设计标高要求，以便基础垫层的浇筑。

(7)房心回填土工程量以主墙间净面积乘填土厚度计算，这里的“主墙”是指结构厚度在120mm以上(不含120mm)的各类墙体。

(二)工程量清单项目设置及工程量计算规则

1. 土方工程

土方工程工程量清单项目设置及工程量计算规则见表5-10。

表5-10　土方工程(编码:010101)

项目编码	项目名称	项目特征	计量单位	工程量计算规则	工程内容
010101001	平整场地	1. 土壤类别。 2. 弃土运距。 3. 取土运距	m^2	按设计图示尺寸以建筑物首层面积计算	1. 土方挖填。 2. 场地找平。 3. 运输
010101002	挖土方	1. 土壤类别。 2. 挖土平均厚度。 3. 弃土运距	m^3	按设计图示尺寸以体积计算	1. 排地表水。 2. 土方开挖。 3. 挡土板支拆。 4. 截桩头。 5. 基底钎探。 6. 运输
010101003	挖基础土方	1. 土壤类别。 2. 基础类型。 3. 垫层底宽、底面积。 4. 挖土深度。 5. 弃土运距	m^3	按设计图示尺寸以基础垫层底面积乘以挖土深度计算	
010101004	冻土开挖	1. 冻土厚度。 2. 弃土运距	m^3	按设计图示尺寸开挖面积乘以厚度以体积计算	1. 打眼、装药、爆破。 2. 开挖。 3. 清理。 4. 运输
010101005	挖淤泥、流沙	1. 挖掘深度。 2. 弃淤泥、流沙距离	m^3	按设计图示位置、界限以体积计算	1. 挖淤泥、流砂。 2. 弃淤泥、流砂
010101006	管沟土方	1. 土壤类别。 2. 管外径。 3. 挖沟平均深度。 4. 弃土石运距。 5. 回填要求	m	按设计图示以管道中心线长度计算	1. 排地表水。 2. 土方开挖。 3. 挡土板支拆。 4. 运输。 5. 回填

2. 石方工程

石方工程工程量清单项目设置及工程量计算规则见表5-11。

表5-11 石方工程(编码:010102)

项目编码	项目名称	项目特征	计量单位	工程量计算规则	工程内容
010102001	预裂爆破	1. 岩石类别。 2. 单孔深度。 3. 单孔装药量。 4. 炸药品种、规格。 5. 雷管品种、规格	m	按设计图示以钻孔总长度计算	1. 打眼、装药、放炮。 2. 处理渗水、积水。 3. 安全防护、警卫
0101202002	石方开挖	1. 岩石类别。 2. 开凿深度。 3. 弃碴运距。 4. 光面爆破要求。 5. 基底摊座要求。 6. 爆破石块直径要求	m^3	按设计图示尺寸以体积计算	1. 打眼、装药、放炮。 2. 处理渗水、积水。 3. 解小。 4. 岩石开凿。 5. 摊座。 6. 清理。 7. 运输。 8. 安全防护、警卫
010102003	管沟石方	1. 岩石类别。 2. 管外径。 3. 开凿深度。 4. 弃碴运距。 5. 基底摊座要求。 6. 爆破石块直径要求	m	按设计图示以管道中心线长度计算	1. 石方开凿、爆破。 2. 处理渗水、积水。 3. 解小。 4. 摊座。 5. 清理、运输、回填。 6. 安全防护、警卫

3. 土(石)方运输与回填工程

土(石)方运输与回填工程量清单项目设置及工程量计算规则见表5-12。

表5-12 土石方回填(编码:010103)

项目编码	项目名称	项目特征	计量单位	工程量计算规则	工程内容
010103001	土(石)方回填	1. 土质要求。 2. 密实度要求。 3. 粒径要求。 4. 夯填(碾压)。 5. 松填。 6. 运输距离	m^3	按设计图示尺寸以体积计算。 注:1. 场地回填:回填面积乘以平均回填厚度。 2. 室内回填:主墙间净面积乘以回填厚度。 3. 基础回填:挖方体积减去设计室外地坪以下埋设的基础体积(包括基础垫层及其他构筑物)	1. 挖土方。 2. 装卸、运输。 3. 回填。 4. 分层碾压、夯实

(三)工程量清单编制相关问题的处理

(1)土石方体积应按挖掘前的天然密实体积计算。如需按天然密实体积折算时,应按表5-13系数计算。

表 5-13　土石方体积折算系数表

天然密实度体积	虚方体积	夯实后体积	松填体积
1.00	1.30	0.87	1.08
0.77	1.00	0.67	0.83
1.15	1.49	1.00	1.24
0.93	1.20	0.81	1.00

(2)挖土方平均厚度应按自然地面测量标高至设计地坪标高间的平均厚度确定。基础土方、石方开挖深度应按基础垫层底表面标高至交付施工场地标高确定,无交付施工场地标高时,应按自然地面标高确定。

(3)建筑物场地厚度在±30cm以内的挖、填、运、找平,应按平整场地项目编码列项。±30cm以外的竖向布置挖土或山坡切土,应按挖土方项目编码列项。

(4)挖基础土方包括带形基础、独立基础、满堂基础(包括地下室基础)及设备基础、人工挖孔桩等的挖方。带形基础应按不同底宽和深度,独立基础和满堂基础应按不同底面积和深度分别编码列项。

(5)管沟土(石)方工程量应按设计图示尺寸以长度计算。有管沟设计时,平均深度以沟垫层底表面标高至交付施工场地标高计算;无管沟设计时,直埋管深度应按管底外表面标高至交付施工场地标高的平均高度计算。

(6)设计要求采用减震孔方式减弱爆破震动波时,应按预裂爆破项目编码列项。

(7)湿土的划分应按地质资料提供的地下常水位为界,地下常水位以下为湿土。

(8)挖方出现流砂、淤泥时,可根据实际情况由发包人与承包人双方认证。

四、大型土石方工程工程量计算

1. 大型土(石)方工程工程量横截面计算法

横截面计算方法适用于地形起伏变化较大或形状狭长地带,其方法是:

首先,根据地形图及总平面图,将要计算的场地划分成若干个横截面,相邻两个横截面距离视地形变化而定。在起伏变化大的地段,布置密一些(即距离短一些),反之则可适当长一些。如线路横断面在平坦地区,可取50m一个,山坡地区可取20m一个,遇到变化大的地段再加测断面,然后,实测每个横截面特征点的标高,量出各点之间距离(如果测区已有比较精确的大比例尺地形图,也可在图上设置横截面,用比例尺直接量取距离,按等高线求算高程,方法简捷,就其精度来说,没有实测的高),按比例尺把每个横截面绘制到厘米方格纸上,并套上相应的设计断面,则自然地面和设计地面两轮廓线之间的部分,即是需要计算的施工部分。

具体计算步骤:

(1)划分横截面根据地形图(或直接测量)及竖向布置图,将要计算的场地划分横截面 $A-A'$,$B-B'$,$C-C'$……划分原则为垂直等高线,或垂直主要建筑物边长,横截面之间的间距可不等,地形变化复杂的间距宜小,反之宜大一些,但最大不宜大于100m。

(2)划截面图形按比例划制每个横截面的自然地面和设计地面的轮廓线。设计地面轮廓线之间的部分,即为填方和挖方的截面。

(3)计算横截面面积按表5-14的面积计算公式,计算每个截面的填方或挖方截面积。

表 5-14 常用横截面计算公式

图　　示	面积计算公式
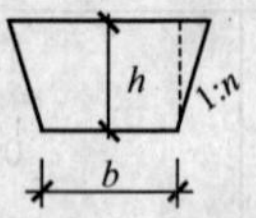	$F=h(b+nh)$
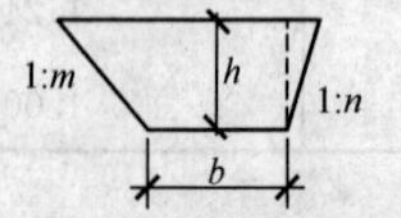	$F=h\left[b+\frac{h(m+n)}{2}\right]$
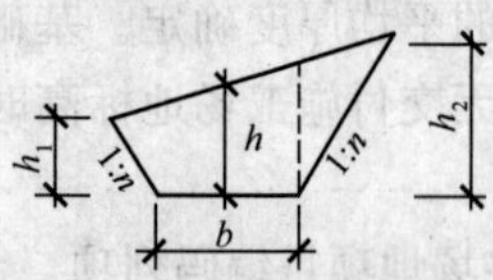	$F=b\frac{h_1+h_2}{2}+nh_1h_2$
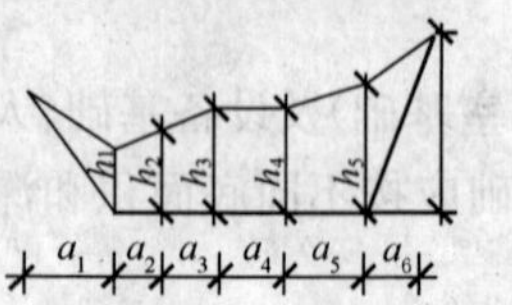	$F=h_1\frac{a_1+a_2}{2}+h_2\frac{a_2+a_3}{2}+h_3\frac{a_3+a_4}{2}+h_4\frac{a_4+a_5}{2}+h_5\frac{a_5+a_6}{2}$
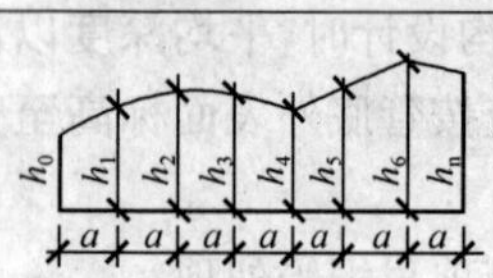	$F=\frac{1}{2}a(h_0+2h+\cdots+h_n)$ $h=h_1+h_2+h_3+\cdots+h_n$

(4)计算土方量根据截面面积计算土方量

$$V=\frac{1}{2}(F_1+F_2)\times L$$

式中　V——表示相邻两截面间的土方量(m^3)；

F_1、F_2——表示相邻两截面的挖(填)方截面积(m^2)；

L——表示相邻截面间的间距(m)。

(5)按土方量汇总如图 5-2$A-A'$所示，设桩号 0＋0.00 的填方横截面积为 2.80m^2，挖方横截面积为 3.90m^2；图5-2 $B-B'$中，桩号0＋0.20的填方横断面积为 2.35m^2，挖方横截面面积为 6.75m^2，两桩间的距离为 20m(图 5-1)，则其挖填方量各为(表 5-15)：

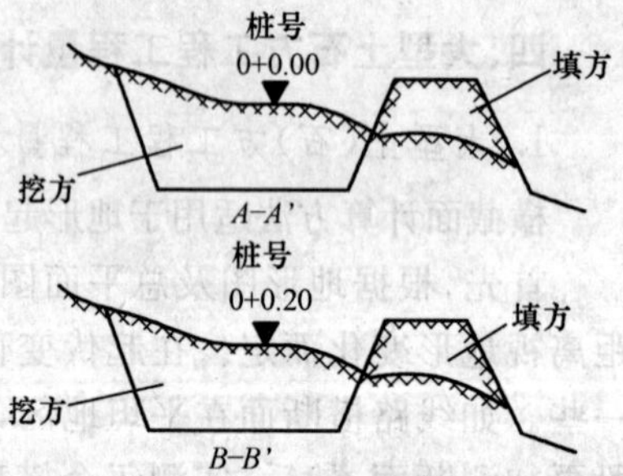

图 5-1　土方量汇总

$$V_{挖方}=\frac{1}{2}(3.90+6.75)\times 20=106.5(m^3)$$

$$V_{填方}=\frac{1}{2}(2.80+2.35)\times 20=51.5(m^3)$$

表 5-15　土方量汇总

断　面	填方面积(m^2)	挖方面积(m^2)	截面间距(m)	填方体积(m^3)	挖方体积(m^3)
$A-A'$	2.80	3.90	20	28	39
$B-B'$	2.35	6.75	20	23.5	67.5
合　计				51.5	106.5

2. 大型土(石)方工程工程量方格网计算法

(1)根据需要平整区域的地形图(或直接测量地形)划分方格网。方格的大小视地形变化的复杂程度及计算要求的精度不同而不同,一般方格的大小为 20m×20m(也可 10m×10m)。然后按设计(总图或竖向布置图),在方格网上套划出方格角点的设计标高(即施工后需达到的高度)和自然标高(原地形高度)。设计标高与自然标高之差即为施工高度,"－"表示挖方,"＋"表示填方。

(2)当方格内相邻两角一为填方、一为挖方时,则应比例分配计算出两角之间不挖不填的"零"点位置,并标于方格边上。再将各"零"点用直线连起来,就可将建筑场地划分为填、挖方区。

(3)土石方工程量的计算公式可参照表 5-16 进行。如遇陡坡等突然变化起伏地段,由于高低悬殊,采用本方法也难准确时,就视具体情况另行补充计算。

表 5-16　方格网点常用计算公式

序号	图　示	计　算　方　式
1	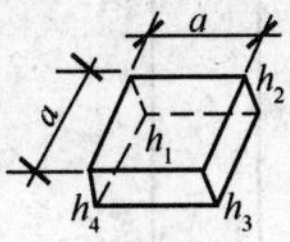	方格内四角全为挖方或填方。 $V=\frac{a^2}{4}(h_1+h_2+h_3+h_4)$
2	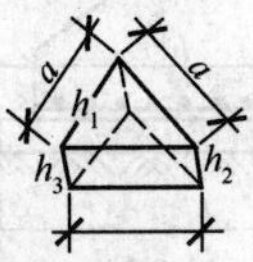	三角锥体,当三角锥体全为挖方或填方。 $F=\frac{a^2}{2}$　$V=\frac{a^2}{6}(h_1+h_2+h_3)$
3	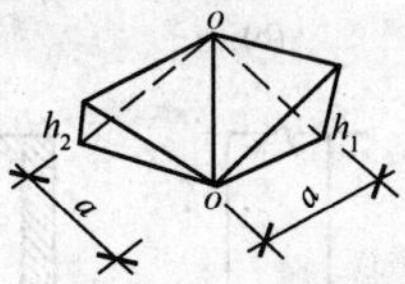	方格网内,一对角线为零线,另两角点一为挖方一为填方。 $F_{挖}=F_{填}=\frac{a^2}{2}$ $V_{挖}=\frac{a^2}{6}h_1$　$V_{填}=\frac{a^2}{6}h_2$
4	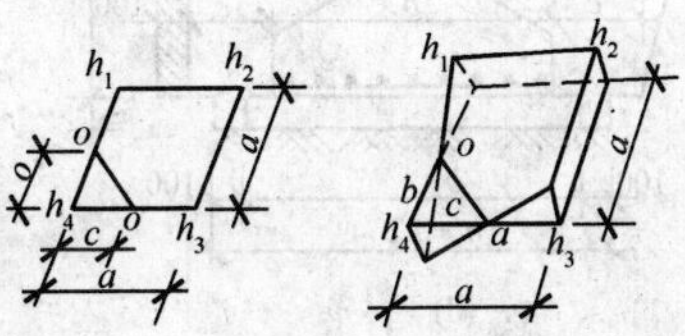	方格网内,三角为挖(填)方,一角为填(挖)方。 $b=\frac{ah_4}{h_1+h_4}$;$c=\frac{ah_4}{h_3+h_4}$ $F_{填}=\frac{1}{2}bc$;$F_{挖}=a^2-\frac{1}{2}bc$ $V_{填}=\frac{h_4}{6}bc=\frac{a^2h_4^3}{6(h_1+h_4)(h_3+h_4)}$ $V_{挖}=\frac{a^2}{6}-(2h_1+h_2+2h_3-h_4)+V_{填}$
5	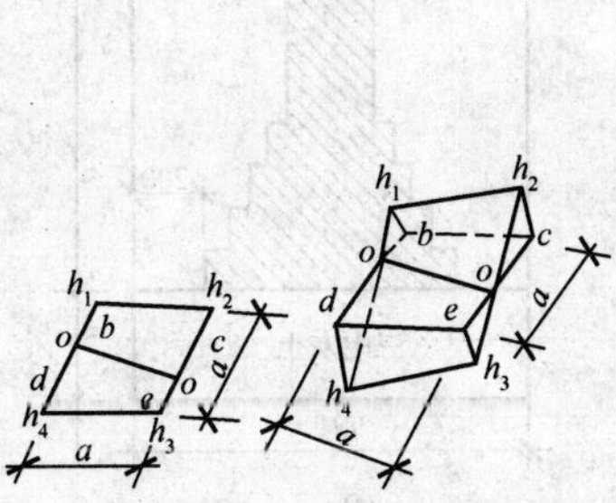	方格网内,两角为挖,两角为填。 $b=\frac{ah_1}{h_1+h_4}$; $c=\frac{ah_2}{h_2+h_3}$　$d=a-b$;$e=a-c$ $F_{挖}=\frac{1}{2}(b+c)a$; $F_{填}=\frac{1}{2}(d+e)a$; $V_{挖}=\frac{a}{4}(h_1+h_2)\frac{b+c}{2}=\frac{a}{8}(b+c)\cdot(h_1+h_2)$; $V_{填}=\frac{a}{4}(h_3+h_4)\frac{d+e}{2}=\frac{a}{8}(d+e)\cdot(h_3+h_4)$

(4)将挖方区、填方区所有方格计算出的工程量列表汇总,即得该建筑场地的土石方挖、填方工程总量。

五、沟槽土石方工程量计算

外墙沟槽:$V_{挖}=S_{断}\times L_{外中}$

内墙沟槽:$V_{挖}=S_{断}\times L_{基底净长}$

管道沟槽:$V_{挖}=S_{断}\times L_{中}$

其中沟槽断面有如下形式:

1. 钢筋混凝土基础有垫层时

(1)两面放坡[图 5-2(a)]所示

$$S_{断}=[(b+2\times 0.3)+mh]\times h+(b'+2\times 0.1)\times h'$$

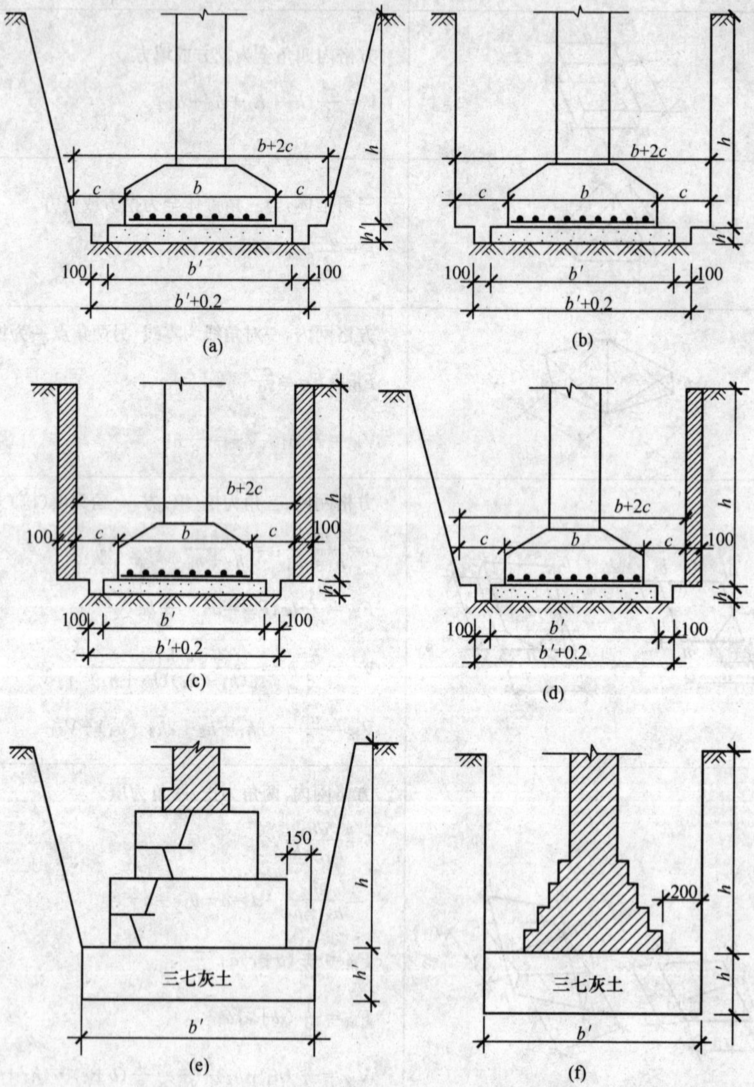

图 5-2 沟槽断面

(2)不放坡无挡土板[图 5-2(b)]

$$S_{断}=(b+2\times0.3)\times h+(b'+2\times0.1)\times h'$$

(3)不放坡加两面挡土板[图 5-2(c)]

$$S_{断}=(b+2\times0.3+2\times0.1)\times h+(b'+2\times0.1)\times h'$$

(4)一面放坡一面挡土板[图 5-2(d)]

$$S_{断}=(b+2\times0.3+0.1+0.5mh)\times h+(b'+2\times0.1)\times h'$$

2. 基础有其他垫层时

(1)两面放坡如图 5-2(e)所示

$$S_{断}=[(b'+mh)\times h+b'\times h']$$

(2)不放坡无挡土板[图 5-2(f)]

$$S_{断}=b'\times(h+h')$$

3. 基础无垫层时

(1)两面放坡如图 5-3(a)所示

$$S_{断}=[(b+2c)+mh]\times h$$

(2)不放坡无挡土板如图 5-3(b)所示

$$S_{断}=(b+2c)\times h$$

(3)不放坡加两面挡土板如图 5-3(c)所示

$$S_{断}=(b+2c+2\times0.1)\times h$$

(4)一面放坡一面挡土板如图 5-3(d)所示

$$S_{断}=(b+2c+0.1+0.5mh)\times h$$

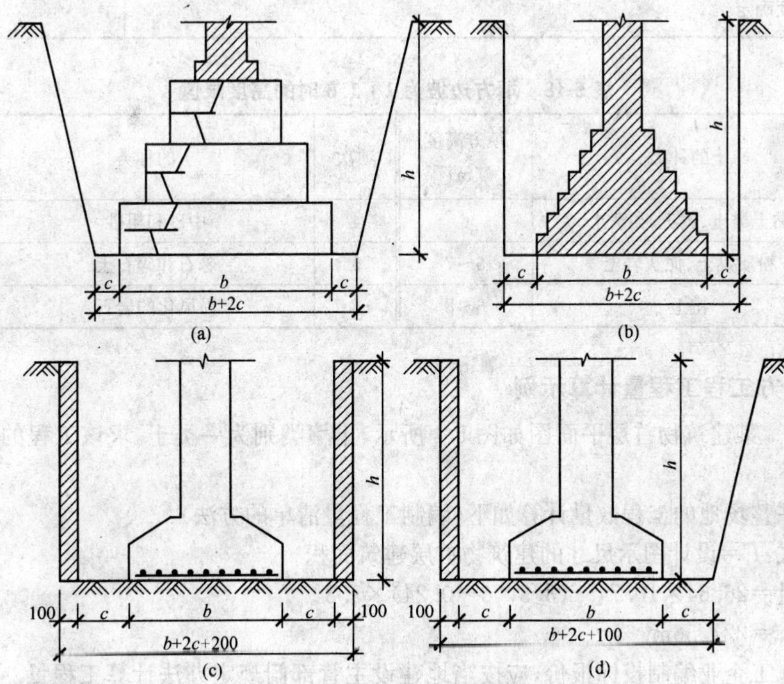

图 5-3　沟槽断面示意图

式中 $S_{断}$——沟槽断面面积(m^2)；

m——放坡系数；

c——工作面宽度(m)；

h——从室外设计地面至基础底深度，即垫层上基槽开挖深度(m)；

h'——基础垫层高度(m)；

b——基础底面宽度(m)；

b'——垫层宽度(m)。

六、边坡土方工程量计算

为了保持土体的稳定和施工安全，挖方和填方的周边都应修筑成适当的边坡。

边坡的坡度系数(边坡宽度∶边坡高度)根据不同的填挖高度(深度)、土的物理性质和工程的重要性，在设计文件中应有明确的规定。常用的挖方边坡坡度和填方高度限值，见表5-17和表5-18。

表5-17 水文地质条件良好时永久性土工构筑物挖方的边坡坡度

项次	挖 方 性 质	边坡坡度
1	在天然湿度、层理均匀，不易膨胀的黏土、粉质黏土、粉土和砂土(不包括细砂、粉砂)内挖方，深度不超过3m	1∶1～1∶1.25
2	土质同上，深度为3～12m	1∶1.25～1∶1.50
3	干燥地区内土质结构未经破坏的干燥黄土及类黄土，深度不超过12m	1∶0.1～1∶1.25
4	在碎石和泥灰岩土内的挖方，深度不超过12m，根据土的性质、层理特性和挖方深度确定	1∶0.5～1∶1.5

表5-18 填方边坡为1∶1.5时的高度限值

项次	土的种类	填方高度(m)	项次	土的种类	填方高度(m)
1	黏土类土、黄土、类黄土	6	4	中砂和粗砂	10
2	粉质黏土、泥灰岩土	6～7	5	砾石和碎石土	10～12
3	粉土	6～8	6	易风化的岩石	12

七、土石方工程工程量计算示例

【例5-1】 某建筑物首层平面图如图5-4所示，土壤类别为一类土，求该工程的平整场地的工程数量。

【解】 平整场地的工程数量计算如下(编制工程量清单的方法)：

计算公式：F=设计图示尺寸的建筑物首层建筑面积

工程数量=26.64×10.74－(3.3×6－0.24)×3.3

=221.56m^2

如果是施工企业编制投标报价，应按当地建设主管部门规定办法计算工程量。平整场地工程量，按建筑物外墙外边线每边各加2m，所以包围的场地面积计算。

工程量=(26.64+4)×(10.74+4)－(3.3×6－0.24－4)×3.3

=400.28m^2

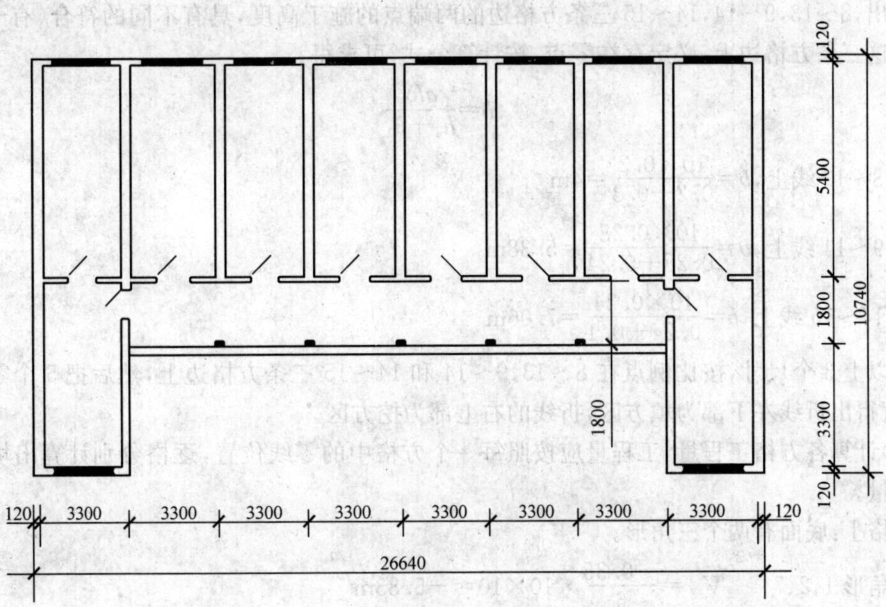

图 5-4　场地平整

【例 5-2】 某建筑场地，长 40m，宽 20mm。设计地面标高 44.0m。自然地面标高如图 5-5(a)所示。求挖填土方工程量。

【解】 (1)挖土方的工程量计算公式：

V=设计图示尺寸的体积

(2)土方回填的工程量计算公式：

V=设计图示尺寸的体积(或回填面积乘以平均回填厚度)

本例计算过程如下：

(1)将场地划分方格网，方格边长各为 10m，共得 8 个方格，1～15 共 15 个网点，根据设计地面标高和自然地面标高，计算出各点的施工高度。如 1 点，施工高度为 44.00－44.00＝0；5 点的施工高度为 44.00－44.55＝－0.55；6 点的施工高度为 44.00－43.60＝0.40 等等，分别标注在图上。

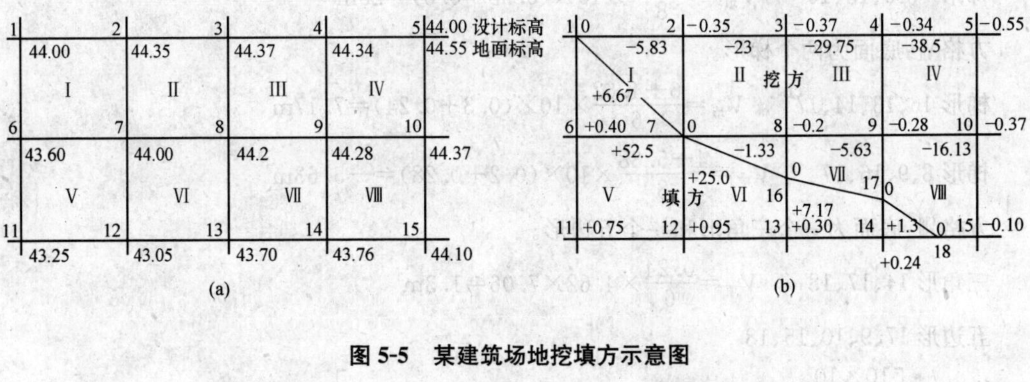

图 5-5　某建筑场地挖填方示意图

(2)计算出零点(即不挖不填处)的位置，并连成折线，分出填方区和挖方区。从图 5-5(b)上可以看出，8～13，9～14，14～15 三条方格边的两端点的施工高度，具有不同的符合（有＋和－），说明在这三条方格边上，必定存在零点，按计算公式，可求得：

$$b=\frac{ah_4}{h_4+h_1}$$

在 8～13 线上，$b=\frac{10\times 0.2}{0.2+0.3}=4\text{m}$

在 9～14 线上，$b=\frac{10\times 0.28}{0.28+0.24}=5.38\text{m}$

在 14～15 线上，$b=\frac{10\times 0.24}{0.24+0.1}=7.06\text{m}$

将以上 3 个尺寸，按比例点在 8～13，9～14 和 14～15 三条方格边上，然后把 5 个零点连成折线，就得出折线左下部为填方区，折线的右上部为挖方区。

(3)计算各方格工程量，工程量应按照每一个方格中的零线位置，逐格分别计算出填（挖）方的工程量。

方格Ⅰ：底面有两个三角形。

三角形 1、2、7　　$V_{挖}=\frac{-0.35}{6}\times 10\times 10=-5.83\text{m}^3$

三角形 1、6、7　　$V_{填}=\frac{0.4}{6}\times 10\times 10=6.67\text{m}^3$

方格Ⅱ、Ⅲ、Ⅳ、Ⅴ：底面均为正方形。

$$V_{Ⅰ挖}=\frac{-10\times 10}{4}\times(0.35+0.37+0.2+0)=-23\text{m}^3$$

$$V_{Ⅱ挖}=\frac{-10\times 10}{4}\times(0.37+0.34+0.28+0.2)=-29.75\text{m}^3$$

$$V_{Ⅳ挖}=\frac{-10\times 10}{4}\times(0.34+0.55+0.37+0.28)=-38.5\text{m}^3$$

$$V_{Ⅴ填}=\frac{10\times 10}{4}\times(0.4+0+0.95+0.75)=52.5\text{m}^3$$

方格Ⅵ：底面为一个三角形和一个梯形。

三角形 7、8、16　　$V_{挖}=\frac{-0.2}{6}\times 4\times 10=-1.33\text{m}^3$

梯形 7、12、13、16　　$V_{填}=\frac{10+6}{8}\times 10\times(0.95+0.3)=25\text{m}^3$

方格Ⅶ：底面为两个梯形。

梯形 16、13、14、17　　$V_{填}=\frac{6+4.62}{6}\times 10\times(0.3+0.24)=7.17\text{m}^3$

梯形 8、9、16、17　　$V_{挖}=\frac{4+5.38}{8}\times 10\times(0.2+0.28)=-5.63\text{m}^3$

方格Ⅷ：底面为一个三角形和一个五边形。

三角形 14、17、18　　$V_{填}=\frac{0.24}{6}\times 4.62\times 7.06=1.3\text{m}^3$

五边形 17、9、10、15、18

$$V_{挖}=-\left[\frac{10\times 10}{6}\times(2\times 0.28+0.37+2\times 0.1-0.24)+1.3\right]=-16.13\text{m}^3$$

(4)工程量汇总

$$\sum V_{挖}=-(5.83+23+29.75+38.5+1.33+5.63+16.13)=-120.17m^3$$

$$\sum V_{填}=6.67+52.5+25+7.17+1.3=92.64m^3$$

【例 5-3】 某建筑场地 80m×60m，方格网的布置如图 5-6 所示，方格网 a=20m，土壤类别为三类土。设计泄水坡度 i_x=1%，i_y=0.5%，暂不考虑土的可松性对设计标高的影响，已知余土外运距离 2000m。试确定场地各方格角点的设计标高，并计算挖、填土方数量（暂不考虑边坡土方量）。

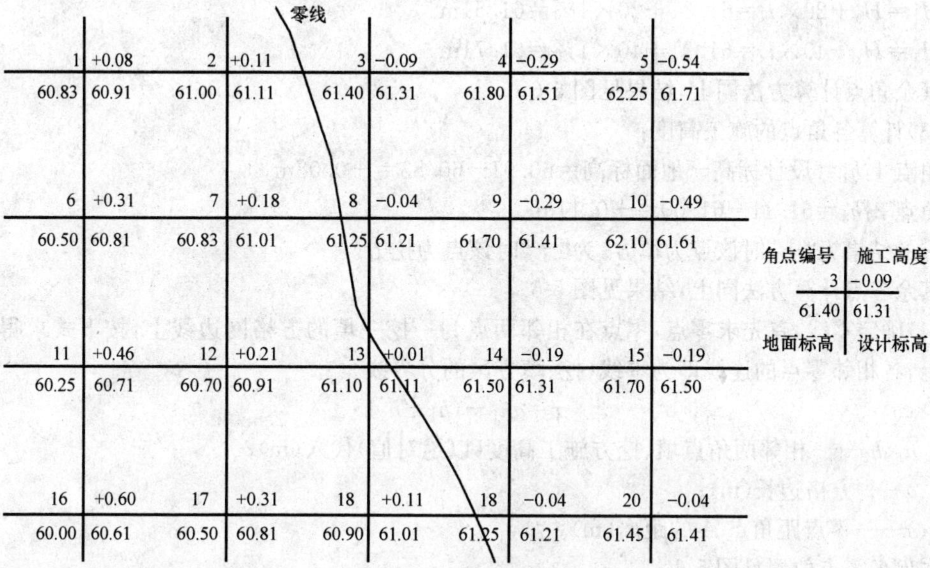

图 5-6 方格图示意图

【解】 (1)挖土方的工程数量计算公式：

V=设计图示尺寸的体积

(2)土方回填的工程数量计算公式：

V=设计图示尺寸的体积(或回填面积乘以平均回填厚度)

本例计算过程如下：

(1)计算场地设计标高 H_o(有时直接给出场地平均设计标高 H_o)：

计算步骤如下：

$\sum H_1=60.83+62.25+61.45+60.00=244.53m$

$2\sum H_2=2\times(61.00+61.40+61.80+62.10+61.70+61.25+60.90+60.50+60.25+60.50)=1222.80m$

$4\sum H_4=4\times(60.83+61.25+61.7+60.70+61.10+61.50)=1468.32m$

所以：$H_o=(244.53+1222.80+1468.32)\div(4\times12)=61.16m$

(2)根据泄水坡度计算方格角点的设计标高：由图 5-7，以场地中心点处为 H_o，各方格角点的设计标高为：

$H_8=H_o+10\times i_y=61.16+10\times0.5\%=61.21m$

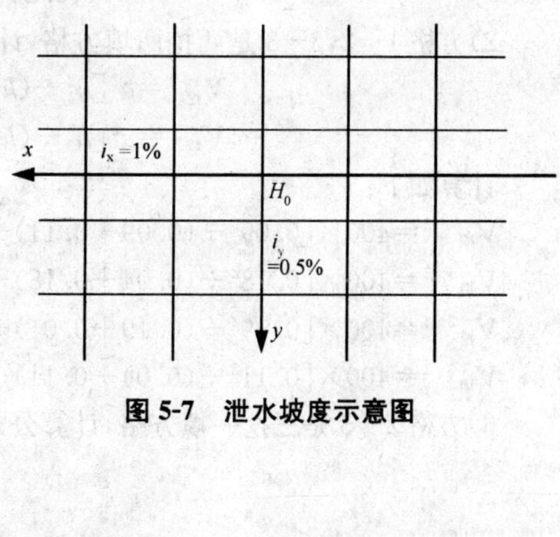

图 5-7 泄水坡度示意图

$H_3=H_o+30\times i_y=61.16+30\times0.5\%=61.31\text{m}$

$H_{13}=H_o-10\times i_y=61.16-10\times0.5\%=61.11\text{m}$

$H_{18}=H_o-30\times i_y=61.16-30\times0.5\%=61.01\text{m}$

$H_2=H_3-20\times i_x=61.31-20\times1\%=61.11\text{m}$

$H_1=H_3-40\times i_x=61.31-40\times1\%=60.91\text{m}$

$H_4=H_3+20\times i_x=61.31+20\times1\%=61.51\text{m}$

$H_5=H_3+40\times i_x=61.31+40\times1\%=61.71\text{m}$

其余角点计算方法同上,结果见图 5-6。

(3)计算各角点的施工高度:

角点 1:h_1=设计标高-地面标高=60.91-60.83=+0.08m

角点 2:h_2=61.11-61.00=+0.11m

求的结果为"+"时该点为填方,为"-"时该点为挖方。

其余各点计算方法同上,结果见图 5-6。

(4)确定零线:首先求零点,零点在相邻两点为一挖一填的方格网边线上,按下式求得,并标在图上,各相邻零点的连线即为零线(挖、填方区的分界线):

$$x=ah_1\div(h_1+h_2)$$

式中 h_1、h_2——相邻两角点填、挖方施工高度(以绝对值)代入(m);

a——方格边长(m);

x——零点距角点 A 的距离(m)。

本例各零点位置见图 5-6。

(5)计算土方工程量:

1)方格 1-3,1-4,2-4,3-4 是四个角点全部为挖方,方格 1-1,2-1,3-1,3-2 是四个角点全部为填方。这四个角方格的土方量计算公式如下:

$$V_{挖(填)}=a^2(h_1+h_2+h_3+h_4)\div4$$

计算挖方工程量:$V_挖{}^{1-3}=400\times(0.09+0.29+0.29+0.04)\div4=71.00\text{m}^3$

$V_挖{}^{1-4}=400\times(0.29+0.54+0.49+0.29)\div4=161.00\text{m}^3$

$V_挖{}^{2-4}=400\times(0.29+0.49+0.19+0.19)\div4=116.00\text{m}^3$

$V_挖{}^{3-4}=400\times(0.19+0.19+0.04+0.04)\div4=46.00\text{m}^3$

计算填方工程量:$V_填{}^{1-1}=400\times(0.08+0.11+0.18+0.31)\div4=68.00\text{m}^3$

$V_填{}^{2-1}=400\times(0.31+0.18+0.21+0.46)\div4=116.00\text{m}^3$

$V_填{}^{3-1}=400\times(0.46+0.21+0.31+0.61)\div4=159.00\text{m}^3$

$V_填{}^{3-2}=400\times(0.21+0.01+0.11+0.31)\div4=64.00\text{m}^3$

2)方格 1-2,3-3 是两挖两填方格,计算公式如下:

$$V_挖^{1-2}=a^2[h_1^2\div(h_1+h_4)+h_2{}^2\div(h_2+h_3)]\div4$$

$$V_填^{3-4}=a^2[h_3^2\div(h_2+h_3)+h_4{}^2\div(h_1+h_4)]\div4$$

计算如下:

$V_挖{}^{1-2}=400\times[0.09^2\div(0.09+0.11)+0.44^2\div(0.44+0.18)]\div4=35.28\text{m}^3$

$V_填{}^{1-2}=400\times[0.18^2\div(0.04+0.18)+0.11^2\div(0.09+0.11)]\div4=20.78\text{m}^3$

$V_挖{}^{3-3}=400\times[0.19^2\div(0.19+0.01)+0.04^2\div(0.04+0.11)]\div4=19.12\text{m}^3$

$V_填{}^{3-3}=400\times[0.11^2\div(0.04+0.11)+0.01^2\div(0.19+0.01)]\div4=8.12\text{m}^3$

3)方格 2-3 是三挖一填方格,计算公式如下:

$$V_{填}^{2-3}=a^2h_4{}^3\div[(h_1+h_4)(h_3+h_4)]\div6$$

$$V_{挖}^{2-3}=a^2(2h_1+h_2+2h_3-h_4)\div6+V_4$$

则 $V_{填}{}^{2-3}=400\times0.01^3\div[(0.04+0.01)(0.19+0.01)]\div6=0.01m^3$

$V_{挖}{}^{2-3}=400\times(2\times0.04+0.29+2\times0.19-0.01)\div6+V_4=49.34m^3$

4)方格 2－2 是三填一挖方格：

$$V_{挖}{}^{2-2}=400\times0.04^3\div[(0.18+0.04)(0.01+0.04)]\div6=0.39m^3$$

$$V_{填}{}^{2-2}=400\times(2\times0.18+0.21+2\times0.01-0.04)\div6+V_4=37.06m^3$$

5)合计：

挖土方数量：$V_{挖}=71+161+116+46+35.28+19.12+49.34+0.39=498.13m^3$

土方回填数量：$V_{填}=68+116+159+64+20.78+8.12+0.01+37.06=472.97m^3$

(6)计算挖(填)平均厚度：见图 5-7，零线左侧为填方，右侧为挖方，计算挖方区面积约为 $2340m^2$，填方区面积约为 $2460m^2$，则平均挖土深度为 498.13÷2340＝0.21m，平均填土深度为 472.97÷2460＝0.19m。

计算结果：

(1)项目编码 010101002，土壤类别三类土，挖土平均厚度 0.21m，弃土运距 2000m，挖土方的工程数量＝498.13m³(工程量清单数量)。

(2)项目编码 010103001，土壤类别三类土，填土平均厚度 0.19m，土方回填的工程数量＝472.97m³(工程量清单数量)。

【例 5-4】 某建筑物的基础如图 5-8，计算挖四类土地槽工程量。

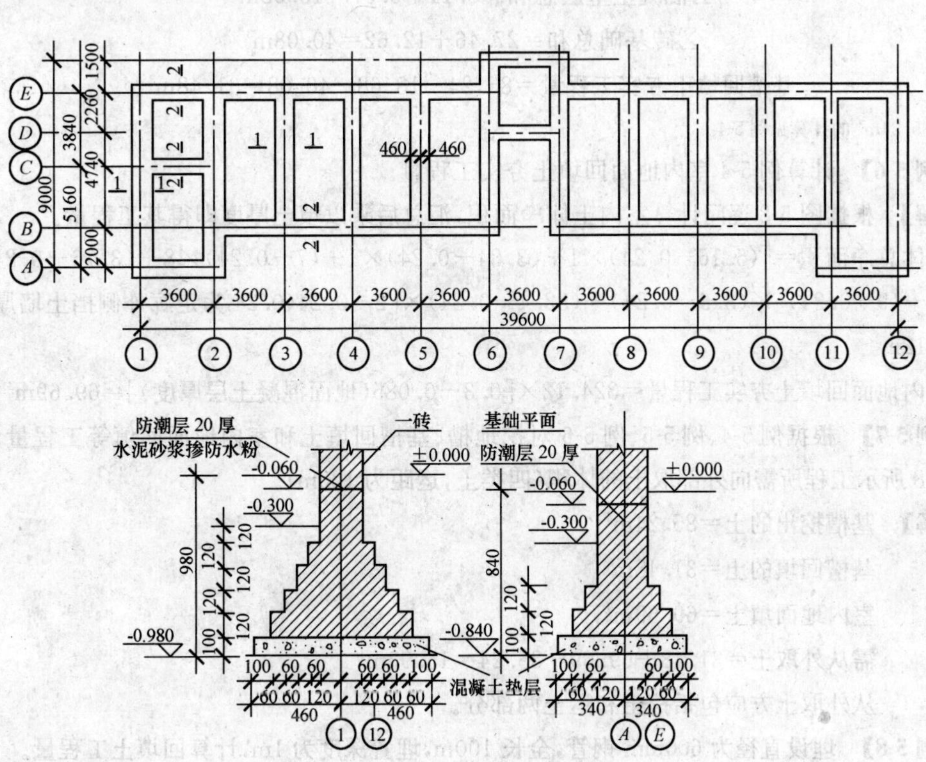

图 5-8　某建筑物基础示意图

【解】 计算秩序可按轴线编号，从左至右及由下而上进行，但基础宽度相同者应合并。

①、⑫轴：室外地面至槽底的深度×槽宽×长＝(0.98－0.3)×0.92×9×2＝11.26m³

②、⑪轴：(0.98－0.3)×0.92×(9－0.68)×2＝10.41m³

③、④、⑤、⑧、⑨、⑩轴：(0.98－0.3)×0.92×(7－0.68)×6＝23.72m³

⑥、⑦轴：(0.98－0.3)×0.92×(8.5－0.68)×2＝9.78m³

A、B、C、D、E、F 轴线：(0.84－0.3)×0.68×[39.6×2＋(3.6－0.92)]＝30.07m³

挖地槽工程量＝11.26＋10.41＋23.72＋9.78＋30.07＝85.24m³

【例 5-5】 求例 5-4 基槽回填土工程量。

【解】 应先计算混凝土垫层及砖基础的体积(计算长度和计算地槽的长度相同)，将挖地槽工程量减去此体积即得出基础回填土夯实的工程量。

剖面 1－1

混凝土垫层 ＝[9×2＋(9－0.68)×2＋(7－0.68)×6＋(8.5－0.68)×2]×0.1×0.92＝8.11m³

砖基础 ＝[9×2＋(9－0.24)×2＋(7.0－0.24)×6＋(8.5－0.24)×2]

×(0.68－0.10＋0.656 大放脚折加高度)×0.24＝27.46m³

剖面 2－2

混凝土垫层＝[39.6×2＋(3.6－0.92)]×0.1×0.68＝5.57m³

砖基础＝[39.6×2＋(3.6－0.24)]×(0.54－0.1＋0.197)×0.24＝12.62m³

∑混凝土垫层总和＝8.11＋5.57＝13.68m³

∑砖基础总和＝27.46＋12.62＝40.08m³

基槽回填土夯实工程量＝85.24－13.68－40.08＝31.48m³

注：85.24m³ 的计算见例 5-4。

【例 5-6】 计算例 5-4 室内地面回填土夯实工程量。

【解】 根据图 5-8 逐间计算室内土体净面积，汇总后乘以填土厚度即得其工程量。

土体总净面积＝[(5.16－0.24)×1＋(3.84－0.24)×1＋(7－0.24)×8＋(3.76－0.24)×1＋4.74＋(9－0.24)]×(3.6－0.24)＋(32.4－0.24)×[2－0.24(0.24 为走廊外侧挡土墙厚度)]＝324.12m²

室内地面回填土夯实工程量＝324.12×[0.3－0.085(地面混凝土层厚度)]＝69.69m³

【例 5-7】 根据例 5-4、例 5-5、例 5-6 对挖地槽、基槽回填土和室内地面回填等工程量计算，求图 5-8 所示工程所需向外部取土的体积(四类土，运距为 120m)。

【解】 基槽挖出的土＝85.24m³

基槽回填的土＝31.48m³

室内地面填土＝69.69m³

需从外取土＝31.48＋69.69－85.24＝15.93m³

从外取土方应包括挖土和运土两部分。

【例 5-8】 埋设直径为 600mm 钢管，全长 100m，埋置深度为 1m，计算回填土工程量。

【解】 人工挖土工程量＝100×1×1.3＝130m³

人工回填土工程量＝130－100×0.21＝109m³

第二节　桩与地基基础工程

一、相关说明

1. 桩的作用

当地基土上部为软弱土层，且荷载很大，采用浅基础已不能满足地基变形与强度要求时，可利用地基下部较坚硬的土层作为基础。常用的深基础有桩基础、沉井及地下连续墙等。

2. 桩基础的构造

桩基础由桩身及承台组成，桩身全部或部分埋入土中，顶部由承台联成一体，在承台上修建上部建筑物，如图5-9所示。

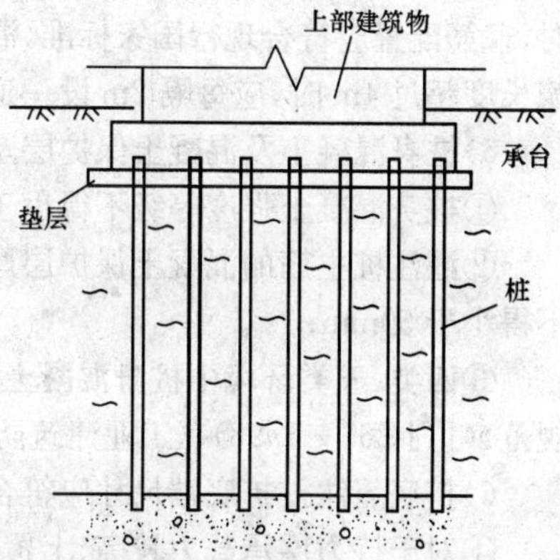

图 5-9　桩基础示意图

(1)根据《建筑桩基技术规范》(JGJ 94—2008)的规定，混凝土预制桩的构造要求包括

1)混凝土预制桩的截面边长不应小于200mm；预应力混凝土预制实心桩的截面边长不宜小于350mm。

2)混凝土预制桩的桩身配筋应按吊运、打桩及桩在建筑物中受力等条件计算确定。

3)采用锤击法沉桩时，混凝土预制桩的最小配筋率不宜小于0.8%；如采用静压法沉桩时，其最小配筋率不宜小于0.6%。

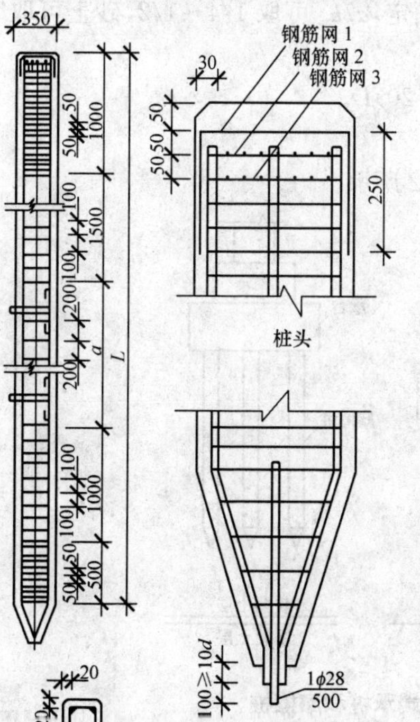

图 5-10　混凝土预制桩

4)主筋直径不宜小于ϕ14，打入桩桩顶(4～5)d长度范围内箍筋应加密，并应设置钢筋网片。

5)预制桩的混凝土强度等级不宜低于C30；预应力混凝土实心桩的混凝土强度等级不应低于C40；预制桩纵向钢筋的混凝土保护层厚度不宜小于30mm。

6)预制桩的分节长度应根据施工条件及运输条件确定，每根桩的接头不宜超过3个。

7)预制桩的桩尖可将主筋合拢焊接在桩尖辅助钢筋上，如图5-10所示。在密实砂和碎石类土中，可在桩尖处包以钢板桩靴，加强桩尖。

(2)按照《建筑桩基技术规范》(JGJ 94—2008)，灌注桩应按下列规定配筋

1)配筋率　当桩身直径为300～2000mm时，正截面配筋率可取0.65%～0.2%(小直径桩取高值)；对受荷载特别大的桩、抗拔桩和嵌岩端承桩应根据计算确定配筋率，并不应小于上述值。

2)配筋长度　端承型桩和位于坡地、岸边的基桩应沿桩身等截面或变截面通长配筋；摩擦型灌注桩配筋长度不应小于2/3桩长；当受水平荷载时，配筋长度尚不宜小于$4.0/\alpha$(α为桩的水平变形系数)；对于受地震作用的基桩，桩身配筋长度应穿过可液化土层和软弱土层，进入稳定土层的深度应符合规定；受负摩阻力的桩、

因先成桩后开挖基坑而随地基土回弹的桩，其配筋长度应穿过软弱土层并进入稳定土层，进入的深度不应小于(2～3)d；抗拔桩及因地震作用、冻胀或膨胀力作用而受拔力的桩，应等截面或变截面通长配筋。

3)对于受水平荷载的桩，主筋不应小于 8ϕ12；对于抗压桩和抗拔桩，主筋不应少于 6ϕ10；纵向主筋应沿桩身周边均匀布置，其净距不应小于 60mm；

4)箍筋应采用螺旋式，直径不应小于 6mm，间距宜为 200～300mm；受水平荷载较大的桩基、承受水平地震作用的桩基以及考虑主筋作用计算桩身受压承载力时，桩顶以下 5d 范围内的箍筋应加密，间距不应大于 100mm；当桩身位于液化土层范围内时箍筋应加密；当考虑箍筋受力作用时，箍筋配置应符合现行国家标准《混凝土结构设计规范》(GB 50010—2002)的有关规定；当钢筋笼长度超过 4m 时，应每隔 2m 设一道直径不小于 12mm 的焊接加劲箍筋。

5)桩身混凝土及混凝土保护层厚度应符合下列要求：

①桩身混凝土强度等级不得小于 C25，混凝土预制桩尖强度等级不得小于 C30；

②灌注桩主筋的混凝土保护层厚度不应小于 35mm，水下灌注桩的主筋混凝土保护层厚度不得小于 50mm；

③四类、五类环境中桩身混凝土保护层厚度应符合国家现行标准《港口工程混凝土结构设计规范》(JTJ 267—1998)、《工业建筑防腐蚀设计规范》(GB 50046—1995)的相关规定。

6)扩底灌注桩扩底端尺寸应符合下列规定(图 5-11)：

①对于持力层承载力较高、上覆土层较差的抗压桩和桩端以上有一定厚度较好土层的抗拔桩，可采用扩底；扩底端直径与桩身直径之比 D/d，应根据承载力要求及扩底端侧面和桩端持力层土性特征以及扩底施工方法确定；挖孔桩的 D/d 不应大于 3，钻孔桩的 D/d 不应大于 2.5；

②扩底端侧面的斜率应根据实际成孔及土体自立条件确定，a/h_c 可取 1/4～1/2，砂土可取 1/4，粉土、黏性土可取 1/3～1/2；

③抗压桩扩底端底面宜呈锅底形，矢高 h_b 可取(0.15～0.20)D。

(2)桩的分类　桩的分类一般按以下两种方法分：

1)按桩的受力状态可分为端承桩和摩擦桩两类，如图 5-12 所示。

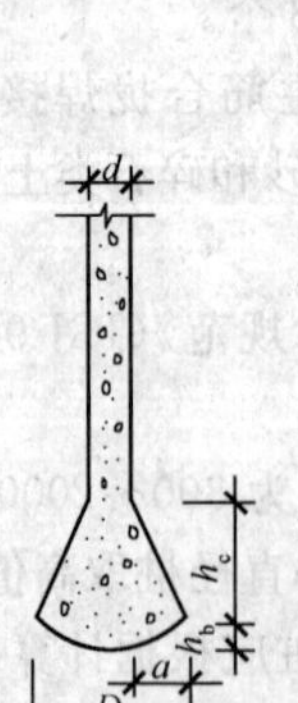

图 5-11　扩底桩构造

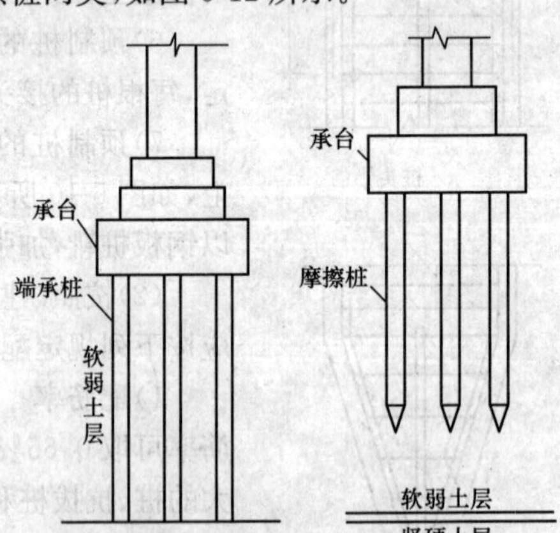

图 5-12　端承桩和摩擦桩

①端承桩　桩通过极软弱土层，使桩尖直接支承在坚硬的土层或岩石上，桩上的荷载主要由桩端阻力承受。

②摩擦桩　桩通过软弱土层而支承在较坚硬的土层上，桩上的荷载主要由桩周与软土之间

的摩擦力承受，同时也考虑桩端阻力的作用。

2)按桩的制作方法可分为预制桩和灌注桩，图 5-13 为常见几种桩的示意图。

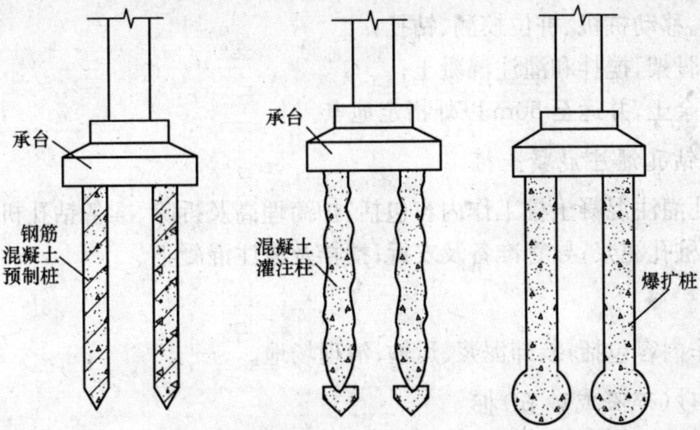

图 5-13　桩基础

①预制桩　在工厂或工地预制后运到现场，再用各种方法(打入、振入、压入等)将桩沉入土中。预制桩刚度好，适宜用在新填土或极软弱的地基。

预制桩按制作材料不同可分为钢筋混凝土桩、预应力钢筋混凝土桩和钢桩等。

②灌注桩　在预定的桩位上成孔，在孔内灌注混凝土成桩。因成孔的方法不同，有以下几种灌注桩：沉管灌注桩、钻孔灌注桩、爆扩灌注桩等。

二、基础定额工程量计算

(一)定额工作内容

1. 柴油打桩机打预制钢筋混凝土桩

柴油打桩机打预制钢筋混凝土桩工作内容包括：准备打桩机具、移动打桩机及其轨道、吊装定位、安卸桩帽校正、打桩。

2. 预制钢筋混凝土桩接桩

预制钢筋混凝土桩接桩工作内容包括：准备接桩工具、对接上、下节桩、桩顶垫平、旋转接桩、筒铁、钢板、焊接、焊制、安放、拆卸夹箍等。

3. 液压桩机具

液压桩机具工作内容包括：移动压桩机就位，捆桩身，吊桩找位，安卸桩帽，校正，压桩。

4. 打拔钢板桩

打拔钢板桩工作包括：准备打桩机具、移动打桩机及其轨道、吊桩定位、安卸桩帽、校正打桩、系桩、拔桩、15cm 以内临时堆放安装及拆除导向夹具。

注：1. 钢板桩若打入有侵蚀性地下水的土质超过一年或基底为基岩者，拔桩定额另行处理。
2. 打槽钢或钢轨，其机械使用量乘以系数 0.77。
3. 定额内未包括钢板桩的矫正、除锈、刷油漆。

5. 打孔灌注混凝土桩

打孔灌注混凝土桩工作内容包括：准备打桩机具，移动打桩机及其轨道，用钢管打桩孔安放钢筋笼，运砂石料，过磅 、搅拌、运输灌注混凝土、拔钢管、夯实、混凝土养护。

6. 长螺旋钻孔灌注混凝土桩

长螺旋钻孔灌注混凝土桩工作内容包括：

(1)准备机具、移动桩机、桩位校测、钻孔；

(2)安放钢筋骨架，搅拌和灌注混凝土；

(3)清理钻孔余土，并运至 50m 以外指定地点。

7. 潜水钻机钻孔灌注混凝土桩

潜水钻机钻孔灌注混凝土桩工作内容包括：护筒埋高及拆除、准备钻孔机具、钻孔出渣；加泥浆和泥浆制作；清桩孔泥浆；导管准备及安拆；搅拌及灌注混凝土。

8. 泥浆运输

泥浆运输工作内容包括：装卸泥浆、运输、清理场地。

9. 打孔灌注砂(碎石或砂石)桩

打孔灌注砂(碎石或砂石)桩工作内容包括：准备打桩机具，移动打桩机及其轨道，安放桩尖，沉管打孔，运砂(碎石或砂石)灌注、拔管、振实。

注：打碎石或砂石桩时，人工工日、碎石(或砂石)用量按相应定额子目中括号内的数量计算。

10. 灰土挤密桩

灰土挤密桩工作内容包括：准备机具、移动桩机、打拔桩管成孔、灰土、过筛拌合、30m 以内运输、填充、夯实。

11. 桩架 90°调面、超运距移动

桩架 90°调面、超运距移动工作内容包括：铺设轨道、桩架 90°整体调面、桩机整体移动。

(二)定额一般规定

(1)定额的规定适用于一般工业与民用建筑工程的桩基础，不适用于水工建筑、公路桥梁工程。

(2)定额中土的级别划分应根据工程地质资料中的土层构造和土的物理、力学性能的有关指标，参考纯沉桩时间确定。凡遇有砂夹层者，应首先按砂层情况确定土级。无砂层者，按土的物理力学性能指标并参考每 m 平均纯沉桩时间确定。用土的力学性能指标鉴别土的级别时，桩长在 12m 以内，相当于桩长的 1/3 的土层厚度应达到所规定的指标。12m 以外，按 5m 厚度确定。

(3)定额中除静力压桩外，均未包括接桩，如需接桩，除按相应打桩定额项目计算外，按设计要求另计算接桩项目。

(4)单位工程打(灌)桩工程量在表 5-19 规定数量以内时，其人工、机械量按相应定额项目乘以 1.25 计算。

表 5-19 单位工程打(灌)桩工程量

项 目	单位工程的工程量	项 目	单位工程的工程量
钢筋混凝土方桩	150m^3	打孔灌注混凝土桩	60m^3
钢筋混凝土管桩	50m^3	打孔灌注砂、石桩	60m^3
钢筋混凝土板桩	50m^3	钻孔灌注混凝土桩	100m^3
钢板桩	50t	潜水钻孔灌注混凝土桩	100m^3

(5)焊接桩接头钢材用量，设计与定额用量不同时，可按设计用量换算。

(6)打试验桩按相应定额项目的人工、机械乘以系数2计算。

(7)打桩、打孔，桩间净距小于4倍桩径(桩边长)的，按相应定额项目中的人工、机械乘以系数1.13。

(8)定额以打直桩为准，如打斜桩斜度在1∶6以内者，按相应定额项目乘以系数1.25，如斜度大于1∶6者，按相应定额项目人工、机械乘以系数1.43。

(9)定额以平地(坡度小于15°)打桩为准，如在堤坡上(坡度大于15°)打桩时，按相应定额项目人工、机械乘以系数1.15。如在基坑内(基坑深度大于1.5m)打桩或在地坪上打坑槽内(坑槽深度大于1m)桩时，按相应定额项目人工、机械乘以系数1.11。

(10)定额各种灌注的材料用量中，均已包括表5-20规定的充盈系数和材料损耗：其中灌注砂石桩除上述充盈系数和损耗率外，还包括级配密实系数1.334。

表5-20　定额各种灌注的材料用量表

项目名称	充盈系数	损耗率(%)
打孔灌注混凝土桩	1.25	1.5
钻孔灌注混凝土桩	1.30	1.5
打孔灌注砂桩	1.30	3
打孔灌注砂石桩	1.30	3

(11)在桩间补桩或强夯后的地基打桩时，按相应定额项目人工、机械乘以系数1.15。

(12)打送桩时可按相应打桩定额项目综合工日及机械台班乘以表5-21规定系数计算。

表5-21　送桩深度及系数表

送桩深度	系　数
2m以内	1.25
4m以内	1.43
4m以上	1.67

(13)金属周转材料中包括桩帽、送桩器、桩帽盖、活瓣桩尖、钢管、料斗等属于周转性使用的材料。

(三)基础定额工程量计算规则

(1)计算打桩(灌注桩)工程量前应确定下列事项

1)确定土质级别　依工程地质资料中的土层构造，土的物理、化学性质及每米沉桩时间鉴别适用定额土质级别。

2)确定施工方法、工艺流程，采用机型，桩、土的泥浆运距。

(2)打预制钢筋混凝土桩的体积，按设计桩长(包括桩尖，不扣除桩尖虚体积)乘以桩截面面积计算。管桩的空心体积应扣除。如管桩的空心部分按设计要求灌注混凝土或其他填充材料时，应另行计算。

(3)接桩　电焊接桩按设计接头，以个计算，硫磺胶泥接桩截面以m^2计算。

(4)送桩　按桩截面面积乘以送桩长度(即打桩架底至桩顶面高度或自桩顶面至自然地坪面另加0.5m)计算。

(5)打拔钢板桩按钢板桩重量以t计算。

(6)打孔灌注桩

1)混凝土桩、砂桩、碎石桩的体积，按设计规定的桩长(包括桩尖，不扣除桩尖虚体积)乘以钢管管箍外径截面面积计算。

2)扩大桩的体积按单桩体积乘以次数计算。

3)打孔后先埋入预制混凝土桩尖，再灌注混凝土者，桩尖按钢筋混凝土章节规定计算体积，灌注桩按设计长度(自桩尖顶面至桩顶面高度)乘以钢管管箍外径截面面积计算。

(7)钻孔灌注桩，按设计桩长(包括桩尖，不扣除桩尖虚体积)增加0.25m乘以设计断面面积计算。

(8)灌注混凝土桩的钢筋笼制作依设计规定，按钢筋混凝土章节相应项目以t计算。

(9)泥浆运输工程量按钻孔体积以m^3计算。

(10)其他

1)安、拆导向夹具，按设计图纸规定的水平延长米计算。

2)桩架90°调面只适用轨道式、走管式、导杆、筒式柴油打桩机以次计算。

三、清单计价规范工程量计算

(一)关于桩及地基基础工程的内容的说明

1. 概况

桩及地基基础工程共3节12个项目。包括混凝土桩、其他桩和地基与边坡的处理。适用于地基与边坡的处理加固。

2. 有关项目的说明

(1)“预制钢筋混凝土桩”项目适用于预制混凝土方桩、管桩和板桩等。应注意：

1)试桩应按“预制钢筋混凝土桩”项目编码单独列项。

2)试桩与打桩之间间歇时间，机械在现场的停滞，应包括在打试桩报价内。

3)打钢筋混凝土预制板桩是指留滞原位(即不拔出)的板桩，板桩应在工程量清单中描述其单桩垂直投影面积。

4)预制桩刷防护材料应包括在报价内。

(2)“接桩”项目适用于预制钢筋混凝土方桩、管桩和板桩的接桩。应注意：

1)方桩、管桩接桩按接头个数计算；板桩按接头长度计算。

2)接桩应在工程量清单中描述接头材料。

(3)“混凝土灌注桩”项目适用于人工挖孔灌注桩、钻孔灌注桩、爆扩灌注桩、打管灌注桩、振动管灌注桩等。应注意：

1)人工挖孔时采用的护壁(如：砖砌护壁、预制钢筋混凝土护壁、现浇钢筋混凝土护壁、钢模周转护壁、竹笼护壁等)，应包括在报价内。

2)钻孔固壁泥浆的搅拌运输，泥浆池、泥浆沟槽的砌筑、拆除，应包括在报价内。

(4)“砂石灌注桩”适用于各种成孔方式(振动沉管、锤击沉管等)的砂石灌注桩。应注意：灌注桩的砂石级配、密实系数均应包括在报价内。

(5)“挤密桩”项目适用于各种成孔方式的灰土、石灰、水泥粉、煤灰、碎石等挤密桩。应注意：挤密桩的灰土级配、密实系数均应包括在报价内。

(6)“旋喷桩”项目适用于水泥浆旋喷桩。

(7)“喷粉桩”项目适用于水泥、生石灰粉等喷粉桩。

(8)“地下连续墙”项目适用于各种导墙施工的复合型地下连续墙工程。

(9)“锚杆支护”项目适用于岩石高削坡混凝土支护挡墙和风化岩石混凝土、砂浆护坡。应注意：

1)钻孔、布筋、锚杆安装、灌浆、张拉等搭设的脚手架,应列入措施项目费内。

2)锚杆土钉应按混凝土及钢筋混凝土相关项目编码列项。

(10)“土钉支护”项目适用于土层的锚固(注意事项同锚杆支护)。

3. 共性问题的说明

(1)桩及地基基础工程各项目适用于工程实体,如:地下连续墙适用于构成建筑物、构筑物地下结构部分的永久性的复合型地下连续墙。作为深基础支护结构,应列入清单措施项目费,在分部分项工程量清单中不反映其项目。

(2)各种桩(除预制钢筋混凝土桩)的充盈量,应包括在报价内。

(3)振动沉管、锤击沉管若使用预制钢筋混凝土桩尖时,应包括在报价内。

(4)爆扩桩扩大头的混凝土量,应包括在报价内。

(5)桩的钢筋(如:灌注桩的钢筋笼、地下连续墙的钢筋网、锚杆支护、土钉支护的钢筋网及预制桩头钢筋等)应按混凝土及钢筋混凝土有关项目编码列项。

(二)工程量清单项目设置及工程量计算规则

1. 混凝土工程

混凝土桩工程工程量清单项目设置及工程量计算规则见表 5-22。

表 5-22　混凝土桩(编码:010201)

项目编码	项目名称	项目特征	计量单位	工程量计算规则	工程内容
010201001	预制钢筋混凝土桩	1. 土的级别。 2. 单桩长度、根数。 3. 桩截面。 4. 板桩面积。 5. 管桩填充材料种类。 6. 桩倾斜度。 7. 混凝土强度等级。 8. 防护材料种类	m/根	按设计图示尺寸以桩长(包括桩尖)或根数计算	1. 桩制作、运输。 2. 打桩、试验桩、斜桩。 3. 送桩。 4. 管桩填充材料、刷防护材料。 5. 清理、运输
010201002	接　桩	1. 桩截面。 2. 接头长度。 3. 接桩材料	个/m	按设计图示规定以接头数量(板桩按接头长度)计算	1. 桩制作、运输。 2. 接桩、材料运输
010201003	混凝土灌注桩	1. 土的级别。 2. 单桩长度、根数。 3. 桩截面。 4. 成孔方法。 5. 混凝土强度等级	m/根	按设计图示尺寸以桩长(包括桩尖)或根数计算	1. 成孔、固壁。 2. 混凝土制作、运输、灌注、振捣、养护。 3. 泥浆池及沟槽砌筑、拆除。 4. 泥浆制作、运输。 5. 清理、运输

2. 其他桩工程

其他桩工程工程量清单项目设置及工程量计算规则见表 5-23。

表 5-23 其他桩(编码:010202)

项目编码	项目名称	项目特征	计量单位	工程量计算规则	工程内容
010202001	砂石灌柱桩	1. 土的级别。 2. 桩长。 3. 桩截面。 4. 成孔方法。 5. 砂石级配	m	按设计图示尺寸以桩长(包括桩尖)计算	1. 成孔。 2. 砂石运输。 3. 填充。 4. 振实
010202002	灰土挤密桩	1. 土的级别。 2. 桩长。 3. 桩截面。 4. 成孔方法。 5. 灰土级配			1. 成孔。 2. 灰土拌合、运输。 3. 填充。 4. 夯实
010202003	旋喷桩	1. 桩长。 2. 桩截面。 3. 水泥强度等级			1. 成孔。 2. 水泥浆制作、运输。 3. 水泥浆旋喷
010202004	喷粉桩	1. 桩长。 2. 桩截面。 3. 粉体种类。 4. 水泥强度等级。 5. 石灰粉要求			1. 成孔。 2. 粉体运输。 3. 喷粉固化

3. 地基与边坡处理工程

地基与边坡处理工程工程量清单项目设置及工程量计算规则见表 5-24。

表 5-24 地基与边坡处理(编码:010203)

项目编码	项目名称	项目特征	计量单位	工程量计算规则	工程内容
010203001	地下连续墙	1. 墙体厚度。 2. 成槽深度。 3. 混凝土强度等级	m^3	按设计图示墙中心线长乘以厚度乘以槽深以体积计算	1. 挖土成槽、余土运输。 2. 导墙制作、安装。 3. 锁口管吊拔。 4. 浇筑混凝土连续墙。 5. 材料运输
010203002	振冲灌注碎石	1. 振冲深度。 2. 成孔直径。 3. 碎石级配		按设计图示孔深乘以孔截面积以体积计算	1. 成孔。 2. 碎石运输。 3. 灌注、振实
010203003	地基强夯	1. 夯击能量。 2. 夯击遍数。 3. 地耐力要求。 4. 夯填材料种类		按设计图示尺寸以面积计算	1. 铺夯填材料。 2. 强夯。 3. 夯填材料运输

表 5-24(续)

项目编码	项目名称	项目特征	计量单位	工程量计算规则	工程内容
010203004	锚杆支护	1. 锚孔直径。 2. 锚孔平均深度。 3. 锚固方法、浆液种类。 4. 支护厚度、材料种类。 5. 混凝土强度等级。 6. 砂浆强度等级	m^2	按设计图示墙中心线长乘以厚度乘以槽深以体积计算	1. 挖土成槽、余土运输。 2. 导墙制作、安装。 3. 锁口管吊拔。 4. 浇筑混凝土连续墙。 5. 材料运输
010203005	土钉支护	1. 支护厚度、材料种类。 2. 混凝土强度等级。 3. 砂浆强度等级	m^2	按设计图示尺寸以支护面积计算	1. 钉土钉。 2. 挂网。 3. 混凝土制作、运输、喷射、养护。 4. 砂浆制作、运输、喷射、养护

(三)工程量清单编制相关问题的处理

(1)土壤级别按表 5-25 确定。

表 5-25　土质鉴别表

内容		土壤级别	
		一级土	二级土
砂夹层	砂层连续厚度 砂层中卵石含量	<1m —	>1m <15%
物理性能	压缩系数 孔隙比	>0.02 >0.7	<0.02 <0.7
力学性能	静力触探值 动力触探系数	<50 <12	>50 >12
每米纯沉桩时间平均值		<2min	>2min
说明		桩经外力作用较易沉入的土，土壤中夹有较薄的砂层	桩经外力作用较难沉入的土，土壤中夹有不超过 3m 的连续厚度砂层

(2)混凝土灌注桩的钢筋笼、地下连续墙的钢筋网制作、安装，应按《建设工程工程量清单计价规范》(GB 50500—2008)附录 A.4 中相关项目编码列项。

四、常见桩基础工程量计算

1. 爆扩桩体积计算

爆扩桩的体积可参照表 5-26 进行计算。

表 5-26 爆扩桩体积表

桩身直径 (mm)	桩头直径 (mm)	桩 长 (m)	混凝土量 (m^3)	桩身直径 (mm)	桩头直径 (mm)	桩 长 (m)	混凝土量 (m^3)
250	800	3.0	0.376	300	1000	3.0	0.665
		3.5	0.401			3.5	0.701
		4.0	0.425			4.0	0.736
		4.5	0.451			4.5	0.771
		5.0	0.474			5.0	0.807
250	1000	3.0	0.622	300	1200	3.0	1.032
		3.5	0.647			3.5	1.068
		4.0	0.671			4.0	1.103
		4.5	0.696			4.5	1.138
		5.0	0.720			5.0	1.174
每增减		0.50	0.025	每增减		0.50	0.036
300	800	3.0	0.424	400	1000	3.0	0.755
		3.5	0.459			3.5	0.838
		4.0	0.494			4.0	0.901
		4.5	0.530			4.5	0.964
		5.0	0.565			5.0	1.027
300	900	3.0	0.530	400	1200	3.0	1.156
		3.5	0.566			3.5	1.219
		4.0	0.601			4.0	1.282
		4.5	0.637			4.5	1.345
		5.0	0.672			5.0	1.408
每增减		0.50	0.026	每增减		0.50	0.064

注:1. 桩长系指桩全长包括桩头。

2. 计算公式：

$$V=A(L-D)+(1/6\pi D^3)$$

式中 A——断面面积;L——桩长(全长包括桩尖);D——球体直径。

2. 混凝土灌注桩体积计算

混凝土灌注桩的体积可参照表 5-27 进行计算。

表 5-27 混凝土灌注桩体积表

桩直径 (mm)	套管外径 (mm)	桩全长 (m)	混凝土体积 (m^3)	桩直径 (mm)	套管外径 (mm)	桩全长 (m)	混凝土体积 (m^3)
300	325	3.00	0.2489	300	351	5.00	0.4838
		3.50	0.2904			5.50	0.5322
		4.00	0.3318			6.00	0.5806
		4.50	0.3733			每增减 0.10	0.0097
		5.00	0.4148	400	459	3.00	0.4965
		5.50	0.4563			3.50	0.5793
		6.00	0.4978			4.00	0.6620
		每增减 0.10	0.0083			4.50	0.7448
300	351	3.00	0.2903			5.00	0.8275
		3.50	0.3387			5.50	0.9103
		4.00	0.3870			6.00	0.9930
		4.50	0.4354			每增减 0.10	0.0165

注:混凝土体积$=\pi r^2=0.7854\times$套管外径直径的平方。

r—套管外径的半径。

3. 预制钢筋混凝土方桩体积

预制钢筋混凝土方桩的体积可参照表 5-28 进行计算。

表 5-28　预制钢筋混凝土方桩体积表

桩截面（mm×mm）	桩尖长（mm）	桩长（m）	混凝土体积（m^3）	
			A	B
250×250	400	3.00	0.171	0.188
		3.50	0.202	0.229
		4.00	0.233	0.250
		5.00	0.296	0.312
		每增减 0.5	0.031	0.031
300×300	400	3.00	0.246	0.270
		3.50	0.291	0.315
		4.00	0.336	0.360
		5.00	0.426	0.450
		每增减 0.5	0.045	0.045
320×320	400	3.00	0.280	0.307
		3.50	0.331	0.358
		4.00	0.382	0.410
		5.00	0.485	0.512
		每增减 0.5	0.051	0.051
350×350	400	3.00	0.335	0.368
		3.50	0.396	0.429
		4.00	0.457	0.490
		5.00	0.580	0.613
		6.00	0.702	0.735
		8.00	0.947	0.980
		每增减 0.5	0.0613	0.0613
400×400	400	5.00	0.757	0.800
		6.00	0.917	0.960
		7.00	1.077	1.120
		8.00	1.237	1.280
		10.00	1.557	1.600
		12.00	1.877	1.920
		15.00	2.357	2.400
		每增减 0.5	0.08	0.08

注：1. 混凝土体积栏中，A 栏为理论计算体积。B 栏为按工程量计算的体积。

2. 桩长包括桩尖长度。混凝土体积理论计算公式：

$$V=(L\times A)+\frac{1}{3}A\cdot H$$

式中　V——体积；

L——桩长（不包括桩尖长）；

A——桩截面面积；

H——桩尖长。

五、桩与地基基础工程工程量计算示例

【例 5-9】 某工程需用如图 5-14 所示预制钢筋混凝土方桩 200 根，如图 5-15 所示预制混凝土管桩 150 根，已知混凝土强度等级为 C40，土壤类别为四类土，求该工程打钢筋混凝土桩及管桩的工程数量。

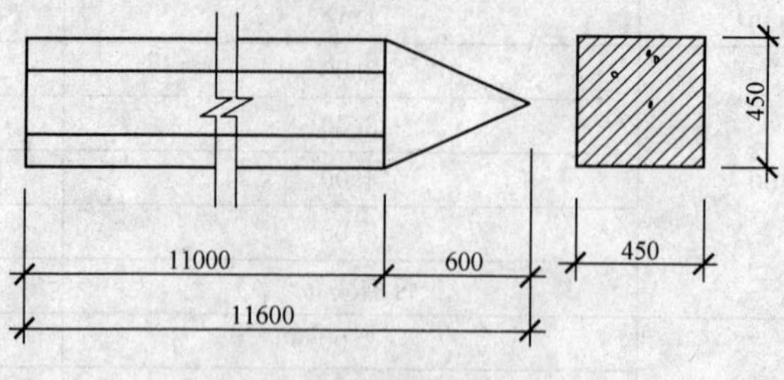

图 5-14 预制混凝土方桩

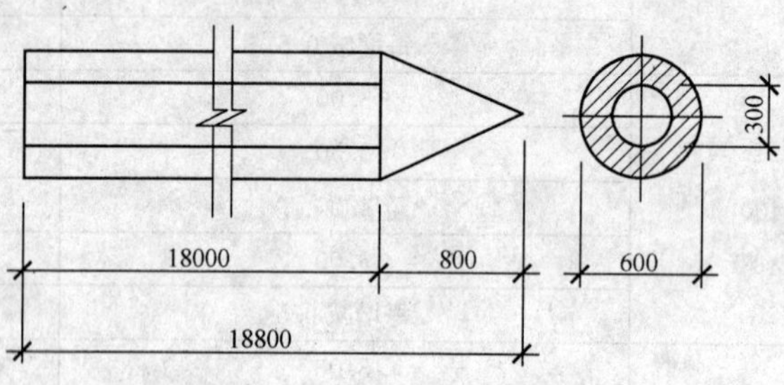

图 5-15 预制混凝土管桩

【解】 预制钢筋混凝土桩的工程数量计算如下：

计算公式：按设计图示尺寸以桩长（包括桩尖）或根数计算，则

(1)土壤类别为四类土，打单桩长度 11.6m，断面 450mm×450mm，混凝土强度等级为 C40 的预制混凝土桩的工程数量为 200 根(或 11.6×200=2320m)。

(2)土壤类别为四类土，钢筋混凝土管桩单根长度 18.8m，外径 600mm，内径 300mm，管内灌注 C10 细石混凝土，混凝土强度等级为 C40 的预制混凝土管桩的工程数量为 150 根(工程量清单数量)。

如果是施工企业编制投标报价，应按建设主管部门规定办法计算工程量。

(1)方桩单根工程量：$V_{桩}=S_{截}\times H=0.45\times0.45\times(11+0.6)=2.35m^3$

总工程量$=2.35\times200=469.8m^3$

(2)管桩单根工程量：$V_{桩}=\pi\times0.3^2\times18.8-\pi\times0.15^2\times18=4.04m^3$

总工程量$=4.04\times150=606.48m^3$

【例 5-10】 某建筑物基础打预制钢筋混凝土方桩 120 根，桩长(桩顶面至桩尖底)9.5m，断面尺寸为 250mm×250mm。(1)求打桩工程量；(2)若将桩送入地下 0.5m，求送桩工程量。

【解】 预制钢筋混凝土桩的工程数量计算数量如下：

(1)计算公式：按设计图示尺寸以桩长(包括桩尖)或根数计算。

(2)桩长为 9.5m，断面尺寸为 250mm×250mm，数量为 120 根，打预制钢筋混凝土方桩的工程量为 9.5×120=1140m(或 120 根)

(3)单根方桩送桩长度为 0.5+0.5=1m

则总工程量为 1m×120=120m

如果是施工企业编制投标报价，应按建设主管部门规定方法计算工程量

(1)打桩工程量

$$V=F\times L\times N=0.25\times 0.25\times 9.5\times 120=71.25\text{m}^3$$

(2)送桩工程量

送桩长度为：0.5+0.5=1.0m，

则送桩工程量=F×送桩长度×送桩数量=0.25×0.25×1×120=7.5m³。

【例 5-11】 某工程为打预制钢筋混凝土方桩，断面为 500mm×500mm，用硫磺胶泥接桩，接桩数量 100 个，求其工程量。

【解】 接桩的工程数量计算如下：

计算公式：按设计图示规定以接头数量(板桩按接头长度)计算

则断面为 500mm×500mm，用硫磺胶泥接混凝土方桩的工程数量为 100 个。

【例 5-12】 某工程为人工挖孔灌注混凝土桩，混凝土强度等级 C20，数量为 60 根，设计桩长 8m，桩径 1.2m，已知土壤类别为四类土，求该工程混凝土灌注桩的工程数量。

【解】 混凝土灌注桩的工程数量计算如下：

计算公式：按设计图示尺寸以桩长(包括桩尖)或根数计算

则土壤类别为四类土，混凝土强度等级为 C20，数量为 60 根，设计桩长 8m，桩径 1.2m，人工挖孔灌注混凝土桩的工程数量：8×60=480m(或 60 根)

如果是施工企业编制投标报价，应按建设主管部门规定方法计算工程量。

单根桩工程量：$V_{桩}=\pi\times\left(\frac{1.2}{2}\right)^2\times 8=9.048\text{m}^3$

总工程量=9.048×60=542.88m³

【例 5-13】 如图 5-16 所示，实线范围为地基强夯范围。

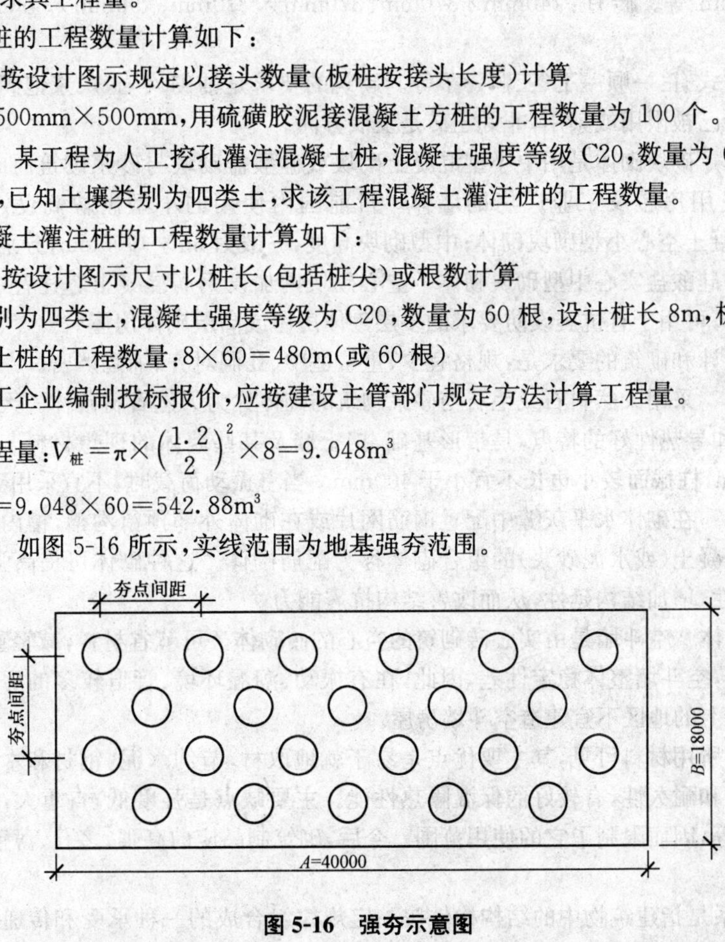

图 5-16　强夯示意图

(1)设计要求：不间隔夯击，设计击数 8 击，夯击能量为 500t·m，一遍夯击。求其工程量。

(2)设计要求：不同隔夯击，设计击数为 10 击，分两遍夯击，第一遍 5 击，第二遍 5 击，第二遍要求低锤灌拍，设计夯击能量为 400t·m。求其工程量。

【解】 地基强夯的工程数量计算如下：

计算公式：按设计图示尺寸以面积计算，则

(1)不间隔夯击，设计击数 8 击，夯击能量为 500t·m，一遍夯击的强夯工程数量：

$$40\times 18=720\text{m}^2$$

(2)不间隔夯击,设计击数为 10 击,分两遍夯击,第一遍 5 击,第二遍 5 击,第二遍要求低锤满拍,设计夯击能量为 400t·m 的强夯工程数量:40×18=720m²。

第三节 砌筑工程

一、相关说明

(1)根据块体材料不同,砌体结构可分为砖砌体、砌块砌体、石材砌体、配筋砌体等砌体结构。

1)砖砌体　采用标准尺寸的烧结普通砖、黏土空心砖及非烧结硅酸盐砖与砂浆砌筑成的砖砌体,有墙或柱。墙厚:120mm、240mm、370mm、490mm、620mm 等,特殊要求时可有 180mm、300mm 和 420mm 等。砖柱:240mm×370mm、370mm×370mm、490mm×490mm、490mm×620mm 等。

墙体砌筑方式有:一顺一丁、三顺一丁等。砌筑的要求是铺砌均匀,灰浆饱满,上下错缝,受力均衡。黏土砖已被限用或禁用,非黏土砖是发展方向。

2)砌块砌体　砌块砌体是用中小型混凝土砌块或硅酸盐砌块与砂浆砌筑而成的砌体,可用于定型设计的民用房屋及工业厂房的墙体。目前国内使用的小型砌块高度,一般为 180~350mm,称为混凝土空心小型砌块砌体;中型砌块高度,一般为 360~900mm,分别有混凝土空心中型砌块砌体和硅酸盐实心中型砌块砌体。空心砌块内加设钢筋混凝土芯柱者,称为钢筋混凝土芯柱砌块砌体,可用于有抗震设防要求的多层砌体房屋或高层砌体房屋。

砌块砌体设计和砌筑的要求是:规格宜少、重量适中、孔洞对齐、铺砌严密。

3)石材砌体　采用天然料石或毛石与砂浆砌筑的砌体称为天然石材砌体。天然石材具有强度高、抗冻性强和导热性好的特点,是带形基础、挡土墙及某些墙体的理想材料。毛石墙的厚度不宜小于 350mm,柱截面较小边长不宜小于 400mm。当有振动荷载时,不宜采用毛石砌体。

4)配筋砌体　在砌体水平灰缝中配置钢筋网片或在砌体外部预留沟槽,槽内设置竖向粗钢筋并灌注细石混凝土(或水泥砂浆)的组合砌体称为配筋砌体。这种砌体可提高强度,减小构件截面,加强整体性,增加结构延性,从而改善结构抗震能力。

5)空斗墙砌体　空斗墙是由实心砖砌筑的空心的砖砌体。可节省材料,减轻重量,提高隔热保温性能。但是,空斗墙整体稳定性差,因此,在有振动、潮湿环境、管道较多的房屋或地震烈度为 7 度及 7 度以上的地区不宜建造空斗墙房屋。

由砌体结构所用材料可见,其主要优点是易于就地取材,节约水泥、钢材和木材,造价低廉,有良好的耐火性和耐久性,有较好的保温隔热性能。主要缺点是强度低,自重大,砌筑工程量繁重,抗震性能差等,因而限制了它的使用范围。今后,砌筑制品应向高强、多孔、薄壁、大块和配筋等方向发展。

(2)结构体系是指建筑物中的结构构件按一定规律组合成的一种承受和传递荷载的骨架系统。在混合结构承重体系中,以砌体结构的受力特点为主要标志,根据屋(楼)盖结构布置的不同,一般可分为三种类型:

1)横墙承重体系　横墙承重体系是指多数横向轴线处布置墙体,屋(楼)面荷载通过钢筋混凝土楼板传给各道横墙,横墙是主要承重墙,纵墙主要承受自重,侧向支承横墙,保证房屋的整体性和侧向稳定性。横墙承重体系的优点是屋(楼)面构件简单,施工方便,整体刚度好;缺点是房间布置不灵活,空间小,墙体材料用量大。主要用于 5~7 层的住宅、旅馆、小开间办公楼。

2)纵墙承重体系　纵墙承重体系是指屋(楼)盖梁(板)沿横向布置,楼面荷载主要传给纵墙。纵墙是主要承重墙。横墙承受自重和少量竖向荷载,侧向支承纵墙。主要用于进深小而开间大的教学楼、办公楼、试验室、车间、食堂、仓库和影剧院等建筑物。

3)内框架承重体系　内框架承重体系是指建筑物内部设置钢筋混凝土柱,柱与两端支于外墙的横梁形成内框架。外纵墙兼有承重和围护作用。它的优点是内部空间大,布置灵活,经济效果和使用效果均佳。但因其由 2 种性质不同的结构体系合成,地震作用下破坏严重,外纵墙尤甚。地震区慎用。

除以上常见的三种承重体系外,还有纵、横墙双向承重体系和其他派生的砌体结构承重体系,如底层框—剪力墙砌体结构等。

合理的结构体系必须受力明确,传力直接,结构先进。在砌体结构设计中,必须判明荷载在结构体系中的传递途径,才能得出正确的结构承重体系的分析结果。

(3)随着人类社会的发展和物质与精神文明的进步,建筑出现丰富多彩的形式,其应用异常广泛,工作状况更为复杂。砌体结构按其使用特点和工作状态可作如下分类:

1)一般砌体结构　指用于正常使用状况下的工业与民用建筑。如供人们生活起居的住宅、宿舍、旅馆、招待所等居住建筑和供人们进行社会公共活动用的公共建筑。工业建筑则有为一般工业生产服务的单层厂房和多层工业建筑。

2)特殊用途的构筑物　通常称为特殊结构,或特种结构,如烟囱、水塔、料仓及小型水池、涵洞和挡土墙等。

3)特殊工作状态的建筑物,特殊工作状态的砌体结构可有三种:

①处于特殊环境和介质中的建筑物　该类建筑物为保证结构的可靠性和满足建筑使用功能的要求,对建筑结构提出各种防护要求,如防水抗渗、防火耐热、防酸抗腐、防爆炸、防辐射等;

②处于特殊作用下工作的建筑物　如有抗震设防要求的建筑结构和在核爆动荷载作用下的防空地下建筑等;

③具有特殊工作空间要求的建筑物　如底层框架和多层内框架砖房以及单层空旷房屋等。

二、基础定额工程量计算

(一)定额工作内容

1. 砌砖

(1)砖基础、砖墙工作内容:

1)砖基础　工作内容包括调运砂浆、铺砂浆、运砖、清理基槽坑、砌砖等;

2)砖墙　工作内容包括调、运、铺砂浆,运砖;砌砖包括窗台虎头砖、腰线、门窗套;安放木砖铁件等。

(2)空斗墙、空花墙工作内容包括:

1)调、运、铺砂浆,运砖;

2)砌砖包括窗台虎头砖、腰线、门窗套;

3)安放木砖、铁件等。

(3)填充墙、贴砌砖工作内容包括:

1)调、运、铺砂浆,运砖;

2)砌砖包括窗台虎头砖、腰线、门窗套;

3)安放木砖、铁件等。

(4)砌块墙工作内容包括:

1)调、运、铺砂浆,运砖;

2)砌砖包括窗台虎头砖、腰线、门窗套;

3)安放木砖、铁件等。

(5)围墙工作内容　包括:调、运、铺砂浆,运砖。

(6)砖柱工作内容包括:

1)调、运、铺砂浆,运砖;

2)砌砖;

3)安放木砖、铁件等。

(7)砖烟囱、水塔工作内容包括:

1)砖烟囱筒身工作内容　包括:调运砂浆、砍砖、砌砖、原浆勾缝、支模出檐、安爬梯、烟囱帽抹灰等。

2)砖烟囱内衬、砖烟道工作内容　包括:调、运砂浆、砍砖、砌砖、内部灰缝刮平及填充隔热材料等。

3)砖水塔工作内容　包括:调运砂浆、砍砖、砌砖及原浆勾缝;制作安装及拆除门窗、胎模等。

(8)其他砖砌体工作内容:

1)砖平碳、钢筋砖过梁工作内容包括　调、运砂浆、铺砂浆、运砂、砌砖、模板制作安装、拆除、钢筋制作安装;

2)挖孔桩砖护壁工作内容包括　调、运、铺砂浆、运砖、砌砖。

2. 砌石

(1)基础、勒脚工作内容包括:运石、调、运铺砂浆、砌筑;

(2)墙、柱工作内容包括;

1)运石、调、运铺砂浆;

2)砌筑、平整墙角及门窗洞口处的石料加工等;

3)毛石墙身包括墙角、门窗洞口处的石料加工;

(3)护坡工作内容包括　调、运砂浆、砌石、铺砂、勾缝等;

(4)其他石砌体工作内容包括

1)翻楞子、天地座打平、运石,调、运铺砂浆,安铁梯及清理石碴;洗石料;基础夯实、扁钻缝、安砌等;

2)剔缝、洗刷、调运砂浆、勾缝等;

3)划线、扁光、打钻路、钉麻石等。

(二)定额一般规定

1. 砌砖、砌块

(1)定额中砖的规格,是按标准砖编制的;砌块、多孔砖规格是按常用规格编制的。规格不同时,可以换算。

(2)砖墙定额中已包括先立门窗框的调直用工以及腰线、窗台线、挑檐等一般出线用工。

(3)砖砌体均包括了原浆勾缝用工,加浆勾缝时,另按相应定额计算。

(4)填充墙以填炉渣、炉渣混凝土为准,如实际使用材料与定额不同时允许换算,其他不变。

(5)墙体必需放置的拉接钢筋,应按钢筋混凝土章节另行计算。

(6)硅酸盐砌块、加气混凝土砌块墙,是按水泥混合砂浆编制的,如设计使用水玻璃矿渣等黏结剂为胶合料时,应按设计要求另行换算。

(7)圆形烟囱基础按砖基础定额执行,人工乘以系数1.2。

(8)砖砌挡土墙,二砖以上执行砖基础定额;二砖以内执行砖墙定额。

(9)零星项目系指砖砌小便池槽、明沟、暗沟、隔热板带砖墩、地板墩等。

(10)项目中砂浆系按常用规格、强度等级列出,如与设计不同时,可以换算。

2. 砌石

(1)定额中粗、细料石(砌体)墙按 400mm×220mm×200mm,柱按 450mm×220mm×200mm,踏步石按 400mm×200mm×100mm 规格编制的。

(2)毛石墙镶砖墙身按内背镶 1/2 砖编制的,墙体厚度为 600mm。

(3)毛石护坡高度超过 4m 时,定额人工乘以系数 1.15。

(4)砌筑圆弧形石砌体基础、墙(含砖石混合砌体)按定额项目人工乘以系数 1.1。

(三)工程量计算规则

1. 砖基础工程量计算规则

(1)基础与墙身(柱身)的划分

1)基础与墙(柱)身使用同一种材料时,以设计室内地面为界(有地下室者,以地下室室内设计地面为界),以下为基础,以上为墙(柱)身;

2)基础与墙身使用不同材料时,位于设计室内地面±300mm 以内时,以不同材料为分界线,超过±300mm 时,以设计室内地面为分界线;

3)砖、石围墙,以设计室外地坪为界线,以下为基础,以上为墙身。

(2)基础长度

1)外墙墙基按外墙中心线长度计算;内墙墙基按内墙基净长计算。基础大放脚 T 形接头处的重叠部分以及嵌入基础的钢筋、铁件、管道、基础防潮层及单个面积在 0.3m² 以内孔洞所占体积不予扣除,但靠墙暖气沟的挑檐亦不增加。附墙垛基础宽出部分体积应并入基础工程量内。内墙基净长如图 5-17 所示。

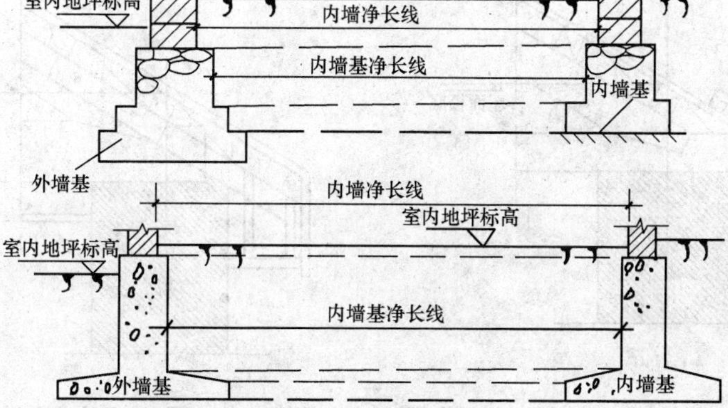

图 5-17　内墙基净长

2)砖砌挖孔桩护壁工程量按实砌体积计算。

2. 砖砌体工程量计算规则

(1)砖砌体工程量计算一般规则

1)计算墙体时,应扣除门窗洞口、过人洞、空圈、嵌入墙身的钢筋混凝土柱、梁(包括过梁、圈梁、挑梁)、砖砌平拱和暖气包壁龛及内墙板头的体积,不扣除梁头、外墙板头、檩头、垫木、木楞头、沿椽木、木砖、门窗走头、砖墙内的加固钢筋、木筋、铁件、钢管及每个面积在 0.3m² 以下的孔洞等所占的体积,突出墙面的窗台虎头砖、压顶线、山墙泛水、烟囱根、门窗套及三皮以内的腰线和挑檐等体积亦不增加。

2)砖垛、三皮砖以上的腰线和挑檐等体积，并入墙身体积内计算。

3)附墙烟囱(包括附墙通风道、垃圾道)按其外形体积计算，并入所依附的墙体积内，不扣除每一个孔洞横截面在 0.1m^2 以下的体积，但孔洞内的抹灰工程量亦不增加。

4)女儿墙高度，自外墙顶面至图示女儿墙顶面高度，分别不同墙厚并入外墙计算。

5)砖砌平拱、平砌砖过梁按图示尺寸以 m^3 计算。如设计无规定时，砖砌平拱按门窗洞口宽度两端共加 100mm，乘以高度(门窗洞口宽小于 1500mm 时，高度为 240mm，大于 1500mm 时，高度为 365mm)计算；平砌砖过梁按门窗洞口宽度两端共加 500mm，高度按 440mm 计算。

(2)砌体厚度计算

1)标准砖以 240mm×115mm×53mm 为准，其砌体计算厚度，同表 5-29。

2)使用非标准砖时，其砌体厚度应按砖实际规格和设计厚度计算。

表 5-29　标准砖墙墙厚计算表

砖数(厚度)	1/4	1/2	3/4	1	1.5	2	2.5	3
计算厚度(mm)	53	115	180	240	365	490	615	740

(3)墙的长度　外墙长度按外墙中心线长度计算，内墙长度按内墙净长线计算。

(4)墙身高度的计算

1)外墙墙身高度　斜(坡)屋面无檐口顶棚者算至屋面板底(图 5-18)；有屋架，且室内外均有顶棚者，算至屋架下弦底面另加 200mm(图 5-19)；无顶棚者算至屋架下弦底加 300mm；出檐宽度超过 600mm 时，应按实砌高度计算；平屋面算至钢筋混凝土板底(图 5-20)。

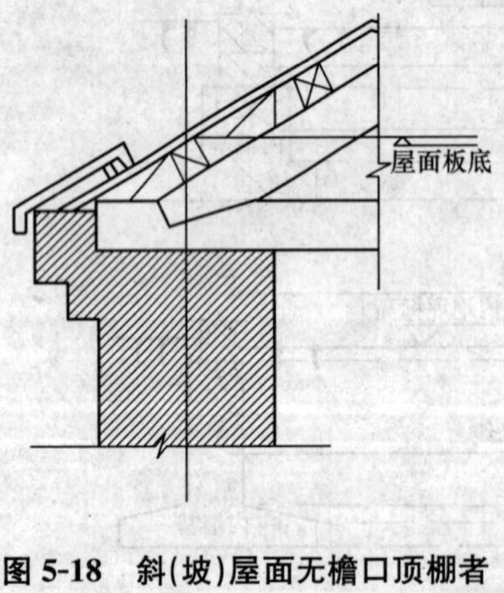

图 5-18　斜(坡)屋面无檐口顶棚者墙身高度计算

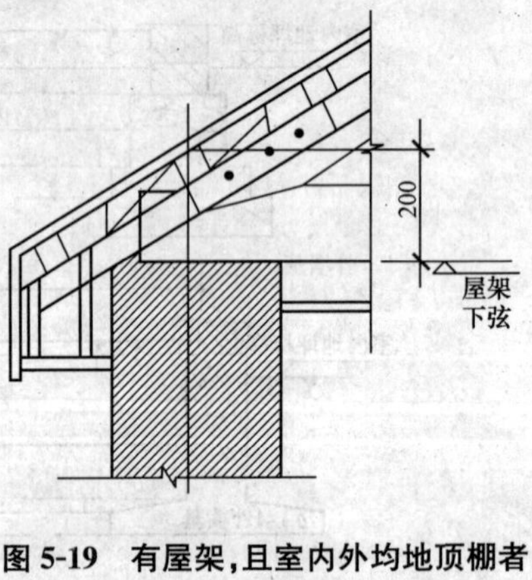

图 5-19　有屋架，且室内外均地顶棚者墙身高度计算

2)内墙墙身高度位于屋架下弦者，其高度算至屋架底；无屋架者算至顶棚底另加 100mm；有钢筋混凝土楼板隔层者算至板底；有框架梁时算至梁底面。

3)内、外山墙，墙身高度按其平均高度计算。

(5)框架间砌体工程量计算　分别内外墙以框架间的净空面积乘以墙厚计算，框架外表镶贴砖部分亦并入框架间砌体工程量内计算。

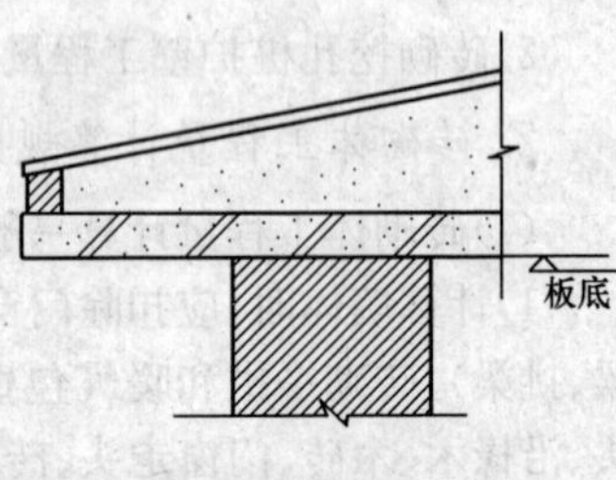

图 5-20　无顶棚者墙身高度计算

(6)空花墙计算　按空花部分外形体积以 m^3 计算，空花部分不予扣除，其中实体部分以 m^3 另行计算。

(7)空斗墙工程量计算　空斗墙按外形尺寸以 m^3 计算。

墙角、内外墙交接处，门窗洞口立边，窗台砖及屋檐处的实砌部分已包括在定额内，不另行计算，但窗间墙、窗台下、楼板下、梁头下等实砌部分，应另行计算，套零星砌体定额项目。

(8)多孔砖、空心砖计算　按图示厚度以 m^3 计算，不扣除其孔、空心部分体积。

(9)填充墙工程量计算　填充墙按外形尺寸计算，以 m^3 计，其中实砌部分已包括在定额内，不另计算。

(10)加气混凝土墙工程量计算　硅酸盐砌块墙、小型空心砌块墙，按图示尺寸以 m^3 计算。按设计规定需要镶嵌砖砌体部分已包括在定额内，不另计算。

(11)其他砖砌体工程量计算

1)砖砌锅台、炉灶，不分大小，均按图示外形尺寸以 m^3 计算，不扣除各种空洞的体积。

2)砖砌台阶(不包括梯带)按水平投影面积以 m^3 计算。

3)厕所蹲台、水槽腿、灯箱、垃圾箱、台阶挡墙或梯带、花台、花池、地垄墙及支撑地楞的砖墩，房上烟囱、屋面架空隔热层砖墩及毛石墙的门窗立边，窗台虎头砖等实砌体积，以 m^3 计算，套用零星砌体定额项目。

4)检查井及化粪池不分壁厚均以 m^3 计算，洞口上的砖平拱碹等并入砌体体积内计算。

5)砖砌地沟不分墙基、墙身合并以 m^3 计算。石砌地沟按其中心线长度以延长线计算。

(四)砖构筑物工程量计算规则

1. 砖烟囱工程量计算

(1)筒身，圆形、方形均按图示筒壁平均中心线周长乘以厚度并扣除筒身各种孔洞、钢筋混凝土圈梁、过梁等体积以 m^3 计算，其筒壁周长不同时可按下式分段计算：

$$V=\sum H\times C\times \pi D$$

式中　V——筒身体积(m^2)；

H——每段筒身垂直高度(m)；

C——每段筒壁厚度(m)；

D——每段筒壁中心线的平均直径(m)。

(2)烟道、烟囱内衬按不同内衬材料并扣除孔洞后，以图示实体积计算。

(3)烟囱内壁表面隔热层，按筒身内壁并扣除各种孔洞后的面积以 m^2 计算；填料按烟囱内衬与筒身之间的中心线平均周长乘以图示宽度和筒高，并扣除各种孔洞所占体积(但不扣除连接横砖及防沉带的体积)后以 m^3 计算。

(4)烟道砌砖：烟道与炉体的划分以第一道闸门为界，炉体内的烟道部分列入炉体工程量计算。

2. 砖砌水塔工程量计算

(1)水塔基础与塔身划分　以砖砌体的扩大部分顶面为界，以上为塔身，以下为基础，分别套相应基础砌体定额。

(2)塔身以图示实砌体积计算，并扣除门窗洞口和混凝土构件所占的体积，砖平拱碲及砖出檐等并入塔身体积内计算，套水塔砌筑定额。

(3)砖水箱内外壁，不分壁厚，均以图示实砌体积计算，套相应的内外砖墙定额。

3. 砌体内钢筋加固

应按设计规定,以 t 计算,套钢筋混凝土中相应项目。

三、清单计价规范工程量计算

(一)关于砌筑工程内容的说明

1. 概述

砌筑工程共 6 节 25 个项目。包括砖基础、砖砌体、砖构筑物、砌块砌体、石砌体、砖散水、地坪、地沟。适用于建筑物、构筑物的砌筑工程。

2. 有关项目的说明

(1)基础垫层包括在各类基础项目内,材料的强度等级、配合比,应在工程量清单中进行描述。

(2)“砖基础”项目适用于各种类型砖基础;柱基础、墙基础、烟囱基础、水塔基础、管道基础等。应注意:对基础类型应在工程量清单中进行描述。

(3)“实心砖墙”项目适用于各种类型实心砖墙,可分为外墙、内墙、围墙、双面混水墙、双面清水墙、单面清水墙、直形墙、弧形墙以及不同的墙厚,砌筑砂浆分水泥砂浆、混合砂浆以及不同的强度,不同的砖强度等级,加浆勾缝、原浆勾缝等,应在工程量清单项目中一一进行描述。应注意:

1)不论三皮砖以下或三皮砖以上的腰线、挑檐突出墙面部分均不计算体积(与《全国统一建设工程基础定额》不同)。

2)内墙算至楼板隔层板顶(与《基础定额》不同)。

3)女儿墙的砖压顶、围墙的砖压顶突出墙面部分不计算体积,压顶顶面凹进墙面的部分也不扣除(包括一般围墙的抽屉檐、棱角檐、仿瓦砖檐等)。

4)墙内砖平碹、砖拱碹、砖过梁的体积不扣除,应包括在报价内。

(4)“空斗墙”项目适用于各种砌法的空斗墙。应注意:空斗墙工程量以空斗墙外形体积计算,包括墙角、内外墙交接处、门窗洞口立边、窗台砖、层檐实砌部分的体积;窗间墙、窗台下、楼板下、梁头下的实砌部分,应另行计算。按零星砌砖项目编码列项。

(5)“空花墙”项目适用于各种类型空花墙。应注意:

1)“空花部分的外形体积计算”应包括空花的外框。

2)使用混凝土花格砌筑的空花墙,分实砌墙体与混凝土花格分别计算工程量,混凝土花格按混凝土及钢筋混凝土预制零星构件编码列项。

(6)“实心砖柱”项目适用于各种类型柱、矩形柱、异形柱、圆柱、包柱等。应注意:工程量应扣除混凝土及钢筋混凝土梁垫、梁头、板头所占体积(与《基础定额》不同)。

(7)“零星砌砖”项目适用于台阶、台阶挡墙、梯带、锅台、炉灶、蹲台等。应注意:

1)台阶工程量可按水平投影面积计算(不包括梯带或台阶挡墙)。

2)小型池槽、锅台、炉灶可按个计算,以“长×宽×高”顺序标明外形尺寸。

3)砖砌小便槽等可按长度计算。

(8)“砖烟囱、水塔”、“砖烟道”项目适用于各种类型砖烟囱、水塔和烟道。应注意:

1)烟囱内衬和烟道内衬以及隔热填充材料可与烟囱外壁、烟道外壁分别编码(第五级编码)列项。

2)烟囱、水塔爬梯按钢构件中相关项目编码列项。

3)砖水箱内外壁可按砖砌体中相关项目编码列项。

(9)“砖窨井、检查井”、“砖水池、化粪池”项目适用于各类砖砌窨井、检查井、砖水池、化粪池、沼气池、公厕生化池等。应注意:

1)工程量的“座”计算包括挖土、运输、回填、井池底板、池壁、井池盖板、池内隔断、隔墙、搁栅小梁、隔板、滤板等全部工程。

2)井、池内爬梯按钢构件中相关项目编码列项,构件内的钢筋按混凝土及钢筋混凝土相关项目编码列项。

(10)“空心砖墙、砌块墙”项目适用于各种规格的空心砖和砌块砌筑的各种类型的墙体。应注意:嵌入空心砖墙、砌块墙的实心砖不扣除。

(11)“空心砖柱、砌块柱”项目适用于各种类型柱(矩形柱、方柱、异形柱、圆柱、包柱等)。应注意:

1)工程量“扣除混凝土及钢筋混凝土梁头、梁垫、板头所占体积”(与《基础定额》不同)。

2)梁头、板头下镶嵌的实心砖体积不扣除。

(12)“石基础”项目适用于各种规格(条石、块石等)、各种材质(砂石、青石等)和各种类型(柱基、墙基、直形、弧形等)基础。应注意:

1)包括剔打石料天、地座荒包等全部工序。

2)包括搭拆简易起重架。

(13)“石勒脚”、“石墙”项目适用于各种规格(条石、块石等)、各种材质(砂石、青石、大理石、花岗石等)和各种类型(直形、弧形等)勒脚和墙体。应注意:

1)石料天、地座打平、拼缝打平、打扁口等工序包括在报价内。

2)石表面加工　打钻路、钉麻石、剁斧、扁光等。

(14)“石挡土墙”项目适用于各种规格(条石、块石、毛石、卵石等)、各种材质(砂石、青石、石灰石等)和各种类型(直形、弧形、台阶形等)挡土墙。应注意:

1)变形缝、泄水孔、压顶抹灰等应包括在项目内。

2)挡土墙若有滤水层要求的应包括在报价内。

3)包括搭、拆简易起重架。

(15)“石柱”项目适用于各种规格、各种石质、各种类型的石柱。应注意:工程量应扣除混凝土梁头、板头和梁垫所占体积。

(16)“石栏杆”项目适用于无雕饰的一般石栏杆。

(17)“石护坡”项目适用于各种石质和各种石料(如:条石、片石、毛石、块石、卵石等)的护坡。

(18)“石台阶”项目包括石梯带(垂带),不包括石梯膀,石梯膀按石挡墙项目编码列项。

3. 共性问题说明

(1)标准砖墙体厚度按表 5-38 计算。

(2)墙体内加筋按混凝土及钢筋混凝土的钢筋相关项目编码列项。

4. 有关名词的解释

(1)空斗墙一般使用标砖砌筑,使墙体内形成许多空腔的墙体。如:一斗一眠、二斗一眠、三斗一眠及无眠空斗等砌法。

(2)石梯带在石梯的两侧(或一侧)、与石梯斜度完全一致的石梯封头的条石称石梯带。

(3)石梯膀石梯的两侧面,形成的两直角三角形称石梯膀(古建筑中称“象眼”)。石梯膀的工程量计算以石梯带下边线为斜边,与地平相交的直线为一直角边,石梯与平台相交的垂线为另一直角边,形成一个三角形,三角形面积乘以砌石的宽度为石梯膀的工程量。

(4)石墙勾缝有平缝、平圆凹缝、平凹缝、平凸缝、半圆凸缝、三角凸缝。

(二)工程量清单项目设置及工程量计算规则

1. 砖基础工程

砖基础工程工程量清单项目设置及工程量计算规则见表 5-30。

表 5-30 砖基础(编码:010301)

项目编码	项目名称	项目特征	计量单位	工程量计算规则	工程内容
010301001	砖基础	1. 砖品种、规格、强度等级。 2. 基础类型。 3. 基础深度。 4. 砂浆强度等级	m^3	按设计图示尺寸以体积计算。包括附墙垛基础宽出部分体积,扣除地梁(圈梁)、构造柱所占体积,不扣除基础大放脚T形接头处的重叠部分及嵌入基础内的钢筋、铁件、管道、基础砂浆防潮层和单个面积 $0.3m^2$ 以内的孔洞所占体积,靠墙暖气沟的挑檐不增加。 基础长度:外墙按中心线,内墙按净长线计算	1. 砂浆制作、运输。 2. 砌砖。 3. 防潮层铺设。 4. 材料运输

2. 砖砌体工程

砖砌体工程工程量清单项目设置及工程量计算规则见表 5-31。

表 5-31 砖砌体(编码:010302)

项目编码	项目名称	项目特征	计量单位	工程量计算规则	工程内容
010302001	实心砖墙	1. 砖品种、规格、强度等级。 2. 墙体类型。 3. 墙体厚度。 4. 墙体高度。 5. 勾缝要求。 6. 砂浆强度等级、配合比	m^3	按设计图示尺寸以体积计算。扣除门窗洞口、过人洞、空圈、嵌入墙内的钢筋混凝土柱、梁、圈梁、挑梁、过梁及凹进墙内的壁龛、管槽、暖气槽、消火栓箱所占体积。不扣除梁头、板头、檩头、垫木、木楞头、沿椽木、木砖、门窗走头、砖墙内加固钢筋、木筋、铁件、钢管及单个面积 $0.3m^2$ 以内的孔洞所占体积。凸出墙面的腰线、挑檐、压顶、窗台线、虎头砖、门窗套的体积亦不增加。凸出墙面的砖垛并入墙体体积内计算。 1. 墙长度:外墙按中心线,内墙按净长计算。 2. 墙高度。 (1)外墙:斜(坡)屋面无檐口天棚者算至屋面板底;有屋架且室内外均有天棚者算至屋架下弦底另加200mm;无天棚者算至屋架下弦底另加300mm,出檐宽度超过600mm时按实砌高度计算;平屋面算至钢筋混凝土板底。 (2)内墙:位于屋架下弦者,算至屋架下弦底;无屋架者算至天棚底另加100mm;有钢筋混凝土楼板隔层者算至楼板顶;有框架梁时算至梁底。 (3)女儿墙:从屋面板上表面算至女儿墙顶面(如有混凝土压顶时算至压顶下表面)。 (4)内、外山墙:按其平均高度计算。 3. 围墙:高度算至压顶上表面(如有混凝土压顶时算至压顶下表面),围墙柱并入围墙体积内	1. 砂浆制作、运输。 2. 砌砖。 3. 勾缝。 4. 砖压顶砌筑。 5. 材料运输

表 5-31(续)

项目编码	项目名称	项目特征	计量单位	工程量计算规则	工程内容
010302002	空斗墙	1. 砖品种、规格、强度等级。 2. 墙体类型。 3. 墙体厚度。 4. 勾缝要求。 5. 砂浆强度等级、配合比		按设计图示尺寸以空斗墙外形体积计算。墙角、内外墙交接处、门窗洞口立边、窗台砖、层檐处的实砌部分体积并入空斗墙体积内	
010302003	空花墙	1. 砖品种、规格、强度等级。 2. 墙体类型。 3. 墙体厚度。 4. 勾缝要求。 5. 砂浆强度等级		按设计图示尺寸以空花部分外形体积计算,不扣除空洞部分体积	1. 砂浆制作、运输。 2. 砌砖。 3. 装填充料。 4. 勾缝。 5. 材料运输
010302004	填充墙	1. 砖品种、规格、强度等级。 2. 墙体厚度。 3. 填充材料种类。 4. 勾缝要求。 5. 砂浆强度等级	m^3	按设计图示尺寸以填充墙外形体积计算	
010302005	实心砖柱	1. 砖品种、规格、强度等级。 2. 桩类型。 3. 桩截面。 4. 柱高。 5. 勾缝要求。 6. 砂浆强度等级、配合比		按设计图示尺寸以体积计算。扣除混凝土及钢筋混凝土梁垫、梁头、板头所占体积	1. 砂浆制作、运输。 2. 砌砖。 3. 勾缝。 4. 材料运输
010302006	零星砌砖	1. 零星砌砖名称、部位。 2. 勾缝要求。 3. 砂浆强度等级、配合比	m^3 (m^2、m、个)		

3. 砖构筑物工程

砖构筑物工程工程量清单项目设置及工程量计算规则见表 5-32。

表 5-32 砖构筑物(编码:010303)

<table>
<tr><th>项目编码</th><th>项目名称</th><th>项目特征</th><th>计量单位</th><th>工程量计算规则</th><th>工程内容</th></tr>
<tr><td>010303001</td><td>砖烟囱、水塔</td><td>1. 筒身高度。
2. 砖品种、规格、强度等级。
3. 耐火砖品种、规格。
4. 耐火泥品种。
5. 隔热材料种类。
6. 勾缝要求。
7. 砂浆强度等级、配合比</td><td rowspan="2">m^3</td><td>按设计图示筒壁平均中心线周长乘以厚度乘以高度以体积计算。扣除各种孔洞、钢筋混凝土圈梁、过梁等的体积</td><td rowspan="2">1. 砂浆制作、运输。
2. 砌砖。
3. 涂隔热层。
4. 装填充料。
5. 砌内衬。
6. 勾缝。
7. 材料运输</td></tr>
<tr><td>010303002</td><td>砖烟道</td><td>1. 烟道截面形状、长度。
2. 砖品种、规格、强度等级。
3. 耐火砖品种规格。
4. 耐火泥品种。
5. 勾缝要求。
6. 砂浆强度等级、配合比</td><td>按图示尺寸以体积计算</td></tr>
<tr><td>010303003</td><td>砖窨井、检查井</td><td>1. 井截面。
2. 垫层材料种类、厚度。
3. 底板厚度。
4. 勾缝要求。
5. 混凝土强度等级。
6. 砂浆强度等级、配合比。
7. 防潮层材料种类</td><td rowspan="2">座</td><td rowspan="2">按设计图示数量计算</td><td rowspan="2">1. 土方挖运。
2. 砂浆制作、运输。
3. 铺设垫层。
4. 底板混凝土制作、运输、浇筑、振捣、养护。
5. 砌砖。
6. 勾缝。
7. 井池底、壁抹灰。
8. 抹防潮层。
9. 回填。
10. 材料运输</td></tr>
<tr><td>010303004</td><td>砖水池、化粪池</td><td>1. 池截面。
2. 垫层材料种类、厚度。
3. 底板厚度。
4. 勾缝要求。
5. 混凝土强度等级。
6. 砂浆强度等级、配合比</td></tr>
</table>

4. 砌块砌体工程

砌块砌体工程工程量清单项目设置及工程量计算规则见表 5-33。

表 5-33　砌块砌体(编码:010304)

项目编码	项目名称	项目特征	计量单位	工程量计算规则	工程内容
010304001	空心砖墙、砌块墙	1. 墙体类型。 2. 墙体厚度。 3. 空心砖、砌块品种、规格、强度等级。 4. 勾缝要求。 5. 砂浆强度等级、配合比	m^3	按设计图示尺寸以体积计算。扣除门窗洞口、过人洞、空圈、嵌入墙内的钢筋混凝土柱、梁、圈梁、挑梁、过梁及凹进墙内的壁龛、管槽、暖气槽、消火栓箱所占体积,不扣除梁头、板头、檩头、垫木、木楞头、沿缘木、木砖、门窗走头、砖墙内加固钢筋、木筋、铁件、钢管及单个面积 0.3m^2 以内的孔洞所占体积,凸出墙面的腰线、挑檐、压顶、窗台线、虎头砖、门窗套的体积不增加,凸出墙面的砖垛并入墙体体积内。 1. 墙长度:外墙按中心线,内墙按净长计算。 2. 墙高度: (1)外墙:斜(坡)屋面无檐口天棚者算至屋面板底;有屋架且室内外均有天棚者算至屋架下弦底另加 200mm;无天棚者算至屋架下弦底另加 300mm,出檐宽度超过 600mm 时按实砌高度计算;平屋面算至钢筋混凝土板底。 (2)内墙:位于屋架下弦者,算至屋架下弦底;无屋架者算至天棚底另加 100mm;有钢筋混凝土楼板隔层者算至楼板顶;有框架梁时算至梁底。 (3)女儿墙:从屋面板上表面算至女儿墙顶面(如有压顶时算至压顶下表面)。 (4)内、外山墙:按其平均高度计算。 3. 围墙:高度算至压顶上表面(如有混凝土压顶时算至压顶下表面),围墙柱并入围墙体积内	1. 砂浆制作、运输。 2. 砌砖、砌块。 3. 勾缝。 4. 材料运输
010304002	空心砖柱、砌块柱	1. 柱高度。 2. 柱截面。 3. 空心砖、砌块品种、规格、强度等级。 4. 勾缝要求。 5. 砂浆强度等级、配合比	m^3	按设计图示尺寸以体积计算。扣除混凝土及钢筋混凝土梁垫、梁头、板头所占体积	1. 砂浆制作、运输。 2. 砌砖、砌块。 3. 勾缝。 4. 材料运输

5. 石砌体工程

石砌体工程工程量清单项目设置及工程量计算规则见表 5-34。

表 5-34 石砌体(编码:010305)

项目编码	项目名称	项目特征	计量单位	工程量计算规则	工程内容
010305001	石基础	1. 石料种类、规格。 2. 基础深度。 3. 基础类型。 4. 砂浆强度等级、配合比	m^3	按设计图示尺寸以体积计算。包括附墙垛基础宽出部分体积,不扣除基础砂浆防潮层及单个面积 0.3m^2 以内的孔洞所占体积,靠墙暖气沟的挑檐不增加体积。基础长度:外墙按中心线,内墙按净长计算	1. 砂浆制作、运输。 2. 砌石。 3. 防潮层铺设。 4. 材料运输
010305002	石勒脚	1. 石料种类、规格。 2. 石表面加工要求。 3. 勾缝要求。 4. 砂浆强度等级、配合比		按设计图示尺寸以体积计算。扣除单个 0.3m^3 以外的孔洞所占的体积	1. 砂浆制作、运输。 2. 砌石。 3. 石表面加工。 4. 勾缝。 5. 材料运输
010305003	石 墙	1. 石料种类、规格。 2. 墙厚。 3. 石表面加工要求。 4. 勾缝要求。 5. 砂浆强度等级、配合比	m^3	工程量计算规则可参考空心砖墙、砌块墙中的相应内容	1. 砂浆制作、运输。 2. 砌石。 3. 石表面加工。 4. 勾缝。 5. 材料运输
010305004	石挡土墙	1. 石料种类、规格。 2. 墙厚。 3. 石表面加工要求。 4. 勾缝要求。 5. 砂浆强度等级、配合比	m^3	按设计图示尺寸以体积计算	1. 砂浆制作、运输。 2. 砌石。 3. 压顶抹灰。 4. 勾缝。 5. 材料运输
010305005	石柱	1. 石料种类、规格。 2. 柱截面。 3. 石表面加工要求。 4. 勾缝要求。 5. 砂浆强度等级、配合比	m		1. 砂浆制作、运输。 2. 砌石。 3. 石表面加工。 4. 勾缝。 5. 材料运输
010305006	石栏杆			按设计图示以长度计算	
010305007	石护坡	1. 垫层材料种类、厚度。 2. 石料种类、规格。 3. 护坡厚度、高度。 4. 石表面加工要求。 5. 勾缝要求。 6. 砂浆强度等级、配合比	m^3	按设计图示尺寸以体积计算	1. 砂浆制作、运输。 2. 砌石。 3. 压顶抹灰。 4. 勾缝。 5. 材料运输
010305008	石台阶				1. 铺设垫层。 2. 石料加工。 3. 砂浆制作、运输。 4. 砌石。 5. 石表面加工。 6. 勾缝。 7. 材料运输
010305009	石坡道		m^2	按设计图示尺寸以水平投影面积计算	
010305010	石地沟、石明沟	1. 沟截面尺寸。 2. 垫层种类、厚度。 3. 石料种类、规格。 4. 石表面加工要求。 5. 勾缝要求。 6. 砂浆强度等级、配合比	m	按设计图示以中心线长度计算	1. 土石挖运。 2. 砂浆制作、运输。 3. 铺设垫层。 4. 砌石。 5. 石表面加工。 6. 勾缝。 7. 回填。 8. 材料运输

6. 砖散水、地坪、地沟

砖散水、地坪、地沟工程量清单项目设置及工程量计算规则见表 5-35。

表 5-35　砖散水、地坪、地沟(编码:010306)

项目编码	项目名称	项目特征	计量单位	工程量计算规则	工程内容
010306001	砖散水、地坪	1. 垫层材料种类、厚度。 2. 散水、地坪厚度。 3. 面层种类、厚度。 4. 砂浆强度等级、配合比	m^2	按设计图示尺寸以面积计算	1. 地基找平、夯实。 2. 铺设垫层。 3. 砌砖散水、地坪。 4. 抹砂浆面层
010306002	砖地沟、明沟	1. 沟截面尺寸。 2. 垫层材料种类、厚度。 3. 混凝土强度等级。 4. 砂浆强度等级、配合比	m	按设计图示以中心线长度计算	1. 挖运土石。 2. 铺设垫层。 3. 底板混凝土制作、运输、浇筑、振捣、养护。 4. 砌砖。 5. 勾缝、抹灰。 6. 材料运输

(三)工程量清单编制相关问题的处理

(1)基础垫层包括在基础项目内。

(2)标准砖尺寸应为 240mm×115mm×53mm。标准砖墙厚度应按表 5-29 计算。

(3)砖基础与砖墙(身)划分应以设计室内地坪为界(有地下室的按地下室室内设计地坪为界),以下为基础,以上为墙(柱)身。基础与墙身使用不同材料,位于设计室内地坪±300mm 以内时以不同材料为界,超过±300mm,应以设计室内地坪为界。砖围墙应以设计室外地坪为界,以下为基础,以上为墙身。

(4)框架外表面的镶贴砖部分,应单独按砖砌体工程工程量清单项目设置及工程量计算规则中相关零星项目编码列项。

(5)附墙烟囱、通风道、垃圾道,应按设计图示尺寸以体积(扣除孔洞所占体积)计算,并入所依附的墙体体积内。当设计规定孔洞内需抹灰时,应按装饰装修工程工程量清单项目及计算规则中墙、柱面工程中相关项目编码列项。

(6)空斗墙的窗间墙、窗台下、楼板下等的实砌部分,应按砖砌体工程工程量清单项目设置及工程量计算规则中零星砌砖项目编码列项。

(7)台阶、台阶挡墙、梯带、锅台、炉灶、蹲台、池槽、池槽腿、花台、花池、楼梯栏板、阳台栏板、地垄墙、屋面隔热板下的砖墩、0.3m^2 孔洞填塞等,应按零星砌砖项目编码列项。砖砌锅台与炉灶可按外形尺寸以个计算,砖砌台阶可按水平投影面积以平方米计算,小便槽、地垄墙可按长度计算,其他工程量按立方米计算。

(8)砖烟囱应按设计室外地坪为界,以下为基础,以上为筒身。

(9)砖烟囱体积可按本节二、(四)中式子分段计算。

(10)砖烟道与炉体的划分应按第一道闸门为界。

(11)水塔基础与塔身划分应以砖砌体的扩大部分顶面为界,以上为塔身,以下为基础。

(12)石基础、石勒脚、石墙身的划分:基础与勒脚应以设计室外地坪为界,勒脚与墙身应以设计室内地坪为界。石围墙内外地坪标高不同时,应以较低地坪标高为界,以下为基础;内外标高之差为挡土墙时，挡土墙以上为墙身。

(13)石梯带工程量应计算在石台阶工程量内。

(14)石梯膀应按石砌体工程工程量清单设置及工程量计算规则石挡土墙项目编码列项。

(15)砌体内加筋的制作、安装，应按混凝土及钢筋混凝土工程工程量清单项目及计算规则中相关项目编码列项。

四、条形毛石基础断面面积计算

条形毛石基础断面面积可参照表 5-36 进行计算。

表 5-36 毛石条形基础断面面积表

宽度(mm)	断面面积 (m^2)											
	高度 (mm)											
	400	450	500	550	600	650	700	750	800	850	900	950
500	0.200	0.225	0.250	0.275	0.300	0.325	0.350	0.375	0.400	0.425	0.450	0.475
550	0.220	0.243	0.275	0.303	0.330	0.358	0.385	0.413	0.440	0.468	0.495	0.523
600	0.240	0.270	0.300	0.330	0.360	0.390	0.420	0.450	0.480	0.510	0.540	0.570
650	0.260	0.293	0.325	0.358	0.390	0.423	0.455	0.488	0.520	0.553	0.585	0.518
700	0.280	0.315	0.350	0.385	0.420	0.455	0.490	0.525	0.560	0.595	0.630	0.665
750	0.300	0.338	0.375	0.413	0.450	0.488	0.525	0.563	0.600	0.638	0.675	0.713
800	0.320	0.360	0.400	0.440	0.480	0.520	0.560	0.600	0.640	0.680	0.720	0.760
850	0.340	0.383	0.425	0.468	0.510	0.553	0.595	0.638	0.680	0.723	0.765	0.808
900	0.360	0.405	0.450	0.495	0.540	0.585	0.630	0.675	0.720	0.765	0.810	0.855
950	0.380	0.428	0.475	0.523	0.570	0.618	0.665	0.713	0.760	0.808	0.855	0.903
1000	0.400	0.450	0.500	0.550	0.600	0.650	0.700	0.750	0.800	0.850	0.900	0.950
1050	0.420	0.473	0.525	0.578	0.630	0.683	0.735	0.788	0.840	0.893	0.945	0.998
1100	0.440	0.495	0.550	0.605	0.660	0.715	0.770	0.825	0.880	0.935	0.990	1.050
1150	0.460	0.518	0.575	0.633	0.690	0.748	0.805	0.863	0.920	0.978	1.040	1.093
1200	0.480	0.540	0.600	0.660	0.720	0.780	0.840	0.900	0.960	1.020	1.080	1.140
1250	0.500	0.563	0.625	0.688	0.750	0.813	0.875	0.933	1.000	1.063	1.125	1.188
1300	0.520	0.585	0.650	0.715	0.780	0.845	0.910	0.975	1.040	1.105	1.170	1.235
1350	0.540	0.608	0.675	0.743	0.810	0.878	0.945	1.013	1.080	1.148	1.215	1.283
1400	0.560	0.630	0.700	0.770	0.840	0.910	0.980	1.050	1.120	1.19	1.260	1.330
1450	0.580	0.653	0.725	0.798	0.870	0.943	1.015	1.088	1.160	1.233	1.305	1.378
1500	0.600	0.675	0.750	0.825	0.900	0.975	1.050	1.125	1.200	1.275	1.350	1.425
1600	0.640	0.720	0.800	0.880	0.960	1.040	1.120	1.200	1.280	1.360	1.440	1.520
1700	0.680	0.765	0.850	0.935	1.020	1.105	1.190	1.275	1.360	1.445	1.530	1.615
1800	0.720	0.810	0.900	0.990	1.080	1.170	1.260	1.350	1.440	1.530	1.620	1.710
2000	0.800	0.900	1.000	1.100	1.200	1.300	1.400	1.500	1.600	1.700	1.800	1.900

五、砖墙体工程量计算

(一)砖墙用砖和砂浆计算

(1)一斗一卧空斗墙用砖和砂浆理论计算公式

$$砖=\frac{一斗一卧一层砖的块数}{墙厚\times一斗一卧砖高\times墙长}$$

$$砂浆=0.01\times0.053\times\frac{(墙长\times4\times立砖净空\times10+斗砖宽\times20+卧砖长\times12.52)}{墙厚\times一斗一卧砖高\times墙长}$$

(2)各种不同厚度的墙用砖和砂浆净用量计算公式

砖墙:每 $1m^3$ 砖砌体各种不同厚度的墙用砖和砂浆净用量的理论计算公式如下:

1)砖的净用量$=\frac{1}{墙厚\times(砖长+灰缝)\times(砖厚\times灰缝)}\times K$

式中　K——墙厚的砖数×2(墙厚的砖数是指 0.5、1、1.5、2、……)

2)砂浆净用量=1－砖数净用量×每块砖体积

标准砖规格为 240mm×115mm×53mm,每块砖的体积为 $0.0014628m^3$,灰缝横竖方向均为 1cm。

(3)方形砖柱用砖和砂浆用量理论计算公式

$$砖=\frac{一层砖的块数}{长\times宽\times(一层砖厚+灰缝)}$$

$$砂浆=1-砖数净用量\times每块砖体积$$

(4)圆形砖柱用砖和砂浆理论计算公式

$$砖=\frac{1}{\pi/4\times0.49\times0.49\times(砖厚+灰缝)}$$

$$砂浆=\left[1-每块砖体积\times\frac{1}{(长\times1/2\ 灰缝)\times(宽+灰缝)\times(厚+灰缝)}\right]$$

(二)砖砌山墙面积计算

(1)山墙(尖)面积计算公式

坡度 $1:2(26°34')=L^2\times0.125$

坡度 $1:4(14°02')=L^2\times0.0625$

坡度 $1:12(4°45')=L^2\times0.02083$

公式中坡度$=H:S$,见图 5-21 所示。

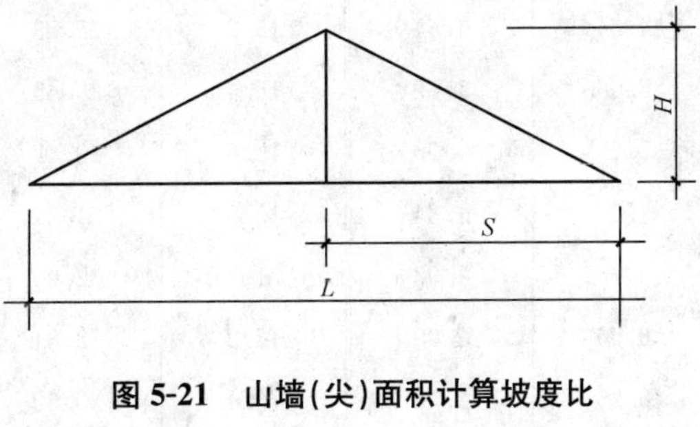

图 5-21　山墙(尖)面积计算坡度比

(2)山尖墙面积(表 5-37)。

表 5-37 山尖墙面积表

长度 L (m)	坡度 (H∶S)			长度 L (m)	坡度 (H∶S)		
	1∶2	1∶4	1∶12		1∶2	1∶4	1∶12
	山尖面积(m²)				山尖面积(m²)		
4.0	2.00	1.00	0.33	10.4	13.52	6.76	2.25
4.2	2.21	1.10	0.37	10.6	14.05	7.02	2.34
4.4	2.42	1.21	0.40	10.8	14.58	7.29	2.43
4.6	2.65	1.32	0.44	11	15.13	7.56	2.53
4.8	2.88	1.44	0.48	11.2	15.68	7.84	2.61
5.0	3.13	1.56	0.52	11.4	16.25	8.12	2.71
5.2	3.38	1.69	0.56	11.6	16.82	8.41	2.80
5.4	3.65	1.82	0.61	11.8	17.41	8.70	2.90
5.6	3.92	1.96	0.65	12	18.00	9.00	3.00
5.8	4.21	2.10	0.70	12.2	18.61	9.30	3.10
6.0	4.50	2.25	0.75	12.4	19.22	9.61	3.20
6.2	4.81	2.40	0.80	12.6	19.85	9.92	3.31
6.4	5.12	2.56	0.85	12.8	20.43	10.24	3.41
6.6	5.45	2.72	0.91	13.0	21.13	10.56	3.52
6.8	5.78	2.89	0.96	13.2	21.73	10.89	3.63
7.0	6.13	3.06	1.02	13.4	22.45	11.22	3.74
7.2	6.43	3.24	1.08	13.6	23.12	11.56	3.85
7.4	6.85	3.42	1.14	13.8	23.81	11.90	3.97
7.6	7.22	3.61	1.20	14	24.50	12.23	4.08
7.8	7.61	3.80	1.27	14.2	25.21	12.60	4.20
8.0	8.00	4.00	1.33	14.4	25.92	12.96	4.32
8.2	8.41	4.20	1.40	14.6	26.65	13.32	4.44
8.4	8.82	4.41	1.47	14.8	27.33	13.69	4.56
8.6	9.25	4.62	1.54	15	28.13	14.06	4.69
8.8	9.68	4.84	1.61	15.2	28.88	14.44	4.81
9.0	10.13	5.06	1.69	15.4	29.65	14.82	4.94
9.2	10.58	5.29	1.76	15.6	30.42	15.21	5.07
9.4	11.05	5.52	1.84	15.8	21.21	15.60	5.20
9.6	11.52	5.76	1.92	16	32.00	16.00	5.33
9.8	12.01	6.00	2.00	16.2	32.81	16.40	5.47
10	12.50	6.25	2.08	16.4	33.62	16.81	5.60
10.2	13.01	6.50	2.17	16.6	34.45	17.22	5.76

(三)砖墙体工程量计算

砖墙体有外墙、内墙、女儿墙、围墙之分,计算时要注意墙体砖品种、规格、强度等级、墙体类型、墙体厚度、墙体高度、砂浆强度等级、配合比不同时要分开计算。

(1)外墙

$$V_{外}=(H_{外}\times L_{中}-F_{洞})\times b+V_{增减}$$

式中　$H_{外}$——外墙高度(m);

$L_{中}$——外墙中心线长度(m);

$F_{洞}$——门窗洞口、过人洞、空圈面积(m^3);

$V_{增减}$——相应的增减体积,其中 $V_{增}$ 是指有墙垛时增加的墙垛体积(m^3);

b——墙体厚度(m)。

注:对于砖垛工程量的计算可查表 5-38。

表 5-38　标准砖附墙砖垛或附墙烟囱、通风道折算墙身面积系数

墙身厚度 D (cm) / 突出断面 a × b (cm)	1/2 砖	3/4 砖	1 砖	$1\frac{1}{2}$砖	2 砖	$2\frac{1}{2}$砖
	11.5	18	24	36.5	49	61.5
12.25×24	0.2609	0.1685	0.1250	0.0822	0.0612	0.0488
12.5×36.5	0.3970	0.2562	0.1900	0.1249	0.0930	0.0741
12.5×49	0.5330	0.3444	0.2554	0.1680	0.1251	0.0997
12.5×61.5	0.6687	0.4320	0.3204	0.2107	0.1569	0.1250
25×24	0.5218	0.3371	0.2500	0.1644	0.1224	0.0976
25×36.5	0.7938	0.5129	0.3804	0.2500	0.1862	0.1485
25×49	1.0625	0.6882	0.5104	0.2356	0.2499	0.1992
25×61.5	1.3374	0.8641	0.6410	0.4214	0.3138	0.2501
37.5×24	0.7826	0.5056	0.3751	0.2466	0.1836	0.1463
37.5×36.5	1.1904	0.7691	0.5700	0.3751	0.2793	0.2226
37.5×49	1.5983	1.0326	0.7650	0.5036	0.3749	0.2989
37.5×61.5	2.0047	1.2955	0.9608	0.6318	0.4704	0.3750
50×24	1.0435	0.6742	0.5000	0.3288	0.2446	0.1951
50×36.5	1.5870	1.0253	0.7604	0.5000	0.3724	0.2967
50×49	2.1304	1.3764	1.0208	0.6712	0.5000	0.3980
50×61.5	2.6739	1.7273	1.2813	0.8425	0.6261	0.4997
62.5×36.5	1.9813	1.2821	0.9510	0.6249	0.4653	0.3709
62.5×49	2.6635	1.7208	1.3763	0.8390	0.6249	0.4980
62.5×61.5	3.3426	2.1600	1.6016	1.0532	0.7842	0.6250
74×36.5	2.3487	1.5174	1.1254	0.7400	0.5510	0.4392

注:表中 a 为突出墙面尺寸(cm),b 为砖垛(或附墙烟囱、通风道)的宽度(cm)。

(2)内墙

$$V_{内}-(H_{内}\times L_{净}-F_{洞})\times b+V_{增减}$$

式中　$H_{内}$——内墙高度(m);

$L_{净}$——内墙净长度(m);

$F_{洞}$——门窗洞口、过人洞、空圈面积(m^3);

$V_{增减}$——计算墙体时相应的增减体积(m^3);

b——墙体厚度。

(3)女儿墙

$$V_{女}=H_{女}\times L_{中}\times b+V_{增减}$$

式中 $H_{女}$——女儿墙高度(m);

$L_{女}$——女儿墙中心线长度(m);

b——女儿墙厚度(m)。

(4)砖围墙 高度算至压顶上表面(如有混凝土压顶时算至压顶下表面),围墙柱并入围墙体积内计算。

六、砌筑工程工程量计算示例

【例 5-14】 设一砖墙基础,长 120m,厚 365mm($1\frac{1}{2}$砖),每隔 10m 设有附墙砖垛,墙垛断面尺寸为:突出墙面 250mm,宽 490mm,砖基础高度 1.85m,墙基础等高放脚 5 层,最底层放脚高度为二皮砖,试计算砖墙基础工程量。

【解】 (1)条形墙基工程量

按公式及查表,大放脚增加断面面积为 $0.2363m^2$,则

$$墙基体积=120\times(0.365\times1.85+0.2363)=109.386m^3$$

(2)垛基工程量

按题意,垛数 $n=13$ 个,$d=0.25$,由公式

$$垛基体积=(0.49\times1.85+0.2363)\times0.25\times13=3.714m^3$$

或查表计算垛基工程量:$(0.1225\times1.85+0.059)\times13=3.713m^3$;

(3)砖墙基础工程量

$$V=109.386+3.714=113.1m^3。$$

【例 5-15】 某单层建筑物如图 5-22、图 5-23 所示,墙身为 M5.0 混合砂浆砌筑 MU10 标准黏土砖,内外墙厚均为 240mm,外墙瓷砖贴面,GZ 从基础圈梁到女儿墙顶,门窗洞口上全部采用预制钢筋混凝土过梁。M1,1500mm×2700mm;M2,1000mm×2700mm;C1,1800mm×1800mm;C2,1500mm×1800mm。试计算该工程砖砌体的工程量。

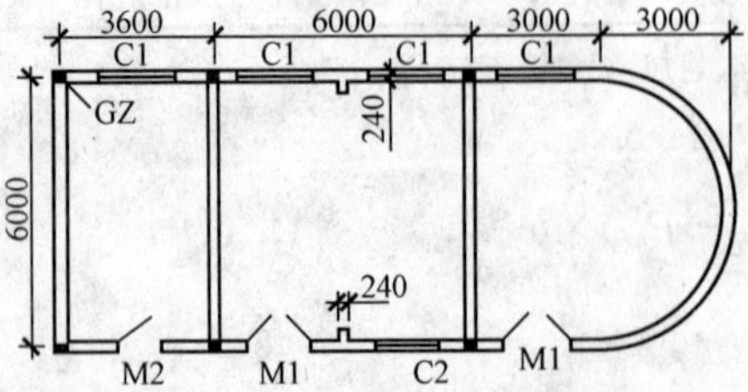

图 5-22 单层建筑物

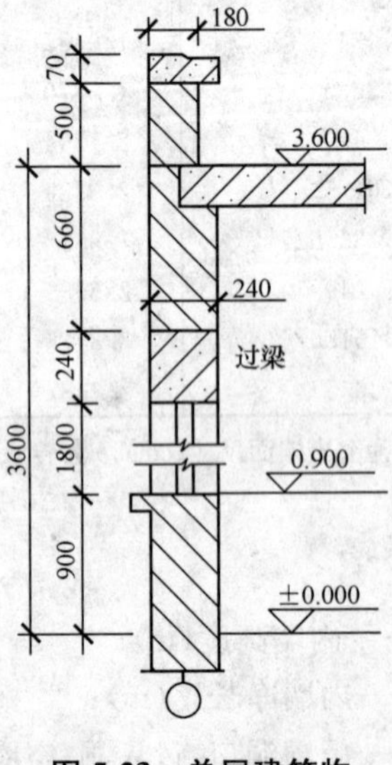

图 5-23 单层建筑物

【解】 实心砖墙的工程数量计算公式：

(1)外墙：$V_{外}=(H_{外}\times L_{中}-F_{洞})\times b+V_{增减}$

(2)内墙：$V_{内}=(H_{内}\times L_{净}-F_{洞})\times b+V_{增减}$

(3)女儿墙：$V_{女}=H_{女}\times L_{中}\times b+V_{增减}$

(4)砖围墙：高度算至压顶上表面(如有混凝土压顶时算至压顶下表面)，围墙柱并入围墙体积内计算。

则实心砖墙的工程数量计算如下：

(1)240mm厚，3.6m高，M5.0混合砂浆砌筑MU10标准黏土砖，原浆勾缝外墙工程数量：

$$H_{外}=3.6\text{m}\quad L_{中}=6+(3.6+9)\times 2+\pi\times 3-0.24\times 6+0.24\times 2=39.66\text{m}$$

扣门窗洞口：

$$F_{洞}=1.5\times 2.7\times 2+1\times 2.7\times 1+1.8\times 1.8\times 4+1.5\times 1.8\times 1=26.46\text{m}^2$$

扣钢筋混凝土过梁体积：

$$V=[(1.5+0.5)\times 2+(1.0+0.5)\times 1+(1.8+0.5)\times 4+(1.5+0.5)\times 1]\times 0.24\times 0.24=0.96\text{m}^3$$

工程量：　$V=(3.6\times 39.66-26.46)\times 0.24-0.96=26.96\text{m}^3$

其中弧形墙工程量：　$3.6\times\pi\times 3\times 0.24=8.14\text{m}^3$

(2)240mm厚，3.6m高，M5.0混合砂浆砌筑MU10标准黏土砖，原浆勾缝内墙工程数量：

$$H_{内}=3.6\text{m}\qquad L_{净}=(6-0.24)\times 2=11.52\text{m}$$

$$V=3.6\times 11.52\times 0.24=9.95\text{m}^3$$

(3)180mm厚，0.5m高，M5.0混合砂浆砌筑MU10标准黏土砖，原浆勾缝女儿墙工程数量：

$$H=0.5\text{m}$$

$$L_{中}=6.06+(3.63+9)\times 2+\pi\times 3.03-0.24\times 6=39.40\text{m}$$

工程量：　$V=0.5\times 39.40\times 0.18=3.55\text{m}^3$

【例5-16】 求图5-24的$1\frac{1}{2}$砖外山墙工程量。

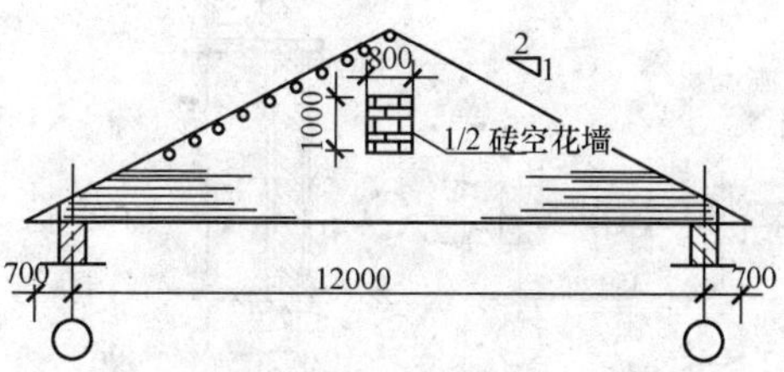

图5-24　$1\frac{1}{2}$砖外山墙

【解】 1/2砖空花墙工程量$=0.8\times 1.0\times 0.115=0.092=0.09\text{m}^3$

$$1\frac{1}{2}\text{砖外山墙工程量}=(\text{外山墙面积}-\text{空花墙面积})\times\text{墙厚}=\left[(12.0+0.7\times 2)\times\left(\frac{12.0+0.7\times 2}{2}\right)\times 0.5\div 2-\left(0.7-\frac{0.365}{2}\right)\times\left(0.7-\frac{0.365}{2}\right)\times 0.5-0.8\times 1\right]\times 0.365=7.85\text{m}^3$$

【例5-17】 如图5-25所示，已知混凝土漏空花格墙厚度为120mm，用M2.5水泥砂浆砌筑300mm×300mm×120mm的混凝土漏空花格砌块，求其工程量。

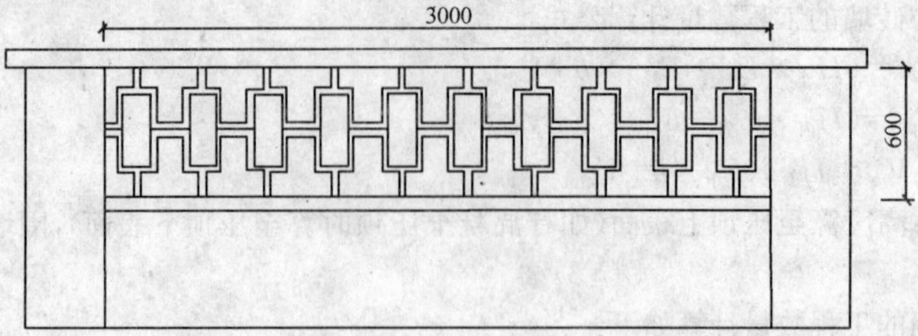

图 5-25 花格墙

【解】 空花墙的工程量计算公式。

V＝按设计图示尺寸以空花部分外形体积计算，不扣除空洞部分体积

则 M2.5 水泥砂浆砌筑 300mm×300mm×120mm 的混凝土漏空花格砌块墙工程量为：

$$V=0.6\times3.0\times0.12=0.22\text{m}^3$$

【例 5-18】 求图 5-26 一砖无眠空斗围墙的工程量。

【解】 一砖无眠空斗墙工程量＝墙身工程量＋砖压顶工程量

$$=(3.50-0.365)\times3\times2.38\times0.24+(3.5-0.365)\times3\times0.12\times0.49=5.37+0.55=5.92\text{m}^3$$

$2\times1\frac{1}{2}$砖柱$=0.49\times0.365\times2.38\times4+0.74\times0.615\times0.12\times4=1.70+0.22=1.92\text{m}^3$

【例 5-19】 某工程外墙有如图 5-27 所示一附墙砖砌烟道，高 3.9m，已知单孔的尺寸为 0.24m×0.18m，试计算其折算体积。

【解】 附墙烟囱、通风道、垃圾道应按设计图示尺寸以体积(扣除孔洞所占体积)计算，并入所依附的墙体体积内。当设计规定孔洞内需抹灰时，应按装饰工程中相关项目编码列项。

则其折算体积为：$0.375\times0.84\times3.9-0.24\times0.18\times2\times3.9=0.89\text{m}^3$

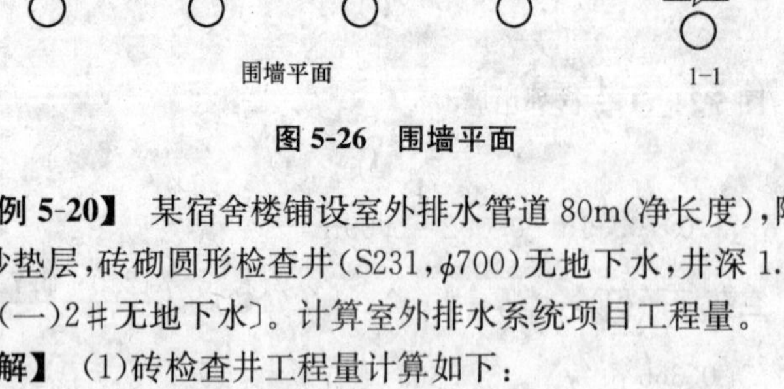

图 5-26 围墙平面

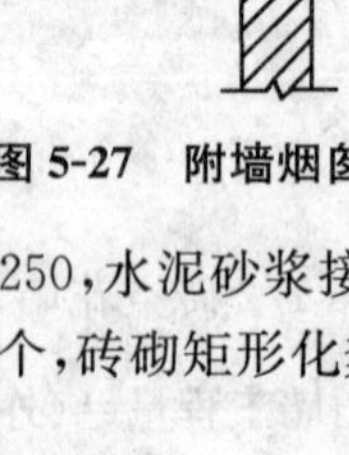

图 5-27 附墙烟囱

【例 5-20】 某宿舍楼铺设室外排水管道 80m(净长度)，陶土管径 ϕ250，水泥砂浆接口，管底铺黄砂垫层，砖砌圆形检查井(S231，ϕ700)无地下水，井深 1.5m，共 10 个，砖砌矩形化粪池 1 个〔S231(一)2＃无地下水〕。计算室外排水系统项目工程量。

【解】 (1)砖检查井工程量计算如下：

计算公式：砖检查井工程量＝设计图示数量

S231，ϕ700 检查井工程量＝10 座

(2)砖化粪池工程量计算如下：

计算公式：砖化粪池工程量＝设计图示数量

S231(一)2#无地下水砖砌矩形化粪池工程量=1座

【例5-21】 如图5-28所示，某挡土墙工程用M2.5混合砂浆砌筑毛石，用原浆勾缝，长度200m，求其工程量。

【解】 (1)石挡土墙的工程数量计算公式：

V=按设计图示尺寸以体积计算

则M2.5混合砂浆砌筑毛石，原浆勾缝毛石挡土墙工程数量计算如下：

$V=(0.5+1.2)\times3\div2\times200=510.00\mathrm{m}^3$

(2)挡土墙毛石基础的工程数量计算公式：

V=按设计图示尺寸以体积计算

则M2.5混合砂浆砌筑毛石挡土墙基础工程数量计算如下：

$V=0.4\times2.2\times200=176.00\mathrm{m}^3$

注意：挡土墙与基础的划分，以较低一侧的设计地坪为界，以下为基础，以上为墙身。

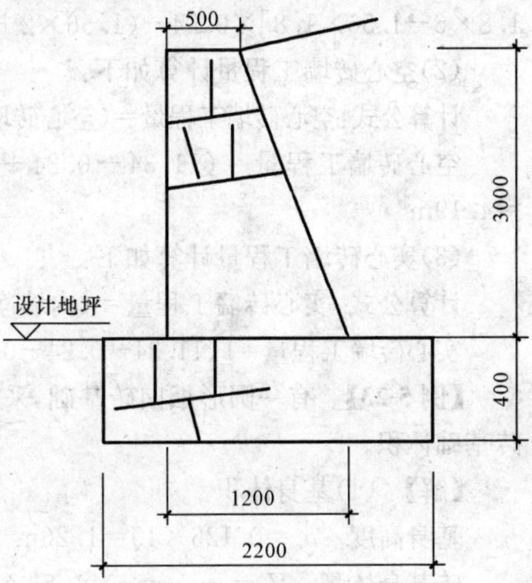

图5-28　挡土墙

【例5-22】 某单层建筑物，框架结构，尺寸如图5-29所示，墙身用M5.0混合砂浆砌筑加气混凝土砌块，厚度为240mm；女儿墙砌筑煤矸石空心砖，混凝土压顶断面240mm×60mm，墙厚均为240mm；隔墙为120mm厚实心砖墙。框架柱断面240mm×240mm到女儿墙顶，框架梁断面240mm×500mm，门窗洞口上均采用现浇钢筋混凝土过梁，断面240mm×180mm。M1，1560mm×2700mm；M2，1000mm×2700mm；C1，1800mm×1800mm；C2，1560mm×1800mm。试计算墙体工程量。

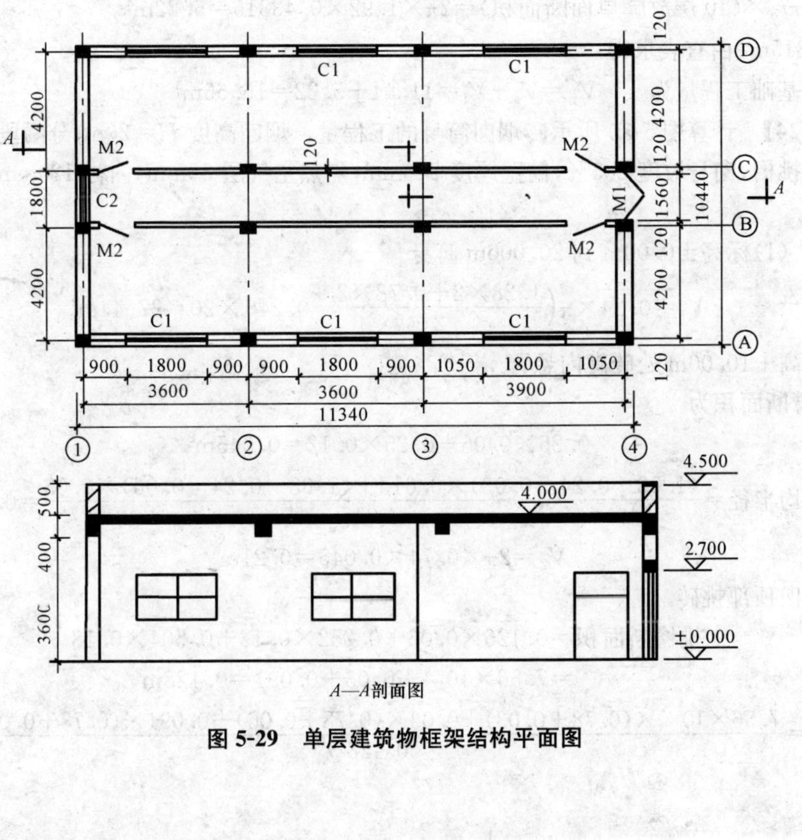

图5-29　单层建筑物框架结构平面图

【解】 (1)砌块墙工程量计算如下：

计算公式:砌块墙工程量=(砌块墙中心线长度×高度－门窗洞口面积)×墙厚－构件体积

砌块墙工程量=[(11.34－0.24＋10.44－0.24－0.24×6)×2×3.6－1.56×2.7－1.8×1.8×6－1.56×1.8]×0.24－(1.56×2＋2.3×6)×0.24×0.18=27.24m³

(2)空心砖墙工程量计算如下：

计算公式:空心砖墙工程量=(空心砖墙中心线长度×高度－门窗洞口面积)×墙厚－构件体积

空心砖墙工程量=(11.34－0.24＋10.44－0.24－0.24×6)×2×(0.50－0.06)×0.24=4.19m³

(3)实心砖墙工程量计算如下：

计算公式:实心砖墙工程量=(内墙净长×高度－门窗洞口面积)×墙厚－构件体积

实心砖墙工程量=[(11.34－0.24－0.24×3)×3.6－1.00×2.70×2]×0.12×2=7.67m³

【例 5-23】 有一圆形烟囱砖基础，采用等高式放脚，10 层，其基身直径为 3.4m，试求该烟囱砖基础体积。

【解】 (1)基身体积

基身高度 $h_c=0.126\times10=1.26\text{m}$

砖基身体积 $V_s=\pi r_s^2 h_c=\pi\times1.7^2\times1.26=11.44\text{m}^3$

(2)放脚体积 V_f

$$r_o=r_s+\left[\sum_{i=1}^{10}i^2/10\text{层放脚单面断面积}\right]\times2.46\times10^{-4}$$

$$=1.7+\frac{(1+4+9+16+25+36+49+64+81+100)}{0.43315}\times2.46\times10^{-4}$$

$$=1.7+0.22=1.92\text{m}$$

$V_f=2\pi r_o\times(10\text{层放脚单面断面积})=2\pi\times1.92\times0.43315=5.22\text{m}^3$

其中 0.43315m³ 由查表求得。

(3)砖基础工程量为 $V_{yj}=V_s+V_f=11.44+5.22=16.66\text{m}^3$

【例 5-24】 计算图 5-30 所示砖烟囱筒身的工程量。烟囱高度 $H=20\text{m}$，分两段，在中部及顶部有内、外挑檐，囱身坡度 2.5%，筒壁厚度 240mm，隔热空气层 50mm，内衬 120mm，筒底砌衬砖 120mm 厚。

【解】 (1)标高±0.00m 到 20.000m 筒身

$$V_1=0.24\times\pi\left(\frac{1.28\times2+0.78\times2}{2}-0.24\right)\times20=27.44\text{m}^3$$

(2)标高＋10.00m 处砖砌内悬臂

内悬臂断面积为

$$0.25\times0.06+0.25\times0.12=0.045\text{m}^2$$

$$\text{平均半径}=\frac{(1.03-0.24-0.03)\times0.015+(1.03-0.24-0.06)\times0.03}{0.045}=0.74\text{m}$$

$$V_2=2\pi\times0.74\times0.045=0.21\text{m}^3$$

(3)烟囱顶部挑砖

$$\text{挑檐断面积}=0.126\times0.06+0.252\times0.12+0.504\times0.18$$

$$=7.56\times10^{-3}+0.03+0.091=0.128\text{m}^2$$

$$\text{平均半径}=\frac{7.56\times10^{-3}\times(0.78+0.03)+0.03\times(0.78+0.06)+0.091\times(0.78+0.09)}{0.128}=0.863\text{m}$$

$$V_3 = 2\pi \times 0.863 \times 0.128 = 0.69\text{m}^3$$

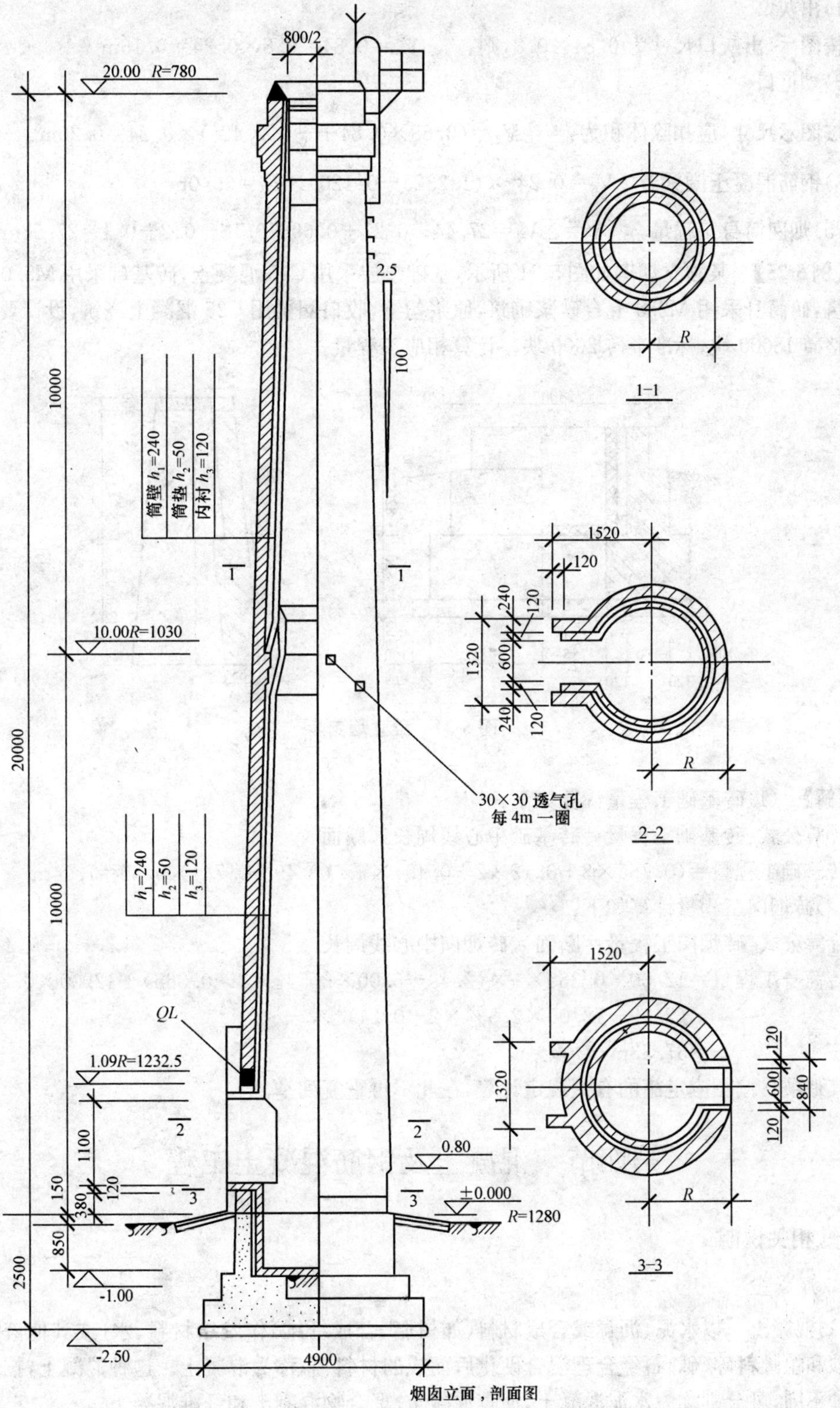

烟囱立面，剖面图

图 5-30　20m 砖烟囱

(4)应扣除部分

1)出灰口

按图示,出灰口尺寸为0.84×0.8,则: $V_4=0.84\times0.8\times0.24=0.16\text{m}^3$

2)烟道口

按图示尺寸,应扣除体积为: $V_5=(0.68\times0.84+\frac{\pi}{2}\times0.42^2)\times0.24=0.20\text{m}^3$

3)钢筋混凝土圈梁 $V_6=0.24^2\times(1.2325-0.120)\times2\pi=0.40\text{m}^3$

(5)烟囱筒身工程量 $V=\sum_{i=1}^{6}V_i=27.44+0.21+0.69-0.16-0.2-0.4=27.58\text{m}^3$

【例5-25】 某独立烟囱如图5-31所示,基础垫层采用C15混凝土,砖基础采用M5.0水泥砂浆砌筑,砖筒身采用M2.5混合砂浆砌筑,原浆勾缝,收口圈梁用C25混凝土浇筑,设计要求加工楔形整砖18000块,标准半砖2000块。计算相应工程量。

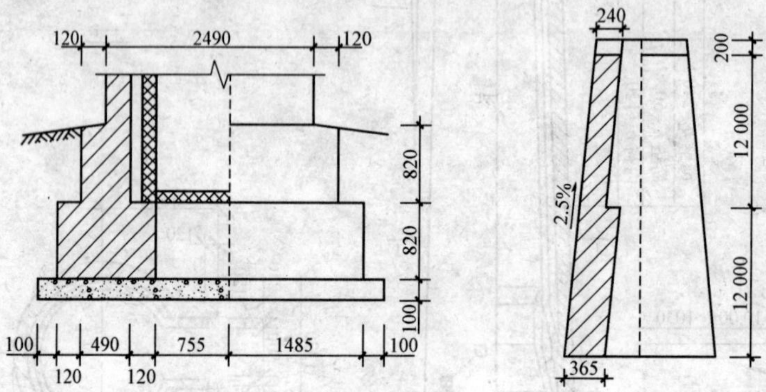

图5-31 独立烟囱

【解】 (1)砖基础工程量计算如下:

计算公式:砖基础工程量=砖基础中心线周长×断面

砖基础工程量$=(0.755\times2+0.12\times2+0.49)\times\pi\times(0.49+0.73)\times0.82=7.04\text{m}^3$

(2)砖烟囱工程量计算如下:

计算公式:砖烟囱工程量=断面×砖烟囱中心线周长

砖筒身工程量$=12.00\times0.365\times\pi\times(2.49-6.00\times2.5\%\times2-0.365)+12.00\times0.24\times\pi\times(2.49-18.00\times2.5\%\times2-0.24)$

$=37.33\text{m}^3$

其他项目按相应定额的有关规定计算,在此不再重复列举。

第四节 混凝土及钢筋混凝土工程

一、相关说明

1. 混凝土

(1)混凝土 以水泥、沥青或合成材料(如树脂、合成纤维)作胶结材料、水(或其他液体)、细骨料砂和粗骨料碎(砾)石经合理混合硬化后而成的材料,总称为混凝土。这种混凝土,按照胶结材料的不同,可分别称为水泥混凝土、沥青混凝土、聚合物混凝土和纤维混凝土。

(2)混凝土强度标准值如表5-39。

表 5-39 混凝土强度标准值 (N/mm^2)

强度种类	符号	混凝土强度等级					
		C7.5	C10	C15	C20	C25	C30
轴心抗压	f_{ck}	5.0	6.7	10	13.5	17	20
弯曲抗压	f_{cmk}	5.5	7.5	11	15	18.5	22
抗拉	f_{tk}	0.75	0.9	1.2	1.5	1.75	2
强度种类	符号	混凝土强度等级					
		C35	C40	C45	C50	C55	C60
轴心抗压	f_{ck}	23.5	27	29.5	32	34	36
弯曲抗压	f_{cmk}	26	29.5	32.5	35	37.5	39.5
抗拉	f_{tk}	2.25	2.45	2.6	2.75	2.85	2.95

(3)混凝土构件按材料分为无筋混凝土构件和钢筋混凝土构件。钢筋混凝土构件是最常用的主要构件,按施工方法和程序的不同分为现浇构件和预制构件两大类。

2. 钢筋混凝土

(1)钢筋混凝土　混凝土能承受很大的压力,但抵抗拉力的能力却很低,受拉时很容易断裂,如果在构件的受拉部位配上一种抗拉能力很强的材料—钢筋,并且使钢筋和混凝土形成一个整体,共同受力,使它们发挥各自的特长,即能受压又能受拉。这种配有钢筋的混凝土,就称作钢筋混凝土。

(2)钢筋混凝土的强度标准值如表 5-40 及表 5-41。

表 5-40 钢筋强度标准值 (N/mm^2)

种类		f_{yk}或f_{pyk}或f_{ptk}
热轧钢筋	HPB235 级(Q235A、Q235AY)	235
	HRB335 级(20MnSi、20MnNb(b)) $d \leqslant 25$ $d=28 \sim 40$	335 315
	HRB400 级(24MnSi)	370
	RRB400 级(40Si2MnV、45Si2MnV、45Si2MnTi)	540
冷拉钢筋	HPB235 级($d \leqslant 12$)	280
	HRB335 级($d \leqslant 25$) $d=28 \sim 40$	450 435
	HRB400 级	500
	RRB400 级	700
热处理钢筋	40Si2Mn($d=6$) 48Si2Mn($d=8.2$) 45Si2Cr($d=10$)	1470

注:f_{yk}——普通钢筋强度标准值;

f_{pyk}——预应力钢筋强度标准值;

f_{ptk}——用作预应力钢筋的乙级冷拔低碳素钢丝、刻痕钢丝、钢绞线、甲级冷拔低碳钢丝和热处理钢筋,其极限抗拉强度标准值。

表 5-41　钢丝、钢绞线强度标准值　(N/mm²)

种类		f_{stk}或f_{ptk}
碳素钢丝	$\phi4$	1670
	$\phi5$	1570
冷拔碳素钢丝	甲级：	Ⅰ组　Ⅱ组
	$\phi4$	700　650
	$\phi5$	650　600
	乙级：$\phi3$～$\phi5$	550
刻痕钢丝	$\phi5$	1470
钢绞线	$d=9.0(7\phi3)$	1670
	$d=12.0(7\phi4)$	1570
	$d=15.0(7\phi5)$	1470

注：f_{stk}——表示乙级冷拔低碳钢丝极限抗拉强度标准值。

3. 模板

(1)模板的作用和要求　模板系统包括模板、支架和紧固件三个部分。它是保证混凝土在浇筑过程中保持正确的形状和尺寸，在硬化过程中进行防护和养护的工具。

(2)模板按其所用的材料不同可分为：木模板、钢模板、钢木模板、铝合金模板、塑料模板、胶合板模板、玻璃钢模板和预应力混凝土薄板等。

(3)按其形式不同，可分为整体式模板、定型模板、工具式模板、滑升模板、胎模等。

二、基础定额工程量计算

(一)定额工作内容

1. 现浇混凝土模板

现浇混凝土模板工作内容包括：

(1)木模板制作；

(2)模板安装、拆除、整理堆放及场内外运输；

(3)清理模板黏结物及模内杂物、刷隔离剂等。

2. 预制混凝土模板

预制混凝土模板工作内容包括：

(1)工具式钢模板、复合木模板安装；

(2)木模板制作、安装；

(3)清理模板、刷隔离剂；

(4)拆除模板、整理堆放，装箱运输。

3. 构筑物混凝土模板

(1)烟囱工作内容　包括安装拆除平台、模板、液压、供电通讯设备、中间改模、激光对中、设置安全网、滑模拆除后清洗、刷油、堆放及场内外运输。

(2)水塔工作内容　包括制作、清理、刷隔离剂、拆除、整理及场内外运输。

(3)倒锥壳水塔工作内容包括：

1)安装拆除钢平台、模板及液压、供电、供水设备；

2)制作、安装、清理、刷隔离剂,拆除、整理、堆放及场内外运输;

3)水箱提升。

(4)贮水(油)池工作内容包括:

1)木模板制作;

2)模板安装、拆除、整理堆放及场内外运输;

3)清理模板黏结物及模内杂物、刷隔离剂等。

(5)贮仓工作内容　包括制作、安装、清理、刷隔离剂,拆除、整理、堆放及场内外运输。

(6)筒仓工作内容　包括安装拆除平台、模板、液压、供电通讯设备、中间改模、激光对中、设备安全网,滑模拆除后清洗、刷油、堆放及场内外运输。

4. 钢筋

(1)现浇(预制)构件钢筋工作内容　包括钢筋制作、绑扎、安装。

(2)先(后)张法预应力钢筋工作内容　包括钢筋制作、张拉、放张、切断等。

(3)铁件及电渣压力焊接工作内容　包括安装埋设、焊接固定。

5. 混凝土

工作内容包括:

(1)混凝土水平(垂直)运输;

(2)混凝土搅拌、捣固、养护;

(3)成品堆放。

6. 集中搅拌、运输、泵输送混凝土参考定额

(1)混凝土搅拌站工作内容　包括筛洗石子,砂石运至搅拌点,混凝土搅拌,装运输车。

(2)混凝土搅拌输送车工作内容　包括将搅拌好混凝土在运输中进行搅拌,并运送到施工现场、自动卸车。

(3)混凝土(搅拌站)输送泵工作内容　包括将搅拌好的混凝土输送至浇灌点,进行捣固,养护。

注:输送高度30m时,输送泵台班用量乘以1.10,输送高度超过50m时,输送泵台班用量乘以1.25。

(二)定额一般规定

1. 模板

(1)现浇混凝土模板按不同构件,分别以组合钢模板、钢支撑、木支撑,复合木模板、钢支撑、木支撑,木模板、木支撑配制,模板不同时,可以编制补充定额。

(2)预制钢筋混凝土模板,按不同构件分别以组合钢模板、复合木模板、木模板、定型钢模、长线台钢拉模,并配制相应的砖地模,砖胎模、长线台混凝土地模编制的,使用其他模板时,可以换算。

(3)定额中框架轻板项目,只适用于全装配式定型框架轻板住宅工程。

(4)模板工作内容包括:清理、场内运输、安装、刷隔离剂、浇灌混凝土时模板维护、拆模、集中堆放、场外运输。木模板包括制作(预制包括刨光,现浇不刨光),组合钢模板、复合木模板包括装箱。

(5)现浇混凝土梁、板、柱、墙是按支模高度(地面至板底)3.6m编制的,超过3.6m时按超过部分工程量另按超高的项目计算。

(6)用钢滑升模板施工的烟囱、水塔及贮仓是按无井架施工计算的,并综合了操作平台。不再计算脚手架及竖井架。

(7)用钢滑升模板施工的烟囱、水塔、提升模板使用的钢爬杆用量是按100%摊销计算的,贮仓是按50%摊销计算的,设计要求不同时,另行换算。

(8)倒锥壳水塔塔身钢滑升模板项目,也适用于一般水塔塔身滑升模板工程。

(9)烟囱钢滑升模板项目均已包括烟囱筒身、牛腿、烟道口;水塔钢滑升模板均已包括直筒、门窗洞口等模板用量。

(10)组合钢模板、复合木模板项目,未包括回库维修费用。应按定额项目中所列摊销量的模板、零星夹具材料价格的8%计入模板预算价格之内。回库维修费的内容包括:模板的运输费、维修的人工、机械、材料费用等。

2. 钢筋

(1)钢筋工程按钢筋的不同品种、不同规格,按现浇构件钢筋、预制构件钢筋、预应力钢筋及箍筋分别列项。

(2)预应力构件中的非预应力钢筋按预制钢筋相应项目计算。

(3)设计图纸未注明的钢筋接头和施工损耗的,已综合在定额项目内。

(4)绑扎铁丝、成型点焊和接头焊接用的电焊条已综合在定额项目内。

(5)钢筋工程内容包括:制作、绑扎、安装以及浇灌混凝土时维护钢筋用工。

(6)现浇构件钢筋以手工绑扎,预制构件钢筋以手工绑扎、点焊分别列项,实际施工与定额不同时,不再换算。

(7)非预应力钢筋不包括冷加工,如设计要求冷加工时,另行计算。

(8)预应力钢筋如设计要求人工时效处理时,应另行计算。

(9)预制构件钢筋,如用不同直径钢筋点焊在一起时,按直径最小的定额项目计算,如粗细筋直径比在两倍以上时,其人工乘以系数1.25。

(10)后张法钢筋的锚固是按钢筋帮条焊、U型插垫编制的,如采用其他方法锚固时,应另行计算。

(11)表5-42所列的构件,其钢筋可按表列系数调整人工、机械用量。

表5-42 钢筋调整人工、机械系数表

项目	预制钢筋		现浇钢筋		构筑物			
系数范围	拱梯型屋架	托架梁	小型构件	小型池槽	烟囱	水塔	贮仓	
							矩形	圆形
人工、机械调整系数	1.16	1.05	2	2.52	1.7	1.7	1.25	1.50

3. 混凝土

(1)混凝土的工作内容　包括筛砂子、筛洗石子、后台运输、搅拌,前台运输、清理、润湿模板、浇灌、捣固、养护。

(2)毛石混凝土系按毛石占混凝土体积20%计算的。如设计要求不同时,可以换算。

(3)小型混凝土构件系指每件体积在0.05m³以内的未列出定额项目的构件。

(4)预制构件厂生产的构件在混凝土定额项目中考虑了预制厂内构件运输、堆放、码垛、装车运出等的工作内容。

(5)构筑物混凝土按构件选用相应的定额项目。

(6)轻板框架的混凝土梅花柱按预制异型柱;叠合梁按预制异型梁;楼梯段和整间大楼板按相应预制构件定额项目计算。

(7)现浇钢筋混凝土柱、墙定额项目,均按规范规定综合了底部灌注 1∶2 水泥砂浆的用量。

(8)混凝土已按常用列出强度等级,如与设计要求不同时,可以换算。

(三)工程量计算规则

1. 现浇混凝土及钢筋混凝土工程量计算规则

(1)现浇混凝土及钢筋混凝土模板工程量计算规则。

1)现浇混凝土及钢筋混凝土模板工程量,除另有规定者外,均应区别模板的不同材质、按混凝土与模板接触面的面积,以 m^2 计算。

2)现浇钢筋混凝土柱、梁、板、墙的支模高度(即室外地坪至板底或板面至板底之间的高度)以 3.6m 以内为准,超过 3.6m 以上部分,另按超过部分计算增加支撑工程量。

3)现浇钢筋混凝土墙、板上单孔面积在 0.3m^2 以内的孔洞,不予扣除,洞侧壁模板亦不增加;单孔面积在 0.3m^2 以外时,应予扣除,洞侧壁模板面积并入墙、板模板工程量之内计算。

4)现浇钢筋混凝土框架分别按梁、板、柱、墙有关规定计算,附墙柱,并入墙内工程量计算。

5)杯形基础杯口高度大于杯口大边长度的,套高杯基础定额项目。

6)柱与梁、柱与墙、梁与梁等连接的重叠部分以及伸入墙内的梁头、板头部分,均不计算模板面积。

7)构造柱外露面均应按图示外露部分计算模板面积。构造柱与墙接触面不计算模板面积。

8)现浇钢筋混凝土悬挑板(雨篷、阳台)按图示外挑部分尺寸的水平投影面积计算。挑出墙外的牛腿梁及板边模板不另计算。

9)现浇钢筋混凝土楼梯,以图示露明面尺寸的水平投影面积计算,不扣除小于 500mm 楼梯井所占面积。楼梯的踏步、踏步板、平台梁等侧面模板,不另计算。

10)混凝土台阶不包括梯带,按图示台阶尺寸的水平投影面积计算,台阶端头两侧不另计算模板面积。

11)现浇混凝土小型池槽按构件外围体积计算,池槽内、外侧及底部的模板不应另计算。

(2)现浇混凝土工程量计算规则。

1)混凝土工程量除另有规定者外,均按图示尺寸实体体积以 m^3 计算。不扣除构件内钢筋、预埋铁件及墙、板中 0.3m^2 内的孔洞所占体积。

2)基础

①有肋带形混凝土基础,其肋高与肋宽之比在 4∶1 以内的按有肋带形基础计算。超过 4∶1 时,其基础底按板式基础计算,以上部分按墙计算。

②箱式满堂基础应分别按无梁式满堂基础、柱、墙、梁、板有关规定计算,套相应定额项目。

③设备基础除块体以外,其他类型设备基础分别按基础、梁、柱、板、墙等有关规定计算,套相应的定额项目计算。

3)柱　按图示断面尺寸乘以柱高以 m^3 计算。柱高按下列规定确定：

①有梁板的柱高，应自柱基上表面(或楼板上表面)至上一层楼板上表面之间的高度计算。

②无梁板的柱高，应自柱基上表面(或楼板上表面)至柱帽下表面之间的高度计算。

③框架柱的柱高应自柱基上表面至柱顶高度计算。

④构造柱按全高计算，与砖墙嵌接部分的体积并入柱身体积内计算。

⑤依附柱上的牛腿，并入柱身体积内计算。

(3)梁　按图示断面尺寸乘以梁长以 m^3 计算，梁长按下列规定确定：

1)梁与柱连接时，梁长算至柱侧面；

2)主梁与次梁连接时，次梁长算至主梁侧面。伸入墙内梁头，梁垫体积并入梁体积内计算。

(4)板　按图示面积乘以板厚以 m^3 计算，其中：

1)有梁板包括主、次梁与板，按梁、板体积之和计算。

2)无梁板按板和柱帽体积之和计算。

3)平板按板实体体积计算。

4)现浇挑檐天沟与板(包括屋面板、楼板)连接时，以外墙为分界线，与圈梁(包括其他梁)连接时，以梁外边线为分界线。外墙边线以外或梁外边线以外为挑檐天沟。

5)各类板伸入墙内的板头并入板体积内计算。

(5)墙　按图示中心线长度乘以墙高及厚度以 m^3 计算，应扣除门窗洞口及 $0.3m^2$ 以外孔洞的体积，墙垛及突出部分并入墙体积内计算。

(6)整体楼梯包括休息平台，平台梁、斜梁及楼梯的连接梁，按水平投影面积计算，不扣除宽度小于 500mm 的楼梯井，伸入墙内部分不另增加。

(7)阳台、雨篷(悬挑板)，按伸出外墙的水平投影面积计算，伸出外墙的牛腿不另计算。带反挑檐的雨篷按展开面积并入雨篷内计算。

(8)栏杆按净长度以延长米计算。伸入墙内的长度已综合在定额内。栏板以 m^3 计算，伸入墙内的栏板，合并计算。

(9)预制板补现浇板缝时，按平板计算。

(10)预制钢筋混凝土框架柱现浇接头(包括梁接头)，按设计规定的断面和长度以 m^3 计算。

(11)钢筋混凝土构件接头灌缝工程量计算规则。

1)钢筋混凝土构件接头灌缝：包括构件坐浆、灌缝、堵板孔、塞板梁缝等。均按预制钢筋混凝土构件实体积以 m^3 计算。

2)柱与柱基的灌缝，按首层柱体积计算；首层以上柱灌缝按各层柱体积计算。

3)空心板堵孔的人工材料，已包括在定额内。如不堵孔时每 $10m^3$ 空心板体积应扣除 $0.23m^3$ 预制混凝土块和 2.2 工日。

2. 预制钢筋混凝土工程量计算规定

(1)预制钢筋混凝土构件模板工程量计算规定。

1)预制钢筋混凝土模板工程量，除另有规定者外均按混凝土实体体积以 m^3 计算。

2)小型池槽按外形体积以 m^3 计算。

3)预制桩尖按虚体积(不扣除桩尖虚体积部分)计算。

(2)预制混凝土工程量计算规定。

1)混凝土工程量均按图示尺寸实体体积以 m^3 计算，不扣除构件内钢筋，铁件及小于 300mm×300mm 以内孔洞面积。

2)预制桩按桩全长(包括桩尖)乘以桩断面(空心桩应扣除孔洞体积)以 m^3 计算。

3)混凝土与钢杆件组合的构件，混凝土部分按构件实体积以 m^3 计算，钢构件部分按 t 计算，分别套相应的定额项目。

3. 构筑物钢筋混凝土工程量计算规则

(1)构筑物钢筋混凝土模板工程量计算有关规定。

1)构筑物工程的模板工程量，除另有规定者外，区别现浇、预制和构件类别，分别按现浇和预制混凝土及钢筋混凝土模板工程量计算规定中有关规定计算。

2)大型池槽等分别按基础、墙、板、梁、柱等有关规定计算并套相应定额项目。

3)液压滑升钢模板施工的烟筒、水塔塔身、贮仓等，均按混凝土体积，以 m^3 计算。预制倒圆锥形水塔罐壳模板按混凝土体积，以 m^3 计算。

4)预制倒圆锥形水塔罐壳组装、提升、就位，按不同容积以座计算。

(2)构筑物钢筋混凝土工程量计算规定。

1)构筑物混凝土除另规定者外，均按图示尺寸扣除门窗洞口及 0.3m^2 以外孔洞所占体积以实体体积计算。

2)水塔：

①筒身与槽底以槽底连接的圈梁底为界，以上为槽底，以下为筒身。

②筒式塔身及依附于筒身的过梁、雨篷挑檐等并入筒身体积内计算；柱式塔身，柱、梁合并计算。

③塔顶及槽底，塔顶包括顶板和圈梁，槽底包括底板挑出的斜壁板和圈梁等合并计算。

3)贮水池不分平底、锥底、坡底均按池底计算，壁基梁、池壁不分圆形壁和矩形壁，均按池壁计算；其他项目均按现浇混凝土部分相应项目计算。

4. 钢筋工程量计算规定

(1)钢筋工程工程量计算规定。

1)钢筋工程，应区别现浇、预制构件、不同钢种和规格，分别按设计长度乘以单位重量，以吨计算。

2)计算钢筋工程量时，设计已规定钢筋搭接长度的，按规定搭接长度计算；设计未规定搭接长度的，已包括在钢筋的损耗率之内，不另计算搭接长度。钢筋电渣压力焊接、套筒挤压等接头，以个计算。

3)先张法预应力钢筋，按构件外形尺寸计算长度，后张法预应力钢筋按设计图规定的预应力钢筋预留孔道长度，并区别不同的锚具类型，分别按下列规定计算：

①低合金钢筋两端采用螺杆锚具时，预应力的钢筋按预留孔道的长度减 0.35m，螺杆另行计算。

②低合金钢筋一端采用镦头插片，另一端螺杆锚具时，预应力钢筋长度按预留孔道长度计算，螺杆另行计算。

③低合金钢筋一端采用镦头插片，另一端采用帮条锚具时，预应力钢筋增加 0.15m，两端均

采用帮条锚具时，预应力钢筋共增加 0.3m 计算。

④低合金钢筋采用后张混凝土自锚时，预应力钢筋长度增加 0.35m 计算。

⑤低合金钢筋或钢绞线采用 JM、XM、QM 型锚具，孔道长度在 20m 以内时，预应力钢筋长度增加 1m；孔道长度 20m 以上时预应力钢筋长度增加 1.8m 计算。

⑥碳素钢丝采用锥形锚具，孔道长在 20m 以内时，预应力钢筋长度增加 1m；孔道长在 20m 以上时，预应力钢筋长度增加 1.8m。

⑦碳素钢丝两端采用镦粗头时，预应力钢丝长度增加 0.35m 计算。

(2)其他规定。

1)钢筋混凝土构件预埋铁件工程量按设计图示尺寸，以 t 计算。

2)固定预埋螺栓、铁件的支架，固定双层钢筋的铁马登、垫铁件，按审定的施工组织设计规定计算，套相应定额项目。

三、清单计价规范工程量计算

(一)关于混凝土及钢筋混凝土工程的内容的说明

1. 概况

混凝土及钢筋混凝土工程共 17 节 70 个项目。包括现浇混凝土基础、现浇混凝土柱、现浇混凝土梁、现浇混凝土墙、现浇混凝土板、现浇混凝土楼梯、现浇混凝土其他构件、后浇带、预制混凝土柱、预制混凝土梁、预制混凝土屋架、预制混凝土板、预制混凝土楼梯、其他预制构件、混凝土构筑物、钢筋工程、螺栓铁件等。适用于建筑物、构筑物的混凝土工程。

2. 有关项目的说明

(1)“带形基础”项目适用于各种带形基础，墙下的板式基础包括浇筑在一字排桩上面的带形基础。应注意：工程量不扣除浇入带形基础体积内的桩头所占体积。

(2)“独立基础”项目适用于块体柱基、杯基、柱下的板式基础、无筋倒圆台基础、壳体基础、电梯井基础等。

(3)“满堂基础”项目适用于地下室的箱式、筏式基础等。

(4)“设备基础”项目适用于设备的块体基础、框架基础等。应注意：螺栓孔灌浆包括在报价内。

(5)“桩承台基础”项目适用于浇筑在组桩(如：梅花桩)上的承台，应注意：工程量不扣除浇入承台体积内的桩头所占体积。

(6)“矩形柱”、“异形柱”项目适用于各型柱、除无梁板柱的高度计算至柱帽下表面，其他柱都计算全高。应注意：

1)单独的薄壁柱根据其截面形状，确定以异形柱或矩形柱编码列项。

2)柱帽的工程量计算在无梁板体积内。

3)混凝土柱上的钢牛腿按钢构件工程量清单项目设置中零星钢构件编码列项。

(7)各种梁项目的工程量主梁与次梁连接时，次梁长算至主梁侧面，简而言之：截面小的梁长度计算至截面大的梁侧面。

(8)“直形墙”、“弧形墙”项目也适用于电梯井。应注意：与墙相连接的薄壁柱按墙项目编码列项。

(9)混凝板采用浇筑复合高强薄型空心管时，其工程量应扣除管所占体积，复合高强薄型空心管应包括在报价内。采用轻质材料浇筑在有梁板内，轻质材料应包括在报价内。

(10)单跑楼梯的工程量计算与直形楼梯、弧形楼梯的工程量计算相同，单跑楼梯如无中间休息平台时，应在工程量清单中进行描述。

(11)“其他构件”项目中的压顶、扶手工程量可按长度计算，台阶工程量可按水平投影面积计算。

(12)“电缆沟、地沟”“散水、坡道”需抹灰时，应包括在报价内。

(13)“后浇带”项目适用于梁、墙、板的后浇带。

(14)有相同截面、长度的预制混凝土柱的工程量可按根数计算。

(15)有相同截面、长度的预制混凝土梁的工程量可按根数计算。

(16)同类型、相同跨度的预制混凝土屋架的工程量可按榀数计算。

(17)同类型相同构件尺寸的预制混凝土板工程可按块数计算。

(18)同类型相同构件尺寸的预制混凝土沟盖板的工程量可按块数计算；混凝土井圈、井盖板工程量可按套数计算。

(19)“水磨石构件”需要打蜡抛光时，包括在报价内。

(20)滑模筒仓按“贮仓”项目编码列项。

(21)滑模烟囱按“烟囱”项目编码列项。

3. 共性问题的说明

(1)混凝土的供应方式(现场搅拌混凝土、商品混凝土)以招标文件确定。

(2)购入的商品构配件以商品价进入报价。

(3)附录要求分别编码列项的项目(如：箱式满堂基础、框架式设备基础等)，可在第五级编码上进行分项编码。如：框架式设备基础，010401004001 设备基础、010401004002 框架式设备基础柱、010401004003 框架式设备基础梁、010401004004 框架式设备基础墙、010401004005 框架式设备基础板。这样列项：

1)不必再翻后面的项目编码。

2)一看就知道是框架式设备的基础，柱、梁、墙、板，比较明了。

(4)预制构件的吊装机械(如：履带式起重机、轮胎式起重机、汽车式起重机、塔式起重机等)不包括在项目内，应列入措施项目费。

(5)滑模的提升设备(如：千斤顶、液压操作台等)应列在模板及支撑费内。

(6)钢网架在地面组装后的整体提升、倒锥壳水箱在地面就位预制后的提升设备(如：液压千斤顶及操作台等)应列在垂直运输费内。

(7)项目特征内的构件标高(如：梁底标高、板底标高等)、安装高度，不需要每个构件都注上标高和高度，而是要求选择关键部件注明，以便投标人选择吊装机械和垂直运输机械。

4. 有关名词的解释

(1)有梁板　现浇有梁板是指现浇密肋板、井字梁板(即由同一平面内相互正交式斜交的梁与板所组成的结构构件)。

(2)薄壁柱　也称隐壁柱，在框剪结构中，隐藏在墙体中的钢筋混凝土柱，抹灰后不再有柱的痕迹。

(二)工程量清单项目设置及工程量计算规则

1. 现浇混凝土基础工程

现浇混凝土基础工程工程量清单项目设置及工程量计算规则见表5-43。

表5-43 现浇混凝土基础(编码:010401)

项目编码	项目名称	项目特征	计量单位	工程量计算规则	工程内容
010401001	带形基础	1. 混凝土强度等级。 2. 混凝土拌合料要求。 3. 砂浆强度等级	m^3	按设计图示尺寸以体积计算。不扣除构件内钢筋、预埋铁件和伸入承台基础的桩头所占体积	1. 混凝土制作、运输、浇筑、振捣、养护。 2. 地脚螺栓二次灌浆
010401002	独立基础				
010401003	满堂基础				
010401004	设备基础				
010401005	桩承台基础				
010401006	垫　层				

2. 现浇混凝土柱

现浇混凝土柱工程量清单项目设置及工程量计算规则见表5-44。

表5-44 现浇混凝土柱(编码:010402)

项目编码	项目名称	项目特征	计量单位	工程量计算规则	工程内容
010402001	矩形柱	1. 柱高度。 2. 柱截面尺寸。 3. 混凝土强度等级。 4. 混凝土拌合料要求	m^3	按设计图示尺寸以体积计算。不扣除构件内钢筋、预埋铁件所占体积。 柱高: 1. 有梁板的柱高,应自柱基上表面(或楼板上表面)至上一层楼板上表面之间的高度计算。 2. 无梁板的柱高,应自柱基上表面(或楼板上表面)至柱帽下表面之间的高度计算。 3. 框架柱的柱高,应自柱基上表面至柱顶高度计算。 4. 构造柱按全高计算,嵌接墙体部分并入柱身体积。 5. 依附柱上的牛腿和升板的柱帽,并入柱身体积计算	混凝土制作、运输、浇筑、振捣、养护
010402002	异形柱				

3. 现浇混凝土梁

现浇混凝土梁工程量清单项目设置及工程量计算规则见表5-45。

表 5-45　现浇混凝土梁(编码:010403)

项目编码	项目名称	项目特征	计量单位	工程量计算规则	工程内容
010403001	基础梁	1. 梁底标高。 2. 梁截面。 3. 混凝土强度等级。 4. 混凝土拌合料要求	m^3	按设计图示尺寸以体积计算。不扣除构件内钢筋、预埋铁件所占体积,伸入墙内的梁头、梁垫并入梁体积内。 梁长: 1. 梁与柱连接时,梁长算至柱侧面。 2. 主梁与次梁连接时,次梁长算至主梁侧面	混凝土制作、运输、浇筑、振捣、养护
010403002	矩形梁				
010403003	异形梁				
010403004	圈梁				
010403005	过梁				
010403006	弧形、拱形梁				

4. 现浇混凝土墙

现浇混凝土墙工程量清单项目设置及工程量计算规则见表 5-46。

表 5-46　现浇混凝土墙(编码:010404)

项目编码	项目名称	项目特征	计量单位	工程量计算规则	工程内容
010404001	直形墙	1. 墙类型。 2. 墙厚度。 3. 混凝土强度等级。 4. 混凝土拌合料要求	m^3	按设计图示尺寸以体积计算。不扣除构件内钢筋、预埋铁件所占体积,扣除门窗洞口及单个面积 0.3m^2 以外的孔洞所占体积,墙垛及突出墙面部分并入墙体体积内计算	混凝土制作、运输、浇筑、振捣、养护
010404002	弧形墙				

5. 现浇混凝土板

现浇混凝板工程量清单项目设置及工程量计算规则见表 5-47。

表 5-47　现浇混凝土板(编码:010405)

项目编码	项目名称	项目特征	计量单位	工程量计算规则	工程内容
010405001	有梁板	1. 板底标高。 2. 板厚度。 3. 混凝土强度等级。 4. 混凝土拌合料要求	m^3	按设计图示尺寸以体积计算。不扣除构件内钢筋、预埋铁件及单个面积 0.3m^2 以内的孔洞所占体积。有梁板(包括主、次梁与板)按梁、板体积之和计算,无梁板按板和柱帽体积之和计算,各类板伸入墙内的板头并入板体积内计算,薄壳板的肋、基梁并入薄壳体积内计算	混凝土制作、运输、浇筑、振捣、养护
010405002	无梁板				
010405003	平板				
010405004	拱板				
010405005	薄壳板				
010405006	栏板				
010405007	天沟、挑檐板	1. 混凝土强度等级。 2. 混凝土拌合料要求		按设计图示尺寸以体积计算	
010405008	雨篷、阳台板			按设计图示尺寸以墙外部分体积计算。包括伸出墙外的牛腿和雨篷反挑檐的体积	
010405009	其他板			按设计图示尺寸以体积计算	

6. 现浇混凝土楼梯

现浇混凝土楼梯工程量清单项目设置及工程量计算规则见表 5-48。

表 5-48 现浇混凝土楼梯(编码:010406)

项目编码	项目名称	项目特征	计量单位	工程量计算规则	工程内容
010406001	直形楼梯	1. 混凝土强度等级。 2. 混凝土拌合料要求	m^2	按设计图示尺寸以水平投影面积计算。不扣除宽度小于500mm的楼梯井,伸入墙内部分不计算	混凝土制作、运输、浇筑、振捣、养护
010406002	弧形楼梯				

7. 现浇混凝土其他构件

现浇混凝土其他构件工程量清单项目设置及工程量计算规则见表 5-49。

表 5-49 现浇混凝土其他构件(编码:010407)

项目编码	项目名称	项目特征	计量单位	工程量计算规则	工程内容
010407001	其他构件	1. 构件的类型。 2. 构件规格。 3. 混凝土强度等级。 4. 混凝土拌合料要求	m^3 (m^2、m)	按设计图示尺寸以体积计算。不扣除构件内钢筋、预埋铁件所占体积	混凝土制作、运输、浇筑、振捣、养护
010407002	散水、坡道	1. 垫层材料种类、厚度。 2. 面层厚度。 3. 混凝土强度等级。 4. 混凝土拌合料要求。 5. 填塞材料种类	m^2	按设计图示尺寸以面积计算。不扣除单个 $0.3m^2$ 以内的孔洞所占面积	1. 地基夯实。 2. 铺设垫层。 3. 混凝土制作、运输、浇筑、振捣、养护。 4. 变形缝填塞
010407003	电缆沟、地沟	1. 沟截面。 2. 垫层材料种类、厚度。 3. 混凝土强度等级。 4. 混凝土拌合料要求。 5. 防护材料种类	m	按设计图示以中心线长度计算	1. 挖运土石。 2. 铺设垫层。 3. 混凝土制作、运输、浇筑、振捣、养护。 4. 刷防护材料

8. 后浇带

后浇带工程量清单项目设置及工程量计算规则见表 5-50。

表 5-50 后浇带(编码:010408)

项目编码	项目名称	项目特征	计量单位	工程量计算规则	工程内容
010408001	后浇带	1. 部位。 2. 混凝土强度等级。 3. 混凝土拌合料要求	m^3	按设计图示尺寸以体积计算	混凝土制作、运输、浇筑、振捣、养护

9. 预制混凝土柱

预制混凝土柱工程量清单项目设置及工程量计算规则见表 5-51。

表 5-51　预制混凝土柱(编码:010409)

项目编码	项目名称	项目特征	计量单位	工程量计算规则	工程内容
010409001	矩形柱	1. 柱类型。 2. 单件体积。 3. 安装高度。 4. 混凝土强度等级。 5. 砂浆强度等级	m^3 (根)	1. 按设计图示尺寸以体积计算。不扣除构件内钢筋、预埋铁件所占体积。 2. 按设计图示尺寸以“数量”计算	1. 混凝土制作、运输、浇筑、振捣、养护。 2. 构件制作、运输。 3. 构件安装。 4. 砂浆制作、运输。 5. 接头灌缝、养护
010409002	异形柱				

10. 预制混凝土梁

预制混凝土梁工程量清单项目设置及工程量计算规则见表 5-52。

表 5-52　预制混凝土梁(编码:010410)

项目编码	项目名称	项目特征	计量单位	工程量计算规则	工程内容
010410001	矩形梁	1. 单件体积。 2. 安装高度。 3. 混凝土强度等级。 4. 砂浆强度等级	m^3 (根)	按设计图示尺寸以体积计算。不扣除构件内钢筋、预埋铁件所占体积	1. 混凝土制作、运输、浇筑、振捣、养护。 2. 构件制作、运输。 3. 构件安装。 4. 砂浆制作、运输。 5. 接头灌缝、养护
010410002	异形梁				
010410003	过　梁				
010410004	拱形梁				
010410005	鱼腹式吊车梁				
010410006	风道梁				

11. 预制混凝土屋架

预制混凝土屋架工程量清单项目设置及工程量计算规则见表 5-53。

表 5-53　预制混凝土屋架(编码:010411)

项目编码	项目名称	项目特征	计量单位	工程量计算规则	工程内容
010411001	折线型屋架	1. 屋架的类型、跨度。 2. 单件体积。 3. 安装高度。 4. 混凝土强度等级。 5. 砂浆强度等级	m^3 (榀)	按设计图示尺寸以体积计算。不扣除构件内钢筋、预埋铁件所占体积	1. 混凝土制作、运输、浇筑、振捣、养护。 2. 构件制作、运输。 3. 构件安装。 4. 砂浆制作、运输。 5. 接头灌缝、养护
010411002	组合屋架				
010411003	薄腹屋架				
010411004	门式刚架屋架				
010411005	天窗架屋架				

12. 预制混凝土板

预制混凝土板工程量清单项目设置及工程量计算规则见表 5-54。

表 5-54 预制混凝土板(编码:010412)

项目编码	项目名称	项目特征	计量单位	工程量计算规则	工程内容
010412001	平板	1. 构件尺寸。 2. 安装高度。 3. 混凝土强度等级。 4. 砂浆强度等级	m^3 (块)	按设计图示尺寸以体积计算。不扣除构件内钢筋、预埋铁件及单个尺寸 300mm×300mm 以内的孔洞所占体积,扣除空心板空洞体积	1. 混凝土制作、运输、浇筑、振捣、养护。 2. 构件制作、运输。 3. 构件安装。 4. 升板提升。 5. 砂浆制作、运输。 6. 接头灌缝、养护
010412002	空心板				
010412003	槽形板				
010412004	网架板				
010412005	折线板				
010412006	带肋板				
010412007	大型板				
010412008	沟盖板、井盖板、井圈	1. 构件尺寸。 2. 安装高度。 3. 混凝土强度等级。 4. 砂浆强度等级	m^3 (块、套)	按设计图示尺寸以体积计算。不扣除构件内钢筋、预埋铁件所占体积	1. 混凝土制作、运输、浇筑、振捣、养护。 2. 构件制作、运输。 3. 构件安装。 4. 砂浆制作、运输。 5. 接头灌缝、养护

13. 预制混凝土楼梯

预制混凝土楼梯工程量清单项目设置及工程量计算规则见表 5-55。

表 5-55 预制混凝土楼梯(编码:010413)

项目编码	项目名称	项目特征	计量单位	工程量计算规则	工程内容
010413001	楼梯	1. 楼梯类型。 2. 单件体积。 3. 混凝土强度等级。 4. 砂浆强度等级	m^3	按设计图示尺寸以体积计算。不扣除构件内钢筋、预埋铁件所占体积,扣除空心踏步板空洞体积	1. 混凝土制作、运输、浇筑、振捣、养护。 2. 构件制作、运输。 3. 构件安装。 4. 砂浆制作、运输。 5. 接头灌缝、养护

14. 其他预制构件

其他预制构件工程量清单项目设置及工程量计算规则见表 5-56。

表 5-56　其他预制构件(编码:010414)

项目编码	项目名称	项目特征	计量单位	工程量计算规则	工程内容
010414001	烟道、垃圾道、通风道	1. 构件类型。 2. 单件体积。 3. 安装高度。 4. 混凝土强度等级。 5. 砂浆强度等级	m^3	按设计图示尺寸以体积计算。不扣除构件内钢筋、预埋铁件及单个尺寸 300mm×300mm 以内的孔洞所占体积，扣除烟道、垃圾道、通风道的孔洞所占体积	1. 混凝土制作、运输、浇筑、振捣、养护。 2.（水磨石）构件制作、运输。 3. 构件安装。 4. 砂浆制作、运输。 5. 接头灌缝、养护。 6. 酸洗、打蜡
010414002	其他构件	1. 构件的类型。 2. 单件体积。 3. 水磨石面层厚度。 4. 安装高度。 5. 混凝土强度等级。 6. 水泥石子浆配合比。 7. 石子品种、规格、颜色。 8. 酸洗、打蜡要求			
010414003	水磨石构件				

15. 混凝土构筑物

混凝土构筑物工程量清单项目设置及工程量计算规则见表 5-57。

表 5-57　混凝土构筑物(编码:010415)

项目编码	项目名称	项目特征	计量单位	工程量计算规则	工程内容
010415001	贮水(油)池	1. 池类型。 2. 池规格。 3. 混凝土强度等级。 4. 混凝土拌合料要求	m^3	按设计图示尺寸以体积计算。不扣除构件内钢筋、预埋铁件及单个面积 $0.3m^2$ 以内的孔洞所占体积	混凝土制作、运输、浇筑、振捣、养护
010415002	贮仓	1. 类型、高度。 2. 混凝土强度等级。 3. 混凝土拌合料要求			
010415003	水塔	1. 类型。 2. 支筒高度、水箱容积。 3. 倒圆锥形罐壳厚度、直径。 4. 混凝土强度等级。 5. 混凝土拌合料要求。 6. 砂浆强度等级			1. 混凝土制作、运输、浇筑、振捣、养护。 2. 预制倒圆锥形罐壳、组装、提升、就位。 3. 砂浆制作、运输。 4. 接头灌缝、养护
010415004	烟囱	1. 高度。 2. 混凝土强度等级。 3. 混凝土拌合料要求			混凝土制作、运输、浇筑、振捣、养护

16. 钢筋工程

钢筋工程工程量清单项目设置及工程量计算规则见表 5-58。

表 5-58 钢筋工程(编码:010416)

<table>
<tr><th>项目编码</th><th>项目名称</th><th>项目特征</th><th>计量单位</th><th>工程量计算规则</th><th>工程内容</th></tr>
<tr><td>010416001</td><td>现浇混凝土钢筋</td><td rowspan="4">钢筋种类、规格</td><td rowspan="4">t</td><td rowspan="4">按设计图示钢筋(网)长度(面积)乘以单位理论质量计算</td><td rowspan="4">1. 钢筋(网、笼)制作、运输。
2. 钢筋(网、笼)安装</td></tr>
<tr><td>010416002</td><td>预制构件钢筋</td></tr>
<tr><td>010416003</td><td>钢筋网片</td></tr>
<tr><td>010416004</td><td>钢筋笼</td></tr>
<tr><td>010416005</td><td>先张法预应力钢筋</td><td>1. 钢筋种类、规格。
2. 锚具种类</td><td rowspan="4">t</td><td>按设计图示钢筋长度乘以单位理论质量计算</td><td>1. 钢筋制作、运输。
2. 钢筋张拉</td></tr>
<tr><td>010416006</td><td>后张法预应力钢筋</td><td rowspan="3">1. 钢筋种类、规格。
2. 钢丝束种类、规格。
3. 钢绞线种类、规格。
4. 锚具种类。
5. 砂浆强度等级</td><td rowspan="3">按设计图示钢筋(丝束、绞线)长度乘以单位理论质量计算。
1. 低合金钢筋两端均采用螺杆锚具时,钢筋长度按孔道长度减 0.35m 计算,螺杆另行计算。
2. 低合金钢筋一端采用镦头插片、另一端采用螺杆锚具时,钢筋长度按孔道长度计算,螺杆另行计算。
3. 低合金钢筋一端采用镦头插片、另一端采用帮条锚具时,钢筋增加 0.15m 计算;两端均采用帮条锚具时,钢筋长度按孔道长度增加 0.3m 计算。
4. 低合金钢筋采用后张混凝土自锚时,钢筋长度按孔道长度增加 0.3m 计算。
5. 低合金钢筋(钢绞线)采用 JM、XM、QM 型锚具,孔道长度在 20m 以内时,钢筋长度增加 1m 计算;孔道长度 20m 以外时,钢筋(钢绞线)长度按孔道长度增加 1.8m 计算。
6. 碳素钢丝采用锥形锚具,孔道长度在 20m 以内时,钢丝束长度按孔道长度增加 1m 计算;孔道长在 20m 以上时,钢丝束长度按孔道长度增加 1.8m 计算。
7. 碳素钢丝束采用镦头锚具时,钢丝束长度按孔道长度增加 0.35m 计算</td><td rowspan="3">1. 钢筋、钢丝束、钢绞线制作、运输。
2. 钢筋、钢丝束、钢绞线安装。
3. 预埋管孔道铺设。
4. 锚具安装。
5. 砂浆制作、运输。
6. 孔道压浆、养护</td></tr>
<tr><td>010416007</td><td>预应力钢丝</td></tr>
<tr><td>010416008</td><td>预应力钢绞线</td></tr>
</table>

17. 螺栓、铁件

螺栓、铁件工程量清单项目设置及工程量计算规则见表 5-59。

表 5-59　螺栓、铁件(编码:010417)

项目编码	项目名称	项目特征	计量单位	工程量计算规则	工程内容
010417001	螺栓	1. 钢材种类、规格。 2. 螺栓长度。 3. 铁件尺寸	t	按设计图示尺寸以质量计算	1. 螺栓(铁件)制作、运输。 2. 螺栓(铁件)安装
010417002	预埋铁件				

(三)工程量清单编制相关问题的处理

(1)混凝土垫层应包括在基础项目内。

(2)有肋带形基础、无肋带形基础应分别编码(第五级编码)列项,并注明肋高。

(3)箱式满堂基础,可按现浇混凝土满堂基础、柱、梁、墙、板分别编码列项;也可利用现浇混凝土基础工程工程量清单项目设置及工程量计算规则中的第五级编码分别列项。

(4)框架式设备基础,可按现浇混凝土设备基础、柱、梁、墙、板分别编码列项;也可利用现浇混凝土基础工程工程量清单项目设置及工程量计算规则中的第五级编码分别列项。

(5)构造柱应按现浇混凝土桩工程量清单项目设置及工程量计算规则中矩形柱项目编码列项。

(6)现浇挑檐、天沟板、雨篷、阳台与板(包括屋面板、楼板)连接时,以外墙外边线为分界线;与圈梁(包括其他梁)连接时,以梁外边线为分界线。外边线以外为挑檐、天沟、雨篷或阳台。

(7)整体楼梯(包括直形楼梯、弧形楼梯)水平投影面积包括休息平台、平台梁、斜梁和楼梯的连接梁。当整体楼梯与现浇楼板无梯梁连接时,以楼梯的最后一个踏步边缘加 300mm 为界。

(8)现浇混凝土小型池槽、压顶、扶手、垫块、台阶、门框等,应按现浇混凝土其他构件工程量清单项目设置及工程量计算规则中其他构件项目编码列项。其中扶手、压顶(包括伸入墙内的长度)应按延长米计算,台阶应按水平投影面积计算。

(9)三角形屋架应按预制混凝土屋架工程量清单项目设置及工程量计算规则中折线型屋架项目编码列项。

(10)不带肋的预制遮阳板、雨篷板、挑檐板、栏板等,应按预制混凝土板工程量清单项目设置及工程量计算规则中平板项目编码列项。

(11)预制 F 形板、双 T 形板、单肋板和带反挑檐的雨篷板、挑檐板、遮阳板等,应按预制混凝土板工程量清单项目设置及工程量计算规则中带肋板项目编码列项。

(12)预制大型墙板、大型楼板、大型屋面板等,应按预制混凝土板工程量清单项目设置及工程量计算规则中大型板项目编码列项。

(13)预制钢筋混凝土楼梯,可按斜梁、踏步分别编码(第五级编码)列项。

(14)预制钢筋混凝土小型池槽、压顶、扶手、垫块、隔热板、花格等,应按其他预制构件工程量清单项目设置及工程量计算规则中其他构件项目编码列项。

(15)贮水(油)池的池底、池壁、池盖可分别编码(第五级编码)列项。有壁基梁的,应以壁基梁底为界,以上为池壁、以下为池底;无壁基梁的,锥形坡底应算至其上口,池壁下部的八字靴脚应并入池底体积内。无梁池盖的柱高应从池底上表面算至池盖下表面,柱帽和柱座应并在柱体积内。肋形池盖应包括主、次梁体积;球形池盖应以池壁顶面为界,边侧梁应并入球形池盖体积内。

(16)贮仓立壁和贮仓漏斗可分别编码(第五级编码)列项,应以相互交点水平线为界,壁上圈梁应并入漏斗体积内。

(17)滑模筒仓按混凝土构筑物工程量清单项目设置及工程量计算规则中贮仓项目编码列项。

(18)水塔基础、塔身、水箱可分别编码(第五级编码)列项。筒式塔身应以筒座上表面或基础底板上表面为界;柱式(框架式)塔身应以柱脚与基础底板或梁顶为界,与基础板连接的梁应并入基础体积内。塔身与水箱应以箱底相连接的圈梁下表面为界,以上为水箱,以下为塔身。依附于塔身的过梁、雨篷、挑檐等,应并入塔身体积内;柱式塔身应不分柱、梁合并计算。依附于水箱壁的柱、梁,应并入水箱壁体积内。

(19)现浇构件中固定位置的支撑钢筋、双层钢筋用的"铁马"、伸出构件的锚固钢筋、预制构件的吊钩等,应并入钢筋工程量内。

四、钢筋重量换算

冷拉钢筋重量的换算可参照表5-60进行。

表5-60 冷拉钢筋重量换算表

冷拉前直径(mm)			5	6	8	9	10	12	14	15
冷拉前重量(kg/m)			0.154	0.222	0.395	0.499	0.617	0.888	1.208	1.387
			0.148	0.214	0.38	0.48	0.594	0.854	1.162	1.334
			0.147	0.211	0.376	0.475	0.588	0.846	1.152	1.324
			0.145	0.209	0.375	0.471	0.582	0.838	1.142	1.311
		4	0.144	0.208	0.369	0.466	0.577	0.83	1.132	1.299
冷拉后重量(kg/m)	钢筋伸长率(%)	5	0.143	0.205	0.366	0.462	0.571	0.822	1.119	1.284
		6	1.518	1.992	2.14	2.372	2.871	3.414	3.705	4.648
		7	1.505	1.905	2.12	2.352	2.838	3.381	3.667	4.6
		8	1.491	1.887	2.104	2.33	2.811	3.349	3.632	4.557
			1.477	1.869	2.084	2.308	2.785	3.318	3.598	4.514
			1.441	1.85	2.061	2.214	2.763	3.288	3.568	4.476

五、钢筋长度计算

(一)钢筋长度的计算

(1)直筋(图5-32和表5-61)

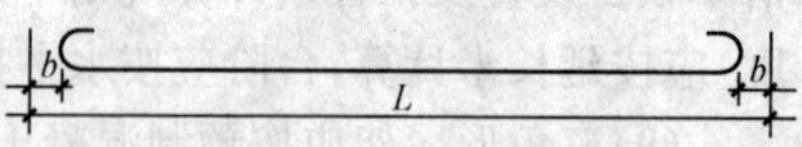

图5-32 直筋

计算公式:

$$钢筋净长 = L - 2b + 12.5D$$

表5-61 钢筋弯头、搭接长度计算表

钢筋直径 D (mm)	保护层 b (cm) 1.5	2.0	2.5	钢筋直径 D (mm)	保护层 b (cm) 1.5	2.0	2.5
	按 L 增加长度(cm)				按 L 增加长度(cm)		
4	2.0	1.0	—	22	24.5	23.5	22.5
6	4.5	3.5	2.5	24	27.0	26.0	25.0
8	7.0	6.0	5.0	25	28.3	27.3	26.3
9	8.3	7.3	6.3	26	29.5	28.5	27.5
10	9.5	8.5	7.5	28	32.0	31.0	30.0
12	12.0	11.0	10.0	30	34.5	33.5	32.5
14	14.5	13.5	12.5	32	37.0	36.0	35.0
16	17.0	16.0	15.0	35	40.8	39.8	38.8
18	19.5	18.5	17.5	38	44.5	43.5	42.5
19	20.8	19.8	18.8	40	47.0	46.0	45.0
20	22.0	21.0	20.0				

(2)弯筋

1)计算弯筋斜长度的基本原理:

如图 5-33,D 为钢筋的直径,H'为弯筋需要弯起的高度,A 为局部钢筋的斜长度,B 为 A 向水平面的垂直投影长度。

假使以起弯点 P 为圆心,以 A 长为半径作圆弧向 B 的延长线投影,则 $A=B+A'$,A'就是 $A-B$ 的长度差。

θ 为弯筋在垂直平面中要求弯起的水平面所形成的角度(夹角);在工程上一般以 30°,45°和 60°为最普遍,其中 45°尤为常见。

2)弯筋斜长度的计算可按表 5-62 确定。

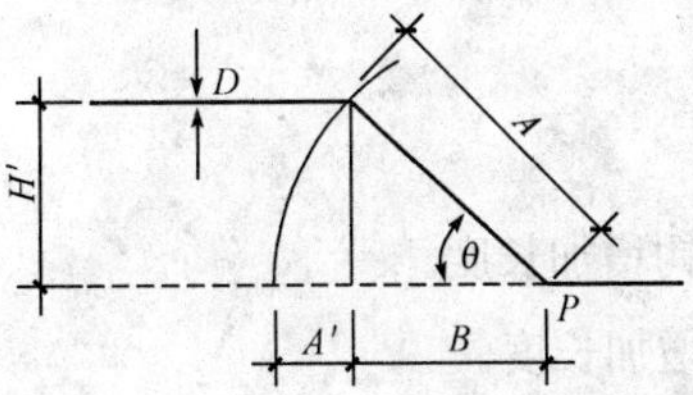

图 5-33　弯筋

表 5-62　弯筋斜长度的计算表

弯起角度 θ(°)		30	45	60
A'的长$=H'$乘 $\tan\frac{\theta}{2}$		0.268	0.414	0.577
弯起高度 H'每 5cm 增加长度(cm)	一端	1.34	2.07	2.885
	两端	2.68	4.14	5.77

(3)弯钩增加长度　根据规范要求,绑扎骨架中的受力钢筋,应在末端做弯钩。HPB235 级钢筋末端做 180°弯钩其圆弧弯曲直径不应小于钢筋直径的 2.5 倍,平直部分长度不宜小于钢筋直径的 3 倍;HRB335、HRB400 级钢筋末端需作 90°或 135°弯折时,HRB335 级钢筋的弯曲直径不宜小于钢筋直径的 4 倍,HRB400 级钢筋不宜小于钢筋直径的 5 倍。

钢筋弯钩增加长度按下列简图所示计算(弯曲直径为 $2.5d$,平直部分为 $3d$),其计算值为:

半圆弯钩 $=(2.5d+1d)\times\pi\times\frac{180}{360}-2.5d\div2-1d+$(平直)$3d=6.25d$[图 5-34(a)];

直弯钩 $=(2.5d+1d)\times\pi\times\frac{180-90}{360}-2.5d\div2-1d+$(平直)$3d=3.5d$[图 5-34(b)];

斜弯钩 $=(2.5d+1d)\times\pi\times\frac{180-45}{360}-2.5d\div2-1d+$(平直)$3d=4.9d$[图 5-34(c)]。

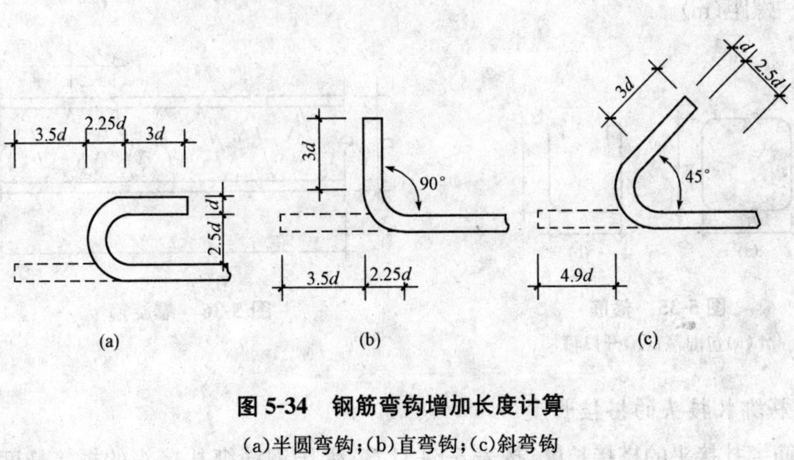

图 5-34　钢筋弯钩增加长度计算

(a)半圆弯钩;(b)直弯钩;(c)斜弯钩

如果弯曲直径为 4d,其计算值则为:

$$直弯钩=(4d+1d)\times\pi\times\frac{180-90}{360}-4d\div2-1d+3d=3.9d;$$

$$斜弯钩=(4d+1d)\times\pi\times\frac{180-45}{360}-4d\div2-1d+3d=5.9d。$$

如果弯曲直径为 5d,其计算值则为:

$$直弯钩=(5d+1d)\times\pi\times\frac{180-90}{360}-5d\div2-1d+3d=4.2d;$$

$$斜弯钩=(5d+1d)\times\pi\times\frac{180-45}{360}-5d\div2-1d+3d=6.6d。$$

注:钢筋的下料长度是钢筋的中心线长度。

(4)箍筋

1)计算方法:包围箍[图5-35(a)]的长度 $=2(A+B)+$ 弯钩增加长度。

开口箍[图5-35(b)]的长度 $=2A+B+$ 弯钩增加长度。

箍筋弯钩增加长度见表 5-63。

表 5-63 钢筋弯钩长度

弯钩形式		180°	90°	135°
弯钩增加值	一般结构	8.25d	5.5d	6.87d
	有抗震要求结构	13.25d	10.5d	11.87d

2)用于圆柱的螺旋箍(图 5-36)的长度计算公式如下:

$$L=N\sqrt{P^2+(D-2a-d)^2\pi^2}+弯钩增加长度$$

式中 N——螺旋箍圈数;

D——圆柱直径(m);

P——螺距(m)。

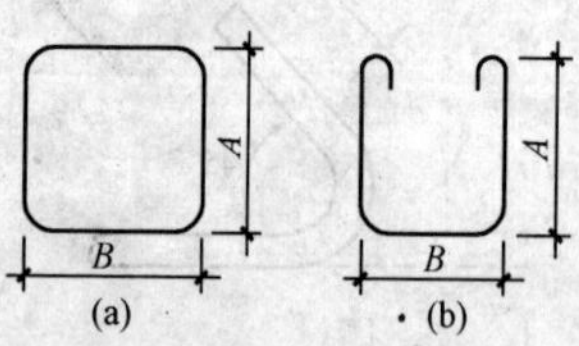

图 5-35 箍筋

(a)包围箍;(b)开口箍

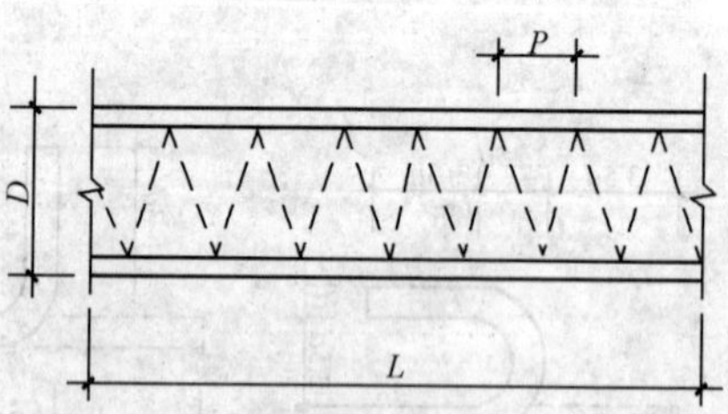

图 5-36 螺旋箍

(二)钢筋绑扎接头的搭接长度

受拉钢筋绑扎接头的搭接长度,按表 5-64 计算;受压钢筋绑扎接头的搭接长度按受拉钢筋的 0.7 倍计算。

表 5-64　受拉钢筋绑扎接头的搭接长度

钢筋类型	混凝土强度等级		
	C20	C25	C25 以上
HPB235 级钢筋	35d	30d	25d
HRB335 级钢筋	45d	40d	35d
HRB400 级钢筋	55d	50d	45d
冷拔低碳钢丝	300mm		

注：1. 当 HRB335、HRB400 级钢筋直径 d 大于 25mm 时，其受拉钢筋的搭接长度应按表中数值增加 5d 采用。
2. 当螺纹钢筋直径 d 不大于 25mm 时，其受拉钢筋的搭接长度应按表中值减少 5d 采用。
3. 当混凝土在凝固过程中受力钢筋易受扰动时，其搭接长度宜适当增加。
4. 在任何情况下，纵向受拉钢筋的搭接长度不应小于 300mm；受压钢筋的搭接长度不应小于 200mm。
5. 轻骨料混凝土的钢筋绑扎接头搭接长度应按普通混凝土搭接长度增加 5d，对冷拔低碳钢丝增加 50mm。
6. 当混凝土强度等级低于 C20 时，HPB235、HRB335 级钢筋的搭接长度应按表中 C20 的数值相应增加 10d，HRB335 级钢筋不宜采用。
7. 对有抗震要求的受力钢筋的搭接长度，对一、二级抗震等级应增加 5d。
8. 两根直径不同钢筋的搭接长度，以较细钢筋的直径计算。

六、混凝土柱牛腿体积计算

混凝土柱牛腿体积可参照表 5-65 计算。

表 5-65　混凝土柱牛腿每个体积表

a	b	c	D (mm)			a	b	c	D (mm)		
m			400	500	600	m			400	500	600
250	300	300	0.048	0.060	0.072	400	600	600	0.168	0.210	0.252
300	300	300	0.054	0.084	0.081	400	800	800	0.256	0.320	0.384
300	400	400	0.080	0.100	0.120	400	650	650	0.189	0.236	0.283
300	500	600	0.132	0.165	0.198	400	700	700	0.210	0.263	0.315
300	500	700	0.154	0.193	0.231	400	950	950	0.285	0.356	0.425
400	200	200	0.040	0.050	0.060	400	1000	1000	0.360	0.450	0.540
400	250	250	0.052	0.066	0.079	500	200	200	0.045	0.060	0.072
400	300	300	0.066	0.082	0.099	500	250	250	0.063	0.078	0.094
400	300	600	0.132	0.165	0.198	500	300	300	0.078	0.098	0.117
400	350	350	0.081	0.101	0.121	500	400	400	0.112	0.140	0.168
400	400	400	0.096	0.120	0.144	500	500	500	0.150	0.189	0.225
400	400	700	0.168	0.210	0.252	500	600	600	0.192	0.240	0.288
400	450	450	0.113	0.141	0.169	500	700	700	0.238	0.298	0.357
400	500	500	0.130	0.163	0.195	500	1000	1000	0.400	0.500	0.600
400	500	700	0.182	0.223	0.273	500	1100	1100	0.462	0.578	0.693
400	550	550	0.149	0.186	0.223	500	300	700	0.266	0.333	0.399

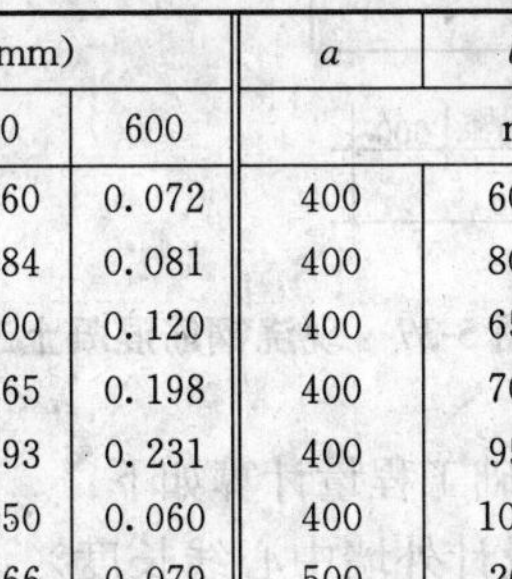

注：表中每个混凝土柱牛腿的体积系指图示虚线以外部分。

七、混凝土及钢筋混凝土工程工程量计算示例

【例 5-26】 某现浇钢筋混凝土带形基础尺寸，如图 5-37 所示。计算现浇钢筋混凝土带形基础混凝土工程量。

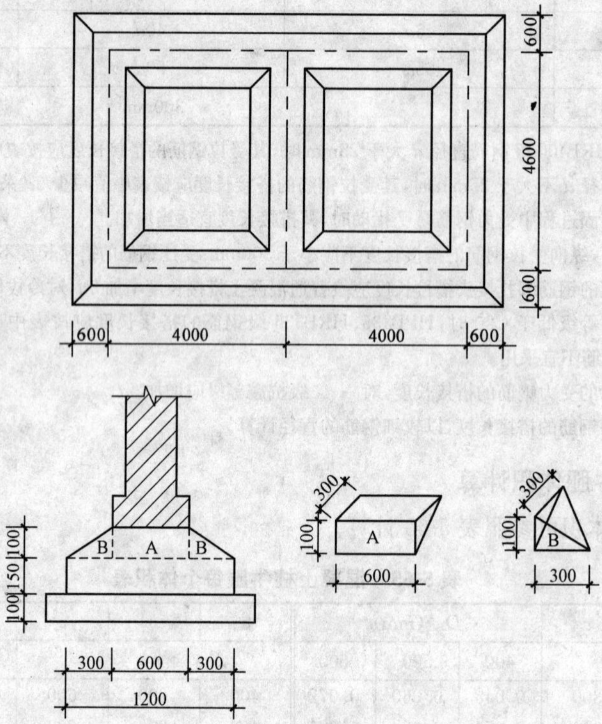

图 5-37 现浇钢筋混凝土工程

【解】 现浇钢筋混凝土带形基础工程量计算如下：

计算公式：带形基础工程量＝设计外墙中心线长度×设计断面＋设计内墙基础图示长度×设计断面

现浇钢筋混凝土带形基础工程量＝[(8.00＋4.60)×2＋4.60－1.20]×(1.20×0.15＋0.90×0.10)＋0.60×0.30×0.10(A 折合体积)＋0.30×0.10÷2×0.30÷3×4(B体积)

＝7.75m³

【例 5-27】 求图 5-38 所示现浇钢筋混凝土独立基础混凝土工程量。

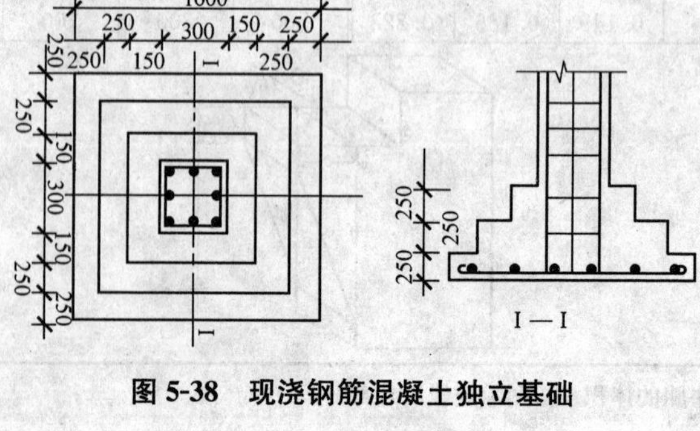

图 5-38 现浇钢筋混凝土独立基础

【解】 现浇钢筋混凝土独立基础工程量计算公式如下：

独立基础工程量 = 设计图示体积

故：现浇钢筋混凝土独立基础混凝土工程量＝(1.6×1.6＋1.1×1.1＋0.6×0.6)×0.25
＝1.03m^3

【例 5-28】 有梁式满堂基础尺寸，如图 5-39 所示。计算有梁式满堂基础混凝土工程量。

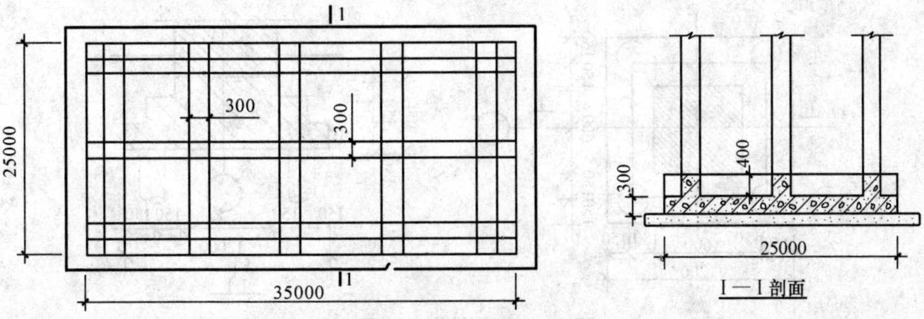

图 5-39　有梁式满堂基础

【解】 满堂基础工程量计算如下：

计算公式：满堂基础工程量＝图示长度×图示宽度×厚度×翻梁体积

满堂基础(C20)混凝土工程量＝35×25×0.3＋0.3×0.4×[35×3＋(25－0.3×3)×5]
＝289.56m^3

【例 5-29】 求图 5-40 所示现浇钢筋混凝土满堂基础混凝土工程量。

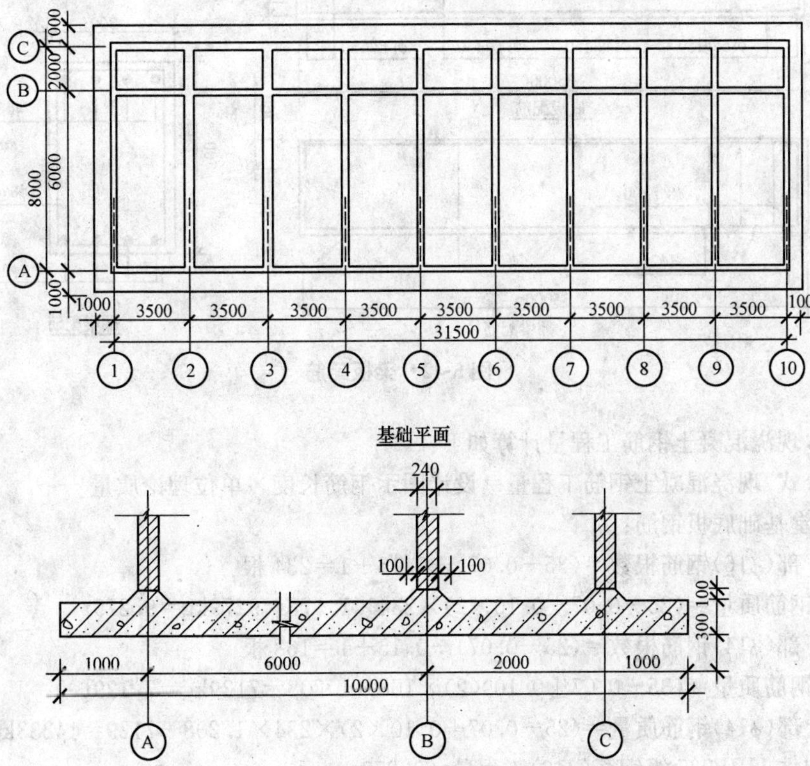

图 5-40　满堂基础

【解】 混凝土工程量按底板体积＋墙下部凸出部分体积计算。

工程量＝33.5×10×0.3＋[(31.5＋8)×2＋(6.0－0.24)×8＋(31.5－0.24)＋(2.0－0.24)×8]×(0.24＋0.44)×1/2×0.1

＝106.29m³

【例 5-30】 求图 5-41 现浇独立桩承台的混凝土工程量。

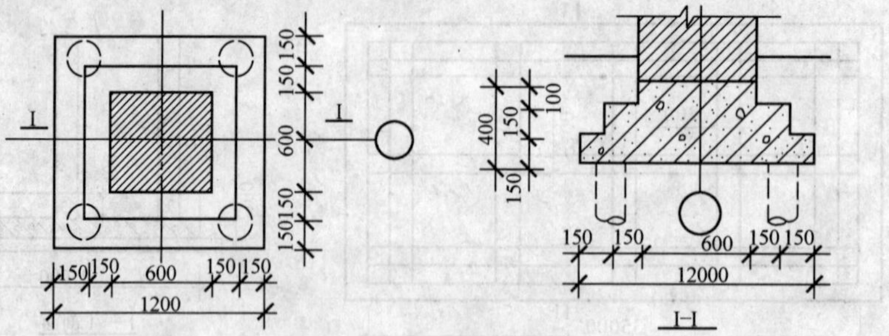

图 5-41 现浇独立桩承台

【解】 混凝土工程量按承台体积(不扣除桩头)计算。

工程量＝1.2×1.2×0.15＋0.9×0.9×0.15＋0.6×0.6×0.1＝0.37m³

【例 5-31】 有梁式满堂基础尺寸如图 5-39 所示，梁板配筋如图 5-42 所示。计算满堂基础的钢筋工程量。

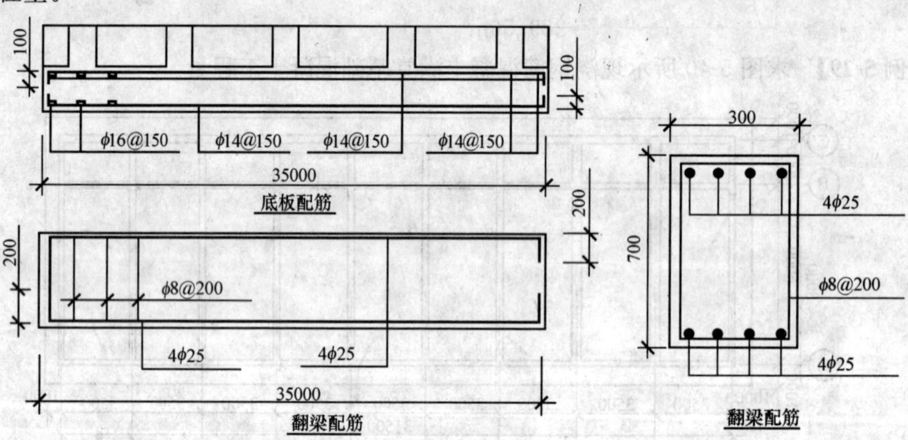

图 5-42 梁板配筋

【解】 现浇混凝土钢筋工程量计算如下：

计算公式：现浇混凝土钢筋工程量＝设计图示钢筋长度×单位理论质量

(1)满堂基础底板钢筋：

底板下部(ϕ16)钢筋根数＝(35－0.07)÷0.15＋1＝234 根

(ϕ16)钢筋质量＝(25－0.07＋0.10×2)×234×1.578＝9279kg＝9.279t

底板下部(ϕ14)钢筋根数＝(25－0.07)÷0.15＋1＝168 根

(ϕ14)钢筋质量＝(35－0.07＋0.10×2)×168×1.208＝7129kg＝7.129t

底板上部(ϕ14)钢筋质量＝(25－0.07＋0.10×2)×234×1.208＋7129＝14233kg＝14.233t

现浇构件 HRB335 级钢筋(ϕ16)工程量＝9.279t

现浇构件 HRB335 级钢筋(ϕ14)工程量＝7.129＋14.233＝21.362t

(2)满堂基础翻梁钢筋：

梁纵向受力钢筋(ϕ25)质量＝[(25－0.07＋0.4)×8×5＋(35－0.07＋0.4)×8×3]×3.853＝7171kg＝7.171t

梁箍筋(ϕ8)根数＝[(25－0.07)÷0.2＋1]×5＋[(35－0.07)÷0.2＋1]×3

＝126×5＋176×3＝1158 根

梁箍筋(ϕ8)质量＝[(0.3－0.07＋0.008＋0.7－0.07＋0.008)×2＋4.9×0.008×2]×1158×0.395

＝837kg＝0.837t

现浇构件 HRB335 级钢筋(ϕ25)工程量＝7.171t

现浇构件 HPB235 级箍筋(ϕ8)工程量＝0.837t

【例 5-32】 计算钢筋混凝土条形基础的钢筋工程量。

某独立小型住宅，基础平面及剖面配筋如图 5-43 所示。基础有 100mm 厚混凝土垫层；外墙拐角处，按基础宽度范围将分布筋改为受力筋；在内外墙丁字接头处受力筋铺至外墙中心线。

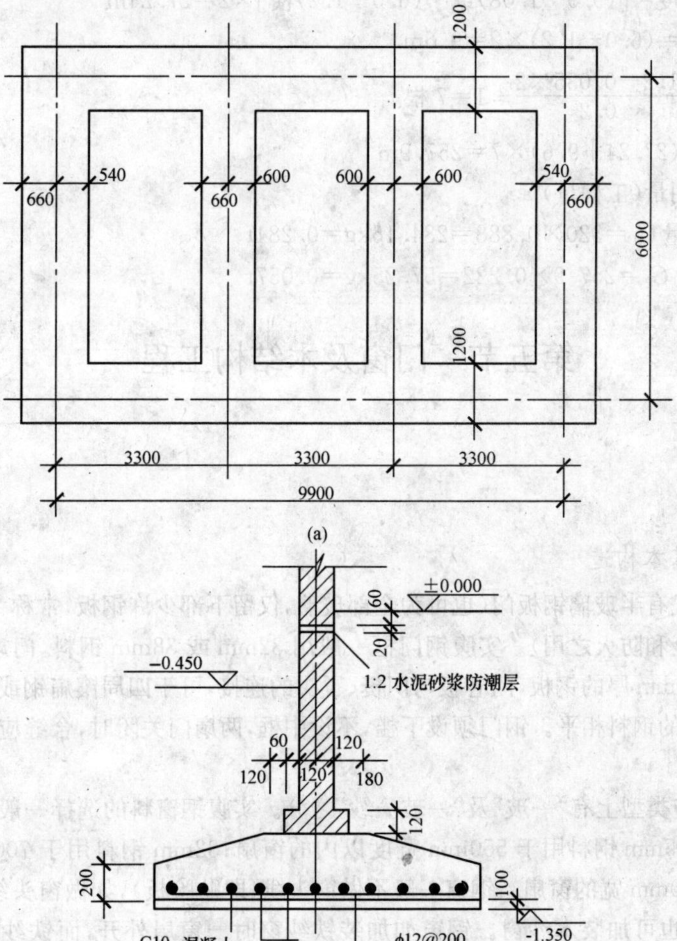

图 5-43　钢筋混凝土条形基础

(a)基础平面；(b)基础配筋断面

【解】 (1)计算钢筋长度

1)受力筋(ϕ12@200)长度

一根受力筋长度 L_2=1.2－2×0.035(有垫层)＋6.25×0.012×2=1.28m

受力钢筋数量:

$$外基钢筋根数=\frac{(9.9+1.32+7.2)\times 2}{0.2}+4=188\text{ 根}$$

$$内基钢筋根数=\left(\frac{6}{0.2}+1\right)\times 2=62\text{ 根}$$

受力筋总根数=188＋62=250 根

受力筋总长=1.28×250=320m

2)分布筋(ϕ6@200)长度

外墙四角已配置受力钢筋,拟不再配分布筋,则

外墙分布筋长度=[(9.9－1.08)纵＋(6.0－1.2)横]×2=27.24m

内墙分布筋长=(6.0－1.2)×2=9.6m

$$分布筋根数=\frac{1.2-0.035\times 2}{0.2}+1=7\text{ 根}$$

分布筋总长=(27.24＋9.6)×7=257.9m

(2)图示钢筋用量(工程量)

ϕ12 受力筋质量 G_1=320×0.888=284.16kg=0.284t

ϕ6 分布筋质量 G_2=257.9×0.222=57.25kg=0.057t

第五节 门窗及木结构工程

一、相关说明

(一)金属门窗

1. 钢门窗的基本构造

(1)钢门的形式有半玻璃钢板门(也可为全部玻璃,仅留下部少许钢板,常称为落地长窗)、满镶钢板的门(为安全和防火之用)。实腹钢门框一般用 32mm 或 38mm 钢料,门扇大的可采用后者。门芯板用 2～3mm 厚的钢板,门芯板与门梃、冒头的连接,可于四周镶扁钢或钢皮线脚焊牢;或做双面钢板与门的钢料相平。钢门须设下槛,不设中框,两扇门关闭时,合缝应严密,插销应装在门梃外侧合缝内。

(2)钢窗从构造类型上有“一玻”及“一玻一纱”之分。实腹钢窗料的选择一般与窗扇面积、玻璃大小有关,通常 25mm 钢料用于 550mm 宽度以内的窗扇;32mm 钢料用于 700mm 宽的窗扇;38mm 钢料用于 700mm 宽的窗扇。钢窗一般不做窗头线(即贴脸板),如做窗头线则须先做筒子板,均用木材制作,也可加装木纱窗。钢窗如加装铁纱窗时一窗扇外开,而铁纱窗固定于内侧。大面积钢窗,可用各式标准窗拼接组装而成。其拼条连接方式有扁钢;型钢;钢管及空腹薄壁钢等形式。钢窗五金以钢质居多,也有表面镀铬或上烘漆的。撑头用于开窗时固定窗扇,有单杆式撑头、双根滑动牵筋、套栓撑档或螺钉匣式牵筋等,均可调整窗扇开启大小与通风量。执手在钢窗关闭时兼作固定之用,有钩式与旋转式两种,钩式可装纱窗,旋转式不可装纱窗。

(3)钢门安装及钢窗构造分别见图 5-44、图 5-45。

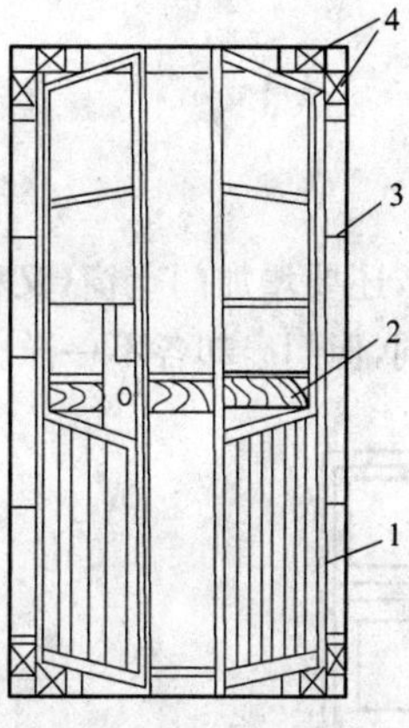

图 5-44　钢门安装基本形式

1—门洞口；2—临时木撑；3—铁脚；4—木楔

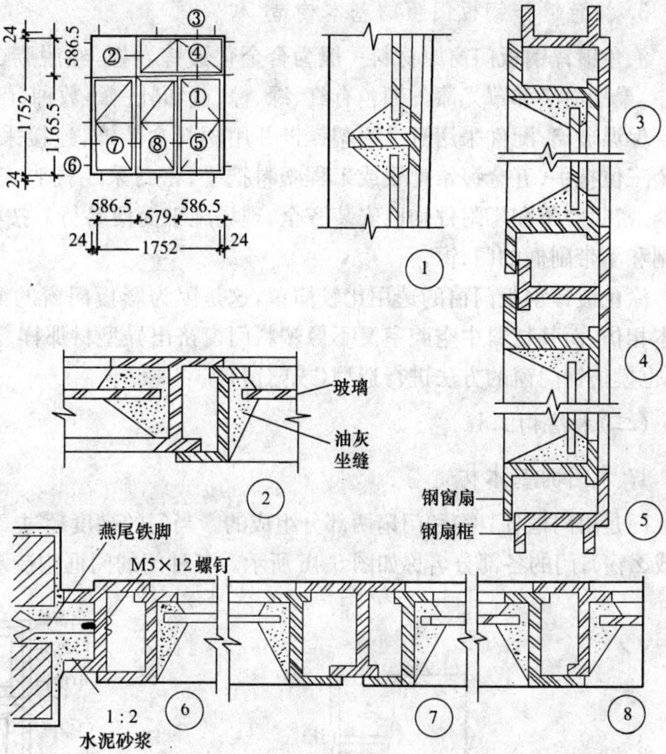

图 5-45　钢窗构造示例

2. 铝合金门窗的基本构造

(1)铝合金门窗的特点　铝合金门窗与普通木门窗、钢门窗相比主要特点是：

1)轻　铝合金门窗用材省、重量轻，平均耗用铝型材重量只有 8～12kg/m²（钢门窗耗钢材重量平均为 17～20kg/m²），较钢木门窗轻 50%左右。

2)性能好　铝合金门窗较木门窗、钢门窗突出的优点是密封性能好，气密性、水密性、音性好。

3)色调美观　铝合金门窗框料型材表面经过氧化着色处理，可着银白色、古铜色、暗色、黑色等柔和的颜色或带色的花纹。制成的铝合金门窗表面光洁、外观美丽、色泽牢固，增加了建筑物立面和内部的美观。

4)耐腐蚀，使用维修方便　铝合金门窗不需要涂漆，不褪色、不脱落，表面不需要维护；铝合金门窗强度高，刚性好，坚固耐用，开闭轻便灵活，无噪声，现场安装工作量较小，施工速度快。

5)便于进行工业化生产　铝合金门窗从框料型材加工、配套零件及密封件的制作，到门窗装配试验都可以在工厂内进行大批量工业化生产，有利于实现门窗产品设计标准化、产品系列化、零配件通用化，有利于实现门窗产品商品化。

(2)铝合金门窗的类型　铝合金门窗按其结构与开闭方式可分为推拉窗(门)、平开窗(门)、固定窗、悬挂窗、回转窗(门)、百叶窗、纱窗等。所谓推拉窗，是窗扇可沿左右方向推拉启闭的窗；平开窗是窗扇绕合叶旋转启闭的窗；固定窗是固定不开启的窗。

3. 涂色镀锌钢板门窗的基本构造

涂色镀锌钢板门窗原材料一般为合金化镀锌卷板，经脱脂、化学辊涂预处理后，再辊涂环氧底漆、聚酯面漆和罩光漆。颜色有红、绿、棕、蓝和乳白等数种；门窗玻璃用4mm平板玻璃或双层中空保温玻璃；配件采用五金喷塑铰链并用塑料盒装饰，连接采用塑料插接件螺钉，把手为锌基合金三位把手、五金镀铬把手或工程塑料把手；密封采用橡胶密封条和密封胶。制品出厂时，其玻璃、密封胶条和零附件均已安装齐全，现场施工简便易行。按构造的不同，目前有两种类型，即带副和不带副框的门、窗。

涂色镀锌钢板门窗的选用比较简单，这是因为彩板门窗的窗型（或门型）设计与普通钢门窗基本相仿，而其材料中空腔室又不像塑料门窗挤出异型材那样复杂。一般情况下，彩板门窗的造型，也模仿钢门窗的方法进行造型（或门窗）。

（二）木结构工程

1. 木门的基本构造

门是由门框（门樘）和门扇两部分组成的。当门的高度超过2.1m时，还要增加门上窗（又称亮子或么窗）；门的各部分名称如图5-46所示。各种门的门框构造基本相同，但门扇却各不一样。

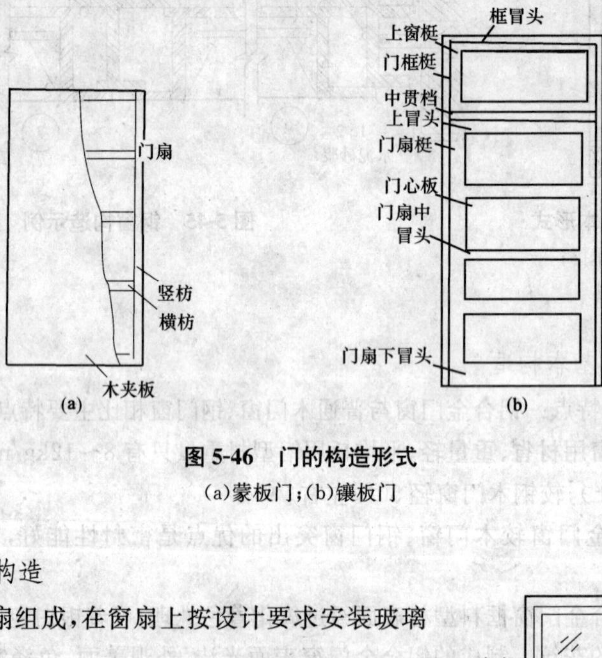

图5-46 门的构造形式

(a)蒙板门；(b)镶板门

2. 木窗的基本构造

木窗由窗框、窗扇组成，在窗扇上按设计要求安装玻璃（图5-47）。

（1）窗框　窗框由梃、上冒头、下冒头等组成，有上窗时，要设中贯横挡。

（2）窗扇　窗扇由上冒头、下冒头、扇梃、扇棂等组成。

（3）玻璃　玻璃安装于冒头、窗扇梃、窗棂之间。

（4）连接构造　木窗的连接构造与门的连接构造基本相同，都是采用榫结合。按照规矩，是在梃上凿眼，冒头上开榫。如果采用先立窗框再砌墙的安装方法，应在上、下冒头两端留出走头（延长端头），走头长120mm。

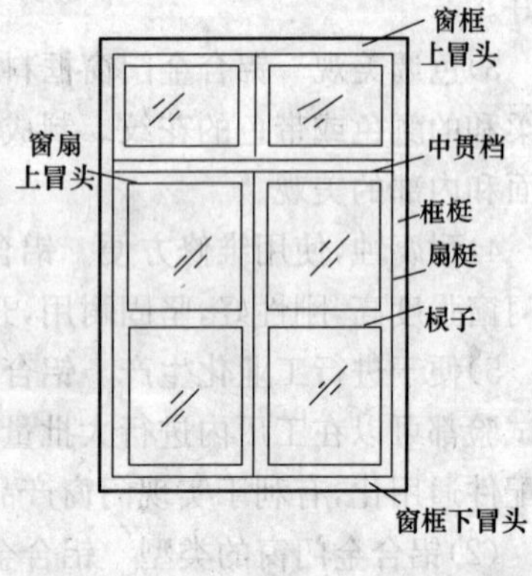

图5-47 木窗的构造形式

窗梃与窗棂的连接，也是在梃上凿眼，窗棂上做榫。

二、基础定额工程量计算

(一)定额工作内容

1. 门窗

(1)普通木门工作内容包括：

1)制作安装门框、门扇及亮子，刷防腐油，装配门扇，亮子玻璃及小五金；

2)制作安装纱门扇、纱亮子、钉铁纱。

(2)厂库房大门、特种门工作内容包括：

1)制作安装门扇、装配玻璃及五金零件、固定铁脚、制作安装便门扇；

2)铺油毡和毛毡、安密缝条；

3)制作安装门樘框架和筒子板、刷防腐油。

注：本定额不包括固定铁件的混凝土垫块及门樘或梁柱内的预埋铁件。

(3)普通木窗工作内容　包括制作安装窗框、窗扇、刷防腐油、堵塞麻刀石灰浆、装配玻璃、铁纱及小五金。

(4)铝合金门窗制作、安装工作内容包括：

1)制作：型材矫正、放样下料，切割断料、钻孔组装、制作搬运；

2)安装：现场搬运、安装、校正框扇、裁安玻璃、五金配件、周边塞口清扫等；

3)定位、弹线、安装骨架、钉木基层、粘贴不锈钢片面层、清扫等全部操作过程。

注：木骨架枋材 40×45，设计与定额不符时可以换算。

(5)铝合金、不锈钢门窗安装工作内容包括：

1)现场搬运、安装框扇、校正、安装玻璃及配件、周边塞口、清扫等；

注：地弹门、双扇全玻地弹门包括不锈钢上下帮地弹门、拉手、玻璃胶及安装年需辅助材料。

2)卷闸门、支架、直轨、附件、门锁安装、试开等全部操作过程。

(6)彩板组角钢门窗安装工作内容包括　校正框扇、安装玻璃、装配五金，焊接接件、周边塞缝等。

注：采用附框安装时，扣除门窗安装子目中的膨胀螺栓、密封膏用量及其他材料费。

(7)塑料门窗安装工作内容包括：校正框扇、安装门窗、裁安玻璃、装配五金配件，周边塞缝等。

(8)钢门窗安装工作内容包括：

1)解捆、画线定位、调直、凿洞、吊正、埋铁件、塞缝、安纱门窗、纱门扇、拼装组合、钉胶条、小五金安装等全部操作过程；

注：1. 钢门窗安装按成品考虑(包括五金配件和铁脚在内)。

2. 钢天窗安装角铁横挡及连接件，设计与定额用量不同时，可以调正，损耗按 60%。

3. 实腹式或空腹式钢门窗均执行本定额。

4. 组合窗、钢天窗为拼装缝需满刮油灰时，每 100m² 洞口面积增加人工 5.54 工日，油灰 58.5kg。

5. 钢门窗安玻璃，如采用塑料、橡胶条，按门窗安装工程量每 100m² 计算压条 736m。

2)放样、画线、裁料、平直、钻孔、拼装、焊接、成品校正，刷防锈漆及成品堆放。

2. 木结构

(1)木屋架工作内容包括：木材部分：屋架制作、拼装、安装、装配钢铁件、锚定、梁端刷防腐油；

(2)屋面木基层工作内容包括：

1)制作安装檩木、檩托木(或垫木)，伸入墙内部分及垫木刷防腐油；

2)屋面板制作；

3)檩木上钉屋面板；

4)檩木上钉椽板。

(3)木楼梯、木柱、木梁工作内容包括：

1)制作　放样、选料、运料、錾剥、刨光、划绕、起线、凿眼、挖底拔灰、锯榫；

2)安装　安装、吊线、校正、临时支撑、伸入墙内部分刷水柏油。

(4)其他工作内容包括：门窗贴脸、披水条、盖口条、明式暖气罩、木搁板、木格踏板等项目均包括制作、安装。

(二)定额一般规定

(1)定额是按机械和手工操作综合编制的，因此不论实际采取何种操作方法，均按定额执行。

(2)定额中木材木种分类如下：

一类　红松、水桐木、樟子松。

二类　白松(方杉、冷杉)、杉木、杨木、柳木、椴木。

三类　青松、黄花松、秋子木、马尾松、东北榆木、柏木、苦楝木、梓木、黄菠萝、椿木、楠木、柚木、樟木。

四类　栎木(柞木)、檀木、色木、槐木、荔木、麻栗木(麻栎、青刚)、桦木、荷木、水曲柳、华北榆木。

(3)本章木材木种均以一、二类木种为准，如采用三、四类木种时，分别乘以下列系数：木门窗制作，按相应项目人工和机械乘系数1.3；木门窗安装，按相应项目的人工和机械乘系数1.16；其他项目按相应项目人工和机械乘系数1.35。

(4)定额中木材以自然干燥条件下含水率为准编制的，需人工干燥时，其费用可列入木材价格内由各地区另行确定。

(5)定额中板、方材规格，分类见表5-66。

(6)定额中所注明的木材断面或厚度均以毛料为准。如设计图纸注明的断面或厚度为净料时，应增加刨光损耗；板、方材一面刨光增加3mm；两面刨光增加5mm；圆木每m^3材积增加0.05m^3。

表5-66　板材规格表

项目	按宽厚尺寸比例分类	按板材厚度、方材宽、厚乘积				
板材	宽≥3×厚	名　称	薄　板	中　板	厚　板	特厚板
		厚度(mm)	<18	19～35	36～65	≥66
方材	宽<3×厚	名　称	小　方	中　方	大　方	特大方
		宽×厚(cm^2)	<54	55～100	101～225	≥225

(7)定额中木门窗框、扇断面取定如下：

无纱镶板门框：60mm×100mm；有纱镶板门框：60mm×120mm；无纱窗框：60mm×90mm；有纱窗框：60mm×110mm；无纱镶板门扇：45mm×100mm；有纱镶板门扇：45mm×100mm+35mm×100mm；无纱窗扇：45mm×60mm；有纱窗扇：45mm×60mm+35mm×60mm；胶合板门窗：38mm×60mm。

定额取定的断面与设计规定不同时，应按比例换算。框断面以边框断面为准(框裁口如为钉条者加贴条的断面)；扇料以主挺断面为准。换算公式为：

$$\frac{\text{设计断面(加刨光损耗)}}{\text{定额断面}}\times\text{定额材积}$$

(8)定额所附普通木门窗小五金表，仅作备料参考。

(9)弹簧门、厂库大门、钢木大门及其他特种门，定额中所附五金铁件表均按标准图用量计算列出，仅作备料参考。

(10)保温门的填充料与定额不同时，可以换算，其他工料不变。

(11)厂库房大门及特种门的钢骨架制作，以钢材重量表示，已包括在定额项目中，不再另列项目计算。定额中不包括固定铁件的混凝土垫块及门樘或梁柱内的预埋铁件。

(12)木门窗不论现场或附属加工厂制作，均执行定额中规定，现场外制作点至安装地点的运输另行计算。

(13)本定额普通木门窗、天窗、按框制作、框安装、扇制作、扇安装分列项目；厂库房大门，钢木大门及其他特种门按扇制作、扇安装分列项目。

(14)定额中普通木窗、钢窗、铝合金窗、塑料窗、彩板组角钢窗等适用于平开式，推拉式，中转式，上、中、下悬式。双层玻璃窗小五金按普通木窗不带纱窗乘 2 计算。

(15)铝合金门窗制作兼安装项目，是按施工企业附属加工厂制作编制的。加工厂至现场堆放点的运输，另行计算。木骨架枋材 40mm×45mm，设计与定额不符时可以换算。

(16)铝合金地弹门制作(框料)型材是按 101.6mm×44.5mm，厚 1.5mm 方管编制的；单扇平开门，双扇平开窗是按 38 系列编制的；推拉窗按 90 系列编制的。如型材断面尺寸及厚度与定额规定不同时，可按附表调整铝合金型材用量，附表中“(　)”内数量为定额取定量。地弹门、双扇全玻地弹门包括不锈钢上下帮地弹簧、玻璃门、拉手、玻璃胶及安装所需辅助材料。

(17)铝合金卷闸门(包括卷筒、导轨)、彩板组角钢门窗、塑料门窗、钢门窗安装以成品安装编制的。由供应地至现场的运杂费，应计入预算价格中。

(18)玻璃厚度、颜色、密封油膏，软填料，如设计与定额不同时可以调整。

(19)铝合金门窗、彩板组角钢门窗、塑料门窗和钢门窗成品安装，如每 $100m^2$ 门窗实际用量超过定额含量 1%以上时，可以换算，但人工、机械用量不变。门窗成品包括五金配件在内。采用附框安装时，扣除门窗安装子目中的膨胀螺栓、密封膏用量及其他材料费。

(20)钢门，钢材含量与定额不同时，钢材用量可以换算，其他不变。

1)钢门窗安装按成品件考虑(包括五金配件和铁脚在内)。

2)钢天窗安装角铁横挡及连接件，设计与定额用量不同时，可以调正，损耗按 6%。

3)实腹式或空腹式钢门窗均执行定额中规定。

4)组合窗、钢天窗为拼装缝需满刮油灰时，每 $100m^2$ 洞口面积增加人工 5.54 工日，油灰 58.5kg。

5)钢门窗安玻璃，如采用塑料、橡胶条，按门窗安装工程量每 $100m^2$ 计算压条 736m。

(21)铝合金门窗制作、安装(7－259～283 项)综合机械台班是以机械折旧费 68.26 元、大修理费 5 元、经常修理费 12.83 元、电力 183.94kW·h组成。

38 系列，外框 0.408kg/m，中框 0.676kg/m，压线 0.176kg/m。

76.2×44.5×1.5 方管 0.975kg/m，压线 15kg/m。

(三)工程量计算规则

(1)各类门、窗制作、安装工程量均按门、窗洞口面积计算。

1)门、窗盖口条、贴脸、披水条，按图示尺寸以延长米计算，执行木装修项目。

2)普通窗上部带有半圆窗的工程量应分别按半圆窗和普通窗计算。其分界线以普通窗和半圆窗之间的横框上裁口线为分界线。

3)门窗扇包镀锌铁皮,按门、窗洞口面积以 m^2 计算;门窗框包镀锌铁皮,钉橡皮条、钉毛毡按图示门窗洞口尺寸以延长米计算。

(2)铝合金门窗制作、安装,铝合金、不锈钢门窗、彩板组角钢门窗、塑料门窗、钢门窗安装,均按设计门窗洞口面积计算。

(3)卷闸门安装按洞口高度增加 600mm 乘以门实际宽度以 m^2 计算。电动装置安装以套计算,小门安装以个计算。

(4)不锈钢片包门框,按框外表面面积以平方米计算;彩板组角钢门窗附框安装,按延长米计算。

(5)木屋架的制作安装工程量,按以下规定计算:

1)木屋架制作安装均按设计断面竣工木料以 m^3 计算,其后备长度及配制损耗均不另外计算。

2)方木屋架一面刨光时增加 3mm,两面刨光时增加 5mm,圆木屋架按屋架刨光时木材体积每立方米增加 $0.05m^3$ 计算。附属于屋架的夹板、垫木等已并入相应的屋架制作项目中,不另计算;与屋架连接的挑檐木、支撑等,其工程量并入屋架竣工木料体积内计算。

3)屋架的制作安装应区别不同跨度,其跨度应以屋架上下弦杆的中心线交点之间的长度为准。带气楼的屋架并入所依附屋架的体积内计算。

4)屋架的马尾、折角和正交部分半屋架,应并入相连接屋架的体积内计算。

5)钢木屋架区分圆、方木,按竣工木料以 m^3 计算。

(6)圆木屋架连接的挑檐木、支撑等如为方木时,其方木部分应乘以系数 1.7,折合成圆木并入屋架竣工木料内,单独的方木挑檐,按矩形檩木计算。

(7)檩木按竣工木料以立方米计算。简支檩条长度按设计规定计算,如设计无规定者,按屋架或山墙中距增加 200mm 计算,如两端出山,檩条长度算至博风板;连续檩条的长度按设计长度计算,其接头长度按全部连续檩木总体积的 5%计算。檩条托木已计入相应的檩木制作项目中,不另计算。

三、清单计价规范工程量计算

(一)关于门窗及木结构工程内容的说明

1. 关于门窗工程的内容的说明

门窗工程共 9 节 57 个项目。包括木门、金属门、金属卷帘门、其他门、木窗、金属窗、门窗套、窗帘盒、窗帘轨、窗台板。

(1)有关项目的说明:

1)木门窗五金包括:折页、插锁、风钩、弓背拉手、搭扣、弹簧折页、管子拉手、地弹簧、滑轮、门轧头、铁角、木螺丝等。

2)铝合金门窗五金包括:卡销、滑轮、铰拉、执手、拉把、拉手、风撑、角码、牛角制、地弹簧、门销、门插、门铰等。

3)其他五金包括:L 形执手锁、球形执手锁、地锁、防盗门扣、门眼、门碰珠、电子锁(磁卡锁)闭门器、装饰拉手等。

4)门窗框与洞口之间缝的填塞,应包括在报价内。

5)实木装饰门项目也适用于竹压板装饰门。

6)转门项目适用于电子感应和人力推动转门。

7)“特殊五金”项目指贵重五金及业主认为应单独列项的五金配件。

(2)有关项目特征说明:

1)项目特征中的门窗类型是指带亮子或不带亮子、带纱或不带纱、单扇、双扇或三扇、半百叶或全百叶、半玻或全玻、全玻自由门或半玻自由门、带门框或不带门框、单独门框和开启方式(平开、推拉、折叠)等。

2)框截面尺寸(或面积)指边立梃截面尺寸或面积。

3)凡对于面层材料有品种、规格、品牌、颜色要求的,应在工程量清单中进行描述。

4)特殊五金名称是指拉手、门锁、窗锁等,用途是指具体使用的门或窗,应在工程量清单中进行描述。

5)门窗套、贴脸板、筒子板和窗台板项目,包括底层抹灰,如底层抹灰已包括在墙、柱面底层抹灰内,应在工程量清单中进行描述。

(3)有关工程量计算说明:

1)门窗工程量以“樘/m^3”计算,如遇框架结构的连续长窗也以“樘/m^3”计算,但对连续长窗的扇数和洞口尺寸应在工程量清单中进行描述。

2)门窗套、门窗贴脸、筒子板“以展开面积计算”,即指按其铺钉面积计算。

3)窗帘盒、窗台板,如为弧形时,其长度以中心线计算。

(4)有关工程内容说明:

1)木门窗的制作应考虑木材的干燥损耗、刨光损耗、下料后备长度、门窗走头增加的体积等。

2)防护材料分防火、防腐、防虫、防潮、耐磨、耐老化等材料,应根据清单项目要求报价。

2. 关于厂库房大门、特种门、木结构工程的内容的说明

(1)概述　厂库房大门、特种门、木结构工程共3节11个项目。包括厂库房大门、特种门、木屋架、木构件。适用于建筑物、构筑物的特种门和木结构工程。

(2)有关项目的说明:

1)“木板大门”项目适用于厂库房的平开、推拉、带观察窗、不带观察窗等各类型木板大门。应注意。

①工程量按樘数或设计图示洞口尺寸以面积计算。

②需描述每樘门所含门扇数和有框或无框。

2)“钢木大门”项目适用于厂库房的平开、推拉、单面铺木板、双单铺木板、防风型、保暖型等各类型钢木大门。应注意:

①钢骨架制作安装包括在报价内。

②防风型钢木门应描述防风材料或保暖材料。

3)“全钢板门”项目适用于厂库房的平开、推拉、折叠、单面铺钢板、双面铺钢板等各类型全钢板门。

4)“特种门”项目适用于各种防射线门、密闭门、保温门、隔音门、冷藏库门、冷藏冻结间门等特殊使用功能门。

5)“围墙钢丝门”项目适用于钢管骨架钢丝门、角钢骨架钢丝门、木骨架钢丝门等。

6)“木屋架”项目适用于各种方木、圆木屋架。应注意：

①与屋架相连接的挑檐木应包括在木屋架报价内。

②钢夹板构件、连接螺栓应包括在报价内。

7)“钢木屋架”项目适用于各种方木、圆木的钢木组合屋架。应注意：钢拉杆(下弦拉杆)、受拉腹杆、钢夹板、连接螺栓应包括在报价内。

8)“木柱”、“木梁”项目适用于建筑物各部位的柱、梁。应注意：接地、嵌入墙内部分的防腐应包括在报价内。

9)“木楼梯”项目适用于楼梯和爬梯。应注意：

①楼梯的防滑条应包括在报价内。

②楼梯栏杆(栏板)、扶手，应按装饰装修工程工程量清单项目及计算规则中栏杆、扶手柱板装饰中相关项目编码列项。

10)“其他木构件”项目适用于斜撑，传统民居的垂花、花芽子、封檐板、博风板等构件。应注意：

①封檐板、博风板工程量按延长米计算。

②博风板带大刀头时，每个大刀头增加长度 50cm。

(3)共性问题的说明：

1)原木构件设计规定梢径时，应按原木材积计算表计算体积。

2)设计规定使用干燥木材时，干燥损耗及干燥费应包括在报价内。

3)木材的出材率应包括在报价内。

4)木结构有防虫要求时，防虫药剂应包括在报价内。

(4)有关名词的解释：

1)马尾，是指四坡水屋顶建筑物的两端屋面的端头坡面部位。

2)折角，是指构成 L 形的坡屋顶建筑横向和竖向相交的部位。

3)正交部分，是指构成丁字形的坡屋顶建筑横向和竖向相交的部位，见图 5-48。

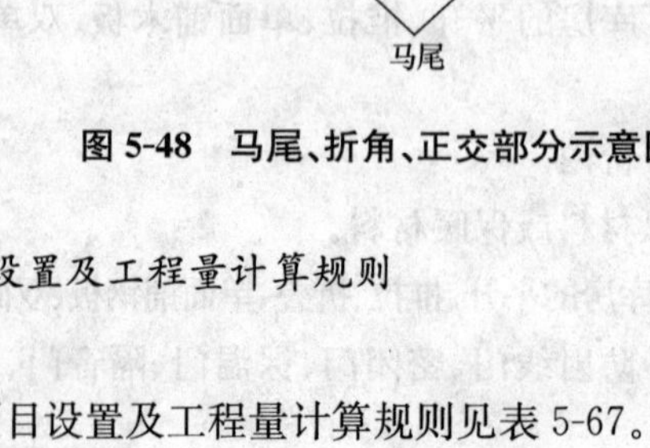

图 5-48 马尾、折角、正交部分示意图

(二)工程量清单项目设置及工程量计算规则

1. 门窗工程

(1)木门工程量清单项目设置及工程量计算规则见表 5-67。

表 5-67　木门(编码:020401)

项目编码	项目名称	项目特征	计量单位	工程量计算规则	工程内容
020401001	镶板木门	1. 门类型。 2. 框截面尺寸、单扇面积。 3. 骨架材料种类。 4. 面层材料品种、规格、品牌、颜色。 5. 玻璃品种、厚度、五金材料、品种、规格。 6. 防护层材料种类。 7. 油漆品种、刷漆遍数	樘/m²	按设计图示数量或设计图示洞口尺寸以面积计算	1. 门制作、运输、安装。 2. 五金、玻璃安装。 3. 刷防护材料、油漆
020401002	企口木板门				
020401003	实木装饰门				
020401004	胶合板门				
020401005	夹板装饰门	1. 门类型。 2. 框截面尺寸、单扇面积。 3. 骨架材料种类。 4. 防火材料种类。 5. 门纱材料品种、规格。 6. 面层材料品种、规格、品牌、颜色。 7. 玻璃品种、厚度、五金材料、品种、规格。 8. 防护材料种类。 9. 油漆品种、刷漆遍数			
020401006	木质防火门				
020401007	木纱门				
020401008	连窗门	1. 门窗类型。 2. 框截面尺寸、单扇面积。 3. 骨架材料种类。 4. 面层材料品种、规格、品牌、颜色。 5. 玻璃品种、厚度、五金材料、品种、规格。 6. 防护材料种类。 7. 油漆品种、刷漆遍数			

(2)厂库房大门、特种门工程量清单项目设置及工程量计算规则见表 5-68。

表 5-68　厂库房大门、特种门(编码:010501)

项目编码	项目名称	项目特征	计量单位	工程量计算规则	工程内容
010501001	木板大门	1. 开启方式。 2. 有框、无框。 3. 含门扇数。 4. 材料品种、规格。 5. 五金种类、规格。 6. 防护材料种类。 7. 油漆品种、刷漆遍数	樘/m³	按设计图示数量或设计图示洞口尺寸以面积计算	1. 门(骨架)制作、运输。 2. 门、五金配件安装。 3. 刷防护材料、油漆
010501002	钢木大门				
010501003	全钢板大门				
010501004	特种门				
010501005	围墙铁丝门				

(3)金属门工程量清单项目设置及工程量计算规则见表 5-69。

表 5-69 金属门(编码:020402)

项目编码	项目名称	项目特征	计量单位	工程量计算规则	工程内容
020402001	金属平开门	1. 门类型。 2. 框材质、外围尺寸。 3. 扇材质、外围尺寸。 4. 玻璃品种、厚度、五金材料、品种、规格。 5. 防护材料种类。 6. 油漆品种、刷漆遍数	樘/m^3	按设计图示数量或设计图示洞口尺寸以面积计算	1. 门制作、运输、安装。 2. 五金、玻璃安装。 3. 刷防护材料、油漆
020402002	金属推拉门				
020402003	金属地弹门				
020402004	彩板门				
020402005	塑钢门				
020402006	防盗门				
020402007	钢质防火门				

(4)金属卷帘门工程量清单项目设置及工程量计算规则见表 5-70。

表 5-70 金属卷帘门(编码:020403)

项目编码	项目名称	项目特征	计量单位	工程量计算规则	工程内容
020403001	金属卷闸门	1. 门材质、框外围尺寸。 2. 启动装置品种、规格、品牌。 3. 五金材料、品种、规格。 4. 刷防护材料种类。 5. 油漆品种、刷漆遍数	樘/m^3	按设计图示数量或设计图示洞口尺寸以面积计算	1. 门制作、运输、安装。 2. 启动装置、五金安装。 3. 刷防护材料、油漆
020403002	金属格栅门				
020403003	防火卷帘门				

(5)其他门工程量清单项目设置及工程量计算规则见表 5-71。

表 5-71 其他门(编码:020404)

项目编码	项目名称	项目特征	计量单位	工程量计算规则	工程内容
020404001	电子感应门	1. 门材质、品牌、外围尺寸。 2. 玻璃品种、厚度、五金材料、品种、规格。 3. 电子配件品种、规格、品牌。 4. 防护材料种类。 5. 油漆品种、刷漆遍数	樘/m^3	按设计图示数量或设计图示洞口尺寸以面积计算	1. 门制作、运输、安装。 2. 五金、电子配件安装。 3. 刷防护材料、油漆
020404002	转门				
020404003	电子对讲门				
020404004	电动伸缩门				
020404005	全玻门(带扇框)	1. 门类型。 2. 框材质、外围尺寸。 3. 扇材质、外围尺寸。 4. 玻璃品种、厚度、五金材料、品种、规格。 5. 防护材料种类。 6. 油漆品种、刷漆遍数			1. 门制作、运输、安装。 2. 五金安装。 3. 刷防护材料、油漆
020404006	全玻自由门(无扇框)				
020404007	半玻门(带扇框)				
020404008	镜面不锈钢饰面门				1. 门扇骨架及基层制作、运输、安装。 2. 包面层。 3. 五金安装。 4. 刷防护材料

(6)木窗工程量清单项目设置及工程量计算规则见表5-72。

表5-72　木窗(编码:020405)

项目编码	项目名称	项目特征	计量单位	工程量计算规则	工程内容
020405001	木质平开窗	1. 窗类型。 2. 框材质、外围尺寸。 3. 扇材质、外围尺寸。 4. 玻璃品种、厚度、五金材料、品种、规格。 5. 防护材料种类。 6. 油漆品种、刷漆遍数	樘/m^3	按设计图示数量或设计图示洞口尺寸以面积计算	1. 窗制作、运输、安装。 2. 五金、玻璃安装。 3. 刷防护材料、油漆
020405002	木质推拉窗				
020405003	矩形木百叶窗				
020405004	异形木百叶窗				
020405005	木组合窗				
020405006	木天窗				
020405007	矩形木固定窗				
020405008	异形木固定窗				
020405009	装饰空花木窗				

(7)金属窗工程量清单项目设置及工程量计算规则见表5-73。

表5-73　金属窗(编码:020406)

项目编码	项目名称	项目特征	计量单位	工程量计算规则	工程内容
020406001	金属推拉窗	1. 窗类型。 2. 框材质、外围尺寸。 3. 扇材质、外围尺寸。 4. 玻璃品种、厚度、五金材料、品种、规格。 5. 防护材料种类。 6. 油漆品种、刷漆遍数	樘/m^3	按设计图示数量或设计图示洞口尺寸以面积计算	1. 窗制作、运输、安装。 2. 五金、玻璃安装。 3. 刷防护材料、油漆
020406002	金属平开窗				
020406003	金属固定窗				
020406004	金属百叶窗				
020406005	金属组合窗				
020406006	彩板窗				
020406007	塑钢窗				
020406008	金属防盗窗				
020406009	金属格栅窗				
020406010	特殊五金	1. 五金名称、用途。 2. 五金材料、品种、规格	个/套	按设计图示数量计算	1. 五金安装。 2. 刷防护材料、油漆

(8)门窗套工程量清单项目设置及工程量计算规则见表5-74。

表 5-74 门窗套(编码:020407)

项目编码	项目名称	项目特征	计量单位	工程量计算规则	工程内容
020407001	木门窗套	1. 底层厚度、砂浆配合比。 2. 立筋材料种类、规格。 3. 基层材料种类。 4. 面层材料品种、规格、品种、品牌、颜色。 5. 防护材料种类。 6. 油漆品种、刷油遍数	m^2	按设计图示尺寸以展开面积计算	1. 清理基层。 2. 底层抹灰。 3. 立筋制作、安装。 4. 基层板安装。 5. 面层铺贴。 6. 刷防护材料、油漆
020407002	金属门窗套				
020407003	石材门窗套				
020407004	门窗木贴脸				
020407005	硬木筒子板				
020407006	饰面夹板筒子板				

(9)窗帘盒、窗帘轨工程量清单项目设置及工程量计算规则见表 5-75。

表 5-75 窗帘盒、窗帘轨(编码:020408)

项目编码	项目名称	项目特征	计量单位	工程量计算规则	工程内容
020408001	木窗帘盒	1. 窗帘盒材质、规格、颜色。 2. 窗帘轨材质、规格。 3. 防护材料种类。 4. 油漆种类、刷漆遍数	m	按设计图示尺寸以长度计算	1. 制作、运输、安装。 2. 刷防护材料、油漆
020408002	饰面夹板、塑料窗帘盒				
020408003	铝合金属窗帘盒				
020408004	窗帘轨				

(10)窗台板工程量清单项目设置及工程量计算规则见表 5-76。

表 5-76 窗台板(编码:020409)

项目编码	项目名称	项目特征	计量单位	工程量计算规则	工程内容
020409001	木窗台板	1. 找平层厚度、砂浆配合比。 2. 窗台板材质、规格、颜色。 3. 防护材料种类。 4. 油漆种类、刷漆遍数	m	按设计图示尺寸以长度计算	1. 基层清理。 2. 抹找平层。 3. 窗台板制作、安装。 4. 刷防护材料、油漆
020409002	铝塑窗台板				
020409003	石材窗台板				
020409004	金属窗台板				

2. 木结构工程

(1)木屋架工程量清单项目设置及工程量计算规则见表 5-77。

表 5-77 木屋架(编码:010502)

项目编码	项目名称	项目特征	计量单位	工程量计算规则	工程内容
010502001	木屋架	1. 跨度。 2. 安装高度。 3. 材料品种、规格。 4. 刨光要求。 5. 防护材料种类。 6. 油漆品种、刷漆遍数	榀	按设计图示数量计算	1. 制作、运输。 2. 安装。 3. 刷防护材料、油漆
010502002	钢木屋架				

(2)木构件工程量清单项目设置及工程量计算规则见表 5-78。

表 5-78　木构件(编码:010503)

<table>
<tr><th>项目编码</th><th>项目名称</th><th>项目特征</th><th>计量单位</th><th>工程量计算规则</th><th>工程内容</th></tr>
<tr><td>010503001</td><td>木柱</td><td rowspan="2">1. 构件高度、长度。
2. 构件截面。
3. 木材种类。
4. 刨光要求。
5. 防护材料种类。
6. 油漆品种、刷漆遍数</td><td rowspan="2">m^3</td><td rowspan="2">按设计图示尺寸以体积计算</td><td rowspan="4">1. 制作。
2. 运输。
3. 安装。
4. 刷防护材料、油漆</td></tr>
<tr><td>010503002</td><td>木梁</td></tr>
<tr><td>010503003</td><td>木楼梯</td><td>1. 木材种类。
2. 刨光要求。
3. 防护材料种类。
4. 油漆品种、刷漆遍数</td><td>m^2</td><td>按设计图示尺寸以水平投影面积计算。不扣除宽度小于300mm的楼梯井，伸入墙内部分不计算</td></tr>
<tr><td>010503004</td><td>其他木构件</td><td>1. 构件名称。
2. 构件截面。
3. 木材种类。
4. 刨光要求。
5. 防护材料种类。
6. 油漆品种、刷漆遍数</td><td>m^3
(m)</td><td>按设计图示尺寸以体积或长度计算</td></tr>
</table>

四、常见门、窗五金配件规格

1. 木门窗五金配件

木门窗五金配件见表 5-79。

表 5-79　木门窗五金配件表　（樘）

<table>
<tr><th colspan="2" rowspan="2">项　目</th><th rowspan="2">单位</th><th colspan="4">镶板、胶合板、半截玻璃门不带纱门</th></tr>
<tr><th>单扇有亮</th><th>双扇有亮</th><th>单扇无亮</th><th>双扇无亮</th></tr>
<tr><td>人工</td><td>综合工日</td><td>工日</td><td>—</td><td>—</td><td>—</td><td>—</td></tr>
<tr><td rowspan="12">材料</td><td>折页 100mm</td><td>个</td><td>2.00</td><td>4.00</td><td>2.00</td><td>4.00</td></tr>
<tr><td>折页 63mm</td><td>个</td><td>4.00</td><td>4.00</td><td>—</td><td>—</td></tr>
<tr><td>插销 100mm</td><td>个</td><td>2.00</td><td>2.00</td><td>1.00</td><td>1.00</td></tr>
<tr><td>插销 150mm</td><td>个</td><td>—</td><td>1.00</td><td>—</td><td>1.00</td></tr>
<tr><td>插销 300mm</td><td>个</td><td>—</td><td>1.00</td><td>—</td><td>1.00</td></tr>
<tr><td>风钩 200mm</td><td>个</td><td>2.00</td><td>2.00</td><td>—</td><td>—</td></tr>
<tr><td>拉手 150mm</td><td>个</td><td>1.00</td><td>2.00</td><td>1.00</td><td>2.00</td></tr>
<tr><td>铁塔扣 100mm</td><td>个</td><td>1.00</td><td>1.00</td><td>1.00</td><td>1.00</td></tr>
<tr><td>木螺丝 38mm</td><td>个</td><td>16.00</td><td>32.00</td><td>16.00</td><td>32.00</td></tr>
<tr><td>木螺丝 32mm</td><td>个</td><td>24.00</td><td>24.00</td><td>—</td><td>—</td></tr>
<tr><td>木螺丝 25mm</td><td>个</td><td>4.00</td><td>8.00</td><td>4.00</td><td>8.00</td></tr>
<tr><td>木螺丝 19mm</td><td>个</td><td>19.00</td><td>37.00</td><td>13.00</td><td>31.00</td></tr>
</table>

表 5-79(续一)

项目		单位	镶板、胶合板、半截玻璃门不带纱门			
			单扇有亮	双扇有亮	单扇无亮	双扇无亮
人工	综合工日	工日	—	—	—	—
材料	折页 100mm	个	2.00	4.00	2.00	4.00
	折页 63mm	个	8.00	8.00	—	—
	蝶式折页 100mm	个	2.00	4.00	2.00	4.00
	插销 100mm	个	4.00	3.00	2.00	1.00
	插销 150mm	个	—	1.00	—	1.00
	插销 300mm	个	—	1.00	—	1.00
	风钩 200mm	个	2.00	2.00	—	—
	拉手 150mm	个	2.00	4.00	2.00	4.00
	铁塔扣 100mm	个	1.00	1.00	1.00	1.00
	木螺丝 38mm	个	16.00	32.00	16.00	32.00
	木螺丝 32mm	个	60.00	72.00	12.00	24.00
	木螺丝 25mm	个	8.00	16.00	8.00	16.00
	木螺丝 19mm	个	31.00	43.00	19.00	31.00

项目		单位	自由门带固定亮子、无亮子		镶板门带一块百叶	
			半坡门	全坡门	单扇有亮	单扇无亮
人工	综合工日	工日	—	—	—	—
材料	折页 100mm	个	—	—	2.00	2.00
	折页 75mm	个	—	—	2.00	—
	弹簧折页 200mm	个	4.00	—	—	—
	插销 100mm	个	—	—	2.00	1.00
	风钩 200mm	个	—	—	1.00	—
	拉手 150mm	个	—	—	1.00	1.00
	管子拉手 400mm	个	4.00	—	—	—
	管子拉手 600mm	个	—	4.00	—	—
	铁塔扣 100mm	个	—	—	1.00	1.00
	门轧头 mm	个	—	2.00	—	—
	铁角 150mm	个	12.00	12.00	—	—
	地弹簧 mm	套	—	2.00	—	—
	木螺丝 38mm	个	132.00	132.00	16.00	16.00
	木螺丝 32mm	个	—	—	12.00	—
	木螺丝 25mm	个	—	—	4.00	4.00
	木螺丝 19mm	个	—	—	19.00	13.00

表 5-79(续二)

项目		单位	平开木板大门		推拉木板大门	
			无小门	有小门	无小门	有小门
人工	综合工日	工日	—	—	—	—
材料	五金铁件	kg	67.72	67.62	143.96	143.96
	折页 100mm	个	—	2.00	—	2.00
	弓背拉手 125mm	个	—	2.00	—	2.00
	插销 125mm	个	—	1.00	—	1.00
	木螺丝 38mm	个	32.00	58.00	—	26.00
	大滑轮 $d=100$mm	个	—	—	4.00	4.00
	小滑轮 $d=56$mm	个	—	—	4.00	4.00
	轴承 203	个	—	—	8.00	8.00

项目		单位	平开钢木大门		
			无小门一般型	有小门防风型	有小门防严寒
人工	综合工日	工日	—	—	—
材料	五金铁件	kg	52.97	57.90	57.90
	钢丝弹簧 $L=95$	个	1.00	1.00	1.00
	钢珠 32.5	个	4.00	4.00	4.00
人工	综合工日	工日	—	—	—
材料	五金铁件	kg	222.75	215.95	245.33
	单列向心球轴承 205#	个	4.00	4.00	4.00

项目		单位	平开钢大门	推拉钢大门	钢折叠门	钢管铁丝网门	角钢铁丝网门
人工	综合工日	工日	—	—	—	—	—
材料	五金铁料	kg	52.97	275.29	38.43	47.96	55.16

项目		单位	防火门	保温隔音门	变电间门	冷藏门	冰结间门
人工	综合工日	工日	—	—	—	—	—
材料	五金铁件	kg	30.27		67.62	29.74	46.85
	折页 100	个	—	2.00	—	—	—
	弹子执勾锁 9141 型	个	—	1.00	—	—	—
	木螺丝 38	个	28.00	12.00	58.00	61.00	103.00
	内外执勾	组	1.00	—	—	—	—

表 5-79(续三)

项目		单位	普通木窗不带纱窗			
			单扇无亮	双扇带亮	三扇带亮	四扇带亮
人工	综合工日	工日	—	—	—	—
材料	折页 75mm	个	2.00	4.00	6.00	8.00
	折页 50mm	个	—	4.00	6.00	8.00
	插销 150mm	个	1.00	1.00	2.00	2.00
	插销 100mm	个	—	1.00	2.00	2.00
	风钩 200mm	个	1.00	4.00	6.00	8.00
	木螺丝 32mm	个	12.00	48.00	72.00	96.00
	木螺丝 19mm	个	6.00	12.00	24.00	24.00
项目		单位	普通木窗带纱窗			
			单扇无亮	双扇带亮	三扇带亮	四扇带亮
人工	综合工日	工日	—	—	—	—
材料	折页 75mm	个	4.00	8.00	12.00	16.00
	折页 63mm	个	—	8.00	12.00	16.00
	插销 150mm	个	2.00	2.00	4.00	4.00
	插销 100mm	个	—	2.00	4.00	4.00
	风钩 200mm	个	1.00	4.00	6.00	8.00
	木螺丝 32mm	个	24.00	96.00	144.00	192.00
	木螺丝 19mm	个	12.00	24.00	48.00	48.00
项目		单位	普通双层木窗带纱窗			
			单扇无亮	双扇带亮	三扇带亮	四扇带亮
人工	综合工日	工日	—	—	—	—
材料	折页 75mm	个	6.00	12.00	18.00	24.00
	折页 50mm	个	—	12.00	18.00	24.00
	插销 150mm	个	3.00	3.00	6.00	6.00
	插销 100mm	个	—	3.00	6.00	6.00
	风钩 200mm	个	2.00	8.00	12.00	16.00
	木螺丝 32mm	个	36.00	144.00	216.00	288.00
	木螺丝 19mm	个	18.00	36.00	72.00	72.00

注:双层玻璃窗小五金按普通木窗不带纱窗乘 2 计算。

2. 铝合金门五金配件

铝合金门五金配件见表 5-80。

表 5-80　铝合金门五金配件表　[套(樘)]

项　目	单　位	单扇地弹门	双扇地弹门	四扇地弹门	单扇平开门
国产地弹簧	个	1	2	4	—
门　锁	把	1	1	3	1
铝合金拉手	对	1	2	4	—
门　插	套	—	2	2	—
门　铰	个	—	—	—	2
螺　钉	个	—	—	—	14

3. 铝合金窗五金配件

铝合金窗五金配件见表 5-81。

表 5-81　铝合金窗五金配件表　[套(樘)]

项　目	单位	推拉窗			单扇平开窗		双扇平开窗	
		双扇	三扇	四扇	不带顶窗	带顶窗	不带顶窗	带顶窗
门　锁	把	2	2	4	—	—	—	—
滑　轮	套	4	6	8	—	—	—	—
铰　拉	套	1	1	1	—	—	—	—
执　手	套	—	—	—	1	1	2	2
拉　把	支	—	—	—	1	1	2	2
拉　手	个	—	—	—	1	1	2	2
白钢钩	元	—	—	—	0.16	0.6	0.32	0.32
风撑 90°	支	—	—	—	2	2	4	4
风撑 60°	支	—	—	—	—	2	—	2
角　码	个	—	—	—	4	8	8	12
牛角制	套	—	—	—	—	1	—	1

4. 普通钢门窗五金配件综合用量

普通钢门窗五金配件综合用量见表 5-82。

表 5-82　普通钢门窗五金配件综合用量表　($100m^2$)

配件名称	规　格	单位	数量
铆　钉	$\phi5\times4$	百只	23.52
上　撑	275mm(套眼撑)	件	52.00
定位脚	直　庄	件	52.00
搁　脚		件	52.00
平开下撑	235mm(套眼撑)	件	158.00
定位搁脚	弯　庄	件	158.00
执　手		件	158.00
轧　头		件	158.00
沉头螺钉	镀锌自攻螺丝 M5×8、M5×10	百只	12.69

五、人字钢木屋架每榀材料参考用量

人字钢木屋架每榀材料的用量可参考表 5-83 进行计算。

表 5-83 人字钢木屋架每榀材料用量参考表

类别	屋架跨度(m)	屋架间距(m)	屋面荷载(N/m^2)	每榀用料		每榀屋架平均用支撑木材用量(m^3)
				木材(m^3)	钢材(kg)	
方木	9.0		1510	0.235	63.6	0.032
		3.0	2960	0.285	83.8	0.082
		3.3	1510	0.235	72.6	0.090
			2960	0.297	96.3	0.090
	10.0		1510	0.390	80.2	0.085
		3.0	2960	0.503	130.9	0.085
		3.3	1510	0.405	85.7	0.093
			2960	0.524	130.9	0.093
	12.0		1510	0.390	80.2	0.085
		3.0	2960	0.503	130.0	0.085
		3.3	1510	0.405	85.7	0.093
			2960	0.524	130	0.093
	15.0	3.0	1510	0.602	105.0	0.091
		3.3	1510	0.628	105.0	0.099
		4.0	1510	0.690	118.7	0.116
	18.0	3.0	1510	0.709	160.6	0.087
		3.3	1510	0.738	163.04	0.095
		4.0	1510	0.898	248.36	0.112
圆木	9.0		1510	0.259	63.6	0.080
		3.0	2960	0.269	83.8	0.080
		3.3	1510	0.259	72.6	0.089
			2960	0.272	96.3	0.089
	10.0		1510	0.290	70.5	0.081
		3.0	2960	0.304	101.7	0.081
		3.3	1510	0.290	74.5	0.090
			2960	0.304	101.7	0.090
	12.0		1510	0.463	80.2	0.083
		3.0	2960	0.416	130.9	0.083
		3.3	1510	0.463	85.7	0.092
			2960	0.447	130.9	0.092
	15.0	3.0	1510	0.766	105.0	0.089
		3.3	1510	0.776	105.0	0.097

六、屋面坡度与斜面长度系数

屋面坡度与斜面长度的系数可参照表 5-84 选用。

表 5-84　屋面坡度与斜面长度系数

屋面坡度														
屋面坡度	高度系数	1.00	0.67	0.50	0.45	0.40	0.33	0.25	0.20	0.15	0.125	0.10	0.083	0.066
	坡度	1/1	1/1.5	1/2	—	1/2.5	1/3	1/4	1/5	—	1/8	1/10	1/12	1/15
	角度	45°	33°40′	26°34′	24°14′	21°48′	18°26′	14°02′	11°19′	8°32′	7°08′	5°42′	4°45′	3°49′
斜长系数		1.4142	1.2015	1.1180	1.0966	1.0770	1.0541	1.0380	1.0198	1.0112	1.0078	1.0050	1.0035	1.0022

七、门窗及木结构工程工程量计算示例

【例 5-33】　有一原料仓库，采用圆木木屋架，计 8 榀，如图 5-49 所示，屋架跨度为 8m，坡度为 1∶2，四节间，试计算该仓库屋架工程量。

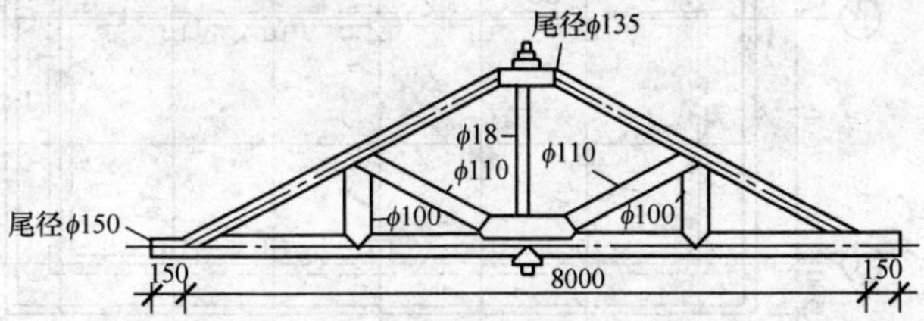

图 5-49　木屋架

【解】　木屋架工程量计算如下：

计算公式：木屋架工程量＝设计图示数量。

故　木屋架工程量＝8（榀）

以上为工程量清单数量。

如果是施工企业编制投标报价，应按当地建设主管部门规定方法计算工程量，现按基础定额的规定计算工程量如下：

（1）屋架杆件长度（m）＝屋架跨度（m）×长度系数

1）杆件 1　下弦杆　　　　8＋0.15×2＝8.3m

2）杆件 2　上弦杆 2 根　　8×0.559×2＝4.47m×2 根

3）杆件 3　斜杆 2 根　　　8×0.28×2＝2.24m×2 根

4）杆件 4　竖杆 2 根　　　8×0.125×2＝1m×2 根

（2）计算材积

1）杆件 1，下弦材积，以尾径 $\phi 15.0\text{cm}$，$L=8.3\text{m}$ 代入公式计算 V_1：

$V_1=7.854\times10^{-5}\times[(0.026\times8.3+1)\times15^2+(0.37\times8.3+1)\times15+10\times(8.3-3)]\times8.3=0.2527\text{m}^3$

2）杆件 2，上弦杆，以尾径 $\phi 13.5\text{cm}$ 和 $L=4.47\text{m}$ 代入，则杆件 2 材积：

$V_2=7.854\times10^{-5}\times4.47\times[(0.026\times4.47+1)\times13.5^2+(0.37\times4.47+1)\times13.5+10\times(4.47-3)]\times2=0.1783\text{m}^3$

3）杆件 3，斜杆 2 根，以尾径 $\phi 11.0\text{cm}$ 和 $L=2.24\text{m}$ 代入，则

$V_3=7.854\times10^{-5}\times2.24\times[(0.026\times2.24+1)\times11^2+(0.37\times2.24+1)\times11+10\times(2.24-3)]\times2=0.0494\text{m}^3$

4)杆件 4，竖杆 2 根，以尾径 ϕ10cm 及 L=1m 代入，则竖杆材积为

$$V_4=7.854\times10^{-5}\times1\times1\times[(0.026\times1+1)\times100+(0.37\times1+1)\times10+10\times(1-3)]\times2=0.0151\text{m}^3$$

一榀屋架的工程量为上述各杆件材积之和，即

$$V=V_1+V_2+V_3+V_4=0.2527+0.1783+0.0494+0.0151=0.4955\text{m}^3$$

原料仓库屋架工程量为

1)竣工木料材积 0.4955×8=3.96m^3

2)铁件　依据钢木屋架铁件参考表，本例每榀屋架铁件用量 20kg，则铁件总量为：

$$20\times8=160\text{kg}$$

【例 5-34】 求图 5-50 圆木简支檩(不刨光)工程量

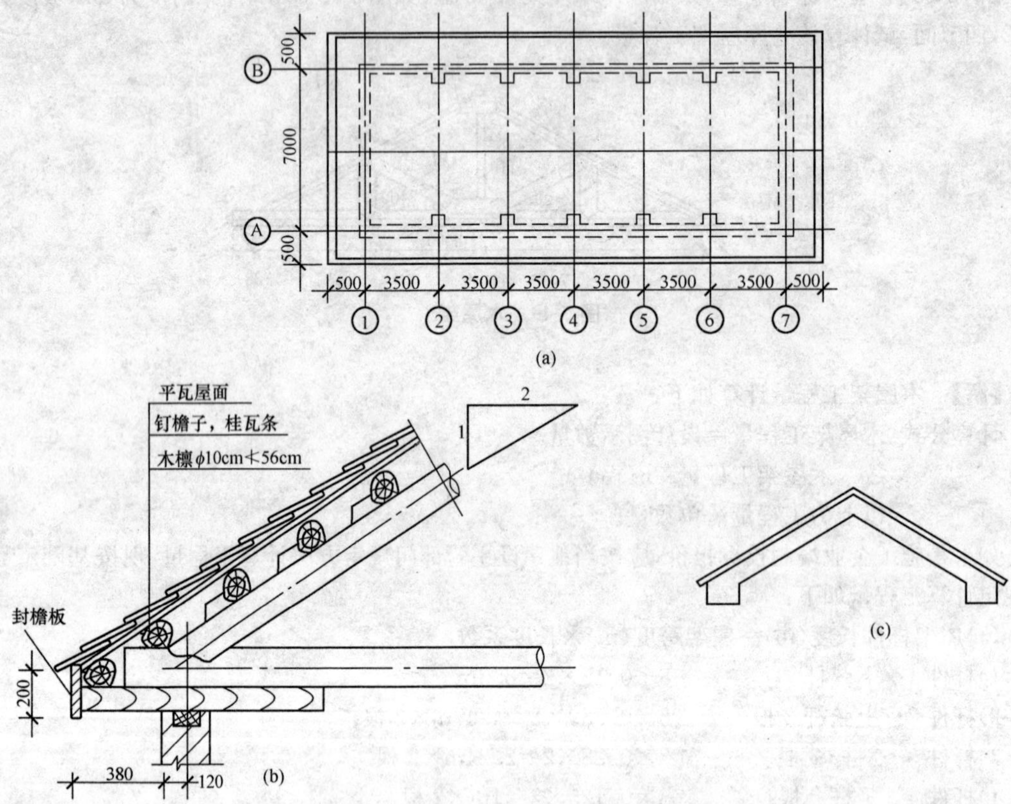

图 5-50　圆木简支檩(不刨光)示意图

(a)屋顶平面；(b)檐口节点大样；(c)风檐板

【解】 工程量=圆木简支檩的竣工材积

每一开间的檩条根数=[(7+0.5×2)×1.118 坡度系数]×$\frac{1}{0.56}$+1=17(根)

每根檩条按规定增加长度计算：

ϕ10，长 4.1m=17×2×0.045=1.53

ϕ10，长 3.7m=17×4×0.040=2.72

0.045，0.040 均为每根杉圆木的材积。

工程量＝1.53＋2.72＝4.25m^3

【例 5-35】 求图 5-51 所示瓦屋面钉封檐板工程量。

【解】 工程量＝封檐板按檐口外围长度计算(博风板按斜长计算,每个大刀头增加长度 50cm)

故 封檐板工程量＝[(3.5×6＋0.5×2)＋(7＋0.5×2)×1.18]×2＋0.5×4(大刀头)

＝63.9m

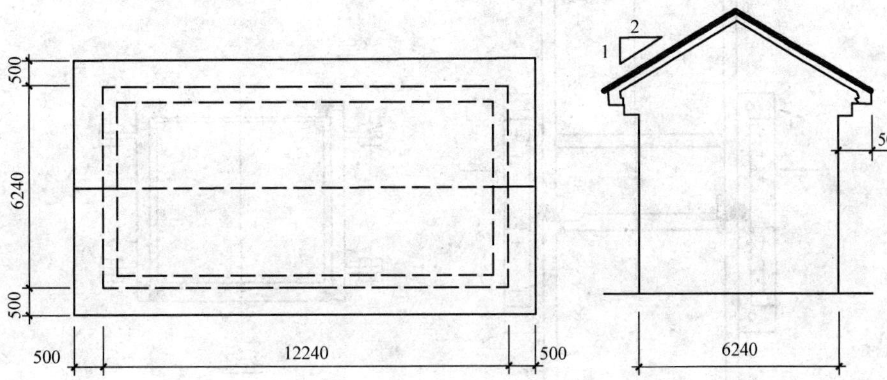

图 5-51 粮食仓库

【例 5-36】 某粮食仓库,尺寸如图 5-52 所示,计算封檐板、博风板工程量。

【解】 (1)其他木构件(封檐板)工程量计算如下:

计算公式:封檐板工程量＝檐口总长度×2

封檐板工程量＝(12.24＋0.50×2)×2＝26.48m

(2)其他木构件(博风板)工程量计算如下:

计算公式:博风板工程量＝山墙檐口总宽度×延尺系数×山墙端数＋0.5×大刀头个数

博风板工程量＝(6.24＋0.50×2)×1.118＋0.50×4＝10.09m

第六节 金属结构工程

一、相关说明

1. 金属结构的特点

金属结构制作是指用各种型钢、钢板和钢管等金属材料或半成品,以不同的连接方法加工制作成构件,其拼接形式由结构特点确定。

金属结构的应用范围须根据钢结构的特点作出合理的选择。

金属结构构件一般是在金属结构加工厂制作,经运输、安装、再刷漆,最后构成工程实体。工程分项为金属结构制作及安装(金属构件制作安装、金属栏杆制作安装),金属构件汽车运输,成品钢门窗安装,自加工门窗安装、自加工钢门安装,铁窗栅安装,金属压型板。

2. 金属结构构件一般构造

(1)柱 钢柱一般由钢板焊接而成,也可由型钢单独制作或组合成格构式钢柱。焊接钢柱按截面形式可分为实腹式柱和格构式柱,或者分为工字型、箱型和 T 型柱;按截面尺寸大小可分为一般组合截面和大型焊接柱。

(2)梁　钢梁的种类较多,有普通钢梁、吊车梁、单轨钢吊车梁、制动梁等。截面以工字型居多,或用钢板焊接,也可采用桁架式钢梁、箱型梁或贯通型梁等。图 5-52 是工字型梁与箱型柱的连接视图。

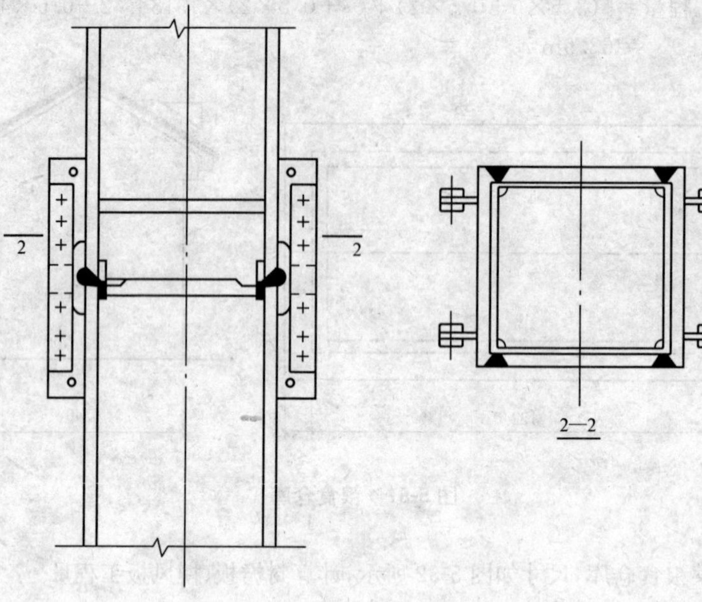

图 5-52　工字型梁与箱型柱

(a)立面;(b)剖面

制动梁是防止吊车梁产生侧向弯曲,用以提高吊车梁的侧向刚度,并与吊车梁连结在一起的一种构件。

(3)屋架　钢屋架按采用钢材规格不同分为普通钢屋架(简称钢屋架)、轻型钢屋架和薄壁型钢屋架。

1)钢屋架　钢屋架一般是采用等于或大于∟45×4 和∟55×36×4 的角钢或其他型钢焊接而成,杆件节点处采用钢板连接,双角钢中间夹以垫板焊成杆件。

2)轻型钢屋架　轻型钢屋架是由小角钢(小于∟45×4 或∟56×36×4)和小圆钢($\phi\geqslant$ 12mm)构成的钢屋架,杆件节点处一般不使用节点钢板,而是各杆直接连接,杆件也可采用单角钢,下弦杆及拉杆常用小圆钢制作。轻型钢屋架一般用于跨度较小(≤18m),起重量不大于 5t 的轻、中级工作制吊车和屋面荷载较轻的屋面结构中。

3)薄壁型钢屋架　常以薄壁型钢为主材,一般钢材为辅材制作而成。它的主要特点是重量特轻,常用于做轻型屋面的支撑构件。

4)檩条　檩条是支承于屋架或天窗上的钢构件,通常分为实腹式和桁架式两种。

5)钢支撑　钢支撑有屋盖支撑和柱间支撑两类。屋盖支撑包括:

①屋架的纵向支撑;

②屋架和天窗架横向支撑;

③屋架和天窗架的垂直支撑;

④屋架和天窗架的水平系杆。钢支撑用单角钢或两个角钢组成十字形截面，一般采用十字交叉的形式。

6)钢平台　钢平台一般以型钢做骨架，上铺钢板，做成板式平台。

7)钢梯子　工业建筑中的钢梯有平台钢梯、吊车钢梯、消防钢梯和屋面检修钢梯等。按构造形式分有踏步式、爬式和螺旋式钢梯，爬式钢梯的踏步多为独根圆钢或角钢做成。

二、基础定额工程量计算

(一)定额工作内容

(1)钢柱、钢屋架、钢托架、钢吊车梁、钢制动梁、钢吊车轨道、钢支撑、钢檩条、钢墙架、钢平台、钢梯子、钢栏杆、钢漏斗、H型钢等制作项目均包括放样、划线、截料、平直、钻孔、拼装、焊接、成品矫正、除锈、刷防锈漆一遍及成品编号堆放。H型钢项目未包括超声波探伤及X射线拍片。

(2)球节点钢网架制作包括定位、放样、放线、搬运材料、制作拼装、油漆等。

(二)定额一般规定

(1)定额适用于现场加工制作，亦适用于企业附属加工厂制作的构件。

(2)定额的制作，均是按焊接编制的。

(3)构件制作，包括分段制作和整体预装配的人工材料及机械台班用量，整体预装配用的螺栓及锚固杆件用的螺栓，已包括在定额内。

(4)定额除注明者外，均包括现场内(工厂内)的材料运输，号料、加工、组装及成品堆放、装车出厂等全部工序。

(5)定额未包括加工点至安装点的构件运输，应另按构件运输定额相应项目计算。

(6)定额构件制作项目中，均已包括刷一遍防锈漆工料。

(7)钢筋混凝土组合屋架钢拉杆，按屋架钢支撑计算。

(8)定额编号12-1至12-45项，其他材料费(以*表示)均以下列材料组成；木脚手板0.03m^3；木垫块0.01m^3；钢丝8号0.40kg；砂轮片0.2g片；铁砂布0.07张；机油0.04kg；汽油0.03kg；铅油0.80kg；棉纱头0.11kg。其他机械费(以*表示)由下列机械组成；座式砂轮机0.56台班；手动砂轮机0.56台班；千斤顶0.56台班；手动葫芦0.56台班；手电钻0.56台班。各部门、地区编制价格表时以此计人。

(三)工程量计算规则

(1)金属结构制作按图示钢材尺寸以t计算，不扣除孔眼、切边的重量，焊条、铆钉、螺栓等重量，已包括在定额内不另计算。在计算不规则或多边形钢板重量时均以其最大对角线乘最大宽度的矩形面积计算。

(2)实腹柱、吊车梁、H型钢按图示尺寸计算，其中腹板及翼板宽度按每边增加25mm计算。

(3)制动梁的制作工程量包括制动梁、制动桁梁、制动板重量；增架的制作工程量包括墙架柱、墙架梁及连接柱杆重量；钢柱制作工程量包括依附于柱上的牛腿及悬臂梁重量。

(4)轨道制作工程量，只计算轨道本身重量，不包括轨道垫板，压板、斜垫、夹板及连接角钢等重量。

(5)铁栏杆制作，仅适用于工业厂房中平台、操作台的钢栏杆。

(6)钢漏斗制作工程量,矩形按图示分片,圆形按图示展开尺寸,并依钢板宽度分段计算,每段均以其上口长度(圆形以分段展开上口长度)与钢板宽度,按矩形计算,依附漏斗的型钢并入漏斗重量内计算。

三、清单计价规范工程量计算

(一)关于金属结构工程内容的说明

1. 概况

金属结构工程共7节24个项目。包括钢屋架、钢网架、钢托架、钢桁架、钢柱、钢梁、压型钢板楼板、墙板、钢构件、金属网。适用于建筑物、构筑物的钢结构工程。

2. 有关项目的说明

(1)"钢屋架"项目适宜于一般钢屋架和轻钢屋架、冷弯薄壁型钢屋架。

(2)"钢网架"项目适用于一般钢网架和不锈钢网架。不论节点形式(球形节点、板式节点等)和节点连接方式(焊结、丝结)等均使用该项目。

(3)"实腹柱"项目适用于实腹钢柱和实腹式型钢混凝土柱。

(4)"空腹柱"项目适用于空腹钢柱和空腹型钢混凝土柱。

(5)"钢管柱"项目适用于钢管柱和钢管混凝土柱。应注意:钢管混凝土柱的盖板、底板、穿心板、横隔板、加强环、明牛腿、暗牛腿应包括在报价内。

(6)"钢梁"项目适用于钢梁和实腹式型钢混凝土梁、空腹式型钢混凝土梁。

(7)"钢吊车梁"项目适用于钢吊车梁及吊车梁的制动梁、制动板、制动桁架,车挡应包括在报价内。

(8)"压型钢板楼板"项目适用于现浇混凝土楼板,使用压型钢板作永久性模板,并与混凝土叠合后组成共同受力的构件。压型钢板采用镀锌或经防腐处理的薄钢板。

(9)"钢栏杆"适用于工业厂房平台钢栏杆。

3. 共性问题说明

(1)钢构件的除锈刷漆包括在报价内。

(2)钢构件的拼装台的搭拆和材料摊销应列入措施项目费。

(3)钢构件需探伤(包括射线探伤、超声波探伤、磁粉探伤、金相探伤、着色探伤、荧光探伤等)应包括在报价内。

4. 有关名词的解释

(1)轻钢屋架　是采用圆钢筋、小角钢(小于∟45×4等肢角钢、小于∟56×36×4不等肢角钢)和薄钢板(其厚度一般不大于4mm)等材料组成的轻型钢屋架。

(2)薄壁型钢屋架　指厚度在2～6mm的钢板或带钢经冷弯或冷拔等方式弯曲而成的型钢组成的屋架。

(3)钢管混凝土柱　指将普通混凝土填入薄壁圆形钢管内形成的组合结构。

(4)型钢混凝土柱、梁　指由混凝土包裹型钢组成的柱、梁。

(二)工程量清单项目设置及工程量计算规则

1. 钢屋架、钢网架

钢屋架、钢网架工程量清单项目设置及工程量计算规则见表5-85。

表 5-85 钢屋架、钢网架(编码:010601)

项目编码	项目名称	项目特征	计量单位	工程量计算规则	工程内容
010601001	钢屋架	1. 钢材品种、规格。 2. 单榀屋架的重量。 3. 屋架跨度、安装高度。 4. 探伤要求。 5. 油漆品种、刷漆遍数	t (榀)	按设计图示尺寸以质量计算。不扣除孔眼、切边、切肢的质量,焊条、铆钉、螺栓等不另增加质量,不规则或多边形钢板以其外接矩形面积乘以厚度乘以单位理论质量计算	1. 制作。 2. 运输。 3. 拼装。 4. 安装。 5. 探伤。 6. 刷油漆
010601002	钢网架	1. 钢材品种、规格。 2. 网架节点形式、连接方式。 3. 网架跨度、安装高度。 4. 探伤要求。 5. 油漆品种、刷漆遍数			

2. 钢托架、钢桁架

钢托架、钢桁架工程量清单项目设置及工程量计算规则见表 5-86。

表 5-86 钢托架、钢桁架(编码:010602)

项目编码	项目名称	项目特征	计量单位	工程量计算规则	工程内容
010602001	钢托架	1. 钢材品种、规格。 2. 单榀重量。 3. 安装高度。 4. 探伤要求。 5. 油漆品种、刷漆遍数	t	按设计图示尺寸以质量计算。不扣除孔眼、切边、切肢的质量,焊条、铆钉、螺栓等不另增加质量,不规则或多边形钢板,以其外接矩形面积乘以厚度乘以单位理论质量计算	1. 制作。 2. 运输。 3. 拼装。 4. 安装。 5. 探伤。 6. 刷油漆
010602002	钢桁架				

3. 钢柱

钢柱工程量清单项目设置及工程量计算规则见表 5-87。

表 5-87 钢柱(编码:010603)

项目编码	项目名称	项目特征	计量单位	工程量计算规则	工程内容
010603001	实腹柱	1. 钢材品种、规格。 2. 单根柱重量。 3. 探伤要求。 4. 油漆品种、刷漆遍数	t	按设计图示尺寸以质量计算。不扣除孔眼、切边、切肢的质量,焊条、铆钉、螺栓等不另增加质量,不规则或多边形钢板,以其外接矩形面积乘以厚度乘以单位理论质量计算,依附在钢柱上的牛腿及悬臂梁等并入钢柱工程量内	1. 制作。 2. 运输。 3. 拼装。 4. 安装。 5. 探伤。 6. 刷油漆
010603002	空腹柱				

表 5-87(续)

项目编码	项目名称	项目特征	计量单位	工程量计算规则	工程内容
010603003	钢管柱	1. 钢材品种、规格。 2. 单根柱重量。 3. 探伤要求。 4. 油漆种类、刷漆遍数	t	按设计图示尺寸以质量计算。不扣除孔眼、切边、切肢的质量,焊条、铆钉、螺栓等不另增加质量,不规则或多边形钢板,以其外接矩形面积乘以厚度乘以单位理论质量计算,钢管柱上的节点板、加强环、内衬管、牛腿等并入钢管柱工程量内	1. 制作。 2. 运输。 3. 安装。 4. 探伤。 5. 刷油漆

4. 钢梁

钢梁工程量清单项目设置及工程量计算规则见表 5-88。

表 5-88　钢梁(编码:010604)

项目编码	项目名称	项目特征	计量单位	工程量计算规则	工程内容
010604001	钢梁	1. 钢材品种、规格。 2. 单根重量。 3. 安装高度。 4. 探伤要求。 5. 油漆品种、刷漆遍数	t	按设计图示尺寸以质量计算。不扣除孔眼、切边、切肢的质量,焊条、铆钉、螺栓等不另增加质量,不规则或多边形钢板,以其外接矩形面积乘以厚度乘以单位理论质量计算,制动梁、制动板、制动桁架、车挡并入钢吊车梁工程量内	1. 制作。 2. 运输。 3. 安装。 4. 探伤要求。 5. 刷油漆
010604002	钢吊车梁				

5. 压型钢板楼板、墙板

压型钢板楼板、墙板工程量清单项目设置及工程量计算规则见表 5-89。

表 5-89　压型钢板楼板、墙板(编码:010605)

项目编码	项目名称	项目特征	计量单位	工程量计算规则	工程内容
010605001	压型钢板楼板	1. 钢材品种、规格。 2. 压型钢板厚度。 3. 油漆品种、刷漆遍数	m^2	按设计图示尺寸以铺设水平投影面积计算。不扣除柱、垛及单个 $0.3m^2$ 以内的孔洞所占面积	1. 制作。 2. 运输。 3. 安装。 4. 刷油漆
010605002	压型钢板墙板	1. 钢材品种、规格。 2. 压型钢板厚度、复合板厚度。 3. 复合板夹芯材料种类、层数、型号、规格		按设计图示尺寸以铺挂面积计算。不扣除单个 $0.3m^2$ 以内的孔洞所占面积,包角、包边、窗台泛水等不另增加面积	

6. 钢构件

钢构件工程量清单项目设置及工程量计算规则见表 5-90。

表 5-90　钢构件(编码:010606)

<table>
<tr><th>项目编码</th><th>项目名称</th><th>项目特征</th><th>计量单位</th><th>工程量计算规则</th><th>工程内容</th></tr>
<tr><td>010606001</td><td>钢支撑</td><td>1. 钢材品种、规格。
2. 单式、复式。
3. 支撑高度。
4. 探伤要求。
5. 油漆品种、刷漆遍数</td><td rowspan="13">t</td><td rowspan="2">按设计图示尺寸以质量计算。不扣除孔眼、切边、切肢的质量,焊条、铆钉、螺栓等不另增加质量,不规则或多边形钢板以其外接矩形面积乘以厚度乘以单位理论质量计算</td><td rowspan="13">1. 制作。
2. 运输。
3. 安装。
4. 探伤。
5. 刷油漆</td></tr>
<tr><td>010606002</td><td>钢檩条</td><td>1. 钢材品种、规格。
2. 型钢式、格构式。
3. 单根重量。
4. 安装高度。
5. 油漆品种、刷漆遍数</td></tr>
<tr><td>010606003</td><td>钢天窗架</td><td>1. 钢材品种、规格。
2. 单榀重量。
3. 安装高度。
4. 探伤要求。
5. 油漆品种、刷漆遍数</td><td rowspan="3">按设计图示尺寸以重量计算。不扣除孔眼、切边、切肢的质量,焊条、铆钉、螺栓等不另增加质量,不规则或多边形钢板以其外接矩形面积乘以厚度乘以单位理论质量计算,依附漏斗的型钢并入漏斗工程量内</td></tr>
<tr><td>010606004</td><td>钢挡风架</td><td rowspan="2">1. 钢材品种、规格。
2. 单榀重量。
3. 探伤要求。
4. 油漆品种、刷漆遍数</td></tr>
<tr><td>010606005</td><td>钢墙架</td></tr>
<tr><td>010606006</td><td>钢平台</td><td rowspan="2">1. 钢材品种、规格。
2. 油漆品种、刷漆遍数</td><td rowspan="8">按设计图示尺寸以质量计算。不扣除孔眼、切边、切肢的质量,焊条、铆钉、螺栓等不另增加质量,不规则或多边形钢板以其外接矩形面积乘以厚度乘以单位理论质量计算</td></tr>
<tr><td>010606007</td><td>钢走道</td></tr>
<tr><td>010606008</td><td>钢梯</td><td>1. 钢材品种、规格。
2. 钢梯形式。
3. 油漆品种、刷漆遍数</td></tr>
<tr><td>010606009</td><td>钢栏杆</td><td>1. 钢材品种、规格。
2. 油漆品种、刷漆遍数</td></tr>
<tr><td>010606010</td><td>钢漏斗</td><td>1. 钢材品种、规格。
2. 方形、圆形。
3. 安装高度。
4. 探伤要求。
5. 油漆品种、刷漆遍数</td></tr>
<tr><td>010606011</td><td>钢支架</td><td>1. 钢材品种、规格。
2. 单件重量。
3. 油漆品种、刷漆遍数</td></tr>
<tr><td>010606012</td><td>零星钢构件</td><td>1. 钢材品种、规格。
2. 构件名称。
3. 油漆品种、刷漆遍数</td></tr>
</table>

7. 金属网

金属网工程量清单项目设置及工程量计算规则见表 5-91。

表 5-91　金属网(编码:010607)

项目编码	项目名称	项目特征	计量单位	工程量计算规则	工程内容
010607001	金属网	1. 材料品种、规格。 2. 边框及立柱型钢品种、规格。 3. 油漆品种、刷漆遍数	m^2	按设计图示尺寸以面积计算	1. 制作。 2. 运输。 3. 安装。 4. 刷油漆

(三)工程量清单编制其他相关问题的处理

金属结构工程其他相关问题应下列规定处理:

(1)型钢混凝土柱、梁浇筑混凝土和压型钢板楼板上浇筑钢筋混凝土,混凝土和钢筋应按混凝土及钢筋混凝土工程工程量清单项目设置中相关项目编码列项。

(2)钢墙架项目包括墙架柱、墙架梁和连接杆件。

(3)加工铁件等小型构件,应按钢构件工程量清单项目设置中零星钢构件项目编码列项。

四、钢材理论质量及计算

(一)钢材理论质量的计算

钢材理论质量的计算与参照表 5-92。

表 5-92　钢材理论质量的计算

项目	序号	型　材	计算公式	公式中代号
钢材断面积计算公式	1	方钢	$F=a^2$	a—边宽
	2	圆角方钢	$F=a^2-0.8584r^2$	a—边宽; r—圆角半径
	3	钢板、扁钢、带钢	$F=a\times\delta$	a—边宽; δ—厚度
	4	圆角扁钢	$F=a\delta-0.8584r^2$	a—边宽; δ—厚度; r—圆角半径
	5	圆角、圆盘条、钢丝	$F=0.7854d^2$	d—外径
	6	六角钢	$F=0.866a^2=2.598s^2$	a—对边距离; s—边宽
	7	八角钢	$F=0.8284a^2=4.8284s^2$	
	8	钢管	$F=3.1416\delta(D-\delta)$	D—外径; δ—壁厚
	9	等边角钢	$F=d(2b-d)+0.2146(r^2-2r_1^2)$	d—边厚; b—边宽; r—内面圆角半径; r_1—端边圆角半径

表 5-92(续)

项目	序号	型　材	计算公式	公式中代号
钢材断面积计算公式	10	不等边角钢	$F=d(B+b-d)+0.2146(r^2-2r_1^2)$	d—边厚； B—长边宽； b—短边宽； r—内面圆角半径； r_1—端边圆角半径
	11	工字钢	$F=hd+2t(b-d)+0.8584(r^2-r_1^2)$	h—高度； b—腿宽； d—腰厚； t—平均腿厚； r—内面圆角半径； r_1—边端圆角半径
	12	槽钢	$F=hd+2t(b-d)+0.4292(r^2-r_1^2)$	
基本公式质量计算	$W(kg)=F(mm^2)\times L(长度,m)\times G(密度,g/cm^3)\times 1/1000$ 式中　W—质量；F—断面积。钢的密度一般按 7.85g/cm³ 计算。其他型材如钢材、铝材等，亦可引用上式查照其不同的密度计算。			

(二)钢材理论质量

1. 钢板理论质量

钢板理论质量见表 5-93。

表 5-93　钢板理论质量

厚度(mm)	理论质量(kg)	厚度(mm)	理论质量(kg)	厚度(mm)	理论质量(kg)
0.20	1.570	2.8	21.98	22	172.70
0.25	1.963	3.0	23.55	23	180.60
0.27	2.120	3.2	25.12	24	188.40
0.30	2.355	3.5	27.48	25	196.30
0.35	2.748	3.8	29.83	26	204.10
0.40	3.140	4.0	31.40	27	212.00
0.45	3.533	4.5	35.33	28	219.80
0.50	3.925	5.0	39.25	29	227.70
0.55	4.318	5.5	43.18	30	235.50
0.60	4.710	6.0	47.10	32	251.20
0.70	5.495	7.0	54.95	34	266.90
0.75	5.888	8.0	62.80	36	282.60
0.80	6.280	9.0	70.65	38	298.30
0.90	7.065	10.0	78.50	40	314.00
1.00	7.850	11	86.35	42	329.70
1.10	8.635	12	94.20	44	345.40
1.20	9.420	13	102.10	46	361.10
1.25	9.813	14	109.90	48	376.80
1.40	10.99	15	117.80	50	392.50
1.50	11.78	16	125.60	52	408.20
1.60	12.56	17	133.50	54	423.90
1.80	14.13	18	141.30	56	439.60
2.00	15.70	19	149.20	58	455.30
2.20	17.27	20	157.00	60	471.00
2.50	19.63	21	164.90		

2. 冷拉圆钢、方钢及六角钢质量

冷拉圆钢、方钢及六角钢的质量参见表 5-94。

表 5-94 冷拉圆钢、方钢及六角钢质量

$d(a)$ (mm)	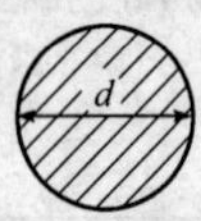		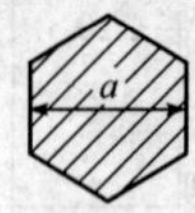
	理论质量(kg/m)		
3.0	0.056	0.071	0.061
3.2	0.063	0.080	—
3.4	0.071	0.091	—
3.5	0.076	0.096	—
3.8	0.089	0.112	—
4.0	0.099	0.126	0.109
4.2	0.109	0.139	—
4.5	0.125	0.159	0.138
4.8	0.142	0.181	—
5.0	0.154	0.196	0.170
5.3	0.173	0.221	—
5.5	—	—	0.206
5.6	0.193	0.246	—
6.0	0.222	0.283	0.245
6.3	0.245	0.312	—
6.7	0.277	0.352	—
7.0	0.302	0.385	0.333
7.5	0.347	0.442	—
8.0	0.395	0.502	0.435
8.5	0.446	0.567	—
9.0	0.499	0.636	0.551
9.5	0.556	0.709	—
10.0	0.617	0.785	0.680
10.5	0.680	0.865	—
11.0	0.746	0.950	0.823
11.5	0.815	1.04	—
12.0	0.888	1.13	0.979
13.0	1.04	1.33	1.15

表 5-94(续)

$d(a)$ (mm)	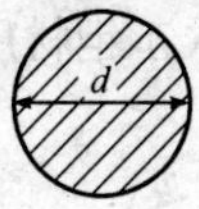		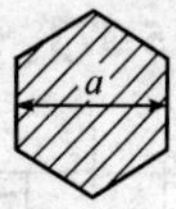
	理论质量(kg/m)		
14.0	1.21	1.54	1.33
15.0	1.39	1.77	1.53
16.0	1.58	2.01	1.74
17.0	1.78	2.27	1.96
18.0	2.00	2.54	2.20
19.0	2.23	2.82	2.45
20.0	2.47	3.14	2.72
21.0	2.72	3.46	3.00
22.0	2.98	3.80	3.29
24.0	3.55	4.52	3.92
25.0	3.85	4.91	4.25
26.0	4.17	5.30	4.59
28.0	4.83	6.15	5.33
30.0	5.55	7.06	6.12
32.0	6.31	8.04	6.96
34.0	7.13	9.07	7.86
35.0	7.55	9.62	—
36.0	—	—	8.81
38.0	8.90	11.24	9.82
40.0	9.87	12.56	10.88
42.0	10.87	13.85	11.92
45.0	12.48	15.90	13.77
48.0	14.21	18.09	15.66
50.0	15.42	19.63	16.99
53.0	17.32	22.05	19.10
55.0	—	—	20.59
56.0	19.33	24.61	—
60.0	22.19	28.26	24.50
63.0	24.47	31.16	—
65.0	—	—	28.70
67.0	27.67	35.24	—
70.0	30.21	38.47	33.30
75.0	34.68	—	38.24
80.0	39.46	—	—

注:冷拉圆钢长度 5.6.7 级为 2～6m,4 级为 2～4m,冷拉方钢及六角钢长度为 2～6m。

五、金属结构工程工程量计算示例

【例 5-37】 试计算图 5-53 示踏步式钢梯工程量和人工钢材用量。

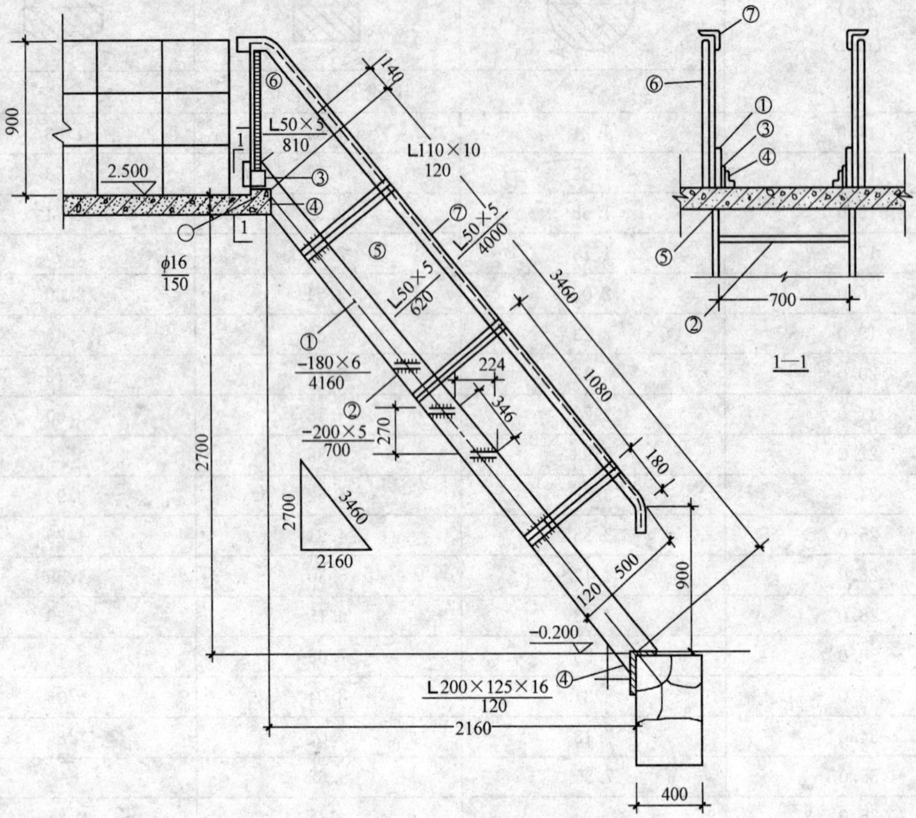

图 5-53 踏步式钢梯

【解】 钢梯制作工程量按图示尺寸计算出长度，再按钢材单位长度质量计算钢梯钢材质量，以吨(t)为单位计算。工程量计算如下：

①钢梯边梁，扁钢－180×6，长度 l=4.16m(2 块)；由钢材质量表得单位长度质量 8.48kg/m

8.48×4.16×2=70.554kg

②钢踏步，－200×5，l=0.7m，9 块，7.85kg/m

7.85×0.7×9=49.455kg

③ ∟110×10，l=0.12m，2 根，16.69kg/m

16.69×0.12×2=4.006kg

④ ∟200×125×16，l=0.12，4 根，39.045kg/m

39.045×0.12×4=18.742kg

⑤ ∟50×5，l=0.62m，6 根，3.77kg/m

3.77×0.62×6=14.024kg

⑥ ∟56×5，l=0.81m，2 根，4.251kg/m

4.251×0.81×2=6.887kg

⑦ ∟50×5，l=4.0m，2 根，3.77kg/m

3.77×4×2=30.16kg

钢材总质量＝70.554＋49.455＋4.006＋18.742＋14.024＋6.887＋30.16

＝193.828kg＝0.194t

【例 5-38】 某工程空腹钢柱如图 5-54 所示，共 20 根，计算空腹钢柱工程量。

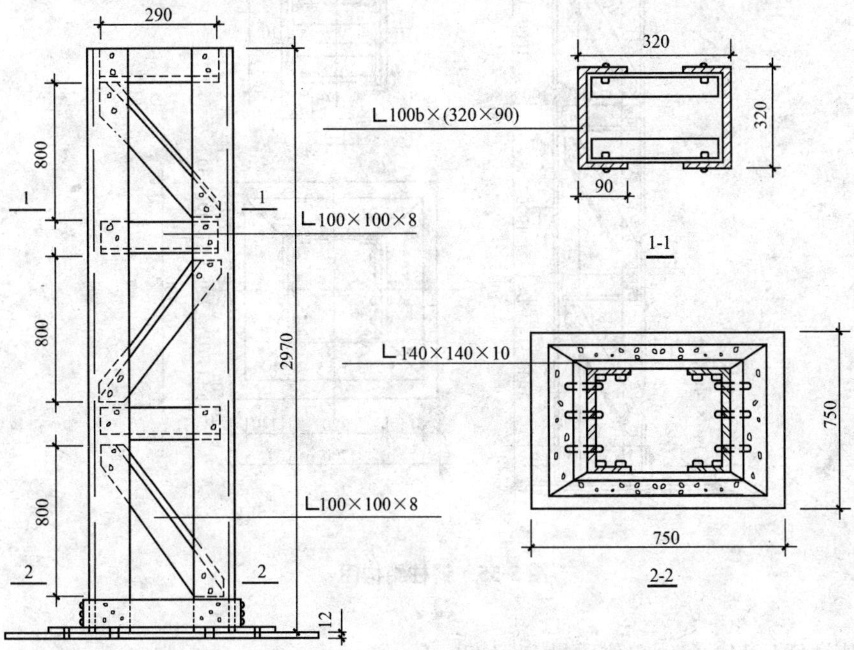

图 5-54　空腹钢柱

【解】 空腹钢柱工程量计算如下：计算公式：杆件质量＝杆件设计图示长度×单位理论质量

多边形钢板质量＝最大对角线长度×最大宽度×面密度

32b 槽钢立柱质量＝2.97×2×43.25＝256.91kg

∟100×100×8 角钢横撑质量＝0.29×6×12.276＝21.36kg

∟100×100×8 角钢斜撑质量 $\sqrt{0.8^2+0.29^2}\times6\times12.276=62.68$kg

∟140×140×10 角钢底座质量＝(0.32＋0.14×2)×4×21.488＝51.57kg

－12 钢板底座质量＝0.75×0.75×94.20＝52.99kg

空腹钢柱工程量＝(256.91＋21.36＋62.68＋51.57＋52.99)×20＝8910.20kg＝8.91t

【例 5-39】 图 5-55 为钢柱结构图，计算 20 根钢柱的工程量。

【解】 钢柱制作工程量按图示尺寸以吨为单位计算。

(1)该柱主体钢材采用⊏32b，单位长度质量 43.25kg/m，柱高：0.14＋(1＋0.1)×3＝3.44m，2 根，则槽钢重

43.25×3.44×2＝297.56kg

(2)水平杆角钢∟100×8，单位质量 12.276kg/m

角钢长(0.32－0.015×2)＝0.29m，6 块

12.276×0.29×6＝21.36kg

(3)斜杆角钢∟100×8，6 块

角钢长 $\sqrt{(1-0.01)^2+(0.32-0.015\times2)^2}=1.032$m

12.276×1.032×6＝76.013kg

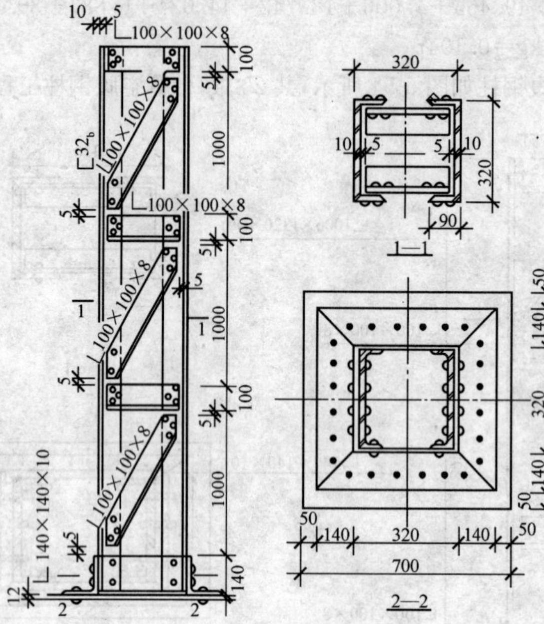

图 5-55 钢柱结构图

(4)底座角钢∟140×10,单位质量 21.488kg/m

21.488×0.32×4=27.505kg

(5)底座钢板－12,单位质量 94.20kg/m²

94.20×0.7×0.7=46.158kg

一根钢柱的工程量:297.56+21.36+76.013+27.505+46.158=468.596kg。

20 根钢柱的总工程量:468.596×20=9371.92kg=9.372t

【例 5-40】 某厂房上柱间支撑尺寸如图 5-56 所示,共 4 组,∟63×6 的线密度为 5.72kg/m,－8钢板的面密度为 62.8kg/m²。计算柱间支撑工程量。

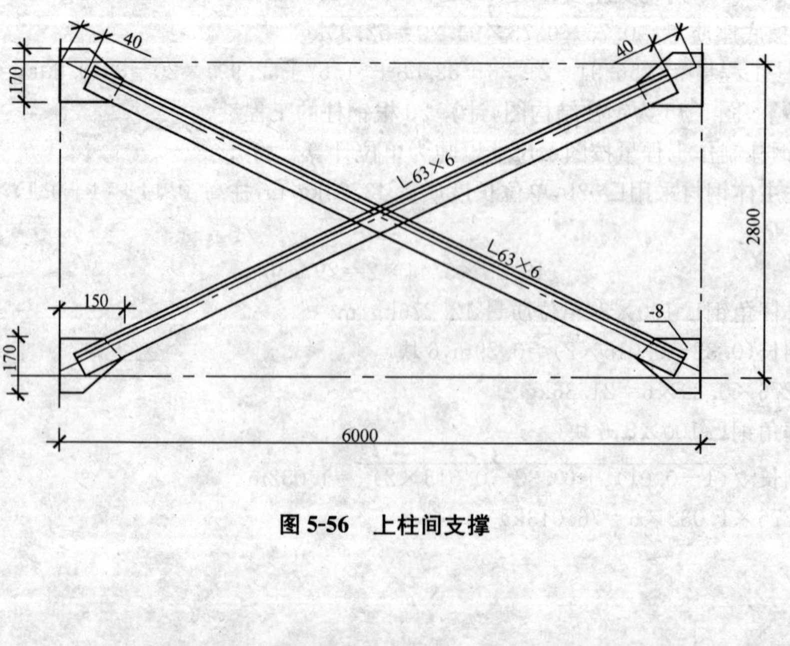

图 5-56 上柱间支撑

【解】 柱间支撑工程量计算如下：

计算公式：杆件质量＝杆件设计图示长度×单位理论质量

多边形钢板质量＝最大对角线长度×最大宽度×面密度

∟63×6 角钢质量＝$(\sqrt{6^2+2.8^2}-0.04\times2)\times5.72\times2=74.83$kg

－8 钢板质量＝0.17×0.15×62.8×4＝6.41kg

柱间支撑工程量＝(74.83＋6.41)×4＝324.96kg＝0.325t

【例 5-41】 某钢直梯如图 5-57 所示，ϕ25 光面钢筋线密度为 4.834kg/m，计算钢直梯工程量。

【解】 钢直梯工程量计算如下：

计算公式：杆件质量＝杆件设计图示长度×单位理论质量

钢直梯工程量＝[(1.50＋0.12×2＋0.45×π÷2)×2＋(0.50＋0.028)×5＋(0.15－0.014)×4]×4.834＝37.69kg＝0.038t

【例 5-42】 某厂房三角形钢屋架及连接钢板如图 5-58 所示，试计算 10 榀屋架的工程量。

【解】 屋架工程量按公式分别计算型钢和连接钢板质量相加即得，各钢杆件和钢板计算结果列于表 5-95 中，屋架工程量为：

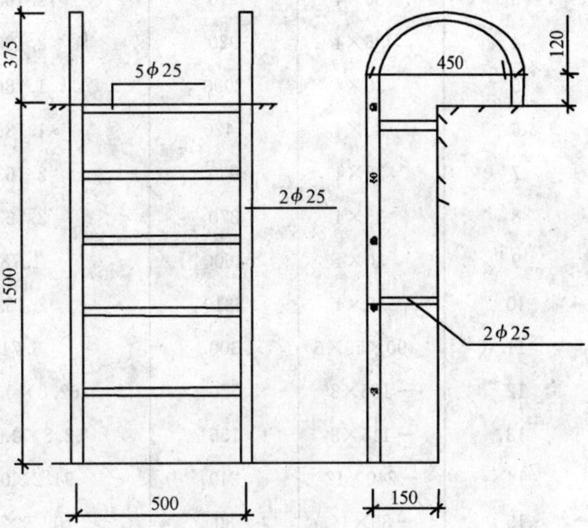

图 5-57　钢直梯

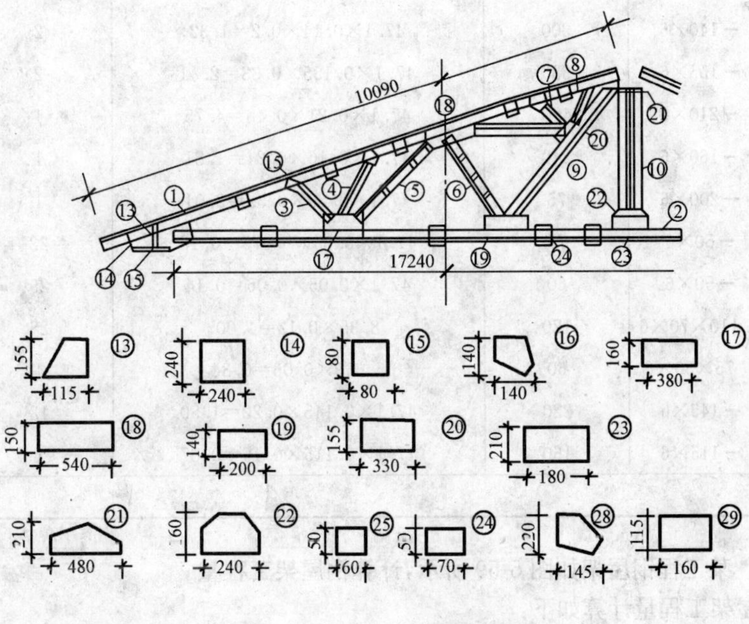

图 5-58　三角形钢屋架结构图

511.16(角钢)+92.06(钢板)=603.22kg=0.603t

10 榀屋架的工程量为:0.603×10=6.03t

表 5-95 三角形钢屋架工程计算表

构件编号	截面(mm)	长 度(mm)	每个构件质量(kg)	数量	质量(kg)
1	70×6	10090	6.406×10.09=64.64	4	258.56
2	56×4	17240	3.446×17.24=59.41	2	118.82
3	36×4	810	2.163×0.81=1.75	2	3.50
4	36×4	920	2.163×0.92=1.99	2	3.98
5	30×4	2090	1.786×2.09=3.73	8	29.84
6	30×4	1420	1.786×1.42=2.54	4	10.16
7	36×4	950	2.163×0.93=2.05	2	4.10
8	36×4	870	2.163×2.87=1.88	2	3.76
9	30×4	4600	1.786×4.6=8.22	4	32.88
10	36×4	2810	2.163×2.81=6.08	2	12.16
11	90×56×6	300	6.717×0.3=2.02	2	4.04
12	−185×8	520	62.8×0.185×0.52=6.04	2	12.08
13	−115×8	155	62.8×0.115×0.115=0.83	4	3.32
14	−240×12	240	94.2×0.24×0.24=5.43	2	10.86
15	−80×14	80	109.9×0.08×0.08=0.7	4	2.80
16	−140×6	140	47.1×0.14×0.14=0.92	8	7.36
17	−150×6	380	47.1×0.15×0.38=2.68	2	5.36
18	−125×6	540	47.1×0.125×0.54=3.18	2	6.36
19	−140×6	200	47.1×0.14×0.2=1.32	2	2.64
20	−155×6	330	47.1×0.155×0.33=2.41	2	4.82
21	−210×6	480	47.1×0.21×0.48=4.75	1	4.75
22	−160×6	240	47.1×0.16×0.24=1.81	1	1.81
23	−200×6	75	47.1×0.20×0.32=3.01	1	3.01
24	−50×6	75	47.1×0.05×0.075=0.18	22	3.96
25	−50×6	60	47.1×0.05×0.06=0.14	29	4.06
26	110×70×6	120	8.35×0.12=1.00	28	28.00
27	75×50×6	60	5.699×0.06=0.34	4	1.36
28	−145×6	220	47.1×0.145×0.22=1.50	12	18.00
29	−115×6	160	47.1×0.115×0.16=0.87	1	0.87
合计					603.22

【例 5-43】 某工程钢屋架如图 5-59 所示,计算钢屋架工程量。

【解】 钢屋架工程量计算如下:

计算公式:杆件质量=杆件设计图示长度×单位理论质量

多边形钢板质量=最大对角线长度×最大宽度×面密度

上弦质量＝3.40×2×2×7.398＝100.61kg

下弦质量＝5.60×2×1.58＝17.70kg

立杆质量＝1.70×3.77＝6.41kg

斜撑质量＝1.50×2×2×3.77＝22.62kg

①号连接板质量＝0.7×0.5×2×62.80＝43.96kg

②号连接板质量＝0.5×0.45×62.80＝14.13kg

③号连接板质量＝0.4×0.3×62.80＝7.54kg

檩托质量＝0.14×12×3.77＝6.33kg

钢屋架工程量＝100.61＋17.70＋6.41＋22.62＋43.96＋14.13＋7.54＋6.33

＝219.30kg＝0.219t

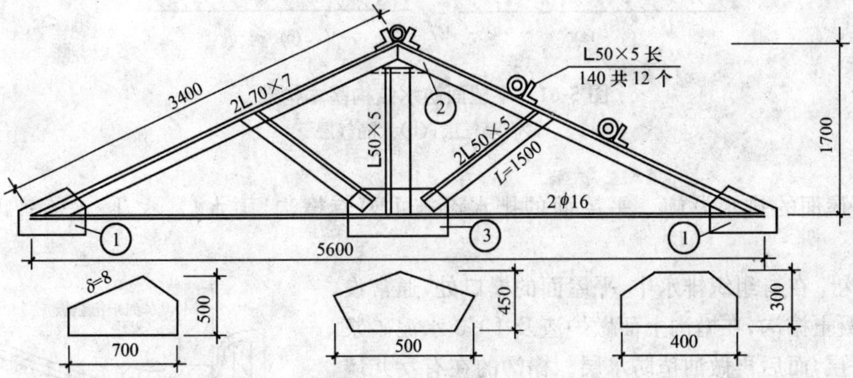

图 5-59　钢屋架

第七节　屋面及防水工程

一、相关说明

屋面的形式由于使用要求及地区气候条件的不同而多种多样，如图 5-60 所示。屋面的主要作用是挡风、防寒、遮雨和隔热。

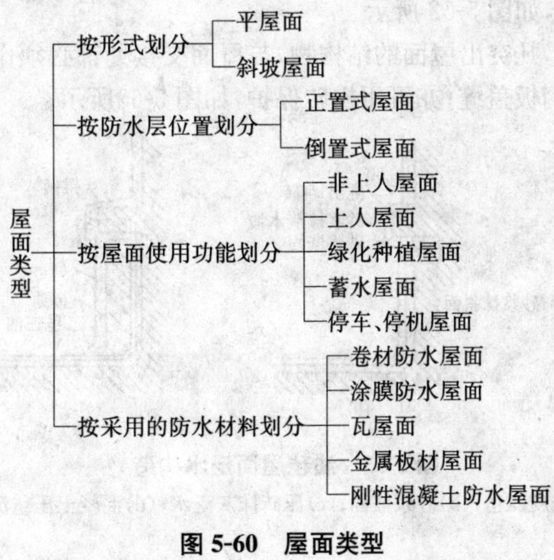

图 5-60　屋面类型

1. 平屋面

(1)平屋面的基本构造　平屋面一般是在屋面板上做防水层,其基本构造有两种,一种有隔气层,另一种无隔气层,其基本构造形式如图 5-61 所示。

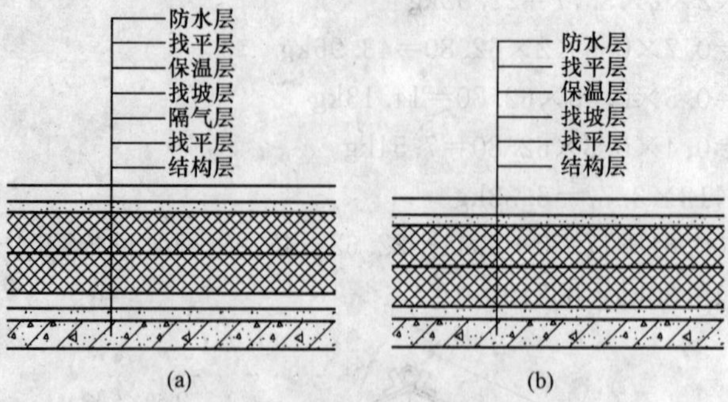

图 5-61　平屋面防水结构基本构造

(a)有隔气层;(b)无隔气层

(2)平屋面的排水设施　平屋面的排水设施主要有檐沟、雨水口、水斗、水落管以及各种泛水。

1)檐沟　在有组织排水中,平屋面的檐口处,通常设置钢筋混凝土檐沟,在檐沟上面做炉渣及 1∶3 水泥砂浆找坡、找平层,而后再做油毡防水层。檐沟的在有女儿墙的檐口处,檐沟设在女儿墙内侧,并在女儿墙上每隔一段距离设置雨水口,使水流入雨水管中。

2)雨水口　在檐沟与水落管交接处,一般放置雨水口,雨水口通常为铸铁成品,也可以用 24 号或 26 号镀锌钢板制作,如图 5-62 所示。

3)水落管及水斗　水落管可用镀锌钢板、铸铁或 PVC 塑料制成。铸铁制品排水管的规格一般为 $\phi100$;镀锌钢板水落管的规格可采用 100mm×80mm 的矩形断面,用 24 号镀锌钢板制作,如图 5-62 所示。

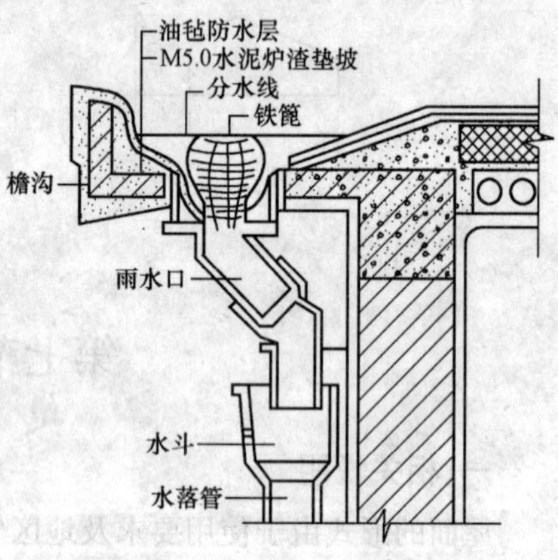

图 5-62　屋面排水系统简图

4)泛水　在平屋顶中,凡突出屋面的结构物,与屋面交接处都必须作泛水。为了保护泛水不受损坏,可增加一层镀锌钢板盖缝;亦可用挑砖保护,如图 5-63所示。

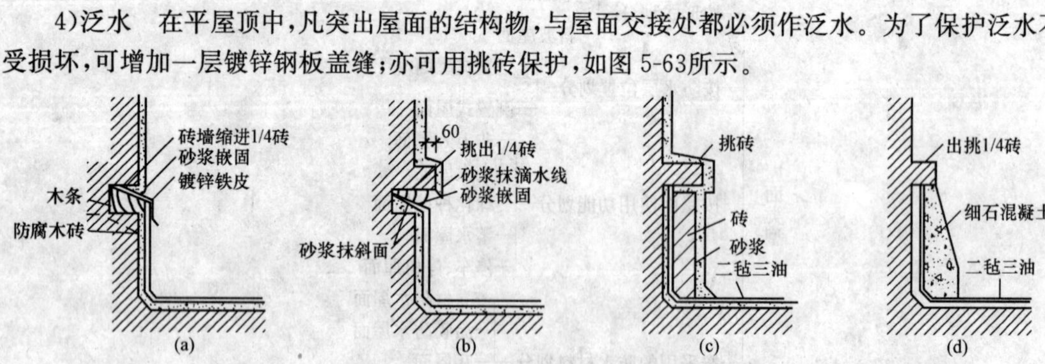

图 5-63　油毡屋面泛水构造

(a)铁皮压毡;(b)砂浆嵌固;(c)压砖抹灰泛水;(d)混凝土压毡泛水

2. 坡屋面

(1)类型　坡屋面多以各种小块瓦为防水材料，按照屋面瓦品种不同可分为青瓦屋面、平瓦屋面、筒瓦屋面、石棉水泥瓦屋面、玻璃钢波形瓦屋面、铁皮屋面等。

(2)排水设施　坡屋面除自身排水构造而外，还设置一些其他的屋面排水设施来协同排水，这种屋面排水形式称为有组织排水。坡屋顶的排水设施主要有檐沟、天沟、水斗、水落管以及各种泛水等，如图5-64所示。

3. 变形缝

为了避免建筑物发生裂缝或破坏，设计时将超长或层数不同的建筑物用垂直、水平的缝分割为几个单独部分，使之能独立变形。这种将建筑物分开的垂直、水平缝称为变形缝。

变形缝根据其功能的不同，可分为伸缩缝、沉降缝和抗震缝(也称防震缝)三种。

(1)伸缩缝　为了防止建筑结构产生裂缝或破坏而设置的缝，称为伸缩缝。因为是受温度变化影响而设置的缝，所以也称温度缝或温度伸缩缝。

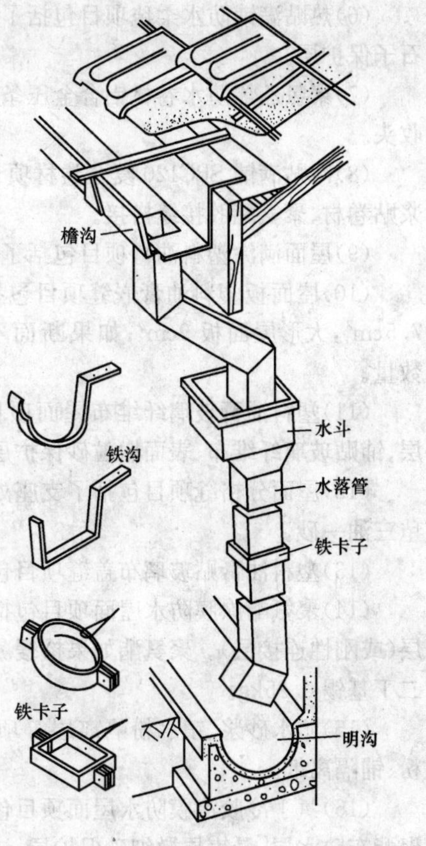

图 5-64　坡屋面檐沟、水斗、水落管形式

伸缩缝一般是将基础以上建筑构件如墙、楼板、屋面等部分分成两个以上的独立部分，在相邻独立部分中间留出空隙，缝宽一般为25～30mm。因基础部分处于地下，受温度影响小，一般不设置专用的伸缩缝。

(2)沉降缝　沉降缝是指建筑物各部分由于地基不均匀沉降，引起建筑物产生裂缝或破坏，为了防止产生这种裂缝或破坏而设置的缝，称为沉降缝。

(3)防震缝　在地震区建造房屋，必须充分考虑到地震对建筑造成的影响。防震缝应沿建筑全高设置，缝的两侧应布置双墙或双柱，或一墙一柱，使各部分结构都有较好的刚度。

二、基础定额工程量计算

(一)定额工作内容

1. 屋面

(1)瓦屋面项目包括了铺瓦、调制砂浆、安脊瓦、檐口梢头坐灰。水泥瓦或黏土瓦如果穿铁丝、钉铁钉，每100m檐瓦增加2.2工日，20号铁丝0.7kg，铁钉0.49kg。

(2)小波、大波石棉瓦项目包括了檩条上铺钉石棉瓦、安脊瓦。

(3)金属压型板屋面项目包括了构件变形修理、临时加固、吊装、就位、找正、螺栓固定。

(4)油毡卷材屋面项目包括了熬制沥青玛瑞脂、配制冷底子油、贴附加层、铺贴卷材收头。

(5)三元乙丙橡胶卷材冷贴、再生橡胶卷材冷贴、氯丁橡胶卷材冷贴、氯化聚乙烯－橡胶共混卷材冷贴、氯磺化聚乙烯卷材冷贴等高分子卷材屋面项目均包括了清理基层、找平层分格缝嵌油膏、防水薄弱处刷涂膜附加层；刷底胶、铺贴卷材、接缝嵌油膏、做收头；涂刷着色剂保护层二遍。

(6)热贴满铺防水柔毡项目包括了清理基层、熔化粘胶、涂刷粘胶、铺贴柔毡、做收头、铺撒白石子保护层。

(7)聚氯乙烯防水卷材铝合金压条项目包括了清理基层、铺卷材、钉压条及射钉、嵌密封膏、收头。

(8)冷贴满铺 SBC120 复合卷材项目包括了找平层嵌缝、刷聚氨酯涂膜附加层;用掺胶水泥浆贴卷材、聚氨酯胶接缝搭接。

(9)屋面满涂塑料油膏项目包括了油膏加热、屋面满涂油膏。

(10)屋面板塑料油膏嵌缝项目包括了油膏加热、板缝嵌油膏。嵌缝取定纵缝断面;空心板 7.5cm^2,大形屋面板 9cm^2;如果断面不同于定额取定断面,以纵缝断面比例调整人工、材料数量。

(11)塑料油膏玻璃纤维布屋面项目包括了刷冷底子油、找平层分格缝嵌油膏、贴防水附加层、铺贴玻璃纤维布、表面撒粒砂保护层。

(12)屋面分格缝项目包括了支座处干铺油毡一层、清理缝、熬制油膏、油膏灌缝、沿缝上做二毡三油一砂。

(13)塑料油膏贴玻璃布盖缝项目包括了熬制油膏、油膏灌缝、缝上铺贴玻璃纤维布。

(14)聚氨酯涂膜防水屋面项目包括了涂刷聚氨酯底胶、刷聚氨酯防水层二遍、撒石碴做保护层(或刚性连接层)。聚氨酯如果掺缓凝剂,应增加磷酸 0.30kg;如果掺促凝剂,应增加二月桂酸二丁基锡 0.25kg。

(15)防水砂浆、镇水粉隔离层等项目包括了清理基层、调制砂浆、铺抹砂浆养护、筛铺镇水粉、铺隔离纸。

(16)氯丁冷胶涂膜防水屋面项目包括了涂刷底胶、做一布一涂附加层于防水薄弱处、冷胶贴聚酯布防水层、最表层撒细砂保护层。

(17)铁皮排水项目包括了铁皮截料、制作安装。

(18)铸铁落水管项目包括了切管、埋管卡、安水管、合灰捻口。

(19)铸铁雨水口、铸铁水斗(或称接水口)、铸铁弯头(含箅子板)等项目均包括了就位、安装。

(20)单屋面玻璃钢排水管系统项目包括了埋设管卡箍、截管、涂胶、接口。

(21)屋面阳台玻璃钢排水管系统项目包括了埋设管卡箍、截管、涂胶、安三通、伸缩节、管等。

(22)玻璃钢水斗(带罩)项目包括了细石混凝土填缝、涂胶、接口。

(23)玻璃钢弯头(90°)、短管项目包括了涂胶、接口。

2. 防水

(1)玛琋脂卷材防水项目包括了配制、涂刷冷底子油、熬制玛琋脂、防水薄弱处贴附加层、铺贴玛琋脂卷材。

(2)玛琋脂(或沥青)玻璃纤维布防水等项目包括了基层清理、配制、涂刷冷底子油、熬制玛琋脂、防水薄弱处贴附加层、铺贴玛琋脂(或沥青)玻璃纤维布。

(3)高分子卷材项目包括了涂刷基层处理剂、防水薄弱处涂聚氨酯涂膜加强、铺贴卷材、卷材接缝贴卷材条加强、收头。

(4)苯乙烯涂料、刷冷底子油等涂膜防水项目包括了基层清理、刷涂料。

(5)焦油玛琋脂、塑料油膏等涂膜防水项目包括了配制、涂刷冷底子油、熬制玛琋脂或油膏、涂刷油膏或玛琋脂。

(6)氯偏共聚乳胶涂膜防水项目包括了成品涂刷。

(7)聚氨酯涂膜防水项目包括了涂刷底胶及附加层、刷聚氨酯两道、盖石碴保护层(或刚性连接层)。聚氨酯如果掺缓凝剂,应增加磷酸 0.30kg;如果掺促凝剂,应增加二月桂酸二丁基锡 0.25kg。

(8)石油沥青(或石油沥青玛琋脂)涂膜防水等项目包括了熬制石油沥青(或石油沥青玛琋脂)、配制、涂刷冷底子油、涂刷沥青(或石油沥青玛琋脂)。

(9)防水砂浆涂膜防水项目包括了基层清理、调制砂浆、抹水泥砂浆。

(10)水乳型普通乳化沥青涂料、水乳型水性石棉质沥青、水乳型再生胶沥青聚酯布、水乳型阴离子合成胶乳化沥青聚酯布、水乳型阳离子氯丁胶乳化沥青聚酯布、溶剂型再生胶沥青聚酯布涂膜防水等项目均包括了基层清理、调配涂料、铺贴附加层、贴布(聚酯布或玻璃纤维布)刷涂料(最后两遍掺水泥作保护层)。

3. 变形缝

(1)油浸麻丝填变形缝项目包括了熬制沥青、配制沥青麻丝、填塞沥青麻丝。

(2)油浸木丝板填变形缝项目包括了熬制沥青、浸木丝板、油浸木丝板嵌缝。

(3)石灰麻刀填变形缝项目包括了调制石灰麻刀、石灰麻刀嵌缝、缝上贴二毡二油条一层。

(4)建筑油膏、沥青砂浆填变形缝等项目包括了熬制油膏、沥青、拌和沥青砂浆、沥青砂浆或建筑油膏嵌缝。

(5)氯丁橡胶片止水带项目包括了清理用乙酸乙酯洗缝、隔纸、用氯丁胶粘剂贴氯丁橡胶片、最后在氯丁橡胶片上涂胶铺砂。

(6)预埋式紫铜板止水带项目包括了铜板剪裁、焊接成形、铺设。

(7)聚氯乙烯胶泥变形缝项目包括了清缝、水泥砂浆勾缝、垫牛皮纸、熬灌聚氯乙烯胶泥。

(8)涂刷式一布二涂氯丁胶贴玻璃纤维布止水片项目包括了基层清理、刷底胶、缝上粘贴350mm 宽一布二涂氯丁胶贴玻璃纤维布、在缝中心贴 150mm 宽一布二涂氯丁胶贴玻璃纤维布、止水片干后表面涂胶并粘粒砂。

(9)预埋式橡胶、塑料止水带项目包括了止水带制作、接头及安装。

(10)木板盖缝板项目包括了平面板材加工、板缝一侧涂胶粘、立面埋木砖、钉木盖板。

(11)铁皮盖缝板项目包括了平面(屋面)埋木砖、钉木条、木条上钉铁皮;立面埋木砖、木砖上钉铁皮。

(二)定额一般规定

(1)水泥瓦、黏土瓦、小青瓦、石棉瓦规格与定额不同时,瓦材数量可以换算,其他不变。

(2)高分子卷材厚度,再生橡胶卷材按 1.5mm;其他均按 1.2mm 取定。

(3)防水工程也适用于楼地面、墙基、墙身、构筑物、水池、水塔及室内厕所、浴室等防水,建筑物±0.00以下的防水、防潮工程按防水工程相应项目计算。

(4)三元乙丙丁基橡胶卷材屋面防水,按相应三元丙橡胶卷材屋面防水项目计算。

(5)氯丁冷胶"二布三涂"项目,其"三涂"是指涂料构成防水层数并非指涂刷遍数;每一层"涂层"刷二遍至数遍不等。

(6)定额中沥青、玛琋脂均指石油沥青、石油沥青玛琋脂。

(7)变形缝填缝:建筑油膏聚氯乙烯胶泥断面取定 3cm×2cm;油浸木丝板取定为 2.5cm×15cm;紫铜板止水带系 2mm 厚,展开宽 45cm;氯丁橡胶宽 30cm,涂刷式氯丁胶贴玻璃止水片宽 35cm。其余均为 15cm×3cm。如设计断面不同时,用料可以换算。

(8)盖缝:木板盖缝断面为 20cm×2.5cm,如设计断面不同时,用料可以换算,人工不变。

(9)屋面砂浆找平层,面层按楼地面相应定额项目计算。

（三）工程量计算规则

1. 瓦屋面、金属压型板屋面工程量计算规则

瓦屋面、金属压型板（包括挑檐部分）均按图 5-65 中尺寸的水平投影面积乘以屋面坡度系数（表 5-96）以 m^2 计算。不扣除房上烟囱、风帽底座、风道、屋面小气窗、斜沟等所占面积，屋面小气窗的出檐部分亦不增加。

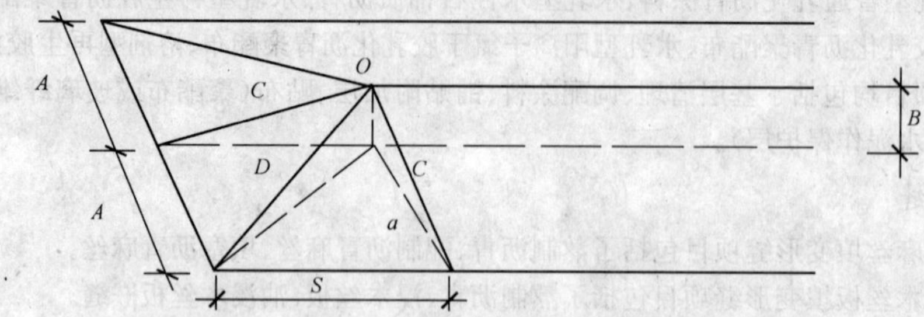

图 5-65 瓦屋面、金属压型板工程量计算示意图

表 5-96 屋面坡度系数表

坡度			延尺系数 C	隅延尺系数 D
B/A(A=1)	B/2A	角度 a		
1	1/2	45°	1.4142	1.7321
0.75	—	36°52′	1.2500	1.6008
0.70	—	35°	1.2207	1.5779
0.666	1/3	33°40′	1.2015	1.5620
0.65	—	33°01′	1.1926	1.5564
0.60	—	30°58′	1.1662	1.5362
0.577	—	30°	1.1547	1.5270
0.55	—	28°49′	1.1413	1.5170
0.50	1/4	26°34′	1.1180	1.5000
0.45	—	24°14′	1.0966	1.4839
0.40	1/5	21°48′	1.0770	1.4697
0.35	—	19°17′	1.0594	1.4569
0.30	—	16°42′	1.0440	1.4457
0.25	—	14°02′	1.0308	1.4362
0.20	1/10	11°19′	1.0198	1.4283
0.15	—	8°32′	1.0112	1.4221
0.125	—	7°8′	1.0078	1.4191
0.100	1/20	5°42′	1.0050	1.4177
0.083	—	4°45′	1.0035	1.4166
0.066	1/30	3°49′	1.0022	1.4157

注：1. $A=A'$，且 $S=0$ 时，为等两坡屋面；$A=A'=S$ 时，等四坡屋面。

2. 屋面斜铺面积＝屋面水平投影面积×C。

3. 等两坡屋面山墙泛水斜长：$A\times C$。

4. 等四坡屋面斜脊长度：$A\times D$。

2. 卷材屋面工程量计算规则

(1)卷材屋面按图示尺寸的水平投影面积乘以规定的坡度系数(表 5-96),以平方米计算。但不扣除房上烟囱、风帽底座、风道、屋面小气窗和斜沟所占的面积,屋面的女儿墙、伸缩缝和天窗等处的弯起部分,按图示尺寸并入屋面工程量计算。如图纸无规定时,伸缩缝、女儿墙的弯起部分可按 250mm 计算,天窗弯起部分可按 500mm 计算。

(2)卷材屋面的附加层、接缝、收头、找平层的嵌缝、冷底子油已计入定额内,不另计算。

3. 涂膜屋面工程量计算规则

涂膜屋面的工程量计算同卷材屋面。涂膜屋面的油膏嵌缝、玻璃布盖缝、屋面分格缝,以延长米计算。

4. 屋面排水工程量计算规则

(1)铁皮排水按图示尺寸以展开面积计算,如图纸没有注明尺寸时,可按表 5-97计算。咬口和搭接等已计入定额项目中,不另计算。

表 5-97 铁皮排水单体零件折算表

<table>
<tr><td colspan="2">名称</td><td>单位</td><td>水落管(m)</td><td>檐沟(m)</td><td>水斗(个)</td><td>漏斗(个)</td><td>下水口(个)</td><td></td><td></td></tr>
<tr><td rowspan="3">铁皮排水</td><td>水落管、檐沟、水斗、漏斗、下水口</td><td>m²</td><td>0.32</td><td>0.30</td><td>0.40</td><td>0.16</td><td>0.45</td><td></td><td></td></tr>
<tr><td rowspan="2">天沟、斜沟、天窗窗台泛水、天窗侧面泛水、烟囱泛水、通气管泛水、滴水檐头泛水、滴水</td><td rowspan="2">m²</td><td>天沟(m)</td><td>斜沟天窗窗台泛水(m)</td><td>天窗侧面泛水(m)</td><td>烟囱泛水(m)</td><td>通气管泛水(m)</td><td>滴水檐头泛水(m)</td><td>滴水(m)</td></tr>
<tr><td>1.30</td><td>0.50</td><td>0.70</td><td>0.80</td><td>0.22</td><td>0.24</td><td>0.11</td></tr>
</table>

(2)铸铁、玻璃钢水落管区别不同直径按图示尺寸以延长米计算,雨水口、水斗、弯头、短管以个计算。

5. 防水工程工程量计算规则

(1)建筑物地面防水、防潮层,按主墙间净空面积计算,扣除凸出地面的构筑物、设备基础等所占的面积,不扣除柱、垛、间壁墙、烟囱及 0.3m² 以内孔洞所占面积。与墙面连接处高度在 500mm 以内者按展开面积计算,并入平面工程量内,超过 500mm 时,按立面防水层计算。

(2)建筑物墙基防水、防潮层,外墙长度按中心线,内墙按净长乘以宽度以平方米计算。

(3)构筑物及建筑物地下室防水层,按实铺面积计算,但不扣除 0.3m² 以内的孔洞面积。平面与立面交接处的防水层,其上卷高度超过 500mm 时,按立面防水层计算。

(4)防水卷材的附加层、接缝、收头、冷底子油等人工材料均已计入定额内,不另计算。

(5)变形缝按延长米计算。

三、清单计价规范工程量计算

(一)关于屋面及防水工程内容的说明

1. 概况

屋面及防水工程共 3 节 12 个项目。包括瓦、型材屋面、屋面防水、墙、地面防水、防潮。适用于建筑物屋面工程。

2. 有关项目的说明

(1)"瓦屋面"项目适用于小青瓦、平瓦、筒瓦、石棉水泥瓦、玻璃钢波形瓦等。应注意:

1)屋面基层包括檩条、椽子、木屋面板、顺水条、挂瓦条等。

2)木屋面板应明确启口、错口、平口接缝。

(2)"型材屋面"项目适用于压型钢板、金属压型夹心板、阳光板、玻璃钢等。应注意:型材屋面的钢檩条或木檩条以及骨架、螺栓、挂钩等应包括在报价内。

(3)"膜结构屋面"项目适用于膜布屋面。应注意:

1)工程量的计算按设计图示尺寸以需要覆盖的水平投影面积计算(图 5-66)。

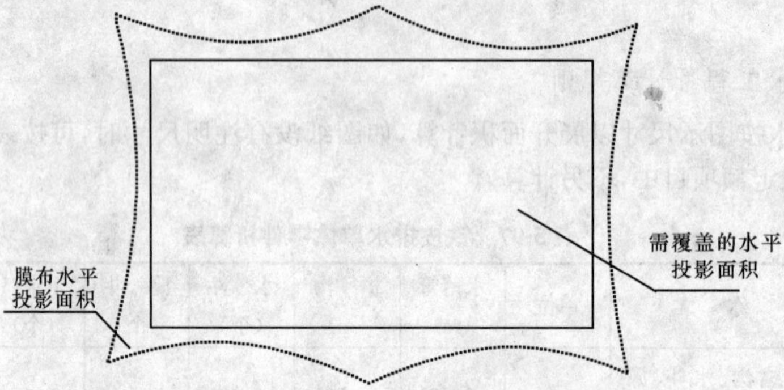

图 5-66 膜结构屋面工程量计算图

2)支撑和拉固膜布的钢柱、拉杆、金属网架、钢丝绳、锚固的锚头等应包括在报价内。

3)支撑柱的钢筋混凝土的柱基、锚固的钢筋混凝土基础以及地脚螺栓等按混凝土及钢筋混凝土相关项目编码列项。

(4)"屋面卷材防水"项目适用于利用胶结材料粘贴卷材进行防水的屋面。应注意:

1)抹屋面找平层、基层处理(清理修补、刷基层处理剂)等应包括在报价内。

2)檐沟、天沟、水落口、泛水收头、变形缝等处的卷材附加层应包括在报价内。

3)浅色、反射涂料保护层、绿豆砂保护层、细砂、云母及蛭石保护层应包括在报价内。

4)水泥砂浆保护层、细石混凝土保护层可包括在报价内,也可按相关项目编码列项。

(5)"屋面涂膜防水"项目适用于厚质涂料、薄质涂料和有加增强材料或无加增强材料的涂膜防水屋面。应注意:

1)抹屋面找平层,基层处理(清理修补、刷基层处理剂等)应包括在报价内。

2)需加强材料的应包括在报价内。

3)檐沟、天沟、落水口、泛水收头、变形缝等处的附加层材料应包括在报价内。

4)浅色、反射涂料保护层、绿豆砂保护层、细砂、云母、蛭石保护层应包括在报价内。

5)水泥砂浆、细石混凝土保护层可包括在报价内,也可按相关项目编码列项。

(6)"屋面刚性防水"项目适用于细石混凝土、补偿收缩混凝土、块体混凝土、预应力混凝土和钢纤维混凝土刚性防水层面。应注意:刚性防水屋面的分格缝、泛水、变形缝部位的防水卷材、密封材料、背衬材料、沥青麻丝等应包括在报价内。

(7)"屋面排水管"项目适用于各种排水管材(PVC 管、玻璃钢管、铸铁管等)。应注意:

1)排水管、雨水口、箅子板、水斗等应包括在报价内。

2)埋设管卡箍、裁管、接嵌缝应包括在报价内。

(8)“屋面天沟、沿沟”项目适用于水泥砂浆天沟、细石混凝土天沟、预制混凝土天沟板、卷材天沟、玻璃钢天沟、镀锌铁皮天沟等;塑料沿沟、镀锌铁皮沿沟、玻璃钢天沟等。应注意:

1)天沟、沿沟固定卡件、支撑件应包括在报价内;

2)天沟、沿沟的接缝、嵌缝材料应包括在报价内。

(9)“卷材防水,涂膜防水”项目适用于基础、楼地面、墙面等部位的防水。应注意:

1)抹找平层、刷基础处理剂、刷胶粘剂、胶粘防水卷材应包括在报价内;

2)特殊处理部位(如:管道的通道部位)的嵌缝材料、附加卷材衬垫等应包括在报价内;

3)永久保护层(如:砖墙、混凝土地坪等)应按相关项目编码列项。

(10)“砂浆防水(潮)”项目适用于地下、基础、楼地面、墙面等部位的防水防潮。应注意:防水、防潮层的外加剂应包括在报价内。

(11)“变形缝”项目适用于基础、墙体、屋面等部位的抗震缝、温度缝(伸缩缝)、沉降缝。应注意:止水带安装、盖板制作、安装应包括在报价内。

3. 共性问题说明

(1)“瓦屋面”、“型材屋面”的木檩条、木椽子、木屋面板需刷防火涂料时,可按相关项目单独编码列项,也可包括在“瓦屋面”、“型材屋面”项目报价内。

(2)“瓦屋面”、“型材屋面”、“膜结构屋面”的钢檩条、钢支撑(柱、网架等)和拉结结构需刷防护材料时,可按相关项目单独编码列项,也可包括在“瓦屋面”、“型材屋面”、“膜结构屋面”项目报价内。

4. 有关名词的解释

膜结构,也称索膜结构,是一种以膜布与支撑(柱、网架等)和拉结结构(拉杆、钢丝绳等)组成的屋盖、篷顶结构。

(二)工程量清单项目设置及工程量计算规则

1. 瓦、型材屋面

瓦、型材屋面工程量清单项目设置及工程量计算规则见表5-98。

表5-98　瓦、型材屋面(编码:010701)

项目编码	项目名称	项目特征	计量单位	工程量计算规则	工程内容
010701001	瓦屋面	1. 瓦品种、规格、品牌、颜色。 2. 防水材料种类。 3. 基层材料种类。 4. 檩条种类、截面。 5. 防护材料种类	m^2	按设计图示尺寸以斜面积计算,不扣除房上烟囱、风帽底座、风道、小气窗、斜沟等所占面积,小气窗的出檐部分不增加面积	1. 檩条、椽子安装。 2. 基层铺设。 3. 铺防水层。 4. 安顺水条和挂瓦条。 5. 安瓦。 6. 刷防护材料
010701002	型材屋面	1. 型材品种、规格、品牌、颜色。 2. 骨架材料品种、规格。 3. 接缝、嵌缝材料种类			1. 骨架制作、运输、安装。 2. 屋面型材安装。 3. 接缝、嵌缝

表 5-98(续)

项目编码	项目名称	项 目 特 征	计量单位	工程量计算规则	工程内容
010701003	膜结构屋面	1. 膜布品种、规格、颜色。 2. 支柱(网架)钢材品种、规格。 3. 钢丝绳品种、规格。 4. 油漆品种、刷漆遍数	m²	按设计图示尺寸以需要覆盖的水平面积计算	1. 膜布热压胶接。 2. 支柱(网架)制作、安装。 3. 膜布安装。 4. 穿钢丝绳、锚头锚固。 5. 刷油漆

2. 屋面防水

屋面防水工程工程量清单项目设置及工程量计算规则见表 5-99。

表 5-99 屋面防水(编码:010702)

项目编码	项目名称	项 目 特 征	计量单位	工程量计算规则	工程内容
010702001	屋面卷材防水	1. 卷材品种、规格。 2. 防水层做法。 3. 嵌缝材料种类。 4. 防护材料种类		按设计图示尺寸以面积计算。 1. 斜屋顶(不包括平屋顶找坡)按斜面积计算,平屋顶按水平投影面积计算。 2. 不扣除房上烟囱、风帽底座、风道、屋面小气窗和斜沟所占面积。 3. 屋面的女儿墙、伸缩缝和天窗等处的弯起部分,并入屋面工程量内	1. 基层处理。 2. 抹找平层。 3. 刷底油。 4. 铺油毡卷材、接缝、嵌缝。 5. 铺保护层
010702002	屋面涂膜防水	1. 防水膜品种。 2. 涂膜厚度、遍数、增强材料种类。 3. 嵌缝材料种类。 4. 防护材料种类	m²		1. 基层处理。 2. 抹找平层。 3. 涂防水膜。 4. 铺保护层
010702003	屋面刚性防水	1. 防水层厚度。 2. 嵌缝材料种类。 3. 混凝土强度等级		按设计图示尺寸以面积计算。不扣除房上烟囱、风帽底座、风道等所占面积	1. 基层处理。 2. 混凝土制作、运输、铺筑、养护
010702004	屋面排水管	1. 排水管品种、规格、品牌、颜色。 2. 接缝、嵌缝材料种类。 3. 油漆品种、刷漆遍数	m	按设计图示尺寸以长度计算。如设计未标注尺寸,以檐口至设计室外散水上表面垂直距离计算	1. 排水管及配件安装、固定。 2. 雨水斗、雨水箅子安装。 3. 接缝、嵌缝
010702005	屋面天沟、沿沟	1. 材料品种。 2. 砂浆配合比。 3. 宽度、坡度。 4. 接缝、嵌缝材料种类。 5. 防护材料种类	m²	按设计图示尺寸以面积计算。铁皮和卷材天沟按展开面积计算	1. 砂浆制作、运输。 2. 砂浆找坡、养护。 3. 天沟材料铺设。 4. 天沟配件安装。 5. 接缝、嵌缝。 6. 刷防护材料

3. 墙、地面防水、防潮

墙、地面防水、防潮工程量清单项目设置及工程量计算规则见表 5-100。

表 5-100　墙、地面防水、防潮(编码:010703)

<table>
<tr><th>项目编码</th><th>项目名称</th><th>项目特征</th><th>计量单位</th><th>工程量计算规则</th><th>工程内容</th></tr>
<tr><td>010703001</td><td>卷材防水</td><td rowspan="2">1. 卷材、涂膜品种。
2. 涂膜厚度、遍数、增强材料种类。
3. 防水部位。
4. 防水做法。
5. 接缝、嵌缝材料种类。
6. 防护材料种类</td><td rowspan="3">m²</td><td rowspan="3">按设计图示尺寸以面积计算。
1. 地面防水:按主墙间净空面积计算,扣除凸出地面的构筑物、设备基础等所占面积,不扣除间壁墙及单个 0.3m² 以内的柱、垛、烟囱和孔洞所占面积。
2. 墙基防水:外墙按中心线,内墙按净长乘以宽度计算</td><td>1. 基层处理。
2. 抹找平层。
3. 刷黏结剂。
4. 铺防水卷材。
5. 铺保护层。
6. 接缝、嵌缝</td></tr>
<tr><td>010703002</td><td>涂膜防水</td><td>1. 基层处理。
2. 抹找平层。
3. 刷基层处理剂。
4. 铺涂膜防水层。
5. 铺保护层</td></tr>
<tr><td>010703003</td><td>砂浆防水(潮)</td><td>1. 防水(潮)部位。
2. 防水(潮)厚度、层数。
3. 砂浆配合比。
4. 外加剂材料种类</td><td>1. 基层处理。
2. 挂钢丝网片。
3. 设置分格缝。
4. 砂浆制作、运输、摊铺、养护</td></tr>
<tr><td>010703004</td><td>变形缝</td><td>1. 变形缝部位。
2. 嵌缝材料种类。
3. 止水带材料种类。
4. 盖板材料。
5. 防护材料种类</td><td>m</td><td>按设计图示以长度计算</td><td>1. 清缝。
2. 填塞防水材料。
3. 止水带安装。
4. 盖板制作。
5. 刷防护材料</td></tr>
</table>

(三)工程量清单编制相关问题的处理

(1)小青瓦、水泥平瓦、琉璃瓦等,应按瓦屋面项目编码列项。

(2)压型钢板、阳光板、玻璃钢等,应按型材屋面编码列项。

四、屋面材料用量计算

1. 瓦屋面材料用量计算

各种瓦屋面的瓦及砂浆用量计算方法如下:

(1)每 $100m^2$ 屋面瓦耗用量$=\frac{100}{\text{瓦有效长度}\times\text{瓦有效宽度}}\times(1+\text{损耗率})$

(2)每 $100m^2$ 屋面脊瓦耗用量$=\frac{11(9)}{\text{脊瓦长度}-\text{搭接长度}}\times(1+\text{损耗率})$

（每 $100m^2$ 屋面面积屋脊摊入长度：水泥瓦黏土瓦为 11m，石棉瓦为 9m。）

(3)每 $100m^2$ 屋面瓦出线抹灰量(m^3)＝抹灰宽×抹灰厚×每 $100m^2$ 屋面摊入抹灰长度×(1＋损耗率)

（每 $100m^2$ 屋面面积摊入长度为 4m。）

(4)脊瓦填缝砂浆用量(m^3)＝$\frac{脊瓦内圆面积\times 70\%}{2}$×每 $100m^2$ 瓦屋面取定的屋脊长×(1－砂浆孔隙率)×(1＋损耗率)

脊瓦用的砂浆量按脊瓦半圆体积的 70%计算；稍头抹灰宽度按 120mm，砂浆厚度按 30mm 计算；铺瓦条间距 300mm。

瓦的选用规格、搭接长度及综合脊瓦，稍头抹灰长度见表 5-101。

表 5-101 瓦的选用规格、搭接长度及综合脊瓦、稍头抹灰长度

项目	规格(mm)		搭接(mm)		有效尺寸(mm)		每 $100m^2$ 屋面摊入	
	长	宽	长向	宽向	长	宽	脊长	稍头长
黏土瓦	380	240	80	33	300	207	7690	5860
小青瓦	200	145	133	182	67	190	11000	9600
小波石棉瓦	1820	720	150	62.5	1670	657.5	9000	
大波石棉瓦	2800	994	150	165.7	2650	828.3	9000	
黏土脊瓦	455	195	55				11000	
小波石棉脊瓦	780	180	200	1.5 波			11000	
大波石棉脊瓦	850	460	200	1.5 波			11000	

2. 卷材屋面材量用量计算

$$每\ 100m^2\ 屋面卷材用量(m^2)=\frac{100}{(卷材宽-横向搭接宽)\times(卷材长-顺向搭接宽)}\times 每卷卷材面积\times(1+损耗率)$$

(1)卷材屋面的油毡搭接长度见表 5-102。

表 5-102 卷材屋面的油毡搭接长度

项目		单位	规范规定		定额取定	备注
			平顶	坡顶		
隔气层	长向	mm	50	50	70	油毡规格为 21.86m×0.915m
	短向	mm	50	50	100	（每卷卷材按 2 个接头）
防水层	长向	mm	70	70	70	
	短向	mm	100	150	100	(100×0.7＋150×0.3)按 2 个接头

注：定额取定为搭接长向 70mm，短向 100mm，附加层计算 $10.30m^2$。

(2)一般各部位附加层见表 5-103。

表 5-103　每 $100m^2$ 卷材屋面附加层含量

部位		单位	平檐口	檐口沟	天沟	檐口天沟	屋脊	大板端缝	过屋脊	沿墙
附加层	长度	mm	780	5340	730	6640	2850	6670	2850	6000
	宽度	mm	450	450	800	500	450	300	200	650

(3)卷材铺油厚度见表 5-104。

表 5-104　屋面卷材铺油厚度

项　目	底　层	中　层	面　层	
			面　层	带　砂
规范规定	1～1.5 不大于 2mm			2—4
定额取定	1.4	1.3	2.5	3

五、屋面保温找坡层平均折算厚度

屋面保温找坡层的平均折算厚度见表 5-105。

表 5-105　屋面保温找坡层平均厚度折算表(m)

类别 / 坡度 / 跨度（m）	双坡					单坡				
	$\frac{1}{10}$ 10%	$\frac{1}{12}$ 8.3%	$\frac{1}{33.3}$ 3.0%	$\frac{1}{40}$ 2.5%	$\frac{1}{50}$ 2%	$\frac{1}{10}$ 10%	$\frac{1}{12}$ 8.3%	$\frac{1}{33.3}$ 3%	$\frac{1}{40}$ 2.5%	$\frac{1}{50}$ 2%
4	0.100	0.083	0.030	0.25	0.020	0.200	0.167	0.060	0.050	0.040
5	0.125	0.104	0.038	0.31	0.025	0.250	0.208	0.075	0.063	0.050
6	0.150	0.125	0.045	0.038	0.030	0.300	0.250	0.090	0.075	0.060
7	0.175	0.146	0.053	0.044	0.035	0.350	0.292	0.105	0.088	0.070
8	0.200	0.167	0.060	0.050	0.040	0.400	0.333	0.120	0.100	0.080
9	0.225	0.188	0.068	0.056	0.045	0.450	0.375	0.135	0.113	0.090
10	0.250	0.208	0.075	0.063	0.050	0.500	0.416	0.150	0.125	0.100
11	0.275	0.229	0.083	0.069	0.055	0.550	0.458	0.165	0.138	0.110
12	0.300	0.250	0.090	0.075	0.060	0.600	0.500	0.180	0.150	0.120
13		0.271	0.098	0.081	0.065		0.195	0.163	0.130	
14		0.292	0.105	0.088	0.070		0.210	0.175	0.140	
15		0.312	0.113	0.094	0.075		0.225	0.188	0.150	
18		0.375	0.135	0.113	0.090		0.270	0.225	0.180	
21		0.437	0.158	0.131	0.105		0.315	0.263	0.210	
24		0.500	0.180	0.150	0.120		0.360	0.30	0.240	

六、铁皮屋面单双咬口长度

铁皮屋面单双咬口长度见表 5-106。

表 5-106　铁皮屋面的单双咬口长度

项　目	单　位	立　咬	平　咬	铁皮规格	每张铁皮有效面积
单咬口	mm	55	30	1800×900	$1.496m^2$
双咬口	mm	110	30	1800×900	$1.382m^2$

铁皮单立咬口、双立咬口、单平咬口、双平咬口示意图见图 5-67。

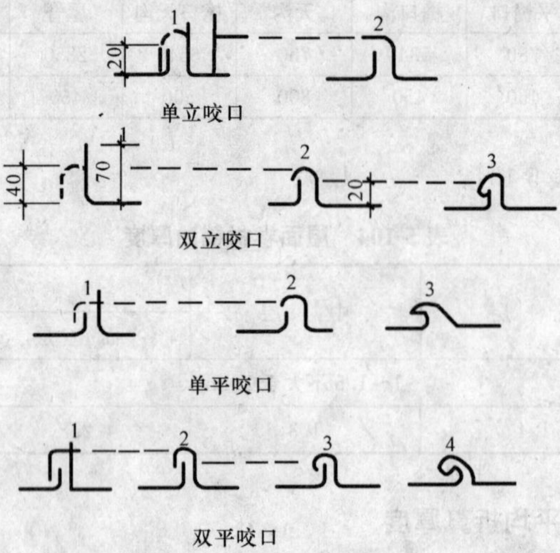

图 5-67 铁皮单立咬口、双立咬口、单平咬口、双平咬口示意图

注:瓦垄铁皮规格为 1800mm×600mm,上下搭接长度为 100mm,

短向搭接按左右压 1.5 个波。

七、屋面及防水工程工程量计算示例

【例 5-44】 有一带屋面小气窗的四坡水平瓦屋面,尺寸及坡度如图 5-68 所示。试计算屋面工程量和屋脊长度。

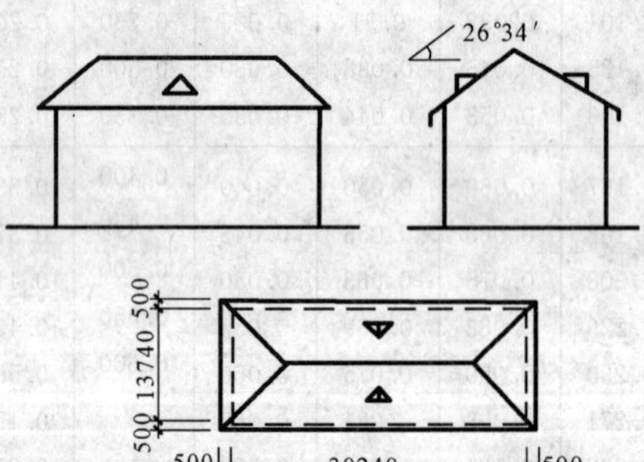

图 5-68 带屋面小气窗的四坡水屋面

【解】 (1)屋面工程量:按图示尺寸乘屋面坡度延尺系数,屋面小气窗不扣除,与屋面重叠部分面积不增加。由屋面坡度系数表得,C=1.1180

$$S_w=(30.24+0.5\times2)(13.74+0.5\times2)\times1.1180=514.81m^2=5.1481\times100m^2$$

(2)屋脊长度

1)正屋脊长度

若 $S=A$,则 L_{j1}=30.24−13.74=16.5m

2)斜脊长度

由屋面坡度系数表得 D=1.50,斜脊 4 条,则

$$L_{j2}=\frac{13.74+0.5\times 2}{2}\times 1.50\times 4=44.22\text{m}$$

3)屋脊总长

$$L_j=L_{j1}+L_{j2}=16.5+44.22=60.72\text{m}$$

【例 5-45】　某工程如图 5-69 所示，屋面板上铺水泥大瓦，计算工程量。

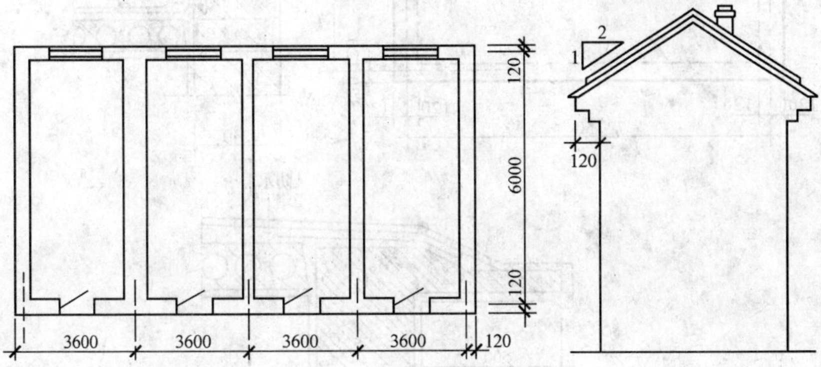

图 5-69　某房屋建筑尺寸

【解】　瓦屋面工程量计算如下：

计算公式：等两坡屋面工程量＝(房屋总宽度＋外檐宽度×2)×外檐总长度×延尺系数

瓦屋面工程量＝(0.60＋0.24＋0.12×2)×(3.6×4＋0.24)×1.118＝106.06m^2

【例 5-46】　有一两坡水二毡三油卷材屋面，尺寸如图 5-70 所示。屋面防水层构造层次为：预制钢筋混凝土空心板、1∶2 水泥砂浆找平层、冷底子油一道、二毡三油一砂防水层。试计(1)当有女儿墙，屋面坡度为 1∶4 时，(2)当有女儿墙坡度为 3%时，(3)无女儿墙有挑檐，坡度为 3%时的工程量。

【解】　(1)屋面坡度为 1∶4 时，相应的角度为 14°02′，延尺系数 C＝1.0308，则：

屋面工程量＝(72.75－0.24)×(12－0.24)×1.0308＋0.25×(72.75－0.24＋12.0－0.24)×2
＝878.98＋42.14
＝921.12m^2

(2)有女儿墙，3%的坡度，因坡度很小，按平屋面计算，则：

屋面工程量＝(72.75－0.24)×(12－0.24)＋(72.75＋12－0.48)×2×0.25
＝852.72＋42.14
＝894.86m^2

或　(72.75＋0.24)×(12＋0.24)－(72.75＋12)×2×0.24＋(72.75＋12－0.48)×2×0.25
＝894.85m^2

(3)无女儿墙有挑檐平屋面(坡度 3%)，按图 5-70(a)及(c)及下式计算屋面工程量：

$$\text{屋面工程量}=\text{外墙外围水平面积}+(L_{外}+4\times\text{檐宽})\times\text{檐宽}$$

代入数据得：

屋面工程量＝(72.75＋0.24)×(12＋0.24)＋[(72.75＋12＋0.48)×2＋4×0.5]×0.5
＝979.63m^2

【例 5-47】　计算图 5-70(a)、(c)所示有挑檐平屋面涂刷聚氨酯涂料的工程量。

【解】　涂膜面积计算

由图 5-70(a)及(c)的尺寸，其面积为：

涂膜面积＝(72.75＋0.24＋0.5×2)×(12＋0.24＋0.5×2)＝979.63m^2

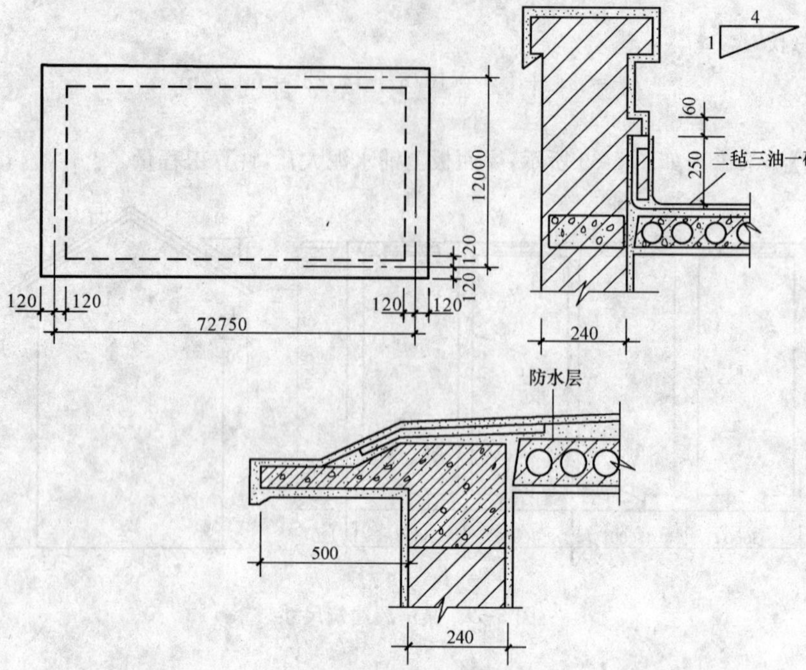

图 5-70　某卷材防水屋面

(a)平面；(b)女儿墙；(c)挑檐

【例 5-48】 某屋面设计有铸铁管雨水口 8 个，塑料水斗 8 个，配套的塑料水落管直径 100mm，每根长度 16m，计算塑料水落管工程量。

【解】 计算公式:屋面排水管工程量＝设计图示长度

水落管工程量＝16.00×8＝128m

【例 5-49】 假设某仓库屋面为铁皮排水天沟(图 5-71)12m 长，求天沟工程量。

【解】 工程量＝12×(0.035×2＋0.045×2＋0.12×2＋0.08)

＝5.76m^2

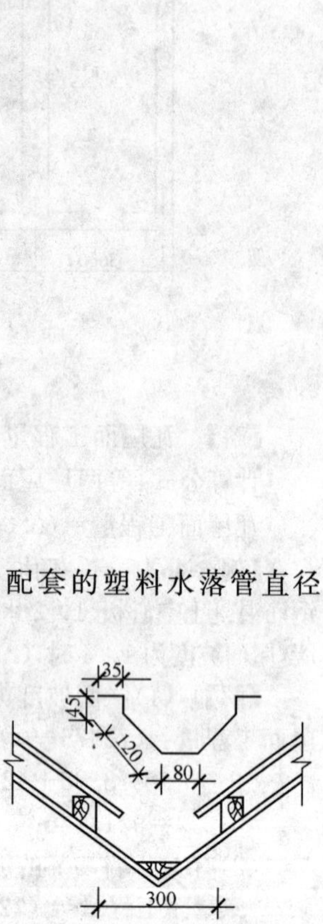

图 5-71　铁皮排水天沟

【例 5-50】 试计算图 5-72 所示地面防潮层工程量，其防潮层做法如图 5-73 所示。

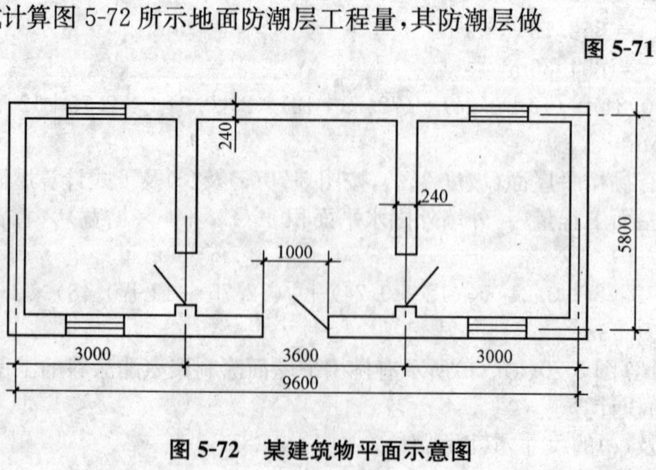

图 5-72　某建筑物平面示意图

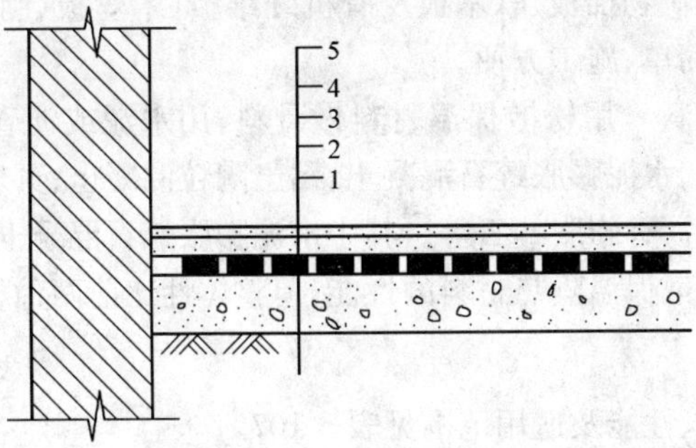

图 5-73　地面防潮层构造层次

1—素土夯实；2—100 厚 C20 混凝土；3—冷底子油一遍，玛琋脂玻璃布一布二油；
4—20 厚 1∶3 水泥砂浆找平层；5—10 厚 1∶2 水泥砂浆面层

【解】 工程量按主墙间净空面积计算，即：

地面防潮层工程量＝(9.6－0.24×3)×(5.8－0.24)＝49.37m^2

【例 5-51】 计算墙基防潮层工程量及工料用量。防潮层采用冷底子油一遍，石油沥青二遍。

【解】 防潮层工程量计算如下：

外墙长＝(9.6＋5.8)×2＝30.8m

内墙净长＝(5.8－0.24)×2＝11.12m

防潮层面积＝(30.80＋11.12)×0.24＝10.06m^2＝0.1006×100m^2

第八节　防腐、保温、隔热工程

一、相关说明

保温隔热屋面，是一种集防水和保温隔热于一体的防水屋面，防水是基本功能，同时兼顾保温隔热。

保温层可采用松散材料保温层、板状保温层或整体保温层；隔热层可采用架空隔热层、蓄水隔热层、种植隔热层等。

1. 保温隔热材料分类

(1)按材料成分分类　屋面保温隔热材料分有机类保温隔热材料、无机类保温隔热材料。

1)有机类保温隔热材料　指植物类秸秆及其制品。如稻草、高粱秆、玉米秸。此类材料来源广、容重轻、价格低廉，但吸湿性大，容易腐烂，高温下易分解和燃烧。

2)无机类保温隔热材料　指矿化物类，化学合成聚酯类和合成橡胶类及其制品。矿物类有矿棉、膨胀珍珠岩、膨胀蛭石、浮石、硅藻土石膏、炉渣、加气混凝土、泡沫混凝土、浮石混凝土等；化学合成聚酯类和合成橡胶类有聚氯乙烯、聚苯乙烯、聚乙烯、聚氨酯、脲醛塑料和泡沫硬脂酸等。此类材料不腐烂，耐高温，部分吸湿性大，价格较贵。

(2)按材料形状分类　屋面保温隔热材料按其形状和施工做法分为松散保温隔热材料、板状保温隔热材料、整体保温隔热材料。

1)松散保温隔热材料　用炉渣、膨胀蛭石、水渣、膨胀珍珠岩、矿物棉、锯末等干铺而成，但不宜于用在受震动的围护结构之上。

2)板状保温隔热材料　用松散保温隔热材料或化学合成聚酯与合成橡胶类材料加工制成。

如泡沫混凝土板、蛭石板、矿物棉板、软木板及有机纤维板（木丝板、刨花板、甘蔗板）等。它具有松散保温材料性能，加工简单、施工方便。

3）整体式保温隔热材料　用松散保温材料做骨料，用水泥或沥青做胶结料，经搅拌浇筑而成。如膨胀珍珠岩混凝土、水泥膨胀蛭石混凝土、黏土陶粒混凝土、页岩陶粒混凝土、粉煤灰陶粒混凝土、沥青膨胀珍珠岩、沥青膨胀蛭石等。其中水泥膨胀蛭石混凝土和水泥珍珠岩混凝土选用较多。此类材料仍具有松散保温隔热材料的性能，但整体性比前两种材料为好，施工也较方便。

2. 保温材料性能

保温隔热材料的品种、性能及适用范围见表 5-107。

表 5-107　保温隔热材料的品种、性能及适用范围

材料名称	主要性能及特点	适用范围
炉　渣	炉渣为工业废料，可就地取材，使用方便。 炉渣有高炉炉渣、水渣及锅炉炉渣。使用粒径 5～40mm，表观密度为 500～1000kg/m³，导热系数为 0.163～0.25W/(m·K)。 炉渣不能含有有机杂质和未烧尽的煤块，以及白灰块、土块等物。如粒径过大应先破碎再使用	屋面找平、找坡层
浮　石	浮石为一种天然资源，在我国分布较广，蕴藏量较大，内蒙古、山西、黑龙江均是著名浮石产地。 浮石堆积密度一般在 500～800kg/m³，孔隙率为 45%～56%，浮石混凝土的导热系数为 0.116～0.21W/(m·K)	屋面保温层
膨胀蛭石	膨胀蛭石是以蛭石为原料，经烘干、破碎、熔烧而成，为一种金黄色或灰白色颗粒状物料。 膨胀蛭石堆积密度约为 80～300kg/m³，导热系数应小于0.14W/(m·K)。 膨胀蛭石为无机物，因此不受菌类侵蚀，不腐烂、不变质，但耐碱不耐酸，因此不宜用于有酸性侵蚀处	屋面保温隔热层
膨胀珍珠岩	膨胀珍珠岩是以珍珠岩（松脂岩、黑曜岩）矿石为原料，经过破碎、熔烧而成一种白色或灰白色的砂状材料。 膨胀珍珠岩呈蜂窝状泡沫，堆积密度＜120kg/m³，导热系数＜0.07W/(m·K)，具有容重轻、保温性能好，无毒、无味、不腐、不燃、耐酸、耐碱等特点	屋面保温隔热层
泡沫塑料	保温、吸声、防震材料。它的种类较多，有聚苯乙烯泡沫塑料、聚乙烯泡沫塑料、聚氯乙烯泡沫塑料等。 特点为质轻、隔热、保温、吸声、吸水性小、耐酸、耐碱、防震性能好	屋面保温隔热层
微孔硅酸钙	微孔硅酸钙是以二氧化硅粉状材料、石灰、纤维增强材料和水经搅拌，凝胶化成型、蒸压养护、干燥等工序制作而成。 它具有容重轻、导热系数小，耐水性好，防火性能强等特点	用作房屋内墙、外墙、平顶的防火覆盖材料
泡沫混凝土	泡沫混凝土为一种人工制造的保温隔热材料。一种是水泥加入泡沫剂和水，经搅拌、成型、养护而成。另一种是用粉煤灰加入适量石灰、石膏及泡沫剂和水拌制而成，又称为硅酸盐泡沫混凝土。这两种混凝土具有多孔、轻质、保温、隔热、吸声等性能。其表观密度为 350～400kg/m³，抗压强度 0.3～0.5MPa，导热系数在 0.088～0.116W/(m·K)之间	屋面保温隔热层

二、基础定额工程量计算

(一)定额工作内容

1. 耐酸防腐

(1)水玻璃耐酸混凝土、耐酸沥青砂浆整体防腐面层项目包括了清扫基层、底层或施工缝刷稀胶泥、调运砂浆胶泥、混凝土、浇灌混凝土。

(2)耐酸沥青混凝土、碎土灌沥青整体防腐面层项目包括了清扫基层、熬沥青、填充料加热、调运胶泥、刷胶泥、搅拌沥青混凝土、摊铺并压实沥青混凝土。

(3)硫磺混凝土、环氧砂浆整体防腐面层项目包括了清扫基层、熬制硫磺、烘干粉骨料、调运混凝土、砂浆、胶泥。

(4)环氧稀胶泥、环氧煤焦油砂浆整体防腐面层项目包括了清扫基层、调运胶泥、刷稀胶泥。

(5)环氧呋喃砂浆、邻苯型不饱和聚酯砂浆、双酚 A 型不饱和聚酯砂浆、邻苯型聚酯稀胶泥、铁屑砂浆等整体防腐面层项目包括了清扫基层、打底料、调运砂浆、摊铺砂浆。

(6)不发火沥青砂浆、重晶石混凝土、重晶石砂浆、酸化处理等整体防腐面层项目包括了清扫基层、调运砂浆、摊铺砂浆。

(7)玻璃钢防腐面层底漆、刮腻子项目包括了材料运输、填料干燥、过筛、胶浆配制、涂刷、配制腻子及嵌刮。

(8)玻璃钢防腐面层项目包括了清扫基层、调运胶泥、胶浆配制、涂刷、贴布一层。

(9)软聚氯乙烯塑料防腐地面项目包括了清扫基层、配料、下料、涂胶、铺贴、滚压、养护、焊接缝、整平、安装压条、铺贴踢脚板。

(10)耐酸沥青胶泥卷材、耐酸沥青胶泥玻璃布等隔离层项目包括了清扫基层、熬沥青、填充料加热、调运胶泥、基层涂冷底子油、铺设油毡。

(11)沥青胶泥、一道冷底子油二道热沥青等隔离层项目包括了清扫基层、熬沥青胶泥、铺设沥青胶泥。

(12)树脂类胶泥平面砌块料面层项目包括了清扫基层、运料、清洗块料、调制胶泥、砌块料。

(13)水玻璃胶泥平面砌块料面层项目包括了清扫基层、运料、清洗块料、调制胶泥、砌块料。

(14)硫磺胶泥平面砌块料面层项目包括了清扫基层、运料、清洗块料、调制胶泥、砌块料。

(15)耐酸沥青胶泥平面砌块料面层项目包括了清扫基层、运料、清洗块料、调制胶泥、砌块料。

(16)水玻璃胶泥结合层、树脂胶泥勾缝平面砌块料面层项目包括了清扫基层、运料、清洗块料、调制胶泥、砌块料、树脂胶泥勾缝。

(17)耐酸沥青胶泥结合层、树脂胶泥勾缝平面砌块料面层项目包括了清扫基层、运料、清洗块料、调制胶泥、砌块料、树脂胶泥勾缝。

(18)树脂类胶泥池、沟、槽砌块料面层项目包括了清扫基层、洗运块料、调制胶泥、打底料、砌块料。

(19)水玻璃胶泥、耐酸沥青胶泥等池、沟、槽砌块料面层项目包括了清扫基层、洗运块料、调制胶泥、砌块料。

(20)过氯乙烯漆、沥青漆、漆酚树脂漆、酚醛树脂漆、氯磺化聚乙烯漆、聚氨酯漆等耐酸防腐涂料项目包括了清扫基层、配制油漆、油漆涂刷。

2. 保温隔热

(1)泡沫混凝土块、沥青玻璃棉毡、沥青矿渣棉毡、沥青珍珠岩块等屋面保温项目均包括了清扫基层、拍实、平整、找坡、铺砌。

(2)水泥蛭石块、现浇水泥珍珠岩、现浇水泥蛭石、干铺蛭石、干铺珍珠岩、铺细砂等屋面保温项目均包括了清扫基层、铺砌保温层。

(3)混凝土板下铺贴聚苯乙烯塑料板、沥青贴软木等天棚保温(带木龙骨)项目均包括了熬制沥青、铺贴隔热层、清理现场。

(4)聚苯乙烯塑料板、沥青贴软木等墙体保温项目均包括了木框架制作安装、熬制沥青、铺贴隔热层、清理现场。

(5)砌加气混凝土块、沥青珍珠岩板墙、水泥珍珠岩板墙等墙体保温项目均包括了搬运材料、熬制沥青、加气混凝土块锯制铺砌、铺贴隔热层。

(6)沥青玻璃棉、沥青矿渣棉、松散稻壳等墙体保温项目均包括了搬运材料、玻璃棉袋装、填装玻璃棉、矿渣棉、清理现场。

(7)聚苯乙烯塑料板、沥青贴软木、沥青铺加气混凝土块等楼地面隔热项目均包括了场内搬运材料、熬制沥青、铺贴隔热层、清理现场。

(8)聚苯乙烯塑料板、沥青贴软木等柱子保温及沥青稻壳板铺贴墙或柱子保温项目均包括了熬制沥青、铺贴隔热层、清理现场。

(二)定额一般规定

1. 耐酸防腐

(1)整体面层、隔离层适用于平面、立面的防腐耐酸工程,包括沟、坑、槽。

(2)块料面层以平面砌为准,砌立面者按平面砌相应项目,人工乘以系数 1.38,踢脚板人工乘以系数 1.56,其他不变。

(3)各种砂浆、胶泥、混凝土材料的种类,配合比及各种整体面层的厚度,如设计与定额不同时,可以换算,但各种块料面层的结合层砂浆或胶泥厚度不变。

(4)本章的各种面层,除软聚氯乙烯塑料地面外,均不包括踢脚板。

(5)花岗岩板以六面剁斧的板材为准。如底面为毛面者,水玻璃砂浆增加 0.38m^3;耐酸沥青砂浆增加 0.44m^3。

2. 保温隔热

(1)定额适用于中温、低温及恒温的工业厂(库)房隔热工程,以及一般保温工程。

(2)定额中只包括保温隔热材料的铺贴,不包括隔气防潮、保护层或衬墙等。

(3)隔热层铺贴,除松散稻壳、玻璃棉、矿渣棉为散装外,其他保温材料均以石油沥青($30^{\#}$)作胶结材料。

(4)稻壳已包括装前的筛选、除尘工序,稻壳中如需增加药物防虫时,材料另行计算,人工不变。

(5)玻璃棉、矿渣棉包装材料和人工均已包括在定额内。

(6)墙体铺贴块体材料,包括基层涂沥青一遍。

(三)工程量计算规则

1. 防腐工程量计算规则

(1)防腐工程基础定额说明

1)整体面层、隔离层适用于平面、立面的防腐耐酸工程,包括沟、坑、槽。

2)块料面层以平面砌为准,砌立面者按平面砌相应项目,人工乘系数 1.38,踢脚板人工乘系数 1.56,其他不变。

3)各种砂浆、胶泥、混凝土材料的种类，配合比及各种整体面层的厚度，如设计与定额不同时，可以换算，但各种块料面层的结合层砂浆或胶泥厚度不变。

4)本节的各种面层，除软聚氯乙烯塑料地面外，均不包括踢脚板。

5)花岗岩板以六面剁斧的板材为准。如底面为毛面者，水玻璃砂浆增加 0.38m^3，耐酸沥青砂浆增加 0.44m^3。

(2)防腐工程工程量计算规则

1)防腐工程项目应区分不同防腐材料种类及其厚度，按设计实铺面积以 m^2 计算。应扣除凸出地面的构筑物、设备基础等所占的面积，砖垛等突出墙面部分按展开面积计算并入墙面防腐工程量之内。

2)踢脚板按实铺长度乘以高度以平方米计算，应扣除门洞所占面积并相应增加侧壁展开面积。

3)平面砌筑双层耐酸块料时，按单层面积乘以系数 2 计算。

4)防腐卷材接缝、附加层、收头等人工材料，已计入在定额中，不再另行计算。

2. 保温隔热工程量计算规则

(1)保温隔热工程基础定额说明

1)定额适用于中温、低温及恒温的工业厂(库)房隔热工程，以及一般保温工程。

2)定额只包括保温隔热材料的铺贴，不包括隔气防潮、保护层或衬墙等。

3)隔热层铺贴，除松散稻壳、玻璃棉、矿渣棉为散装外，其他保温材料均以石油沥青(30 号)作胶结材料。

4)稻壳已包括装前的筛选、除尘工序，稻壳中如需增加药物防虫时，材料另行计算，人工不变。

5)玻璃棉、矿渣棉包装材料和人工均已包括在定额内。

6)墙体铺贴块体材料，包括基层涂沥青一遍。

(2)保温隔热工程工程量计算规则

1)保温隔热层应区别不同保温隔热材料，除另有规定者外，均按设计实铺厚度以 m^3 计算。

2)保温隔热层的厚度按隔热材料(不包括胶结材料)净厚度计算。

3)地面隔热层按围护结构墙体间净面积乘以设计厚度以 m^3 计算，不扣除柱、垛所占的体积。

4)墙体隔热层，外墙按隔热层中心线、内墙按隔热层净长乘以图示尺寸的高度及厚度以立方米计算。应扣除冷藏门洞口和管道穿墙洞口所占的体积。

5)柱包隔热层，按图示柱的隔热层中心线的展开长度乘以图示尺寸高度及厚度以 m^3 计算。

6)其他保温隔热：

①池槽隔热层按图示池槽保温隔热层的长、宽及其厚度以 m^3 计算。其中池壁按墙面计算，池底按地面计算。

②门洞口侧壁周围的隔热部分，按图示隔热层尺寸以 m^3 计算，并入墙面的保温隔热工程量内。

③柱帽保温隔热层按图示保温隔热层体积并入顶棚保温隔热层工程量内。

三、清单计价规范工程量计算

(一)关于防腐隔热保温工程内容的说明

1. 概况

防腐、隔热、保温工程共 3 节 14 个项目。包括防腐面层、其他防腐、隔热、保温工程。适用于工业与民用建筑的基础、地面、墙面防腐，楼地面、墙体、屋盖的保温隔热工程。

2. 有关项目的说明

(1)“防腐混凝土面层”、“防腐砂浆面层”、“防腐胶泥面层”项目适用于平面或立面的水玻璃混凝土、水玻璃砂浆、水玻璃胶泥、沥青混凝土、沥青砂浆、沥青胶泥、树脂砂浆、树脂胶泥以及聚合物水泥砂浆等防腐工程。应注意:

1)因防腐材料不同价格上的差异,清单项目中必须列出混凝土、砂浆、胶泥的材料种类,如:水玻璃混凝土、沥青混凝土等;

2)如遇池槽防腐,池底和池壁可合并列项,也可分为池底面积和池壁防腐面积,分别列项。

(2)“玻璃钢防腐面层”项目适用于树脂胶料与增强材料(如:玻璃纤维丝、布、丙璃纤维表面毡、玻璃纤维短切毡或涤纶布、丙纶毡、丙纶布、丙纶毡等)复合塑制而成的玻璃钢防腐。应注意:

1)项目名称应描述构成玻璃钢、树脂和增强材料名称。如:环氧酚醛(树脂)玻璃钢、酚醛(树脂)玻璃钢、环氧煤焦油(树脂)玻璃钢、环氧呋喃(树脂)玻璃钢、不饱和聚酯(树脂)玻璃钢等。增强材料玻璃纤维布、毡、涤纶布毡等。

2)应描述防腐部位和立面、平面。

(3)“聚氯乙烯板面层”项目适用于地面、墙面的软、硬聚氯乙烯板防腐工程。应注意:聚氯乙烯板的焊接应包括在报价内。

(4)“块料防腐面层”项目适用于地面、沟槽,基础的各类块料防腐工程。应注意:

1)防腐蚀块料粘贴部位(地面、沟槽、基础、踢脚线)应在清单项目中进行描述;

2)防腐蚀块料的规格、品种(瓷板、铸石块、天然石板等)应在清单项目中进行描述。

(5)“隔离层”项目适用于楼地面的沥青类、树脂玻璃钢类防腐工程隔离层。

(6)“砌筑沥青浸渍砖”项目适用于浸渍标准砖。工程量以体积计算,立砌按厚度 115mm 计算;平砌以 53mm 计算。

(7)“防腐涂料”项目适用于建筑物、构筑物以及钢结构的防腐。应注意:

1)项目名称应对涂刷基层(混凝土、抹灰面)进行描述;

2)需刮腻子时应包括在报价内;

3)应对涂料底漆层、中间漆层、面漆涂刷(或刮)遍数进行描述。

(8)“保温隔热屋面”项目适用于各种材料的屋面隔热保温。应注意:

1)屋面保温隔热层上的防水层应按屋面的防水项目单独列项;

2)预制隔热板屋面的隔热板与砖墩分别按混凝土及钢筋混凝土工程和砌筑工程相关项目编码列项;

3)屋面保温隔热的找坡、找平层应包括在报价内,如果屋面防水层项目包括找平层和找坡,屋面保温隔热不再计算,以免重复。

(9)“保温隔热顶棚”项目适用于各种材料的下贴式或吊顶上搁置式的保温隔热的顶棚。应注意:

1)下贴式如需底层抹灰时,应包括在报价内。

2)保温隔热材料需加药物防虫剂时,应在清单中进行描述。

(10)“保温隔热墙”项目适用于工业与民用建筑物外墙、内墙保温隔热工程。应注意:

1)外墙内保温和外保温的面层应包括在报价内,装饰层应按装饰装修工程量清单中相关项目编码列项;

2)外墙内保温的内墙保温踢脚线应包括在报价内;

3)外墙外保温、内保温、内墙保温的基层抹灰或刮腻子应包括在报价内。

3. 共性问题说明

(1)防腐工程中需酸化处理时应包括在报价内。

(2)防腐工程中的养护应包括在报价内。

(3)保温的面层应包括在项目内，面层外的装饰面层按装饰装修工程量清单中相关项目编码列项。

(二)工程量清单项目设置及工程量计算规则

1. 防腐面层

防腐面层工程量清单项目设置及工程量计算规则见表5-108。

表5-108　防腐面层(编码:010801)

项目编码	项目名称	项目特征	计量单位	工程量计算规则	工程内容
010801001	防腐混凝土面层	1. 防腐部位。 2. 面层厚度。 3. 砂浆、混凝土、胶泥种类	m^2	按设计图示尺寸以面积计算。 1. 平面防腐:扣除凸出地面的构筑物、设备基础等所占面积。 2. 立面防腐:砖垛等突出部分按展开面积并入墙面积内	1. 基层清理。 2. 基层刷稀胶泥。 3. 砂浆制作、运输、摊铺、养护。 4. 混凝土制作、运输、摊铺、养护
010801002	防腐砂浆面层				
010801003	防腐胶泥面层				1. 基层清理。 2. 胶泥调制、摊铺
010801004	玻璃钢防腐面层	1. 防腐部位。 2. 玻璃钢种类。 3. 贴布层数。 4. 面层材料品种			1. 基层清理。 2. 刷底漆、刮腻子。 3. 胶浆配制、涂刷。 4. 粘布、涂刷面层
010801005	聚氯乙烯板面层	1. 防腐部位。 2. 面层材料品种。 3. 黏结材料种类		按设计图示尺寸以面积计算 1. 平面防腐:扣除凸出地面的构筑物、设备基础等所占面积 2. 立面防腐:砖垛等突出部分按展开面积并入墙面积内 3. 踢脚板防腐:扣除门洞所占面积并相应增加门洞侧壁面积	1. 基层清理。 2. 配料、涂胶。 3. 聚氯乙烯板铺设。 4. 铺贴踢脚板
010801006	块料防腐面层	1. 防腐部位。 2. 块料品种、规格。 3. 黏结材料种类。 4. 勾缝材料种类			1. 基层清理 2. 砌块料 3. 胶泥调制、勾缝

2. 其他防腐

其他防腐工程工程量清单项目设置及工程量计算规则见表5-109。

表 5-109　其他防腐(编码:010802)

项目编码	项目名称	项目特征	计量单位	工程量计算规则	工程内容
010802001	隔离层	1. 隔离层部位。 2. 隔离层材料品种。 3. 隔离层做法。 4. 粘贴材料种类	m^2	按设计图示尺寸以面积计算。 1. 平面防腐:扣除凸出地面的构筑物、设备基础等所占面积。 2. 立面防腐:砖垛等突出部分按展开面积并入墙面积内	1. 基层清理、刷油。 2. 煮沥青。 3. 胶泥调制。 4. 隔离层铺设
010802002	砌筑沥青浸渍砖	1. 砌筑部位。 2. 浸渍砖规格。 3. 浸渍砖砌法(平砌、立砌)	m^3	按设计图示尺寸以体积计算	1. 基层清理。 2. 胶泥调制。 3. 浸渍砖铺砌
010802003	防腐涂料	1. 涂刷部位。 2. 基层材料类型。 3. 涂料品种、刷涂遍数	m^2	按设计图示尺寸以面积计算。 1. 平面防腐:扣除凸出地面的构筑物、设备基础等所占面积。 2. 立面防腐:砖垛等突出部分按展开面积并入墙面积内	1. 基层清理。 2. 刷涂料

3. 隔热、保温

隔热、保温工程工程量清单项目设置及工程量计算规则见表 5-110。

表 5-110　隔热、保温(编码:010803)

<table>
<tr><th>项目编码</th><th>项目名称</th><th>项目特征</th><th>计量单位</th><th>工程量计算规则</th><th>工程内容</th></tr>
<tr><td>010803001</td><td>保温隔热屋面</td><td rowspan="5">1. 保温隔热部位。
2. 保温隔热方式(内保温、外保温、夹心保温)。
3. 踢脚线、勒脚线保温做法。
4. 保温隔热面层材料品种、规格、性能。
5. 保温隔热材料品种、规格。
6. 隔气层厚度。
7. 黏结材料种类。
8. 防护材料种类</td><td rowspan="5">m^2</td><td rowspan="2">按设计图示尺寸以面积计算。不扣除柱、垛所占面积</td><td rowspan="2">1. 基层清理。
2. 铺粘保温层。
3. 刷防护材料</td></tr>
<tr><td>010803002</td><td>保温隔热天棚</td></tr>
<tr><td>010803003</td><td>保温隔热墙</td><td>按设计图示尺寸以面积计算。扣除门窗洞口所占面积;门窗洞口侧壁需做保温时,并入保温墙体工程量内</td><td rowspan="2">1. 基层清理。
2. 底层抹灰。
3. 粘贴龙骨。
4. 填贴保温材料。
5. 粘贴面层。
6. 嵌缝。
7. 刷防护材料</td></tr>
<tr><td>010803004</td><td>保温柱</td><td>按设计图示以保温层中心线展开长度乘以保温层高度计算</td></tr>
<tr><td>010803005</td><td>隔热楼地面</td><td>按设计图示尺寸以面积计算。不扣除柱、垛所占面积</td><td>1. 基层清理。
2. 铺设粘贴材料。
3. 铺贴保温层。
4. 刷防护材料</td></tr>
</table>

(三)工程量清单编制相关问题的处理

(1)保温隔热墙的装饰面层,应按装饰装修工程工程量清单项目及计算规则中墙、柱面工程中相关项目编码列项。

(2)柱帽保温隔热应并入天棚保温隔热工程量内。

(3)池槽保温隔热,池壁、池底应分别编码列项,池壁应并入墙面保温隔热工程量内,池底应并入地面保温隔热工程量内。

四、常用施工配合比

(一)沥青胶泥施工配合比

沥青胶泥的施工配合比见表 5-111。

表 5-111　沥青胶泥施工配合比

沥青软化点(℃)	配合比(重量计)			胶泥软化点(℃)	适用部位
	沥青	粉料	石棉		
75 90～110	100 100	30 30	5 5	75 95～110	隔离层用
75 90～110	100 100	80 80	5 5	95 110～115	灌缝用
75 90～110	100 100	100 100	5 10～15	95 120	铺砌平面板块材用
65～75 90～110	100 100	150 150	5 10～5	105～110 125～135	铺砌立面板块材用
65～75 90～110	100 100	200 200	5 10～5	120～145 >145	灌缝法铺砌平面结合层用
75	100	—	25	70～90	铺贴卷材

注:1. 配制耐热稳定性大于 70℃的沥青胶泥,可采用掺加沥青用量 5%左右的硫磺提高沥青软化点。
2. 沥青胶泥的比重为 1.35～1.48。

(二)沥青砂浆和沥青混凝土施工配合比

沥青砂浆和沥青混凝土的施工配合比见表 5-112。

表 5-112　沥青砂浆和沥青混凝土施工配合比

种类	配合比(重量计)								适用部位
	石油沥青			粉料	石棉	砂子	碎石(mm)		
	30 号	10 号	55 号				5～20	20～40	
沥青砂浆	100	—	—	166		466	—	—	砌筑用
	100	—	—	100	5～8	100～200	—		涂抹用
	—	100	—	150	—	583	—	—	砌筑用
	—	50	50	142	—	567	—	—	面层用
	—	—	—	100	—	400	—	—	砌筑用

表 5-112(续)

种类	配合比(重量计)								适用部位
	石油沥青			粉料	石棉	砂子	碎石(mm)		
	30号	10号	55号				5～20	20～40	
沥青混凝土	100	—	—	90	—	360	140	310	作面层用
	100	—	—	67	—	244	266	—	
	—	100	—	100	—	500	300	—	
	—	50	50	84	—	333	417	—	
	—	—	—	33	—	400	300		

注:涂抹立面的沥青砂浆,抗压强度可不受限制。

(三)改性水玻璃混凝土配合比

改性水玻璃混凝土的配合比见表 5-113。

表 5-113 改性水玻璃混凝土配合比(重量比)

改性水玻璃溶液					氟硅酸钠	辉绿岩粉	石英砂	石英碎石
水玻璃	糠醇	六羟树脂	NNO	木钙				
100	3～5	—	—	—	15	180	250	320
100	—	7～8	—	—	15	190	270	345
100	—	—	10	—	15	190	270	345
100	—	—	—	2	15	210	230	320

注:1. 糠醇为淡黄色或微棕色液体,要求纯度 95%以上,密度 1.287～1.296;六羟树脂为微黄色透明液体,要求固体含量 40%,游离醛不大于 2～3%,NNO 呈粉状,要求硫酸钠含量小于 3%,pH 值 7～9;木钙为黄棕色粉末,密度 1.055,碱木素含量大于 55%,pH 值为 4～6。

2. 糠醇改性水玻璃溶液另加糖醇用量 3～5%的催化剂盐酸苯胺,盐酸苯胺要求纯度 98%以上,细度通过 0.25mm 筛孔。NNO 配成 1∶1 水溶液使用;木钙加 9 份水配成溶液使用,表中为溶液掺量。氟硅酸钠纯度按 100%计。

五、常见材料用料计算

(一)各种胶泥、砂浆、混凝土、玻璃钢用料计算

各种胶泥、砂浆、混凝土、玻璃钢用料按下列公式计算(均按重量比计算)。

(1)统一计算公式:设甲、乙、丙三种材料密度分别为 A、B、C,配合比分别为 a、b、c,则单位用量 $G=\frac{1}{a+b+c}$

甲材料用量(重量)$=G\times a$ 乙材料用量(重量)

$=G\times b$ 丙材料用量(重量)

$=G\times c$

$$配合后 1m^3 砂浆(胶泥)重量=\frac{1}{\frac{G\times a}{A}+\frac{G\times b}{B}+\frac{G\times c}{C}}kg$$

$1m^3$ 砂浆(胶泥)需要各种材料重量分别为:

甲材料(kg)$=1m^3$ 砂浆(胶泥)重量$\times G\times a$

乙材料(kg)$=1m^3$ 砂浆(胶泥)重量$\times G\times b$

丙材料(kg)$=1m^3$ 砂浆(胶泥)重量$\times G\times c$

(2)例如：耐酸沥青砂浆(铺设压实)用配合比(重量比)1.3∶2.6∶7.4即沥青∶石英粉∶石英砂

$$单位用量G=\frac{1}{1.3+2.6+7.4}=0.0885$$

$$沥青=1.3\times0.0885=0.115$$

$$石英粉=2.6\times0.0885=0.23$$

$$石英砂=7.4\times0.0885=0.665$$

$$1m^3砂浆重量=\frac{100}{\frac{0.115}{1.1}+\frac{0.23}{2.7}+\frac{0.655}{2.7}}=2326kg$$

每m^3砂浆材料用量：

沥　青=2326×0.115=267kg(另加损耗)

石英粉=2326×0.23=535kg(另加损耗)

石英砂=2326×0.655=1524kg(另加损耗)

注：树脂胶泥中的稀释剂：如丙酮、乙醇、二甲苯等在配合比计算中未有比例成分，而是按取定值见表5-114直接算入的。

表5-114　树脂胶泥中的稀释剂参考取定值

材料名称＼种类	环氧胶泥	酚醛胶泥	环氧酚醛胶泥	环氧呋喃胶泥	环氧煤焦油胶泥	环氧打底材料
丙酮	0.1		0.06	0.06	0.04	1
乙醇		0.06				
乙二胺苯磺酰氯	0.08		0.05	0.05	0.04	0.07
二甲苯		0.08			0.10	

(二)保温隔热材料计算

(1)胶结料的消耗量按隔热层不同部件、缝厚的要求按实计算。

(2)熬制沥青损耗用木柴为0.46kg/kg沥青。

(3)关于稻壳损耗率相关问题，只包括施工损耗2%，晾晒损耗5%，共计7%。施工后墙体、屋面松散稻壳的自然沉陷损耗，未包括在定额内。露天堆放损耗约4%(包括运输损耗)，应计算在稻壳的预算价格内。

(三)块料面层用料计算

(1)块料：

$$每100m^2块料用量=\frac{100}{(块料长+灰缝宽)\times(块料宽+灰缝宽)}$$

$$=块数(另加损耗)$$

(2)胶料(各种胶泥或砂浆)：

$$计算量=结合层数量+灰缝胶料计算量$$

$$=m^3(另加损耗)$$

其中：每$100m^2$灰缝胶料计算量=(100－块料长×块料宽×块数)×灰缝深度。

(3)水玻璃胶料基层涂稀胶泥用量为$0.2m^3/100m^2$。

(4)表面擦拭用的丙酮，按$0.1kg/m^2$计算。

(5)其他材料费按每$100m^2$用棉纱2.4kg计算。

六、每 100m² 胶结料(沥青)参考消耗量

每 100m² 胶结料(沥青)的参考消耗量见表 5-115。

表 5-115　每 100m² 胶结料(沥青)参考消耗量　(kg)

隔热材料名称	缝厚(mm)	墙体、柱子、吊顶				楼地面	
		独立墙体		附墙、柱子、吊顶		基本层厚	
		基本层厚 100	基本层厚 200	基本层厚 100	基本层厚 200	100	200
软木板	4	47.41					
软木板	5			93.50		115.50	
聚苯乙烯泡沫塑料	4	47.41					
聚苯乙烯泡沫塑料	5			93.50		115.50	
加气混凝土块	5		34.10		60.50		
膨胀珍珠岩板	4			93.50			60.50
稻壳板	4			93.50			

注:1. 表内所沥青用量未加损耗。
2. 独立板材墙体、吊顶的木框架及龙骨所占体积已按设计扣除。

七、防腐、保温、隔热工程工程量计算示例

【例 5-52】 保温平屋面,尺寸如图 5-74 所示,做法如下:空心板上 1∶3 水泥砂浆找平 20 厚,刷冷底油两遍,沥青隔气层一遍,8 厚水泥蛭石块保温层,1∶10 现浇水泥蛭石找坡,1∶3 水泥砂浆找平 20 厚,SBS 改性沥青卷材满铺一层,点式支撑预制混凝土架空隔热板,板厚 60mm,计算水泥蛭石块保温层和预制混凝土架空隔热板工程量。

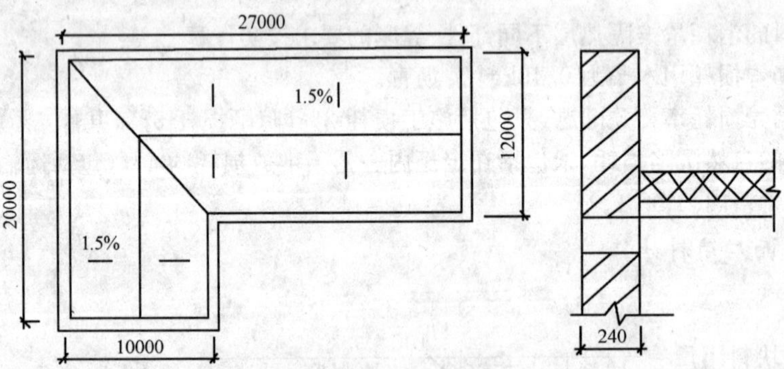

图 5-74　保温平屋面

【解】 (1)保温隔热屋面工程量计算如下:

计算公式:屋面保温层工程量=保温层设计长度×设计宽度

屋面保温层工程量=(27.00−0.24)×(12.00−0.24)+(10.00−0.24)×(20.00−12.00)

=392.78m²

(2)其他构件工程量计算如下:

计算公式:预制混凝土板架空隔热板工程量=设计长度×设计宽度×厚度

预制混凝土板架空隔热层工程量＝(27.00－0.24)×(12.00－0.24)＋(10.00－0.24)×(20.00－12.00)×0.06＝23.57m^3

【例 5-53】 图 5-75 是冷库平面图，设计采用软木保温层，厚度 0.01m，顶棚做带木龙骨保温层，试计算该冷库室内软木保温隔热层工程量。

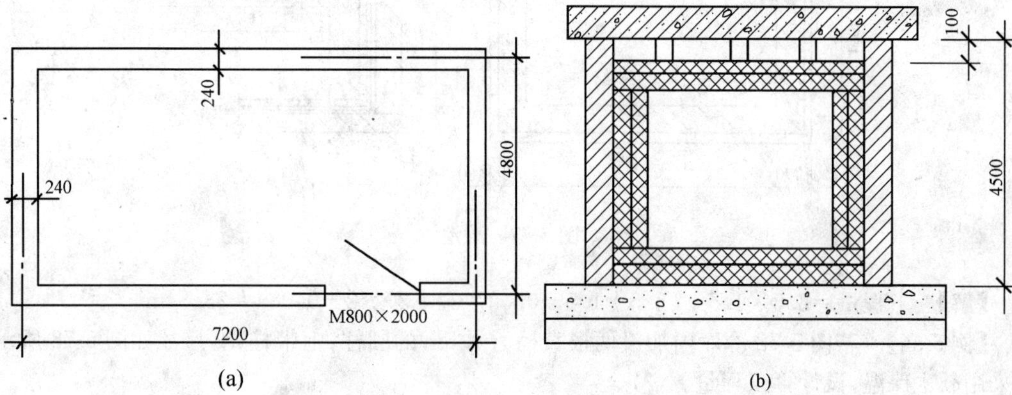

图 5-75 软本保温隔热冷库简图

【解】 (1)地面保温隔热层工程量为：

$$[(7.2-0.24)(4.8-0.24)+0.8\times0.24]\times0.1=3.19\text{m}^3$$

(2)钢筋混凝土板下软木保温层工程

$$(7.2-0.24)(4.8-0.24)\times0.1=3.17\text{m}^3=0.317\times10\text{m}^3$$

(3)墙体按附墙铺贴软木考虑，工程量为：

$$[(7.2-0.24-0.1+4.8-0.24-0.1)\times2\times(4.5-0.3)-0.8\times2]\times0.1$$
$$=9.43\text{m}^3$$
$$=0.943\times10\text{m}^3$$

【例 5-54】 某仓库防腐地面、踢脚线抹铁屑砂浆，厚度 20mm，尺寸如图 5-76 所示，计算地面、踢脚线抹铁屑砂浆工程量。

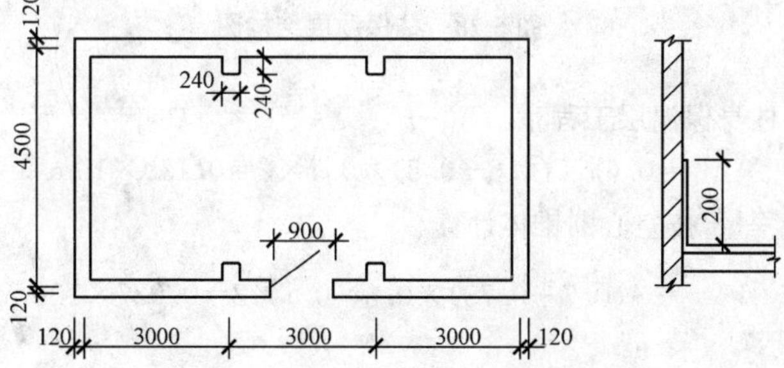

图 5-76 仓库防腐地面、踢脚线尺寸

【解】 (1)防腐砂浆面层工程量计算如下：

计算公式：耐酸防腐地面工程量＝设计图示净长×净宽－应扣面积、耐酸防腐地面工程量＝(9－0.24)×(4.5－0.24)＝38.19m^2

(2)防腐砂浆面层工程量计算如下：

计算公式：耐酸防腐踢脚线工程量＝(踢脚线净长＋门、垛侧面宽度－门宽)×净高踢脚线工程量＝[(9－0.24＋0.24×4＋4.5－0.24)×2－0.9＋0.12×2]×0.2＝5.46m^2

【例 5-55】 求图 5-77 酸池贴耐酸瓷砖、水玻璃耐酸砂浆砌工程量。

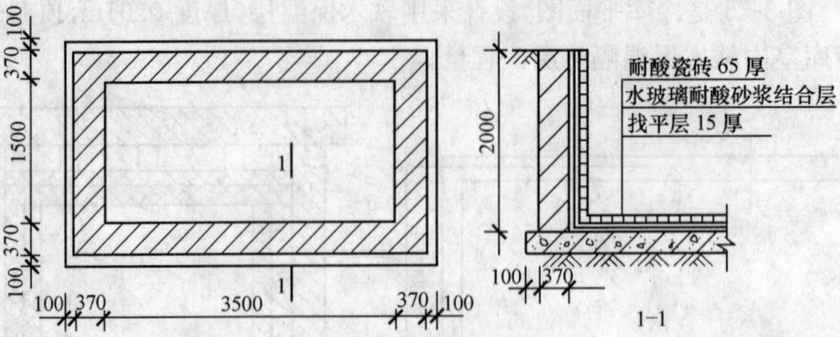

图 5-77　酸池

【解】 工程量＝3.5×1.5＋(3.5＋1.5－0.08×2)×2×(2－0.08)＝23.84m^2

【例 5-56】 若图 5-78 冷库内加设两根直径为 0.5m 的圆柱，上带柱帽，尺寸如图 5-78 所示，仍采用软木保温，试计算工程量。

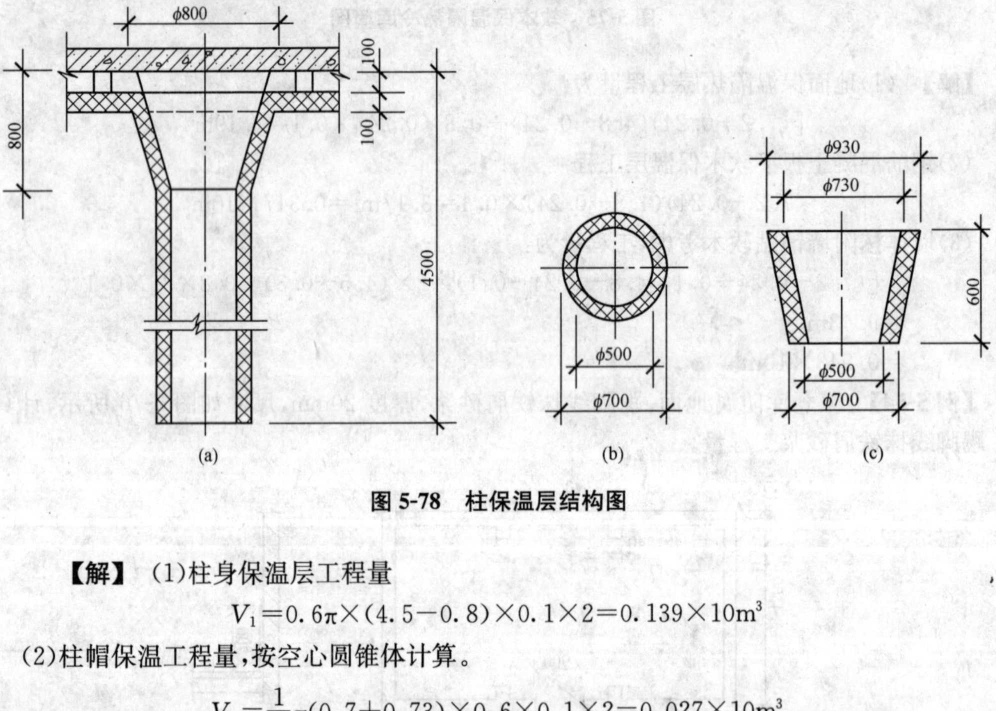

图 5-78　柱保温层结构图

【解】 (1)柱身保温层工程量

$$V_1=0.6\pi\times(4.5-0.8)\times0.1\times2=0.139\times10\text{m}^3$$

(2)柱帽保温工程量，按空心圆锥体计算。

$$V_2=\frac{1}{2}\pi(0.7+0.73)\times0.6\times0.1\times2=0.027\times10\text{m}^3$$

第九节　脚手架工程

一、相关说明

1. 脚手架的概念

脚手架是指为施工作业需要所搭设的架子。随着脚手架品种和多功能用途的发展，现已扩展为使用脚手架材料(杆件、配件和构件)所搭设的、用于施工要求的各种临时性构架。

2. 脚手架的分类与构造

(1)脚手架按照方法主要分为以下几种

1)按用途分为操作(作业)脚手架、防护用脚手架、承重支撑用脚手架。

2)按构架方式分为杆件组合式脚手架、框架组合式脚手架、格构件组合式脚手架和台架。

3)按设置形式分为单排脚手架、双排脚手架、多排脚手架、满堂脚手架、满高脚手架、交圈(周边)脚手架和特形脚手架。

4)按脚手架的支固方式分为落地式脚手架、悬挑脚手架、附墙悬挂脚手架、悬吊脚手架、附着升降脚手架和水平移动脚手架。

5)按脚手架平、立杆的连接方式分为承插式脚手架、扣接式脚手架和销栓式脚手架。

6)按脚手架材料分为竹脚手架、木脚手架和钢管或金属脚手架。

(2)扣件式钢管外脚手架构造形式见图 5-79。其相邻立杆接头位置应错开布置在不同的步距内,与相近大横杆的距离不宜大于步距的 1/3,上下横杆的接长位置也应错开布置在不同的立杆纵距中,与相邻立杆的距离不大于纵距的 1/3(图 5-80)。

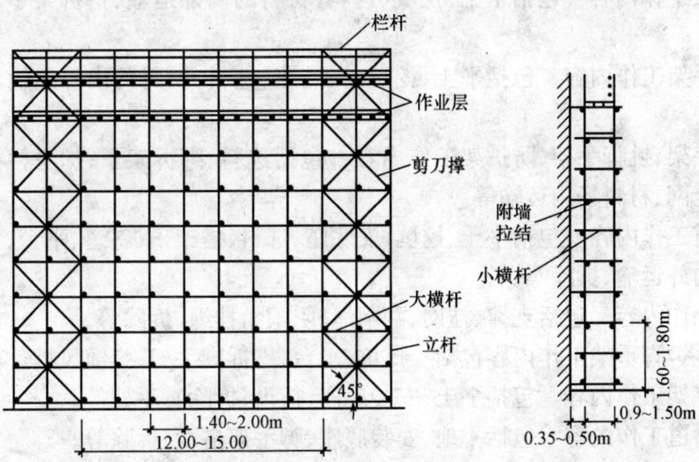

图 5-79　扣件式钢管外脚手架

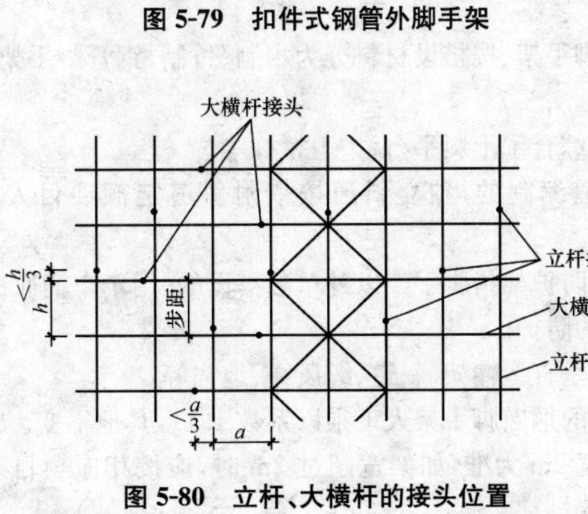

图 5-80　立杆、大横杆的接头位置

3. 脚手架定额的分项方法

在实际的施工过程中,需要搭设的各种脚手架,因施工的需要决定搭设的方法有所不同,加上施工企业的管理方法和装备水平有所不同,脚手架费用也存在着一定的差异。为了正确计算脚手架费用，计价定额按照既简化计算方法又相对合理的原则，将脚手架分为综合脚手架和单项脚手架。综合脚手架项目中又分单层建筑和多层建筑。单项脚手架的项目分为里脚手架、外脚手架、悬空脚手架、挑脚手架、满堂脚手架、水平防护架、垂直防护架和建筑物的垂直封闭架网。

凡能够按《建筑工程建筑面积计算规范》(GB/T 50353—2005)计算建筑面积的建筑工程均按综合脚手架定额计算。综合脚手架的工程量就是建筑面积，单位为平方米。定额已综合考虑了砌筑、浇筑、吊装、抹灰、油漆涂料等脚手架费用。

凡不能按"建筑面积计算规则"计算建筑面积的建筑工程，施工时又必须搭设脚手架时，按单项脚手架计算其费用。

二、基础定额工程量计算

(一)定额工作内容

(1)外脚手架工作内容　包括平土、挖坑、安底座、打缆风绳、场内外材料运输、搭拆脚手架、上料平台、挡脚板、护身栏杆、上下翻板子和拆除后的材料堆放整理等。

(2)里脚手架工作内容　包括平土、挖坑、选料、材料的内外运输、搭拆架子、脚手架、拆除后材料堆放等。

(3)满堂脚手架工作内容　包括平土、挖坑、安底座、选料、材料的内外运输、搭拆架子、搭拆脚手板等。

(4)悬空脚手架、挑脚手架、防护架工作内容　包括选料、绑拆架子、护身栏杆、铺拆板子、安全挡板、挂卸安全网、材料场内运输等。

(5)依附斜道工作内容　包括平土、挖坑、安底座、选料、搭架子、斜道、平台、挡脚板、栏杆、钉防滑条、材料场内外运输、拆除等。

(6)安全网工作内容　包括支撑、挂网、翻网绳、阴阳角挂绳、拆除等。

(7)烟囱(水塔)脚手架工作内容包括　挖坑、平台、搭拆脚手架、打缆风桩、拉缆风绳等。

(8)电梯井字架工作内容　包括平土、安装底座、搭设、拆除脚手架等。

(9)架空运输道工作内容　包括平地、安装底座、脚手架搭设、拆除等。

(二)定额一般规定

(1)定额中脚手架、里脚手架、按搭设材料分为木制、竹制、钢管脚手架；烟囱脚手架和电梯井字脚手架为钢管式脚手架。

(2)外脚手架定额中均综合了上料平台、护卫栏杆等。

(3)斜道是按依附斜道编制的，独立斜道按依附斜道定额项目人工、材料、机械乘以系数1.8。

(4)水平防护架和垂直防护架指脚手架以外单独搭设的，用于车辆通道、人行通道、临街防护和施工与其他物体隔离等的防护。

(5)烟囱脚手架综合了垂直运输架、斜道、缆风绳、地锚等。

(6)水塔脚手架按相应的烟囱脚手架人工乘以系数1.11，其他不变。

(7)架空运输道，以架宽2m为准，如架宽超过2m时，应按相应项目乘以系数1.2，超过3m时按相应项目乘以系数1.5。

(8)满堂基础套用满堂脚手架基本层定额项目的50%计算脚手架。

(9)外架全封闭材料按竹笮考虑，如采用竹笆板时，人工乘以系数1.10；采用纺织布时，人工乘以系数0.80。

(10)高层钢管脚手架是按现行规范为依据计算的，如采用型钢平台加固时，各地市自行补充定额。

(三)工程量计算规则

1. 脚手架工程量计算一般规则

(1)建筑物外墙脚手架,凡设计室外地坪至檐口(或女儿墙上表面)的砌筑高度在15m以下的按单排脚手架计算;砌筑高度在15m以上的或砌筑高度虽不足15m,但外墙门窗及装饰面积超过外墙表面积60%以上时,均按双排脚手架计算。

采用竹制脚手架时,按双排计算。

(2)建筑物内墙脚手架,凡设计室内地坪至顶板下表面(或山墙高度的1/2处)的砌筑高度在3.6m以下的,按外脚手架计算。

(3)石砌墙体,凡砌筑高度超过1.0m以上时,按外脚手架计算。

(4)计算内、外墙脚手架时,均不扣除门、窗洞口、空圈洞口等所占的面积。

(5)同一建筑物高度不同时,应按不同高度分别计算。

(6)现浇钢筋混凝土框架柱、梁按双排脚手架计算。

(7)围墙脚手架,凡室外自然地坪至围墙顶面的砌筑高度在3.6m以下的按里脚手架计算;砌筑高度在3.6m以上时,按单排脚手架计算。

(8)室内天棚装饰面距设计室内地坪在3.6m以上时,应计算满堂脚手架,计算满堂脚手架后,墙面装饰工程则不再计算脚手架。

(9)滑升模板施工的钢筋混凝土烟囱、筒仓,不另计算脚手架。

(10)砌筑贮仓,按双排外脚手架计算。

(11)贮水(油)池,大型设备基础,凡距地坪高度超过1.2m以上的,均按双排脚手架计算。

(12)整体满堂钢筋混凝土基础,凡其宽度超过3m以上时,按其底板面积计算满堂脚手架。

2. 砌筑脚手架工程量计算

(1)外脚手架按外墙外边线长度,乘以外墙砌筑高度以平方米计算,突出墙外宽度在24cm以内的墙垛、附墙烟囱等不计算脚手架;宽度超过24cm以外时按图示尺寸展开计算,并入外脚手架工程量之内。

(2)里脚手架按墙面垂直投影面积计算。

(3)独立砖柱按图示结构外围周长另加3.6m,乘以砌筑高度以平方米计算,套用相应外脚手架定额。

3. 现浇钢筋混凝土框架脚手架工程量计算

(1)现浇钢筋混凝土柱,按柱图示周长尺寸另加3.6m,乘以柱高,以平方米计算,套用相应外脚手架定额。

(2)现浇钢筋混凝土梁、墙,按设计室外地坪或楼板上表面至楼板底之间的高度,乘以梁、墙净长以平方米计算,套用相应双排外脚手架定额。

4. 装饰工程脚手架工程量计算

(1)满堂脚手架,按室内净面积计算,其高度在3.6～5.2m之间时,计算基本层,超过5.2m时,每增加1.2m按增加一层计算,不足0.6m的不计。

(2)挑脚手架,按搭设长度和层数,以延长米计算。

(3)悬空脚手架,按搭设水平投影面积以平方米计算。

(4)高度超过3.6m墙面装饰不能利用原砌筑脚手架时,可以计算装饰脚手架。装饰脚手架按双排脚手架乘以0.3计算。

5. 其他脚手架工程量计算

(1)水平防护架按实际铺板的水平投影面积,以平方米计算。

(2)垂直防护架按自然地坪至最上一层横杆之间的搭设高度,乘以实际搭设长度,以平方米计算。

(3)架空运输脚手架按搭设长度以延长米计算。

(4)烟囱、水塔脚手架区别不同搭设高度,以座计算。

(5)电梯井脚手架按单孔以座计算。

(6)斜道区别不同高度以座计算。

(7)砌筑贮仓脚手架不分单筒或贮仓组均按单筒外边线周长,乘以设计室外地坪至贮仓上口之间高度,以平方米计算。

(8)贮水(油)池脚手架按其外形周长乘以地坪至外形顶面边线之间高度,以平方米计算。

(9)大型设备基础脚手架按其外形周长乘以地坪至外形顶面边线之间高度,以平方米计算。

(10)建筑物垂直封闭工程量按封闭面的垂直投影面积计算。

6. 安全网工程量计算

(1)立挂式安全网按架网部分的实挂长度乘以实挂高度计算。

(2)挑出式安全网按挑出的水平投影面积计算。

第十节　构件运输及安装工程

一、相关说明

1. 构件运输

(1)预制混凝土构件运输工作内容　包括设置一般支架(垫木条)、装车绑扎、运输、按规定地点卸车堆放支垫稳固。

(2)金属结构构件运输工作内容　包括按技术要求装车、绑扎运输、按指定地卸车堆放。

(3)木门窗运输工作内容　包括装车、绑扎、运输、按指定地卸车、堆放。

2. 预制混凝土构件安装

预制混凝土构件安装工作内容包括:构件翻身、就位、加固、安装、校正、垫实结点、焊接或紧固螺栓。

3. 金属结构构件安装

金属结构构件安装工作内容包括:构件加固、吊装校正、拧紧螺栓、电杆固定、翻身就位。

4. 钢屋架、钢网架、钢托架等拼装

钢屋架、钢网架、钢托架等拼装工作内容包括:搭拆拼装台;将工厂制作的榀段拼装成整体、校正、焊接或螺栓固定。

5. 钢屋架、钢网架、钢托架等安装

钢屋架、钢网架、钢托架等安装工作内容包括:构件加固、吊装校正、拧紧螺栓、电杆固定、翻身就位。

二、基础定额工程量计算

(一)定额工作内容

1. 构件运输

(1)预制混凝土构件运输工作内容包括:设置一般支架(垫木条)、装车绑扎、运输、按规定地点卸车堆放支垫稳固。

(2)金属结构构件运输工作内容包括:按技术要求装车、绑扎运输、按指定地卸车堆放。

(3)木门窗运输工作内容包括:装车、绑扎、运输、按指定地卸车、堆放。

2. 预制混凝土构件安装

预制混凝土构件安装工作内容包括:构件翻身、就位、加固、安装、校正、垫实结点、焊接或紧固螺栓。

3. 金属结构构件安装

金属结构构件安装工作内容包括:构件加固、吊装校正、拧紧螺栓、电杆固定、翻身就位。

4. 钢屋架、钢网架、钢托架等拼装

钢屋架、钢网架、钢托架等拼装工作内容包括:搭拆拼装台;将工厂制作的榀段拼装成整体、校正、焊接或螺栓固定。

5. 钢屋架、钢网架、钢托架等安装

钢屋架、钢网架、钢托架等安装工作内容包括:构件加固、吊装校正、拧紧螺栓、电杆固定、翻身就位。

(二)定额一般规定

1. 构件运输

(1)定额包括了混凝土构件运输、金属结构构件运输及木门窗运输。

(2)定额适用于由构件堆放场地或构件加工厂至施工现场的运输。

(3)定额按构件的类型和外形尺寸划分。混凝土构件分为六类;金属结构构件分为三类,如表5-116及表5-117。

表 5-116　预制混凝土构件分类

类　别	项　　　　目
1	4m以内空心板、实心板
2	6m以内的桩、屋面板、工业楼板、进深梁、基础梁、吊车梁、楼梯休息板、楼梯段、阳台板
3	6m以上至14m梁、板、柱、桩,各类屋架、桁架、托架(14m以上另行处理)
4	天窗架、挡风架、侧板、端壁板、天窗上下档、门框及单件体积在0.1m³以内小构件
5	装配式内、外墙板、大楼板、厕所板
6	隔墙板(高层用)

表 5-117　金属结构构件分类

类　别	项　　　　目
1	钢柱、屋架、托架梁、防风桁架
2	吊车梁、制动梁、型钢檩条、钢支撑、上下档、钢拉杆栏杆、盖板、垃圾出灰门、倒灰门、篦子、爬梯、零星构件平台、操作台、走道休息台、扶梯、钢吊车梯台、烟囱紧固箍
3	墙架、挡风架、天窗架、组合檩条、轻型屋架、滚动支架、悬挂支架、管道支架

(4)定额综合考虑了城镇、现场运输道路等级、重车上下坡等各种因素,不得因道路条件不同而修改定额。

(5)构件运输过程中,如遇路桥限载(限高),而发生的加固、拓宽等费用及有电车线路和公安交通管理部门的保安护送费用,应另行处理。

2. 构件安装

(1)定额是按单机作业制定的。

(2)定额是按机械起吊点中心回转半径 15m 以内的距离计算的。如超出 15m 时,应另按构件 1km 运输定额项目执行。

(3)每一工作循环中,均包括机械的必要位移。

(4)定额是根据履带式起重机、轮胎式起重机、塔式起重机分别编制的。如使用汽车式起重机时,按轮胎式起重机相应定额项目计算,乘以系数 1.05。

(5)定额不包括起重机械、运输机械行驶道路的修整、铺垫工作的人工、材料和机械。

(6)柱接柱定额未包括钢筋焊接。

(7)小型构件安装系指单体小于 0.1m^3 的构件安装。

(8)升板预制柱加固系指预制柱安装后,至楼板提升完成期间,所需的加固搭设费。

(9)定额内未包括,金属构件拼接和安装所需的连接螺栓。

(10)钢屋架单榀重量在 1t 以下者,按轻钢屋架定额计算。

(11)钢柱、钢屋架、天窗架安装定额中,不包括拼装工序,如需拼装时,按拼装定额项目计算。

(12)凡单位一栏中注有“%”者,均指该项费用占本项定额总价的百分数。

(13)预制混凝土构件若采用砖模制作时,其安装定额中的人工、机械乘以系数 1.1。

(14)预制混凝土构件和金属构件安装定额均不包括为安装工程所搭设的临时性脚手架,若发生应另按有关规定计算。

(15)定额中的塔式起重机台班均已包括在垂直运输机械费定额中。

(16)单层房屋盖系统构件必须在跨外安装时,按相应的构件安装定额的人工、机械台班乘系数 1.18,用塔式起重机、卷扬机时,不乘此系数。

(17)定额综合工日不包括机械驾驶人工工日。

(18)钢柱安装在混凝土柱上,其人工、机械乘以系数 1.43。

(19)钢构件的安装螺栓均为普通螺栓,若使用其他螺栓时,应按有关规定进行调整。

(20)预制混凝土构件、钢构件,若需跨外安装时,其人工、机械乘以系数 1.18。

(21)钢网架拼装定额不包括拼装后所用材料,使用定额时,可按实际施工方案进行补充。

(22)钢网架定额是按焊接考虑的,安装是按分体吊装考虑的,若施工方法与定额不同时,可另行补充。

(三)定额工程量计算规则

1. 构件运输

(1)预制混凝土构件运输的损耗率,按表 5-118 规定计算后并入构件工程量内。其中预制混凝土屋架、桁架、托架及长度在 9m 以上的梁、板、柱不计算损耗率。

表 5-118　预制钢筋混凝土构件制作、运输、安装损耗率表　（%）

名　称	制作废品率	运输堆放损耗	安装(打桩)损耗
各类预制构件	0.2	0.8	0.5
预制钢筋混凝土桩	0.1	0.4	1.5

注：1. 成品损耗：指构件起模归堆时发生的损耗。

2. 运输、安装、打桩损耗：指构件在运输和吊装、打桩过程中发生的损耗。

(2)预制混凝土构件运输按构件图示尺寸，以实体积计算。

(3)预制混凝土构件运输的最大运输距离取50km以内；钢构件和木门窗的最大运输距离20km以内；超过时另行补充。

(4)加气混凝土板(块)、硅酸盐块运输每立方米折合钢筋混凝土构件体积0.4m^3按一类构件运输计算。

(5)钢构件按构件设计图示尺寸以吨计算，所需螺栓、电焊条等重量不另计算。

(6)木门窗以外框面积以平方米计算。

2. 构件安装

(1)预制混凝土构件安装

1)焊接形成的预制钢筋混凝土框架结构，其柱安装按框架柱计算，梁安装按框架梁计算；节点浇注成形的框架，按连体框架梁、柱计算。

2)预制钢筋混凝土工字形柱、矩形柱、空腹柱、双肢柱、空心柱、管道支架等安装，均按柱安装计算。

3)组合屋架安装，以混凝土部分实体体积计算，钢杆件部分不另计算。

4)预制钢筋混凝土多层柱安装、首层柱按柱安装计算，二层及二层以上按柱接柱计算。

(2)金属构件安装

1)钢筋构件安装按图示构件钢材重量以吨计算。

2)依附于钢柱上的牛腿及悬臂梁等，并入柱身主材重量计算。

3)金属结构中所用钢板，设计为多边形者，按矩形计算，矩形的边长以设计尺寸中互相垂直的最大尺寸为准。

第十一节　建筑工程垂直运输定额

一、相关说明

工程起重机械是各种工程建设中广泛应用的重要起重设备。它适用于工业与民用建筑和工业设备安装等工程中的结构与设备的安装工作，以及建筑材料、建筑构件的垂直运输、短距离水平运输和装卸工作。它对减轻劳动强度，节省人力，降低建设成本，提高劳动生产率，加快建设速度，实现工程施工机械化起着十分重要的作用。

根据中华人民共和国国家标准，起重机械分塔式起重机、汽车式起重机、轮胎式起重机、履带式起重机、桅杆式起重机、缆索起重机、施工升降机、建筑卷扬机等8大类29种。

各类起重机通常由动力装置、工作机构、金属结构和控制系统4部分组成。动力装置是起重机做功的能源，分电动机和内燃机两种。工作机构是实现起重机不同运动要求而设置的，分为起升、变幅、回转和行走四大机构。金属结构是起重机的骨架，它承受起重机的自重以及作业时的各种外载荷。控制系统包括操纵装置和安全装置，其中设有离合器、制动器、停止器、液压传动中的各种阀，以及各种类型的调速装置和安全装置等，通过控制系统以实现各机构的启动、调速、换向、制动和停止，从而达到起重机作业所要求的各种动作。

鉴于篇幅所限，本书就不一一介绍了。

二、基础定额工程量计算

(一)定额工作内容

(1)20m(6层)以内卷扬机施工包括单位工程在合理工期内完成全部工程项目所需的卷扬机台班。

(2)20m(6层)以内塔式起重机施工包括单位工程在合理工期内完成全部工程项目所需的塔吊、卷扬机台班。

(3)20m(6层)以上塔式起重机施工包括单位工程在合理工期内完成全部工程项目所需的塔吊、卷扬机、外用电梯和通信用步话机以及通信联络配备的人工。

(4)构筑物的垂直运输包括单位工程在合理工期内完成全部工程项目所需要的塔吊、卷扬机。

(二)定额一般规定

1. 建筑物垂直运输

(1)檐高是指设计室外地坪至檐口的高度，突出主体建筑屋顶的电梯间、水箱间等不计入檐口高度之内。

(2)定额工作内容，包括单位工程在合理工期内完成全部工程项目所需的垂直运输机械台班，不包括机械的场外往返运输，一次安拆及路基铺垫和轨道铺拆等的费用。

(3)同一建筑物多种用途(或多种结构)，按不同用途或结构分别计算。分别计算后的建筑物檐高均应以该建筑物总檐高为准。

(4)定额中现浇框架系指柱、梁全部为现浇的钢筋混凝土框架结构，如部分现浇时按现浇框架定额乘以0.96系数，如楼板也为现浇的钢筋混凝土时，按现浇框架定额乘以1.04系数。

(5)预制钢筋混凝土柱、钢屋架的单层厂房按预制排架定额计算。

(6)单身宿舍按住宅定额乘以0.9系数。

(7)定额是按Ⅰ类厂房为准编制的，Ⅱ类厂房定额乘以1.14系数。厂房分类见表5-119。

表5-119 厂房分类

Ⅰ 类	Ⅱ 类
机加工、机修、五金缝纫、一般纺织(粗纺、制条、洗毛等)及无特殊要求的车间	厂房内设备基础及工艺要求较复杂、建筑设备或建筑标准较高的车间。如铸造、锻压、电镀、酸碱、电子、仪表、手表、电视、医药、食品等车间

(8)服务用房系指城镇、街道、居民区具有较小规模综合服务功能的设施。其建筑面积不超过1000m^2，层数不超过三层的建筑，如副食、百货、饮食店等。

(9)檐高3.6m以内的单层建筑，不计算垂直运输机械台班。

(10)定额项目划分是以建筑物的檐高及层数两个指标同时界定的，凡檐高达到上限而层数未达到时，以檐高为准；如层数达到上限而檐高未达到时，以层数为准。

(11)定额是按全国统一《建筑安装工程工期定额》中规定的Ⅱ类地区标准编制的，Ⅰ、Ⅱ类地区按相应定额乘以表5-120规定系数。

表 5-120　系数表

项　目	Ⅰ类地区	Ⅲ类地区
建筑物	0.95	1.10
构筑物	1	1.11

2. 构筑物垂直运输

构筑物的高度,以设计室外地坪至构筑物的顶面高度为准。

(三)工程量计算规则

(1)建筑物垂直运输机械台班用量,区分不同建筑物的结构类型及高度按建筑面积以平方米计算。建筑面积按建筑面积计算规则规定计算。

(2)构筑物垂直运输机械台班以座计算。超过规定高度时,再按每增高 1m 定额项目计算,其高度不足 1m 时,亦按 1m 计算。

第十二节　建筑物超高增加人工、机械定额

一、相关说明

1. 定额中相关概念

(1)人工降效和机械降效指当建筑物超过六层或檐高超过 20m 时,由于操作工人的工效降低、垂直运输距离加长影响的时间,以及因操作工人降效而影响机械台班的降效等。

(2)加压用水泵指因高度增加考虑到自来水的水压不足,而需增压所用的加压水泵台班。

2. 超高费的计算

(1)适用于超过六层或檐高超过 20m 的建筑物。

(2)超高费包括人工超高费、吊装机械超高费及其他机械超高费。

1)人工超高费等于基础以上全部工程项目的人工费乘以人工降效率。但不包括垂直运输、各类构件的水平运输及各项脚手架。人工超高费并入工程的人工费内。

2)吊装机械超高费等于吊装项目的全部机械费乘以吊装机械降效率。吊装机械超高费并入工程的机械费内。

3)其他机械超高费等于其他机械(不包括吊装机械)的全部机械费乘以其他机械降效率。其他机械超高费并入工程的机械费内。

(3)建筑物超高人工、机械降效率见表 5-121。

表 5-121　建筑物超高人工、机械降效率

项　目	降效率	檐高(层数)				
		30m (7～10) 以内	40m (11～13) 以内	50m (14～16) 以内	60m (17～19) 以内	70m (20～22) 以内
人工降效	%	3.33	6.00	9.00	13.33	17.86
吊装机械降效	%	7.67	15.00	22.20	34.00	46.43
其他机械降效	%	3.33	6.00	9.00	13.33	17.86

表 5-121(续)

项　目	降效率	檐高(层数)				
		80m (23～25) 以内	90m (26～28) 以内	100m (29～31) 以内	110m (32～34) 以内	120m (35～37) 以内
人工降效	%	22.50	27.22	35.20	40.91	45.83
吊装机械降效	%	59.25	72.33	85.60	99.00	112.50
其他机械降效	%	22.50	27.22	35.20	40.91	45.83

3. 加压用水泵台班费

(1)适用于超过六层或檐高超过 20m 的建筑物。

(2)加压用水泵台班费包括加压用水泵使用台班费和加压用水泵停滞台班费。

1)水泵使用台班费＝建筑面积×水泵使用台班定额×水泵台班单价

2)水泵停滞台班费＝建筑面积×水泵停滞台班定额×水泵台班单价

(3)水泵使用、停滞台班定额见表 5-122。

表 5-122　建筑物超高加压水泵台班

项　目	单位	檐高(层数)				
		30m(7～10)以内	40m(11～13)以内	50m(14～16)以内	60m(17～19)以内	70m(20～22)以内
加压用水泵使用	台班	1.14	1.74	2.14	2.48	2.77
加压用水泵停滞	台班	1.14	1.74	2.14	2.48	2.77
项　目	单位	檐高(层数)				
		80m(23～25)以内	90m(26～28)以内	100m(29～31)以内	110m(32～34)以内	120m(35～37)以内
加压用水泵使用	台班	3.02	3.26	3.57	3.80	4.01
加压用水泵停滞	台班	3.02	3.26	3.57	3.80	4.01

二、基础定额工程量计算

(一)定额工作内容

1. 建筑物超高人工、机械降效率

(1)人工上下班降低工效、上楼工作前休息及自然休息增加的时间。

(2)垂直运输影响的时间。

(3)由于人工降效引起的机械降效。

2. 建筑物超高加压水泵台班

建筑物超高加压水泵台班工作内容包括:由于水压不足所发生的加压用水泵台班。

(二)定额一般规定

(1)定额适用于建筑物檐高 20m(层数 6 层)以上的工程。

(2)檐高是指设计室外地坪至檐口的高度。突出主体建筑屋顶的电梯间,水箱间等不计入檐高之内。

(3)同一建筑物高度不同时,按不同高度的建筑面积,分别按相应项目计算。

(4)加压水泵选用电动多级离心清水泵,规格见表5-123。

表 5-123　电动多级离心清水泵规格

建筑物檐高	水泵规格
20m以上～40m以内	50m以内
40m以上～80m以内	100m以内
80m以上～120m以内	150m以内

(三)工程量计算规则

(1)建筑物超高人工、机械降效率包括工人上下班降低工效、上楼工作前休息及自然休息增加的时间;垂直运输影响的时间;由于人工降效引起的机械降效。

(2)建筑物超高加压水泵台班包括由于水压不足所发生的加压用水泵台班。

第六章　建筑装饰装修工程工程量计算

第一节　楼地面工程

一、相关说明

1. 楼地面的构造与组成

楼地面系房屋建筑物底层地面(即地面)和楼层地面(即楼面)的总称,它是构成房屋建筑各层的水平结构层,即水平方向的承重构件。楼层地面按使用要求把建筑物水平方向分割成若干楼层数,各自承受本楼层的荷载,底层地面则承受底层的荷载。

楼地面主要由基层和面层两大基本构造层组成(图 6-1)。基层部分包括结构层和垫层,而底层地面的结构层是基土,楼层地面的结构层则是楼板;而结构层和垫层往往结合在一起又统称为垫层,它起着承受和传递来自面层的荷载作用,因此基层应具有一定的强度和刚度。面层部分即地面与楼面的表面层,将根据生产、工作、生活特点和不同的使用要求做成整体面层、板块面层和木竹面层等各种面层,它直接承受表面层的各种荷载,因此面层不仅具有一定的强度,还要满足各种功能性要求,如耐磨、耐酸、耐碱、防潮等。

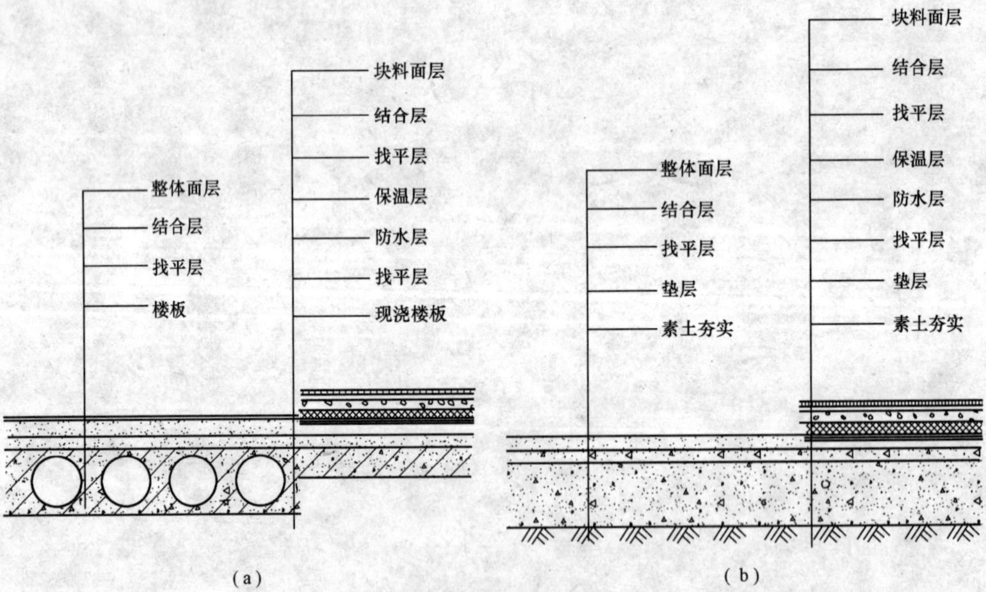

图 6-1　楼地面的构造

(a)楼面;(b)地面

(二)楼地面各层次的作用

楼地面各层次的作用如表 6-1 所示。

表 6-1　楼地面各层次的作用

序号	层次名称	作用
1	面层	面层是直接承受各种物理和化学作用的建筑地面的表面层。面层类型和品种的选择，由设计部门根据生产特点、使用要求、就地取材和技术经济条件等综合考虑确定。建筑地面的名称按其相应的面层名称而定
2	垫层	垫层是承受并传递地面荷载于基土上的构造层，分为刚性和柔性两类垫层。底层地面的垫层常用水泥混凝土或配筋混凝土构成弹性地基上的刚性板体，亦有采用碎石、炉渣、灰土等直接在素土夯实地基(基土层)上铺设而成；楼层地面则是钢筋混凝土楼板结构层
3	结合层	结合层是面层与下一层相连接的中间层，有时亦作为面层的弹性基层。主要指整体面层和板块面层铺设在垫层、找平层上时，用胶凝材料予以连接牢固，以保证建筑地面工程的整体质量，防止面层起壳、空鼓等施工质量造成的缺陷
4	找平层	找平层是在垫层上、钢筋混凝土板(含空心板)上或填充层(轻质或松散材料)上起整平、找坡或加强作用的构造层
5	填充层	填充层是当面层、垫层和基土(或结构层)尚不能满足使用要求或因构造上需要，而增设的构造层。主要在建筑地面上起隔声、保温、找坡或敷设管线等作用的构造层
6	隔离层	隔离层是防止建筑地面面层上各种液体(主要指水、油、非腐蚀性和腐蚀性液体)侵蚀作用以及防止地下水和潮气渗透地面而增设的构造层。仅防止地下潮气透过地面时，可作为防潮层

二、消耗量定额工程量计算

(一)定额一般规定

(1)同一铺贴面上有不同种类、材质的材料，应分别按楼地面工程相应子目执行。

(2)扶手、栏杆、栏板适用于楼梯、走廊、回廊及其他装饰性栏杆、栏板。

(3)零星项目面层适用于楼梯侧面、台阶的牵边，小便池、蹲台、池槽以及面积在 $1m^2$ 以内且定额未列项目的工程。

(4)木地板填充材料，按照《全国统一建筑工程基础定额》相应子目执行。

(5)大理石、花岗石楼地面拼花按成品考虑。

(6)镶拼面积小于 $0.015m^2$ 的石材执行点缀定额。

(二)工程量计算规则

(1)楼地面装饰面积按饰面的净面积计算，不扣除 $0.1m^2$ 以内的孔洞所占面积。拼花部分按实贴面积计算。

(2)楼梯面积(包括踏步、休息平台以及小于 50mm 宽的楼梯井)按水平投影面积计算。

(3)台阶面层(包括踏步及最上一层踏步沿 300mm)按水平投影面积计算。

(4)踢脚线按实贴长乘高以平方米计算，成品踢脚线按实贴延长米计算。楼梯踢脚线按相应定额乘以 1.15 系数。

(5)点缀按个计算，计算主体铺贴地面面积时，不扣除点缀所占面积。

(6)零星项目按实铺面积计算。

(7)栏杆、栏板、扶手均按其中心线长度以延长米计算，计算扶手时不扣除弯头所占长度。

(8)弯头按个计算。

(9)石材底面刷养护液按底面面积加 4 个侧面面积，以 m^2 计算。

三、清单计价规范工程量计算

(一)清单项目的划分

楼地面工程分为整体面层、块料面层、橡塑面层、其他材料面层、踢脚线、楼梯装饰、扶手、栏杆、栏板装饰、台阶装饰及零星装饰项目。

各项目所包含的清单项目见表 6-2。

表 6-2 楼地面工程项目所包含的内容

项 目	包含的内容
整体面层	整体面层包括水泥砂浆楼地面、现浇水磨石楼地面、细石混凝土楼地面、菱苦土楼地面
块料面层	块料面层包括石材楼地面、块料楼地面
橡塑面层	橡塑面层包括橡胶板楼地面、橡胶卷材楼地面、塑料板楼地面、塑料卷材楼地面
其他材料面层	其他材料材料面层包括楼地面地毯、竹木地板、防静电活动地板、金属复合地板
踢脚线	踢脚线包括水泥砂浆踢脚线、石材踢脚线、块料踢脚线、现浇水磨石踢脚线、塑料板踢脚线、木质踢脚线、金属踢脚线、防静电踢脚线
楼梯装饰	楼梯装饰包括石材料楼梯面层、块料楼梯面层、水泥砂浆楼梯面、现浇水磨石楼梯面、地毯楼梯面、木板楼梯面
扶手、栏杆、栏板装饰	扶手、栏杆、栏板装饰包括金属扶手带栏杆、栏板、硬木扶手带栏杆、栏板、塑料扶手带栏杆、栏板、金属靠墙扶手、硬木靠墙扶手、塑料靠墙扶手
台阶装饰	台阶装饰包括石材台阶面、块料台阶面、水泥砂浆台阶面、现浇水磨石台阶面、剁假石台阶面
零星装饰项目	零星装饰项目包括石材零星项目、碎拼石材零星项目、块料零星项目、水泥等零星项目

楼地面工程共 9 节 42 个项目。包括整体面层、块料面层、橡塑面层、其他材料面层、踢脚线、楼梯装饰、扶手、栏杆、栏板装饰、台阶装饰、零星装饰等项目。适用于楼地面、楼梯、台阶等装饰工程。

1. 有关项目的说明

(1)零星装饰适用于小面积(0.5m^2 以内)少量分散的楼地面装饰，其工程部位或名称应在清单项目中进行描述。

(2)楼梯、台阶侧面装饰，可按零星装饰项目编码列项，并在清单项目中进行描述。

(3)扶手、栏杆、栏板适用于楼梯、阳台、走廊、回廊及其他装饰性扶手栏杆、栏板。

2. 有关项目特征说明

(1)楼地面　指构成的基层(楼板、夯实土基)、垫层(承受地面荷载并均匀传递给基层的构造层)、填充层(在建筑楼地面上起隔声、保温、找坡或敷设暗管、暗线等作用的构造层)、隔离层(起防水、防潮作用的构造层)、找平层(在垫层、楼板上或填充层上起找平、找坡或加强作用的构造层)、结合层(面层与下层相结合的中间层)、面层(直接承受各种荷载作用的表面层)等。

(2)垫层　指混凝土垫层、砂石人工级配垫层、天然级配砂石垫层、灰、土垫层、碎石、碎砖垫层、三合土垫层、炉渣垫层等材料垫层。

(3)找平层　指水泥砂浆找平层，有比较特殊要求的可采用细石混凝土、沥青砂浆、沥青混凝土找平层等材料铺设。

(4)隔离层　指卷材、防水砂浆、沥青砂浆或防水涂料等隔离层。

(5)填充层　指轻质的松散(炉渣、膨胀蛭石、膨胀珍珠岩等)或块体材料(加气混凝土、泡沫混凝土、泡沫塑料、矿棉、膨胀珍珠岩、膨胀蛭石块和板材等)以及整体材料(沥青膨胀珍珠岩、沥青膨胀蛭石、水泥膨胀珍珠岩、膨胀蛭石等)填充层。

(6)面层　指整体面层(水泥砂浆、现浇水磨石、细石混凝土、菱苦土等面层)、块料面层(石材、陶瓷地砖、橡胶、塑料、竹、木地板)等面层。

(7)面层中其他材料：

1)防护材料　是耐酸、耐碱、耐臭氧、耐老化、防火、防油渗等材料。

2)嵌条材料　是用于水磨石的分格、作图案等的嵌条，如：玻璃嵌条、铜嵌条、铝合金嵌条、不锈钢嵌条等。

3)压线条　是指地毯、橡胶板、橡胶卷材铺设的压线条，如：铝合金、不锈钢、铜压线条等。

4)颜料　是用于水磨石地面、踢脚线、楼梯、台阶和块料面层勾缝所需配制石子浆或砂浆内加添的颜料(耐碱的矿物颜料)。

5)防滑条　是用于楼梯、台阶踏步的防滑设施，如：水泥玻璃屑、水泥钢屑、铜、铁防滑条等。

6)地毯固定配件　是用于固定地毯的压棍脚和压棍。

7)扶手固定配件　是用于楼梯、台阶的栏杆柱、栏杆、栏板与扶手相连接的固定件；靠墙扶手与墙相连接的固定件。

8)酸洗、打蜡磨光，磨石、菱苦土、陶瓷块料等，均可用酸洗(草酸)清洗油渍、污渍，然后打蜡(蜡脂、松香水、鱼油、煤油等按设计要求配合)和磨光。

3. 工程量计算规则说明

(1)“不扣除间壁墙和面积在 0.3m² 以内的柱、垛、附墙烟囱及孔洞所占面积”，与《基础定额》不同。

(2)单跑楼梯不论其中间是否有休息平台，其工程量与双跑楼梯同样计算。

(3)台阶面层与平台面层是同一种材料时，平台计算面层后，台阶不再计算最上一层踏步面积，如台阶计算最上一层踏步(加 30cm)，平台面层中必须扣除该面积。

(4)包括垫层的地面和不包括垫层的楼面应分别计算工程量，分别编码(第五级编码)列项。

4. 有关工程内容说明

(1)在填充层和隔离层的楼地面往往有二层找平层，应注意报价。

(2)当台阶面层与找平台层材料相同而最后一步台阶投影面积不计算时，应将最后一步台阶的踢脚板面层考虑在报价内。

(三)工程量清单项目设置及工程量计算规则

1. 整体面层

整体面层工程量清单项目设置及工程量计算规则见表 6-3。

表 6-3 整体面层(编码:020101)

<table>
<tr><th>项目编码</th><th>项目名称</th><th>项目特征</th><th>计量单位</th><th>工程量
计算规则</th><th>工程内容</th></tr>
<tr><td>020101001</td><td>水泥砂浆楼地面</td><td>1. 垫层材料种类、厚度。
2. 找平层厚度、砂浆配合比。
3. 防水层厚度、材料种类。
4. 面层厚度、砂浆配合比</td><td rowspan="2">m^3</td><td rowspan="2">按设计图示尺寸以面积计算。扣除凸出地面构筑物、设备基础、室内管道、地沟等所占面积,不扣除间壁墙和 0.3m² 以内的柱、垛、附墙烟囱及孔洞所占面积。门洞、空圈、暖气包槽、壁龛的开口部分不增加面积</td><td>1. 基层清理。
2. 垫层铺设。
3. 抹找平层。
4. 防水层铺设。
5. 抹面层。
6. 材料运输</td></tr>
<tr><td>020101002</td><td>现浇水磨石楼地面</td><td>1. 垫层材料种类、厚度。
2. 找平层厚度、砂浆配合比。
3. 防水层厚度、材料种类。
4. 面层厚度、水泥石子浆配合比。
5. 嵌条材料种类、规格。
6. 石子种类、规格、颜色。
7. 颜料种类、颜色。
8. 图案要求。
9. 磨光、酸洗、打蜡要求</td><td>1. 基层清理。
2. 垫层铺设。
3. 抹找平层。
4. 防水层铺设。
5. 面层铺设。
6. 嵌缝条安装。
7. 磨光、酸洗、打蜡。
8. 材料运输</td></tr>
<tr><td>020101003</td><td>细石混凝土楼地面</td><td>1. 垫层材料种类、厚度。
2. 找平层厚度、砂浆配合比。
3. 防水层厚度、材料种类。
4. 面层厚度、混凝土强度等级</td><td rowspan="2">m^2</td><td rowspan="2">按设计图示尺寸以面积计算。扣除凸出地面构筑物、设备基础、室内管道、地沟等所占面积,不扣除间壁墙和 0.3m² 以内的柱、垛、附墙烟囱及孔洞所占面积。门洞、空圈、暖气包槽、壁龛的开口部分不增加面积</td><td>1. 基层清理。
2. 垫层铺设。
3. 抹找平层。
4. 防水层铺设。
5. 面层铺设。
6. 材料运输</td></tr>
<tr><td>020101004</td><td>菱苦土楼地面</td><td>1. 垫层材料种类、厚度。
2. 找平层厚度、砂浆配合比。
3. 防水层厚度、材料种类。
4. 面层厚度。
5. 打蜡要求</td><td>1. 清理基层。
2. 垫层铺设。
3. 抹找平层。
4. 防水层铺设。
5. 面层铺设。
6. 打蜡。
7. 材料运输</td></tr>
</table>

2. 块料面层

块料面层工程量清单项目设置及工程量计算规则见表 6-4。

表 6-4 块料面层(编码:020102)

<table>
<tr><th>项目编码</th><th>项目名称</th><th>项目特征</th><th>计量单位</th><th>工程量计算规则</th><th>工程内容</th></tr>
<tr><td>020102001</td><td>石材楼地面</td><td rowspan="2">1. 垫层材料种类、厚度。
2. 找平层厚度、砂浆配合比。
3. 防水层、材料种类。
4. 填充材料种类、厚度。
5. 结合层厚度、砂浆配合比。
6. 面层材料品种、规格、品牌、颜色。
7. 嵌缝材料种类。
8. 防护层材料种类。
9. 酸洗、打蜡要求</td><td rowspan="2">m^2</td><td rowspan="2">按设计图示尺寸以面积计算。扣除凸出地面构筑物、设备基础、室内管道、地沟等所占面积,不扣除间壁墙和 0.3m² 以内的柱、垛、附墙烟囱及孔洞所占面积。门洞、空圈、暖气包槽、壁龛的开口部分不增加面积</td><td rowspan="2">1. 基层清理、铺设垫层、抹找平层。
2. 防水层铺设、填充层。
3. 面层铺设。
4. 嵌缝。
5. 刷防护材料。
6. 酸洗、打蜡。
7. 材料运输</td></tr>
<tr><td>020102002</td><td>块料楼地面</td></tr>
</table>

3. 橡塑面层

橡塑面层清单项目设置及工程量计算规则见表 6-5。

表 6-5　橡塑面层(编码:020103)

项目编码	项目名称	项目特征	计量单位	工程量计算规则	工程内容
020103001	橡胶板楼地面	1. 找平层厚度、砂浆配合比。 2. 填充材料种类、厚度。 3. 黏结层厚度、材料种类。 4. 面层材料品种、规格、品牌、颜色。 5. 压线条种类	m^2	按设计图示尺寸以面积计算。门洞、空圈、暖气包槽、壁龛的开口部分并入相应的工程量内	1. 基层清理、抹找平层。 2. 铺设填充层。 3. 面层铺贴。 4. 压缝条装钉。 5. 材料运输
020103002	橡胶卷材楼地面				
020103003	塑料板楼地面				
020103004	塑料卷材楼地面				

4. 其他材料面层

其他材料面层工程量清单项目设置及工程量计算规则见表 6-6。

表 6-6　其他材料面层(编码:020104)

项目编码	项目名称	项目特征	计量单位	工程量计算规则	工程内容
020104001	楼地面地毯	1. 找平层厚度、砂浆配合比。 2. 填充材料种类、厚度。 3. 面层材料品种、规格、品牌、颜色。 4. 防护材料种类。 5. 黏结材料种类。 6. 压线条种类	m^2	按设计图示尺寸以面积计算。门洞、空圈、暖气包槽、壁龛的开口部分并入相应的工程量内	1. 基层清理、抹找平层。 2. 铺设填充层。 3. 铺贴面层。 4. 刷防护材料。 5. 装钉压条。 6. 材料运输
020104002	竹木地板	1. 找平层厚度、砂浆配合比。 2. 填充材料种类、厚度、找平层厚度、砂浆配合比。 3. 龙骨材料种类、规格、铺设间距。 4. 基层材料种类、规格。 5. 面层材料品种、规格、品牌、颜色。 6. 黏结材料种类。 7. 防护材料种类。 8. 油漆品种、刷漆遍数			1. 基层清理、抹找平层。 2. 铺设填充层。 3. 龙骨铺设。 4. 铺设基层。 5. 面层铺贴。 6. 刷防护材料。 7. 材料运输
020104003	防静电活动地板	1. 找平层厚度、砂浆配合比。 2. 填充材料种类、厚度，找平层厚度、砂浆配合比。 3. 支架高度、材料种类。 4. 面层材料品种、规格、品牌、颜色。 5. 防护材料种类			1. 清理基层、抹找平层。 2. 铺设填充层。 3. 固定支架安装。 4. 活动面层安装。 5. 刷防护材料。 6. 材料运输

表 6-6(续)

项目编码	项目名称	项目特征	计量单位	工程量计算规则	工程内容
020104004	金属复合地板	1. 找平层厚度、砂浆配合比。 2. 填充材料种类、厚度,找平层厚度、砂浆配合比。 3. 龙骨材料种类、规格、铺设间距。 4. 基层材料种类、规格。 5. 面层材料品种、规格、品牌。 6. 防护材料种类	m^2	按设计图示尺寸以面积计算。门洞、空圈、暖气包槽、壁龛的开口部分并入相应的工程量内	1. 清理基层、抹找平层。 2. 铺设填充层。 3. 龙骨铺设。 4. 基层铺设。 5. 面层铺贴。 6. 刷防护材料。 7. 材料运输

5. 踢脚线

踢脚线工程量清单项目设置及工程量计算规则见表 6-7。

表 6-7　踢脚线(编码:020105)

项目编码	项目名称	项目特征	计量单位	工程量计算规则	工程内容
020105001	水泥砂浆踢脚线	1. 踢脚线高度。 2. 底层厚度、砂浆配合比。 3. 面层厚度、砂浆配合比	m^2	按设计图示长度乘以高度以面积计算	1. 基层清理。 2. 底层抹灰。 3. 面层铺贴。 4. 勾缝。 5. 磨光、酸洗、打蜡。 6. 刷防护材料。 7. 材料运输
020105002	石材踢脚线	1. 踢脚线高度。 2. 底层厚度、砂浆配合比。 3. 粘贴层厚度、材料种类。 4. 面层材料品种、规格、品牌、颜色。 5. 勾缝材料种类。 6. 防护材料种类			
020105003	块料踢脚线				
020105004	现浇水磨石踢脚线	1. 踢脚线高度。 2. 底层厚度、砂浆配合比。 3. 面层厚度、水泥石子浆配合比。 4. 石子种类、规格、颜色。 5. 颜料种类、颜色。 6. 磨光、酸洗、打蜡要求	m^2	按设计图示长度乘以高度以面积计算	1. 基层清理。 2. 底层抹灰。 3. 面层铺贴。 4. 勾缝。 5. 磨光、酸洗、打蜡。 6. 刷防护材料。 7. 材料运输
020105005	塑料板踢脚线	1. 踢脚线高度。 2. 底层厚度、砂浆配合比。 3. 黏结层厚度、材料种类。 4. 面层材料种类、规格、品牌、颜色			1. 基层清理。 2. 底层抹灰。 3. 基层铺贴。 4. 面层铺贴。 5. 刷防护材料。 6. 刷油漆。 7. 材料运输
020105006	木质踢脚线	1. 踢脚线高度。 2. 底层厚度、砂浆配合比。 3. 基层材料种类、规格。 4. 面层材料品种、规格、品牌、颜色。 5. 防护材料种类。 6. 油漆品种、刷漆遍数			
020105007	金属踢脚线				
020105008	防静电踢脚线				

6. 楼梯装饰

楼梯装饰工程量清单项目设置及工程量计算规则见表 6-8。

表 6-8　楼梯装饰(编码:020106)

项目编码	项目名称	项目特征	计量单位	工程量计算规则	工程内容
020106001	石材楼梯面层	1. 找平层厚度、砂浆配合比。 2. 黏结层厚度、材料种类。 3. 面层材料品种、规格、品牌、颜色。 4. 防滑条材料种类、规格。 5. 勾缝材料种类。 6. 防护层材料种类。 7. 酸洗、打蜡要求	m²	按设计图示尺寸以楼梯(包括踏步、休息平台及500mm以内的楼梯井)水平投影面积计算。楼梯与楼地面相连时,算至梯口梁内侧边沿:无梯口梁者,算至最上一层踏步边沿加300mm	1. 基层清理。 2. 抹找平层。 3. 面层铺贴。 4. 贴嵌防滑条。 5. 勾缝。 6. 刷防护材料。 7. 酸洗、打蜡。 8. 材料运输
020106002	块料楼梯面层				
020106003	水泥砂浆楼梯面	1. 找平层厚度、砂浆配合比。 2. 面层厚度、砂浆配合比。 3. 防滑条材料种类、规格			1. 基层清理。 2. 抹找平层。 3. 抹面层。 4. 抹防滑条。 5. 材料运输
020106004	现浇水磨石楼梯面	1. 找平层厚度、砂浆配合比。 2. 面层厚度、水泥石子浆配合比。 3. 防滑条材料种类、规格。 4. 石子种类、规格、颜色。 5. 颜料种类、颜色。 6. 磨光、酸洗、打蜡要求			1. 基层清理。 2. 抹找平层。 3. 抹面层。 4. 贴嵌防滑条。 5. 磨光、酸洗、打蜡。 6. 材料运输
020106005	地毯楼梯面	1. 基层种类。 2. 找平层厚度、砂浆配合比。 3. 面层材料品种、规格、品牌、颜色。 4. 防护材料种类。 5. 黏结材料种类。 6. 固定配件材料种类、规格		按设计图示尺寸以楼梯(包括踏步、休息平台及500mm以内的楼梯井)水平投影面积计算。楼梯与楼地面相连时,算至梯口梁内侧边沿:无梯口梁者,算至最上一层踏步边沿加300mm	1. 基层清理。 2. 抹找平层。 3. 铺贴面层。 4. 固定配件安装。 5. 刷防护材料。 6. 材料运输
020106006	木板楼梯面	1. 找平层厚度、砂浆配合比。 2. 基层材料种类、规格。 3. 面层材料品种、规格、品牌、颜色。 4. 黏结材料种类。 5. 防护材料种类、规格。 6. 油漆品种、刷漆遍数			1. 基层清理。 2. 抹找平层。 3. 基层铺贴。 4. 面层铺贴。 5. 刷防护材料、油漆。 6. 材料运输

7. 扶手、栏杆、栏板装饰

扶手、栏杆、栏板装饰工程量清单项目设置及工程量计算规则见表 6-9。

表 6-9 扶手、栏杆、栏板装饰(编码:020107)

项目编码	项目名称	项目特征	计量单位	工程量计算规则	工程内容
020107001	金属扶手带栏杆、栏板	1. 扶手材料种类、规格、品牌、颜色。 2. 栏杆材料种类、规格、品牌、颜色。 3. 栏板材料种类、规格、品牌、颜色。 4. 固定配件种类。 5. 防护材料种类。 6. 油漆品种、刷漆遍数	m	按设计图示尺寸以扶手中心线长度(包括弯头长度)计算	1. 制作。 2. 运输。 3. 安装。 4. 刷防护材料。 5. 刷油漆
020107002	硬木扶手带栏杆、栏板				
020107003	塑料扶手带栏杆、栏板				
020107004	金属靠墙扶手	1. 扶手材料种类、规格、品牌、颜色。 2. 固定配件种类。 3. 防护材料种类。 4. 油漆品种、刷漆遍数			
020107005	硬木靠墙扶手				
020107006	塑料靠墙扶手				

注:楼梯、阳台、走廊、回廊及其他装饰性扶手、栏杆、栏板,应按本表项目编码列项。

8. 台阶装饰

台阶装饰工程量清单项目设置及工程量计算规则见表 6-10。

表 6-10 台阶装饰(编码:020108)

项目编码	项目名称	项目特征	计量单位	工程量计算规则	工程内容
020108001	石材台阶面	1. 垫层材料种类、厚度。 2. 找平层厚度、砂浆配合比。 3. 黏结层材料种类。 4. 面层材料品种、规格、品牌、颜色。 5. 勾缝材料种类。 6. 防滑条材料种类、规格。 7. 防护材料种类	m^2	按设计图示尺寸以台阶(包括最上层踏步边沿加300mm)水平投影面积计算	1. 基层清理。 2. 铺设垫层。 3. 抹找平层。 4. 面层铺贴。 5. 贴嵌防滑条。 6. 勾缝。 7. 刷防护材料。 8. 材料运输
020108002	块料台阶面				
020108003	水泥砂浆台阶面	1. 垫层材料种类、厚度。 2. 找平层厚度、砂浆配合比。 3. 面层厚度、砂浆配合比。 4. 防滑条材料种类			1. 清理基层。 2. 铺设垫层。 3. 抹找平层。 4. 抹面层。 5. 抹防滑条。 6. 材料运输
020108004	现浇水磨石台阶面	1. 垫层材料种类、厚度。 2. 找平层厚度、砂浆配合比。 3. 面层厚度、水泥石子浆配合比。 4. 防滑条材料种类、规格。 5. 石子种类、规格、颜色。 6. 颜料种类、颜色。 7. 磨光、酸洗、打蜡要求			1. 清理基层。 2. 铺设垫层。 3. 抹找平层。 4. 抹面层。 5. 贴嵌防滑条。 6. 打磨、酸洗、打蜡。 7. 材料运输
020108005	剁假石台阶面	1. 垫层材料种类、厚度。 2. 找平层厚度、砂浆配合比。 3. 面层厚度、砂浆配合比。 4. 剁假石要求			1. 清理基层。 2. 铺设垫层。 3. 抹找平层。 4. 抹面层。 5. 剁假石。 6. 材料运输

9. 零星装饰项目

零星装饰项目工程量清单项目设置及工程量计算规则见表 6-11。

表 6-11　零星装饰项目(编码:020109)

项目编码	项目名称	项目特征	计量单位	工程量计算规则	工程内容
020109001	石材零星项目	1. 工程部位。 2. 找平层厚度、砂浆配合比。 3. 黏结层厚度、材料种类。 4. 面层材料品种、规格、品牌、颜色。 5. 勾缝材料种类。 6. 防护材料种类。 7. 酸洗、打蜡要求	m^2	按设计图示尺寸以面积计算	1. 清理基层。 2. 抹找平层。 3. 面层铺贴。 4. 勾缝。 5. 刷防护材料。 6. 酸洗、打蜡。 7. 材料运输
020109002	碎拼石材零星项目				
020109003	块料零星项目				
020109004	水泥砂浆零星项目	1. 工程部位。 2. 找平层厚度、砂浆配合比。 3. 面层厚度、砂浆厚度			1. 清理基层。 2. 抹找平层。 3. 抹面层。 4. 材料运输

注:楼梯、台阶侧面装饰,0.5m^2 以内少量分散的楼地面装修,应按本表中项目编码列项。

四、工料消耗参考指标

1. 硬木拼花地板工料消耗参考指标

硬木拼花地板工料消耗参考指标见表 6-12。

表 6-12　硬木拼花地板　　($1m^2$)

名称		单位	铺在水泥地面上		铺在木楞上(单层)		铺在毛地板上(双层)	
			平口	企口	平口	企口	平口	企口
人工	综合人工	工日	0.5110	0.6120	0.6730	0.7760	0.7550	0.8580
材料	硬木拼花地板(平口)成品	m^2	1.0500	—	1.0500	—	1.0500	—
	硬木拼花地板(企口)成品	m^2	—	1.0500	—	1.0500	—	1.0500
	铁钉(圆钉)	kg	—	—	0.1587	0.1587	0.2678	0.2678
	镀锌铁丝 10 号	kg	—	—	0.3013	0.3013	0.3013	0.3013
	预埋铁件	kg	—	—	0.5001	0.5001	0.5001	0.5001
	棉纱头	kg	0.0100	0.0100	0.0100	0.0100	0.0100	0.0100
	水	m^3	0.0520	0.0520	—	—	—	—
	杉木锯材	m^3	—	—	0.0158	0.0158	0.0158	0.0158
	松木锯材	m^3	—	—	—	—	0.0263	0.0263
	油毡(油纸)	m^2	—	—	—	—	1.0800	1.0800
	煤油	kg	—	—	0.0316	0.0316	0.0562	0.0562
	氟化钠	kg	—	—	—	—	0.2450	0.2450
	臭油水	kg	—	—	0.2842	0.2842	0.2842	0.2842
	水胶粉	kg	0.1600	0.1600	—	—	—	—
	XY401 胶	kg	0.7000	0.7000	—	—	—	—

2. 硬木地板砖工料消耗参考指标

硬木地板砖工料消耗参考指标见表6-13。

表6-13 硬木地板砖 (1m²)

名称		单位	铺在水泥地面上		铺在毛地板上(双层)	
			平口	企口	平口	企口
人工	综合人工	工日	0.3520	0.4220	0.4980	0.5750
材料	复合地板(成品)	m²	—	—	—	—
	硬木地板砖(企口)成品	m²	—	1.0500	—	1.0500
	硬木地板砖(平口)成品	m²	1.0500	—	1.0500	—
	铁钉(圆钉)	kg	—	—	0.2678	0.2678
	镀锌铁丝10号	kg	—	—	0.3013	0.3013
	预埋铁件	kg	—	—	0.5001	0.5001
	棉纱头	kg	0.0100	0.0100	0.0100	0.0100
	水	m³	0.0520	0.0520	—	—
	杉木锯材	m³	—	—	—	—
	松木锯材	m³	—	—	0.0256	0.0256
	油毡(油纸)	m²	—	—	1.0800	1.0800
	煤油	kg	—	—	0.0562	0.0562
	氟化钠	kg	—	—	0.2450	0.2450
	臭油水	kg	—	—	0.2842	0.2842
	水胶粉	kg	0.0800	0.0800	—	—
	XY401胶	kg	0.3500	0.3500	—	—

3. 防静电活动地板工料消耗指标

防静电活动地板工料消耗指标见表6-14。

表6-14 防静电活动地板 (1m²)

名称		单位	防静电活动地板安装		防静电	踢脚线		
			铝质	木质	地毯	金属板	复合板	防静电
人工	综合人工	工日	0.7300	0.7300	0.6470	0.4190	0.4190	0.4190
材料	铝质防静电地板 500mm×500mm	m²	1.0200	—	—	—	—	—
	木质活动地板 600mm×600mm×25mm	m²	—	1.0200	—	—	—	—
	防静电踢脚线	m²	—	—	—	—	—	1.0200
	复合板踢脚线(成品)	m²	—	—	—	—	1.0200	—
	防静电地毯	m²	—	—	1.0300	—	—	—
	地毯胶垫	m²	—	—	1.1000	—	—	—
	地毯烫带	m	—	—	0.6562	—	—	—
	金属踢脚线	m²	—	—	—	1.0200	—	—
	木螺丝	个	—	—	0.200	—	—	—
	钢钉	kg	—	—	0.0110	—	—	—
	泡沫塑料密封条	m	0.9300	0.9300	—	—	—	—
	棉纱头	kg	0.0100	0.0100	—	—	—	—
	木卡条	m	—	—	1.0940	—	—	—
	铸铁支架	套	4.8480	3.6360	—	—	—	—
	镀锌钢板横梁	根	8.0800	6.0600	—	—	—	—
	铝收口条压条	m	—	—	0.0980	—	—	—
	塑料黏结剂	kg	—	—	0.0730	—	—	—
	903胶	kg	—	—	—	0.4000	0.4000	0.4000

4. 踢脚线工料消耗指标

踢脚线工料消耗指标见表 6-15。

表 6-15　踢脚线　(1m²)

名称		单位	直线形榉木实木踢脚线	弧线形木踢脚线		成品木踢脚线
				榉木夹板	橡木夹板	m
人工	综合人工	工日	0.3590	0.3910	0.3910	0.0358
材料	榉木实木踢脚线(直形)	m²	1.0500	—	—	—
	木踢脚线(成品)	m	—	—	—	1.0500
	铁钉(圆钉)	kg	0.0854	0.0854	0.0854	0.0854
	棉纱头	kg	0.0200	0.0200	0.0200	—
	杉木锯材	m³	0.0208	0.0208	0.0208	0.0208
	榉木夹板 3mm	m²	—	1.0500	—	—
	橡木夹板 3mm	m²	—	—	1.0500	—
	胶合板 9mm	m²	—	1.0500	1.0500	0.1560
	煤油	kg	0.0260	0.0260	0.0260	—
	臭油水	kg	0.2450	0.2450	0.2450	—
	黏结剂	kg	—	0.1700	0.1700	0.1700

5. 不锈钢扶手工料消耗指标

不锈钢扶手工料消耗指标见表 6-16。

表 6-16　不锈钢扶手　(1m)

名称		单位	直形		弧形	
			$\phi60$	$\phi75$	$\phi60$	$\phi75$
人工	综合人工	工日	0.1040	0.1090	0.1550	0.1630
材料	不锈钢扶手(弧形)$\phi60$	m	—	—	0.9390	—
	不锈钢扶手(弧形)$\phi75$	m	—	—	—	0.9390
	不锈钢扶手(直形)$\phi60$	m	0.9390	—	—	—
	不锈钢扶手(直形)$\phi75$	m	—	0.9390	—	—
	铝拉铆钉	个	—	—	—	—
	不锈钢焊丝	kg	0.0200	0.0200	0.0200	0.0200
	钨棒	kg	0.0100	0.0100	0.0100	0.0100
	铝合金扁管 100×44×1.8	m	—	—	—	—
	铝合金 U 型 80×13×1.2	m	—	—	—	—
	氩气	m³	0.0200	0.0200	0.0200	0.0200

6. 硬木扶手工料消耗指标

硬木扶手工料消耗指标见表 6-17。

表 6-17 硬木扶手 (1m)

名称		单位	直形			弧形		
			100×60	150×60	60×60	100×60	150×60	60×60
人工	综合人工	工日	0.1800	0.1890	0.1710	0.2200	0.2700	0.2090
材料	木螺丝	个	1.1000	1.1000	1.1000	1.1000	1.1000	1.1000
	硬木扶手(直形)100×60	m	0.9390	—	—	—	—	—
	硬木扶手(直形)150×60	m	—	0.9390	—	—	—	—
	硬木扶手(直形)60×60	m	—	—	0.9390	—	—	—
	硬木扶手(弧形)100×60	m	—	—	—	0.9390	—	—
	硬木扶手(弧形)150×60	m	—	—	—	—	0.9390	—
	硬木扶手(弧形)60×60	m	—	—	—	—	—	0.9390

五、主材用量计算

1. 水泥砂浆材料用量计算

单位体积水泥砂浆中各材料用量分别由下列各式确定：

$$\text{砂子用量}\quad q_c=\frac{c}{\sum f-c\times C_p}(\mathrm{m}^3)$$

$$\text{水泥用量}\quad q_a=\frac{a\times\gamma_a}{c}\times q_c(\mathrm{kg})$$

式中 a、b 分别为水泥、砂之比，即 $a:b$=水泥：砂；

$\sum f$——配合比之和；

C_p——砂空隙率(%)，$C_p=(1-\frac{\gamma_0}{\gamma_c})\times100\%$；

γ_a——水泥容重($\mathrm{kg/m^3}$)，可按 1200$\mathrm{kg/m^3}$ 计；

γ_0——砂比重按 2650$\mathrm{kg/m^3}$ 计；

γ_c——砂容重按 1550$\mathrm{kg/m^3}$ 计。

则 $C_p=(1-\frac{1550}{2650})\times100\%=41\%$

当砂用量超过 1$\mathrm{m^3}$ 时，因其空隙容积已大于灰浆数量，均按 1$\mathrm{m^3}$ 计算。

2. 垫层材料用量计算

(1)重量比计算方法(配合比以重量比计算)：

$$\text{压实系数}=\frac{\text{虚铺厚度}}{\text{压实厚度}}$$

$$\text{混合物重量}=\frac{1000}{\frac{\text{甲材料占百分率}}{\text{甲材料容量}}+\frac{\text{乙材料占百分率}}{\text{乙材料容量}}+\cdots\cdots}$$

材料用量=混合物重量×压实系数×材料占百分率×(1+损耗率)

例如：黏土炉渣混合物，其配合比(重量比)为 1：0.8(黏土：炉渣)，黏土为 1400$\mathrm{kg/m^3}$，炉渣为 800$\mathrm{kg/m^3}$，其虚铺厚度为 25cm，压实厚度为 17cm. 求每 1$\mathrm{m^3}$ 的材料用量。

$$黏土占百分率=\frac{1}{1+0.8}\times100\%=55.6\%$$

$$炉渣占百分率=\frac{0.8}{1+0.8}\times100\%=44.4\%$$

$$压实系数=\frac{25}{17}=1.47$$

$$每1m^3 1:0.8黏土炉渣混合物重量=\frac{1000}{\frac{0.556}{1.4}+\frac{0.444}{0.8}}=1050kg$$

则每 $1m^3$ 黏土炉渣的材料用量为：

黏土＝1050×1.47×0.556×1.025(加损耗)＝880kg

$$折合成体积:\frac{880}{1400}=0.629m^3$$

炉渣＝1050×1.47×0.444×1.015(加损耗)＝696kg

$$折合成体积=\frac{696}{800}=0.87m^3$$

(2)体积比计算方法(配合比以体积比计算)

每 $1m^3$ 材料用量＝每 $1m^3$ 的虚体积×材料占配合比百分率

每 $1m^3$ 的虚体积＝1×压实系数

$$材料占配合比百分率=\frac{甲(乙\cdots\cdots)材料之配比}{甲材料之配比+乙材料之配比+\cdots\cdots}$$

材料实体积＝材料占配合比百分率×(1－材料孔隙率)

$$材料孔隙率=\left(1-\frac{材料容量}{材料密度}\right)\times100\%$$

例如：水泥、石灰、炉渣混合物，其配合比为1：1：9(水泥：石灰：炉渣)，其虚铺厚度为23cm，压实厚度为16cm，求每 $1m^3$ 的材料用量。

$压实系数=\frac{23}{16}=1.438$

$水泥占配合比百分率=\frac{1}{1+1+9}\times100\%=9.1\%$

$石灰占配合比百分率=\frac{1}{1+1+9}\times100\%=9.1\%$

$炉渣占配合比百分率=\frac{9}{1+1+9}\times100\%=81.8\%$

则每 $1m^3$ 水泥、石灰、炉渣的材料用量为：

水泥＝1.438×0.091×1200kg/m^3(水泥密度)×1.01(损耗)＝159kg

石灰＝1.438×0.091×600kg/m^3×1.02(损耗)＝80kg

炉渣＝1.438×0.818×1.015(损耗)＝1.19m^3

(3)灰土体积比计算公式

$$每1m^3灰土的石灰或黄土的用量=\frac{虚铺厚度}{压实厚度}\times\frac{石灰或黄土的配比}{石灰、黄土配比之和}$$

每 $1m^3$ 灰土所需生石灰(kg)＝石灰的用量(m^3)×每 $1m^3$ 粉化灰需用生石灰数量(取石灰成分：块末＝2：8)

例如，计算 3∶7 灰土的材料用量为：

$$黄土=\frac{18}{11}\times\frac{7}{3+7}\times1.025(损耗)=1.174\text{m}^3$$

$$石灰=\frac{18}{11}\times\frac{8}{3+7}\times1.02(损耗)\times600\text{kg/m}^3=300\text{kg}$$

(4)砂、碎(砾)石等单一材料的垫层用量计算公式

$$定额用量=定额单位\times压实系数\times(1+损耗率)$$

$$压实系数=\frac{压实厚度}{虚铺厚度}$$

对于砂垫层材料用量的计算，按上列公式计算得出干砂后，需另加中粗砂的含水膨胀系数21%。

(5)碎(砾)石、毛石或碎砖灌浆垫层材料用量的计算

碎(砾)石、毛石或碎砖的用量与干铺垫层用量计算相同，其灌浆用的砂浆用量则按下列公式计算：

$$砂浆用量=\frac{碎(砾)石、毛石或碎砖相对密度-碎(砾)石、毛石或碎砖容量\times压实系数}{碎(砾)石、毛石或碎砖的相对密度\times填充密度(80\%)(1+损耗率)}$$

例如：碎石灌浆：碎石密度：2650kg/m^3，相对密度 1550kg/m^3，碎石压实系数：1.08，砂浆填充密度 75%。

$$砂浆=\frac{2650-1550\times1.08}{2650}\times75\%\times1.02=0.282\text{m}^3$$

碎石：$1\times1.08\times1.03=1.112\text{m}^3$

3. 块材面层材料用量计算

块料饰面工程中的主要材料就是指表面装饰块料，一般都有特定规格，因此可以根据装饰面积和规格块料的单块面积，计算出块料数量。

当缺少某种块料的定额资料时，它的用量确定可以按照实物计算法计算。即根据设计图纸计算出装饰面的面积，除以一块规格块料(包括拼缝)的面积，求得块料净用量，再考虑一定的损耗量，即可得出该种装饰块料的总用量。每 100m^2 块料面层的材料用量按下式计算：

$$Q_t=q(1+\eta)=\frac{100}{(l+\delta)(b+\delta)}\cdot(1+\eta)$$

式中 l——规格块料长度(m)；

b——规格块料宽度(m)；

δ——拼缝宽(m)。

$$结合层用料量=100\text{m}^2\times结合层厚度\times(1+损耗率)$$

找平层用料量同上。

灰缝材料用量=(100m^2－块料长×块料宽×100m^2 块料净用量)×灰缝深×(1＋损耗率)

如为木板面层时，则按下列公式计算：

$$每\ 100\text{m}^2\ 面层用木板体积=\frac{板材毛宽}{板材有效宽度}\times板材厚度(毛板)\times100\times(1+损耗率)$$

六、块料面层工程量计算

(一)块料面层结合层和底层找平层参考厚度

块料面层结合层和底层找平层参考厚度见表 6-18。

表 6-18　块料面层结合层和底层找平层参考厚度　　(mm)

序号	项目			块料规格	灰缝		结合层厚	底层找平层
					宽	深		
1	方整石	砂缝砂结合层		200×300×120	5	120	20	
2		砂浆缝砂浆结合层		200×300×120	5	120	15	
3	红(青)砖	砂缝砂结合层	平　铺	240×115×53	5	53	15	
4			侧　铺	240×115×53	5	115	15	
5	缸砖	砂浆结合层		150×150×15	2	15	5	20
6		沥青结合层		150×150×15	2	15	4	20
7	水泥砂浆结合层	陶瓷锦砖(马赛克)					5	20
8		混　凝　土　板		400×400×60			5	20
9		水　泥　砖		200×200×25			5	20
10		大　理　石　板		500×500×20	1	20	5	20
11		菱　苦　土　板		250×250×20	3	20	5	20
12		水磨石板	地　面	305×305×20	2	20	5	20
13			楼　梯　面				3	20
14			踢　脚　板				3	20

(二)块料面层工程量计算

1. 楼梯块料面层工程量计算

其工程量分层按其水平投影面积计算(包括踏步、平台、小于 500mm 宽的楼梯井以及最上一层踏步沿 300mm),如图 6-2 所示。即

当 $b>500$mm 时　　　　$S=\sum L\times B-\sum l\times b$

当 $b\leqslant 500$mm 时　　　　$S=\sum L\times B$

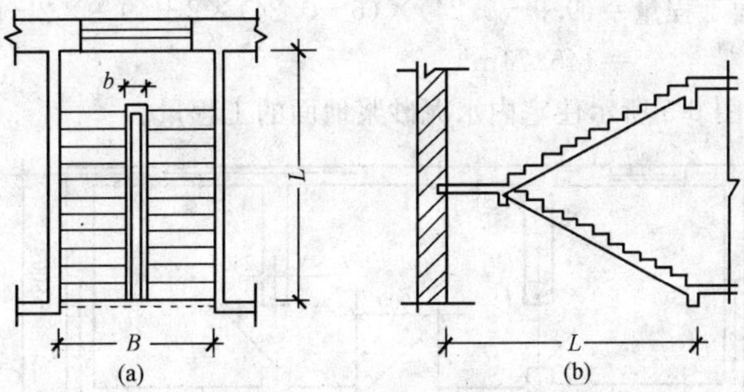

图 6-2　楼梯示意图

式中　S——楼梯面层的工程量(m^2);

L——楼梯的水平投影长度(m)；

B——楼梯的水平投影宽度(m)；

l——楼梯井的水平投影长度(m)；

b——楼梯井的水平投影宽度(m)。

2. 台阶块料面层工程量计算

其工程量按台阶水平投影面积计算，但不包括翼墙、侧面装饰，当台阶与平台相连时，台阶与平台的分界线，应以最上层踏步外沿另加 300mm 计算，如图 6-3所示台阶工程量可按下式计算。

$$S = L \times B$$

式中 S——台阶块料面层工程量(m^2)；

L——台阶计算长度(m^2)；

B——台阶计算宽度(m^2)。

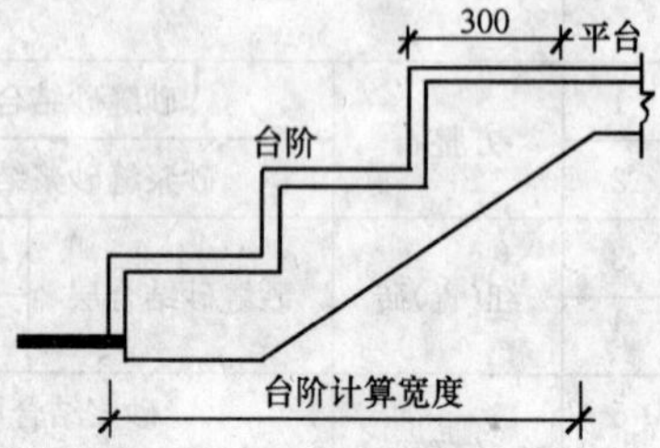

图 6-3 台阶示意图

七、楼地面工程工程量计算示例

【例 6-1】 某商店平面如图 6-4 所示，地面做法：C20 细石混凝土找平层 60 厚，1：2.5白水泥带嵌条水磨石面层 20mm 厚，15mm×2mm 铜条分隔，距墙柱边 300mm 范围内按纵横 1m 宽分格。试计算地面工程量。

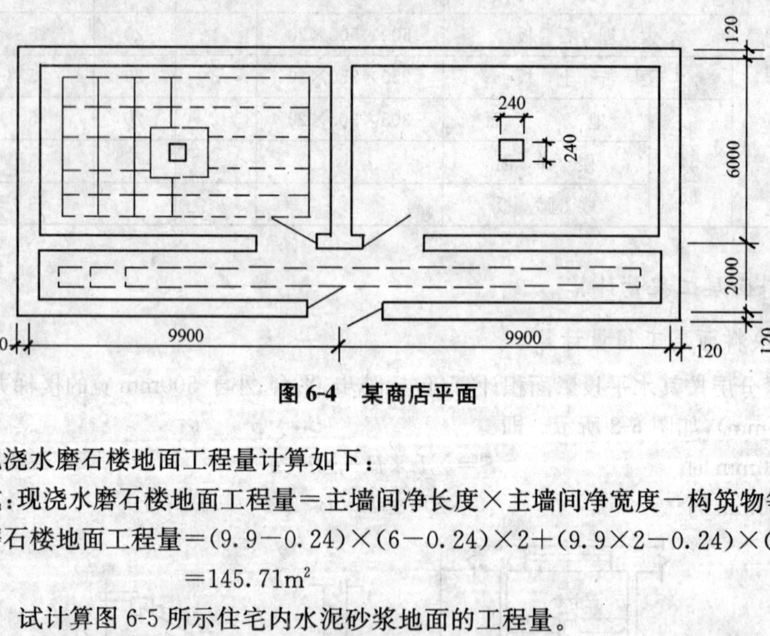

图 6-4 某商店平面

【解】 现浇水磨石楼地面工程量计算如下：

计算公式：现浇水磨石楼地面工程量＝主墙间净长度×主墙间净宽度－构筑物等所占面积

现浇水磨石楼地面工程量＝(9.9－0.24)×(6－0.24)×2＋(9.9×2－0.24)×(2－0.24)

＝145.71m^2

【例 6-2】 试计算图 6-5 所示住宅内水泥砂浆地面的工程量。

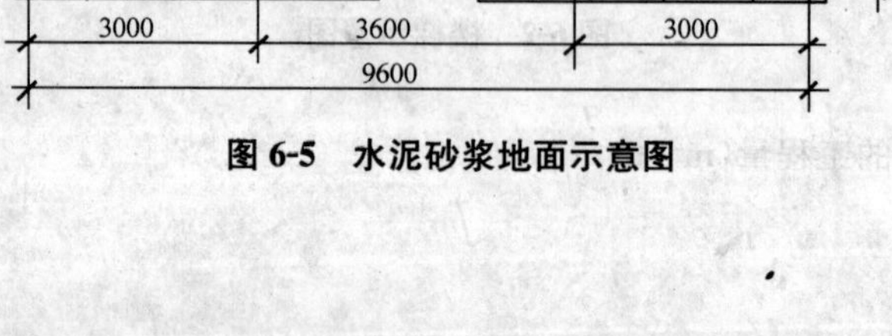

图 6-5 水泥砂浆地面示意图

【解】 本例为整体面层，工程量按主墙间净空面积计算：

$$工程量=(5.8-0.24)\times(9.6-0.24\times3)=49.37m^2$$

【例 6-3】 计算图 6-6 所示门厅镶贴大理石地面面层工程量。

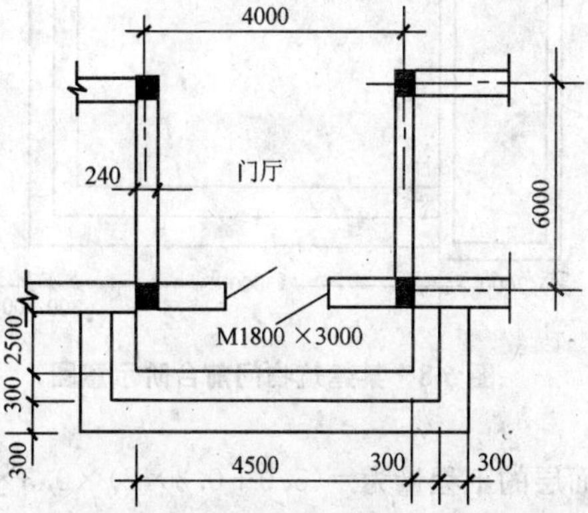

图 6-6　门厅镶贴大理石地面面层示意图

【解】 大理石面层工程量按图示尺寸计算，门洞开口部分面积不增加。

$$大理万楼地面工程量=(4-0.24)\times6$$
$$=22.56m^2$$

【例 6-4】 某展览厅，地面用 1∶2.5 水泥砂浆铺全瓷抛光地板砖，地板砖规格为 1000mm×1000mm，地面实铺长度为 40m，实铺宽度为 30m，展览厅内有 6 个 600mm×600mm 的方柱，计算铺全瓷抛光地板砖工程量。

【解】 块料楼地面工程量计算如下：

计算公式：块料楼地面工程量＝主墙间净长度×主墙间净宽度－每个 0.3m² 以上柱所占面积

$$块料楼地面工程量=40\times30-0.6\times0.6\times6=1197.84m^2$$

【例 6-5】 图 6-7 为某五层建筑楼梯设计图，设计为普通水磨石面层，试计算水磨石楼梯面层工程量。不包括楼梯踢脚线，底面、侧面抹灰。

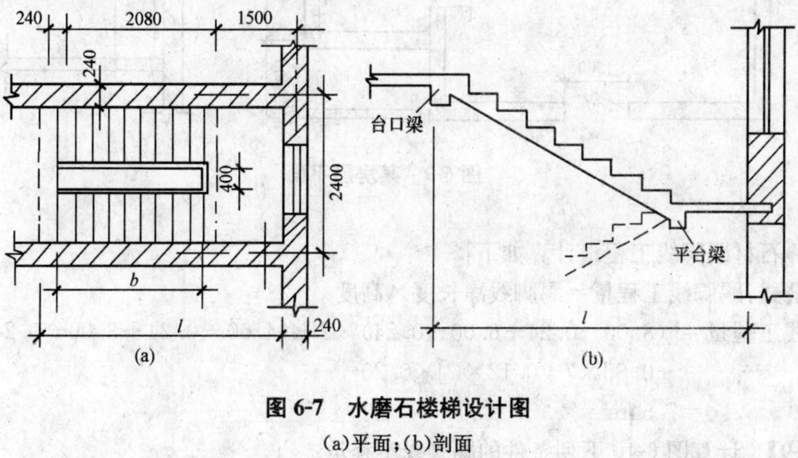

图 6-7　水磨石楼梯设计图

(a)平面；(b)剖面

【解】 每层楼梯工程量＝(2.4－0.24)×(0.24＋2.08＋1.5－0.12)＝7.99m²

楼梯总面积＝7.99×(5－1)＝31.96m²

【例 6-6】 某建筑物门前台阶如图 6-8 所示，试计算贴大理石面层的工程量。

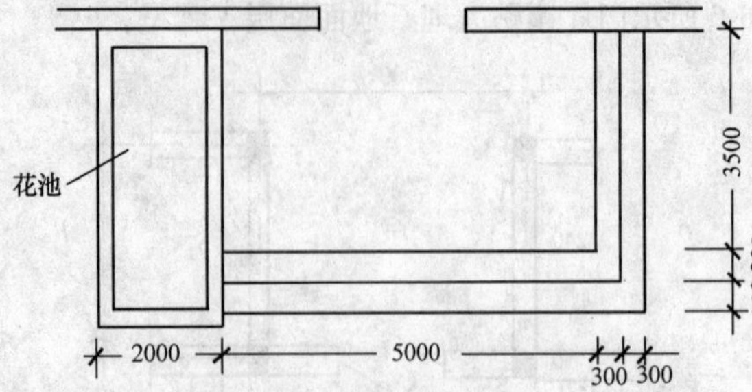

图 6-8　某建筑物门前台阶示意图

【解】 台阶贴大理石面层的工程量为＝(5.0＋0.3×2)×0.3×3＋(3.5－0.3)×0.3×3

＝7.92m²

平台贴大理石面层的工程量为＝(5.0－0.3)×(3.5－0.3)＝15.04m²

【例 6-7】 某体操练功用房，地面铺木地板，其做法是：30mm×40mm 木龙骨中距(双向)450mm×450mm；20mm×80mm 松木毛地板 45°斜铺，板间留 2mm 缝宽；上铺 50mm×20mm 企口地板，房间面积为 30m×50m，门洞开口部分 1.5m×0.12m 两处，计算木地板工程量。

【解】 木地板工程量计算如下：

计算公式：木地板工程量＝主墙间净长度×主墙间净宽度＋门窗洞口、壁龛开口部分面积

木地板工程量＝30×50＋1.5×0.12×2＝150.36m²

【例 6-8】 某房屋平面如图 6-9 所示，室内水泥砂浆粘贴 200mm 高石材踢脚板，计算工程量。

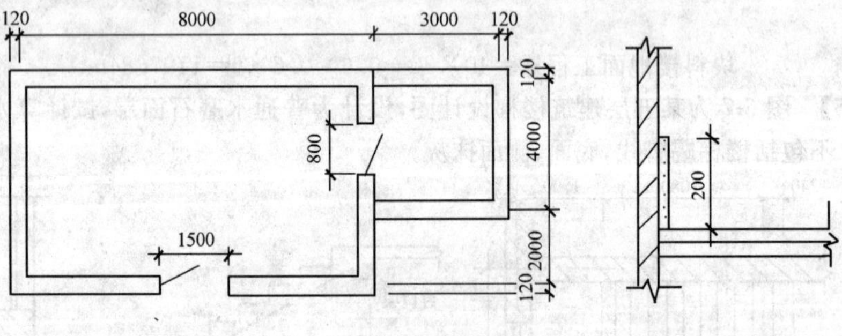

图 6-9　某房屋平面

【解】 石材踢脚线工程量计算如下：

计算公式：踢脚线工程量＝踢脚线净长度×高度

踢脚线工程量＝[(8.00－0.24＋6.00－0.24)×2＋(4.00－0.24＋3.00－0.24)×2－1.50

－0.80×2＋0.12×6]×0.20

＝7.54m²

【例 6-9】 计算图 6-10 下列条件的踢脚线工程量：

(1)客厅直线形大理石踢脚线，水泥砂浆粘贴；

(2)卧室榉木夹板踢脚线。两种材料踢脚线的高度均按 150mm 考虑。

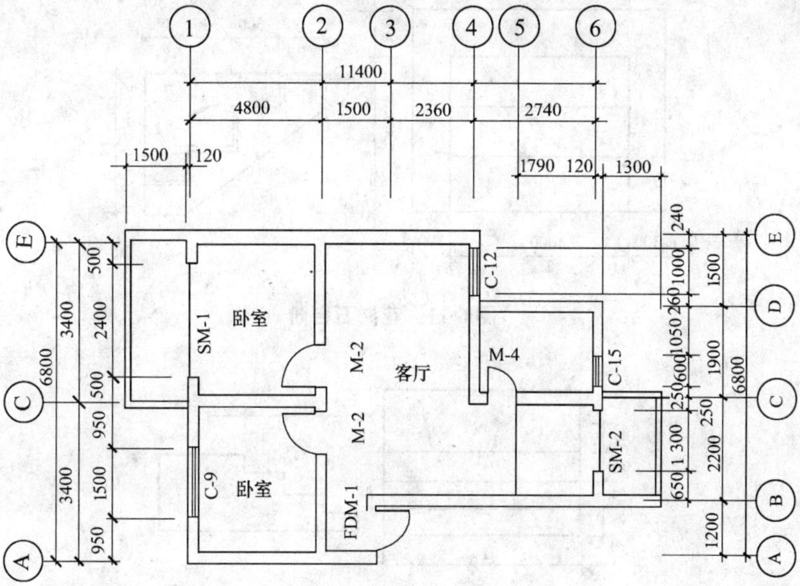

图 6-10　中套居室设计平面图

【解】(1)大理石踢脚线，按计算规则，其踢脚线按图示尺寸以平方米计算，结果如下：

大理石踢脚线长度＝[(6.8－0.24)＋(11.4－4.8－0.24)]×2＋(PDM－1,M－4)0.24×4
　　　　　　　　－(m－2)0.8×2－(FDM－1)0.8－(M－4)0.7－(SM－2)1.3

大理石踢脚线工程量＝22.40×0.15＝3.36m²

(2)榉木夹板踢脚线计算如下：

踢脚线长＝[(3.4－0.24)＋(4.8－0.24)]×4－2.40－0.8×2＋洞口侧面0.24×2
　　　＝27.36m

踢脚线工程量＝27.36×0.15＝4.10m²

【例 6-10】设图 6-7 所示六层建筑的楼梯，做扶手不锈钢管直线型(其他)栏杆，计算栏杆扶手工程量。栏杆扶手伸入平台 150mm。

【解】楼梯扶手(栏杆)工程量均按中心线延长米计算。

计算式为：

工程量＝每层水平投影长度×(n－1)×系数 1.15＋顶层水平扶手长度
　＝[(0.27×8＋0.15×2×伸入长＋0.2×井宽)×2×(6－1)
　×1.15＋(2.4－0.24－0.2)/2]×2
　＝63.14m

【例 6-11】某工程花岗石台阶，尺寸如图 6-11 所示，台阶及翼墙 1∶2.5 水泥砂浆粘贴花岗石板(翼墙外侧不贴)，计算工程量。

【解】石材台阶面工程量计算如下：

如图 6-12 所示，计算公式：

台阶工程量＝L×(B×n＋0.3)

石材台阶面工程量＝4.00×0.30×4＝4.80m²

(2)石材零星项目工程量计算如下：

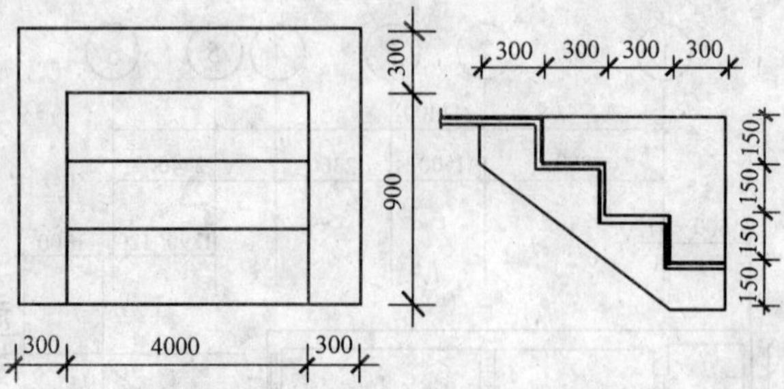

图 6-11 花岗石台阶

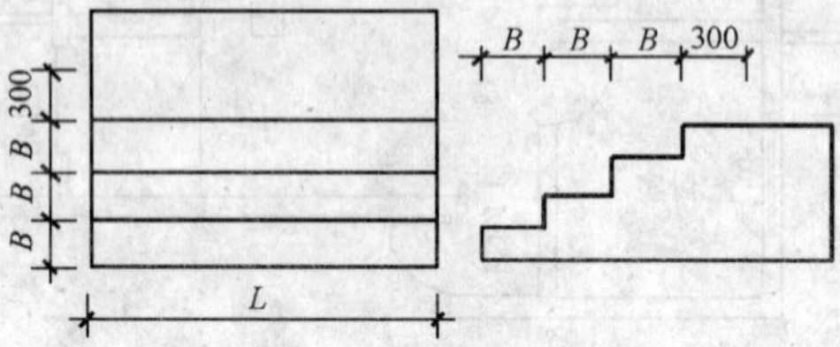

图 6-12 石材台阶面

石材零星项目工程量＝0.3×(0.9＋0.3＋0.15×4)×2＋(0.3×3)×(0.15×4)(折合)
＝1.62m^2

注:台阶平台部分可按地面项目编码列项,但要扣除最上一层踏步宽(300mm)。

第二节 墙柱面工程

一、相关说明

墙体类型:砖墙、石墙、混凝土墙、砌块墙以及内墙、外墙等。

勾缝类型:清水砖墙、砖柱的加浆色缝(平缝或凹缝),石墙、石柱的勾缝(如平缝、平凹缝、平凸缝、半圆凹缝、半圆凸缝和三角凸缝等)。

抹面层:是指一般抹灰的普通抹灰(一层底层和一层面层或不分层一遍成活)、中级抹灰(一层底层、一层中层和一层面层或一层底层、一层面层)、高级抹灰(一层底层、数层中层和一层两层)的面层。

抹装饰面:是指装饰抹灰(抹底灰、涂刷 108 胶溶液、刮或刷水泥浆液、抹中层、抹装饰面层)的面层。

块料饰面板:是指石材饰面板(天然花岗石、大理石、人造花岗石、人造大理石、预制水磨石饰面板等)、陶瓷面砖(内墙彩釉面瓷砖、外墙面砖、陶瓷马赛克、大型陶瓷锦面板等)、玻璃面砖(玻璃锦砖、玻璃面砖等)、金属饰面板(彩色涂色钢板、彩色不锈钢板、镜面不锈钢饰面板、铝合金板、复合铝板、铝塑板等)、塑料饰面板(聚氯乙烯塑料饰面板、玻璃钢饰面板、塑料贴面饰面板、聚酯装饰板、复塑中密度纤维板等)、木质饰面板(胶合板、硬质纤维板、细木工板、刨花板、建筑纸面草板、水泥木屑板、灰板条等)。

护角线:亦称水泥护角线,是在门洞口墙柱容易碰撞部位的阳角抹的水泥砂浆保护角层。与墙面抹灰厚度相同的叫暗护角,凸出墙面抹灰的叫明护角。

窗台线:指与窗台平行的外墙装饰线。

腰线:指为增加建筑立面上的美感而设在窗台高度的装饰线条。一般与窗台高度相同和外窗台虎头砖相连接。但也有与窗台不在一条水平线的。

带肋全玻璃幕墙:是指玻璃幕墙带玻璃肋,玻璃肋的工程量应合并在玻璃幕墙工程量内计算。

挂贴方式:是对大规格的石材(大理石、花岗石、青石等)使用先挂后灌浆的方式固定于墙、柱面。

干挂方式:是指直接干挂法,是通过不锈钢膨胀螺栓、不锈钢挂件、不锈钢连接件、不锈钢钢针等,将外墙饰面板连接在外墙墙面;间接干挂法,是通过固定的墙、柱、梁上的龙骨,再通过各种挂件固定外墙饰面板。

嵌缝材料:指嵌缝砂浆、嵌缝油膏、密封胶水材料等。

防护材料:指石材等防碱背涂处理剂和面层防酸涂剂等。

基层材料:指面层内的底板材料,如木墙裙、木护墙、木板隔墙等,在龙骨上,粘贴或铺钉一层,加强面层的底板。

二、消耗量定额工程量计算

(一)定额一般规定

(1)墙、柱面工程定额凡注明砂浆种类、配合比、饰面材料及型材的型号规格与设计不同时,可按设计规定调整,但人工、机械消耗量不变。

(2)抹灰砂浆厚度,如设计与定额取定不同时,除定额有注明厚度的项目可以换算外,其他一律不做调整(表 6-19)。

表 6-19　灰砂浆定额厚度取定表

定额编号	项　目		砂　浆	厚度(mm)
2—001	水刷豆石	砖、混凝土墙面	水泥砂浆 1∶3	12
			水泥豆石浆 1∶1.25	12
2—002		毛石墙面	水泥砂浆 1∶3	18
			水泥豆石浆 1∶1.25	12
2—005	水刷白石子	砖、混凝土墙面	水泥砂浆 1∶3	12
			水泥白石子浆 1∶1.5	10
2—006		毛石墙面	水泥砂浆 1∶3	20
			水泥白石子浆 1∶1.5	10
2—009	水刷玻璃碴	砖、混凝土墙面	水泥砂浆 1∶3	12
			水泥玻璃碴浆 1∶1.25	12
2—010		毛石墙面	水泥砂浆 1∶3	18
			水泥玻璃碴浆 1∶1.25	12
2—013	干粘白石子	砖、混凝土墙面	水泥砂浆 1∶3	18
2 014		毛石墙面	水泥砂浆 1∶3	30
2—017	干粘玻璃碴	砖、混凝土墙面	水泥砂浆 1∶3	18
2—018		毛石墙面	水泥砂浆 1∶3	30

表 6-19(续)

定额编号	项目		砂浆	厚度(mm)
2—021	斩假石	砖、混凝土墙面	水泥砂浆 1∶3	12
			水泥白石子浆 1∶1.5	10
2—022		毛石墙面	水泥砂浆 1∶3	18
			水泥白石子浆 1∶1.5	10
2—025	墙、柱面拉条	砖墙面	混合砂浆 1∶0.5∶2	14
			混合砂浆 1∶0.5∶1	10
2—026		混凝土墙面	水泥砂浆 1∶3	14
			混合砂浆 1∶0.5∶1	10
2—027	墙、柱面甩毛	砖墙面	混合砂浆 1∶1∶6	12
			混合砂浆 1∶1∶4	6
2—028		混凝土墙面	水泥砂浆 1∶3	10
			水泥砂浆 1∶2.5	6

注:1. 每增减一遍素水泥浆或 108 胶素水泥浆,每 $1m^2$ 增减人工 0.01 工日,素水泥浆或 108 胶素水泥浆 $0.0012m^3$。
2. 每增减 1mm 厚砂浆,每 $1m^2$ 增减砂浆 $0.0012m^3$。

(3)圆弧形、锯齿形等不规则墙面抹灰、镶贴块料按相应项目人工乘以系数 1.15,材料乘以系数 1.05。

(4)离缝镶贴面砖定额子目,面砖消耗量分别按缝宽 5mm、10mm 和 20mm 考虑,如灰缝不同或灰缝超过 20mm 以上者,其块料及灰缝材料(水泥砂浆 1∶1)用量允许调整,其他不变。

(5)镶贴块料和装饰抹灰的“零星项目”适用于挑檐、天沟、腰线、窗台线、门窗套、压顶、扶手、雨篷周边等。

(6)木龙骨基层是按双向计算的,如设计为单向时,材料、人工用量乘以系数 0.55。

(7)定额木材种类除注明者外,均以一、二类木种为准,如采用三、四类木种时,人工及机械乘以系数 1.3。

(8)面层、隔墙(间壁)、隔断(护壁)定额内,除注明者外均未包括压条、收边、装饰线(板),如设计要求时,应按其他工程中相应子目执行。

(9)面层、木基层均未包括刷防火涂料,如设计要求时,应按油漆、涂料、裱糊工程中相应子目执行。

(10)玻璃幕墙设计有平开、推拉窗者,仍执行幕墙定额,窗型材、窗五金相应增加,其他不变。

(11)玻璃幕墙中的玻璃按成品玻璃考虑,幕墙中的避雷装置、防火隔离层定额已综合,但幕墙的封边、封顶的费用另行计算。

(12)隔墙(间壁)、隔断(护壁)、幕墙等定额中龙骨间距、规格如与设计不同时,定额用量允许调整。

(二)工程量计算规则

(1)外墙面装饰抹灰面积,按垂直投影面积计算,扣除门窗洞口和 $0.3m^2$ 以上的孔洞所占的面积,门窗洞口及孔洞侧壁面积亦不增加。附墙柱侧面抹灰面积并入外墙抹灰面积工程量内。

(2)柱抹灰按结构断面周长乘高计算。

(3)女儿墙(包括泛水、挑砖)、阳台栏板(不扣除花格所占孔洞面积)内侧抹灰按垂直投影面积乘以系数 1.10，带压顶者乘系数 1.30 按墙面定额执行。

(4)"零星项目"按设计图示尺寸以展开面积计算。

(5)墙面贴块料面层，按实贴面积计算。

(6)墙面贴块料、饰面高度在 300mm 以内者，按踢脚板定额执行。

(7)柱饰面面积按外围饰面尺寸乘以高度计算。

(8)挂贴大理石、花岗岩中其他零星项目的花岗岩、大理石是按成品考虑的，花岗岩、大理石柱墩、柱帽按最大外径周长计算。

(9)除定额已列有柱帽、柱墩的项目外，其他项目的柱帽、柱墩工程量按设计图示尺寸以展开面积计算，并入相应柱面积内，每个柱帽或柱墩另增人工：抹灰 0.25 工日，块料 0.38 工日，饰面 0.5 工日。

(10)隔断按墙的净长乘净高计算，扣除门窗洞口及 $0.3m^2$ 以上的孔洞所占面积。

(11)全玻璃断的不锈钢边框工程量按边框展开面积计算。

(12)全玻隔断、全玻幕墙如有加强肋者，工程量按其展开面积计算；玻璃幕墙、铝板幕墙以框外围面积计算。

(13)装饰抹灰分格、嵌缝按装饰抹灰面面积计算。

三、清单计价规范工程量计算

(一)清单项目划分

墙、柱面工程分为墙面抹灰、柱面抹灰、零星抹灰、墙面镶贴块料、柱面镶贴块料、零星镶贴块料、墙饰面、柱(梁)饰面、隔断、幕墙等项目。

各项目所包含的清单项目表 6-20。

表 6-20　墙、柱面工程各项目所包含的内容

项　目	包含的内容
墙面抹灰	墙面抹灰包括墙面一般抹灰、墙面装饰抹灰、墙面色缝
柱面抹灰	柱面抹灰包括柱面一般抹灰、柱面装饰抹灰、柱面勾缝
零星抹灰	零星抹灰包括零星项目一般抹灰、零星项目装饰抹灰
墙面镶贴块料	墙面镶贴块包括石材墙面、碎拼石材墙面、干挂石材钢骨架
柱面镶贴块料	柱面镶贴块包括石材柱面、块料柱面、石材梁面、块料梁面
零星镶贴块料	零星镶贴块料包括石材零星项目、碎拼石材零星项目、块料零星项目
墙饰面	墙饰面
柱(梁)饰面	柱(梁)饰面
隔断	隔断
幕墙	幕墙包括带骨架幕墙、全玻幕墙

(二)关于墙、柱面工程内容的说明

墙、柱面工程共 10 节 25 个项目。包括墙面抹灰、柱面抹灰、零星抹灰、墙面镶贴块料、柱面镶贴块料、零星镶贴块料，墙饰面、柱(梁)饰面、隔断、幕墙等工程。适用于一般抹灰、装饰抹灰工程。

1. 有关项目说明

(1)一般抹灰包括:石灰砂浆、水泥混合砂浆、水泥砂浆、聚合物水泥砂浆、膨胀珍珠岩水泥砂浆和麻刀灰、纸筋石灰、石膏灰等。

(2)装饰抹灰包括:水刷石、水磨石、斩假石(剁斧石)、干粘石、假面砖、拉条灰、拉毛灰、甩毛灰、扒拉石、喷毛灰、喷涂、喷砂、滚涂、弹涂等。

(3)柱面抹灰项目、石材柱面项目、块料柱面项目适用于矩形柱、异形柱(包括圆形柱、半圆形柱等)。

(4)零星抹灰和零星镶贴块料面层项目适用于小面积(0.5m^2)以内少量分散的抹灰和块料面层。

(5)设置在隔断、幕墙上的门窗,可包括在隔墙、幕墙项目报价内,也可单独编码列项,并在清单项目中进行描述。

(6)主墙的界定以《建设工程工程量清单计价规范》(GB 50500—2008)附录A"建筑工程工程量清单项目及计算规则"解释为准。

2. 有关项目特征说明

(1)墙体类型指砖墙、石墙、混凝土墙、砌块墙以及内墙、外墙等。

(2)底层、面层的厚度应根据设计规定(一般采用标准设计图)确定。

(3)勾缝类型指清水砖墙、砖柱的加浆勾缝(平缝或凹缝),石墙、石柱的勾缝(如:平缝、平凹缝、平凸缝、半圆凹缝、半圆凸缝和三角凸缝等)。

(4)块料饰面板是指石材饰面板(天然花岗石、大理石、人造花岗石、人造大理石、预制水磨石饰面板等),陶瓷面砖(内墙彩釉面瓷砖、外墙面砖、陶瓷马赛克、大型陶瓷锦面板等),玻璃面砖(玻璃锦砖、玻璃面砖等),金属饰面板(彩色涂色钢板、彩色不锈钢板、镜面不锈钢饰面板、铝合金板、复合铝板、铝塑板等),塑料饰面板(聚氯乙烯塑料饰面板、玻璃钢饰面板、塑料贴面饰面板、聚酯装饰板、复塑中密度纤维板等),木质饰面板(胶合板、硬质纤维板、细木工板、刨花板、建筑纸面草板、水泥木屑板、灰板条等)。

(5)挂贴方式是对大规格的石材(大理石、花岗石、青石等)使用先挂后灌浆的方式固定于墙、柱面。

(6)干挂方式是指直接干挂法,是通过不锈钢膨胀螺栓、不锈钢挂件、不锈钢连接件、不锈钢钢针等,将外墙饰面板连接在外墙墙面;间接干挂法,是通过固定在墙、柱、梁上的龙骨,再通过各种挂件固定外墙饰面板。

(7)嵌缝材料指嵌缝砂浆、嵌缝油膏、密封胶封水材料等。

(8)防护材料指石材等防碱背涂处理剂和面层防酸涂剂等。

(9)基层材料指面层内的底板材料,如:木墙裙、木护墙、木板隔墙等,在龙骨上,粘贴或铺钉一层加强面层的底板。

3. 有关工程量计算说明

(1)墙面抹灰不扣除与构件交接处的面积,是指墙与梁的交接处所占面积,不包括墙与楼板的交接。

(2)外墙裙抹灰面积,按其长度乘以高度计算,是指按外墙裙的长度。

(3)柱的一般抹灰和装饰抹灰及勾缝,以柱断面周长乘以高度计算,柱断面周长是指结构断面周长。

(4)装饰板柱(梁)面按设计图示外围饰面尺寸乘以高度(长度)以面积计算。外围饰面尺寸是饰面的表面尺寸。

(5)带肋全玻璃幕墙是指玻璃幕墙带玻璃肋，玻璃肋的工程量应合并在玻璃幕墙工程量内计算。

4. 有关工程内容说明

(1)抹面层　指一般抹灰的普通抹灰（一层底层和一层面层或不分层一遍成活），中级抹灰（一层底层、一层中层和一层面层或一层底层、一层面层），高级抹灰（一层底层、数层中层和一层面层）的面层。

(2)抹装饰面　指装饰抹灰（抹底灰、涂刷 108 胶溶液、刮或刷水泥浆液、抹中层、抹装饰面层）的面层。

(三)工程量清单项目设置及工程量计算规则

1. 墙面抹灰

墙面抹灰工程工程量清单项目设置及工程量计算规则见表 6-21。

表 6-21　墙面抹灰（编码：020201）

<table>
<tr><th>项目编码</th><th>项目名称</th><th>项目特征</th><th>计量单位</th><th>工程量计算规则</th><th>工程内容</th></tr>
<tr><td>020201001</td><td>墙面一般抹灰</td><td rowspan="2">1. 墙体类型。
2. 底层厚度、砂浆配合比。
3. 面层厚度、砂浆配合比。
4. 装饰面材料种类。
5. 分格缝宽度、材料种类</td><td rowspan="3">m²</td><td rowspan="3">按设计图示尺寸以面积计算。扣除墙裙、门窗洞口及单个 0.3m² 以外的孔洞面积，不扣除踢脚线、挂镜线和墙与构件交接处的面积，门窗洞口和孔洞的侧壁及顶面不增加面积。附墙柱、梁、垛、烟囱侧壁并入相应的墙面面积内。
1. 外墙抹灰面积按外墙垂直投影面积计算。
2. 外墙裙抹灰面积按其长度乘以高度计算。
3. 内墙抹灰面积按主墙间的净长乘以高度计算。
(1)无墙裙的，高度按室内楼地面至天棚底面计算。
(2)有墙裙的，高度按墙裙顶至天棚底面计算。
4. 内墙裙抹灰面按内墙净长乘以高度计算</td><td rowspan="2">1. 基层清理。
2. 砂浆制作、运输。
3. 底层抹灰。
4. 抹面层。
5. 抹装饰面。
6. 勾分格缝</td></tr>
<tr><td>020201002</td><td>墙面装饰抹灰</td></tr>
<tr><td>020201003</td><td>墙面勾缝</td><td>1. 墙体类型。
2. 勾缝类型。
3. 勾缝材料种类</td><td>1. 基层清理。
2. 砂浆制作、运输。
3. 勾缝</td></tr>
</table>

注：1. 石灰砂浆、水泥砂浆、水泥混合砂浆、聚合物水泥砂浆、麻刀石灰、纸筋石灰、石膏灰等的抹灰应按表中一般抹灰项目编码列项；水刷石、斩假石（剁斧石、剁假石）、干粘石、假面砖等的抹灰应按表中装饰抹灰项目编码列项。

2. 0.5m² 以内少量分散的抹灰，应按表中相关项目编码列项。

2. 柱面抹灰

柱面抹灰工程工程量清单项目设置及工程量计算规则见表6-22。

表6-22 柱面抹灰(编码:020202)

项目编码	项目名称	项目特征	计量单位	工程量计算规则	工程内容
020202001	柱面一般抹灰	1. 柱体类型。 2. 底层厚度、砂浆配合比。 3. 面层厚度、砂浆配合比。 4. 装饰面材料种类。 5. 分格缝宽度、材料种类	m^2	按设计图示柱断面周长乘以高度以面积计算	1. 基层清理。 2. 砂浆制作、运输。 3. 底层抹灰。 4. 抹面层。 5. 抹装饰面。 6. 勾分格缝
020202002	柱面装饰抹灰				
020202003	柱面勾缝	1. 墙体类型。 2. 勾缝类型。 3. 勾缝材料种类			1. 基层清理。 2. 砂浆制作、运输。 3. 勾缝

3. 零星抹灰

零星抹灰工程量清单项目设置及工程量计算规则见表6-23。

表6-23 零星抹灰(编码:020203)

项目编码	项目名称	项目特征	计量单位	工程量计算规则	工程内容
020203001	零星项目一般抹灰	1. 墙体类型。 2. 底层厚度、砂浆配合比。 3. 面层厚度、砂浆配合比。 4. 装饰面材料种类。 5. 分格缝宽度、材料种类	m^2	按设计图示尺寸以面积计算	1. 基层清理。 2. 砂浆制作、运输。 3. 底层抹灰。 4. 抹面层。 5. 抹装饰面。 6. 勾分格缝
020203002	零星项目装饰抹灰				

4. 墙面镶贴块料

墙面镶贴块料工程量清单项目设置及工程量计算规则见表6-24。

表6-24 墙面镶贴块料(编码:020204)

项目编码	项目名称	项目特征	计量单位	工程量计算规则	工程内容
020204001	石材墙面	1. 墙体类型。 2. 底层厚度、砂浆配合比。 3. 贴结层厚度、材料种类。 4. 挂贴方式。 5. 干挂方式(膨胀螺栓、钢龙骨)。 6. 面层材料品种、规格、品牌、颜色。 7. 缝宽、嵌缝材料种类。 8. 防护材料种类。 9. 磨光、酸洗、打蜡要求	m^2	按设计图示尺寸以镶贴表面积计算	1. 基层清理。 2. 砂浆制作、运输。 3. 底层抹灰。 4. 结合层铺贴。 5. 面层铺贴。 6. 面层挂贴。 7. 面层干挂。 8. 嵌缝。 9. 刷防护材料。 10. 磨光、酸洗、打蜡
020204002	碎拼石材墙面				
020204003	块料墙面				
020204004	干挂石材钢骨架	1. 骨架种类、规格。 2. 油漆品种、刷油遍数	t	按设计图示尺寸以质量计算	1. 骨架制作、运输、安装。 2. 骨架油漆

5. 柱面镶贴块料

柱面镶贴块料工程量清单项目设置及工程量计算规则见表 6-25。

表 6-25　柱面镶贴块料(编码:020205)

项目编码	项目名称	项目特征	计量单位	工程量计算规则	工程内容
020205001	石材柱面	1. 柱体材料。 2. 柱截面类型、尺寸。 3. 底层厚度、砂浆配合比。 4. 黏结层厚度、材料种类。 5. 挂贴方式。 6. 干贴方式。 7. 面层材料品种、规格、品牌、颜色。 8. 缝宽、嵌缝材料种类。 9. 防护材料种类。 10. 磨光、酸洗、打蜡要求	m^2	按设计图示尺寸以镶贴表面积计算	1. 基层清理。 2. 砂浆制作、运输。 3. 底层抹灰。 4. 结合层铺贴。 5. 面层铺贴。 6. 面层挂贴。 7. 面层干挂。 8. 嵌缝。 9. 刷防护材料。 10. 磨光、酸洗、打蜡
020205002	拼碎石材柱面				
020205003	块料柱面				
020205004	石材梁面	1. 底层厚度、砂浆配合比。 2. 黏结层厚度、材料种类。 3. 面层材料品种、规格、品牌、颜色。 4. 缝宽、嵌缝材料种类。 5. 防护材料种类。 6. 磨光、酸洗、打蜡要求	m^2		1. 基层清理。 2. 砂浆制作、运输。 3. 底层抹灰。 4. 结合层铺贴。 5. 面层铺贴。 6. 面层挂贴。 7. 嵌缝。 8. 刷防护材料。 9. 磨光、酸洗、打蜡
020205005	块料梁面				

6. 零星镶贴块料

零星镶贴块料工程量清单项目设置及工程量计算规则见表 6-26。

表 6-26　零星镶贴块料(编码:020206)

项目编码	项目名称	项目特征	计量单位	工程量计算规则	工程内容
020206001	石材零星项目	1. 柱、墙体类型。 2. 底层厚度、砂浆配合比。 3. 黏结层厚度、材料种类。 4. 挂贴方式。 5. 干挂方式。 6. 面层材料品种、规格、品牌、颜色。 7. 缝宽、嵌缝材料种类。 8. 防护材料种类。 9. 磨光、酸洗、打蜡要求	m^2	按设计图示尺寸以镶贴表面积计算	1. 基层清理。 2. 砂浆制作、运输。 3. 底层抹灰。 4. 结合层铺贴。 5. 面层铺贴。 6. 面层挂贴。 7. 面层干挂。 8. 嵌缝。 9. 刷防护材料。 10. 磨光、酸洗、打蜡
020206002	拼碎石材零星项目				
020206003	块料零星项目				

注:0.5m^2 以内少量分散的镶贴块料面层,应按表中相关项目编码列项。

7. 墙饰面

墙饰面工程量清单项目设置及工程量计算规则见表 6-27。

表 6-27 墙饰面(编码:020207)

项目编码	项目名称	项目特征	计量单位	工程量计算规则	工程内容
020207001	装饰板墙面	1. 墙体类型。 2. 底层厚度、砂浆配合比。 3. 龙骨材料种类、规格、中距。 4. 隔离层材料种类、规格。 5. 基层材料种类、规格。 6. 面层材料品种、规格、品牌、颜色。 7. 压条材料种类、规格。 8. 防护材料种类。 9. 油漆品种、刷漆遍数	m^2	按设计图示墙净长乘以净高以面积计算。扣除门窗洞口及单个 $0.3m^2$ 以上的孔洞所占面积	1. 基层清理。 2. 砂浆制作、运输。 3. 底层抹灰。 4. 龙骨制作、运输、安装。 5. 钉隔离层。 6. 基层铺钉。 7. 面层铺贴。 8. 刷防护材料、油漆

8. 柱(梁)饰面

柱(梁)饰面工程量清单项目设置及工程量计算规则见表 6-28。

表 6-28 柱(梁)饰面(编码:020208)

项目编码	项目名称	项目特征	计量单位	工程量计算规则	工程内容
020208001	柱(梁)面装饰	1. 柱(梁)体类型。 2. 底层厚度、砂浆配合比。 3. 龙骨材料种类、规格、中距。 4. 隔离层材料种类。 5. 基层材料种类、规格。 6. 面层材料品种、规格、品牌、颜色。 7. 压条材料种类、规格。 8. 防护材料种类。 9. 油漆品种、刷漆遍数	m^2	按设计图示饰面外围尺寸以面积计算。柱帽、柱墩并入相应柱饰面工程量内	1. 清理基层。 2. 砂浆制作、运输。 3. 底层抹灰。 4. 龙骨制作、运输、安装。 5. 钉隔离层。 6. 基层铺钉。 7. 面层铺贴。 8. 刷防护材料、油漆

9. 隔断

隔断工程量清单项目设置及工程量计算规则见表 6-29。

表 6-29 隔断(编码:020209)

项目编码	项目名称	项目特征	计量单位	工程量计算规则	工程内容
020209001	隔断	1. 骨架、边框材料种类、规格。 2. 隔板材料品种、规格、品牌、颜色。 3. 嵌缝、塞口材料品种。 4. 压条材料种类。 5. 防护材料种类。 6. 油漆品种、刷漆遍数	m^2	按设计图示框外围尺寸以面积计算。扣除单个 $0.3m^2$ 以上的孔洞所占面积;浴厕门的材质与隔断相同时,门的面积并入隔断面积内	1. 骨架及边框制作、运输、安装。 2. 隔板制作、运输、安装。 3. 嵌缝、塞口。 4. 装订压条。 5. 刷防护材料、油漆

10. 幕墙

幕墙工程工程量清单项目设置及工程量计算规则见表 6-30。

表 6-30　幕墙(编码:0202010)

项目编码	项目名称	项目特征	计量单位	工程量计算规则	工程内容
020210001	带骨架幕墙	1. 骨架材料种类、规格、中距。 2. 面层材料品种、规格、品种、颜色。 3. 面层固定方式。 4. 嵌缝、塞口材料种类	m^2	按设计图示框外围尺寸以面积计算。与幕墙同种材质的窗所占面积不扣除	1. 骨架制作、运输、安装。 2. 面层安装。 3. 嵌缝、塞口。 4. 清洗
020210002	全玻璃幕墙	1. 玻璃品种、规格、品牌、颜色。 2. 黏结塞口材料种类。 3. 固定方式		按设计图示尺寸以面积计算。带肋全玻璃墙按展开面积计算	1. 幕墙安装。 2. 嵌缝、塞口。 3. 清洗

四、工料消耗参考指标

胶合板墙、活动隔断、不锈钢包柱,墙面贴普通壁纸,梁柱面贴普通壁纸见表 6-31～表 6-34。

表 6-31　胶合板墙　(100m^2)

名　　称	单位	胶合板墙(外挑)		胶合板弧形墙(附墙)	
		水曲板贴面	柚木板贴面	水曲板贴面(拼花)	柚木板贴面
综合工日	工日	102.70	92.65	88.10	73.02
装修材	m^3	2.25	2.25	1.879	1.879
三夹板	m^2	—	—	110	110
九夹板	m^2	110	110	—	—
水曲贴面板(拼花)	m^2	128	—	128	—
柚木贴面板	m^2	—	120	—	120
角钢∟50×50×3	kg	258.91	258.91	—	—
防锈漆	kg	5	5	—	—
309 胶	kg	25	25	25	25
装修钉	kg	10.99	10.99	5	5
防腐油	kg	2.73	2.73	4.5	4.5
乳胶	kg	5	5	10	10
膨胀螺栓	个	222	222	—	—
油毡	m^2	—	—	180	180

名　　称	单位	胶合板墙(外挑)		双面胶合板墙	
		水曲板贴面(拼花)	柚木板贴面	水曲板贴面(拼花)	柚木板贴面
综合工日	工日	83.07	68.00	140.07	110.74
装修材	m^3	1.62	1.62	2.20	2.20
九夹板	m^2	110	110	220	220
水曲贴面板	m^2	128	—	256	—
柚木贴面板	m^2	—	120	—	240
309 胶	kg	25	25	50	50
装修钉	kg	15	15	30	30
防腐油	kg	3.31	3.31	4.97	4.97
油毡	m^2	180	180	—	—
乳胶	kg	5	5	10	10

注:胶合板弧形墙为展开面积。

表 6-32 活动隔断、不锈钢包柱

名称	单位	吊式活动木隔断		不锈钢板包圆柱
		吊轨	柚木板隔断	
		10m	100m²	100m²
综合工日	工日	31.00	110.35	332.20
装修材	m³	0.14	2.022	0.500
三合板	m²	11.68	224	120.00
柚木板	m²	11.68	224	—
12# 工字钢	kg	122.00	—	—
ϕ6 吊杆(带丝带帽)	百个	0.4	—	—
扁钢- 40×3	kg	26.00	—	—
角钢	kg	12.00	—	105
钢板	kg	11.00	—	—
螺栓(带丝带帽)	百个	1.17	—	—
膨胀螺栓	支	36	—	—
轴承	个	70	—	—
木线条	m	—	1001	—
钢合页	个	—	165	—
不锈钢螺丝	百个	—	10.95	—
装修钉	kg	—	9.02	10
白乳胶	kg	—	24.68	—
309 胶	kg	—	70	—
木夹板(18 厚)	m²	—	—	26.94
射钉(带弹)	套	—	—	930
进口 8K 镜面不锈钢板(1 厚)	m³	—	—	110
不锈钢焊条	kg	—	—	5

注:不锈钢包柱,柱为方柱时,人工费、装修费、三合板、木夹板(18 厚)乘系数 1.6,其他不变。

表 6-33 墙面贴普通壁纸 (100m²)

内容	单位	不对花			对花		
		三合板面	白灰麻刀面	水泥抹面	三合板面	白灰麻刀面	水泥抹面
综合工日	工日	21.78	22.87	23.96	23.76	24.95	26.14
壁纸(国产)	m²	110	110	110	116.00	116.00	116.00
乳胶	kg	4.5	4.5	4.5	4.5	4.5	4.5
醇酸清漆	kg	7	7	—	7	7	—
调合漆	kg	—	—	7	—	—	7
醇酸稀料	kg	3	3	3	3	3	3
布条	m	232	—	—	232	—	—
砂布	张	10	10	10	10	10	10
腻子	kg	30	45	45	30	45	45

表 6-34　梁柱面贴普通壁纸　（$100m^2$）

内　容	单位	不对花			对　花		
		三合板面	白灰麻刀面	水泥抹面	三合板面	白灰麻刀面	水泥抹面
综合工日	工日	23.76	24.95	26.14	25.26	26.52	27.79
壁纸(国产)	m^2	117	117	117	123	123	123
乳胶	kg	4.5	4.5	4.5	4.5	4.5	4.5
醇酸清漆	kg	7	7	—	7	7	—
调合漆	kg	—	—	7	—	—	7
醇酸稀料	kg	3	3	3	3	3	3
布条	m	232	—	—	232	—	—
腻子	kg	30	45	45	30	45	45
砂布	张	10	10	10	10	10	10

五、常用配合比设计

1. 常用砂浆配合比设计

(1)一般抹灰砂浆配合比见表 6-35。

表 6-35　一般抹灰砂浆配合比

抹灰砂浆组成材料	配合比(体积比)	应用范围
石灰：砂	1：2～1：3	用于砖石墙面层(潮湿部分除外)
水泥：石灰：砂	1：0.3：3～1：1：6	墙面混合砂浆打底
	1：0.5：1～1：1：4	混凝土天棚抹灰混合砂浆打底
	1：0.5：4～1：3：9	板条天棚抹灰
石灰：水泥：砂	1：0.5：4.5～1：1：6	用于檐口、勒脚、女儿墙外脚以及比较潮湿处
水泥：砂	1：2.5～1：3	用于浴室、潮湿车间等墙裙、勒脚或地面基层
	1：1.5～1：2	用于地面天棚或墙面面层
	1：0.5～1：1	用于混凝土地面随时压光
水泥：石膏：砂：锯末	1：1：3：5	用于吸声粉刷
白灰：麻刀筋	100：2.5(质量比)	用于木板条天棚面
白灰膏：麻刀筋	100：1.3(质量比)	
白灰膏：纸筋	100：3.8(质量比)	
纸筋：白灰膏	3.6kg：$1m^3$	

(2)常用水泥砂浆配合比见表6-36。

表6-36 水泥砂浆配合比表 (m^3)

项目			水泥砂浆					
			1∶1	1∶2	1∶2.5	1∶3	1∶3.5	1∶4
合价			327.74	251.02	222.24	204.11	185.88	179.30
名称	单位	单价(元)	数量					
水泥(综合)	kg	0.366	792.000	544.000	458.000	401.000	350.000	322.000
砂子	kg	0.036	1052.000	1442.000	1517.000	1593.000	1605.000	1707.000

项目			白水泥砂浆	
			1∶3	1∶2.5
合价			277.90	306.51
名称	单位	单价(元)	数量	
白水泥	kg	0.550	401.000	458.000
砂子	kg	0.036	1593.000	1517.000

(3)常用石灰砂浆配合比见表6-37。

表6-37 石灰砂浆配合比表 (m^3)

项目			石灰砂浆				
			1∶1	1∶2	1∶2.5	1∶3	1∶3.5
合价			79.30	79.66	79.06	79.14	79.16
名称	单位	单价(元)	数量				
砂子	kg	0.036	1020.000	1399.000	1501.000	1584.000	1652.000
白炭	kg	0.097	439.000	302.000	258.000	228.000	203.000

(4)常用混合砂浆配合比见表6-38。

表6-38 混合砂浆配合比表 (m^3)

项目			混合砂浆						
			1∶1∶1	1∶1∶2	1∶1∶4	1∶1∶6	1∶2∶1	1∶3∶9	1∶0.1∶2.5
合价			234.88	206.74	160.88	144.31	192.71	117.47	210.93
名称	单位	单价(元)	数量						
水泥(综合)	kg	0.366	501.000	400.000	263.000	204.000	368.000	122.000	430.000
砂子	kg	0.036	663.000	1059.000	1391.000	1622.000	488.000	1457.000	1420.000
白灰	kg	0.097	285.000	229.000	150.000	116.000	417.000	210.000	25.000

项目			混合砂浆						
			1∶0.2∶2	1∶0.3∶3	1∶0.5∶1	1∶0.5∶3	1∶0.5∶3	1∶0.5∶4	1∶0.5∶0.5
合价			242.12	192.38	291.50	193.74	165.91	153.01	364.48
名称	单位	单价(元)	数量						
水泥(综合)	kg	0.366	512.000	366.000	661.000	361.000	284.000	242.000	873.000
砂子	kg	0.036	1364.000	1453.000	876.000	1434.000	1503.000	1604.000	578.000
白灰	kg	0.097	58.000	63.000	186.000	108.000	81.000	69.000	249.000

(5)喷涂抹灰砂浆配合比见表 6-39。

表 6-39　喷涂抹灰砂浆配合比

砂浆配合比		稠度(cm)
第一层	水泥∶石灰膏∶砂＝1∶1∶6	10～12
第二层	水泥∶石灰膏∶砂＝1∶0.5∶4	8～10

2. 常用其他灰浆参考配合比

常用其他灰浆参考配合比见表 6-40。

表 6-40　其他灰浆配合比表　　(m³)

项目			纸筋混合砂浆	麻刀混合砂浆	石灰麻刀砂浆	麻刀灰	纸筋灰
			1∶1∶2	1∶2∶4	1∶3		
合价			216.53	180.65	86.16	80.18	86.59
名称	单位	单价(元)	数量				
水泥(综合)	kg	0.366	400.000	242.000	—	—	—
砂子	kg	0.036	1059.000	1281.000	1584.000	—	—
白灰	kg	0.097	229.000	277.000	228.000	682.000	664.000
麻刀	kg	1.150	—	16.600	6.100	12.200	—
纸筋	kg	0.590	16.600	—	—	—	37.600

项目			水泥石英砂混合砂浆	界面剂砂浆	防水砂浆
			1∶0.2∶1.5	1∶2.5∶5	
合价			366.98	246.97	301.71
名称	单位	单价(元)	数量		
水泥(综合)	kg	0.366	601.000	458.000	401.000
砂子	kg	0.036	835.000	1517.000	1593.000
白灰	kg	0.097	69.000	—	—
石英砂	kg	0.308	358.000	—	—
界面剂	kg	1.800	—	13.740	—
防水粉	kg	6.100	—	—	16.000

项目			水泥石膏砂浆		粉刷石膏砂浆	石膏砂浆
			1∶0.2∶2.5	1∶0.2∶2	1∶2	1∶3
合价			260.00	256.80	529.63	728.22
名称	单位	单价(元)	数量			
水泥(综合)	kg	0.366	512.000	512.000	—	473.000
砂子	kg	0.036	1453.000	1364.000	1373.00	—
石膏粉	kg	0.350	58.000	58.000	—	1586.000
粉刷石膏	kg	0.700	—	—	686.000	—

项目			水泥珍珠岩浆			菱苦土砂浆	
			1∶8	1∶10	1∶12	1∶4	1∶1.4∶0.6
合价			119.49	113.84	110.75	130.34	184.55
名称	单位	单价(元)	数量				
水泥(综合)	kg	0.366	168.000	143.000	125.000	—	—
砂子	kg	0.036	—	—	—	—	494.710
珍珠岩	m³	50.000	1.160	1.230	1.300	—	—
菱苦土	kg	0.283	—	—	—	411.120	565.290
木屑	m³	9.270	—	—	—	1.510	0.730

3. 抹灰水泥砂浆掺粉煤灰配合比

抹灰水泥砂浆掺粉煤灰配合比见表 6-41。

表 6-41 抹灰水泥砂浆掺粉煤灰的配合比

抹灰项目	原配比(体积比)		现配比(体积比)		节约效果	
	水泥	砂子	水泥	粉煤灰	砂子	水泥(kg/m³)
内墙抹底层	1 (395)	3 (1450)	1 (200)	1 (100)	6 (1450)	195
内墙抹面层	1 (452)	2.5 (1450)	1 (240)	1 (120)	5 (1450)	212
外墙抹底层	1 (395)	3 (1450)	1 (200)	1 (100)	6 (1450)	195

注:括号内为每 $1m^3$ 砂浆水泥、砂子、粉煤灰用量(kg/m^3),水泥强度等级为 32.5 级。

4. 彩色砂浆配色颜料参考配合比

彩色砂浆配色颜料参考配合比见表 6-42。

表 6-42 彩色砂浆配色颜料的参考用量比

色调		红色			黄色			青色			绿色			棕色			紫色			褐色		
用料质量比		浅红	中红	暗红	浅黄	中黄	深黄	浅青	中青	暗青	浅绿	中绿	暗绿	浅棕	中棕	深棕	浅紫	中紫	暗紫	浅褐	咖啡	暗褐
用料名称	42.5 级硅盐酸水泥	93	86	79	95	90	85	93	86	79	95	90	85	95	90	85	93	86	79	94	88	82
	红色系颜料	7	14	21	—	—	—	—	—	—	—	—	—	—	—	—	—	—	—	—	—	—
	黄色系颜料	—	—	—	5	10	15	—	—	—	—	—	—	—	—	—	—	—	—	—	—	—
	蓝色系颜料	—	—	—	—	—	—	3	7	12	—	—	—	—	—	—	—		—	—	—	—
	绿色系颜料	—	—	—	—	—	—	—	—	—	5	10	15	—	—	—	—		—	—	—	—
	棕色系颜料	—	—	—	—	—	—	—	—	—	—	—	—	5	10	15	—		—	—	—	—
	紫色系颜料	—	—	—	—	—	—	—	—	—	—	—	—	—	—	—	7	14	21	—	—	—
	黑色系颜料	—	—	—	—	—	—	—	—	—	—	—	—	—	—	—	—	—	—	2	5	9
	白色系颜料	—	—	—	—	—	—	4	7	9	—	—	—	—	—	—	—	—	—	—	—	—

注:1. 各系颜料可用单一颜料,也可用两种或数种颜料配制。

2. 如用混合砂浆或石灰砂浆、或白水泥砂浆时,表列颜料用量酌减 60%～70%,但青色砂浆不需另加白色颜料。

3. 如用颜色水泥时,则不需加任何颜料,直接按(体积比)彩色水泥:砂=1:(2.5～3)配制即可。

5. 水泥石碴浆参考配合比

水泥石碴浆参考配合比见表 6-43。

表 6-43　水泥石碴(豆石)浆配合比表　(m³)

项　目			青水泥石碴浆		白水泥石碴浆
			水磨石		水磨石
			1∶1.25	1∶2.5	1∶2.5
合　价			481.97	448.22	627.15
名　称	单位	单价(元)	数　量		
水泥(综合)	kg	0.366	868.000	723.000	—
白水泥	kg	0.550	—	—	723.000
石碴	kg	0.120	1369.000	1530.000	—
美术石碴	kg	0.150	—	—	1530.000

项　目			青水泥石碴浆	白水泥石碴浆	青水泥石碴浆	白水泥石碴浆
			剁斧石		水刷石	
			1∶1.25(掺30%石屑)		1∶1.25	
合　价			444.59	633.06	481.97	682.75
名　称	单位	单价(元)	数　量			
水泥(综合)	kg	0.366	868.000	—	868.000	—
白水泥	kg	0.550	—	868.000	—	868.000
石碴	kg	0.120	958.300	—	1369.000	—
美术石碴	kg	0.150	—	958.300	—	1369.000
石屑	kg	0.029	410.700	410.700	—	—

项　目			水泥豆石浆	素水泥浆
			水刷石	
			1∶2	
合　价			297.41	541.31
名　称	单位	单价(元)	数　量	
水泥(综合)	kg	0.366	661.000	1479.000
豆石	kg	0.034	1632.000	—

6. 豆石混凝土及灰土配合比

豆石混凝土及灰土配合比见表 6-44。

表 6-44　豆石混凝土及灰土配合比表　(m³)

项　目			豆石混凝土(体积比)		
			1∶2∶4	1∶2∶3	1∶2∶2
合　价			170.35	184.47	207.52
名　称	单位	单价(元)	数　量		
水泥(综合)	kg	0.366	267.000	311.000	379.000
砂子	kg	0.036	665.000	776.000	946.000
豆石	kg	0.034	1432.000	1256.000	1022.000

表 6-44(续)

项　目			灰土				
			3∶7	2∶8	1∶9	12%	9%
合　价			21.92	14.65	7.37	8.78	6.63
名　称	单位	单价(元)	数　量				
白灰	kg	0.097	226.000	151.000	76.000	90.500	68.400

六、常用工程量计算资料

1. 工程量常用计算公式

(1)外墙面装饰工程量计算

外墙面装饰工程量＝外墙面周长×(墙高－外墙裙高)－门窗洞口及大于 0.3m^2 孔洞面积＋附墙柱侧面面积

(2)独立柱饰面工程量计算

独立柱饰面工程量＝柱结构断面周长×柱高

或＝柱装饰材料面周长×柱高

(3)墙面贴块料面层工程量计算

墙面贴块料面层工程量＝墙长×(墙高－墙裙高)－门窗洞口面积＋门窗洞口侧壁面积＋附墙柱侧面面积

(4)零星项目装饰工程量计算

零星项目装饰工程量＝按图示尺寸展开面积计算

或＝栏板、栏杆立面垂直投影面积×2.20

(5)隔墙、墙裙、护壁板工程量计算

木隔墙、墙裙、护壁板工程量＝净长×净高－门窗面积

玻璃隔墙工程量＝玻璃隔墙高(含上下横档宽)×玻璃隔墙宽(含左右立挺宽)

(6)浴厕木隔断工程量计算

浴厕木隔断工程量＝∑(木隔断实高×木隔断宽)＋门扇面积

(7)铝合金、轻钢隔墙、幕墙工程量计算

铝合金、轻钢隔墙、幕墙工程量＝框外围宽×框外围高

2. 墙面抹灰工程量确定

(1)内墙抹灰工程量确定

1)内墙抹灰高度计算规定:

①无墙裙的,其高度按室内地面或楼面至天棚底面之间距离计算,如图 6-13(a)所示;

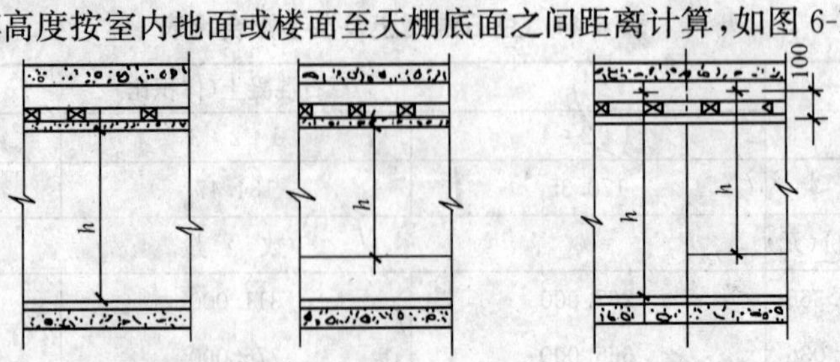

图 6-13　内墙抹灰高度

②有墙裙的，其高度按墙裙顶至天棚底面之间的距离计算，如图 6-13(b)所示。

③钉板条天棚的内墙抹灰，其高度按室内地面或楼面至天棚底面另加 100mm 计算，如图 6-13(c)所示。

2)应扣除，不扣除及不增加面积。内墙抹灰应扣除门窗洞口和空圈所占面积。不扣除踢脚板、挂镜线、0.3m^2 以内的孔洞和墙与构件交接处的面积；洞口侧壁和顶面面积亦不增加。

3)应并入面积。附墙垛和附墙烟囱侧壁面积应与内墙抹灰工程量合并计算。

(2)外墙抹灰工程量确定

1)外墙面高度均由室外地坪起，其止点算至：

①平屋顶有挑檐(天沟)的，算至挑檐(天沟)底面，如图 6-14(a)所示。

②平屋顶无挑檐天沟，带女儿墙，算至女儿墙压顶底面，如图 6-14(b)所示。

③坡屋顶带檐口天棚的，算至檐口天棚底面，如图 6-14(c)所示。

④坡屋顶带挑檐无檐口天棚的，算至屋面板底，如图 6-14(d)所示。

⑤砖出檐者，算至挑檐上表面，如图 6-14(e)所示。

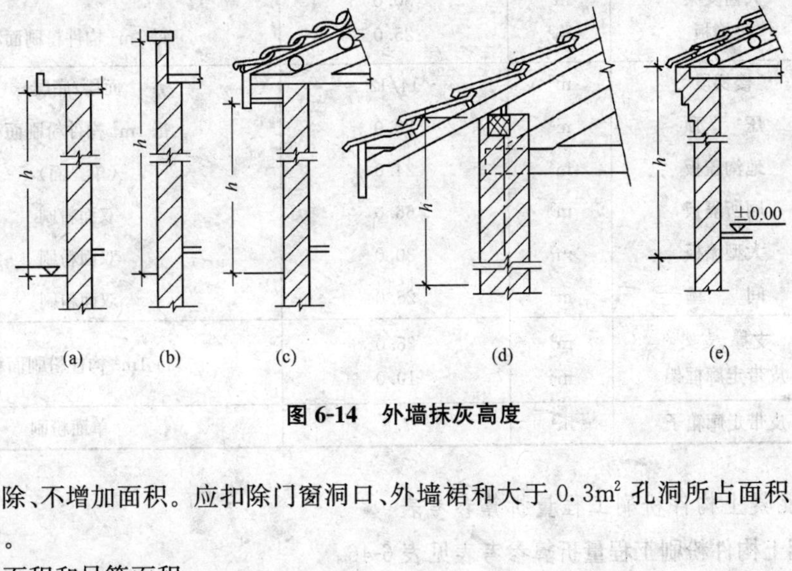

图 6-14　外墙抹灰高度

2)应扣除、不增加面积。应扣除门窗洞口、外墙裙和大于 0.3m^2 孔洞所占面积；洞口侧壁面积不另增加。

3)并入面积和另算面积：

附墙垛、梁、柱侧面抹灰面积并入外墙抹灰工程量内计算。

栏板、栏杆、窗台线、门窗套、扶手、压顶、挑檐、遮阳板、突出墙外的腰线等，另列项目，按相应规定计算。

3. 预制混凝土构件粉刷工程量折算参考表

预制混凝土构件粉刷工程量折算参考表见表 6-45。

表 6-45　预制混凝土构件粉刷工程量折算参考表

序　号	项　目	单位	粉刷面积(m^2)	备　注
1	矩形柱	m^3	9.5	每 1m^3 构件粉刷面积
2	工形柱	m^3	19.0	
3	双肢柱	m^3	10.0	
4	矩形梁	m^3	12.0	

表 6-45(续)

序 号	项 目	单位	粉刷面积(m^2)	备 注
5	吊车梁	m^3	1.9/8.1	金属屑/刷白
6	T形梁	m^3	19	每 $1m^3$ 构件粉刷面积
7	大型屋面板	m^3	44	底 面
8	密肋形屋面板	m^3	24	底 面
9	平 板	m^3	11.5	底 面
10	薄腹屋面梁	m^3	12.0	每 $1m^3$ 构件粉刷面积
11	桁 架	m^3	20.0	
12	三角形屋架	m^3	25.0	
13	檩 条	m^3	28.0	
14	天窗端壁	m^3	30.0	双面粉刷
15	天窗支架	m^3	30.0	
16	挑檐板	m^3	25.0	每 $1m^3$ 构件粉刷面积
17	楼梯段	m^3	14/12	面层/底层
18	压 顶	m^3	28.0	每 $1m^3$ 构件粉刷面积
19	地沟盖板	m^3	24.0	(单 面)
20	厕所隔板	m^3	66.0	双面粉刷
21	大型墙板	m^3	30.0	双面粉刷
22	间 壁	m^3	25.0	双面粉刷
23	支撑、支架	m^3	25.0	每 $1m^3$ 构件粉刷面积
24	皮带走廊框架	m^3	10.0	
25	皮带走廊箱子	m^3	7.8	单面粉刷

4. 现浇混凝土构件粉刷工程量折算参考表

现浇混凝土构件粉刷工程量折算参考表见表 6-46。

表 6-46 现浇混凝土构件粉刷工程量折算参考表

序号	项 目	单位	粉刷面积(m^2)	备 注
1	无筋混凝土柱	m^3	10.5	每 $1m^3$ 构件的粉刷面积
2	钢筋混凝土柱	m^3	10.0	每 $1m^3$ 构件的粉刷面积
3	钢筋混凝土圆柱	m^3	9.5	每 $1m^3$ 构件的粉刷面积
4	钢筋混凝土单梁、连续梁	m^3	12.0	每 $1m^3$ 构件的粉刷面积
5	钢筋混凝土吊车梁	m^3	1.9/8.1	金属屑/刷白(每 $1m^3$ 构件)
6	钢筋混凝土异形梁	m^3	8.7	每 $1m^3$ 构件的粉刷面积
7	钢筋混凝土墙	m^3	8.3	单面(外面与内面同)
8	无筋混凝土墙	m^3	8.0	单面(外面与内面同)
9	无筋混凝土挡土墙、地下室墙	m^3	5.5	单面(外面与内面同)
10	毛石挡土墙及地下室墙	m^3	5.0	单面(外面与内面同)

表 6-46(续)

序号	项　目	单位	粉刷面积(m^2)	备　注
11	钢筋混凝土挡土墙、地下室墙	m^3	5.8	单面(外面与内面同)
12	钢筋混凝土压顶	m^3	0.67	每延长米粉刷面积
13	钢筋混凝土暖气沟、电缆沟	m^3	14.0/9.6	内面/外面
14	钢筋混凝土贮仓料斗	m^3	7.5/7.5	内面/外面
15	无筋混凝土台阶	m^3	20.0	
16	钢筋混凝土雨篷	m^2	1.6	每水平投影面积
17	钢筋混凝土阳台	m^2	1.8	每水平投影面积
18	钢筋混凝土栏板	m^2	2.1	每垂直投影面积
19	钢筋平板	m^2	10.8	每 $1m^3$ 粉刷面积
20	钢筋肋形板	m^2	13.5	每 $1m^3$ 粉刷面积

七、常见隔墙筋规格及中距计算参考表

常见隔墙筋规格及中距计算参考表 6-47。

表 6-47　常见几种隔墙墙筋规格及中距计算参考表　(cm)

项 目 名 称	墙筋规格			墙筋中距		面　层
	立　筋	横　筋	靠墙边的立、横筋	主筋	横筋	
单面板条墙　方木	4×8	4×8	4×8	50	100	板条规格:100×3.8×0.75　空隙 0.8
单面板条墙　圆木	ϕ10 对开	ϕ8 对开	ϕ12 对开	50	100	
双面板条墙　方木	5×10	4×7	4×10	50	100	
双面板条墙　圆木	ϕ10 对开	ϕ8 对开	ϕ12 对开	50	100	
单面苇箔墙　方木	4×7	4×7	3×7	40	50	
双面苇箔墙　方木	4×7	4×7	3×7	40	50	
单面钢丝网墙　方木	4×8	4×8	4×8	50	100	钢丝网内稀铺板条
双面钢丝网墙　方木	5×10	5×10	4×10	50	100	
单面纤维板间壁墙　方木	5×8	5×8		90	90	5×8 及 3×8 相间隔设置
双面纤维板间壁墙　方木	及 3×8	及 3×8		90	90	
单面薄板间壁墙　方木	4×9	4×9	4×9	80	80	错口板厚 2cm
双面薄板间壁墙　方木	4×9	4×9	4×9	80	80	

注:表中均以毛料计算。

八、墙、柱面工程工程量计算示例

【例 6-12】　某工程如图 6-15 所示,室内墙面抹 1∶2 水泥砂浆底,1∶3 石灰砂浆找平层,麻刀石灰浆面层,共 20mm 厚。室内墙裙采用 1∶3 水泥砂浆打底(19mm 厚),1∶2.5水泥砂浆面层(6mm 厚),计算室内墙面一般抹灰和室内墙裙工程量。

M:1000mm×2700mm　　共 3 个

C:1500mm×1800mm　　共 4 个

【解】(1)墙面一般抹灰工程量计算如下：

室内墙面抹灰工程量＝主墙间净长度×墙面高度－门窗洞口所占面积＋垛的侧面抹灰面积

室内墙面一般抹灰工程量＝[(4.20×3－0.24×2＋0.12×2)×2＋(4.80－0.24)×4]×(3.60－0.10－0.90)－1.00×(2.70－0.90)×4－1.50×1.80×4＝61.56m²

(2)室内墙裙工程量计算如下：

室内墙裙抹灰工程量＝主墙间净长度×墙裙高度－门窗所占面积＋垛的侧面抹灰面积

室内墙裙工程量＝[4.20×3－0.24×2＋0.12×2)×2＋(4.80－0.24)×4－1.00×4]×0.90＝35.06m²

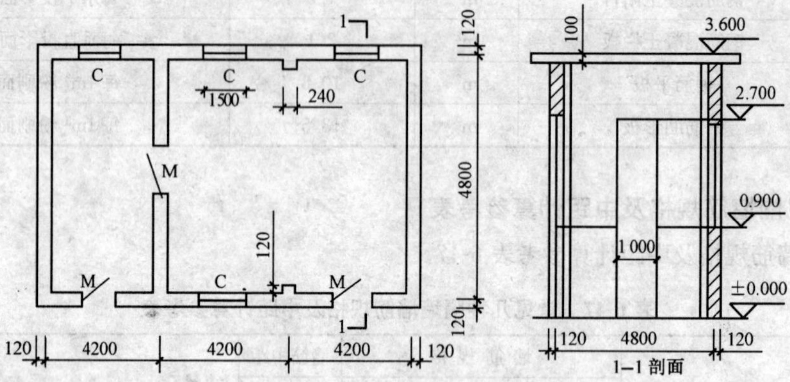

图 6-15 某工程剖面图

【例 6-13】 某传达室工程见图 6-16 所示，外墙面抹水泥砂浆，底层为 1∶3 水泥砂浆打底 14mm 厚，面层为 1∶2 水泥砂浆抹面 6mm 厚；外墙裙水刷石，1∶3 水泥砂浆打底 12mm 厚，素水泥浆两遍，1∶2.5 水泥白石子 10mm 厚(分格)，挑檐水刷白石，计算外墙面抹灰和外墙裙及挑檐装饰抹灰工程量。

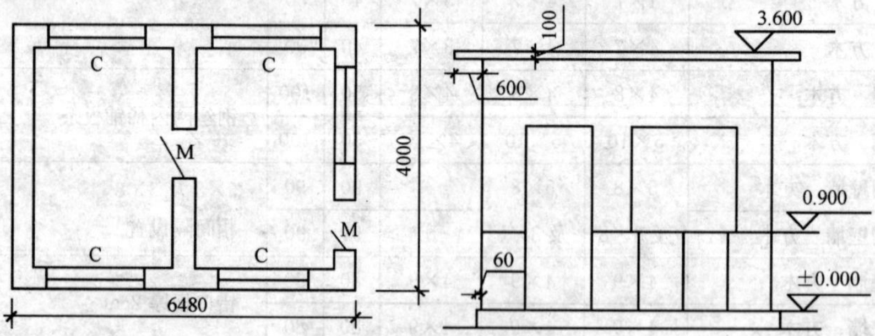

图 6-16 某传达室工程图

M：1000mm×2500mm　　C：1200mm×1500mm

【解】(1)墙面一般抹灰工程量计算如下：

外墙面抹灰工程量＝外墙面长度×墙面高度－门窗等面积＋垛梁柱的侧面抹灰面积

外墙面水泥砂浆工程量＝(6.48＋4.00)×2×(3.6－0.10－0.90)

－1.00×(2.50－0.90)－1.20×1.50×5

$=43.90\text{m}^2$

(2)墙面装饰抹灰工程量计算如下：

外墙装饰抹灰工程量＝外墙面长度×抹灰高度－门窗等面积＋垛梁柱的侧面抹灰面积

外墙裙水刷白石子工程量＝[(6.48＋4.00)×2－1.00]×0.90＝17.96m²

(3)零星项目装饰抹灰工程量计算如下：

零星项目装饰抹灰工程量＝按设计图示尺寸展开面积计算

挑檐水刷石工程＝[(6.48＋4.00)×2＋0.60×8]×(0.10＋0.04)＝3.61m²

【例 6-14】 求图 6-17 水泥砂浆抹小便池(长 2m)工程量。

【解】 工程量＝0.18×2＋0.3＋0.4×3.142÷2＝1.29m²

【例 6-15】 求图 6-18 便池墙裙镶贴瓷砖面层工程量(长 3.84m)。

【解】 工程量＝[0.78×2＋(3.84－0.24)]×1.5＝7.74m²

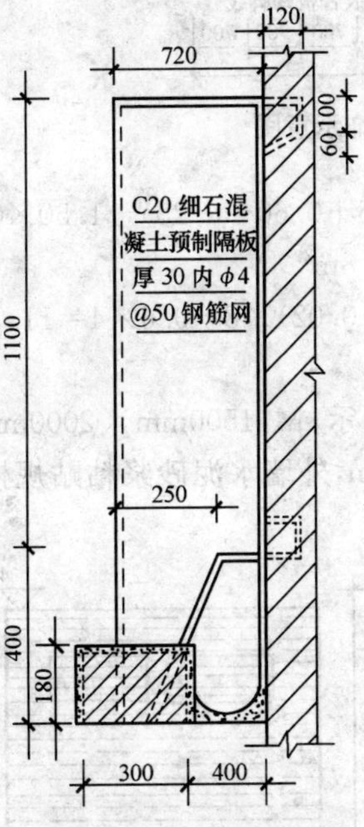

图 6-17　小便池

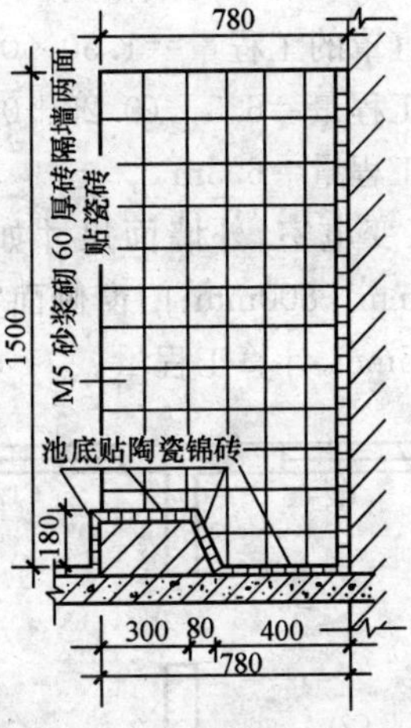

图 6-18　侧边墙裙镶瓷砖

【例 6-16】 某卫生间的一侧墙面如图 6-19 所示，墙面贴 2m 高的白色瓷砖，窗侧壁贴瓷砖宽 120mm，试计算贴瓷砖的工程量。

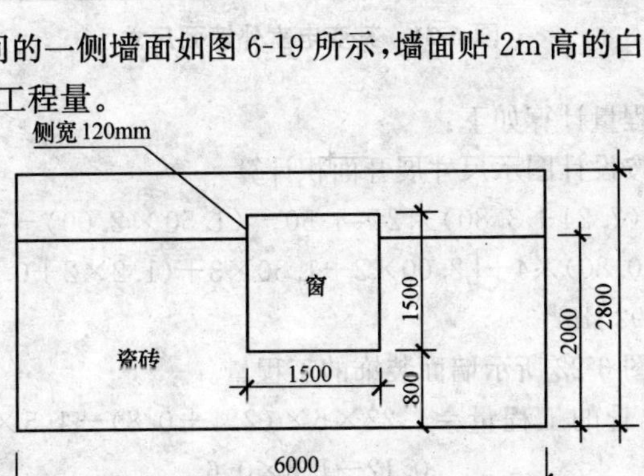

图 6-19　某卫生间墙面示意图

【解】 墙面贴瓷砖的工程量为

工程量＝6.0×2.0－1.5×(2.0－0.8)＋[(2.0－0.8)×2＋1.5]×0.12

＝10.668m²

【例 6-17】 试计算图 6-20 所示墙面装饰工程量。

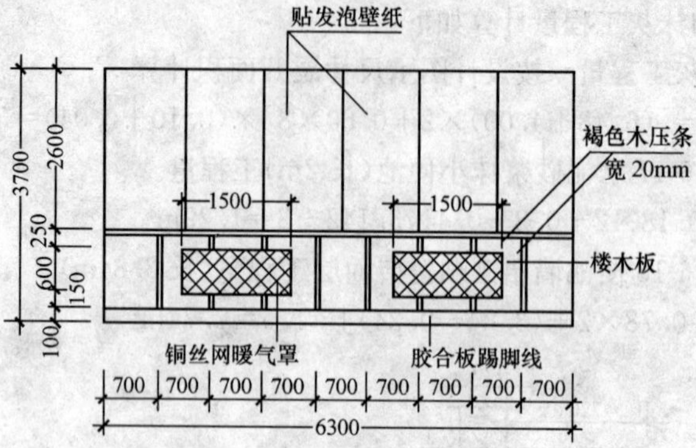

图 6-20 某墙面装饰示意图

【解】 (1)贴柚木板墙裙的工程量＝6.30×(0.15＋0.60＋0.25)－1.50×0.60×2＝4.5m²

(3)铜丝网暖气罩的工程量＝1.50×0.60×2＝1.8m²

(4)木压条的工程量＝6.3＋(0.25＋0.6＋0.15－0.02)×8－0.6×4＝11.7m

(5)踢脚板的工程量＝6.3m

【例 6-18】 某变电室，外墙面尺寸如图 6-21 所示，M：1500mm×2000mm；C1：1500mm×1500mm；C2：1200mm×800mm；门窗侧面宽度 100mm，外墙水泥砂浆粘贴规格 194mm×94mm 瓷质外墙砖，灰缝 5mm，计算工程量。

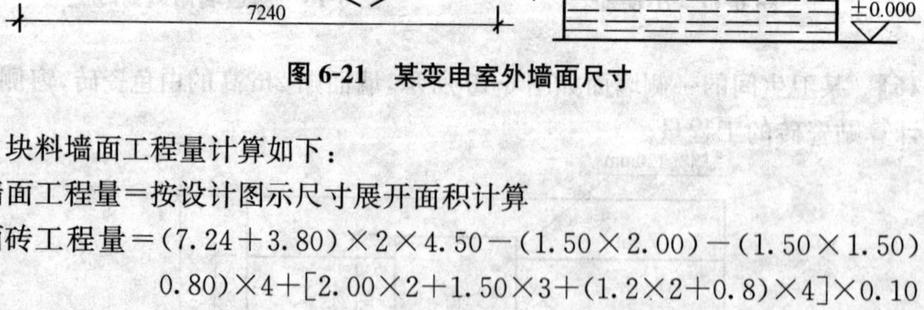

图 6-21 某变电室外墙面尺寸

【解】 块料墙面工程量计算如下：

块料墙面工程量＝按设计图示尺寸展开面积计算

外墙面砖工程量＝(7.24＋3.80)×2×4.50－(1.50×2.00)－(1.50×1.50)－(1.20×0.80)×4＋[2.00×2＋1.50×3＋(1.2×2＋0.8)×4]×0.10

＝92.4m²

【例 6-19】 试计算图 6-22 所示墙面装饰的工程量。

【解】 (1)铝合金龙骨的工程量＝1.22×6×(2.4＋0.8)－1.5×2.1＋(2.1＋1.5)×2×0.12－1.5×0.6

＝24.424－3.15＋0.432－0.9

＝20.806m²

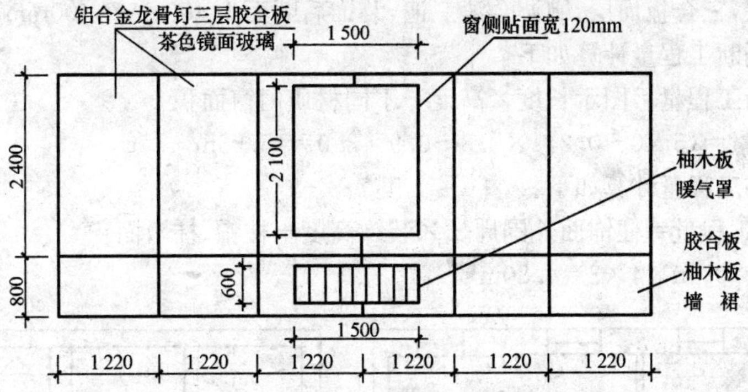

图 6-22　某建筑面墙面装饰示意图

(2)龙骨上钉三层胶合板基层的工程量＝1.22×6×2.4－1.5×2.1＋(2.1＋1.5)×2×0.12

＝17.568－3.15＋0.432

＝14.85m²

(3)镶贴茶色镜面玻璃墙面的工程量同本例(2)，即 14.85m²

(4)胶合板柚木板墙裙的工程量＝1.22×5×0.8－1.5×0.6＋1.22×6＝11.3m²

(5)钉木压条的工程量＝0.8×4＋1.22×6＝10.52m

(6)柚木板暖气罩的工程量＝1.5×0.6＝0.9m²

【例 6-20】　某单位大门砖柱 4 根，砖柱块料面层设计尺寸如图 6-23 所示，面层水泥砂浆贴玻璃锦砖，计算工程量。

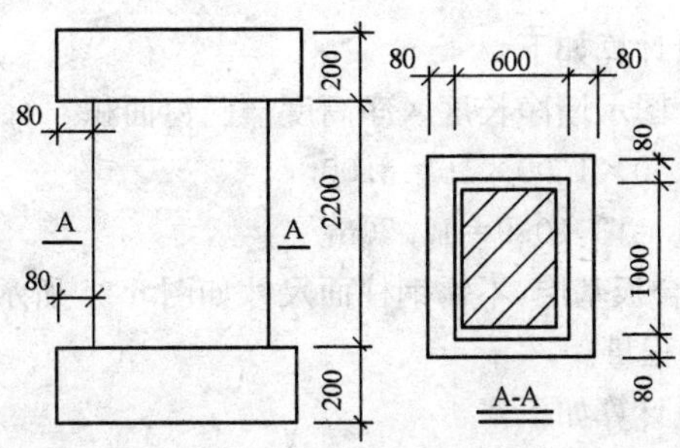

图 6-23　某大门砖柱块料面层尺寸

【解】　(1)块料柱面工程量计算如下：

柱面一般抹灰、装饰抹灰和勾缝工程量＝柱结构断面周长×设计柱抹灰(勾缝)高度

柱面贴块料工程量＝柱设计图示外围周长×装饰高度

柱面装饰板工程量＝柱饰面外围周长×装饰高度＋柱帽、柱墩面积

柱面工程量＝(0.6＋1.0)×2×2.2×4＝28.16m²

(2)块料零星项目工程量计算如下：

块料零星项目工程量＝按设计图示尺寸展开面积计算

压顶及柱脚工程量＝[(0.76＋1.16)×2×0.2＋(0.68＋1.08)×2×0.08]×2×4

＝8.40m²

【例 6-21】　图 6-24 所示，龙骨截面为 40mm×35mm，间距为 500mm×1000mm 的玻璃木隔断，木压条镶嵌花玻璃，门口尺寸为 900mm×2000mm，安装艺术门扇；钢筋混凝土柱面钉木龙

骨，中密度板基层，三合板面层，刷调合漆三遍，装饰后断面为 400mm×400mm，计算工程量。

【解】 (1)隔断工程量计算如下：

木间壁、隔断工程量＝图示长度×高度－不同材质门窗面积

间壁墙工程量＝(5.40－0.24)×3.3－0.9×2.0＝15.23m²

(2)柱面装饰工程量计算如下：

柱面装饰板工程量＝柱饰面外围周长×装饰高度＋柱帽、柱墩面积

柱面工程量＝0.40×4×3＝4.80m²

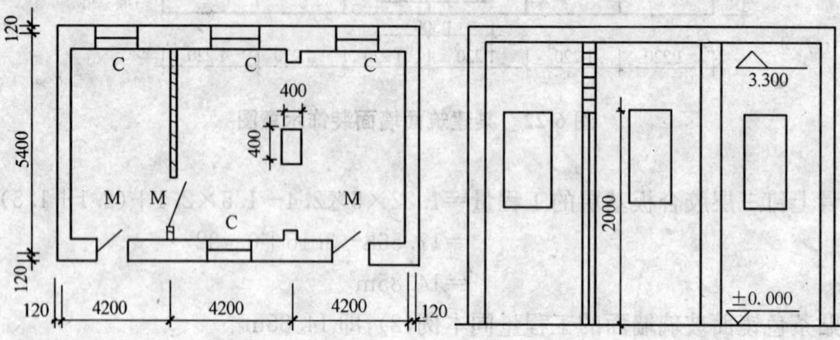

图 6-24 某龙骨截面

【例 6-22】 某墙面工程，三合板基层，塑料板墙面 500mm×1000mm，共 16 块。胶合板墙裙 13m 长，净高 0.9m，木龙骨(成品)40mm×30mm，间距 400mm，中密度板基层，面层贴无花榉木夹板，计算工程量。

【解】 装饰墙面工程量计算如下：

装饰墙面工程量＝设计图示墙净长度×净高度－门窗面积

塑料板墙面工程量＝0.50×1.00×16＝8.00m²

胶合板墙裙面层工程量＝13×0.9＝11.70m²

【例 6-23】 木龙骨，五合板基层，不锈钢柱面尺寸如图 6-25 所示，共 4 根，龙骨断面 30mm×40mm，间距 250mm，计算工程量。

【解】 柱面装饰工程量计算如下：

柱面装饰板工程量＝柱饰面外围周长×装饰高度＋柱帽、柱墩面积

柱面装饰工程量＝1.20×3.14×6.00×4＝90.43m²

【例 6-24】 图 6-26 为木骨架全玻璃隔墙，求其工程量。

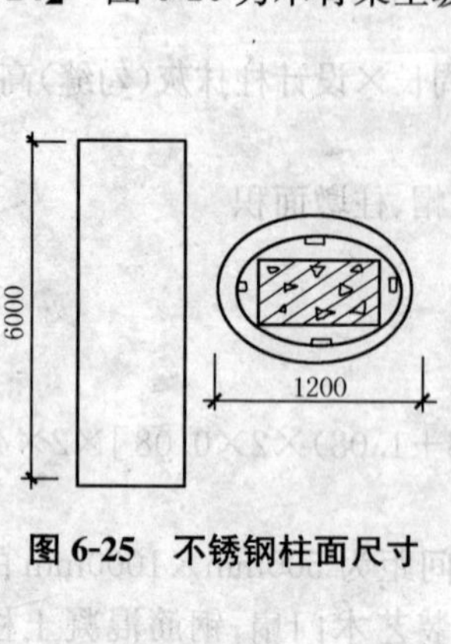

图 6-25 不锈钢柱面尺寸

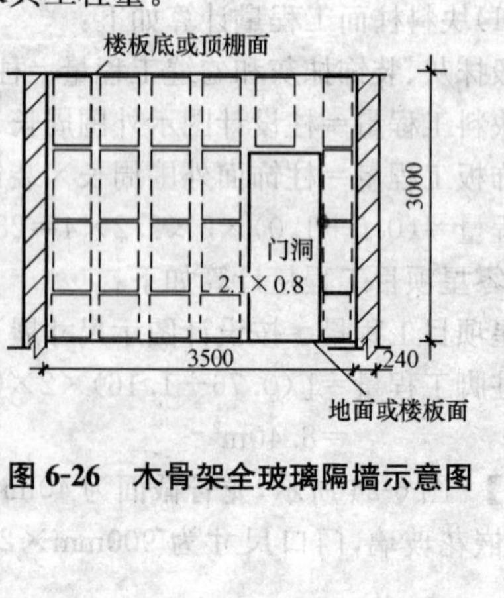

图 6-26 木骨架全玻璃隔墙示意图

【解】　工程量＝间隔间面积－门洞面积

$=3.5\times3-2.1\times0.8$

$=8.82m^2$

第三节　天棚工程

一、相关说明

“天棚抹灰”项目基层类型：可分为混凝土现浇板、预制混凝土板、木板条三类。

龙骨类型：指上人或不上人，以及平面、跌级、锯齿形、阶梯形、吊挂式、藻井式及矩形、圆弧形、拱形等类型。

二至三级天棚：是指天棚面层不在同一标高，且龙骨有跌级高差。

基层材料：指底板或面层背后的加强材料。

龙骨中距：指相邻龙骨中线之间的距离。

主墙：一般是指在结构设计中起承重作用的墙体。隔断、间壁墙不属于主墙。

柱垛：是指与墙体相连的柱而突出墙体部分。

装饰线：指天棚或墙面四周的装饰线条。有三道或五道之分，其工程量以延长来计算，如图 6-27 所示。

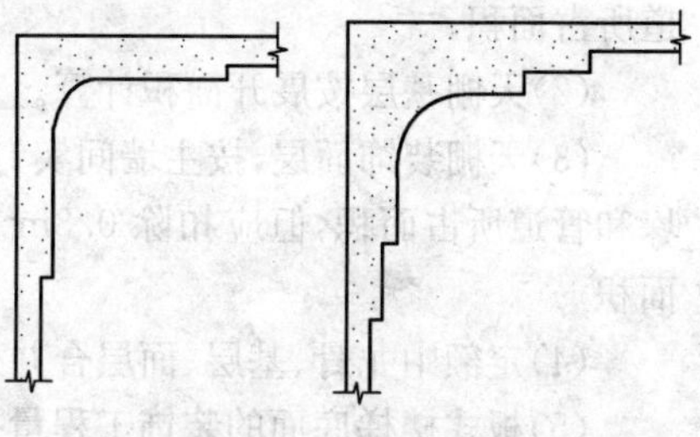

图 6-27　装饰线

天棚抹灰：即天花板抹灰，从抹灰级别上可分普、中、高三个等级；从抹灰材料可分石灰麻刀灰浆、水泥麻刀砂浆、涂刷涂料等；从天棚基层可分混凝土基层、板条基层和钢丝网基层抹灰。

板条天棚抹灰：在板条天棚基层上按设计要求的抹灰材料进行的施工叫板条天棚抹灰。

混凝土天棚抹灰：在混凝土基层上按设计要求的抹灰材料进行的施工叫混凝土天棚抹灰。

钢丝网天棚抹灰：在钢丝网天棚基层上按设计要求的抹灰材料进行的施工叫钢丝网天棚抹灰。

密肋井字梁天棚抹灰：指小梁的混凝土天棚，平面面积上，梁的间距离肋断面小的天棚抹灰。

水泥石灰麻刀砂浆：指由水泥、石灰膏、砂、麻刀加水按一定配合比例调制而成的砂浆。一般常用于高级墙面的基层或面层抹灰。

石灰麻刀砂浆：指由石灰膏、砂、麻刀加水按一定配合比例调制均匀而成的砂浆。常用于苇箔、板条、钢板网天棚和墙面抹灰。麻刀主要是增加砂浆的拉力，使砂浆黏着力增大，不易脱落。

轻型钢骨架(龙骨)：轻型钢骨架按其构造分装配式 H 型采用暗架式、T、C、U 型复合式骨架，面层采用镀锌铁板或薄钢板剪裁。冷弯、滚轧、冲压而成。C 型骨架用于隔墙，T、U 型骨架用于吊顶。轻钢骨架防火性能好，刚度大，便于检测，装饰效果好。

T 型铝合金吊顶龙骨：铝合金是用纯铝加入锰、镁等合金元素组成，具有质轻、耐蚀、耐磨、韧度大等特点；经氧化着色表面处理后，可得到银白色、金色、青铜色和古铜色效果，雅致、美观、经久耐用。铝合金龙骨一般多用 T 形。根据其罩面板不同，龙骨分底面外露和不外露两种。

二、消耗量定额工程量计算

(一)定额一般规定

(1)天棚工程定额除部分项目为龙骨、基层、面层合并列项外，其余均为天棚龙骨、基层、面层分别列项编制。

(2)定额龙骨的种类、间距、规格和基层、面层材料的型号、规格是按常用材料和常用做法考虑的,如设计要求不同时,材料可以调整,但人工、机械不变。

(3)天棚面层在同一标高者为平面天棚,天棚面层不在同一标高者为跌级天棚(跌级天棚其面层人工乘系数 1.1)。

(4)轻钢龙骨、铝合金龙骨定额中为双层结构(即中、小龙骨紧贴大龙骨底面吊挂),如为单层结构时(大、中龙骨底面在同一水平上),人工乘 0.85 系数。

(5)定额中平面天棚和跌级天棚指一般直线型天棚,不包括灯光槽的制作安装。灯光槽制作安装应按天棚工程定额相应子目执行。艺术造型天棚项目中包括灯光槽的制作安装。

(6)龙骨架、基层、面层的防火处理,应按油漆、涂料、裱糊工程定额相应子目执行。

(7)天棚检查孔的工料已包括在定额项目内。不另计算。

(二)工程量计算规则

(1)各种吊顶天棚龙骨按主墙间净空面积计算,不扣除间壁墙、检查洞、附墙烟囱、柱、垛和管道所占面积。

(2)天棚基层按展开面积计算。

(3)天棚装饰面层,按主墙间实钉(胶)面积以平方米计算,不扣除间壁墙、检查口、附墙烟囱、垛和管道所占面积,但应扣除 0.3m^2 以上的孔洞、独立柱、灯槽及与天棚相连的窗帘盒所占的面积。

(4)定额中龙骨、基层、面层合并列项的子目,工程量计算规则同第(1)条。

(5)板式楼梯底面的装饰工程量按水平投影面积乘 1.15 系数计算,梁式楼梯底面按展开面积计算。

(6)灯光槽按延长米计算。

(7)保温层按实铺面积计算。

(8)网架按水平投影面积计算。

(9)嵌缝按延长米计算。

三、清单计价规范工程量计算

(一)清单项目的划分

天棚工程分为天棚抹灰、天棚吊顶、天棚其他装饰等项目。

各项目所包含的清单项目表 6-48。

表 6-48 天棚工程各项目所包含的内容

项　目	包含的内容
天棚吊顶	天棚吊顶包括天棚吊顶、格栅吊顶、吊筒吊顶、藤条造型是悬挂吊顶、织物软雕吊顶、网架(装饰)吊顶
天棚其他装饰	天棚其他装饰包括灯带、送风口、回风口

(二)关于天棚工程内容的说明

1. 有关项目说明

(1)天棚的检查孔、天棚内的检修走道、灯槽等应包括在报价内。

(2)天棚吊顶的平面、跌级、锯齿形、阶梯形、吊挂式、藻井式以及矩形、弧型、拱型等应在清单项目中进行描述。

(3)采光天棚和天棚设置保温、隔热、吸声层时，按《建设工程工程量清单计价规范》附录A相关项目编码列项。

2. 有关项目特征说明

(1)“天棚抹灰”项目基层类型是指混凝土现浇板、预制混凝土板、木板条等。

(2)龙骨类型指上人或不上人，以及平面、跌级、锯齿形、阶梯形、吊挂式、藻井式及矩形、圆弧形、拱型等类型。

(3)基层材料，指底板或面层背后的加强材料。

(4)龙骨中距，指相邻龙骨中线之间的距离。

(5)天棚面层适用于：石膏板(包括装饰石膏板、纸面石膏板、吸声穿孔石膏板、嵌装式装饰石膏等)、埃特板、装饰吸声罩面板(包括矿棉装饰吸声板、贴塑矿(岩)棉吸声板、膨胀珍珠岩石装饰吸声制品、玻璃棉装饰吸声板等)、塑料装饰罩面板(钙塑泡沫装饰吸声板、聚苯乙烯泡沫塑料装饰吸声板、聚氯乙烯塑料天棚等)、纤维水泥加压板(包括穿孔吸声石棉水泥板、轻质硅酸钙吊顶板等)、金属装饰板(包括铝合金罩面板、金属微孔吸声板、铝合金单体构件等)、木质饰板(胶合板、薄板、板条、水泥木丝板、刨花板等)、玻璃饰面(包括镜面玻璃、镭射玻璃等)。

(6)格栅吊顶面层适用于木格栅、金属格栅、塑料格栅等。

(7)吊筒吊顶适用于木(竹)质吊筒、金属吊筒、塑料吊筒以及圆形、矩形、扁钟形吊筒等。

(8)灯带格栅有不锈钢格栅、铝合金格栅、玻璃类格栅等。

(9)送风口、回风口适用于金属、塑料、木质风口。

3. 有关工程量计算说明

(1)天棚抹灰与天棚吊顶工程量计算规则有所不同：天棚抹灰不扣除柱垛所占面积：天棚吊顶不扣除柱垛所占面积，但应扣除独立柱所占面积。柱垛是指与墙体相连的柱而突出墙体部分。

(2)天棚吊顶应扣除与天棚吊顶相连的窗帘盒所占的面积。

(3)格栅吊顶、吊筒吊顶、藤条造型悬挂吊顶、织物软吊顶、网架(装饰)吊顶均按设计图示的吊顶尺寸水平投影面积计算。

4. 有关工程内容说明

“抹装饰线条”线角的道数以一个突出的棱角为一道线，应在报价时注意。

(三)工程量清单项目设置及工程量计算规则

1. 天棚抹灰

天棚抹灰工程量清单项目设置及工程量计算规则见表6-49。

表6-49　天棚抹灰(编码:020301)

项目编码	项目名称	项目特征	计量单位	工程量计算规则	工程内容
020301001	天棚抹灰	1. 基层类型。 2. 抹灰厚度、材料种类。 3. 装饰线条道数。 4. 砂浆配合比	m^2	按设计图示尺寸以水平投影面积计算。不扣除间壁墙、垛、柱、附墙烟囱、检查口和管道所占的面积，带梁天棚、梁两侧抹灰面积并入天棚面积内，板式楼梯底面抹灰按斜面积计算，锯齿形楼梯底板抹灰按展开面积计算	1. 基层清理。 2. 底层抹灰。 3. 抹面层。 4. 抹装饰线条

2. 天棚吊顶

天棚吊顶工程量清单项目设置及工程量计算规则见表 6-50。

表 6-50 天棚吊顶(编码:020302)

项目编码	项目名称	项目特征	计量单位	工程量计算规则	工程内容
020302001	天棚吊顶	1. 吊顶形式。 2. 龙骨类型、材料种类、规格、中距。 3. 基层材料种类、规格。 4. 面层材料品种、规格、品牌、颜色。 5. 压条材料种类、规格。 6. 嵌缝材料种类。 7. 防护材料种类。 8. 油漆品种、刷漆遍数	m^2	按设计图示尺寸以水平投影面积计算。天棚面中的灯槽及跌级、锯齿形、吊挂式、藻井式天棚面积不展开计算。不扣除间壁墙、检查口、附墙烟囱、柱垛和管道所占面积，扣除单个 0.3m² 以外的孔洞、独立柱及与天棚相连的窗帘盒所占的面积	1. 基层清理。 2. 底层抹灰。 3. 安装龙骨。 4. 基层板铺贴。 5. 面层铺贴。 6. 刷防护材料、油漆
020302002	格栅吊顶	1. 龙骨类型、材料种类、规格、中距。 2. 基层材料种类、规格。 3. 面层材料品种、规格、品牌、颜色。 4. 防护材料种类。 5. 油漆品种、刷漆遍数		按设计图示尺寸以水平投影面积计算	1. 基层清理。 2. 龙骨安装。 3. 基层板铺贴。 4. 面层铺贴。 5. 嵌缝。 6. 刷防护材料、油漆
020302003	吊筒吊顶	1. 底层厚度、砂浆配合比。 2. 吊筒形状、规格、颜色、材料种类。 3. 防护材料种类。 4. 油漆品种、刷漆遍数			1. 基层清理。 2. 底层抹灰。 3. 吊筒安装。 4. 刷防护材料、油漆
020302004	藤条造型悬挂吊顶	1. 底层厚度、砂浆配合比。 2. 骨架材料种类、规格。 3. 面层材料品种、规格、颜色。 4. 防护层材料种类。 5. 油漆品种、刷漆遍数		按设计图示尺寸以水平投影面积计算	1. 基层清理。 2. 底层抹灰。 3. 龙骨安装。 4. 铺贴面层。 5. 刷防护材料、油漆
020302005	织物软雕吊顶				
020302006	网架(装饰)吊顶	1. 底层厚度、砂浆配合比。 2. 面层材料品种、规格、颜色。 3. 防护材料品种。 4. 油漆品种、刷漆遍数			1. 基层清理。 2. 底层抹灰。 3. 面层安装。 4. 刷防护材料、油漆

3. 天棚其他装饰

天棚其他装饰工程量清单项目设置及工程量计算规则见表 6-51。

表 6-51　天棚其他装饰(编码:020303)

项目编码	项目名称	项目特征	计量单位	工程量计算规则	工程内容
020303001	灯　带	1. 灯带形式,尺寸。 2. 格栅片材料品种、规格、品牌、颜色。 3. 安装固定方式	m^2	按设计图示尺寸以框外围面积计算	安装、固定
020303002	送风口、回风口	1. 风口材料品种、规格、品牌、颜色。 2. 安装固定方式。 3. 防护材料种类	个	按设计图示数量计算	1. 安装、固定。 2. 刷防护材料

四、工料消耗参考指标

对剖圆木楞、方木楞、装配式 U 型轻钢顶棚龙骨、铝合金格栅顶棚、木格栅顶棚、顶棚设置保温吸音层、送(回)风口安装工料消耗参考指标见表 6-52～表 6-59。

表 6-52　对剖圆木楞　($1m^2$)

名　称		单位	单层楞	双层楞 面层规格(mm)			
				300×300	450×450	600×600	600×600以上
人工	综合人工	工日	0.2040	0.2440	0.2240	0.2140	0.2040
材料	铁钉(圆钉)	kg	0.0821	0.1165	0.0937	0.0826	0.0739
	杉原木	m^3	0.1244	0.0127	0.0127	0.0127	0.0127
	锯材	m^3	—	0.0188	0.0132	0.0100	0.0083
	防腐油	kg	0.0342	0.0471	0.0377	0.0333	0.0297
人工	综合人工	工日	0.2000	0.2400	0.2200	0.2100	0.2000
材料	铁钉(圆钉)	kg	0.0736	0.1334	0.1120	0.1009	0.0931
	铁件	kg	0.2407	0.4367	0.3665	0.3302	0.3048
	预埋铁件	kg	0.5847	1.0607	0.8903	0.8022	0.7405
	电焊条	kg	0.0044	0.0080	0.0067	0.0061	0.0056
	杉原木	m^3	—	0.0186	0.0186	0.0186	0.0186
	锯材	m^3	0.0131	0.0188	0.0132	0.0100	0.0083
	防腐油	kg	0.0317	0.0554	0.0456	0.0423	0.0391

表 6-53　方木楞　($1m^2$)

名　称		单位	单层楞	双层楞 面层规格(mm)			
				300×300	450×450	600×600	600×600以上
人工	综合人工	工日	0.1240	0.1640	0.1540	0.1440	0.1340
材料	铁件	kg	0.2488	0.3185	0.2815	0.2119	0.1593
	锯材	m^3	0.0176	0.0230	0.0187	0.0141	0.0118
	防腐油	kg	0.0081	0.0103	0.0091	0.0069	0.0052

表 6-54 装配式 U 型轻钢顶棚龙骨(不上人型) (1m²)

名称		单位	面层规格(mm)			
			300×300		450×450	
			平面	跌级	平面	跌级
人工	综合人工	工日	0.2300	0.2400	0.2100	0.2300
材料	吊筋	kg	0.2400	0.3300	0.2800	0.8600
	轻钢龙骨不上人型(平面) 300×300	m²	1.0150	—	—	—
	轻钢龙骨不上人型(跌级) 300×300	m²	—	1.0150	—	—
	轻钢龙骨不上人型(平面) 450×450	m²	—	—	1.0150	—
	轻钢龙骨不上人型(跌级) 450×450	m²	—	—	—	1.0150
	高强螺栓	kg	0.0106	0.0099	0.0122	0.0103
	螺母	个	3.0900	7.8300	3.5200	4.1300
	射钉	个	1.5300	1.5500	1.5300	1.5500
	垫圈	个	1.5500	3.9200	1.7600	2.0700
	铁件	kg	—	0.0114	—	0.0070
	电焊条	kg	0.0128	0.0128	0.0128	0.0128
	锯材	m³	—	0.0007	—	0.0007
	扁钢	kg	—	0.0154	—	0.0154
	钢板	kg	—	0.0047	—	0.0047
	角钢	kg	0.4000	0.4000	0.4000	0.4000
	方钢管 25×25×2.5	m	—	0.0612	—	0.0612

名称		单位	面层规格(mm)			
			600×600		600×600 以上	
			平面	跌级	平面	跌级
人工	综合人工	工日	0.1900	0.2100	0.1800	0.2000
材料	吊筋	kg	0.2750	0.3570	0.3630	0.3390
	轻钢龙骨不上人型(平面) 600×600	m²	1.0150	—	—	—
	轻钢龙骨不上人型(跌级) 600×600	m²	—	1.0150	—	—
	轻钢龙骨不上人型(平面) 600×600 以上	m²	—	—	1.0150	—
	轻钢龙骨不上人型(跌级) 600×600 以上	m²	—	—	—	1.0150
	高强螺栓	kg	0.0122	0.0103	0.0106	0.0090
	螺母	个	3.5200	4.1300	3.7400	4.1300
	射钉	个	1.5300	1.5500	1.5300	1.5500
	垫圈	个	1.7600	2.0700	1.8700	2.1500
	铁件	kg	0.4000	0.4070	0.4000	0.4070
	电焊条	kg	0.0128	0.0128	0.0128	0.0128
	锯材	m³	—	0.0007	—	0.0007
	扁钢	kg	—	0.0154	—	0.0154
	钢板	kg	—	0.0047	—	0.0047
	方钢管 25×25×2.5	m	—	0.0612	—	0.0612

表 6-55　装配式 U 型轻钢顶棚龙骨(上人型)　(1m²)

名称		单位	面层规格(mm)			
			300×300		450×450	
			平面	跌级	平面	跌级
人工	综合人工	工日	0.2300	0.2500	0.1800	0.2400
材料	吊筋	kg	0.8700	1.0000	1.0000	1.0000
	轻钢龙骨上人型(平面)　300×300	m^2	1.0150	—	—	—
	轻钢龙骨上人型(跌级)　300×300	m^2	—	1.0150	—	—
	轻钢龙骨上人型(平面)　450×450	m^2	—	—	1.0150	—
	轻钢龙骨上人型(跌级)　450×450	m^2	—	—	—	1.0150
	高强螺栓	kg	0.0116	0.0099	0.1310	0.0113
	螺母	个	3.1600	3.1900	3.6100	3.6100
	垫圈	个	1.5800	1.6000	1.8100	1.8100
	铁件	kg	0.0044	0.0114	0.0044	0.0114
	预埋软件	kg	1.7000	1.7047	1.7000	1.7047
	电焊条	kg	0.0128	0.0128	0.0128	0.0128
	锯材	m^3	0.0001	0.0007	0.0001	0.0007
	扁钢	kg	—	0.0154	—	0.0154
	方钢管　25×25×2.5	m	—	0.0612	—	0.0612

名称		单位	面层规格(mm)			
			600×600		600×600 以上	
			平面	跌级	平面	跌级
人工	综合人工	工日	0.2000	0.2200	0.1900	0.2100
材料	吊筋	kg	0.1000	0.9950	0.8710	0.8840
	轻钢龙骨上人型(平面)　600×600	m^2	1.0150	—	—	—
	轻钢龙骨上人型(跌级)　600×600	m^2	—	1.0150	—	—
	轻钢龙骨上人型(平面)　600×600 以上	m^2	—	—	1.0150	—
	轻钢龙骨上人型(跌级)　600×600 以上	m^2	—	—	—	1.0150
	高强螺栓	kg	0.0134	0.0113	0.0116	0.0099
	螺母	个	3.6100	3.6100	3.1900	3.3000
	垫圈	个	1.8100	1.8100	1.6000	1.6500
	铁件	kg	0.0044	0.0114	0.0044	0.0114
	预埋铁件	kg	1.7000	1.7047	1.7000	1.7047
	电焊条	kg	0.0128	0.0128	0.0128	0.0128
	锯材	m^3	0.0001	0.0007	0.0001	0.0007
	扁钢	kg	—	0.0154	—	0.0154
	方钢管　25×25×2.5	m	0.0128	0.0612	0.0128	0.0612

表 6-56 铝合金格栅顶棚 (1m²)

名称		单位	方块型铝合金格栅顶棚			铝合金花片格栅顶棚	
			规格(mm)				
			90×90×60	125×125×60	158×158×60	25×25×25	40×40×40
人工	综合人工	工日	0.1400	0.1400	0.1300	0.1400	0.1400
材料	铝合金格栅(含配件) 125×125×60	m²	—	1.0200	—	—	—
	铝合金格栅(含配件) 90×90×60	m²	1.0200	—	—	—	—
	铝合金格栅(含配件) 158×158×60	m²	—	—	1.0200	—	—
	铝合金花片格栅(含配件) 25×25×25	m²	—	—	—	1.0200	—
	铝合金花片格栅(含配件) 40×40×40	m²	—	—	—	—	1.0200
	膨胀螺栓	套	3.2000	3.2000	3.2000	3.2000	3.2000
	镀锌铁丝	kg	0.0500	0.0500	0.0500	0.0500	0.0500
	合金钢钻头	个	0.0160	0.0160	0.0160	0.0160	0.0160
	其他材料费(占材料费)	%	0.4000	0.4000	0.4000	0.4000	0.4000

名称		单位	直条型铝合金格栅顶棚			
			规格(mm)			
			1260×90×60	630×90×60	1260×60×126	630×60×126
人工	综合人工	工日	0.1400	0.1400	0.1400	0.1400
材料	直条型铝合金格栅(含配件) 630×90×60	m²	—	1.0200	—	—
	直条型铝合金格栅(含配件) 1260×60×126	m²	—	—	1.0200	—
	直条型铝合金格栅(含配件) 630×60×126	m²	—	—	—	1.0200
	直条型铝合金格栅(含配件) 1260×90×60	m²	1.0200	—	—	—
	膨胀螺栓	套	3.2000	3.2000	3.2000	3.2000
	镀锌铁丝	kg	0.0500	0.0500	0.0500	0.0500
	合金钢钻头	个	0.0160	0.0160	0.0160	0.0160
	其他材料费(占材料费)	%	0.4000	0.4000	0.4000	0.4000

名称		单位	铝合金空腹格栅顶棚			铝合金吸音格栅顶棚	
			条形	方形	多边形	条形	方形或三角形
人工	综合人工	工日	0.1400	0.1400	0.1500	0.1400	0.1500
材料	条形铝合金空腹格栅(含配件)	m²	1.0200	—	—	—	—
	多边形铝合金空腹格栅(含配件)	m²	—	—	1.0200	—	—
	方形铝合金空腹格栅(含配件)	m²	—	1.0200	—	—	—
	条形铝合金吸声格栅(含配件)	m²	—	—	—	1.0200	—
	方形或三角形铝合金吸声格栅(含配件)	m²	—	—	—	—	1.0200
	膨胀螺栓	套	3.2000	3.2000	3.2000	3.2000	3.2000
	镀锌铁丝	kg	0.0500	0.0500	0.0500	0.0500	0.0500
	合金钢钻头	个	0.0160	0.0160	0.0160	0.0160	0.0160
	其他材料费(占材料费)	%	0.4000	0.4000	0.4000	0.4000	0.4000

表 6-57　木格栅顶棚　(1m²)

	名　称	单位	井格　规格(mm)			
			100×100×55	150×150×80	200×200×100	250×250×120
人工	综合人工	工日	0.4900	0.4400	0.3800	0.3100
材料	38 吊件	件	1.2000	1.2000	1.2000	1.2000
	膨胀螺栓	套	1.4900	1.4000	1.4000	1.4000
	铁钉(圆钉)	kg	0.0290	0.0290	0.0290	0.0290
	合金钢钻头	个	0.0075	0.0070	0.0070	0.0070
	硬木锯材	m^3	0.0180	0.0170	0.0160	0.0150
	扁钢	kg	2.2000	2.2000	2.2000	2.2000
	聚醋酸乙烯乳液	kg	0.2200	0.1800	0.1600	0.1200
	其他材料费(占材料费)	%	0.1400	0.1400	0.1400	0.1400

表 6-58　顶棚设置保温吸音层　(1m²)

	名　称	单位	超细玻璃棉板(mm)			
			50	75	100	120
人工	综合人工	工日	0.0360	0.0550	0.0730	0.0910
材料	镀锌铁丝	kg	0.1600	0.1600	0.1600	0.1600
	塑料薄膜	m^2	2.2000	2.2000	2.2000	2.2000
	超细玻璃棉板 50mm	m^2	1.0200	—	—	—
	超细玻璃棉板 75mm	m^2	—	1.0200	—	—
	超细玻璃棉板 100mm	m^2	—	—	1.0200	—
	超细玻璃棉板 120mm	m^2	—	—	—	1.0200
	名　称	单位	袋装矿棉(mm)			
			50	75	100	120
人工	综合人工	工日	0.0360	0.0550	0.0730	0.0910
材料	镀锌铁丝	kg	0.1600	0.1600	0.1600	0.1600
	袋装矿棉 50mm	m^2	1.0200	—	—	—
	袋装矿棉 75mm	m^2	—	1.0200	—	—
	袋装矿棉 100mm	m^2	—	—	1.0200	—
	袋装矿棉 120mm	m^2	—	—	—	1.0200
	名　称	单位	聚苯乙烯泡沫板(mm)			
			50	75	100	120
人工	综合人工	工日	0.0180	0.0200	0.0200	0.0210
材料	镀锌铁丝	kg	0.1600	0.1600	0.1600	0.1600
	聚苯乙烯泡沫板 50mm 厚	m^2	1.0500	—	—	—
	聚苯乙烯泡沫板 100mm 厚	m^2	—	—	1.0500	—
	聚苯乙烯泡沫板 75mm 厚	m^2	—	1.0500	—	—
	聚苯乙烯泡沫板 120mm 厚	m^2	—	—	—	1.0500

表 6-59　送(回)风口安装　　(1个)

名称		单位	硬木		铝合金	
			送风口	回风口	送风口	回风口
人工	综合人工	工日	0.1300	0.1300	0.1300	0.1300
材料	铝合金送风口(成品)	个	—	—	1.0000	—
	铝合金回风口(成品)	个	—	—	—	1.0000
	尼龙过滤网	m²	—	0.2000	—	0.2000
	硬木风口(成品)	个	1.0000	1.0000	—	—

五、龙骨及其配件资料

1. 天棚铝合金龙骨及其配件

天棚铝合金龙骨及其配件见表 6-60。

表 6-60　天棚铝合金龙骨及其配件

名称	主件			配件						
	龙骨			垂直吊挂件			纵向连接件			平面连接件
	轻型	中型	重型	轻型	中型	重型	轻型	中型	重型	
大龙骨	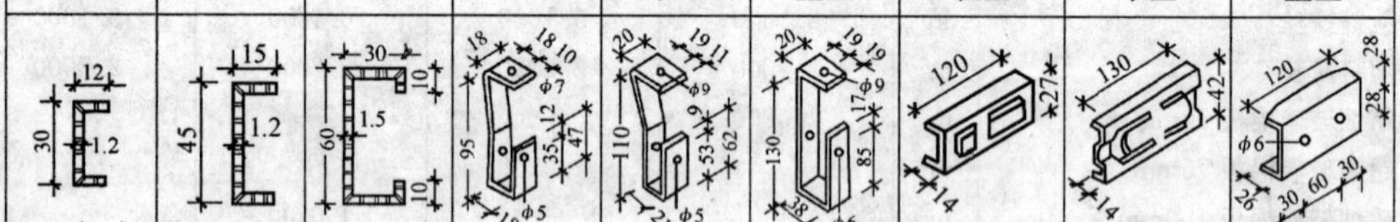 0.45kg/m	0.67kg/m	1.52kg/m	2厚	2厚	3厚	1.2厚	1.2厚	1.2厚	
中龙骨	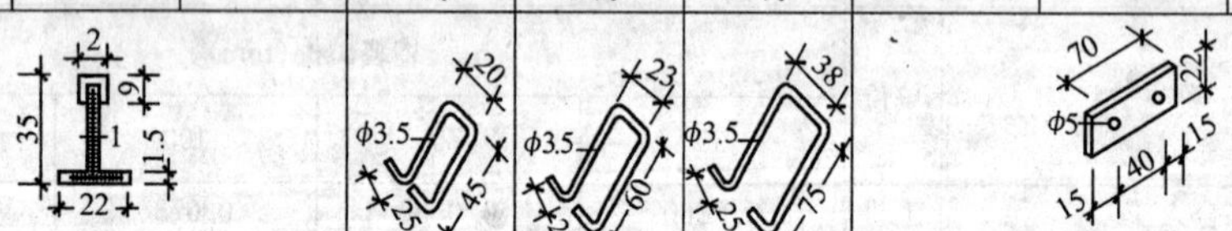	0.49kg/m						2厚		
小龙骨	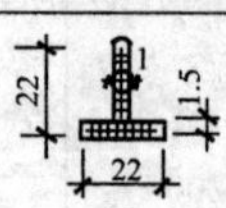	0.32kg/m								
边龙骨	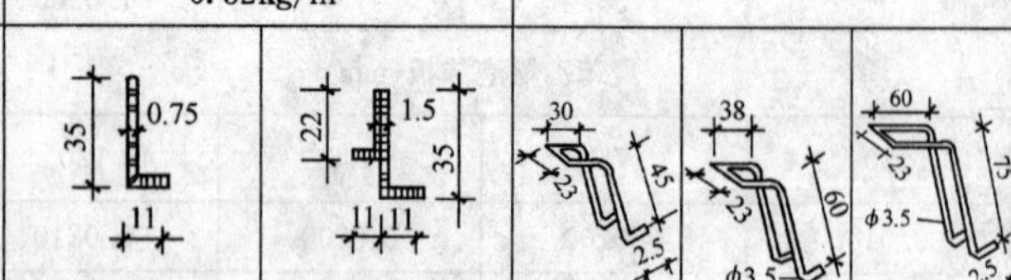 0.26kg/m	0.45kg/m								

2. U型天棚轻钢龙骨及配件

U型天棚轻钢龙骨及其配件见表 6-61。

表 6-61　U 型天棚轻钢龙骨及其配件

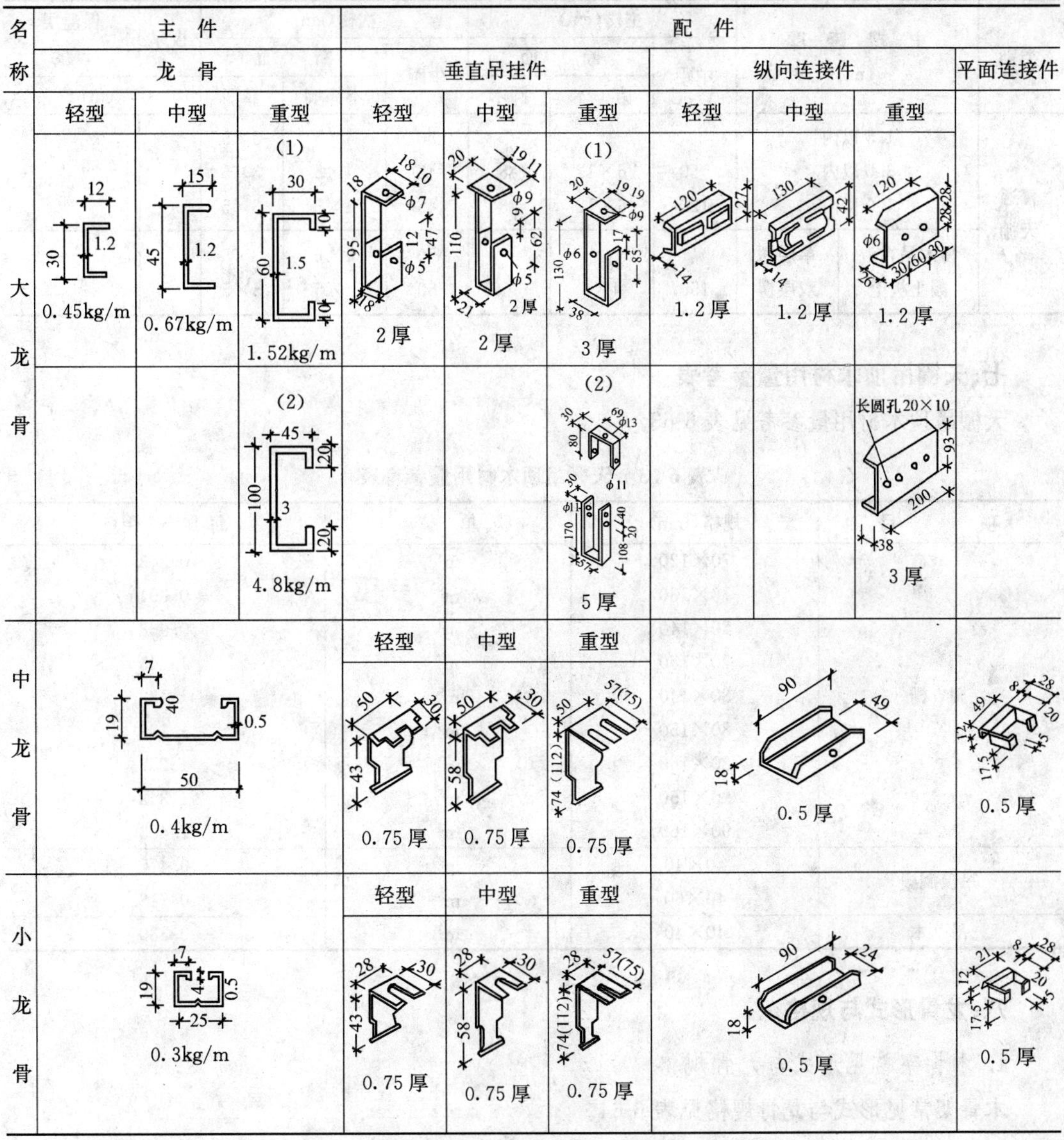

六、各种天棚、吊顶木楞规格及中距计算参考表

各种天棚、吊顶木楞规格及中距计算参考见表 6-62。

表 6-62　各种天棚、吊顶木楞规格及中距计算参考表

类别	主楞跨度（m）	主楞（cm）			次楞（cm）			板厚	保温层厚度
		中距	断面		中距	断面		（cm）	
			方木	圆木		不靠墙	靠墙		
保温天棚	1.5 以内				50	4×6	3×6	1.5	5
	3.0 以内	150	7×12	ϕ10	45	4×6	3×6	1.5	5
	4.0 以内	120	7×12	ϕ10	45	4×6	3×6	1.5	5

表 6-62(续)

类别	主楞跨度(m)		主楞(cm)中距	主楞断面方木	主楞断面圆木	次楞(cm)中距	次楞断面不靠墙	次楞断面靠墙	板厚(cm)	保温层厚度(cm)
普通天棚	1.5 以内					50	4×5	3×5		
	3.0 以内		150	6×12	$\phi8$	45	4×5	3×5		
	4.0 以内		120	6×12	$\phi8$	45	4×5	3×5		
	楞木吊在混凝土板上	单层楞				50	4×5	3×5		
		双层楞	150	4×8	$\frac{1}{2}\phi8$	50	4×5	3×5		

七、天棚吊顶木材用量参考表

天棚吊顶木材用量参考见表 6-63。

表 6-63 天棚吊顶木材用量参考表

项目	规格(mm)	单位	每 100m² 用量
搁栅	70×120	m³	0.803
	70×130	m³	0.891
	70×140	m³	0.968
	70×150	m³	1.045
	80×140	m³	1.122
	80×150	m³	1.199
	80×160	m³	1.287
	90×150	m³	1.342
	90×160	m³	1.403
吊顶搁栅	40×40	m²	0.475
	40×60	m³	0.713
吊木	40×40	m³	0.330

八、龙骨形式与规格

1. 木骨架常见形式与龙骨规格

木骨架常见形式与龙骨规格见表 6-64。

表 6-64 木骨架常见形式与龙骨规格 (mm)

骨架类型			分格尺寸($a\times b$)(中距:mm)	龙骨截面
吊顶木骨架			250×250 300×300	25×35 30×45
隔墙木骨架	单层	大方木	500×500 800×500	50×80 50×100
		小方木	300×300 400×400	30×45 40×55
	双层		300×300 400×400	25×35 30×40
壁面木骨架			300×300 300×240	25×35 30×40
			450×450 500×500	40×40 40×50
墙裙木骨架			300×300	25×35
木楼地面木搁栅			400×400 450×450	30×40 40×50

2. 木龙骨各种规格含量表

木龙骨各种规格含量表见表 6-65。

表 6-65　木龙骨各种规格含量表

每 100m² 含量(m³) 中距(mm) 规格(mm)	双向木龙骨		单向木龙骨	
	450×450	500×500	450×450	500×500
24×30	0.387	0.343	0.200	0.175
25×40	0.537	0.477	0.277	0.243
30×40	0.645	0.572	0.333	0.291
25×50	0.684	0.596	0.347	0.303
40×40	0.860	0.763	0.444	0.388
40×50	1.075	0.953	0.555	0.485

九、天棚工程工程量计算示例

【例 6-25】 某工程现浇井字梁天棚如图 6-28 所示，麻刀石灰浆面层，计算工程量。

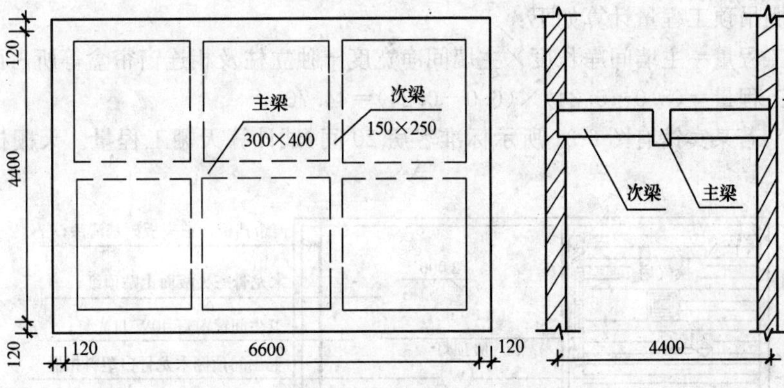

图 6-28　现浇井字梁天棚

【解】 天棚抹灰工程量计算如下：

天棚抹灰工程量＝主墙间的净长度×主墙间的净宽度＋梁侧面面积

天棚抹灰工程量＝(6.60－0.24)×(4.40－0.24)＋(0.40－0.12)×6.36×2＋(0.25－0.12)×3.86×2×2－(0.25－0.12)×0.15×4＝31.95m²

【例 6-26】 试计算图 6-29 所示天棚吊顶工程量。

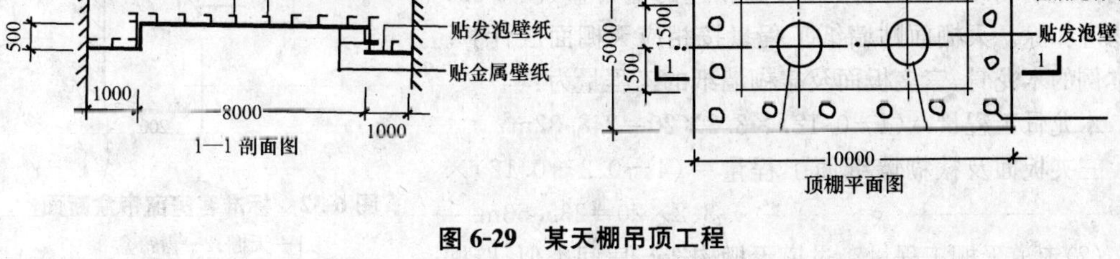

图 6-29　某天棚吊顶工程

【解】 天棚吊顶工程量计算如下：

天棚吊顶工程量=主墙间净长度×主墙间净宽度－独立柱及相连窗帘盒等所占面积

天棚吊顶工程量=10×5=50m²

【例 6-27】 某三级天棚尺寸如图 6-30 所示，钢筋混凝土板下吊双层楞木，面层为塑料板，计算天棚工程量。

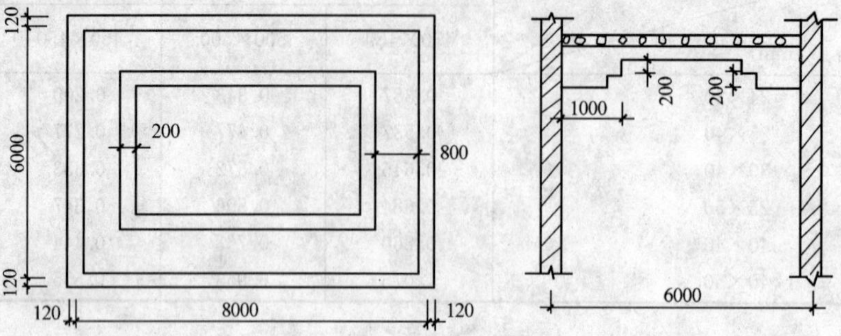

图 6-30 三级天棚尺寸

【解】 天棚吊顶工程量计算如下：

天棚吊顶工程量=主墙间净长度×主墙间净宽度－独立柱及相连窗帘盒等所占面积

天棚吊顶工程量=(8.0－0.24)×(6.0－0.24)=44.70m²

【例 6-28】 若某宾馆有图 6-31 所示标准客房 20 间，试计算天棚工程量。天棚构造见图 6-31 中说明。

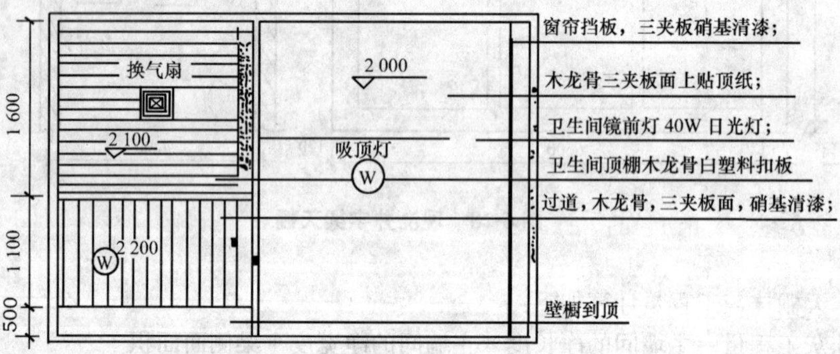

图 6-31 某宾馆标准客房吊顶

【解】 由于客房各部位天棚做法不同，应分别计算。

(1)房间天棚工程量 根据计算规则，龙骨及面层工程量均按主墙间净面积计算，与天棚相连的窗帘盒(图 6-32)面积应扣除。天棚面贴墙纸工程量按相应天棚面层计算。故本例的木龙骨、三夹板面及裱糊墙纸的工程量为：

木龙骨工程量=(4－0.12)×3.2×20=248.32m²

三夹板面及裱糊墙纸面工程量=(4－0.2－0.12)×3.2×20=235.53m²

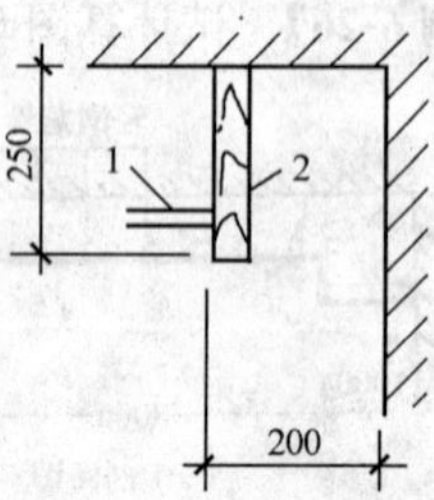

图 6-32 标准客房窗帘盒断面

1—天棚；2—窗帘盒

(2)走道天棚工程量 过道天棚构造与房间类似，壁橱到顶部分不做天棚，胶合板硝基清漆工程量按病人板面积计算。

木龙骨、三夹板、硝基漆工程量＝(1.85－0.12)×(1.1－0.12)×20＝33.91m²

(3)卫生间天棚工程量　卫生间用木龙骨白塑料扣板吊顶，其工程量仍按实做面积计算，即：

工程量＝(1.6－0.12)×(1.85－0.12)×20＝51.21m²

【例 6-29】 预制钢筋混凝土板底吊不上人型装配式 U 型轻钢龙骨，间距 450mm×450mm，龙骨上铺钉中密度板，面层粘贴 6m 厚铝塑板，尺寸如图 6-33 所示，计算天棚吊顶工程量。

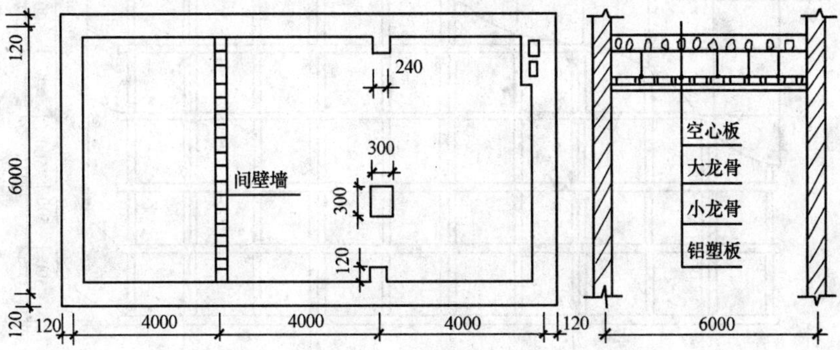

图 6-33　U 型轻钢龙骨

【解】 天棚吊顶工程量计算如下：

天棚吊顶工程量＝主墙间的净长度×主墙间的净宽度－独立柱及相连窗帘盒等所占面积

天棚吊顶工程量＝(12－0.24)×(6－0.24)－0.30×0.30＝67.65m²

【例 6-30】 某宾馆卫生间吊 T 型铝合金龙骨，双层(300mm×300mm)不上人一级天棚，上搁 18mm 厚矿棉板，每间 6m²，共 35 间，计算天棚工程量。

【解】 天棚吊顶工程量计算如下：

天棚吊顶工程量＝主墙间的净长度×主墙间的净宽度－独立柱及相连窗帘盒等所占面积

天棚吊顶工程量＝6×35＝210.00m²

【例 6-31】 某房间开间 3.6m，进深 5.4m，采用 U 型轻钢吊顶龙骨骨架，500mm×500mm×9mm 浮雕石膏板天棚面，其布置形式如图 6-34 所示，试确定龙骨骨架材料用量。

【解】 根据图 6-34 的布置：

U50 主龙骨用量　　$L_{龙骨大}=5\times3.36\times(1+6\%)=17.87$m

U50 中龙骨用量　　$L_{龙骨中}=3\times5.16\times(1+6\%)=16.47$m

U25 小龙骨用量　　$L_{龙骨小}=4\times5.16\times(1+6\%)=21.96$m

U50 横撑龙骨用量　　$L_{龙骨中横}=4\times3.36\times(1+6\%)=14.30$m

U25 横撑龙骨用量　　$L_{龙骨小横}=5\times3.36\times(1+6\%)=17.87$m

龙骨配件用量：

吊件　　$n_{吊}=4\times5=20$ 个

U50 挂件　　$n_{挂1}=5\times3=15$ 个

U25 挂件　　$n_{挂2}=5\times4=20$ 个

U50 支托　　$n_{支1}=7\times4\times2=56$ 个

U25 支托　　$n_{支2}=7\times5\times2=70$ 个

主龙骨按设计下料，没有接头，故无需连接件。U50 中龙骨和 U25 小龙骨每根考虑一个接头，故：U50 接插件为 3 个，U25 接插件为 4 个。

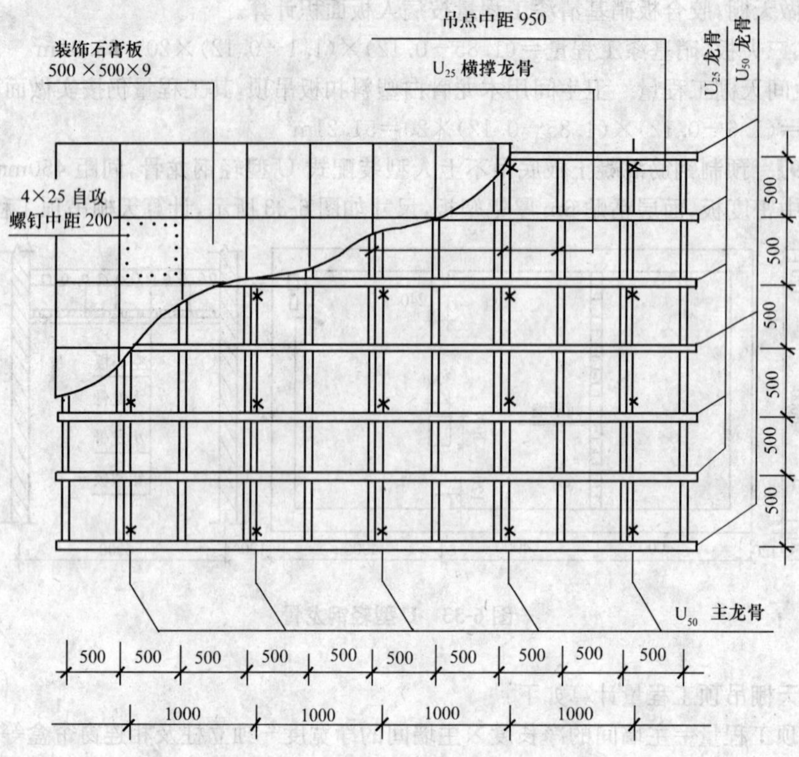

图 6-34 某房间吊顶龙骨布置图

第四节 油漆、涂料、裱糊工程

一、相关说明

油漆工程：泛指各种油类、漆类、涂料及树脂涂刷在建筑物上、木材、金属表面，以保护建筑物、木材、金属表面不受侵蚀的施工工艺，叫油漆工程。具有装饰、耐用的特点。

透明腻子：由于树脂含量不同，有多种不同品质的透明腻子，由于腻子是单组份结构，使用时无需加入固化剂，可直接使用或加入稀释剂，稀释后使用。透明腻子具有黏度大、填孔能力强、干速快、透明度好、易打磨等特点。定额包括满刷透明腻子一遍，干透后打磨、除尘。

底漆：可以增加油漆的丰满度。既可保持色相一致，又能节约面漆。由于透明度、丰满度、耐黄变性等的不同，透明底漆和实色底漆有多种品种。将底漆按规定比例与固化剂、稀释剂配好，纱网过滤后喷涂或刷涂一遍底漆，打磨除尘。

聚酯清漆面漆：是在已经装好底漆并打磨后涂装面漆，面漆分为清面漆、哑光透明面漆、有色透明清面漆和有色哑光面漆。面漆与固化剂、稀释剂按规定比例调匀，喷涂或刷涂两遍。由于品种不同各种面漆分多种品种，聚酯面漆具有良好的光泽度、丰满度、硬度和流平性。

乳胶：是乳白色液体黏结剂的一种，其成分为聚醋乙烯树脂，可直接使用或少量水调剂，胶结强度较高。

油灰：由石膏粉(或滑石粉等)和黏结剂(血料、皮胶、骨胶、桐油、清漆或喷漆)调制而成的膏状物体叫油灰。常用于乱油漆面缺陷不平处。

调和漆：也称调合漆，是人造漆的一种。由干性漆和颜料组成，也称为“油性调和漆”。由清漆和颜料组成，称为磁性“调和漆”。用多于木材面和金属面涂刷。

防锈漆：指能保护金属面免受大气、海水等侵蚀的涂料叫防锈漆。主要原料有防锈颜料(如氧锌、锌铬黄、铝酸钙、铅粉、云母、氧化铁、铅丹等)、干性油、树脂和沥青等经调制研磨而成。

无光调和漆：也称平光调和漆，漆中含颜料较多产工加平光剂(如硬脂酸铝，硅藻土等)，涂刷干燥后，漆膜无强烈反光，对人的神经无刺激，常用于室内墙面及某些军事装备的外表，在建筑油漆中常代替铅油(厚漆)打底。

熟桐油：也称干性油，是用生桐油经搅拌氧化，日晒或经低温烘烤而得，在建筑施工中一般用于刷木板底油。

石膏：也称生石膏，是一种天然无机化合物的透明结晶体，呈白色、淡黄色、粉红色或灰色。在建筑塑造和水泥制造上用量较多。

醇酸磁漆：以清漆为基料，加入颜料用机器研磨而成。涂刷干燥后，能形成光滑且坚硬的膜；醇酸磁漆是由醇酸与磁漆调制而成，以醇酸为成膜物质，具有较好的光泽和机械强度，能在常温下干燥，较酚醛漆好，多用于金属面涂刷。

酚醛清漆：是以酚醛树脂为主要成分的清漆。具有干燥快，漆膜光亮，坚硬耐水等特点，色泛黄。多用于木器和不易碰撞的物件表面的涂刷。

底漆：涂于物体表面的第一层涂料叫底漆。主要起填平、修补封闭等作用。

汽油：是石油是一种中间分馏剂，是石油分馏时 300～350℃间蒸发出的部分。

乳胶漆：是水性涂料的一种，主要由合成树脂的胶液，加有颜料、乳化剂、稳定剂、防腐剂、增塑剂配制而成。具有易于涂刷、快干、无臭等特点。并可用水代替有机稀释剂。

血料：是用血加油石粉调制而成的黏结材料，多用猪血。

二、消耗量定额工程量计算

(一)定额说明

(1)定额中刷涂、刷油采用手工操作；喷塑、喷涂采用机械操作。操作方法不同，不予调整。

(2)油漆浅、中、深种种颜色，已综合在定额内，颜色不同，不另调整。

(3)定额在同一平面上的分色及门窗内外分色已综合考虑。如需做美术图案者，另行计算。

(4)定额内规定的喷、涂、刷遍数与设计要求不同时，可按每增加一遍定额项目进行调整。

(5)喷塑(一塑三油)、底油、装饰漆、面油，其规格划分如下：

1)大压花：喷点压平、点面积在 1.2cm^2 以上。

2)中压花：喷点压平、点面积在 1～2.2cm^2 以内。

3)喷中点、幼点：喷点面积在 1cm^2 以下。

(6)定额中的双层木门窗(单裁口)是指双层框扇。三层二玻一纱窗是指双层框三层扇。

(7)定额中的单层木门刷油是按双面刷油考虑的，如采用单面刷油，其定额含量乘以 0.49 系数计算。

(8)定额中的木扶手油漆为不带托板考虑。

(二)工程量计算规则

(1)楼地面、天棚、墙、柱、梁面的喷(刷)涂料、抹灰面油漆及裱糊工程，均按表 6-66 相应的计算规则计算。

表 6-66 抹灰面油漆、涂料、裱糊

项目名称	系数	工程量计算方法
混凝土楼梯底(板式)	1.15	水平投影面积
混凝土楼梯底(梁式)	1.00	展开面积
混凝土花格窗、栏杆花饰	1.82	单面外围面积
楼地面、天棚、墙、柱、梁面	1.00	展开面积

(2)木材面的工程量分别按表 6-67～表 6-70 相应的计算规则计算。

表 6-67 执行木门定额工程量系数表

项目名称	系数	工程量计算方法
单层木门	1.00	按单面洞口面积计算
双层(一玻一纱)木门	1.36	
双层(单裁口)木门	2.00	
单层全玻门	0.83	
木百叶门	1.25	

表 6-68 执行木窗定额工程量系数表

项目名称	系数	工程量计算方法
单层玻璃窗	1.00	按单面洞口面积计算
双层(一玻一纱)木窗	1.36	
双层能框扇(单裁口)木窗	2.00	
双层框三层(二玻一纱)木窗	2.60	
单层组合窗	0.83	
双层组合窗	1.13	
木百叶窗	1.50	

表 6-69 执行木扶手定额工程量系数表

项 目 名 称	系 数	工程量计算方法
木扶手(不带托板)	1.00	按延长米计算
木扶手(带托板)	2.60	
窗帘盒	2.04	
封檐板、顺水板	1.74	
挂衣板、黑板框、单独木线条 100mm 以外	0.52	
挂镜线、窗帘棍、单独木线条 100mm 以内	0.35	

表 6-70　执行其他木材面定额工程量系数表

项　目　名　称	系　数	工程量计算方法
木板、纤维板、胶合板天棚	1.00	长×宽
木护墙、木墙裙	1.00	
窗台板、筒子板、盖板、门窗套、踢脚线	1.00	
清水板条天棚、檐口	1.07	
木方格吊顶天棚	1.20	
吸音板墙面、天棚面	0.87	
暖气罩	1.28	
木间壁、木隔断	1.90	单面外围面积
玻璃间壁露明墙筋	1.65	
木栅栏、木栏杆(带扶手)	1.82	
衣柜、壁柜	1.00	按实刷展开面积
零星木装修	1.10	展开面积
梁柱饰面	1.00	展开面积

(3)金属构件油漆的工程量按构件重量计算。

(4)定额中的隔墙、护壁、柱、天棚木龙骨及木地板中木龙骨带毛地板，刷防火涂料工程量计算规则如下：

1)隔墙、护壁木龙骨按其面层正立面投影面积计算；

2)柱木龙骨按其面层外围面积计算；

3)天棚木龙骨按其水平投影面积计算；

4)木地板中木龙骨及木龙骨带毛地板按地板面积计算。

(5)隔墙、护壁、柱、天棚面层及木地板刷防火涂料，执行其他木材面刷防火涂料相应子目。

(6)木楼梯(不包括底面)油漆，按水平投影面积乘以 2.3 系数，执行木地板相应子目。

三、清单计价规范工程量计算

(一)清单项目的划分

油漆、涂料、裱糊工程分为门油漆、窗油漆、木扶手及其他板条线条油漆、木本面油漆、金属面油漆、抹灰面油漆、喷塑、涂料、花饰、线条刷涂料、裱糊等项目。

各项目所包含的清单项目表 6-71。

表 6-71　油漆、涂料、裱糊工程各项目所包含的内容

项　　目	包含的内容
门油漆	门油漆
窗油漆	窗油漆
木扶手及其他板条线条油漆	木扶手及其他板条线条油漆包括木扶手油漆、窗帘盒油漆、封檐板、顺水板油漆、挂衣板、黑板框油漆、挂镜线、窗帘棍、单独木线油漆
木材面油漆	木材面油漆包括木板、纤维板、胶合板油漆、木护墙、木墙裙油漆、窗台板、筒子板、盖板、门窗套、踢脚线油漆、清水板条天棚、檐口油漆、木方格吊顶天棚油漆、吸音板墙面、天棚面油漆、暖气罩油漆、木间壁、木隔断油漆、玻璃间壁露明墙筋油漆、木栅栏、木栏杆(带扶手)油漆、衣柜、壁柜油漆、梁柱饰面油漆、零星木装修油漆、木地板油漆、木地板烫硬蜡面

表 6-71(续)

项　目	包含的内容
金属面油漆	金属面油漆
抹灰面油漆	抹灰面油漆包括抹灰面油漆、抹灰线条油漆
喷塑、涂料	喷塑、涂料
花饰、线条刷涂料	花饰、线条刷涂料包括花饰格、栏杆刷涂料、线条刷涂料
裱糊	裱糊包括墙纸裱糊、织锦缎裱

(二)关于油漆、涂料、裱糊工程内容的说明

1. 有关项目的说明

(1)有关项目中已包括油漆、涂料的不再单独列项。

(2)连窗门可按门油漆项目编码列项。

(3)木扶手区别带托板与不带托板分别编码(第五级编码)列项。

2. 有关工程特征的说明

(1)门类型应分镶板门、木板门、胶合板门、装饰实木门、木纱门、木质防火门、连窗门、平开门、推拉门、单扇门、双扇门、带纱门、全玻门(带木扇框)、半玻门、半百叶门、全百叶门以及带亮子、不带亮子、有门框、无门框和单独门框等油漆。

(2)窗类型应分平开窗、推拉窗、提拉窗、固定窗、空花窗、百叶窗以及单扇窗、双扇窗、多扇窗、单层窗、双层窗、带亮子、不带亮子等。

(3)腻子种类分石膏油腻子(熟桐油、石膏粉、适量水)、胶腻子(大门、色粉、羧甲基纤维素)、漆片腻子(漆片、酒精、石膏粉、适量色粉)、油腻子(矾石粉、桐油、脂肪酸、松香)等。

(4)刮腻子要求,分刮腻子遍数(道数)或满刮腻子或找补腻子等。

3. 有关工程量计算的内容

(1)楼梯木扶手工程量按中心线斜长计算,弯头长度应计算在扶手长度内。

(2)博风板工程量按中心线斜长计算,有大刀头的每个大刀头增加长度 50cm。

(3)木板、纤维板、胶合板油漆,单面油漆按单面面积计算,双面油漆按双面面积计算。

(4)木护墙、木墙裙油漆按垂直投影面积计算。

(5)台板、筒子板、盖板、门窗套、踢脚线油漆按水平或垂直投影面积(门窗套的贴脸板和筒子板垂直投影面积合并)计算。

(6)清水板条天棚、檐口油漆、木方格吊顶天棚油漆以水平投影面积计算,不扣除空洞面积。

(7)暖气罩油漆,垂直面按垂直投影面积计算,突出墙面的水平面按水平投影面积计算,不扣除空洞面积。

(8)工程量以面积计算的油漆、涂料项目,线角、线条、压条等不展开。

4. 有关工程内容的说明

(1)抹灰面的油漆、涂料,应注意基层的类型,如:一般抹灰墙柱面与拉条灰、拉毛灰、甩毛灰等油漆、涂料的耗工量与材料消耗量的不同。

(2)刮腻子应注意刮腻子遍数,是满刮,还是找补腻子。

(3)墙纸和织锦缎的裱糊,应注意要求对花还是不对花。

(二)工程量清单项目设置及工程量计算规则

1. 门油漆

门油漆工程量清单项目设置及工程量计算规则见表6-72。

表6-72　门油漆(编码:020501)

项目编码	项目名称	项目特征	计量单位	工程量计算规则	工程内容
020501001	门油漆	1. 门类型。 2. 腻子种类。 3. 刮腻子要求。 4. 防护材料种类。 5. 油漆品种、刷漆遍数	樘	按设计图示数量计算	1. 基层清理。 2. 刮腻子。 3. 刷防护材料、油漆

2. 窗油漆

窗油漆工程量清单项目设置及工程量计算规则见表6-73。

表6-73　窗油漆(编码:020502)

项目编码	项目名称	项目特征	计量单位	工程量计算规则	工程内容
020502001	窗油漆	1. 窗类型。 2. 腻子种类。 3. 刮腻子要求。 4. 防护材料种类。 5. 油漆品种、刷漆遍数	樘	按设计图示数量计算	1. 基层清理。 2. 刮腻子。 3. 刷防护材料、油漆

3. 木扶手及其他板条线条油漆

木扶手及其他板线条油漆工程量清单项目设置及工程量计算规则见表6-74。

表6-74　木扶手及其他板条线条油漆(编码:020503)

项目编码	项目名称	项目特征	计量单位	工程量计算规则	工程内容
020503001	木扶手油漆	1. 腻子种类。 2. 刮腻子要求。 3. 油漆体单位展开面积。 4. 油漆体长度。 5. 防护材料种类。 6. 油漆品种、刷漆遍数	m	按设计图示尺寸以长度计算	1. 基层清理。 2. 刮腻子。 3. 刷防护材料、油漆
020503002	窗帘盒油漆				
020503003	封檐板、顺水板油漆				
020503004	挂衣板、黑板框油漆				
020503005	挂镜线、窗帘棍、单独木线油漆				

4. 木材面油漆

木材面油漆工程量清单项目设置及工程量计算规则见表6-75。

表 6-75 木材面油漆(编码:020504)

项目编码	项目名称	项目特征	计量单位	工程量计算规则	工程内容
020504001	木板、纤维板、胶合板油漆	1. 腻子种类。 2. 刮腻子要求。 3. 防护材料种类。 4. 油漆品种、刷漆遍数	m^2	按设计图示尺寸以面积计算	1. 基层清理。 2. 刮腻子。 3. 刷防护材料、油漆
020504002	木护墙、木墙裙油漆				
020504003	窗台板、筒子板、盖板、门窗套、踢脚线油漆				
020504004	清水板条顶棚、檐口油漆				
020504005	木方格吊顶天棚油漆				
020504006	吸声板墙面、天棚面油漆				
020504007	暖气罩油漆				
020504008	木间壁、木隔断油漆			按设计图示尺寸以单面外围面积计算	
020504009	玻璃间壁露明墙筋油漆				
020504010	木栅栏、木栏杆(带扶手)油漆				
020504011	衣柜、壁柜油漆			按设计图示尺寸以油漆部分展开面积计算	
020504012	梁柱饰面油漆				
020504013	零星木装修油漆				
020504014	木地板油漆				
020504015	木地板烫硬蜡面	1. 硬蜡品种。 2. 面层处理要求		按设计图示尺寸以面积计算。空洞、空圈、暖气包槽、壁龛的开口部分并入相应的工程量内	1. 基层清理。 2. 烫蜡

5. 金属面油漆

金属面油漆工程量清单项目设置及工程量计算规则见表 6-76。

表 6-76 金属面油漆(编码:020505)

项目编码	项目名称	项目特征	计量单位	工程量计算规则	工程内容
020505001	金属面油漆	1. 腻子种类。 2. 刮腻子要求。 3. 防护材料种类。 4. 油漆品种、刷漆遍数	t	按设计图示尺寸以质量计算	1. 基层清理。 2. 刮腻子。 3. 刷防护材料、油漆

6. 抹灰面油漆

抹灰面油漆工程量清单项目设置及工程量计算规则见表 6-77。

表 6-77 抹灰面油漆(编码:020506)

项目编码	项目名称	项目特征	计量单位	工程量计算规则	工程内容
020506001	抹灰面油漆	1. 基层类型。 2. 线条宽度、道数。 3. 腻子种类。 4. 刮腻子要求。 5. 防护材料种类。 6. 油漆品种、刷漆遍数	m^2	按设计图示尺寸以面积计算	1. 基层清理。 2. 刮腻子。 3. 刷防护材料、油漆
020506002	抹灰线条油漆		m	按设计图示尺寸以长度计算	

7. 喷刷涂料

喷刷涂料工程量清单项目设置及工程量计算规则见表 6-78。

表 6-78 喷刷、涂料(编码:020507)

项目编码	项目名称	项目特征	计量单位	工程量计算规则	工程内容
020507001	刷喷涂料	1. 基层类型。 2. 腻子种类。 3. 刮腻子要求。 4. 涂料品种、刷喷遍数	m^2	按设计图示尺寸以面积计算	1. 基层清理。 2. 刮腻子。 3. 刷、喷涂料

8. 花饰、线条刷涂料

花饰、线条刷涂料工程量清单项目设置及工程量计算规则见表 6-79。

表 6-79 花饰、线条刷涂料(编码:020508)

项目编码	项目名称	项目特征	计量单位	工程量计算规则	工程内容
020508001	空花格、栏杆刷涂料	1. 腻子种类。 2. 线条宽度。 3. 刮腻子要求。 4. 涂料品种、刷喷遍数	m^2	按设计图示尺寸以单面外围面积计算	1. 基层清理。 2. 刮腻子。 3. 刷、喷涂料
020508002	线条刷涂料		m	按设计图示尺寸以长度计算	

9. 裱糊

裱糊工程工程量清单项目设置及工程量计算规则见表 6-80。

表 6-80 裱糊(编码:020509)

项目编码	项目名称	项目特征	计量单位	工程量计算规则	工程内容
020509001	墙纸裱糊	1. 基层类型。 2. 裱糊构件部位。 3. 腻子种类。 4. 刮腻子要求。 5. 黏结材料种类。 6. 防护材料种类。 7. 面层材料品种、规格、品牌、颜色	m^2	按设计图示尺寸以面积计算	1. 基层清理。 2. 刮腻子。 3. 面层铺粘。 4. 刷防护材料
020509002	织锦缎裱糊				

10. 油漆、涂料、裱糊工程工程量清单编制相关问题的处理

(1)门油漆应区分单层木门、双层(一玻一纱)木门、双层(单裁口)木门、全玻自由门、半玻自由门、装饰门及有框门或无框门等,分别编码列项。

(2)窗油漆应区分单层玻璃窗、双层(一玻一纱)木窗、双层框扇(单裁口)木窗、双层框三层(两玻一纱)木窗、单层组合窗、双层组合窗、木百叶窗、木推拉窗等,分别编码列项。

(3)木扶手应区分带托板与不带托板,分别编码列项。

四、油漆工程常用计量数据

油漆工程常用计量数据见表 6-81～表 6-85。

表 6-81　油漆金属、木构件(防火漆)、木扶手(醇酸漆、硝基漆) (m^2)

名　称	单位	防火漆(两遍成活)			醇酸漆(三遍成活)	硝基漆(三遍成活)
		金属构件	木方面	木板面	木扶手	木扶手
		t	$100m^2$	$100m^2$	100m	100m
综合工日	工日	22.18	16.39	12.53	35.08	56.82
清　油	kg	116	—	—	0.62	—
防火漆	kg	10.56	—	—	—	—
松香水	kg	2.66	—	—	—	—
防锈漆	kg	8.93	—	—	—	—
催干剂	kg	1.50	—	—	—	—
膨胀型防火涂料	kg	—	77.52	99.75	—	—
石　膏	kg	—	—	—	0.77	0.13
滑石粉	kg	—	—	—	2.69	8.73
色　粉	kg	—	—	—	0.6	—
漆　片	kg	—	—	—	1.17	0.59
酒　精	kg	—	—	—	4.91	2.56
香蕉水	kg	—	—	—	7.37	4.01
酚醛清漆	kg	—	—	—	0.11	—
醇酸清漆	kg	—	—	—	9.18	—
醇酸漆稀料	kg	—	—	—	1.55	—
砂　蜡	kg	—	—	—	0.53	0.53
上光蜡	kg	—	—	—	0.18	0.18
硝基底漆	kg	—	—	—	—	2.69
硝基磁漆	kg	—	—	—	—	8.06
硝基漆稀料	kg	—	—	—	—	14.37

注:木方面按投影面积计算,木板面按双面计算。

表 6-82　油漆顶棚(乳胶漆、防火漆)　(100m²)

名　称	单位	抹灰乳胶漆		木材面防火漆	金属面防火漆
		三遍成活	每增一遍	(三遍成活)	(三遍成活)
综合工日	工日	50.1	16.70	20.11	24.85
石　膏	kg	3.23	—	—	—
滑石粉	kg	21.83	—	—	—
纤维素	kg	0.82	—	—	—
乳胶漆	kg	49.97	6.66	—	—
醋酸乙烯乳胶	kg	4.46	1.49	—	—
清　油	kg	—	—	2.73	1.70
防火漆	kg	—	—	29.99	15.50
松香水	kg	—	—	4.40	3.90
防锈漆	kg	—	—	—	13.10
催干剂	kg	—	—	—	2.20

表 6-83　油漆木制顶棚(过氯乙烯漆)　(100m²)

名　称	单位	五遍成活	每增刷一遍		
			底漆	磁漆	清漆
综合工日	工日	65.78	10.13	10.59	10.13
过氯乙烯腻子	kg	38.84	—	—	—
过氯乙烯底漆	kg	16.24	16.24	—	—
过氯乙烯磁漆	kg	57.33	—	28.67	—
过氯乙烯清漆	kg	64.31	—	—	32.16
过氯乙烯溶剂	kg	20.57	5.42	7.57	7.58
砂　蜡	kg	2.12	—	—	—
上光蜡	kg	0.70	—	—	—

注:若设计要求不上蜡,扣除上蜡材料和综合工日 12.5 个。

表 6-84　油漆墙面(抹灰面)、顶棚(乳胶漆、硝基漆)　(100m²)

名　称	单位	乳胶漆(抹灰面)墙面		硝基清漆刷顶棚	
		三遍成活	每增刷一遍	五遍成活	每增刷一遍
综合工日	工日	41.28	10.71	162.41	32.48
石　膏	kg	3.08	—	3.23	—
滑石粉	kg	20.79	—	21.83	—
大白粉	kg	2.15	—	—	—
纤维素	kg	0.81	—	0.82	—
漆　片	kg	—	—	0.67	—
色　粉	kg	—	—	4.45	—
酒　精	kg	—	—	2.9	—
松香水	kg	—	—	4.35	—
乳胶漆	kg	11.60	15.86	—	—
醋酸乙烯乳胶	kg	47.59	1.42	—	—
熟桐油	kg	4.25	—	—	—
硝基清漆	kg	—	—	114.06	22.81
硝基稀料	kg	—	—	227.67	45.53
砂　蜡	kg	—	—	1.94	—
上光蜡	kg	—	—	0.65	—

表 6-85 油漆木地面(聚氨酯清漆、醇酸清漆) (100m²)

名 称	单位	聚氨酯清漆		醇酸清漆	
		五遍成活	每增刷一遍	四遍成活	每增刷一遍
综合工日	工日	82.50	19.25	100.33	23.33
石 膏	kg	3.83	—	3.83	—
滑石粉	kg	17.49	—	17.49	—
熟桐油	kg	2.36	—	2.36	—
纤维素	kg	0.66	—	0.66	—
漆 片	kg	1.37	—	—	—
色 粉	kg	3.18	—	3.18	—
酒 精	kg	7.15	—	7.15	—
松香水	kg	2.50	—	8.49	2.12
清 油	kg	3.26	—	3.26	—
聚氨酯甲乙料	kg	151.20	29.08	—	—
聚氨酯稀料	kg	50.04	10.5	—	—
酚醛清漆	kg	—	—	0.75	0.14
醇酸清漆	kg	—	—	48.29	12.07
醇酸稀料	kg	—	—	8.10	2.03
地板蜡	kg	16.67	—	16.67	—

五、油漆涂料展开面积系数

油漆涂料展开面积系数见表 6-86。

表 6-86 油漆涂料展开面积系数表

项 目 名 称	系 数	项 目 名 称	系 数
单层木门窗	2.2	挂镜线、窗帘棍、天棚压条	0.08
双层木门窗	3.0	单层钢门窗	1.35
单层木通天窗、木摇窗	1.65	钢百叶门窗	3.70
双层木通天窗、木摇窗	2.25	射线防护门	4.00
木栅栏、木栏杆(带扶手)	2.2	平板屋面	1.00
木板、纤维板、胶合板天棚檐口	1.21	包钢板门窗	2.20
清水板条天棚檐口	1.31	吸 气 罩	2.20
封檐板、挡风板	0.4	木 屋 架	2.16
三层木门窗	5.2	屋面板“带檩条”	1.34
窗帘盒	0.47	间壁、隔断	2.30
护墙、墙裙	1.1	玻璃间壁、露明墙筋	2.00
暖气罩	1.55	百叶木门窗	3.00
衣柜、阁楼、壁橱、筒子板、窗台板、伸缩缝盖板	1.0	挂衣板、黑板框、生活园地柜	0.12
		双层钢门窗	2.00
木扶手(带托板)	0.6	满钢板门	2.20
木扶手(不带托板)	0.23	钢丝网大门	1.10
鱼鳞板墙	3.0	花陇板屋面	1.20
吸音板	1.05	排 水	1.06
木地板、木踢脚板	1.0	伸缩缝盖板	1.05
木楼梯(包括休息平台)	1.0		
零星木装修(镜箱、奶报箱、消火栓木箱、风斗、喇叭箱、碗橱、出入孔木盖板、检查孔门)	1.05		

六、常见配合比设计

(1)喷涂砂浆配合比见表 6-87。

表 6-87 喷涂砂浆配合比

饰面做法	水泥	颜料	细骨料	木质素磺酸钙	108 胶	石灰膏	砂浆稠度(cm)
波面	100	适量	200	0.3	10～15	—	13～14
波面	100	适量	400	0.3	20	100	13～14
粒状	100	适量	200	0.3	10	—	10～11
粒状	100	适量	400	0.3	20	100	10～11

(2)弹涂砂浆配合比见表 6-88。

表 6-88 弹涂砂浆配合比

项　目	水　泥	颜　料	水	108 胶
刷底色浆	普通硅酸盐水泥 100	适量	90	20
刷底色浆	白　水　泥 100	适量	80	13
弹花点	普通硅酸盐水泥 100	适量	55	14
弹花点	白　水　泥 100	适量	45	10

注:1. 根据气温情况,加水量可适当调整。

2. 通用硅酸盐水泥的强度等级应不低于 42.5 级。

3. 108 胶的含固量为 10%～12%,密度为 1.05,pH 值为 6～7,黏度为 3.5～4.0Pa·s,应能与水泥浆均匀混合,108 胶宜用塑料、陶瓷容器贮运。

(3)油漆腻子配合比

1)石膏油腻子:

刮石膏油腻子(用于门窗),1(熟桐油):1(石膏粉):水适量。

刮石膏油腻子(用于地板),1(熟桐油):1.5(石膏粉):水适量。

抹刮石膏油腻子,1(熟桐油):2(石膏粉):水适量。

2)润油粉,60(大白粉):20(松节油):8(调和漆):7(清油):5(熟桐油)。

3)润水粉,90(大白粉):7(色粉):3(骨胶)。

4)漆片腻子,1(漆片):4(酒精):2.5(石膏粉):(色粉,占石膏粉 5%)。

5)木材面底油,15(熟桐油):15(清油):70(溶解油)。

6)色漆,60%(浅色):20%(中色):20%(深色)。

7)油色,10%(色调和漆):10%(清漆):10%(清油):70%(溶剂油)。

8)磨退:

醇酸清漆磨退,分别加醇酸稀释剂 15%～20%。

刷理漆片,17.25(漆片):82.75(酒精)。

刷理硝基清漆,1(硝基清漆):1～4(硝基漆稀释剂)。

9)酚醛清漆,90(酚醛漆):10(油漆溶剂油)。

10)醇酸磁漆,90(磁漆):10(醇酸稀释剂)。

11)聚氨酯漆,90(脂漆):10(二甲苯)。

12)过氯乙烯五遍成活:

底漆,77(过氯乙烯底漆)∶23(过氯乙烯稀释剂)。

磁漆,80(过氯乙烯磁漆)∶20(过氯乙烯稀释剂)。

清漆,80(过氯乙烯清漆)∶20(过氯乙烯稀释剂)。

(4)金属面油漆配合比

1)调和漆,95(调和漆)∶5(油漆稀释剂)。

2)醇酸磁漆,95(磁漆)∶5(醇酸漆稀释剂)。

3)过氯乙烯五遍成活:

底漆,77(过氯乙烯底漆)∶23(过氯乙烯稀释剂)。

磁漆,80(过氯乙烯磁漆)∶20(过氯乙烯稀释剂)。

清漆,80(过氯乙烯清漆)∶20(过氯乙烯稀释剂)。

4)沥青漆,45(石油沥青)∶50(油漆溶剂油)∶5(清油)。

5)红丹防锈漆,95(红丹防锈漆)∶5(油漆溶剂油)。

6)磷化底漆,90(磷化底漆)∶7.5(乙醇)∶2.5(丁醇)。

7)锌黄底漆,90(锌黄底漆)∶10(醇酸漆稀释剂)。

(5)抹灰面油漆配合比

1)抹灰腻子,88(大白粉)∶2(羧甲基纤维素)∶10(聚醋酸乙烯乳液)。

2)批胶腻子,88(滑石粉)∶2(羧甲基纤维素)∶10(聚醋酸乙烯乳液)。

3)抹找石膏油腻子,1(熟桐油)∶1.5(石膏粉)。

4)底油,20(熟桐油)∶20(清油)∶60(油漆溶剂油)。

5)调和漆,100%。

6)无光调和漆,90(调和漆)∶10(油漆溶剂油)。

7)无光调和漆面漆,95(调和漆)∶5(油漆溶剂油)。

(6)其他油漆材料配合比

1)油漆溶剂油(稀释剂),洗刷子、擦手等用的辅助溶剂油,油基漆取总用量5%,其他漆类取总用量的10%。

2)酒精(抗冻剂),取石膏腻子中石膏粉用量的2%。

3)催干剂,按油漆总用量的1.7%计取,石膏油腻子使用的熟桐油同样加1.7%。

4)漆片酒精,木疤及沥青等污迹处理点、节使用。

5)浮石粉,摩擦膜及补棕眼用。

6)蜡,砂蜡及上光蜡,分别加煤油10%。

7)石蜡,加溶剂油3%(找蜡腻子用)。

8)地板蜡,加煤油10%。

9)磷化底漆除油剂,洗衣粉。

(7)水质涂料配合比

1)白水泥浆,80(白水泥)∶17(108胶)∶3(色粉)。

2)石灰油浆:

清油使用量=块石灰使用量×(1+损耗率)×30%(清油比)。

$$色粉使用量=\frac{块石灰使用量}{1-5\%(色粉比)}-块石灰使用量。$$

注:清油加入量占块石灰总用量30%;色粉加入量占块石灰总用量5%。

3)石灰浆应加入工业食盐,加入量应为块石灰用量1%~3%。

$$食盐用量=\frac{块石灰使用量}{1-(1\%\sim3\%)}-块石灰使用量。$$

4)大白浆加入羧甲基纤维素 2.1%，色粉 3.34%。

5)红土子浆，85(红土子)：15(血料)。

6)水泥浆，77(水泥)：8(块石灰)：15(血料)。

7)可塞银浆，78(可塞银)：20(大白粉)：2(羧甲基纤维素)。

8)内用乳胶漆，80(乳胶漆)：20(水)。

9)外用乳胶漆，100%乳胶漆。

七、油漆、涂料、裱湖工程工程量计算示例

【例 6-32】 某全玻自由门，尺寸如图 6-35 所示，油漆为底油一遍，调合漆三遍，共计 20 樘，计算油漆工程量。

【解】 门油漆工程量＝设计图示数量

则　油漆工程量＝20 樘

此处注意：工程量清单中凡门窗项目均已包括油漆，不再重复列项。

【例 6-33】 试计算图 6-36 所示房间内墙裙油漆的工程量。已知墙裙高 1.5m，窗台高 1.0m，窗洞侧油漆宽 100mm。

【解】 墙裙油漆的工程量为：

$$长\times高-\Sigma应扣除面积+\Sigma应增加面积$$

$$\begin{aligned}墙裙油漆工程量&=[(5.24-0.24\times2)\times2+(3.24-0.24\times2)\times2]\times1.5-[1.5\times(1.5-1.0)+0.9\times1.5]+(1.50-1.0)\times0.10\times2\\&=20.56m^2\end{aligned}$$

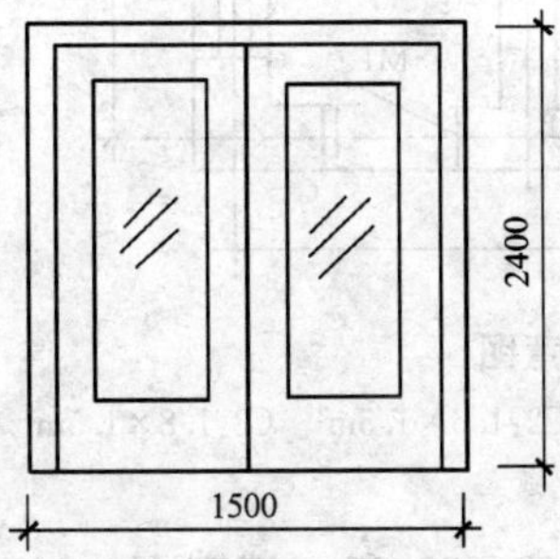

图 6-35　某全玻自由门尺寸

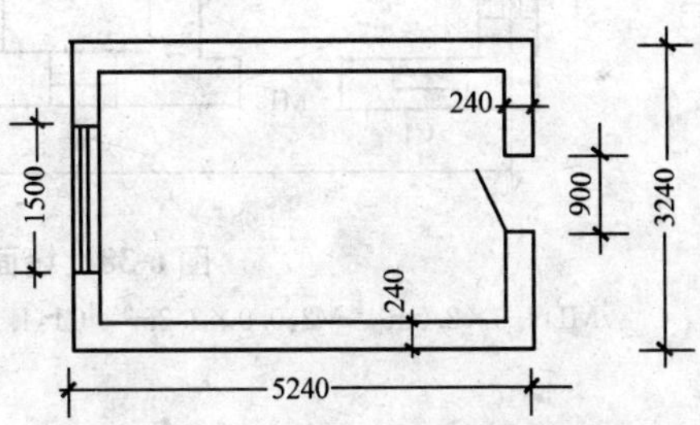

图 6-36　某房间内墙裙油漆面积

【例 6-34】 某工程如图 6-37 所示，内墙抹灰面满刮腻子两遍，贴对花墙纸；挂镜线刷底油一遍，调合漆两遍；挂镜线以上及天棚刷仿瓷涂料两遍，计算工程量。

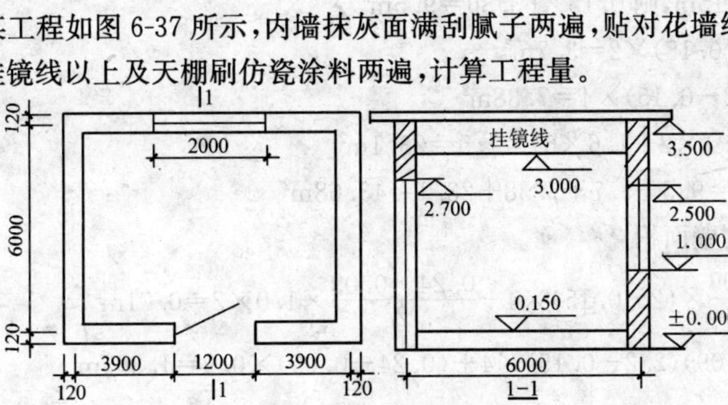

图 6-37　某工程剖面图

【解】 (1)墙纸裱糊工程量计算如下：

计算公式：墙壁面贴对花墙纸工程量＝净长度×净高－门窗洞＋垛及门窗侧面

墙面贴对花墙纸工程量＝(9.00－0.2＋6.00－0.24)×2×(3.00－0.15)－1.20×(2.50－0.15)－2.00×1.50＋[1.20＋(2.50－0.15)×2＋(2.00＋1.50)×2]×0.12＝78.49m^2

(2)挂镜线油漆工程量计算如下：

计算公式：挂镜线油漆工程量＝设计图示长度

挂镜线油漆工程量＝(9.00－0.24＋6.00－0.24)×2＝29.03m

(3)刷喷涂料工程量计算如下：

计算公式：天棚刷喷涂料工程量＝主墙间净长度×主墙间净宽度＋梁侧面面积

室内墙面刷喷涂料工程量＝设计图示尺寸面积

仿瓷涂料工程量＝(9.00－0.24＋6.00＋0.24)×2×0.50＋(9.00－0.24)(6.00－0.24)＝64.98m^2

【例 6-35】 计算图 6-38 所示墙面贴壁纸工程量。

【解】 根据计算规则，墙面贴壁纸以实贴面积计算，并应扣除门窗洞口和踢脚板工程量，增加门窗洞口侧壁面积。

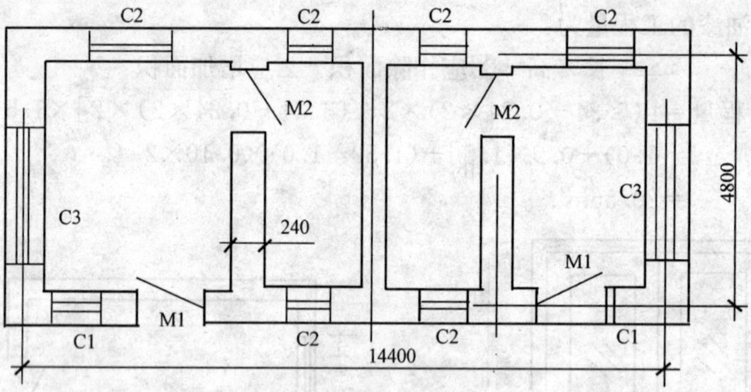

图 6-38 墙面贴壁纸示意图

M1：1.0×2.0m^2 M2：0.9×2.2m^2 C1：1.1×1.5m^2 C2：1.6×1.5m^2 C3：1.8×1.5m^2

(1)墙净长 L＝(14.4－0.24×4)×2＋(4.8－0.24)×8＝63.36m，墙高 H＝2.9m

(2)扣门窗洞口、踢脚板面积

若踢脚板高 0.15m，则 0.15×63.36＝9.5m^2

M1：1.0×(2－0.15)×2＝3.7m^2

M2：0.9×(2.2－0.15)×4＝7.38m^2

C：(1.8×2＋1.1×2＋1.6×6)×1.5＝23.1m^2

合计扣减面积＝9.5＋3.7＋7.38＋23.1＝43.68m^2

(3)增加门窗侧壁面积

M1：$\frac{0.24-0.09}{2}\times(2-0.15)\times4+\frac{0.24-0.09}{2}\times1.0\times2=0.71m^2$

M2：(0.24－0.09)(2.2－0.15)×4＋(0.24－0.09)×0.9＝1.365m^2

C：$\frac{0.24-0.09}{2}[(1.8+1.5)\times2\times2+(1.1+1.5)\times2\times2+(1.6+1.5)\times2\times6]=4.56m^2$

合计增加面积＝0.71＋1.365＋4.56＝6.64m²

(4)贴墙纸工程量

S＝63.36×2.9－43.68＋6.64＝146.7m²

第五节　其 他 工 程

一、相关说明

指牌、灯箱一般形式：是指矩形，表面平整凹凸造型。

招牌、灯箱复杂形式：是指异形或表面有凹凸造型的情况。

筒子板：是木质门窗套，用于高级房间门窗侧边。

门窗贴脸：用于门窗套外侧，门窗正面的装饰板称门窗贴脸。有时用板条装饰。

镜面玻璃和灯箱的基层材料：是指玻璃背后的衬垫材料，如胶合板、油毡等。

装饰线和美术字的基层类型：是指装饰线、美术字依托体的材料，如砖墙、混凝土墙等。

暖气罩：是遮挡室内暖气片或暖气管的一种装饰物。按安装方式不同可分为挂板式、明式和平墙式。

挂板式：是暖气罩的遮挡面板用连接件挂在预留的挂钩或支撑件上的形式。典型的挂板式暖气罩如图 6-39(a)所示。

明式：是指暖气罩凸出墙面，暖气片上面左右面和正面均需由暖气罩遮挡的形式。典型的明式暖气罩如图 6-39(b)所示。

平墙式：是指暖气片置于专门设置的壁龛内，暖气罩挂在暖气片正面，其表面与墙面基本平齐的形式。其典型形式如图 6-39(c)所示。

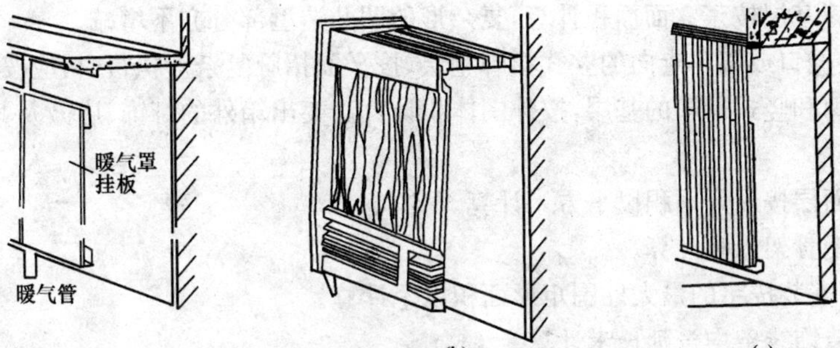

图 6-39　暖气罩形式示意图

(a)挂板式；(b)明式；(c)平墙式

二、消耗量定额工程量计算

(一)定额一般规定

(1)其他工程定额项目在实际施工中使用的材料品种、规格与定额取定不同时，可以换算，但人工、机械不变。

(2)其他工程定额中铁件已包括刷防锈漆一遍，如设计需涂刷油漆、防火涂料按油漆、涂料、裱糊工程中相应子目执行。

(3)招牌基层

1)平面招牌是指安装在门前的墙面上；箱体招牌、竖式标箱是指六面体固定在墙面上；沿雨篷、檐口、阳台走向立式招牌，按平面招牌复杂项目执行。

2)一般招牌和矩形招牌是指正立面平整无凸面；复杂招牌和异形招牌是指正立面有凹凸造型。

3)招牌的灯饰均不包括在定额内。

(4)美术字安装

1)美术字均以成品安装固定为准。

2)美术字不分字体均执行消耗量定额。

(5)装饰线条

1)木装饰线、石膏装饰线均以成品安装为准。

2)石材装饰线条均以成品安装为准。石材装饰线条磨边、磨圆角均包括在成品的单价中，不再另计。

(6)石材磨边、磨斜边、磨半圆边及台面开孔子目均为现场磨制。

(7)装饰线条以墙面上直线安装为准，如天棚安装直线形、圆弧形或其他图案者，按以下规定计算：

1)天棚面安装直线装饰线条人工乘以 1.34 系数。

2)天棚面安装圆弧装饰线条人工乘 1.6 系数，材料乘 1.1 系数。

3)墙面安装圆弧装饰线条人工乘 1.2 系数，材料乘 1.1 系数。

4)装饰线条做艺术图案者，人工乘以 1.8 系数，材料乘 1.1 系数。

(8)暖气罩挂板式是指钩挂在暖气片上；平墙式是指凹入墙内；明式是指凸出墙面；半凹半凸式按明式定额子目执行。

(9)货架、柜类定额中未考虑面板拼花及饰面板上贴其他材料的花饰、造型艺术品。

(二)工程量计算规则

(1)招牌、灯箱：

1)平面招牌基层按正立面面积计算，复杂形的凹凸造型部分亦不增减。

2)沿雨篷、檐口或阳台走向的立式招牌基层，按平面招牌复杂形执行时，应按展开面积计算。

3)箱体招牌和竖式标箱的基层，按外围体积计算。突出箱外的灯饰、店徽及其他艺术装潢等均另行计算。

4)灯箱的面层按展开面积以平方米计算。

5)广告牌钢骨架以吨计算。

(2)美术字安装按字的最大外围矩形面积以个计算。

(3)压条、装饰线条均按延长米计算。

(4)暖气罩(包括脚的高度在内)按边框外围尺寸垂直投影面积计算。

(5)镜面玻璃安装、盥洗室木镜箱以正立面面积计算。

(6)塑料镜箱、毛巾环、肥皂盒、金属帘子杆、浴缸拉手、毛巾杆安装以只或副计算。不锈钢旗杆以延长米计算。大理石洗漱台以台面投影面积计算(不扣除孔洞面积)。

(7)货架、柜橱类均以正立面的高(包括脚的高度在内)乘以宽以平方米计算。

(8)收银台、试衣间等以个计算，其他以延长米为单位计算。

(9)拆除工程量按拆除面积或长度计算，执行相应子目。

三、清单计价规范工程量计算

(一)清单项目的划分

其他工程分为柜类、货架、暖气罩、浴厕配件、压条、装饰线、雨篷、旗杆、招牌、灯箱、美术字等项目。

各项目所包含的清单项目表 6-89。

表 6-89　其他工程各项目所包含的内容

项　目	包含的内容
柜类、货架	柜类、货架包括柜台、酒柜、衣柜、存包柜、鞋柜、书柜、厨房壁柜、木壁柜、厨房低柜、厨房吊柜、矮柜、吧台背柜、酒吧吊柜、酒吧台、展台、收银台、试衣间、货架、书架、服务台
暖气罩	暖气罩包括饰面板暖气罩、塑料板暖气罩、金属暖气罩
浴厕配件	浴厕配件包括洗漱台、晒衣架、帘子杆、浴缸拉手、毛巾杆(架)、毛巾环、卫生纸盒、肥皂盒、镜面玻璃、镜箱
压条、装饰线	压条、装饰线包括金属装饰线、木质装饰线、石材装饰线、石膏装饰线、镜面玻璃线、铝塑装饰线、塑料装饰线
雨篷、旗杆	雨篷、旗杆包括雨篷吊挂饰面、金属旗杆
招牌、灯箱	招牌、灯箱包括平面、箱式招牌、竖式标箱、灯箱
美术字	美术字包括泡沫塑料字、有机玻璃字、木质字、金属字

(二)关于其他工程内容的说明

1. 有关项目的说明

(1)厨房壁柜和厨房吊柜以嵌入墙内为壁柜,以支架固定在墙上的为吊柜。

(2)压条、装饰线项目已包括在门扇、墙柱面、天棚等项目内的,不再单独列项。

(3)洗漱台项目适用于石质(天然石材、人造石材等)、玻璃等。

(4)旗杆的砌砖或混凝土台座,台座的饰面可按相关附录的章节另行编码列项,也可纳入旗杆报价内。

(5)美术字不分字体,按大小规格分类。

2. 有关项目特征的说明

(1)台柜的规格以能分离的成品单体长、宽、高来表示,如:一个组合书柜分上下两部分,下部为独立的矮柜,上部为敞开式的书柜,可以上、下两部分标注尺寸。

(2)镜面玻璃和灯箱等的基层材料是指玻璃背后的衬垫材料,如:胶合板、油毡等。

(3)装饰线和美术字的基层类型是指装饰线、美术字依托体的材料,如砖墙、木墙、石墙、混凝土墙、墙面抹灰、钢支架等。

(4)旗杆高度指旗杆台座上表面至杆顶的尺寸(包括球珠)。

(5)美术字的字体规格以字的外接矩形长、宽和字的厚度表示。固定方式指粘贴、焊接以及铁钉、螺栓、铆钉固定等方式。

3. 有关工程量计算的说明

(1)台柜工程量以“个”计算,即能分离的同规格的单体个数计算,如:柜台有同规格为1500mm×400mm×1200mm 的 5 个单体,另有 1 个柜台规格为 1500mm×400mm×1150mm,台底安装胶轮 4 个,以便柜台内营业员由此出入,这样 1500mm×400mm×1200mm 规格的柜台数为 5 个,1500mm×400mm×1150mm 柜台数为 1 个。

(2)洗漱台放置洗面盆的地方必须挖洞,根据洗漱台摆放的位置有些还需选形,产生挖弯、削角,为此洗漱台的工程量按外接矩形计算。挡板指镜面玻璃下边沿至洗漱台面和侧墙与台面接触部位的竖挡板(一般挡板与台面使用同种材料品种,不同材料品种应另行计算)。吊沿指台面外边沿下方的竖挡板。挡板和吊沿均以面积并入台面面积内计算。

4. 有关工程内容的说明

(1)台柜项目以“个”计算,应按设计图纸或说明,包括台柜、台面材料(石材、皮革、金属、实木等)、内隔板材料、连接件、配件等,均应包括在报价内。

(2)洗漱台现场制作,切割、磨边等人工、机械的费用应包括在报价内。

(3)金属旗杆也可将旗杆台座及台座面层一并纳入报价。

(三)工程量清单项目设置及工程量计算规则

1. 柜类、货架

柜类、货架工程量清单项目设置及工程量计算规则见表 6-90。

表 6-90　柜类、货架(编码:020601)

项目编码	项目名称	项目特征	计量单位	工程量计算规则	工程内容
020601001	柜台	1. 台柜规格。 2. 材料种类、规格。 3. 五金种类、规格。 4. 防护材料种类。 5. 油漆品种、刷漆遍数	个	按设计图示数量计算	1. 台柜制作、运输、安装(安放)。 2. 刷防护材料、油漆
020601002	酒柜				
020601003	衣柜				
020601004	存包柜				
020601005	鞋柜				
020601006	书柜				
020601007	厨房壁柜				
020601008	木壁柜				
020601009	厨房低柜				
020601010	厨房吊柜				
020601011	矮柜				
020601012	吧台背柜				
020601013	酒吧吊柜				
020601014	酒吧台				
020601015	展台				
020601016	收银台				
020601017	试衣间				
020601018	货架				
020601019	书架				
020601020	服务台				

2. 暖气罩

暖气罩工程量清单项目设置及工程量计算规则见表 6-91。

表 6-91　暖气罩(编码:020602)

项目编码	项目名称	项目特征	计量单位	工程量计算规则	工程内容
020602001	饰面板暖气罩	1. 暖气罩材质。 2. 单个罩垂直投影面积。 3. 防护材料种类。 4. 油漆品种、刷漆遍数	m^2	按设计图示尺寸以垂直投影面积(不展开)计算	1. 暖气罩制作、运输、安装。 2. 刷防护材料、油漆
020602002	塑料板暖气罩				
020602003	金属暖气罩				

3. 浴厕配件

浴厕配件工程量清单项目设置及工程量计算规则见表 6-92。

表 6-92　浴厕配件(编码:020603)

项目编码	项目名称	项目特征	计量单位	工程量计算规则	工程内容
020603001	洗漱台	1. 材料品种、规格、品牌、颜色。 2. 支架、配件品种、规格、品牌。 3. 油漆品种、刷漆遍数	m^2	按设计图示尺寸以台面外接矩形面积计算。不扣除孔洞、挖弯、削角所占面积，挡板、吊沿板面积并入台面面积内	1. 台面及支架制作、运输、安装。 2. 杆、环、盒、配件安装。 3. 刷油漆
020603002	晒衣架		根(套)	按设计图示数量计算	
020603003	帘子杆				
020603004	浴缸拉手				
020603005	毛巾杆(架)				
020603006	毛巾环				
020603007	卫生纸盒		副		
020603008	肥皂盒		个		
020603009	镜面玻璃	1. 镜面玻璃品种、规格。 2. 框材质、断面尺寸。 3. 基层材料种类。 4. 防护材料种类。 5. 油漆品种、刷漆遍数	m^2	按设计图示尺寸以边框外围面积计算	1. 基层安装。 2. 玻璃及框制作、运输、安装。 3. 刷防护材料、油漆
020603010	镜箱	1. 箱材质、规格。 2. 玻璃品种、规格。 3. 基层材料种类。 4. 防护材料种类。 5. 油漆品种、刷漆遍数	个	按设计图示数量计算	1. 基层安装。 2. 箱体制作、运输、安装。 3. 玻璃安装。 4. 刷防护材料、油漆

4. 压条、装饰线

压条、装饰线工程量清单项目设置及工程量计算规则见表 6-93。

表 6-93　压条、装饰线(编码:020604)

项目编码	项目名称	项目特征	计量单位	工程量计算规则	工程内容
020604001	金属装饰线	1. 基层类型。 2. 线条材料品种、规格、颜色。 3. 防护材料种类。 4. 油漆品种、刷漆遍数	m	按设计图示尺寸以长度计算	1. 线条制作、安装。 2. 刷防护材料、油漆
020604002	木质装饰线				
020604003	石材装饰线				
020604004	石膏装饰线				
020604005	镜面玻璃线				
020604006	铝塑装饰线				
020604007	塑料装饰线				

5. 雨篷、旗杆

雨篷、旗杆工程量清单项目设置及工程量计算规则见表 6-94。

表 6-94　雨篷、旗杆(编码:020605)

项目编码	项目名称	项目特征	计量单位	工程量计算规则	工程内容
020605001	雨篷吊挂饰面	1. 基层类型。 2. 龙骨材料种类、规格、中距。 3. 面层材料品种、规格、品牌。 4. 吊顶(天棚)材料、品种、规格、品牌。 5. 嵌缝材料种类。 6. 防护材料种类。 7. 油漆品种、刷漆遍数	m^2	按设计图示尺寸以水平投影面积计算	1. 底层抹灰。 2. 龙骨基层安装。 3. 面层安装。 4. 刷防护材料、油漆
020605002	金属旗杆	1. 旗杆材料、种类、规格。 2. 旗杆高度。 3. 基础材料种类。 4. 基座材料种类。 5. 基座面层材料、种类、规格	根	按设计图示数量计算	1. 土石挖填。 2. 基础混凝土浇筑。 3. 旗杆制作、安装。 4. 旗杆台座制作、饰面

6. 招牌、灯箱

招牌、灯箱工程量清单项目设置及工程量计算规则见表 6-95。

表 6-95　招牌、灯箱(编码:020606)

项目编码	项目名称	项目特征	计量单位	工程量计算规则	工程内容
020606001	平面、箱式招牌	1. 箱体规格。 2. 基层材料种类。 3. 面层材料种类。 4. 防护材料种类。 5. 油漆品种、刷漆遍数	m^2	按设计图示尺寸以正立面边框外围面积计算。复杂形的凸凹造型部分不增加面积	1. 基层安装。 2. 箱体及支架制作、运输、安装。 3. 面层制作、安装。 4. 刷防护材料、油漆
020606002	竖式标箱		个	按设计图示数量计算	
020606003	灯箱				

7. 美术字

美术字工程量清单项目设置及工程量计算规则见表 6-96。

表 6-96　美术字(编码:020607)

项目编码	项目名称	项目特征	计量单位	工程量计算规则	工程内容
020607001	泡沫塑料字	1. 基层类型。 2. 镌字材料品种、颜色。 3. 字体规格。 4. 固定方式。 5. 油漆品种、刷漆遍数	个	按设计图示数量计算	1. 字制作、运输、安装。 2. 刷油漆
020607002	有机玻璃字				
020607003	木质字				
020607004	金属字				

四、工料消耗参考指标

(一)金属装饰条工料消耗参考指标

金属装饰条工料消耗参考指标见表 6-97。

表 6-97 金属装饰条 (m)

名称		单位	压条	角线	槽线	铜嵌条 2×15
人工	综合人工	工日	0.0199	0.0357	0.0357	0.0580
材料	自攻螺丝	个	4.0800	4.1820	4.1820	—
	金属压条 10×2.5	m	1.0300	—	—	—
	金属角线 30×30×1.5	m	—	1.0300	—	—
	金属槽线 50.8×12.7×1.2	m	—	—	1.0300	—
	铜条 15×2	m	—	—	—	1.0300
	202 胶 FSC-2	kg	0.0015	0.0088	0.0088	0.0006

(二)木质装饰线条工料消耗参考指标

木质装饰线条工料消耗参考指标见表 6-98。

表 6-98 木质装饰线条 (m)

名称		单位	宽度(mm)			
			15 以内	25 以内	50 以内	80 以内
人工	综合人工	工日	0.0239	0.0239	0.0299	0.0329
材料	木质装饰线 19×6	m	—	1.0500	—	—
	木质装饰线 13×6	m	1.0500	—	—	—
	木质装饰线 50×20	m	—	—	1.0500	—
	木质装饰线 80×20	m	—	—	—	1.0500
	铁钉(圆钉)	kg	0.0053	0.0053	0.0070	0.0070
	锯材	m^3	—	—	0.0001	0.0001
	202 胶 FSC-2	kg	0.0019	0.0028	0.0076	0.0118
	木质装饰线 100×12	m	1.0500	—	—	—
	木质装饰线 150×15	m	—	1.0500	—	—
	木质装饰线 200×15	m	—	—	1.0500	—
	木质装饰线 250×20	m	—	—	—	1.0500
	铁钉(圆钉)	kg	0.0161	0.0161	0.0161	0.0161
	锯材	m^3	0.0001	0.0001	0.0001	0.0001
	202 胶 FSC-2	kg	0.0147	0.0221	0.0294	0.0368

(三)暖气罩工料消耗参考指标

暖气罩工料消耗参考指标见表 6-99。

表 6-99 暖气罩 (m^2)

名称		单位	柚木板	塑板面	胶合板	
			挂板式		平墙式	明式
人工	综合人工	工日	0.5712	0.4510	0.5917	0.6238
材料	铝合金压条	m	8.1185	8.1185	—	—
	塑面板	m^2	—	1.1760	—	—
	膨胀螺栓	套	12.5460	12.5460	—	6.5790
	木螺钉	个	—	—	13.1621	13.1621
	门轧头	副	—	—	1.6320	1.6320
	电焊条	kg	0.1326	0.1326	—	—
	杉木锯材	m^3	—	—	0.0204	0.0204
	柚木企口板	m^2	0.0244	—	—	—
	胶合板 5mm	m^2	—	—	0.5335	0.7029
	角钢 40×3	kg	3.8181	3.8181	—	—
	钢筋	kg	1.1596	1.1596	—	—
	扁钢	kg	—	—	0.3026	0.3026
	铝板网	m^2	—	—	0.2710	0.2710
	镀锌钢管	kg	—	—	0.7130	0.7130
	调和漆	kg	0.4200	0.4200	—	—
	防锈漆	kg	0.4200	0.4200	—	—
	202 胶 FSC−2	kg	0.0641	0.0735	—	—

(四)柜台工料消耗参考指标

柜台工料消耗参考指标见表 6-100。

表 6-100 柜 台 (m)

名称		单位	宝笼 1	宝笼 2	宝笼 3
人工	综合人工	工日	1.5700	1.7100	1.7100
材料	夹轮	个	4.0800	4.5337	8.1600
	强力磁碰	个	—	1.0200	—
	枫木线条 10×20	m	—	3.8634	—
	枫木线条 20×20	m	2.1200	3.1802	—
	三角枫木线 50×50	m	1.0600	—	—
	防火板	m^2	1.4300	—	2.1010
	平板玻璃 8mm	m^2	—	—	0.5445
	镜面玻璃 5mm	m^2	0.7623	0.3267	0.3449
	车边玻璃 8mm	m^2	2.0034	0.8827	0.5665
	螺钉	个	19.8900	23.8000	—
	射钉(枪钉)	盒	0.4875	0.3175	0.4794
	铁钉(圆钉)	kg	0.2020	0.1836	0.2020
	折页 50mm	块	—	4.0800	—
	铜拉手	个	—	2.0400	—
	AA 柱	m	0.9540	—	—
	山字槽	m	2.1200	2.1202	5.6280
	丝绒面料	m^2	—	0.7408	—
	羊角架 300	个	3.0600	—	3.0600
	枫木方 30×40	m	1.4175	2.7419	2.4675
	白枫木饰面板	m^2	—	2.2870	—
	胶合板 5mm	m^2	—	0.7758	0.5565
	胶合板 15mm	m^2	2.1263	3.7700	2.9978
	聚醋酸乙烯乳液	kg	—	1.0296	—
	玻璃胶 350g	支	0.6901	0.4250	1.1340
	立时得胶	kg	0.6568	—	0.9030
	白色有机灯片	m^2	—	—	0.2550

(五)货架工料消耗参考指标

货架工料消耗参考指标见表6-101。

表6-101　货　架　(m^2)

名称		单位	货架1	货架2	货架3
人工	综合人工	工日	1.5100	1.5100	1.5200
材料	夹轮	个	2.2667	2.0400	—
	防火胶板	m^2	1.1043	1.2238	—
	枫木线条10×10	m	2.3556	1.0600	—
	枫木线条10×20	m	—	0.5300	—
	枫木线条10×50	m	—	—	3.2489
	镜面玻璃5mm	m^2	0.6045	0.6655	—
	车边玻璃8mm	m^2	0.3433	0.4120	—
	螺钉	个	11.3300	11.2200	6.6300
	射钉(枪钉)	盒	0.1730	0.2315	0.5409
	铁钉(圆钉)	kg	0.2244	0.2244	0.2244
	折页40mm	块	—	—	1.6850
	木拉手	个	—	—	0.8293
	AA柱	m	1.0836	1.1660	—
	山字槽	m	1.1778	0.2120	—
	羊角架300	个	2.2667	—	—
	羊角架400	个	—	2.0400	—
	杉木锯材	m^3	—	0.0119	0.0191
	白枫木饰面板	m^2	—	—	3.9174
	胶合板5mm	m^2	0.3063	1.6931	4.3250
	胶合板9mm	m^2	1.2718	—	—
	胶合板15mm	m^2	1.1448	1.5225	—
	聚醋酸乙烯乳液	kg	—	—	1.7540
	玻璃胶350g	支	0.3167	0.2850	—
	立时得胶	kg	0.4743	0.5257	—
	白色有机灯片	m^2	—	0.0683	—
	灯格片	m^2	—	0.1575	—
	强力磁碰	个	0.2040	—	—
	枫木线条10×20	m	—	—	0.5003
	枫木线条10×30	m	—	—	3.1927
	车边玻璃8mm	m^2	—	0.4120	—
	木螺丝	个	8.9800	8.1600	5.4100
	射钉(枪钉)	盒	0.3410	0.2002	0.7813
	铁钉(圆钉)	kg	0.2244	0.2244	0.2244
	折页40mm	块	1.6320	2.0400	1.3382
	不锈钢挑衣架	个	1.2240	—	—
	木拉手	个	0.8160	0.4080	0.6691
	AA柱	m	0.6360	—	—
	松木锯材	m^3	—	—	18.6102
	白枫木饰面板	m^2	2.5740	1.3068	3.7477
	胶合板5mm	m^2	—	—	5.5062
	胶合板9mm	m^2	1.4784	—	0.1239
	胶合板15mm	m^2	—	3.4167	—
	不锈钢方管45×25	m	1.2240	—	—
	聚醋酸乙烯乳液	kg	1.1057	0.5613	2.1311
	玻璃胶350g	支	—	0.6000	—
	白色有机灯片	m^2	0.2100	0.1365	—

五、其他工程工程量计算示例

【例 6-36】 某住房制安一酒柜，木骨架，背面、上面及侧面为三合板，底板及隔板为细木工板，外围及柜的正面贴榉木板面层，玻璃推拉门，金属滑轨，计算其工程量。

【解】 酒柜工程量＝设计图示数量＝1 个

【例 6-37】 平墙式暖气罩，尺寸如图 6-40 所示，五合板基层，榉木板面层，机制木花格散热口，共 18 个，计算工程量。

【解】 饰面板暖气罩工程量＝垂直投影面积

饰面板暖气罩工程量＝(1.5×0.9－1.10×0.20－0.80×0.25)×18＝16.74m^2

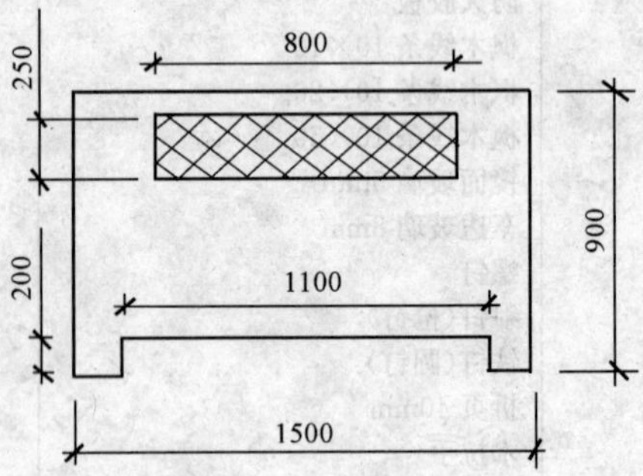

图 6-40　平墙式暖气罩

【例 6-38】 某宾馆共有客房卫生间 30 间，每间均设置一个浴巾架，试计算工浴巾架的工程量。

【解】 浴吊架的工程量为浴吊架的个数，即 1×30＝30 个

【例 6-39】 某工程檐口上方设招牌，长 28m，高 1.5m，钢结构龙骨，九夹板基层，塑铝板面层，上嵌 8 个 1000m×1000m 泡沫塑料有机玻璃面大字，计算工程量。

【解】 (1)平面招牌工程量计算如下：

计算公式：平面招牌工程量＝设计净长度×设计净宽度

平面招牌工程量＝28×1.5＝42m^2

(2)泡沫塑料字工程量计算如下：

计算公式：泡沫塑料字工程量＝设计图示数量

泡沫塑料字工程量＝8 个

(3)有机玻璃字工程量计算如下：

计算公式：有机玻璃字工程量＝设计图示数量

有机玻璃字工程量＝8 个

第七章　建筑工程工程量清单计价编制实例

建筑工程工程量清单计价编制包括招标控制价、投标总价和竣工结算总价的编制。限于篇幅，这里只介绍工程量清单和竣工结算总价的编制。

××楼土建 工程

工 程 量 清 单

招标人：××市房地产开发公司
（单位盖章）

工程造价
咨询人：××工程造价咨询企业资质专用章
（单位资质专用章）

法定代表人
或其授权人：××建筑公司
（签字或盖章）

法定代表人
或其授权人：××工程造价咨询企业法定代表人
（签字或盖章）

编制人：××签字盖造价工程师或造价员专用章
（造价人员签字盖专用章）

复核人：××签字盖造价工程师专用章
（造价工程师签字盖专用章）

编制时间：××××年××月××日　　复核时间：××××年××月××日

总 说 明

工程名称：××楼土建工程　　　　第　页共　页

1. 工程概况：该工程建筑面积 500m²，其主要使用功能为商住楼；层数三层，混合结构，建筑高度 10.8m。基础为钢筋混凝土独立基础和条型钢筋混凝土基础。屋面为刚柔防水。

2. 招标范围：土建工程。

3. 工程质量要求：优良工程。

4. 工期：120 天。

5. 工程量清单编制依据：

5.1 由××市建筑工程设计事务所设计的施工图 **1** 套；

5.2 由××房地产开发公司编制的《××楼建筑工程施工招标书》、《××楼建筑工程招标答疑》；

5.3 工程量清单计量按照国标《建设工程工程量清单计价规范》编制；

5.4 因工程质量要求优良，故所有材料必须持有市以上有关部门颁发的《产品合格证书》及价格在中档以上的建筑材料。

5.5 工程量清单计费列表参考如下：(略)

5.6 税金按 3.413%计取。

5.7 脚手架采用钢脚手架。

5.8 模板中人工、材料用量按当地封建工程定额用量计算。如当地定额中模板制作、安装与混凝土捣制合在一个定额子目内，则参照建设部颁发的《全国统一建筑工程预算工程量计算规则》(GJD_{GZ} 101—1995)执行。

表—01

分部分项工程量清单与计价表

工程名称：××楼土建工程　　　　标段：　　　　第　页共　页

序号	项目编码	项目名称	项目特征描述	计量单位	工程量	金额(元)		
						综合单价	合价	其中：暂估价
			A.1土石方工程					
1	010101001001	平整场地	二类土，5m运距	m^2	150.000			
2	010101003001	挖基础土方	J-1，二类土，挖土深度0.70m，垫层底面积2.89m^2，弃土5m以内	m^3	11.872			
3	010101003002	挖基础土方	J-2，二类土，挖土深度0.70m，垫层底面积1.36m^2，弃土5m以内	m^3	3.750			
4	010101003003	挖基础土方	DL-1，二类土，挖土深度0.70m，垫层底面积0.7m^2，弃土5m以内	m^3	24.382			
5	010101003004	挖基础土方	DL-2，二类土，挖土深度0.70m，垫层底面积0.8m^2，弃土5m以内	m^3	6.250			
6	010101003005	挖基础土方	DL-3，二类土，挖土深度0.70m，垫层底面积0.8m^2，弃土5m以内	m^3	0.218			
7	010101003006	挖基础土方	DL-4，二类土，挖土深度0.70m，垫层底面积0.8m^2，弃土5m以内	m^3	0.416			
8	01010103001	土方外运	50m	m^3	37.253			
9	010101001001	土石方回填	人工夯填，运距5m，挖二类土	m^3	12.017			
			分部小计					
			A.2桩与地基基础工程					
10	010201003001	混凝土灌注桩	混凝土灌注桩(桩间净距小于4倍桩径)，人工成孔桩桩径300mm，三类土，55根	m	250.300			
11	010201003002	混凝土灌注桩	混凝土灌注桩(桩间净距大于4倍桩径)，人工成孔桩桩径300mm，三类土，6根	m	28.400			
			分部小计					

分部分项工程量清单与计价表

工程名称：××楼土建工程　　　　标段：　　　　第　页共　页

序号	项目编码	项目名称	项目特征描述	计量单位	工程量	金额(元)		
						综合单价	合价	其中：暂估价
		A. 3 砌筑工程						
12	010301001001	砖基础	砖基础，C10 混凝土垫层，MU10 黏土砖，M10 水泥砂浆，$H=0.65$m	m^3	12.310			
13	010302001001	实心砖墙	一、二层一砖墙，MU10 黏土砖，M7.5 混合砂浆，$H=3.6$m	m^3	91.750			
14	010302001002	实心砖墙	三层一砖墙，MU10 黏土砖，M7.5 混合砂浆，$H=3.3$m	m^3	50.473			
15	010302001003	实心砖墙	屋面一砖墙，MU10 黏土砖，M7.5 混合砂浆，$H=3.6$m	m^3	26.746			
16	010302001004	实心砖墙	一、二层 1/2 砖墙，MU10 黏土砖，M7.5 混合砂浆，$H=3.3$m	m^3	1.863			
17	010302001005	实心砖墙	三层 1/2 砖墙，MU10 黏土砖，M7.5 混合砂浆，$H=3.3$m	m^3	0.806			
18	010303004001	砖砌化粪池	垫层 C25(0.2m 厚)，MU10 黏土砖，M7.5 水泥砂浆，$H=1.5$m	座	1.000			
19	010306002001	砖砌明沟	沟截面尺寸 0.19m×0.15m，垫层 C10(0.1m 厚)，MU10 黏土砖，M7.5 混合砂浆	m	31.080			
			分部小计					
			A. 4 混凝土及钢筋混凝土工程					
20	010401001001	带型基础	(DL-1、DL-2)，C20 砾 40，C10 混凝土垫层	m^3	16.310			
21	010401001002	带型基础	(DL-3、DL-4 基层梯口梁)，C20 砾 40，C10 混凝土垫层	m^3	0.346			

分部分项工程量清单与计价表

工程名称：××楼土建工程　　　　标段：　　　　第　页共　页

序号	项目编码	项目名称	项目特征描述	计量单位	工程量	金额(元)		
						综合单价	合价	其中：暂估价
22	010401002001	独立基础	C20砾40，C10混凝土垫层	m^3	5.786			
23	010402001001	矩形框架柱	截面尺寸：0.40m×0.30m，$H=11.03$m，C25砾40	m^3	4.987			
24	010402001002	矩形独立柱	截面尺寸：0.30m×0.30m，$H=4.22$m，C25砾40	m^3	1.706			
25	010402001003	构造柱	两边有墙，截面尺寸：0.30m×0.30m，$H=11.03\sim13.31$m，C25砾40	m^3	5.164			
26	010402001004	构造柱	两边有墙，截面尺寸：0.24m×0.24m，$H=11.03\sim13.31$m，C25砾40	m^3	3.470			
27	010403002001	矩形梁	二层单梁，截面尺寸：0.25m×(0.30～0.60)m，梁底标高平均3.17m，C20砾40	m^3	1.253			
28	010403002002	矩形梁	三面有墙，截面尺寸：0.24m×0.24m，梁底标高平均3.17m，C20砾40	m^3	1.253			
29	010403002003	矩形梁	屋面单梁，截面尺寸：0.25m×(0.30～0.40)m	m^3	5.146			
30	010403002001	圈梁	二层，截面尺寸：0.24m×0.24m，梁底标高平均3.23m，C20砾40	m^3	2.216			
31	010403002002	圈梁	三层，截面尺寸：0.24m×0.24m，梁底标高平均6.93m，C20砾40	m^3	2.932			

分部分项工程量清单与计价表

工程名称：××楼土建工程　　　　标段：　　　　第　页共　页

序号	项目编码	项目名称	项目特征描述	计量单位	工程量	金额(元)		
						综合单价	合价	其中:暂估价
		A.3 砌筑工程						
32	010403002003	圈梁	屋面,截面尺寸:0.24m×0.24m,梁底标高平均10.23m,C20 砾 40	m³	15.153			
33	010405001001	有梁板	二层,板厚 0.10m,板底标高 3.36m,C20 砾 40	m³	15.153			
34	010405001002	有梁板	三层,板厚 0.10m,板底标高 7.06m,C20 砾 40	m³	0.803			
35	010405003001	平板	二层 7～8 轴/A～D 轴,板厚 0.10 以内,板底标高 3.36m,C20 砾 40	m³	1.530			
36	010405007001	天沟板	C20 砾 40	m³	2.148			
37	010405008001	雨篷、阳台板	C20 砾 40	m³	2.940			
38	010405009001	其他板	预制板间现浇板带,C20 砾 40	m³	1.325			
39	010406001001	直行楼梯	C20 砾 40	m²	14.950			
40	010407001001	其他构件	(YP-1 上小方柱),0.10m 长×0.10m 宽×0.20m 高,C20 砾 40	m	0.030			
41	010407001002	其他构件	(现浇 YP-1 上小压顶),0.15m 宽×0.10m 厚,C20 砾 40	m	13.980			
42	010407001003	其他构件	(现浇屋顶压顶),0.24m 长×0.12 厚,C20 砾 40	m	38.145			
43	010410003001	过梁	C20 砾 40	m³	1.670			
44	010412002001	空心板	C20 砾 10	m³	15.298			
45	010412008001	沟盖板	C20 砾 20,0.49m 长×0.32m 宽×0.05m 厚	m³	0.753			
46	010414002001	污水池	C20 砾 10,0.50m 长×0.50m 宽×0.04m 厚	m³	0.143			
47	010414002001	隔空花格	C20 砾 10,0.30m 长×0.30m 宽×0.06m 厚	m³	0.040			

分部分项工程量清单与计价表

工程名称：××楼土建工程　　　　标段：　　　　第　页共　页

序号	项目编码	项目名称	项目特征描述	计量单位	工程量	金额(元)		
						综合单价	合价	其中：暂估价
		A.3 砌筑工程						
48	010405001003	有梁板	屋面，板厚 0.10m，板底标高 10.37m，C20 砾 40	m^3	3.130			
49	010416001001	现浇混凝土钢筋		t	10.532			
50	010416002001	预制构件钢筋		t	0.115			
51	010416004001	钢筋笼		t	1.518			
52	010416005001	先张法预应力钢筋		t	0.495			
		分部小计						
		A.6 钢构件工程						
53	010606012001	零星构件	楼梯预埋件	t	0.044			
		分部小计						
		A.7 屋面及防水工程						
54	010701001001	瓦屋面	瓦屋面，木檩条：Φ=120 杉原木，小坡石棉瓦	m^2	42.815			
55	010702002001	屋面涂抹防水	屋面刚性防水，1∶2.5 水泥砂浆找平 2 次，C20 砾 10，混凝土厚 40mm，涂膜防水 1.5mm 厚	m^2	112.750			
56	010702004001	屋面排水管	PVC 排水管，Φ110，雨水口各 6 个	m	51.740			
57	010702005001	屋面天沟	宽 0.60m，细石混凝土找坡平均厚度 0.039m，聚氨酯涂膜防水 1.5mm 厚	m^2	42.330			
58	010703003001	砂浆防水	水箱内抹防水砂浆，厚 0.02m，水泥砂浆 1∶2，掺 6%防水粉	m^2	24.780			
59	010703003002	变形缝	木檩与墙交接处变形缝，1∶1∶4 水泥、石灰、麻刀浆	m	32.140			
		分部小计						
合　计								

封一08

措施项目清单与计价表(一)

工程名称:××楼土建工程　　标段:　　第　页共　页

序号	项 目 名 称	计算基础	费率(%)	金额(元)
1	安全文明施工费	人工费		
2	冬雨季施工费	人工费		
3	施工排水			
4	施工降水			
5	已完工程保护费			
6	各专业工程的措施项目			
(1)	综合脚手架多层建筑物(层高在 3.6m 以内)檐口高度在 20m 以内			
(2)	综合脚手架外墙脚手架翻挂安全网增加费用			
(3)	安全过道			
(4)	混凝土基础垫层模板摊销			
(5)	现浇矩形支模超高增加费超过 3.6m,每增加 3m			
(6)	现浇单梁、连续梁支模超高增加费超过 3.6m,每增加 3m			
(7)	现浇有梁板支模超高增加费超过 3.6m,每增加 3m5			
(8)	现浇平板、无梁板支模超高增加费超过 3.6m,每增加 3m			
(9)	桩试压 2 根			
(10)	混凝土构件模板费用			
(11)	混凝土构件垂直运输机械(卷扬机)			
合　计				

表—10

措施项目清单与计价表(二)

工程名称:××楼土建工程　　标段:　　第　页共　页

序号	项目编码	项目名称	项目特征描述	计量单位	工程量	金额	
						综合单价	合价
1	AB001	现浇钢筋混凝土平板模板及支架	矩形板,支模高度 3m	m^2	55		
2	AB002	现浇钢筋混凝土有梁板及支架	矩形梁,断面 200mm×400mm,梁底支模高度 2.6m	m^2	24		
			(其他略)				
本页小计							
合　计							

表—11

其他项目清单与计价汇总表

工程名称：××楼土建工程　　　　　　标段：　　　　　　　　　第　页共　页

序号	项目名称	计量单位	金额(元)	备　注
1	暂列金额	项	50000.00	明细见表—12—1
2	暂估价		20000.00	
2.1	材料暂估价		——	明细见表—12—2
2.2	专业工程暂估价	项	20000.00	明细见表—12—3
3	计日工			明细见表—12—4
4	总承包服务费			明细见表—12—5
合　计				

表—12

暂列金额明细表

工程名称：××楼土建工程　　　　　　标段：　　　　　　　　　第　页共　页

序号	项目名称	计量单位	暂列金额(元)	备注
1	政策性调整和材料价格风险	项	28000.00	
2	工程量清单中工程量变更和设计变更	项	12000.00	
3	其他	项	10000.00	
合　计			50000.00	——

表—12—1

材料暂估单价表

工程名称：××楼土建工程　　　　标段：　　　　第　页共　页

序号	材料名称	计量单位	金额(元)	备注
1	钢筋(规格、型号综合)	t	5000.00	用在部分现浇混凝土钢筋清单项目
	其他：(略)			

表—12—2

专业工程暂估价

工程名称：××楼土建工程　　　　标段：　　　　第　页共　页

序号	工程名称	工程内容	金额(元)	备 注
1	入户防盗门	安装	20000	
合　计			20000	—

表—12—3

计日工表

工程名称:××楼土建工程　　　　标段:　　　　第　页共　页

编号	项目名称	单位	暂定数量	综合单价	合　价
一	人工				
1	技工	工日	20		
2	普工	工日	45		
3					
	人工小计				
二	材料				
1	水泥 42.5	t	2		
2	中砂	m^3	6		
3	砾石(5～40mm)	m^3	5		
4	钢筋(规格、型号综合)	t	0.2		
5					
	材料小计				
三	机械				
1	灰浆搅拌机(400L)	台班	5.000		
2					
	机械小计				
	总计				

表—12—4

总承包服务费计价表

工程名称：××楼土建工程　　　　标段：　　　　第　页共　页

序号	项目名称	项目价值	服务内容	费率(%)	金额(元)
1	发包人发包专业工程	20000	1. 按专业工程承包人的要求提供施工并对施工现场统一管理，对竣工资料统一汇总整理。 2. 为专业工程承包人提供垂直运输机械和焊接电源拉人点，并承担运输费和电费。 3. 为房盗门安装后进行补缝和找平并承担相应的费用		
2	发包人供应材料	80000	对发包人供应的材料进行验收及保管和使用发放		
			合　计		

表—12—5

规费、税金项目清单与计价表

工程名称：××楼土建工程　　　　标段：　　　　第　页共　页

序号	项目名称	计算基础	费率(%)	金额(元)
1	规　费			
1.1	工程排污费	按工程所在地环保部门规定按实计算		
1.2	社会保障费	(1)＋(2)＋(3)		
(1)	养老保险	定额人工费		
(2)	失业保险	定额人工费		
(3)	医疗保险	定额人工费		
1.3	住房公积金	定额人工费		
1.4	危险作业意外伤害保险	定额人工费		
1.5	工程定额测定费	税前工程造价		
2	税　金	分部分项工程费＋措施项目费＋其他项目费＋规费		
		合　计		

表—13

××楼土建　　工程

竣工结算总价

中标价(小写):318489.46

(大写):叁拾壹万捌仟肆佰捌拾玖元肆角陆分

结算价(小写):281812.21

(大写):贰拾捌万壹仟捌佰壹拾贰元贰角壹分

发包人:××市房地产开发公司
(单位盖章)

承包人:××建筑单位
(单位盖章)

工程造价咨询人:××工程造价咨询企业资专用章
(单位资质专用章)

法定代表人或其授权人:××单位法定代表人
(单位或盖章)

法定代表人或其授权人:××建筑单位法定代表人
(单位或盖章)

法定代表人或其授权人:××工程造价咨询企业法定代表人
(单位或盖章)

编制人:××签字盖造价工程师或造价员专用章
(造价人员签字盖专用章)

复核人:××签字盖造价工程师专用章
(造价工程师签字盖专用章)

编制时间:××××年××月××日　　复核时间:××××年××月××日

封—4

总 说 明

工程名称：××楼土建工程　　　　　　　　　　　　　　第　页共　页

1. 工程概况：该工程建筑面积 500m^2，其主要使用功能为商住楼；层数三层，混合结构，建筑高度 10.8m。合同工期为 110 天，实际施工工期为 105 天。

2. 竣工依据

(1)施工合同、投标文件、招标文件。

(2)竣工图、发包人确认的实际完成工程量和索赔及现场签证资料。

(3)省建设主管部门颁发的计价定额和计价管理办法及相关计价文件。

(4)省工程造价管理机构发布人工费调整文件。

3. 本工程的合同价款 318489.46 元，结算价为 279364.04 元。结算价中包括专业工程结算价款和发包人供应现浇构件钢筋价款。

合同中专业价款暂估价为 20000 元，结算价为 18800 元。发包人供应的钢筋原暂估单价为 5000 元/t，数量 16t，暂估价为 80000 元。发包人供应的钢筋结算单价为 5600 元/t，数量为 15.2t，价款为 85120 元。根据实际供应价调整了相应项目的综合单价分析表。

4. 结算价说明：

本工程结算介较合同价少了 39125.45 元。具体分析如下：

(1)合同价中暂列金额为 50000 元，实际支出为 8966.76 元。

1)分部分项工程增加了 7063.87 元

2)措施费增加了 2448.17 元

3)总承包服务费减少了 19.07 元

4)规费和税金减少 526.21 元

(2)合同中专业工程暂估价为 20000 元，结算价为 18800 元。结余 1200 元。

(3)合同价中计日工 5461.6 元，结算价为 5278.84，结余了 182.76 元。

合计结余了 39125.45 元。

其他略。

注：此为承包人报送竣工结算总说明。

表—01

总　说　明

工程名称：××楼土建工程　　　　第　页共　页

1. 工程概况：该工程建筑面积 500m²，其主要使用功能为商住楼；层数三层，混合结构，建建筑高度 10.8m。合同工期为 110 天，实际施工工期 105 天。

2. 竣工结算依据

(1)承包人报送的竣工结算。

(2)施工合同、投标文件、招标文件。

(3)竣工图、发包人确认的实际完成工程量和索赔及现场签证资料。

(4)省建设主管部门颁发的计价定额和计价管理办法及相关计价文件。

(5)省工程造价管理机构发布人工费调整文件。

3. 核对情况说明：(略)

4. 结算价分析说明：(略)

注：此为发包人核对送竣工结算总说明

表一02

工程项目竣工结算汇总表

工程名称：××楼土建工程　　　　标段：　　　　第　页共　页

序号	单项工程名称	金额(元)	其中	
			安全文明施工费(元)	规费(元)
1	××楼土建工程	281812.21	5985.12	16750.70
合　计		281812.21	5985.12	16750.70

表一05

单项工程竣工结算汇总表

工程名称:××楼土建工程　　　　标段:　　　　第　页共　页

序号	单项工程名称	金额(元)	其中	
			安全文明施工费(元)	规费(元)
1	××楼土建工程	281812.21	5985.12	16750.70
合　计		281812.21	5985.12	16750.70

表一06

单位工程竣工结算汇总表

工程名称:××楼土建工程　　　　标段:　　　　第　页共　页

序号	单项工程名称	金额(元)
1	分部分项工程	169312.2
	A.1 土石方工程	2083.96
	A.2 桩与地基基础工程	8389.40
	A.3 砌筑工程	36068.75
	A.4 混凝土及钢筋混凝土工程	102956.75
	A.6 钢构件工程	217.00
	A.7 屋面及防水工程	19596.34
2	措施项目	54970.77
2.1	安全文明施工费	5985.12
3	其他项目	31558.52
3.1	专业工程结算价	18800.00
3.2	计日工	5278.84
3.3	总承包服务费	1740.93
3.4	索赔与现场签证	5768.75
4	规　费	16750.70
5	税　金	9220.02
竣工结算合计=1+2+3+4+5		281812.21

表一07

分部分项工程量清单与计价表

工程名称:××楼土建工程　　　　标段:　　　　第　页共　页

序号	项目编码	项目名称	项目特征描述	计量单位	工程量	金额(元)		
						综合单价	合　价	其中:暂估价
			A.1 土石方工程					
1	010101001001	平整场地	二类土,5m运距	m^2	150.000	1.49	223.50	
2	010101003001	挖基础土方	J-1,二类土,挖土深度0.70m,垫层底面积2.89m^2,弃土5m以内	m^3	11.872	15.08	179.03	
3	010101003002	挖基础土方	J-2,二类土,挖土深度0.70m,垫层底面积1.36m^2,弃土5m以内	m^3	3.750	17.27	64.76	
4	010101003003	挖基础土方	DL-1,二类土,挖土深度0.70m,垫层底面积0.7m^2,弃土5m以内	m^3	24.382	14.49	353.30	
5	010101003004	挖基础土方	DL-2,二类土,挖土深度0.70m,垫层底面积0.8m^2,弃土5m以内	m^3	6.250	15.02	93.88	
6	010101003005	挖基础土方	DL-3,二类土,挖土深度0.70m,垫层底面积0.8m^2,弃土5m以内	m^3	0.218	11.31	2.47	
7	010101003006	挖基础土方	DL-4,二类土,挖土深度0.70m,垫层底面积0.8m^2,弃土5m以内	m^3	0.416	12.22	5.08	
8	01010103001	土方外运	50m	m^3	37.253	5.24	195.21	
9	010101001001	土石方回填	人工夯填,运距5m,挖二类土	m^3	12.017	9.38	108.27	
			分部小计				2083.96	
			A.2 桩与地基基础工程					
10	010201003001	混凝土灌注桩	混凝土灌注桩(桩间净距小于4倍桩径),人工成孔桩桩径300mm,三类土,55根	m	250.300	30.00	7509.00	
11	010201003002	混凝土灌注桩	混凝土灌注桩(桩间净距大于4倍桩径),人工成孔桩桩径300mm,三类土,6根	m	28.400	31.00	880.40	
			分部小计				8389.40	

表—07

分部分项工程量清单与计价表

工程名称：××楼土建工程　　　　　　　　　　标段：　　　　　　　　　　第　页共　页

序号	项目编码	项目名称	项目特征描述	计量单位	工程量	金额（元）		
						综合单价	合价	其中：暂估价
			A.3 砌筑工程					
12	010301001001	砖基础	砖基础，C10 混凝土垫层，MU10 黏土砖，M10 水泥砂浆，H=0.65m	m^3	12.310	166.54	2050.11	
13	010302001001	实心砖墙	一、二层一砖墙，MU10 黏土砖，M7.5 混合砂浆，H=3.6m	m^3	91.750	185.00	16973.75	
14	010302001002	实心砖墙	三层一砖墙，MU10 黏土砖，M7.5 混合砂浆，H=3.3m	m^3	50.473	185.00	9337.51	
15	010302001003	实心砖墙	屋面一砖墙，MU10 黏土砖，M7.5 混合砂浆，H=3.6m	m^3	26.746	186.23	4980.91	
16	010302001004	实心砖墙	一、二层 1/2 砖墙，MU10 黏土砖，M7.5 混合砂浆，H=3.3m	m^3	1.863	203.56	379.23	
17	010302001005	实心砖墙	三层 1/2 砖墙，MU10 黏土砖，M7.5 混合砂浆，H=3.3m	m^3	0.806	204.10	164.50	
18	010303004001	砖砌化粪池	垫层 C25（0.2m 厚），MU10 黏土砖，M7.5 水泥砂浆，H=1.5m	座	1.000	3000.00	3000.00	
19	010306002001	砖砌明沟	沟截面尺寸 0.19m×0.15m，垫层 C10（0.1m 厚），MU10 黏土砖，M7.5 混合砂浆	m	31.080	29.28	910.02	
			分部小计				38680.32	
			A.4 混凝土及钢筋混凝土工程					
20	010403002001	圈梁	二层，截面尺寸：0.24m×0.24，梁底标高平均 3.23m，C20 砾 40	m^3	2.216	254.32	563.57	
21	010401001001	带型基础	（DL-1、DL-2），C20 砾 40，C10 混凝土垫层	m^3	16.310	240.01	3914.56	
22	010401001002	带型基础	（DL-3、DL-4 基层梯口梁），C20 砾 40，C10 混凝土垫层	m^3	0.346	370.28	128.12	

分部分项工程量清单与计价表

工程名称:××楼土建工程　　　　标段:　　　　第　页共　页

序号	项目编码	项目名称	项目特征描述	计量单位	工程量	金额(元)		
						综合单价	合价	其中:暂估价
23	010401002001	独立基础	C20砾40,C10混凝土垫层	m^3	5.786	220.88	1278.01	
24	010402001001	矩形框架柱	截面尺寸:0.40m×0.30m,$H=11.03$m,C25砾40	m^3	4.987	251.77	1255.58	
25	010402001002	矩形独立柱	截面尺寸:0.30m×0.30m,$H=4.22$m,C25砾40	m^3	1.706	274.20	467.79	
26	010402001003	构造柱	两边有墙,截面尺寸:0.30m×0.30m,$H=$11.03～13.31m,C25砾40	m^3	5.164	240.22	1240.50	
27	010402001004	构造柱	两边有墙,截面尺寸:0.24m×0.24m,$H=$11.03～13.31m,C25砾40	m^3	3.470	240.22	833.56	
28	010403002001	矩形梁	二层单梁,截面尺寸:0.25m×(0.30～0.60)m,梁底标高平均3.17m,C20砾40	m^3	1.253	241.23	302.26	
29	010403002002	矩形梁	三面有墙,截面尺寸:0.24m×0.24m,梁底标高平均3.17m,C20砾40	m^3	1.253	243.51	305.12	
30	010403002003	矩形梁	屋面单梁,截面尺寸:0.25m×(0.30～0.40)m	m^3	5.146	244.51	1258.25	
31	010403002001	圈梁	二层,截面尺寸:0.24m×0.24m,梁底标高平均3.23m,C20砾40	m^3	2.216	253.55	561.87	
32	010403002002	圈梁	三层,截面尺寸:0.24m×0.24m,梁底标高平均6.93m,C20砾40	m^3	2.932	257.56	755.17	

分部分项工程量清单与计价表

工程名称：××楼土建工程　　　　标段：　　　　第　页共　页

序号	项目编码	项目名称	项目特征描述	计量单位	工程量	金额(元)		
						综合单价	合价	其中：暂估价
33	010403002003	圈梁	屋面，截面尺寸：0.24m×0.24m，梁底标高平均10.23m，C20砾40	m^3	15.153	230.25	3488.98	
34	010405001001	有梁板	二层，板厚0.10m，板底标高3.36m，C20砾40	m^3	15.153	230.56	3493.68	
35	010405001002	有梁板	三层，板厚0.10m，板底标高7.06m，C20砾40	m^3	0.803	230.56	185.14	
36	010405003001	平板	二层7～8轴/A～D轴，板厚0.10以内，板底标高3.36m，C20砾40	m^3	1.530	236.24	361.45	
37	010405007001	天沟板	C20砾40	m^3	2.148	290.46	623.91	
38	010405008001	雨篷、阳台板	C20砾40	m^3	2.940	248.20	729.71	
39	010405009001	其他板	预制板间现浇板带，C20砾40	m^3	1.325	194.25	257.38	
40	010406001001	直行楼梯	C20砾40	m^2	14.950	53.21	795.49	
41	010407001001	其他构件	(YP-1上小方柱)，0.10m长×0.10m宽×0.20m高，C20砾40	m	0.030	313.44	9.40	
42	010407001002	其他构件	(现浇YP-1上小压顶)，0.15m宽×0.10m厚，C20砾40	m	13.980	3.10	43.34	
43	010407001003	其他构件	(现浇屋顶压顶)，0.24m长×0.12厚，C20砾40	m	38.145	3.02	115.20	
44	010410003001	过梁	C20砾40	m^3	1.670	228.42	381.46	
45	010412002001	空心板	C20砾10	m^3	15.298	446.24	6826.58	
46	010412008001	沟盖板	C20砾20，0.49m长×0.32m宽×0.05m厚	m^3	0.753	204.22	153.78	
47	010414002001	污水池	C20砾10，0.50m长×0.50m宽×0.04m厚	m^3	0.143	685.25	97.99	

分部分项工程量清单与计价表

工程名称：××楼土建工程　　　　　　标段：　　　　　　第　页共　页

序号	项目编码	项目名称	项目特征描述	计量单位	工程量	金额(元)		
						综合单价	合价	其中：暂估价
48	010414002001	隔空花格	C20砾10，0.30m长×0.30m宽×0.06m厚	m^3	0.040	1010.25	40.41	
49	010405001003	有梁板	屋面，板厚0.10m，板底标高10.37m，C20砾40	m^3	3.130	231.24	723.78	
50	010416001001	现浇混凝土钢筋		t	10.532	6173.16	65015.72	
51	010416002001	预制构件钢筋		t	0.115	6089.14	700.25	
52	010416004001	钢筋笼		t	1.518	4236.41	9466.87	
53	010416005001	先张法预应力钢筋		t	0.495	6786.66	3359.40	
			分部小计				102956.75	
			A.6钢构件工程					
54	010606012001	零星构件	楼梯预埋件	t	0.044	4942.89	217.00	
			分部小计				217.00	
			A.7屋面及防水工程					
55	010701001001	瓦屋面	瓦屋面，木檩条：Φ＝120杉原木，小坡石棉瓦	m^2	42.815	43.54	1864.17	
56	010702002001	屋面涂抹防水	屋面刚性防水，1∶2.5水泥砂浆找平2次，C20砾10，混凝土厚40mm，涂膜防水1.5mm厚	m^2	112.750	79.55	8969.26	
57	010702004001	屋面排水管	PVC排水管，Φ110，雨水口各6个	m	51.740	32.28	1670.17	
58	010702005001	屋面天沟	宽0.60m，细石混凝土找坡平均厚度0.039m，聚氨酯涂膜防水1.5mm厚	m^2	42.330	105.35	4459.47	
59	010703003001	砂浆防水	水箱内抹防水砂浆，厚0.02m，水泥砂浆1∶2，掺6%防水粉	m^2	24.780	8.66	214.59	
60	010703003002	变形缝	木檩与墙交接处变形缝，1∶1∶4水泥、石灰、麻刀浆	m	32.140	7.24	232.69	
			分部小计				19596.34	
			合　计				169312.20	

封一08

措施项目清单与计价表(一)

工程名称：××楼土建工程　　　　标段：　　　　第　页共　页

序号	项目名称	计算基础	费率(%)	金额(元)
1	安全文明施工费	人工费	8	5985.12
2	冬雨季施工费	人工费	7.5	4932.88
3	施工排水			750.00
4	施工降水			3900.00
5	已完工程保护费			1850.00
6	各专业工程的措施项目			37552.77
(1)	综合脚手架多层建筑物(层高在3.6m以内)檐口高度在20m以内			3400.00
(2)	综合脚手架外墙脚手架翻挂安全网增加费用			550.66
(3)	安全过道			1169.21
(4)	混凝土基础垫层模板摊销			430.24
(5)	现浇矩形支模超高增加费超过3.6m，每增加3m			13.40
(6)	现浇单梁、连续梁支模超高增加费超过3.6m，每增加3m			87.58
(7)	现浇有梁板支模超高增加费超过3.6m，每增加3m5			1013.07
(8)	现浇平板、无梁板支模超高增加费超过3.6m，每增加3m			109.25
(9)	桩试压2根			3105
(10)	混凝土构件模板费用			22156.3
(11)	混凝土构件垂直运输机械(卷扬机)			2413.06
合　计				54970.77

表一10

措施项目清单与计价表(二)

工程名称：××楼土建工程　　　　标段：　　　　第　页共　页

序号	项目编码	项目名称	项目特征描述	计量单位	工程量	金额	
						综合单价	合价
1	AB001	现浇钢筋混凝土平板模板及支架	矩形板，支模高度3m	m^2	55	19.88	1093.4
2	AB002	现浇钢筋混凝土有梁板及支架	矩形梁，断面 200mm × 400mm，梁底支模高度2.6m	m^2	24	24.14	579.36
(其他略)							
本页小计							
合　计							

表一11

其他项目清单与计价汇总表

工程名称：××楼土建工程　　　　标段：　　　　第　页共　页

序号	项目名称	计量单位	金额(元)	备注
1	暂列金额	项	——	明细见表—12—1
2	暂估价		18800.00	
2.1	材料暂估价		——	
2.2	专业工程暂估价	项	18800.00	明细见表—12—3
3	计日工		5278.84	明细见表—12—4
4	总承包服务费		1740.93	明细见表—12—5
5	索赔与现场签证		5768.75	明细见表—12—6
合　计			31558.52	

表—12

专业工程结算价表

工程名称：××楼土建工程　　　　标段：　　　　第　页共　页

序号	项目名称	工程内容	金额(元)	备注
1	入户防盗门	安装	18800	
合　计			18800	——

表—12—3

计日工表

工程名称：××楼土建工程　　　　标段：　　　　第　页共　页

编号	项目名称	单位	结算数量	综合单价	合价
一	人工				
1	技工	工日	18	50.00	900.00
2	普工	工日	44	35.00	1540.00
3					
	人工小计				2440.00
二	材料				
1	水泥 42.5	t	1.8	560.00	1008.00
2	中砂	m^3	5.9	80.00	472.00
3	砾石(5～40mm)	m^3	4.8	42.00	201.60
4	钢筋(规格、型号综合)	t	0.21	5000.00	1050.00
	材料小计				2731.60
三	机械				
1	灰浆搅拌机(400L)	台班	7.000	15.32	107.24
2					
	机械小计				107.24
	总　计				5278.84

表—12—4

总承包服务费计价表

工程名称：××楼土建工程　　　　标段：　　　　第　页共　页

序号	项目名称	项目价值	服务内容	费率(%)	金额(元)
1	发包人发包专业工程	20000	1. 按专业工程承包人的要求提供施工并对施工现场统一管理，对竣工资料统一汇总整理。 2. 为专业工程承包人提供垂直运输机械和焊接电源拉入点，并承担运输费和电费。 3. 为房盗门安装后进行补缝和找平并承担相应的费用	4	800
2	发包人供应材料	78411	对发包人供应的材料进行验收及保管和使用发放	1.2	940.93
			合　计		1740.93

表—12—5

索赔与现场签证计价汇总表

工程名称：××楼土建工程　　　　标段：　　　　第　页共　页

序号	签证及索赔项目名称	计量单位	数量	单价(元)	合价(元)	索赔及签证依据
1	暂停施工				3768.75	001
2	砌筑花池	座	2	1000	2000	002
本页小计					5768.75	—
合　计					5768.75	—

表—12—6

规费、税金项目清单与计价表

工程名称：××楼土建工程　　　　标段：　　　　第　页共　页

序号	项目名称	计算基础	费率(%)	金额(元)
1	规　费			16750.70
1.1	工程排污费	按工程所在地环保部门规定按实计算		878.66
1.2	社会保障费	(1)+(2)+(3)		11694.69
(1)	养老保险	定额人工费	10	7245.22
(2)	失业保险	定额人工费	2	1103.22
(3)	医疗保险	定额人工费	6	3346.25
1.3	住房公积金	定额人工费	6	3366.25
1.4	危险作业意外伤害保险	定额人工费	0.5	299.55
1.5	工程定额测定费	税前工程造价	0.14	411.55
2	税　金	分部分项工程费+措施项目费+其他项目费+规费	3.413	9220.02
合　计				25970.72

表—13

工程量清单综合单价分析表

工程名称：××楼土建工程　　　　标段：　　　　第　页共　页

项目编码		010416001001			项目名称		现浇混凝土钢筋			计量单位	t
综合单价组成明细											
定额编号	定额名称	定额单位	数量	单价				合价			
				人工费	材料费	机械费	管理费和利润	人工费	材料费	机械费	管理费和利润
AD0899	现浇螺纹钢筋制作安装	t	1.000	294.75	5713.70	62.42	102.29	294.75	5713.70	62.42	102.29
人工单价		小计						294.75	5713.70	62.42	102.29
41.8元/工日		未计价材料费									
清单项目综合单价								6173.16			
材料费明细	主要材料名称、规格、型号				单位	数量		单价（元）	合价（元）	暂估单价（元）	暂估合价（元）
	螺纹钢筋，Q235，Φ14				t	1.07		5295	5666		
	焊　条				kg	8.640		4.00	34.56		
	其他材料费							—	13.14	—	
	材料费小计							—	5713.70	—	

表—09

工程款支付申请(核准)表

工程名称：××楼土建工程　　　　　标段：　　　　　　编号：××

致：××市房地产开发公司　　　　　　　　　　　　(发包人全称)

我方于 ×× 至 ×× 期间已完成了 砌筑工程 工作，根据施工合同的约定，现申请支付本期的工程价款为(大写)伍万元，(小写)50000元，请予核准。

序号	名　称	金额(元)	备注
1	累计已完成的工程价款	85000.00	
2	累计已实际支付的工程价款	35000.00	
3	本周期已完成的工程价款	50000.00	
4	本周期完成的计日工金额		
5	本周期应增加和扣减的变更金额		
6	本周期应增加和扣减的索赔金额		
7	本周期应抵扣的预付款		
8	本周期应扣减的质保金		
9	本周期应增加或扣减的其他金额		
10	本周期实际应支付的工程价款		

承包人(章)
承包人代表　×××
日　　期××年×月×日

复核意见：
□与实际施工情况不相符，修改意见见附件。
☑与实施施工情况相符，具体金额由造价工程师复核。

监理工程师　×××
日　　期××年×月×日

复核意见：
你方提供的支付申请经复核，本周期已完成工程价款为(大写)伍万元，(小写)50000元，本期间应支付金额为(大写)伍万元，(小写)50000元。

造价工程师　×××
日　　期××年×月×日

审核意见：
□不同意。
☑同意，支付时间为本表签发后的15天内。

发包人(章)
发包人代表　×××
日　　期××年×月×日

表—14

费用索赔申请(核准)表

工程名称:××楼土建工程　　　　标段:　　　　编号:××

<table>
<tr><td colspan="2">致:××市房地产开发公司　　　　(发包人全称)
根据施工合同条款第 12 条的约定,由于 你方工作需要 原因,我方要求索赔金额(大写)叁仟柒佰陆拾捌元柒角伍分元,(小写)3768.75元,请予核准。
附:1. 费用索赔的详细理由和依据:(详见附件 1)
2. 索赔金额的计算:(详见附件 2)
3. 证明材料:(现场监理工程师现场人数确认)

承包人(章)
承包人代表 ×××
日　　期 ××年×月×日</td></tr>
<tr><td>复核意见:
根据施工合同条款第 12 条的约定,你方提出的费用索赔申请经复核:
□不同意此项索赔,具体意见见附件。
☑同意此项索赔,索赔金额的计算,由造价工程师复核。

监理工程师 ×××
日　　期 ××年×月×日</td><td>复核意见:
根据施工合同条款第 12 条的约定,你方提出的费用索赔申请经复核,索赔金额为(大写)叁仟柒佰陆拾捌元柒角伍分元,(小写)3768.75元。

造价工程师 ×××
日　　期 ××年×月×日</td></tr>
<tr><td colspan="2">审核意见:
□不同意此项索赔。
☑同意此项索赔,与本期进度款同期支付。

发包人(章)
发包人代表 ×××
日　　期 ××年×月×日</td></tr>
</table>

表—12—7

现场签证表

工程名称：××楼土建工程　　　　标段：　　　　编号：××

<table>
<tr><td>施工单位</td><td>××建筑公司</td><td>日　期</td><td>××年××月××日</td></tr>
<tr><td colspan="4">致：××市房地产开发公司　　　　（发包人全称）
根据 ×× （指令人姓名）××年×月×日书面通知，我方要求完成此项工作应支付价款金额为（大写）贰仟元，（小写）2000 元，请予核准。
附：1. 签证事由及原因：为增强绿化，增加 2 座花池。
2. 附图及计算式：（略）

承包人（章）
承包人代表 ×××
日　期××年×月×日</td></tr>
<tr><td colspan="2">复核意见：
你方提出的此项签证申请经复核：
□不同意此项签证，具体意见见附件。
☑同意此项签证，索赔金额的计算，由造价工程师复核。

监理工程师 ×××
日　期××年×月×日</td><td colspan="2">复核意见：
☑此项签证按承包人中标的计日工单价计算，金额为（大写）贰仟元，（小写）2000 元。
□此项签证因无计日工单价，金额为（大写）______元，（小写）______。

造价工程师 ×××
日　期××年×月×日</td></tr>
<tr><td colspan="4">审核意见：
□不同意此项签证。
☑同意此项签证，价款与本期进度款同期支付。

发包人（章）
发包人代表 ×××
日　期××年×月×日</td></tr>
</table>

表—12—8

附件 1

关于停工通知

××建筑公司××项目部：

为使考生有一个安静的复习、休息和考试环境，为响应国家环保总局和省环保局“关于加强中高考期间环境噪声监督管理”的有关规定，请你们在高考期间(6月7日—8日)2天暂停施工。期间并配合上级主管部门进行工程质量检查工作。

××楼建筑工程指挥办公室

××年××月××日

附件 2

索赔费用计算

编号:第××号

一、人工费

1. 技工 11 人　11 人×50 元/工日×3 天=1650 元

2. 焊工工 13 人　13 人×35 元/工日×3 天=1365 元

小计:3015 元

二、管理费

3015 元×25%=753.75 元

索赔费用合计:3768.75 元

参 考 文 献

[1] 中华人民共和国住房和城乡建设部 . GB 50500—2008 建设工程工程量清单计价规范[S]. 北京:中国计划出版社,2008.

[2] 中华人民共和国建设部标准定额司 . GJD—101—95 全国统一建筑工程基础定额(土建)[S]. 北京:中国计划出版社,1995.

[3] 中华人民共和国建设部 . GYD—901—2002 全国统一建筑装饰装修工程消耗量定额[S]. 北京:中国建筑工业出版社,2002.

[4]《建设工程工程量清单计价规范》编制组 .《建设工程工程量清单计价规范 GB 50500—2008》宣贯辅导教材 . 北京:中国计划出版社,2008.

[5] 陶学明 . 工程造价与管理[M]. 北京:中国建筑工业出版社,2004.

[6] 中国建设工程造价管理协会 . 建设工程造价与定额名词解释[M]. 北京:中国建筑工业出版社,2004.

[7] 张毅 . 工程建设计量规则[M]. 2 版 . 上海:同济大学出版社 . 2003.

[8]《造价工程师实务手册》编写组 . 造价工程师实务手册[M]. 北京:机械工业出版社,2006.

[9] 全国造价工程师执业资格考试培训教材编审委员会 . 工程造价计价与控制(2006 年版)[M]. 北京:中国计划出版,2006.

[10] 王瑞红,谢洪 . 预算员[M]. 北京:机械工业出版社,2002.

[11] 刘宝生 . 建筑工程概预算[M]. 北京:机械工业出版社,2001.

[12] 龚维丽 . 工程造价的确定与控制[M]. 2 版,北京:中国计划出版社 2001.

[13]杨其富,杨天水 . 预算员必读 .[M]. 北京:中国电力出版社,2005.

[14] 许焕兴 . 新编装饰装修工程预算 .[M]. 北京:中国建筑工业出版社,2005.

[15] 王朝霞 . 建筑工程定额与计价[M]. 北京:中国电力出版社,2004.

[16] 殷惠光 . 建设工程造价[M]. 北京:中国建筑工业出版社,2004.

[17] 李文利 . 建筑装饰工程概预算[M]. 北京:机械工业出版社,2003.

[18] 许焕兴 . 新编装饰装修工程预算 .[M]. 北京:中国建材工业出版社,2005.